HORST BLUMBERG

Die deutsche Textilindustrie in der industriellen Revolution

HORST BLUMBERG

Die deutsche Textilindustrie in der industriellen Revolution

AKADEMIE-VERLAG · BERLIN · 1965

VERÖFFENTLICHUNGEN DES INSTITUTS
FÜR WIRTSCHAFTSGESCHICHTE
AN DER HOCHSCHULE FÜR ÖKONOMIE BERLIN-KARLSHORST

HERAUSGEGEBEN VON PROFESSOR DR. HANS MOTTEK

BAND 3

Erschienen im Akademie-Verlag GmbH, 108 Berlin 8, Leipziger Straße 3/4

Lizenznummer: 202 · 100/156/65
Gesamtherstellung: IV/2/14 VEB Werkdruck Gräfenhainichen 2354
Bestellnummer: 2109/3 · ES 5 B 2/14 E · Preis: MDN 34,50

VORWORT

Über die Fragen der Geschichte der deutschen Textilindustrie gibt es manche Einzeldarstellung, wenn auch nicht so viele wie etwa in England. Was aber sicherlich fehlt, ist eine umfassende Darstellung, welche die Textilindustrie jener Zeit mit der gesamtökonomischen Entwicklung und nicht zuletzt mit den Grundfragen der industriellen Revolution in Verbindung setzt. Gerade das aber hat Blumberg getan. Bemerkenswert ist dabei, daß er bei der Textilindustrie gerade die sonst ziemlich vernachlässigte Wollindustrie besonders gründlich analysiert.

Sicherlich kann der Einblick, den die Betrachtung dieser Fragen vermittelt, nicht nur das Verständnis der eigenen Geschichte vertiefen, sondern auch mancherlei Nutzen für die Klärung theoretisch-ökonomischer Probleme der Gegenwart, nicht zuletzt bei den sogenannten unterentwickelten Ländern bringen.

Hans Mottek

Berlin, Juli 1964

INHALT

VORWORT

Mit dem vorliegenden Band wollen wir die Untersuchung über die Entwicklung der deutschen Industrie im Verlaufe der industriellen Revolution fortsetzen. Gegenstand unserer Betrachtung in der vorliegenden Arbeit ist der einstige Hauptzweig der nichtagrarischen Produktion Deutschlands, die Textilindustrie. Hierzu enthielt bereits der erste Band dieser Veröffentlichungsreihe einen Beitrag, der sich mit der Entwicklung der deutschen Leinenindustrie während dieses Zeitabschnittes beschäftigte. Nachfolgend wollen wir zunächst einige zentrale Fragen der Entwicklung der deutschen Textilindustrie erörtern, ohne eine geschlossene und systematische Darstellung anzustreben, während der zweite Teil detaillierter die Entwicklung der deutschen Wollindustrie darlegen wird. Wir werden in diesem Zusammenhang in gewissem Maße auch auf die anderen Zweige der deutschen Textilindustrie eingehen.
Bei der begrifflichen Fassung der industriellen Revolution stützen wir uns auf die Ausführungen des Herausgebers dieser Reihe, wie sie bereits in den „Studien zur Geschichte der industriellen Revolution in Deutschland" und vor allem im zweiten Band der „Wirtschaftsgeschichte Deutschlands" enthalten sind.* An dieser Stelle möchte der Verfasser vor allem dem Herausgeber für seine wissenschaftliche Anleitung und die von ihm gemachten Hinweise herzlich danken. Auch den Mitarbeitern des Instituts für Wirtschaftsgeschichte an der Hochschule für Ökonomie, den Herren Dr. Becker und Dr. Schröter, gilt mein Dank für die von ihnen erhaltenen Anregungen. Bei der Sammlung der archivalischen Quellen und der hier verarbeiteten Materialien haben mich die Mitarbeiter des Deutschen Zentralarchivs, Abteilung Merseburg, vor allem die Herren Henning, Dr. Thieme und Waldmann, und die Mitarbeiter des Sächsischen Landeshauptarchivs in Dresden, des Brandenburgischen Landeshauptarchivs in Potsdam sowie die Mitarbeiter der Bibliothek an der Hochschule für Maschinenbau in Karl-Marx-Stadt hilfreich unterstützt, wofür ich ihnen meinen besonderen Dank ausspreche. Zum Gelingen dieser Arbeit hat vor allem meine liebe Frau in vielfältiger Weise beigetragen, und dafür möchte ich ihr auch an dieser Stelle herzlichst danken.

Berlin, Dezember 1963 *Horst Blumberg*

* *Mottek, H.*, Einleitende Bemerkungen — Zum Verlauf und zu einigen Hauptproblemen der industriellen Revolution in Deutschland, in: Mottek/Blumberg/Wutzmer/Becker, Studien zur Geschichte der industriellen Revolution in Deutschland, Veröffentlichungen des Instituts für Wirtschaftsgeschichte an der Hochschule für Ökonomie, Berlin-Karlshorst, Bd 1, Berlin 1960; *derselbe*, Wirtschaftsgeschichte Deutschlands. Ein Grundriß, Bd 2, Berlin 1964, S. 65ff.

A. ZUR GESCHICHTE DER DEUTSCHEN TEXTILINDUSTRIE IM VERLAUFE DER INDUSTRIELLEN REVOLUTION

I. Die Stellung der Textilindustrie innerhalb der nichtagrarischen Produktion und die Bedeutung der Einführung der Maschinen in die Textilindustrie für den Prozeß der industriellen Revolution in Deutschland

1. Zur Struktur der nichtagrarischen Produktion in der „vorindustriellen" Periode

Auch gegen Ende des 18. Jahrhunderts hatte Deutschland mit der gewaltigen Mehrheit der Länder der Erde gemeinsam, daß die nichtagrarische Produktion nur einen bescheidenen Platz im Bereich der materiellen Produktion einnahm. Bei allen Fortschritten, die hinsichtlich der Ausdehnung der gewerblichen Produktion vor allem im Verlaufe der zweiten Hälfte des 18. Jahrhunderts erzielt wurden[1], lebte die gewaltige Mehrheit der deutschen Bevölkerung noch auf dem Lande und beschäftigte sich überdies in erster Linie mit der Erzeugung agrarischer Produkte. In Preußen lebten nach Dieterici unmittelbar zu Beginn des 19. Jahrhunderts 73% und nach der Schätzung von Obermann gleichfalls noch mehr als 70% der Bevölkerung ganz Deutschlands auf dem Lande.[2]

Im Rahmen der nichtagrarischen Produktion waren jedoch bereits in der „vorindustriellen" Periode, also in jener Zeit, in der die wirtschaftliche Entwicklung noch nicht in das Stadium der Vorbereitungsperiode der industriellen Revolution eingetreten war, wesentliche sozialökonomische Veränderungen vor sich gegangen. Neben der ausgesprochenen handwerklichen Produktion, die vorwiegend ihren Absatz auf dem lokalen Markt fand, gab es bereits einen relativ breiten Bereich der gewerblichen Produktion, der nicht nur seinen Absatz über den lokalen Markt hinaus fand, sondern der stark unter dem Einfluß der sich entwickelnden Kapitalistenklasse stand. In diesem Bereich der nichtagrarischen Produktion gab es bereits ausgebildete kapitalistische Produktionsverhältnisse in Gestalt der dezentralisierten und zentralisierten Manufaktur, aber überwiegend kam dieser Einfluß des Kapitals durch den Verlag zum Ausdruck, bei dem, wie Friedrich Engels einmal bemerkte, „die ersten Anfänge der kapitalistischen Mehrwertsbildung" vorlagen.[3] Während die zentralisierte Manufaktur vor allem für den Bergbau und die Metallurgie typisch war, überwog demgegenüber in der Textilindustrie bzw. dem Textilgewerbe noch der Verlag, und die zentralisierte Manufaktur war wohl eine Ausnahmeerscheinung.[4]

[1] Vgl. *Mottek, H.*, Wirtschaftsgeschichte Deutschlands. Ein Grundriß, Bd 1, Berlin 1957, S. 263ff.

[2] *Dieterici, C. F. W.*, Der Volkswohlstand im Preußischen Staate, Berlin, Posen und Bromberg 1846, S. 2; *Obermann, K.*, Deutschland von 1815 bis 1849. Lehrbuch der deutschen Geschichte (Beiträge), Bd 6, Berlin 1961, S. 7.

[3] *Engels, F.*, Ergänzung und Nachtrag zum III. Band des Kapital, in: Marx, K., Das Kapital, Bd 3, Berlin 1951, S. 39.

[4] *Mottek, H.*, a. a. O., S. 307ff.

Eine genaue Darstellung der Struktur der nichtagrarischen Produktion selbst für das Ende der „vorindustriellen" Periode ist infolge mangelhaften statistischen Materials nur bedingt möglich. Nach den Schätzungen des Staatsministers Hertzberg ergibt sich für Preußen während der achtziger Jahre des 18. Jahrhunderts nachfolgendes Bild[5]:

Gewerbezweig	Produktionswert in Mio. Tlr.	Prozentualer Anteil
Leinengewerbe	9	30,8
Wollgewerbe	8	27,4
Seidengewerbe	3	10,2
Baumwollgewerbe	1,2	4,2
Textilgewerbe	21,2	72,6
Bergbau und Metallurgie	2	6,85
Zuckersiederei	2	6,85
Porzellanmanufaktur	2	6,85
Lederverarbeitung	2	6,85
Nichtagrarische Produktion	29,2	100,00

Das Textilgewerbe stellte am Ende des 18. Jahrhunderts in Preußen den mit Abstand führenden Zweig der nichtagrarischen Produktion dar. Der Nachteil dieser Übersicht besteht jedoch vor allem darin, daß sie im wesentlichen nur die obengenannte zweite Gruppe der gewerblichen Produktion berücksichtigte, die wir nachfolgend unter dem nicht ganz zutreffenden Begriff „Manufakturindustrie" zusammenfassen wollen. Die lokal orientierte handwerkliche Produktion entzieht sich demzufolge unserer Betrachtung. Für die Beurteilung der Struktur der nichtagrarischen Produktion wollen wir anschließend noch eine weitere Übersicht folgen lassen, die gleichfalls Preußen zum Gegenstand ihrer Betrachtung hat. Zeitlich gesehen handelte es sich hierbei jedoch nicht mehr um die „vorindustrielle" Periode, sondern bereits um die Anfangszeit der Vorbereitungsperiode der industriellen Revolution. Auch diese Übersicht erfaßt nur die „Manufakturindustrie", aber dafür weitgehend vollständig.

Auch bei der detaillierteren Übersicht bleibt die dominierende Stellung der Textilgewerbe gewahrt. Aber auch hierbei blieb die lokal orientierte Handwerksproduktion unberücksichtigt. Wenn wir von den Arbeitskräften ausgehen, haben wir eine gewisse Möglichkeit, sie in unsere Betrachtung einzubeziehen. Nach Hertzberg beschäftigte das Textilgewerbe in Preußen während der achtziger Jahre des 18. Jahrhunderts rund 150000 Menschen. Zweifellos hat diese Zahl bis zum Jahre 1805/06 eher zugenommen, als sich verringert. Zu diesem Zeitpunkt gibt Dieterici die Zahl der

[5] Die Angaben sind entnommen bei *Henderson, W. O.*, Die Struktur der preußischen Wirtschaft um 1786, in: Zeitschrift für die gesamte Staatswissenschaft, Bd 117, Tübingen 1961.

Die Struktur der preußischen „Manufakturindustrie" um 1804[6]

Zweig	Produktionswert in Mio. Tlr.		Prozentualer Anteil	
Textilgewerbe	32,4		59,7	
davon:				
Leinenweberei		10		18,4
Wollweberei		13,5		24,9
Baumwollweberei		4,8		8,8
Seidenweberei		2,8		5,2
Zitz- und Kattundruckerei		1,3		2,4
Bergbau, Metallurgie und Metallverarbeitung	7,3		13,5	
davon:				
Erzbergbau und Buntmetallurgie		0,5		0,9
Kohlenbergbau		0,5		0,9
Eisenmetallurgie		0,9		1,7
Metallverarbeitung		5,1		9,4
Salzgewinnung		0,3		0,6
Anderweitige Manufakturzweige	14,5		26,7	
darunter:				
Leder- und Lederverarbeitung		3,8		7,0
Mühlenwesen		0,8		1,5
Tabakverarbeitung		3,3		6,0
Zuckersiederei		2,5		4,6
Krapp- und Farbenwaren		1,0		1,8
Manufakturindustrie	54,2		100,0	

Handwerker mit 194183 an, und die Manufakturindustrie außerhalb des Textilgewerbes beschäftigte ohne den Bergbau noch einmal 14696 Arbeiter.[7] Demzufolge entfielen 41% der in der nichtagrarischen Sphäre Beschäftigten auf das Textilgewerbe, 53% auf das auf den lokalen Markt orientierte Handwerk und die restlichen 6% auf die übrige Manufakturindustrie.

Nach der Zahl der Arbeitskräfte beanspruchte das Textilgewerbe also „nur" zwei Fünftel, während reichlich die Hälfte der Beschäftigten aus der nichtagrarischen Produktion in einer Vielzahl der verschiedenen Handwerkszweige ihren Lebensunterhalt verdiente. Doch dadurch wird die dominierende Stellung des Textil-

6 *Dieterici, C. F. W.*, a. a. O., S. 21ff.

7 Ebenda; *Henderson, W. O.*, a. a. O., S. 303.

gewerbes in der nichtagrarischen Produktion während der „vorindustriellen“ Periode nicht erschüttert; denn diese 53% verteilten sich auf nicht weniger als 26 Handwerkszweige, und diese waren produktionsmäßig infolge ihrer lokalen Marktorientierung wesentlich stärker dezentralisiert als die Textilgewerbe. Die weitgehende Produktion von „Stapelwaren“ und das stärkere Vorhandensein arbeitsteiliger Kooperation verliehen ohne Zweifel den Produzenten des Textilgewerbes eine höhere Produktivität und damit ein größeres Gewicht innerhalb der nichtagrarischen Produktion gegenüber dem einfachen Handwerk.

Wenn wir auch aus den übrigen Teilen Deutschlands keine ähnlichen Angaben heranziehen, so dürfte doch das von Preußen gegebene strukturelle Bild der nichtagrarischen Produktion für ganz Deutschland charakteristisch sein. Wahrscheinlich würden sich bei der Zusammenstellung ähnlicher Angaben, die das gesamte deutsche Territorium erfassen, nur geringfügige Verschiebungen in dieser oder jener Hinsicht ergeben. Aber an dem wichtigsten Resultat, nämlich dem absoluten Vorsprung des Textilgewerbes, dürfte sich nichts ändern.

Innerhalb der nichtagrarischen Produktion war das Textilgewerbe der entscheidende Bereich gewerblicher Tätigkeit, und dies traf nicht nur auf Deutschland in jener Zeit zu, sondern auch für die meisten entwickelteren Länder in der „vorindustriellen“ Periode. Eine gewisse Ausnahme machten vielleicht Schweden und Rußland am Ende des 18. Jahrhunderts. Hier scheinen der Bergbau und die Metallurgie eine dominierendere Rolle gespielt zu haben.[8] Demgegenüber war wohl auch in Frankreich, England, Japan und Indien – um nur einige Länder zu nennen – während des 18. Jahrhunderts das Textilgewerbe der entscheidende Zweig der nichtagrarischen Produktion.

Der ökonomische Aufschwung, der sich vor allem in Westeuropa, aber auch in Deutschland seit dem 16. Jahrhundert beobachten ließ und der zur verstärkten Herausbildung kapitalistischer Elemente in der gewerblichen Warenproduktion führte, hing eng mit der Entwicklung des Welthandels zusammen. Auf diesen Zusammenhang haben bereits Marx und Engels verschiedentlich hingewiesen. So, wenn Marx im „Kapital“ feststellt: „Welthandel und Weltmarkt eröffnen im 16. Jahrhundert die moderne Lebensgeschichte des Kapitals.“[9] Schon im Kommunistischen Manifest finden wir in wenigen Sätzen eine plastische Skizzierung dieser Entwicklung: „Die Entdeckung Amerikas, die Umschiffung Afrikas schufen der aufkommenden Bourgeoisie eine neues Terrain. Der ostindische und chinesische Markt, die Kolonisierung von Amerika, der Austausch mit den Kolonien, die Vermehrung der Tauschmittel und der Waren überhaupt gaben dem Handel, der Schiffahrt, der Industrie einen nie gekannten Aufschwung und damit dem revolutionären Element in der zerfallenden feudalen Gesellschaft eine rasche Entwicklung.

[8] Vgl. *Heckscher, E. F.*, An Economic History of Sweden, Cambridge, Massachussetts 1954, S. 141ff.; *Jacunskij, V. K.*, Krupnaja promyšlennost' Rossii v 1790–1860 gg., in: Očerki, ėkonomičeskoj istorii Rossii pervoj poloviny XIX veka. Sbornik statej, Moskau 1959, S. 121ff.; *Ekonomičeskaja istorija SSSR*, u. d. Red. v. I. S. Golubuičego, A. P. Pogrebinskogo u. I. N. Šemjakina, Moskau 1963, S. 120f.

[9] *Marx, K.*, Das Kapital, Bd 1, Berlin 1951, S. 153.

Die bisherige feudale oder zünftige Betriebsweise der Industrie reichte nicht mehr aus für den mit den neuen Märkten anwachsenden Bedarf. Die Manufaktur trat an ihre Stelle. Die Zunftmeister wurden verdrängt durch den industriellen Mittelstand; die Teilung der Arbeit zwischen den verschiedenen Kooperationen verschwand vor der Teilung der Arbeit in der einzelnen Werkstatt selbst. Aber immer wuchsen die Märkte, immer stieg der Bedarf."[10]
Der mit der Ausdehnung des Weltmarktes zutage tretende steigende Bedarf nach Waren kam vor allem, soweit es den Bereich der nichtagrarischen Produktion betraf, den Erzeugnissen der Textilgewerbe zustatten. Hierbei dürften wohl zwei Umstände von ausschlaggebender Bedeutung gewesen sein: *Erstens* sind die Textilerzeugnisse neben den Lebensmitteln die wichtigsten Konsumtionsmittel. Im Gegensatz zu den Erzeugnissen der Zweige der Schwerindustrie besteht für sie bereits auf einer relativ niedrigen Entwicklungsstufe der Warenproduktion, wie der gesellschaftlichen Verhältnisse überhaupt, eine „große" Nachfrage. *Zweitens* stellten die Textilerzeugnisse im Gegensatz zu den schwerindustriellen Gütern relativ niedrige Anforderungen an das Transportwesen. Damit waren sie aber bereits auf einer relativ niedrigen Entwicklungsstufe der Produktivkräfte nicht mehr an die Bedürfnisse eines lokalen Marktes gebunden. So war im Orienthandel das europäische Textilgewerbe, speziell das Tuchgewerbe, der einzige nichtagrarische Produktionszweig, der nennenswerte Warenmengen als Zahlung für die orientalischen Waren liefern konnte, und die beginnende systematische Nutzung der Naturreichtümer Süd- und Mittelamerikas durch die europäischen Kolonialherren auf der Basis der Plantagensklaverei verschaffte vor allem dem Leinengewerbe ein wachsendes Absatzgebiet in Übersee.[11] Textilerzeugnisse spielten auch im Außenhandel der deutschen Staaten mit Osteuropa eine wichtige Rolle.[12] Das Textilgewerbe lieferte bis ins 19. Jahrhundert hinein die wichtigsten Erzeugnisse der nichtagrarischen Produktion, die für einen Massenabsatz und demzufolge für eine Großproduktion geeignet waren. Doppelt freie Lohnarbeiter und Eigentümer von Geldfonds vorausgesetzt, so sind Massenproduktion und Massenabsatz ein entscheidendes Erfordernis für die Entwicklung der kapitalistischen Warenproduktion.
Das Textilgewerbe fand deshalb sowohl auf dem „inneren" Markt als auch auf dem sich entwickelnden Weltmarkt die günstigsten Absatzbedingungen, so daß die Expansionsmöglichkeiten in diesem Bereich der nichtagrarischen Produktion marktmäßig sehr aussichtsreich waren. Die zunehmende Produktion für entfernter gelegene Märkte erzwang hier weit stärker als z. B. bei den sogenannten Nahrungsmittelgewerben ein Zusammenwirken zwischen Produzenten und Handelskapital, was notwendigerweise die Herausbildung kapitalistischer Elemente in diesem

10 *Marx/Engels*, Manifest der Kommunistischen Partei, in: Marx/Engels, Werke, Bd 4, Berlin 1959, S. 463.

11 Vgl. *Seé, H.*, Französische Wirtschaftsgeschichte, Bd 1, Jena 1930, S. 301; *Mottek, H.*, a. a. O., S. 279.

12 Vgl. *Bein, L.*, Die Industrie des sächsischen Voigtlandes, T. 2: Die Textilindustrie, Leipzig 1884, S. 85ff.; *Brinkmann, C.*, Die preußische Handelspolitik vor dem Zollverein und der Wiederaufbau vor hundert Jahren, Berlin u. Leipzig 1922, S. 206.

Produktionsbereich beschleunigen mußte. Die aus den Gesetzmäßigkeiten der einfachen Warenproduktion entstehenden kapitalistischen Ausbeutungsformen ergänzten sich auf diese Weise durch die Unterwerfung der Produktion unter die Herrschaft des Handelskapitals und damit die stufenweise Entstehung von kapitalistischen Betriebsformen.

Der hohe Anteil des *Textilgewerbes* an der nichtagrarischen Produktion brachte demzufolge in dieser „vorindustriellen" Periode zweierlei zum Ausdruck: einmal ein höheres Entwicklungsniveau der Waren-Geld-Beziehungen und damit der Produktion-Markt-Beziehungen und zum anderen Mal eine zunehmende Beteiligung auch der nichtagrarischen Produktion an der Entfaltung des Welthandels. Somit besteht zweifellos eine gewisse Berechtigung, davon zu sprechen, daß der hohe Anteil des *Textilgewerbes* an der nichtagrarischen Produktion ein Anzeichen für ein fortgeschrittenes ökonomisches Entwicklungsniveau in der „vorindustriellen" Periode darstellte.

Auf dieser Stufe der Entwicklung der Produktivkräfte war die Warenproduktion im allgemeinen wie die gewerbliche Produktion im besonderen weit stärker unmittelbar auf die Befriedigung der individuellen Konsumtion orientiert, als das in der nachfolgenden Periode der Industrialisierung feststellbar ist. Das relative Zurückbleiben der sogenannten Schwerindustrie, vor allem der Eisenmetallurgie, beruht in der „vorindustriellen" Periode in erster Linie auf der verhältnismäßig beschränkten Verwendung dieser Erzeugnisse. Eine eigentliche Produktionsmittelindustrie, die später den Hauptverbrauch an Eisen beansprucht, gab es noch nicht. Die stoffliche Substanz der Produktionstechnik war vor der Industrialisierung weniger das Eisen als vielmehr das Holz, so daß man in einem gewissen Sinne sagen kann, daß erst mit der Entstehung der Maschinentechnik und der mit ihr verbundenen Industrialisierung ein entwickelter Markt für die schwerindustriellen Erzeugnisse entstand. Allerdings darf man angesichts des Zurückbleibens vor allem der Eisenmetallurgie in der „vorindustriellen" Periode nicht übersehen, daß eine raschere Ausdehnung durch die alte Produktionstechnik, den Schmelzvorgang mit Holzkohle, gehemmt wurde. Sowohl in Deutschland als auch in England und Frankreich läßt sich für das 18. Jahrhundert feststellen, daß die Nachfrage nach Eisen größer war als die vorhandene Produktion.[13] Der Aufschwung der Gewerbe, den wir vor allem in Westeuropa während des 18. Jahrhunderts beobachten können, führte selbst auf der „alten" technischen Grundlage zu einem Anwachsen der Nachfrage nach Metallen, insbesondere nach Eisen. Dies ermöglichte jenen Ländern, die für die Ausweitung der Metallurgie mit der bisherigen Produktionstechnik keine nennenswerten Schranken kannten, ihren Erzreichtum stärker zu nutzen. Aus dieser Situation erklärt sich vor allem die rasche Ausdehnung der Eisenmetallurgie in Rußland und Schweden bis zum 18. Jahrhundert, da hier der Holzreichtum die Produktionserweiterung nach der

[13] Vgl. *Henderson, W. O.*, a. a. O., S. 311; *Heckscher, E. F.*, a. a. O., S. 177; *Ékonomičeskaja istorija SSSR*, a. a. O., S. 121; *Kulischer, J.*, Allgemeine Wirtschaftsgeschichte des Mittelalters und der Neuzeit, Bd 2, Berlin 1954, S. 178f.

alten Produktionstechnik zuließ.[14] Diese Entwicklung war demzufolge das Ergebnis der internationalen Arbeitsteilung und weniger Ausdruck einer in diesen Ländern rasch zum Kapitalismus voranschreitenden Entwicklung der gewerblichen Produktion. Am deutlichsten ist das in Rußland erkennbar, wo diese Metallurgie überwiegend auf der Ausbeutung feudalgebundener Arbeitskräfte basierte.[15]
Wie die nachfolgende Periode der industriellen Revolution zeigen sollte, war dieses relative Zurückbleiben der Eisenmetallurgie kein entscheidendes Hemmnis für den Prozeß der Industrialisierung, und andererseits vermochten weder Rußland noch Schweden, für die Industrialisierung Vorteile aus dieser quantitativ sehr stark entwickelten Eisenmetallurgie zu ziehen. Offenbar bildete auf dieser Stufe der Entwicklung der Produktivkräfte, wie wir sie in Europa in der zweiten Hälfte des 18. Jahrhunderts vorfanden, das Textilgewerbe zunächst weit mehr als die Eisenmetallurgie einen führenden oder progressiven Produktionszweig.[16]

2. Die Einführung der Arbeitsmaschinen im Textilgewerbe und ihre volkswirtschaftlichen Auswirkungen

Für den Prozeß der industriellen Revolution spielte bekanntlich die Erfindung der Arbeitsmaschine eine erstrangige Rolle. Sie bildete gewissermaßen den Ausgangspunkt jener technischen Umwälzung, die zur Schaffung der materiell-technischen Basis der kapitalistischen Produktionsweise führte und den Fortschritt der Produktivkräfte in einem bis dahin nicht gekannten Maße beschleunigte. Zum Grundstock dieser technischen Umwälzung gehörten neben der Arbeitsmaschine auch die Dampfmaschine, der Einsatz des Steinkohlenkokses in der Eisenmetallurgie und nicht zuletzt auch die Revolutionierung des Verkehrswesens durch Eisenbahn und Dampfschiffahrt. Die zentrale Stellung der Arbeitsmaschine in diesem Prozeß wird auch nicht durch die Tatsache erschüttert, daß teilweise diese technischen Errungenschaften des 18. Jahrhunderts historisch vor ihr hervorgebracht wurden, wie das z. B. bei der Eisenmetallurgie der Fall war. Marx unterstrich dies einmal in einem Brief an Engels in aller Deutlichkeit: „Nun ist es aber gar keine Frage, daß, wenn wir uns nach der Maschine in elementarischer Form umsehen, die industrielle Revolution nicht von der bewegenden Kraft ausgeht, sondern von dem Teil der Maschinerie, den der Engländer die working machine nennt, also nicht z. B. von der Ersetzung des Fußes, der das Spinnrad bewegt, durch Wasser oder Dampf, sondern von der Verwandlung des unmittelbaren Spinnprozesses selbst und der Verdrängung des Teils der menschlichen Arbeit, der nicht bloß exertion of power war (wie bei dem

14 Vgl. *Heckscher, E. F.*, a. a. O., S. 180f.; *Ėkonomičeskaja istorija SSSR*, a. a. O., S. 122.
15 Vgl. *Lenin, W. I.*, Die Entwicklung des Kapitalismus in Rußland, Werke, Bd 3, Berlin 1956, S. 497f.
16 Die Verwendung dieses Begriffs „progressiver Produktionszweig" etwa in dem Sinne, wie ihn A. Arsumanian verwendet (*Arsumanian, A.*, Aktuelle Probleme der Ökonomie, in: Presse der Sowjetunion, Nr 31, v. 13. März 1964, Ausg. A, Sonderbeilage, S. 7).

Treten des Rads), sondern die Bearbeitung, die direkte Wirkung auf den zu bearbeitenden Stoff betrifft."[17]
Sowenig es ein Zufall war, daß in England während des 18. Jahrhunderts die Arbeitsmaschine entwickelt wurde, sowenig war es ein Zufall, daß das Textilgewerbe den Prototyp der Arbeitsmaschine hervorbrachte. Im England des 18. Jahrhunderts gab es dank der im 17. Jahrhundert vollzogenen bürgerlichen Revolution und der damit verbundenen Liquidierung des Feudalismus keine Schranken für die Ausdehnung der Produktion in Gestalt der überlebten feudalen Produktionsverhältnisse, aber auf Grund der im 18. Jahrhundert durch England errungenen Handelssuprematie im wesentlichen auch keine marktmäßigen Schranken für die Ausdehnung der Produktion.[18] Unter diesen Bedingungen besaß die Textilindustrie die günstigsten Entwicklungsmöglichkeiten, und sie war zugleich – worüber wir bereits gesprochen hatten – der quantitativ entwickeltste Zweig der nichtagrarischen Produktion. Demzufolge ist es verständlich, wenn sich hier der Widerspruch zwischen alter Produktionstechnik und marktmäßig gegebenen Verwertungsmöglichkeiten des Kapitals am akutesten entfaltete.[19] Sicherlich hat auch die Tatsache hierbei eine gewisse Rolle gespielt, daß in der Spinnerei die Vervollkommnung der Handtechnik zu einer stärkeren Vereinfachung der einzelnen technischen Elemente dieses zusammengesetzten „Werkzeugs" – Spinnrad – geführt hatte, was auch in gewissem Umfange für den Webstuhl zutraf. Und wir können Bernal nur zustimmen, wenn er schreibt: „Die industrielle Revolution hatte ihren Ursprung nicht in der Entwicklung der Schwerindustrie oder des Transportwesens; sie entstand – und das war auch die einzige Möglichkeit – aus den Entwicklungen innerhalb des wichtigsten Industriezweiges Englands, ja aller damaligen Länder: der Textilindustrie."[20]
Daß nun wiederum innerhalb des Textilgewerbes die Baumwollspinnerei die Arbeitsmaschine hervorbrachte, ergab sich gleichfalls aus einer Reihe konkreter historischer Umstände, wie z. B. der geringen Tradition und demzufolge dem geringeren Konservatismus, der nicht so souveränen Stellung des englischen Baumwollgewerbes im Vergleich zum Wollgewerbe infolge der Konkurrenz der indischen Baumwollerzeugnisse, den geringeren technischen Schwierigkeiten bei der Mechanisierung des Spinnprozesses der Baumwolle z. B. gegenüber dem Flachs, der besseren Eignung des Baumwollgewebes als Massenkonsumtionsmittel im Vergleich zu Woll-, Leinen- und Seidengeweben und manchem mehr.[21]
Da nun die Spinnmaschine den unmittelbaren Arbeitsprozeß revolutionierte, indem sie „das Arbeitsinstrument von der organischen Schranke" emanzipierte, „wodurch

[17] *Marx, K.*, Brief an Engels vom 28. Januar 1863, in: Marx/Engels, Ausgewählte Briefe Berlin 1953, S. 167; vgl. auch *Marx, K.*, Das Kapital, Bd 1, Berlin 1951, S. 390.
[18] Vgl. hierzu *Barnes, H. E.*, An Economic History of the Western World, New York 1942, S. 297.
[19] Vgl. *Hobson, J. A.*, The Evolution of Modern Capitalism. A Study of Machine Production, New York 1927, S. 77ff.
[20] *Bernal, J. D.*, Die Wissenschaft in der Geschichte, Berlin 1961, S. 369.
[21] Vgl. *Hobson, J. A.*, a. a. O., S. 77ff.; *Poljanskii, F. Ja.*, Ėkonomičeskaja istorija zarubežnych stran. Epocha kapitalisma, Moskau 1961, S. 283f.

das Handwerkszeug eines Arbeiters beengt wird",[22] wurden hier tatsächlich in einem Bereich der materiellen Produktion die Hemmnisse überwunden, die bisher einer „schrankenlosen" Ausdehnung der Produktion entgegenstanden. Das heißt, jene Tendenz, die – worauf Lenin uns hingewiesen hat[23] – der kapitalistischen Produktionsweise eigen ist, wurde mit dieser erreichten Stufe der Produktionstechnik realisierbar.

Mit der besonderen Betonung der Arbeitsmaschine im Prozeß der industriellen Revolution wollen wir keineswegs die übrigen wichtigen Erfindungen unterbewerten oder gar ausklammern. Allein im Bereich der Spinnerei konnte diese neue Technik erst für eine „schrankenlose" Ausdehnung der Produktion genutzt werden, wenn sie mit der neuen Energiequelle, die von den natürlichen Kraftspendern unabhängig existierte – nämlich der Dampfmaschine –, kombiniert wurde. Sowohl die Arbeitsmaschine selbst als auch der ihrem Niveau entsprechende neue Motor konnten nur im großen Maßstab zur Anwendung kommen, wenn dafür die stofflichen Voraussetzungen gegeben waren. Diese stofflichen Voraussetzungen bestanden jedoch in erster Linie darin, daß massenhaft billiges Eisen zur Verfügung stand. Allein aus dem Bereich der Textilindustrie wird so offensichtlich, daß beim Prozeß der industriellen Revolution die Einheit der wesentlichen Erfindungen, die in England während des 18. Jahrhunderts entwickelt wurden, gesehen werden muß.

Da diese Schranke in dem damaligen Hauptzweig der nichtagrarischen Produktion niedergerissen wurde, mußte das notwendigerweise gesamtvolkswirtschaftliche Wirkungen hervorrufen. Tatsächlich wurden diese Wirkungen auch in England hervorgebracht, indem die massenhafte ökonomische Nutzung der Arbeitsmaschinerie in der Textilproduktion zu einem allgemeinen wirtschaftlichen Aufschwung führte und die Kapitalinvestitionen auch in den anderen Zweigen der nichtagrarischen Produktion beschleunigte, z. B. im Verkehrswesen, in der Metallurgie und im Bergbau. Die Ursache, warum die Industrialisierung ihren Ausgangspunkt in der Textilindustrie oder, allgemeiner ausgedrückt, in der Leichtindustrie fand, war deshalb vor allem historischer Natur und in der Struktur der nichtagrarischen Produktion der „vorindustriellen" Periode zu suchen. Hingegen war nicht von erstrangiger Bedeutung, daß hier weniger Investitionsmittel erforderlich waren, das Kapital rascher umschlug und leichter Profit brachte als in der Schwerindustrie.[24] Marx legte das im „Kapital" in folgenden Sätzen dar: „So macht die Maschinenspinnerei Maschinenweberei nötig und beide zusammen die mechanisch-chemische Revolution in der Bleicherei, Druckerei und Färberei. So rief andererseits die Revolution in der Baumwollspinnerei die Erfindung des gin zur Trennung der Baumwollfaser

[22] *Marx, K.*, Das Kapital, Bd 1, S. 391.

[23] *Lenin, W. I.*, Zur Charakteristik der ökonomischen Romantik, Werke, Bd 2, Berlin 1963, S. 158.

[24] Vgl. *Politische Ökonomie*, Lehrbuch, Berlin 1955, S. 112. – Der oben dargelegte Zusammenhang wird hier auf S. 109 konstatiert, aber die industrielle Revolution nur als „Grundstein für die kapitalistische Industrialisierung" (S. 112) und nicht als wesentlicher Bestandteil bzw. als eine spezifische Form des kapitalistischen Weges der Industrialisierung gesehen, die sie nach Meinung des Verfassers (H. B.) darstellt.

vom Samen hervor, womit erst die Baumwollproduktion auf dem nun erheischten großen Maßstab möglich ward. Die Revolution in der Produktionsweise der Industrie und Agrikultur ernötigte namentlich aber auch eine Revolution in den allgemeinen Bedingungen des gesellschaftlichen Produktionsprozesses, d. h. den Kommunikations- und Transportmitteln."[25]

Die Arbeitsmaschine, wie die gesamte Maschinerie, wurde zunächst aus den Entwicklungsbedingungen der Warenproduktion, speziell der kapitalistischen Warenproduktion, geboren, die auf dieser Stufe der Entwicklung der Produktivkräfte eine ganz bestimmte Struktur besaß. Aus diesen strukturellen Bedingungen der Warenproduktion mußte die Arbeitsmaschinerie notwendigerweise als kontinuierliche Entwicklungskette der Produktivkräfte der Textilindustrie entspringen. Den Zusammenhang zwischen der Entwicklung des Marktes, den sich daraus ergebenden Triebkräften für die Produktion und der Erfindung der Maschine hat bereits Marx in seinem Werk „Das Elend der Philosophie" unterstrichen, indem er dort schrieb: „Als in England der Markt eine solche Entwicklung gewonnen hatte, daß die Handarbeit ihm nicht mehr genügen konnte, empfand man das Bedürfnis nach Maschinen. Man sann nun auf die Anwendung der mechanischen Wissenschaften, die bereits im 18. Jahrhundert fertig da waren."[26]

Man darf bei dem relativ geringen Kapitalbedarf für die Mechanisierung des Arbeitsprozesses in der Textilindustrie als ursächliches Motiv für diesen Prozeß nicht übersehen, daß beim Aufschwung der nichtagrarischen Produktion im Europa des 15. und 16. Jahrhunderts die marktmäßigen Bedingungen zur Vervollkommnung der Produktionstechnik im Erzbergbau drängten und deren ökonomische Nutzung durchaus für die damaligen Verhältnisse enorme Kapitalien erforderten, die auch aufgebracht wurden.[27] Im gewissen Sinne könnte man vielleicht sagen, daß der Bergbau und die Metallurgie durch den Fortschritt der Produktivkräfte, vor allem im 15. und 16. Jahrhundert, einen gewissen Vorsprung gegenüber den anderen Zweigen der nichtagrarischen Produktion errangen. Weitere qualitative Fortschritte und vor allem ihre allgemeine Durchsetzung waren an Bedingungen geknüpft, wie sie erst die Verwendung der Maschine sowohl als Antriebs- als auch als Arbeitsmechanismus herstellte.[28] Dadurch entstanden gewissermaßen erst die materiellen Bedingungen dafür, daß sich die kapitalistische Produktion in der für sie charakteristischen Weise entfaltete und die Lenin folgendermaßen zum Ausdruck brachte: „Am schnellsten wächst die Produktion von Produktionsmitteln für Produktionsmittel, dann die Produktion von Produktionsmitteln für Konsummittel und am langsamsten die Produktion von Konsumtionsmitteln."[29]

[25] *Marx, K.*, Das Kapital, Bd 1, S. 401.

[26] *Marx, K.*, Das Elend der Philosophie. Antwort auf Proudhons „Philosophie des Elends", in: Marx/Engels, Werke, Bd 4, Berlin 1959, S. 154.

[27] Vgl. *Mottek, H.*, a. a. O., S. 214ff.

[28] Vgl. S. 18 . – Damit wird nicht behauptet, daß es etwa in der Entwicklung der Metallurgie und des Bergbaus nach dem 16. Jahrhundert bis zur industriellen Revolution einen Stillstand gegeben hätte.

[29] *Lenin, W. I.*, Zur sogenannten Frage der Märkte, Werke, Bd 1, Berlin 1963, S. 78.

Eine solch kontinuierliche Entwicklungskette der Produktivkräfte, wie sie Marx, auf der historischen Entwicklung in England fußend, im ersten Band des „Kapitals" darlegte[30], war für die anderen Länder, die selbst noch im 19. Jahrhundert dem Beispiel Englands hinsichtlich der Industrialisierung folgten, nur noch bedingt gegeben. Die Industrialisierung in diesen Ländern basierte von vornherein auf den technischen Errungenschaften der britischen maschinellen Großindustrie, was notwendigerweise zur Modifizierung des konkreten Entwicklungsweges der industriellen Revolution in diesen Ländern führte. Die Analogie zum klassischen Weg der industriellen Revolution, wie ihn England vorgezeichnet hatte, war noch um so größer, je geringer die zeitliche Differenz zwischen dem Beginn der industriellen Revolution in einzelnen Ländern im Vergleich zu England war. Aus diesen Gründen kam auch der Textilindustrie im Prozeß der industriellen Revolution in den anderen Ländern eine abnehmende Rolle zu. Demzufolge kann man, nachdem die industrielle Revolution in England voll in Gang gekommen war, nicht ohne weiteres die Baumwollindustrie als die beste „Sammlerin von Kapital" während der ersten Hälfte des 19. Jahrhunderts bezeichnen.[31] Andererseits darf man die abnehmende Bedeutung der Textilindustrie im Prozeß der industriellen Revolution nicht so weit treiben, daß man sie für den Industrialisierungsprozeß im 19. Jahrhundert für einige Länder völlig negiert, wie das z. B. von V. G. Solodovnikov geschieht, indem er sagt, „daß sich der Weg der Industrialisierung in den USA und in Deutschland von dem Industrialisierungsweg Englands unterscheidet, wo tatsächlich die Entwicklung der Leichtindustrie den Anfang bildete. In Deutschland und den USA begann die Industrialisierung mit der Entwicklung des Maschinenbaus."[32]

Auch in Deutschland hatte die Entwicklung der Textilindustrie induzierende Wirkungen für den gesamten Industrialisierungsprozeß hervorgebracht, die man in ihrer Bedeutung keineswegs unterschätzen darf, obwohl sie im Vergleich zur britischen industriellen Revolution wesentlich abgeschwächt waren. Diese induzierenden Wirkungen lagen beim Prozeß der industriellen Revolution in Deutschland in der Vorbereitungsperiode und vor allem in der Zeit des vierten Jahrzehnts des vorigen Jahrhunderts, während sie sich im Verlaufe der vierziger Jahre weitgehend erschöpften bzw. gegenüber anderen Wachstumsfaktoren (z. B. Eisenbahnbau) weit zurückblieben.

Um diese Frage etwas näher zu untersuchen, müssen wir uns nun der Einführung der Maschinerie, in erster Linie der Arbeitsmaschinerie, in der deutschen Textilindustrie zuwenden.

30 *Marx, K.*, Das Kapital, Bd 1, S. 387ff.

31 *Kuczynski, J.*, Die Geschichte der Lage der Arbeiter unter dem Kapitalismus, Bd 1, Berlin 1961, S. 94.

32 *Solodovnikov, V. G.*, Kritik der bürgerlichen Theorien und Auffassungen von der ökonomischen Entwicklung der schwachentwickelten Länder, in: Protokoll der internationalen Konferenz des Instituts für Wirtschaftswissenschaften bei der Deutschen Akademie der Wissenschaften zu Berlin vom 18.–21. Oktober 1960 zu dem Thema: Neue Erscheinungen in der modernen bürgerlichen politischen Ökonomie, 1. Hlbd., Berlin 1961, S. 163.

Bekanntlich kam es in Deutschland relativ früh zur Anwendung der ersten Spinnmaschinen; und auch hier war der auftretende Gespinstmangel eine Triebkraft, die die Übernahme der britischen Textilmaschinen beschleunigte.[33] Es zeigte sich, daß der akute Arbeitskräftemangel im Bereich der Handspinnerei auch durch die „bewährten“ Zwangsmaßnahmen der feudalabsolutistischen Staaten nicht gelöst werden konnte. Allerdings darf man die anders geartete Situation in Deutschland im Vergleich zur damaligen englischen Problematik in dieser Frage nicht übersehen. In Deutschland entsprang doch zumindest teilweise dieser Arbeitskräftemangel den negativen Wirkungen des herrschenden Feudalsystems auf die Bildung eines Arbeitskräftemarktes, d. h., hier überlagerten sich zwei Momente: Einerseits entsprang dieser Arbeitskräftemangel zweifellos der kapitalistischen Entwicklungstendenz und war demzufolge wesensgleich mit dem englischen, aber andererseits führte die Herrschaft des Feudalismus in Gestalt der Leibeigenschaft, der politischen Zersplitterung, der Fesselung der Arbeitskräfte an den Boden bzw. an die jeweiligen lokalen Wohnbezirke ebenfalls zu dieser Situation. Insbesondere in Ostelbien führte die unter den Bedingungen der Leibeigenschaft im 18. Jahrhundert vor sich gehende Trennung der bäuerlichen Produzenten von ihren Produktionsmitteln nicht im gleichen Maße zu ihrer Verwandlung in Ausbeutungsobjekte des Kapitals.[34]
Die Motive für die Einführung der ersten Arbeitsmaschinen waren demzufolge auch in Deutschland in erster Linie durch den im Gespinstmangel zum Ausdruck kommenden Widerspruch zwischen dem unterschiedlichen Entwicklungsgrad der Arbeitsproduktivität in Spinnerei und Weberei bestimmt. Jedoch darf man nicht übersehen, daß in dieser Hinsicht auch neue Motive hinzukamen, die aus der Existenz der jungen britischen Baumwollfabrikspinnerei herrührten. Die großen Profite, die bei den Gründungen der ersten Spinnfabriken in Großbritannien gemacht worden sind und die gewissermaßen den großen Sturm der disponiblen Kapitalien in diesem Bereich der Produktion während der achtziger Jahre des 18. Jahrhunderts in England hervorriefen,[35] wirkten natürlich auch über den Kanal hinweg und beeinflußten die Handels- und Manufakturbourgeoisie in den Kontinentalländern. Des weiteren mußten die Konkurrenz der britischen Baumwollgewebe aus Maschinengarnen sowie die mehr und mehr vom britischen Markt verdrängten ostindischen Gewebe zu einem ähnlichen Ergebnis führen.

Demzufolge ging es in Deutschland auch bei der Einführung der ersten Arbeitsmaschinen im Baumwollgewerbe nicht allein um die Lösung eines akuten Engpaßproblems. Die Einführung stand nicht nur durch die Übernahme der britischen Maschinentypen, sondern auch durch jene Faktoren, die diesen Prozeß auslösten, im Banne der industriellen Revolution Englands.

33 Vgl. *Mottek, H.*, a. a. O., Bd 2, Berlin 1964, S. 98f.

34 Krüger stellt hierzu für Preußen fest, „daß zwar die Mehrzahl der ehemals selbständigen Produzenten von Grund und Boden enteignet, aber nicht verjagt wurde, sondern vielmehr an den Feudalherren gefesselt blieb“ (*Krüger, H.*, Zur Geschichte der Manufakturen und der Manufakturarbeiter in Preußen, Berlin 1958, S. 56).

35 Vgl. *Mantoux, P.*, The industrial Revolution in the eighteenth Century, London 1952, S. 253f.

Als Johann Gottfried Brügelmann während der Jahre 1783/84 die erste Baumwollmaschinenspinnerei Deutschlands[36] und damit wahrscheinlich auch die erste Baumwollspinnfabrik des Kontinents in Betrieb setzte, hatte er sich als deutscher Handelskapitalist zuvor bei Arkwright sicherlich nicht nur für die Produktionstechnik interessiert, sondern vor allem von den bedeutenden Profitmöglichkeiten überzeugt. Etwa um die gleiche Zeit, zur Mitte der achtziger Jahre des 18. Jahrhunderts, fand die Spinnmaschine auch in Kursachsen, dem bedeutendsten Zentrum der deutschen Baumwollweberei, ihre erste Anwendung. Hier war es die Jenny, die den Beginn der maschinellen Fertigung von Baumwollgarnen einleitete. Nach der Übersicht von König gab es 1786 in Mittweida und Umgebung 4 solcher Spinnmaschinen und 2 in der Chemnitzer Umgebung.[37] 1789 schließlich zählte man in Sachsen bereits 23 bis 25 solcher Jennies. Bemerkenswert in diesem Zusammenhang ist es, daß sich etwa während des gleichen Zeitraums die marktmäßigen Bedingungen für den Absatz sächsischer Baumwollgewebe, vor allem für die voigtländischen Mousseline, verschlechterten.[38] Diese ersten Jennies sind von Verlegern angekauft und den Spinnern gegen eine Abgabe leihweise überlassen worden.[39]

Außer diesen beiden deutschen Zentren der Baumwollweberei unternahm man zumindest noch in Augsburg und Berlin die ersten Schritte zum Übergang zur maschinellen Fertigung von Baumwollgarnen während der achtziger Jahre des 18. Jahrhunderts.[40] Wie Krüger in diesem Zusammenhang für Berlin feststellt, lagen diesen Versuchen gleichfalls der Druck der englischen Konkurrenz und der auftretende Mangel an Baumwollgarnen ursächlich zugrunde.[41]

Vielleicht mit Ausnahme des rechtsrheinischen Gebietes, in dem Brügelmann den Anfang machte, war es lediglich Sachsen, das noch im 18. Jahrhundert eine ansehnliche Ausdehnung der maschinellen Baumwollgarnfertigung aufweisen konnte. Hierzu trug nicht nur die starke Ausdehnung dieses Gewerbezweiges bei, sondern auch die Geschicklichkeit der dortigen Handwerker, die sich sehr bald dem Bau solcher einfacher kleiner Spinnmaschinen annahmen und sie verhältnismäßig billig an die Weber verkauften. Mathias Frey gilt wohl als Begründer dieses sich entwickelnden sächsischen Spinnmaschinenbaus[42], aber an seine Seite traten sehr bald eine ganze Reihe Handwerker der holzverarbeitenden Gewerbe, die gewissermaßen den Grund-

36 Vgl. *Wilden, J.*, Gründer und Gestalter der Rhein-Ruhrindustrie, Düsseldorf 1951, S. 53f.

37 *König, A.*, Die sächsische Baumwollindustrie am Ende des vorigen Jahrhunderts und während der Kontinentalsperre, in: Leipziger Studien aus dem Gebiet der Geschichte, Bd 5, H. 3, Leipzig 1899, S. 95.

38 Vgl. *Bein, L.*, a. a. O., S. 90ff.

39 *Forberger, R.*, Die Manufaktur in Sachsen vom Ende des 16. bis zum Anfang des 19. Jahrhunderts, Berlin 1958, S. 289. – Zur Rolle des Handelskapitals bei der Einführung der Spinnmaschinen vgl. auch *Bein, L.*, a. a. O., S. 119f.

40 *Zorn, W.*, Handels- und Industriegeschichte Bayrisch-Schwabens. 1648–1870, Augsburg 1961, S. 66; *Krüger, H.*, a. a. O., S. 46ff.

41 *Krüger, H.*, a. a. O., S. 45.

42 *König, A.*, a. a. O., S. 89f.

stein für die Entstehung des sächsischen Maschinenbaus legten, der auf diese Weise unmittelbar aus den Bedürfnissen der Entwicklung des Baumwollgewerbes entsprang. Bereits 1790 schrieb der Kommerzienrat Lorenz zu Mittweida: „Es sind hier verschiedene Personen, die Spinnmaschinen anfertigen. Der Tischler Hoffmann macht die besten und verkauft eine von 42 Spindeln für 25 Reichstaler. Allhier gehen bereits 42 Spinnmaschinen von 36, 42 und 48 Spindeln. Die Weber bedienen sich solcher mit dem besten Erfolge, und noch ist immer Mangel an Spinnerei ... Es werden von Einigen Maschinen von 36 Spindeln für 18 bis 20 Reichstaler gefertigt; diese sind aber etwas leichter gebaut als die Hoffmannschen ... Zur Verfertigung einer Spinnmaschine ist eine Zeit von ungefähr 4 Wochen erforderlich."[43]

Dieses Jahr 1790 schloß gewissermaßen die erste Etappe der Entwicklung der sächsischen Baumwollmaschinenspinnerei ab. Für diese erste Etappe war typisch, daß die Verbreitung der Spinnmaschine, wenn auch im bescheidenen Rahmen, durch die britische Maschinenspinnerei angeregt wurde und der Befriedigung eines wachsenden und von der Handspinnerei allein nicht zu deckenden Garnbedarfs diente. Mit dem Jahre 1791 änderte sich bereits die Situation dadurch, daß die negativen Wirkungen der industriellen Revolution Englands auf die Entwicklung der Maschinenspinnerei immer mehr in den Vordergrund traten. Seit dieser Zeit begann Großbritannien, nicht nur seine aus Maschinengarn hergestellten Baumwollgewebe auf den Leipziger Messen anzubieten, sondern in wachsendem Maße auch seine Garne selbst, so daß die sächsische Maschinenspinnerei mit dieser Konkurrenz zu rechnen hatte.[44] Trotzdem dehnte sich jedoch in Sachsen die Jenny-Spinnerei auch während der neunziger Jahre aus, so daß König für den Spätherbst des Jahres 1800 über 2003 Spinnmaschinen in Kursachsen angibt.[45] Unter dieser Konkurrenz versuchte jedoch das sächsische Handelskapital, das mit dem Baumwollgewerbe in Verbindung stand, England auf dem Wege der fabrikmäßigen Erzeugung von Garnen zu folgen. Es entstanden die bekannten ersten beiden Spinnfabriken von Wöhler und Bernhard.[46] Zweifellos hat jedoch die englische Konkurrenz eine raschere Ausdehnung der Baumwollmaschinenspinnerei in Deutschland während der neunziger Jahre behindert.[47] Für Sachsen kann man der Feststellung Forbergers zustimmen, daß in „den beiden letzten Jahrzehnten des 18. Jahrhunderts" in Sachsen „die Verwendung von Maschinen" anfing, „ihren sporadischen Charakter zu verlieren".[48]

Außerhalb der Baumwollspinnerei finden wir die ersten zaghaften Versuche der Anwendung der Arbeitsmaschine innerhalb der Textilfertigung lediglich noch im

[43] Schreiben des Kommerzienrats Lorenz zu Mittweida vom 29. Januar 1790, in: Sächsisches Landeshauptarchiv, Dresden (im folgenden: SLHA-Dresden) Landes-Oeconomie-Manufaktur-Commerzien-Deputation (im folgenden: Loc.), Loc. 11126.

[44] Vgl. *Bein, L.*, a. a. O., S. 123; Über die gegenwärtig häufige Einfuhr des englischen Maschinen-Garnes — gehorsamstes Pro-Memoria, Leipzig, d. 15. Mai 1794, in: SLHA-Dresden, Loc. 11130.

[45] *König, A.*, a. a. O., S. 95.

[46] Ebenda, S. 101f.

[47] Vgl. *Mottek, H.*, a. a. O., Bd 2, S. 103.

[48] *Forberger, R.*, a. a. O., S. 146.

Bereich der Streichgarnspinnerei, aber in ungleich geringerem Umfange. Erst mit dem Beginn des 19. Jahrhunderts verstärkten sich im Tuchgewerbe die Bemühungen, zur maschinellen Fertigung der Garne überzugehen.[49] Die Ursachen dafür waren zweifellos in einem gewissen Garnmangel, aber auch in dem Streben, die durch die Maschine erhofften größeren Gewinne, ähnlich wie in der Baumwollspinnerei, zu realisieren, zu suchen. Das Beispiel der Baumwollmaschinenspinnerei dürfte auf die Mechanisierung der anderen Zweige der Spinnerei beschleunigend eingewirkt haben. Dies trifft nicht zuletzt für den Beginn der maschinellen Fertigung der Flachsgarne zu, die zweifellos nicht durch einen Mangel an Handgarnen hervorgerufen wurde.[50] Etwas Ähnliches läßt sich auch für den Beginn der maschinellen Fertigung von Kammgarnen sagen, wobei hier wesentlich stärker als bei der Flachsmaschinenspinnerei das britische Beispiel anspornend wirkte. Für das Zustandekommen der ersten deutschen Kammgarnspinnfabrik war jedoch zugleich die schwierige Situation der deutschen Baumwollmaschinenspinnerei unmittelbar nach der Kontinentalsperre maßgebend.[51] Überhaupt wurde dadurch die Entwicklung der Wollspinnerei beschleunigt, da in diesem Bereich ein solcher Konkurrenzkampf mit der britischen Fabrikindustrie nicht existierte und der Übergang von der Baumwoll- zur Streichgarnmaschinenspinnerei die Möglichkeit bot, das verausgabte Kapital zu retten.[52]
Für die Zeit bis zum Beginn des vierten Jahrzehnts des 19. Jahrhunderts läßt sich für Deutschland im Unterschied zu England feststellen, daß sich die Maschinenspinnerei und insbesondere die Fabrikspinnerei relativ langsam entwickelten. Dies resultiert aus den im Vergleich mit den letzten drei Jahrzehnten des 18. Jahrhunderts in England ungleich ungünstigeren wirtschaftlichen und politischen Bedingungen, unter denen sich in diesem Zeitraum die Einführung der Arbeitsmaschine in Deutschland vollziehen mußte. Diese Entwicklung mußte sich unter den Bedingungen der politischen Zersplitterung des Landes, der noch weitgehenden Herrschaft der fortschrittsfeindlichen Zünfte, der feudalausgebeuteten ländlichen Bevölkerung und der von den Feudalen beherrschten deutschen Teilstaaten vollziehen. Hierzu kamen noch die während längerer Zeit durch kriegerische Ereignisse gestörten Handelsbeziehungen mit dem Ausland, die Gefahr der Kolonisierung Deutschlands durch Frankreich und später die ökonomische Ausplünderung durch den entstandenen britischen Industriekapitalismus. Die Zeit der Kontinentalsperre hemmte zwar zeitweise die zerstörende Tendenz der britischen Konkurrenz auf die junge deutsche Maschinenspinnerei, aber diese Atempause reichte nicht aus, um die zur gleichen Zeit auftretenden Nachteile für die industrielle Entwicklung Deutschlands auszugleichen und eine konkurrenzstarke deutsche Fabrikspinnerei entstehen zu

49 Vgl. hierzu S. 73f.
50 Vgl. *Blumberg, H.*, Ein Beitrag zur Geschichte der deutschen Leinenindustrie von 1834 bis 1870, in: Mottek/Blumberg/Wutzmer/Becker, Studien zur Geschichte der industriellen Revolution in Deutschland, Veröffentlichungen des Instituts für Wirtschaftsgeschichte an der Hochschule für Ökonomie Berlin-Karlshorst (im folgenden: Studien zur Geschichte der industriellen Revolution), Bd 1, S. 104ff.
51 Vgl. hierzu S. 76.
52 Vgl. hierzu S. 74.

lassen.[53] Nicht zuletzt war die Agrarkrise, die den Hauptwirtschaftszweig Deutschlands während der zwanziger Jahre hart traf, für einen allgemeinen wirtschaftlichen Aufschwung ungünstig.[54]

Hatte in England bereits die erste Investitionswelle in der Baumwollmaschinenspinnerei dazu geführt, daß diese 1788 2,2 Millionen Spindeln zählte, so gab es selbst 1830 im bedeutendsten Zentrum der deutschen Textilindustrie jener Zeit, in Sachsen, erst 361202 Spindeln, die sich auf 84 Baumwollspinnereien verteilten.[55] Daneben existierten noch 10 Kammgarnspinnfabriken mit 8226 und 48 Streichgarnspinnereien mit 36666 Spindeln.[56] Die sächsische Spinnerei verfügte demzufolge zu Beginn des vierten Jahrzehnts über rund 407000 Spindeln. Wenn auch inzwischen in verschiedenen Gebieten Deutschlands eine Reihe neuer Spinnfabrikzentren herangewachsen war, so dürfte doch zu jenem Zeitpunkt die gesamte deutsche Spinnereikapazität noch unter einer Million Spindeln gelegen haben. Trotzdem reichte bereits die allmähliche und langsame Entwicklung der Maschinenspinnerei im Zusammenhang mit der Einführung der Arbeitsmaschine auch in anderen Bereichen der Textilindustrie aus, um gewisse Entwicklungen innerhalb der nichtagrarischen Produktion auszulösen und zu begünstigen, die den Übergang der ökonomischen Entwicklung Deutschlands zur Hauptperiode der industriellen Revolution im Verlaufe der dreißiger Jahre mit begründeten.

An erster Stelle wäre hierbei vor allem die Entstehung erster Keime eines deutschen Maschinenbaus zu nennen, die ohne Zweifel dem Übergang zur maschinellen Fertigung von Garnen in Deutschland zu danken war. Der Versuch der britischen Bourgeoisie, die übrige Welt von der Anwendung der Maschinen auszuschließen, hatte notwendigerweise zur Folge, daß auf dem europäischen Kontinent und damit ebenfalls in Deutschland mit den ersten Anfängen der Einführung der Arbeitsmaschine und auch der Dampfmaschine die Entstehung einer eigenen Maschinenfertigung erforderlich wurde. Die britischen Maschinenausfuhrverbote gewährten darüber hinaus dem entstehenden kontinentalen Maschinenbau einen ökonomischen Schutz für seine Entwicklung, wie ihn die Kontinentalstaaten nicht besser hätten gewähren können. Dies bedeutet natürlich keineswegs, daß die Entstehung des kontinentalen Maschinenbaus der britischen Verbotspolitik zu danken war, sondern nur die Beschleunigung dieser Entwicklung durch dieses Moment. Von allen anderen Faktoren abgesehen, erzwangen allein die Schwierigkeiten des Maschinentransports an-

53 Vgl. *Mottek, H.*, a. a. O., Bd 2, S. 105f.; *Dilthey, F. O.*, Die Entwicklung der Baumwollindustrie im niederrheinischen Industriebezirk bis zum Niedergang der Hausindustrie, Diss. phil. Heidelberg, Jena 1908, S. 12f.

54 Zur Agrarkrise vgl. *Mottek, H.*, a. a. O., Bd 2, S. 88ff. Für Sachsen illustriert den Niedergang der „Textilindustrie" während dieser Jahre „Tabellarische Übersichten über Handlung, Fabriken, Häuser und Bevölkerung . . .", in: SLHA-Dresden, Loc. 11187.

55 *Mendelson, L. A.*, Teorija i istorija ekonomičeskich krizisov i ciklov, Bd 1, Moskau 1959, S. 241; *Übersicht der im Königreich Sachsen befindlichen Baumwollspinnereien*, in: Bericht über die Ausstellung sächsischer Gewerb-Erzeugnisse im Jahre 1831, Dresden-Leipzig 1832.

56 Vgl. Tabellen 9 u. 10 (Anhang).

gesichts des niedrigen Niveaus der Verkehrsindustrie die Entstehung eines einheimischen Maschinenbaus für den Aufbau der maschinellen Großindustrie.
Ähnlich, wie reichlich hundert Jahre später die Embargopolitik der imperialistischen Staaten gegen die entstehende sozialistische Welt ganz und gar ihr Ziel verfehlte, führte die eigennützige Politik der britischen Bourgeoisie als Gesamtklasse tatsächlich zur Stärkung der ökonomischen Unabhängigkeit jener Staaten, die England auf dem Wege der industriellen Revolution noch während der ersten Hälfte des 19. Jahrhunderts folgten. Allerdings blieben gewisse Nachteile für diese Länder aus dieser britischen Politik nicht aus, aber weit stärker wirkte sich in dieser Richtung die napoleonische Isolierungspolitik des Kontinents aus.[57]
Wir haben bereits darauf hingewiesen, daß die Einführung der Jenny-Spinnerei in Sachsen zur Entstehung eines handwerklichen Maschinenbaus geführt hatte. Für die Errichtung der ersten Spinnfabriken reichte jedoch in der Regel diese technische Basis der Maschinenproduktion nicht aus, so daß sehr oft die Errichtung einer Maschinenbauwerkstatt der Gründung der Spinnerei vorausging. Dies war sowohl bei Wöhler als auch bei Bernhard der Fall, aber traf bis weit in die dreißiger Jahre hinein noch für viele Fabrikgründungen in der Textilindustrie zu.[58] So wurde, wie A. Schröter schreibt, die Textilindustrie – historisch gesehen – die „wichtigste Entstehungsquelle" des deutschen Maschinenbaus, „da die in Textilfabriken auftretenden Formen des Maschinenbaues die ersten und damit die Ausgangs- und Anregungspunkte für die anderen Quellen geworden sind".[59] Darüber hinaus dankte die Maschinenbauindustrie ihre Entstehung als selbständiger Zweig im hohen Maße der Entwicklung der Fabrikindustrie in der Textilbranche. Zweifellos besaß der Maschinenbau bereits in seiner ersten Etappe der Entstehung noch andere Auftraggeber, aber die Textilindustrie war zweifellos der bedeutendste und auch beständigste. Wenn bereits zu Beginn der dreißiger Jahre Sachsen zu den wichtigsten Zentren des jungen deutschen Maschinenbaus zählte, so war das nur ein Reflex der hohen Konzentration der Textilindustrie in diesem deutschen Gebiet. Aber z. B. auch der Berliner Maschinenbau verdankte vor allem dem wachsenden Bedarf an Textilmaschinen seine Entstehung.[60]
Wenn Henderson bei seiner Untersuchung über den Einfluß der englischen Industrie auf die Industrialisierung Deutschlands feststellt, daß sich „die deutsche Industrie

57 Vgl. *Mottek, H.*, Einleitende Bemerkungen – Zum Verlauf und zu einigen Hauptproblemen der industriellen Revolution in Deutschland, in: Mottek/Blumberg/Wutzmer/Becker, a. a. O., S. 23.

58 *Strauß, R.*, Die Lage und die Bewegung der Chemnitzer Arbeiter in der ersten Hälfte des 19. Jahrhunderts, Berlin 1960, S. 54f.

59 *Schröter, A.*, Die Entwicklung der deutschen Maschinenbauindustrie in der ersten Hälfte des 19. Jahrhunderts, in: Schröter/Becker, Die deutsche Maschinenbauindustrie in der industriellen Revolution, Veröffentlichungen des Instituts für Wirtschaftsgeschichte an der Hochschule für Ökonomie, Berlin-Karlshorst, Bd 2, Berlin 1962, S. 46.

60 Vgl. *Krüger, H.*, a. a. O., S. 46ff.; *Roemer, H.*, Die Baumwollspinnerei in Schlesien bis zum preußischen Zollgesetz von 1818, in: Darstellungen und Quellen zur schlesischen Geschichte, Bd 19, Breslau 1914, S. 42.

zuerst fast ausschließlich auf fremde Maschinen verlassen" habe[61], dann gilt das zweifellos nur in dem Sinne, daß sie lange Zeit nach englischen Zeichnungen oder Modellen ihre Maschinen fertigte. Bereits Gülich stellte 1844 in seinem Werk „Die gesamten gewerblichen Zustände in den bedeutendsten Ländern der Erde während der letzten zwölf Jahre" fest: „Und wenn in dieser Zeit (1828 bis 1842 – H. B.) die Einfuhr von fremden, besonders englischen Maschinen sich außerordentlich vermehrte, so wurden doch bei weitem die meisten in den deutschen Gewerben gebrauchten in Deutschland selbst verfertigt."[62]

Der Aufbau der deutschen Fabrikindustrie bis zu den dreißiger Jahren mit deutschen oder ausländischen Maschinen war natürlich in den einzelnen Gebieten unterschiedlich. In Süddeutschland und auch im Rheinland hatte zweifellos weniger der englische als vielmehr der französische und belgische Maschinenbau bis in die dreißiger Jahre hinein einen sehr wesentlichen Teil der Maschinen für die dortigen Spinnfabriken geliefert, aber auch hier wurde bereits ein Teil des Maschinenbedarfs in Deutschland selbst gedeckt.[63] Die Ausrüstung ganzer Betriebe mit überwiegend englischen Maschinen dürfte erst seit den dreißiger Jahren vorgekommen sein, aber auch dann blieben das Einzelerscheinungen. In den Gebieten östlich der Elbe, also vor allem in Sachsen, im Brandenburger und schlesischen Raum, wurde die entstehende Fabrikindustrie hingegen weitgehend mit den in Deutschland selbst hergestellten Maschinen ausgerüstet. Die sächsischen Spinnereien bezogen zumeist ihre Maschinen aus den einheimischen Unternehmen, die sich auf Grund dessen bereits während der dreißiger Jahre auf dem Gebiet der Baumwollspinnmaschinen einen gewissen Ruf in Deutschland erworben hatten.[64] Die schlesischen Baumwollspinnereien wurden teilweise ebenfalls mit sächsischen Maschinen ausgerüstet, und teilweise deckten sie ihren Bedarf im Eigenbau.[65] Die ersten Flachsmaschinenspinnereien Schlesiens haben ihre Maschinen zunächst selbst angefertigt und später diese vor allem aus Breslau bezogen.[66] Aus der deutschen Textilindustrie kam darüber hinaus ein Teil des im Maschinenbau benötigten zirkulierenden Kapitals, selbst wenn dieser bereits in selbständiger Form existierte, da längere Zeit ein Drittel der Kosten für die bestellten Maschinen im voraus bezahlt werden mußte.[67]

61 *Henderson, W. O.*, England und die Industrialisierung Deutschlands, in: Zeitschrift für die gesamte Staatswissenschaft, Bd 108, Tübingen 1952, S. 273.

62 *Gülich, G. v.*, Die gesammten gewerblichen Zustände in den bedeutendsten Ländern der Erde während der letzten zwölf Jahre, Bd 2, Jena 1844, S. 560; vgl. auch zu dieser Frage *Schröter, A.*, a. a. O., S. 40ff.

63 Vgl. *Minutoli, A. v.*, Reisebericht aus dem Jahre 1838, in: Deutsches Zentralarchiv, Abt. Merseburg (im folgenden: DZA-Merseburg), Rep. 120 D I/1, Nr 11/Vol. 2; *Dedi, L.*, Die oberbadische Textilindustrie unter dem besonderen Einfluß ihrer Grenzlage, Diss. Säckingen 1935, S. 43ff.; *Graßmann, J.*, Die Entwicklung der Augsburger Industrie im neunzehnten Jahrhundert, Augsburg 1894, S. 42ff.

64 *Bericht über die Ausstellung sächsischer Gewerb-Erzeugnisse im Jahre 1834*, Leipz. 1836, S. 39 f.

65 *May*, Reisebericht aus dem Jahre 1836, in: DZA-Merseburg, Rep. 120 D I/1, Nr 11/Vol. 2.

66 Dies traf z. B. für Alberti und Kramsta zu – vgl. ebenda.

67 Vgl. *Baar, L.*, Die Entwicklung der Berliner Industrie in der Periode der industriellen Revolution, Diss. Berlin 1961 (MS), S. 316; *Kunst- und Gewerbeblatt des polytechnischen*

Eine wesentliche Rolle spielte die Textilindustrie auch für den Reifeprozeß der jungen deutschen Maschinenbauindustrie. Für den Übergang zum manufakturmäßigen Stadium und auch für die Entstehung der ersten Maschinenbaufabriken dürfte vor allem in Sachsen der verhältnismäßig kontinuierliche Bedarf nach gleichartigen Maschinen seitens der Spinnerei entscheidend gewesen sein. Von einzelnen lokalen Gebieten abgesehen,[68] gab es bis zum Beginn der vierziger Jahre kaum einen anderen Industriezweig, der schon einen gewissen „Massenbedarf" an Maschinen aufweisen konnte. Dies aber war zweifellos für die Aufgliederung des Produktionsprozesses, wie ihn die Manufaktur zur Grundlage hat, und für die Verwendung ganzer Maschinensysteme, wie es das Fabriksystem erforderte, eine notwendige Voraussetzung, ganz abgesehen von den wachsenden Ansprüchen, die der Fortschritt der Spinnereitechnik an den Maschinenbau stellte.[69]

Wenn man von der Entwicklung der Spinnfabrikindustrie in Sachsen ausgeht (über die wir die besten statistischen Angaben haben) und lediglich den auftretenden Neubedarf, also nicht die einfache Reproduktion der Maschinerie berücksichtigt, dann ergibt sich bis zum Jahre 1834 nachfolgender Maschinenbedarf: 1830/31 etwa 2458 Feinspinnmaschinen, also jährlicher Durchschnitt: 82; bis 1834 ca. 2960 Feinspinnmaschinen, d. h. einen Zuwachs von 502 Maschinen oder einen jährlichen Maschinenbedarf von 126. Hierbei haben wir zugrunde gelegt, daß im Durchschnitt für die Baumwoll- und Kammgarnspinnerei Feinspinnmaschinen mit 200 und für die Streichgarnspinnerei mit 60 Spindeln gefertigt wurden. Zu jeder dieser Feinspinnmaschine kann man etwa einen dreifachen Bedarf an Vorbereitungsmaschinen hinzurechnen. Damit wären für den sächsischen Maschinenbau bis zum Jahre 1831 ein monatlicher Durchschnittsbedarf von mindestens 18 Maschinen für die Spinnerei und nach 1831 ein solcher von 33 angefallen. Zu diesem Maschinenbedarf müßten nun weiterhin die Antriebsmaschinen und die Transmissionsmechanismen hinzugerechnet werden.

Aus diesen summarischen Zahlen, die zweifellos als Minimalzahlen aufzufassen sind, ergibt sich, daß die Textilindustrie zumindest seit Beginn des vierten Jahrzehnts für den sächsischen Maschinenbau einen relativ kontinuierlichen und gesicherten Markt bot, auf dessen Grundlage er sich entfalten konnte. Diese Daten zeigen aber andererseits, daß bis zu diesem Zeitpunkt die langsame Entwicklung der Textilindustrie dem Maschinenbau keine Möglichkeiten für eine stürmische Entwicklung bot.

Über den Maschinenbau wirkte die Entwicklung der Fabrikindustrie im Bereich der Spinnerei auch auf die Metallurgie ein, indem sie den Roheisenbedarf hob und die Anforderungen an die Gießereiindustrie erhöhte.

Vereins für das Königreich Bayern, Jg. 28, H. VIII u. IX, Monat August u. September 1843, S. 611f.

68 Z. B. spielte für den Breslauer Maschinenbau die Mühlen- und Zuckerindustrie (vgl. *May*, a. a. O.; *Quentin*, Reisebericht aus dem Jahre 1837, in: DZA-Merseburg, Rep. 120 D I/1, Nr 11/Vol. 2) und für den Magdeburger gleichfalls der Bedarf der Zuckerindustrie eine beachtliche Rolle (vgl. *Schütz*, Reisebericht aus dem Jahre 1838 über Magdeburg, in: DZA-Merseburg, Rep. 120 D I/1, Nr 11/Vol. 2).

69 Vgl. zu dieser Frage *Becker, W.*, Die Entwicklung der deutschen Maschinenbauindustrie von 1850 bis 1870, in: Schröter/Becker, a. a. O., S. 182.

Die Entwicklung der chemischen Industrie als eigentlicher Industriezweig ist gleichfalls sehr eng mit der Entfaltung der Textilindustrie während des 19. Jahrhunderts verknüpft. Wenn die chemische Industrie auch unmittelbar aus den raschen Fortschritten der chemischen Wissenschaft hervorging, so verdankte sie aber vor allem der Textilindustrie ihre wachsende Ausdehnung während des vorigen Jahrhunderts. Die Farbchemie, auf deren Grundlage die deutsche Chemie-Industrie am Ende des 19. Jahrhunderts zur Weltgeltung gelangte, fand ihren Absatz vor allem in der Textilindustrie. Doch die Einführung der chemischen Bleiche, das rasche Anwachsen der Gewebeproduktion und die Ausdehnung des Gewebedrucks erhöhten bereits vorher den Bedarf nach Chemikalien, vor allem nach Soda und Schwefelsäure, beträchtlich.[70] Im Verlaufe der industriellen Revolution war wohl die Textilindustrie der größte industrielle Verbraucher von Produkten der Chemie-Industrie.

Schon in der Vorbereitungsperiode regte die deutsche Textilindustrie, vor allem die Wollindustrie, in der Landwirtschaft eine verstärkte Marktproduktion durch ihren wachsenden Rohstoffbedarf an. Allerdings war in dieser Hinsicht der steigende Wollbedarf der britischen Industrie zu dieser Zeit noch entscheidender. Die stärkere Einbeziehung der deutschen Landwirtschaft in die Marktproduktion infolge des rasch wachsenden Rohstoffbedarfs seitens der Textilindustrie begünstigte die sich während des 19. Jahrhunderts vollziehende sozialökonomische Umwälzung auf dem Lande, aber die dadurch hervorgerufene Veränderung ihrer Produktionsstruktur war nur vorübergehender Natur. Die volle Ausbildung des Weltmarktes im Ergebnis des sich über die Grenzen Mittel- und Westeuropas vollziehenden Industrialisierungsprozesses führte zur Neubewertung der standortmäßigen Bedingungen für die Produktion von Textilrohstoffen und damit zu einer verstärkten internationalen Arbeitsteilung. Im Ergebnis der sich für die landwirtschaftliche Produktion durch den Industrialisierungsprozeß in Deutschland selbst verändernden Produktionsbedingungen und der Konkurrenz der unter günstigeren Verhältnissen produzierten Textilrohstoffe von außen verlor zunächst die deutsche Flachs- und seit der Mitte des 19. Jahrhunderts auch die Wollerzeugung ihre internationale Bedeutung.[71] Doch auch für die Versorgung der eigenen Industrie verminderte sich fortschreitend die Rolle der einheimischen textilen Rohstoffproduktion.[72]

Obwohl quantitativ nicht faßbar, bereitete diese im Verlaufe der Vorbereitungsperiode entstehende deutsche Fabrikindustrie innerhalb der Textilindustrie die nachfolgend einsetzende allgemeine Industrialisierung auch noch in anderer Richtung vor. Vor allem mit der Spinnfabrikindustrie entstand erstmalig innerhalb der nichtagrarischen Produktion ein Zweig, in dem der fixe Kapitalbestandteil verhält-

[70] Vgl. *Graßmann, J.*, a. a. O., S. 128ff.; *Martell*, Zur Geschichte der chemischen Industrie in Schlesien, in: Die chemische Industrie, Zeitschrift hg. v. Verein zur Wahrung der Interessen der chemischen Industrie Deutschlands. E. V., Jg. 34, Nr 1/1914, S. 6ff.

[71] Vgl. S. 159 u. 260; vgl. *Frahne, C.*, Die Textilindustrie im Wirtschaftsleben Schlesiens, Tübingen 1905, S. 122f.

[72] Vgl. Tabelle 1 (Anhang); *Reden, F. W. v.*, Erwerbs- und Verkehrs-Statistik des Königsstaats Preußen, 3. Abtlg., Darmstadt 1854, S. 1611.

nismäßig hoch war und ein Mittel zur Kapitalverwertung wurde. Die Fabrik als neue und als die typische Form der Organisation der Produktion im industriellen Kapitalismus entstand auch in Deutschland zuerst in der Textilindustrie. Sie zeigte für die im Lande vorhandenen „überschüssigen" Geldfonds eine Alternative zu den bisher vorherrschenden Formen der Geldanlage im Bereich des Handels, der Landwirtschaft sowie in Gestalt von Hypotheken und Staatsanleihepapieren oder gar der einfachen Schatzbildung. Die Textilindustrie wurde so auch in Deutschland das Experimentierfeld, auf dem die Bourgeoisie ihre eigenen Erfahrungen in verschiedener Hinsicht für die nachfolgend einsetzenden Investitionswellen sammelte.

II. Die deutsche Textilindustrie während der Hauptperiode der industriellen Revolution

Als sich nach der Gründung des deutschen Zollvereins die ökonomische Situation soweit änderte,[1] daß die industrielle Entwicklung Deutschlands aus der Vorbereitungsperiode heraustreten konnte, besaß die deutsche Textilindustrie einen hohen Anteil an diesem sich unmittelbar nach 1834 vollziehenden Aufschwung. Das Entwicklungstempo innerhalb der deutschen Textilindustrie während der Jahre 1834 bis 1838 veränderte sich derart, daß man von einer Gründungswelle in diesem Bereich der nichtagrarischen Produktion sprechen kann. Hauptanlagesphäre des Kapitals in der Textilindustrie war vor allem die Baumwoll- und Wollindustrie. Demgegenüber traten die anderen Zweige der Textilindustrie zurück. Allein in Sachsen zählte man während dieser Jahre in allen Bereichen der Textilindustrie 319 Neugründungen.[2] Hierbei handelte es sich zwar überwiegend um Fabrikgründungen, aber nicht ausschließlich. Die sächsische Woll- und Baumwollspinnerei erhöhte während der Jahre 1834 bis 1837 ihre Spindelzahl um rund 138000 Feinspindeln [3] Demzufolge betrug allein durch diese Neuanlage von fixem Kapital der geschätzte Maschinenbedarf monatlich 69 Spinn- und Vorbereitungsmaschinen. Mit ihrem Maschinenbedarf dürfte die Textilindustrie während jener Jahre im starken Maße den deutschen Maschinenbau in seinen wichtigsten Zentren als selbständigen Industriezweig und aus dem Handwerksstadium emporgehoben haben. Dieser verhältnismäßig auf wenige Jahre zusammengedrängte starke Maschinenbedarf führte in einzelnen Betrieben bereits zur Entstehung des Fabrikstadiums. Es war keineswegs ein Zufall, wenn Chemnitz in diesen Jahren in der Firma Haubold die bedeutendste Maschinenbaufabrik Deutschlands beherbergte.[4] Auf diese Weise

1 Vgl. S. 159ff.

2 Summarische Übersichten der in den Jahren 1834 bis 1836 neu entstandenen Fabrikunternehmungen, in: Sächsisches Landeshauptarchiv, Dresden (im folgenden: SLHA-Dresden), Ministerium des Innern (im folgenden: M. d. I.), Nr 1378a; das Gleiche für die Jahre 1837 und 1838, in: ebenda, Nr 1398b.

3 Beiträge zur Gewerbs-Statistik von Sachsen betr., in: SLHA-Dresden, M. d. I., Nr 1378b, Bl. 149.

4 *Bericht über die Ausstellung sächsischer Gewerb-Erzeugnisse 1834*, Leipzig 1836, S. 39.

wurde der deutsche Maschinenbau während der dreißiger Jahre durch die Textilindustrie im Zusammenwirken mit einigen anderen Zweigen der entstehenden deutschen Fabrikindustrie befähigt, seine Aufgaben bei der deutschen Industrialisierung weitgehend zu lösen, aber zunächst vermochte er nicht, den sprunghaft steigenden Bedarf an Lokomotiven, also an verhältnismäßig komplizierten und großen Aggregaten, während der vierziger Jahre zu bewältigen.[5] Der relativ hohe Bedarf an Textilmaschinen in Deutschland führte auch zu ersten Tendenzen einer gewissen Spezialisierung innerhalb des deutschen Maschinenbaus.[6]
Insgesamt gesehen, blieb jedoch das Tempo der Entwicklung der deutschen Textilindustrie zu langsam, um einen echten zyklischen Aufschwung bereits während der zweiten Hälfte der dreißiger Jahre auszulösen. Am Ende des vierten Jahrzehnts zählte der deutsche Zollverein immer noch nur eine knappe dreiviertel Million Spindeln in der Baumwollindustrie,[7] dem führenden Fabrikindustriezweig der damaligen Zeit. Unter den konkreten Entwicklungsbedingungen war die deutsche Textilindustrie nicht in der Lage, eine analoge Rolle im Prozeß der industriellen Revolution zu spielen, wie das in England der Fall gewesen war.[8] Sie war zwar an dieser Entwicklung stark beteiligt, hatte in entscheidendem Maße den Boden dafür bereitet, aber zum Träger des ersten zyklischen Aufschwungs der deutschen Industrie wurde der Eisenbahnbau[9], mit dessen rascher Entwicklung auch die anderen Zweige günstigere Entwicklungsbedingungen erhielten, nicht zuletzt der Maschinenbau, aber auch die Textilindustrie selbst. Mit dieser damit einsetzenden industriellen Entwicklung verlor die deutsche Textilindustrie ihre Rolle als progressiver oder führender Zweig der Wirtschaft, die sie ohnehin im Prozeß der industriellen Revolution in Deutschland nur in begrenztem Maße zu spielen in der Lage war. Aus diesem Grunde wollen wir die volkswirtschaftlichen Wirkungen der Entwicklung der Textilindustrie im Verlaufe der Hauptperiode der industriellen Revolution nicht näher verfolgen, sondern uns einigen zentralen Fragen ihrer Entwicklung zuwenden.

1. *Die allgemeine Produktionsentwicklung der Textilindustrie*

Die industrielle Revolution führte zu einer raschen Ausdehnung der nichtagrarischen Produktion auf der Grundlage der zunehmenden Mechanisierung des Produktionsprozesses und der Einführung neuer chemisch-technologischer Verfahren. Ihre

[5] Vgl. *Mottek, H.*, Wirtschaftsgeschichte Deutschlands. Ein Grundriß, Bd 2, Berlin 1964, S. 173.

[6] Vgl. *Bericht über die Ausstellung sächsischer Gewerb-Erzeugnisse 1834*, a. a. O., S. 39f.; *Minutoli, A. v.*, Reisebericht aus dem Jahre 1838, in: DZA-Merseburg, Rep. 120 D I/1, Nr 11/Vol. 2.

[7] *Dieterici, C. F. W.*, Statistische Übersicht der wichtigsten Gegenstände des Verkehrs und Verbrauchs im deutschen Zollvereine, 2. Forts., Berlin-Posen-Bromberg 1844, S. 341.

[8] Vgl. S. 107 f.; vgl. *Gregg, P.*, A social and economic History of Britain. 1760–1955, London-Toronto-Wellington-Sydney 1956, S. 46ff.

[9] Vgl. *Mottek, H.*, a. a. O., S. 132 u. 151ff.

sozialökonomische Funktion konnte sie nur infolge dieser raschen quantitativen Erweiterung der industriellen Produktion ausüben. Allein von dieser Sicht her ist es wichtig, die tatsächliche Produktionsausdehnung zu erfahren, die die einzelnen Zweige im Verlaufe der industriellen Revolution aufzuweisen hatten. Darüber hinaus besitzt diese Frage heute noch ein gewisses aktuelles Interesse, da bei der Diskussion über den Weg der Industrialisierung, den die sogenannten schwachentwickelten Länder heute beschreiten, die vergangenen Industrialisierungsprozesse eine wachsende Aufmerksamkeit finden. Die Frage des Wachstumstempos spielt in diesem Zusammenhang ja eine hervorragende Rolle, aber sie setzt die Kenntnis der tatsächlich vollzogenen quantitativen Produktionsentwicklung voraus.

Den bisher wohl besten Produktionsindex für die uns interessierende Zeit hat Spiethoff ermittelt, und zwar gilt dies für die Baumwoll- und Wollindustrie.[10] Der Vorzug des Spiethoffschen Indexes besteht vor allem in seiner jährlichen Aufgliederung, so daß dadurch die diskontinuierliche Produktionsentwicklung, die für den Kapitalismus typisch ist, sichtbar wird. Allerdings haben wir erhebliche Bedenken, inwieweit der Spiethoffsche Index tatsächlich diese zyklische Entwicklung richtig wiedergibt. Da er bei der Baumwoll- und Wollindustrie vom zur Verfügung stehenden Rohstoff ausgeht, würde das nur dann der Fall sein, wenn die tatsächlich verarbeitete Rohstoffmenge dem im Lande vorhandenen Rohstoff entspräche. Da in der Konjunkturphase Rohstoffe aus spekulativen Motiven aufgekauft werden und vor allem während Krisenzeiten infolge Absatzschwierigkeiten beträchtliche Differenzen zwischen Angebot und Verbrauch auftreten, dürften erhebliche Fehler zu erwarten sein. Wir werden deshalb eine solche jährliche Aufgliederung nicht anstreben.

Die geringsten Schwierigkeiten bei der Ermittlung der quantitativen Produktionsentwicklung bereitet die Baumwollindustrie, da sie ausschließlich mit einem importierten Rohstoff arbeitet. Wir haben hier die Angaben des Statistischen Jahrbuches des Deutschen Reiches als Berechnungsgrundlage benutzt.[11] Problematischer wird die Erfassung der Produktion schon bei der deutschen Wollindustrie, da sie zwar in zunehmendem Maße importierte Wolle, aber nicht ausschließlich solche verarbeitet. Für die Berechnung des Produktionsindexes der Wollindustrie wählten wir nicht den Spiethoffschen Weg der Berechnung der deutschen Wollproduktion, sondern haben auf Grund unserer detaillierten Untersuchung, die im zweiten Teil dieser Arbeit enthalten ist, die Produktionsentwicklung geschätzt.[12] Die von Spiethoff für die Wollgarnproduktion angegebene Entwicklung bleibt offensichtlich

[10] *Spiethoff, A.*, Die wirtschaftlichen Wechsellagen. Aufschwung, Krise, Stockung, Tübingen-Zürich 1955, Tafel 24.

[11] Vgl. *Statistisches Jahrbuch für das Deutsche Reich*, Jg. 3, 1882, Berlin 1882, S. 135; *Dieterici, C. F. W.*, Statistische Übersicht der wichtigsten Gegenstände des Verkehrs und Verbrauchs im preußischen Staate und im Zollverband in dem Zeitraum 1831 bis 1836, 1. bis 4. Forts., Berlin-Posen-Bromberg 1838, 1842, 1844, Berlin-Posen 1848, Berlin 1851; *Bienengräber, A.*, Statistik des Verkehrs und Verbrauchs im Zollverein für die Jahre 1842 bis 1864, Berlin 1868.

[12] Vgl. S. 155–286.

erheblich hinter der tatsächlichen Produktionsausdehnung zurück. Nach ihm verdoppelte sich etwa die Produktion zwischen 1846 und 1875.[13] Demgegenüber weist die Entwicklung der Feinspindelzahl der deutschen Kammgarn- und Streichgarnspinnerei – ohne Berücksichtigung der Leistungssteigerung pro Spindel – während des gleichen Zeitraumes bereits einen Zuwachs um 262% auf.[14] Die größten Schwierigkeiten bei der Ermittlung der Entwicklung der Produktion bereitet zweifellos die deutsche Leinenindustrie, weil sie lange Zeit überwiegend mit einheimischen Rohstoff arbeitete, der nur schwer zu ermitteln ist. Bei der Flachsgarnproduktion läßt sich lediglich die Entwicklung der Maschinengarnproduktion annähernd bestimmen, da man hier von der Entwicklung der Feinspindeln unter Berücksichtigung der im Verlaufe der Hauptperiode der industriellen Revolution eingetretenen Leistungssteigerung ausgehen kann.[15] Demgegenüber blieb bei unserer Berechnung die Handspinnerei unberücksichtigt. Für die Leinenweberei benutzten wir die von uns bereits einmal gemachten Angaben über einige Zentren der deutschen Leinenindustrie und korrigierten sie auf Grund der Entwicklung der Produktionskapazitäten in der Zeit von 1834 bis 1875 und der von anderen Gebieten vorliegenden summarischen Einschätzungen über die Entwicklung der Produktionsrichtung während der einzelnen Zyklen.[16] Da bei der deutschen Leinenweberei bis in die sechziger Jahre hinein das landwirtschaftliche Nebengewerbe als Warenproduzent eine beachtliche Rolle spielte, haben wir auch diese Produktion mit in unsere Berechnung einbezogen.

Bei der Zusammenfassung des Produktionsindexes der deutschen Textilindustrie bzw. ihrer beiden Hauptbranchen – Spinnerei und Weberei – sichteten wir die einzelnen Daten nach der Struktur der Textilindustrie, wie sie sich nach den Angaben der Gewerbezählungen für das Zollvereinsgebiet ergeben. Für den Zyklus der vierziger Jahre benutzten wir demzufolge die Ergebnisse der Zollvereinsstatistik von 1846, für den der fünfziger Jahre die der entsprechenden von 1861 und schließlich für die sechziger Jahre die Reichsstatistik von 1875. Bei der Reichszählung blieb allerdings das Gebiet von Elsaß-Lothringen unberücksichtigt, um die Vergleichbarkeit mit den vorangegangenen Zählungen zu erhalten. Demgegenüber sind die gebietsmäßigen Veränderungen zwischen 1846 und 1861 nicht von so wesentlicher Bedeutung, daß wir sie berücksichtigen müßten.

Bei der Weberei haben wir für den gesamten Zeitraum nicht die jeweilige Fabrikindustrie ausgesondert, sondern die Gesamtproduktion zu erfassen versucht, weil wir ja die Veränderungen hinsichtlich der Produktion von Textilerzeugnissen während der industriellen Revolution feststellen wollen. Dafür können wir jedoch

13 Vgl. *Spiethoff, A.*, a. a. O.

14 Vgl. Tabellen 11 u. 12 (Anhang) u. S. 127.

15 Vgl. *Blumberg, H.*, Ein Beitrag zur Geschichte der deutschen Leinenindustrie, in: Mottek/Blumberg/Wutzmer/Becker, Studien zur Geschichte der industriellen Revolution in Deutschland. Veröffentlichungen des Instituts für Wirtschaftsgeschichte an der Hochschule für Ökonomie Berlin-Karlshorst, Bd 1, Berlin 1960, S. 77f. – Für die fünfziger Jahre wurde die durchschnittliche Jahresproduktion einer Feinspindel mit 1 Ztr. Garn angenommen.

16 Vgl. Ebenda, S. 71 ff.

nicht die geringe Fabrikproduktion der dreißiger Jahre als Ausgangspunkt wählen. Bei der Spinnerei tritt zumindest für die beiden Hauptbereiche – Baumwoll- und Wollspinnerei – diese Problematik nicht auf, da die Verwendung von Handgarn für die Warenproduktion bereits zu dieser Zeit nur noch eine untergeordnete Rolle spielte. Anders verhielt es sich jedoch bei der Flachsspinnerei, da hier vor allem während der dreißiger und vierziger Jahre noch überwiegend Handgarn verwebt worden ist. Damit sind wir nicht in der Lage, die gesamte Garnproduktion zu erfassen, aber betrachten dafür von vornherein im wesentlichen die Entwicklung der Fabrikindustrie. Für die Garnproduktion im Zeitraum von 1834 bis 1868 ergibt sich nachfolgende Entwicklung:

Produktionsentwicklung der Maschinenspinnerei

Zyklus	Streichgarn	Kammgarn	Baumwollgarn	Flachsgarn
1834/38	100	100	100	100
1839/48	120	170	178	290
1849/59	192	340	420	1324
1860/68	307	575	758	3388

Zunächst läßt sich für alle Zweige der Spinnerei eine ansehnliche Ausdehnung der Produktion während der Hauptperiode der industriellen Produktion feststellen. An der Spitze dieser Entwicklung steht die deutsche Flachsmaschinenspinnerei, da sie zu Beginn der Hauptperiode nur sehr schwach entwickelt war und im Unterschied zu den anderen Zweigen sich die Verdrängung des Handgespinstes noch in der Anfangsphase befand.[17] Sie vermochte deshalb, ihr Absatzfeld im hohen Maße bis in die sechziger Jahre hinein auf Kosten der Handspinnerei auszudehnen. Wir schätzen den Anteil der in der Leinenweberei zu jener Zeit verwebten Maschinengarne am gesamten Garnkonsum auf 10 bis 15%. Darüber hinaus gelang es der Flachsmaschinenspinnerei, vor allem seit den sechziger Jahren im stärkeren Maße auch die britische Konkurrenz vom deutschen Markt zu verdrängen und demzufolge ihren Absatz auf Kosten ausländischer Maschinengarne auszudehnen.[18] Demzufolge nahm der Anteil der deutschen Maschinengarne am Maschinengarnkonsum während der Hauptperiode zu. Während der vierziger Jahre schätzen wir den Anteil des deutschen Maschinengarns an den in Deutschland verarbeiteten Maschinengarnen auf etwa ein Drittel, während im Verlaufe der ersten Hälfte des siebenten Jahrzehnts dieser Anteil auf rund drei Fünftel anwuchs.[19] An zweiter Stelle befand sich die deutsche Baumwollspinnerei, die in dem betrachteten Zeitraum ihre Produktion auf das Siebeneinhalbfache erhöhte. Auch ihr gelang es, vor allem den Absatz auf Kosten der ausländischen Konkurrenz auf dem inneren Markt zu steigern. Noch

17 *Jacobs, G.*, Die deutschen Textilzölle im 19. Jahrhundert, Diss. phil. Erlangen 1907, S. 15.

18 Vgl. *Jahresbericht der Handelskammer Gladbach für 1861.*

19 Berechnet nach den Angaben bei *Bienengräber, A.*, a. a. O., S. 245ff., u. *Blumberg, H.*, a. a. O., S. 77.

während der vierziger Jahre produzierte sie nur wenig mehr als ein Drittel des deutschen Baumwollgarnkonsums, während sie in den sechziger Jahren bereits vier Fünftel dieses Verbrauchs deckte.[20] Demgegenüber blieb die Kammgarnspinnerei zurück, obwohl auch sie ihre Produktion noch auf fast das Sechsfache steigerte. Dieses rasche Ansteigen der Kammgarnproduktion war zunächst ähnlich wie bei der Flachsmaschinenspinnerei der relativ geringen Ausdehnung dieser Industrie zu Beginn der Hauptperiode geschuldet. Aber im Unterschied zur letzteren vermochte sie nicht, ihren Absatz auf Kosten der ausländischen Garne zu erweitern. Daß die Streichgarnspinnerei die geringste Produktionsausdehnung aufwies, resultierte zunächst vor allem daraus, daß sie bereits zu Beginn der Hauptperiode im vollen Maße den deutschen Garnbedarf deckte und demzufolge ihre Entwicklung im wesentlichen mit der der Weberei konform gehen mußte.
Im Ergebnis dieser unterschiedlichen Produktionsentwicklung traten im Verlaufe der Hauptperiode innerhalb der Spinnereiindustrie gewisse strukturelle Veränderungen auf.

Die Struktur der deutschen Maschinenspinnerei

Jahr	Streichgarn-spinnerei	Kammgarn spinnerei	Baumwoll-spinnerei	Flachs-spinnerei
1846	38	9	49	4
1861	30	6	60	4
1875	29	16	50	4

Der prozentuale Anteil der einzelnen Spinnereizweige wurde auf der Grundlage der Feinspindelzahlen ermittelt. Unter Zugrundelegung dieser Struktur der deutschen Spinnereiindustrie errechneten wir folgenden Produktionsindex für die deutsche Spinnerei:

Durchschnittliche Produktionsentwicklung in der deutschen Maschinenspinnerei

Zyklus	Produktion	Durchschnittlicher jährlicher Zuwachs in %
1834/38	100	–
1839/48	163	8,8
1849/59	363	13
1860/68	696	12,5

Die Spinnereiindustrie dehnte insgesamt ihre Produktion während des gesamten Zeitraumes in verhältnismäßig raschem Tempo aus und wies hohe jährliche Zuwachsraten auf. Die quantitative Entwicklung entsprach durchaus dem raschen Fortschritt, den die industrielle Produktion im Rahmen der kapitalistischen Indu-

[20] Berechnet nach den Angaben der in Anmerkung 11 angegebenen Quellen.

strialisierung aufzuweisen hatte. Die bereits von Kuczynski[21] festgestellte Abschwächung des Entwicklungstempos der deutschen Industrie im Verlaufe der sechziger Jahre spiegelt sich ebenfalls in unserem Index wider.
Würden wir unseren Produktionsindex nach den Gewerbestatistiken ermitteln, so ergäbe sich folgendes Bild:

Jahr	Zuwachs der Feinspindeln	Durchschnittliche Produktion
1846	100	100 (1839/48)
1861	249	223 (1849/59)
1875	372	427 (1860/68)

Wenn wir beide Reihen miteinander vergleichen, so wird deutlich, daß sich die „Produktionskapazitäten" langsamer als unsere errechnete durchschnittliche Produktion verändert haben. Infolge der gewachsenen Produktivität der einzelnen Spindeln im Laufe dieses Zeitraums mußte ein solches Ergebnis offensichtlich eintreten. Wir können demzufolge mit ziemlicher Sicherheit annehmen, daß unser errechneter Produktionsindex die reale Entwicklung in der Spinnereiindustrie hinreichend genau widerspiegelt. Auf keinen Fall dürfte er überhöht sein, sondern eher gibt er die untere Grenze der tatsächlich erweiterten Produktion wieder.
Für die deutsche Webereiindustrie erhalten wir auf Grund unserer Berechnungen nachfolgende Ergebnisse:

Produktionsentwicklung der deutschen Textilgewebeproduktion

Zyklus	Streichgarnweberei	Kammgarnweberei	Baumwollweberei	Leinenweberei
1834/38	100	100	100	100
1839/48	120	170	160	110
1849/59	174	510	255	110
1860/68	261	969	295	130

Mit Ausnahme der Kammgarnweberei oder, genauer gesagt, der Kammgarn- und Halbwollweberei lag der Produktionszuwachs in den einzelnen Webereizweigen während der Hauptperiode der industriellen Revolution erheblich unter demjenigen der dazugehörigen Spinnereibranchen. Die geringste Differenz in dieser Hinsicht läßt sich zwischen Streichgarnspinnerei und -weberei feststellen. Dies erläuterten wir zum Teil bereits oben, als wir die unterschiedliche Ausdehnung der Produktion der einzelnen Zweige der Spinnerei erörterten. Die rasche Ausdehnung der Kammgarnspinnerei, obwohl der Anteil der importierten Garne anwuchs, findet des weiteren also seine Erklärung in der noch rascheren Zunahme der Gewebeproduktion.

21 *Kuczynski, J.*, Die Geschichte der Lage der Arbeiter in Deutschland von 1789 bis in die Gegenwart, 6. verbess. Aufl., Bd I/1, Berlin 1954, S. 162.

Die stürmische Entwicklung der Kammgarn- und Halbwollweberei war wiederum nur möglich, weil – wie wir noch später näher untersuchen wollen[22] – dieses Gewerbe in Deutschland zunächst noch gering verbreitet war und dessen Erzeugnisse jedoch im Verlaufe der hier betrachteten Zeit in der Bekleidung zunehmende Verwendung fanden, so daß die Streichgarnprodukte und vor allem das glatte Tuch aus ihrer dominierenden Position im Wollgewebekonsum verdrängt wurden.

Die bescheidenste Produktionserweiterung vermochte die Leinenweberei zu erzielen. Das durchschnittliche Produktionsquantum veränderte sich während der einzelnen Zyklen nur gering, so daß sie weit hinter den anderen Webereibranchen zurückblieb. Sie besaß angesichts ihrer breiten Ausdehnung schon zu Beginn der hier betrachteten Periode und im Ergebnis des Zusammenwirkens verschiedener Faktoren nur wenig Expansionsmöglichkeiten.[23] Die geringe Zunahme der Leinenproduktion in ihrer Gesamtheit bedeutete jedoch nicht, daß auch in diesem Bereich der Weberei die immer reifere Formen annehmende kapitalistische Warenproduktion eine ebenso allmähliche Produktionsausdehnung erzielte. In dieser Hinsicht stimmte die Entwicklung weit mehr mit den anderen Bereichen der Weberei überein. Doch im Unterschied zu diesen führte das nicht zu einer wesentlichen Erweiterung der Gesamtproduktion, sondern dies ging auch hier auf Kosten der einfachen Warenproduktion, aber vor allem zu Lasten der bis über die Mitte des 19. Jahrhunderts noch weit verbreiteten nebengewerblichen Leinenweberei. Zur Illustrierung dieser Feststellung führen wir die Entwicklung der Produktion der gewerblichen Leinenweberei Preußens (in den Grenzen von 1846) an,[24] d. h. die Weberei unter Ausschluß des Nebengewerbes. Allerdings entspricht diese Produktionsentwicklung nicht der durchschnittlichen in Deutschland, da diese geringer war, was wir allein aus dem Anwachsen des Anteils Preußens an den gewerbsmäßig betriebenen Leinenwebstühlen ersehen können. Dieser Anteil betrug 1846 33 und im Jahre 1875 46%.[25] Ein Maschinenstuhl wurde hierbei wieder zwei Handstühlen gleichgesetzt.

Die gewerbsmäßige Leinenproduktion Preußens

Zyklus	Produktionsindex
1834/38	100
1839/48	108
1849/59	144
1861/75	217

Infolge der unterschiedlichen Produktionsentwicklung der einzelnen Zweige der deutschen Webereiindustrie vollzogen sich auch hier strukturelle Veränderungen, wie sie die nachfolgende Übersicht wiedergibt.

22 Vgl. S. 164ff.

23 Vgl. *Blumberg, H.*, a. a. O., insbesondere S. 137ff.

24 Vgl. ebenda, S. 73, u. *Statistik des Deutschen Reichs*, Bd 34, T. 1, u. Bd 35, T. 2, Berlin 1879, S. 386ff. bzw. S. B 96ff.

25 Vgl. ebenda. – Die hier gemachten Angaben liegen der Berechnung zugrunde.

Struktur der deutschen Gewebeindustrie

Jahr	Baumwollweberei	Leinenweberei	Wollweberei
1846	42	44	14
1861	46	35	19
1875	47	32	21

Die strukturelle Entwicklung der deutschen Webereiindustrie war also vor allem durch das Vordringen der Baumwollweberei gekennzeichnet, die die Leinenweberei von ihrer einstigen dominierenden Stellung verdrängte. Im Unterschied zur Leinenweberei vermochte aber auch die deutsche Wollweberei ihre Position auszubauen. Unter Zugrundelegung dieser Struktur erhalten wir folgenden Index für den gesamten Bereich der deutschen Weberei:

Produktionsentwicklung der deutschen Webereiindustrie

Zyklus	Produktion	durchschnittlicher jährlicher Zuwachs in %
1834/38	100	–
1839/48	134	5
1849/59	205	7
1860/68	285	6,1

Während die deutsche Spinnerei im Verlaufe der Hauptperiode der industriellen Revolution ihre Produktion nahezu auf das Siebenfache erhöhte, vermochte die Weberei nur knapp eine dreifache Produktionssteigerung zu erzielen. Aber auch hier läßt sich eine gewisse Abschwächung des Entwicklungstempos im Verlaufe der sechziger Jahre feststellen. Die erzielten durchschnittlichen jährlichen Zuwachsraten der Weberei fallen gegenüber denen der Spinnereiindustrie erheblich ab. Dies entspricht aber auch der tatsächlichen Entwicklung, da ja die Verdrängung der Handarbeit durch die Maschine in diesem Bereich der Textilindustrie sehr langsam und erst seit den sechziger Jahren schneller verlief. Die Durchsetzung des Maschinenwebstuhls in der Weberei fiel bekanntlich darüber hinaus erst in die Zeit nach Beendigung der industriellen Revolution.

Da die Spinnerei das Ausgangsmaterial für die Weberei liefert, erregt das beachtliche Auseinanderklaffen der Produktionsentwicklung in diesen beiden Bereichen der Textilindustrie sicher eine gewisse Verwunderung. Die Ursache für die raschere Ausdehnung der Produktion in der deutschen Maschinenspinnerei erklärt sich einmal daraus, daß durch die Verdrängung der Handgarne und die Zurückdrängung der ausländischen Maschinengarne die Flachs- und Baumwollspinnereien ihr Absatzfeld wesentlich über die absolute Ausdehnung der jeweiligen Gewebeproduktion erweitern konnten. Zum anderen Mal fanden die einzelnen Spinnereizweige auch außerhalb der ihnen „zugehörigen" Weberei Abnehmer für ihre Erzeugnisse. Für die Baumwollspinnerei war dies die sich sehr rasch entwickelnde Halbwollweberei, die auch zum Abnehmer von Streichgarnen wurde. Ähnliches läßt sich auch für die Halbseidenweberei feststellen. Die wichtigsten Abnehmer von Garnen außerhalb der von uns erfaßten Weberei waren aber zweifellos die Wirkwarenindustrie und daneben die Teppichweberei, Spitzenklöppelei und ähnliche Zweige der Textilindustrie. Als Abnehmer der Garne der Spinnereiindustrie wären auch noch die verbleibende Haushaltsproduktion und nicht zuletzt die Konfektionsindustrie zu nennen.

Auch bei der Weberei wollen wir dem von uns errechneten Produktionsindex der Entwicklung der Zahl der Webstühle gegenüberstellen. Danach ergibt sich folgendes Bild:

Jahr	Entwicklung der Zahl der Webstühle	Durchschnittliche Produktion
1846	100	100 (1839/48)
1861	119	153 (1849/59)
1875	150	213 (1860/68)

Während sich also die Zahl der Webstühle ohne Einbeziehung der in der Leinenweberei vorhandenen nebengewerblichen Webstühle, aber bei Berücksichtigung der höheren Leistungsfähigkeit der Maschinenstühle bis 1875 nur um die Hälfte vermehrte, stieg die durchschnittliche Gewebeproduktion bis zum Zyklus der sechziger Jahre um mehr als das Doppelte. Vermochten wir an Hand der Entwicklung der Feinspindelzahl den berechneten Garnproduktionsindex zu überprüfen, so läßt sich dies im Bereich der Weberei offenbar nicht vergleichsweise durchführen. Es ist offensichtlich, daß bei einer tatsächlich nur um etwa die Hälfte erweiterten Produktionskapazität in der Weberei nicht eine Verdoppelung der Produktion zu erreichen war. Der von uns errechnete Index der Spinnereiproduktion spricht aber dafür, daß der Index für die Weberei eher zu niedrig als zu hoch ist.

Solange die Weberei hausindustriell betrieben wurde und die Fabrikindustrie und die zentralisierte Weberei überhaupt nur eine geringe Rolle spielten, gewährt die Webstuhlzahl keinen sicheren Anhaltspunkt für die tatsächliche Produktion, da wir bei der handwerklichen und hausindustriellen Weberei vor allem während der vierziger Jahre mit erheblich nichtausgelasteten Kapazitäten rechnen müssen. Demzufolge ist der Ausgangspunkt – die Zahl der Webstühle des Jahres 1846 – zu hoch, da mit zunehmender kapitalistischer Durchdringung der Weberei und dem Anwachsen der zentralisierten Hand- und Maschinenweberei die nichtausgelasteten Kapazitäten anteilmäßig stark zurückgingen. Auf diese Weise ist es durchaus denkbar, daß sich trotz der nur um 50% vergrößerten Webstuhlzahl die Produktion mehr als verdoppelt hatte.

Dieser Einblick in die Produktionsentwicklung im Verlaufe der Hauptperiode der industriellen Revolution erhärtet unsere eingangs getroffene Feststellung, daß die deutsche Textilindustrie während dieser Zeit keine solchen gesamtvolkswirtschaftlichen Auswirkungen erzielen konnte, wie es im klassischen Prozeß der industriellen Revolution, also in England, kennzeichnend war.

2. *Eine Schätzung der Kapitalanlagen innerhalb der Textilindustrie*

Die Ermittlung der im Verlaufe der industriellen Revolution in der Industrie investierten Mittel ist zweifellos von besonderem Interesse, aber die Schwierigkeiten, die in diesem Zusammenhang auftreten, sind erheblich größer als bei der Berechnung eines einigermaßen zutreffenden Produktionsindexes. Eine Ermittlung des tatsächlich im Verlaufe der Hauptperiode der industriellen Revolution in der Industrie angelegten Kapitals ist kaum möglich, da die diesbezüglichen Unterlagen sehr spärlich sind und die Unterschiede zwischen den einzelnen Zentren der entstehenden deutschen Industrie erheblich größer waren, als das für jede spätere Zeit zutrifft. Will man einen solchen Weg beschreiten, muß man sich deshalb von vornherein mit Annäherungswerten begnügen und die ihnen anhaftenden Fehlerquellen mit in Kauf nehmen.
Im Zusammenhang mit unserer Untersuchung der Entwicklung der deutschen Textilindustrie nach der Gründung des Zollvereins fanden sich einige Angaben über die damals für den Betrieb von Textilunternehmungen notwendigen Mittel. Auf dieser Grundlage wollen wir den Versuch unternehmen, das in der Weberei und Spinnerei angelegte Kapital annähernd zu schätzen. Wir müssen uns hierbei auf diese beiden Hauptbereiche der Textilindustrie beschränken, da bei den anderen Unternehmungen, wie z. B. den Färbereien sowie Appreturbetrieben, die Maschinenzusammensetzung nicht einheitlich war und deshalb auf Grund des lückenhaften Materials Bezugsgrößen mit noch größeren Schwierigkeiten als für die Spinnerei und Weberei ermittelt werden können. Da aber zweifellos die Spinnerei und Weberei auf sich den überwiegenden Teil des in der Textilindustrie angelegten Kapitals vereinigten, dürfte ein solcher Weg repräsentativ sein und die Kapitalbewegung im wesentlichen für den gesamten Bereich der Textilindustrie richtig widerspiegeln.
Als Ausgangspunkt für die Berechnung wählen wir die Ergebnisse der Gewerbezählungen von 1846, 1861 und 1875.[26] Wie bereits bei der Berechnung des Produktionsindexes wird auch hier die Textilindustrie Elsaß-Lothringens nicht berücksichtigt.
Für die Maschinenspinnerei, mit der wir uns zunächst beschäftigen wollen, gibt es verschiedentlich Angaben über die Höhe des Anlage- und Betriebskapitals. Nach diesen Daten, von denen wir einige anschließend anführen werden, ermitteln wir den durchschnittlichen Kapitalbedarf pro Feinspindel als Kapitalsatz für unsere Berechnungen. Die Feinspindel, beziehungsweise später der Webstuhl, als Bezugsgröße erscheint uns günstiger, als von der Arbeitskräftezahl auszugehen, da in dieser Hinsicht vor allem in der Weberei erhebliche Schwierigkeiten auftreten, die tatsächlich Beschäftigten zu ermitteln. Darüber hinaus sind die Aufnahmejahre im Hinblick auf die zyklische Entwicklung der Industrie nicht einheitlich zu werten, was sich ebenfalls auf die Zahl der Beschäftigten, aber kaum auf die vorhandenen Produktionseinrichtungen auswirkte.

[26] Vgl. Zollvereinsstatistik 1846/47, in: SLHA-Dresden, M. d. I., Nr 1398e; *Viebahn, G. W. v.*, Statistik des zollvereinten und nördlichen Deutschlands, T. 3, Berlin 1868; *Statistik des Deutschen Reichs*, a. a. O.

Das Verzeichnis der 7. Industrieausstellung der Leipziger polytechnischen Gesellschaft schätzte für das Jahr 1844 das in der sächsischen Baumwollspinnerei investierte Anlagekapital auf 3,5 und das dort verwendete Betriebskapital auf 4 Millionen Taler.[27] Die Gesamtspindelzahl der Baumwollspinnerei Sachsens wurde mit einer halben Million angegeben, so daß sich pro Spindel 7 Taler Anlage- und 8 Taler Betriebskapital ergeben. Für die Mitte der fünfziger Jahre berechnete man in Sachsen das Anlagekapital pro Spindel mit 10 und das Betriebskapital mit 5 Talern.[28] Für das Jahr 1861 schließlich wurden 12 Taler pro Spindel als Anlagekapital angegeben. Nach den Einzelangaben der Reichsenquete für die Baumwoll- und Leinenindustrie kann man ein durchschnittliches Anlagekapital für die sechziger und siebziger Jahre in Höhe von 57 Mark und 23 Mark Betriebskapital ermitteln.[29]
Die sächsische Streichgarnspinnerei verkörperte mit ihren 100000 Spindeln nach den Angaben der Leipziger polytechnischen Gesellschaft 1844 ein Anlage- und Betriebskapital in Höhe von 2 Millionen Talern. Demzufolge ergäbe sich ein Durchschnittswert von 20 Talern pro Spindel. Für das Jahr 1861 schätzte man das in der Maschinerie der sächsischen Streichgarnspinnerei verkörperte Kapital auf 2878000 Taler. Das wäre pro Spindel ein Kapitalaufwand von $9^2/_3$ Talern, wobei die Investitionen für die Gebäude unberücksichtigt blieben.
Für die Kammgarnspinnerei wiederum gab die polytechnische Gesellschaft das Anlagekapital mit einer halben Million Taler an, während das Betriebskapital auf 2 Millionen Taler geschätzt wurde. Demzufolge entfielen auf jede der 40000 sächsischen Kammgarnspindeln 12,5 Taler Anlage- und 50 Taler Betriebskapital. Im Jahre 1845 errechnete Wedding das Anlage- und Betriebskapital einer Kammgarnspinnerei im Zollverein, wenn sie mit 5000 Spindeln betrieben wurde, mit 29 bzw. 31 Talern pro Spindel.[30] Die Augsburger Kammgarnspinnerei AG. benötigte 1845 hingegen ein Anlagekapital von 49 Talern und ein Betriebskapital von etwa 28,4 Talern pro Spindel.[31] Für die sechziger Jahre gab Viebahn das durchschnittliche An-

27 Verzeichnis der siebenten Industrieausstellung der Leipziger polytechnischen Gesellschaft. September 1844, in: SLHA-Dresden, M. d. I., Nr 1398b. – Die nachfolgenden im Zusammenhang mit der polytechnischen Gesellschaft für 1844 genannten Angaben sind der gleichen Quelle entnommen.

28 *Beiträge zur Statistik des in geschlossenen Etablissements mit mechanischen Mitteln betriebenen Industriezweige Sachsens im Jahre 1861*, in: Zeitschrift des Statistischen Büros des Königl. Sächs. Ministeriums des Innern, Nr 3 u. 4, 1863 (im folgenden: Beiträge zur Statistik), S. 32. – Die nachfolgenden sich auf die sächsische Textilindustrie des Jahres 1861 beziehenden Angaben sind der gleichen Quelle entnommen.

29 *Reichs-Enquete für die Baumwoll- und Leinen-Industrie.* Stenographische Protokolle über die mündliche Vernehmung der Sachverständigen, Berlin 1879. – Die nachfolgenden im Zusammenhang mit der Enquete angeführten Daten sind gleichfalls aus den in dieser Quelle enthaltenen Einzeldaten ermittelt worden.

30 *Verhandlungen vor dem königl. Handelsamt in Berlin*, in: Beilage zum Zollvereinsblatt, Jg. 3/1845, Nr 22, S. 666.

31 Vgl. *Genzmer, W.*, Hundert Jahre Augsburger Kammgarn-Spinnerei 1836/1936. Ein Beitrag zur Geschichte des Deutschen Wollgewerbes, Augsburg 1936, S. 66f.

lagekapital mit 20 bis 25 Taler pro Spindel an, während 1866 die Augsburger Kammgarnspinnerei 36,3 Taler Anlage- und 30,6 Taler Betriebskapital pro Spindel besaß.[32]

Für die Flachsmaschinenspinnerei gibt es gleichfalls einige diesbezügliche Angaben. Nach Zimmermann betrug das Anlagekapital während der vierziger Jahre 107 bis 114 und das Betriebskapital 40 bis 42 Mark pro Spindel.[33] Eine andere Angabe aus dem Jahre 1845 rechnet mit 120 Mark Anlagekapital pro Spindel.[34] Reden wiederum gibt 1854 90 bis 99 Mark Anlagekapital an.[35] Für 1861 schätzte man das nur in den Maschinen der sächsischen Flachsspinnerei angelegte Kapital auf 89 Mark pro Spindel. Nach den Einzelangaben der Reichsenquete ergibt sich für die fünfziger Jahre ein durchschnittliches Anlagekapital von 144 und ein Betriebskapital von 100 Mark pro Spindel und für die sechziger und siebziger Jahre ein Kapitalsatz von 153 bzw. 80 Mark. Für unsere Berechnungen haben wir uns für folgende Werte entschieden, die wir in der nachfolgenden Übersicht zusammengestellt haben.

Kapitalsätze für das Anlagekapital in Mark

Jahr	Baumwoll-spinnerei	Kammgarn-spinnerei	Streichgarn-spinnerei	Flachs-spinnerei
1846	21	87	20	114
1861	36	109	40	144
1875	57	109	40	153

Kapitalsätze für das Betriebskapital in Mark

Jahr	Baumwoll-spinnerei	Kammgarn-spinnerei	Streichgarn-spinnerei	Flachs-spinnerei
1846	24	93	40	42
1861	15	92	40	100
1875	23	92	40	80

Da wir für die Streichgarnspinnerei keine Angaben über das Betriebskapital haben und für das Jahr 1844 nur das Gesamtkapital in Höhe von 60 Mark pro Spindel kennen, aber andererseits für das Jahr 1861 aus Sachsen die Angabe von 29 Mark pro Spindel als das in den Maschinen investierte Kapital erwähnt haben, teilten wir die 60 Mark unsererseits 20 : 40 auf und nahmen für die Jahre 1861 und 1875, ausgehend von der sächsischen Angabe, das Anlagekapital pro Spindel mit 40 Mark an.

32 Vgl. ebenda; *Viebahn, G. W. v.*, a. a. O., S. 885.

33 Vgl. *Zimmermann, A.*, Blüte und Verfall des Leinengewerbes in Schlesien, Breslau 1885, S. 387.

34 Vgl. Schreiben an das Ministerium des Innern vom 1. Juli 1845, in: SLHA-Dresden, M. d. I., Nr 5771.

35 *Reden, F. W. v.*, Erwerbs- und Verkehrsstatistik des Königsstaats Preußen, 3. Abtlg., Darmstadt 1854, S. 1638.

Auf dieser Grundlage erhalten wir für die deutsche Spinnereiindustrie folgende Kapitalanlage:

Die Kapitalanlagen in der Spinnereiindustrie

Zweig	Art der Kapitalanlage	1846	1861	1875
		in Millionen Mark		
Baumwollspinnerei	fixes Kapital	16	80	154
	Gesamtkapital	34	114	216
Kammgarnspinnerei	fixes Kapital	12	27	90
	Gesamtkapital	26	50	166
Streichgarnspinnerei	fixes Kapital	24	44	63
	Gesamtkapital	36	88	126
Flachsspinnerei	fixes Kapital	6	20	40
	Gesamtkapital	8	34	61

Verständlicherweise spiegelt sich die unterschiedliche Entwicklung der einzelnen Zweige der Spinnereiindustrie im Verlaufe der Hauptperiode der industriellen Revolution auch in der Kapitalbewegung wider. Die Baumwollspinnerei entwickelte sich vor allem während der fünfziger Jahre sehr rasch. In der Zeit von 1846 bis 1861 wurden im jährlichen Durchschnitt etwa 4,3 Millionen Mark in ihre Produktionsanlagen investiert. Zwar überstiegen diese jährlichen Anlageinvestitionen mit 5,3 Millionen Mark in der nachfolgenden Zeit diejenigen der fünfziger Jahre, jedoch gilt hierbei zu berücksichtigen, daß im Verlaufe des sechsten Jahrzehnts vor allem die Konjukturjahre von 1852 bis Herbst 1857 – also ein wesentlich kürzerer Zeitraum – durch eine rege Investitionstätigkeit charakterisiert waren, während der nachfolgende Zuwachs des Anlagekapitals im Verlaufe von zwei Konjunkturphasen aufgebracht wurde. Allerdings fällt das zuletzt Gesagte weit schwerer für die anderen Spinnereizweige ins Gewicht, da ja die konjunkturellen Entwicklungsbedingungen für die Baumwollspinnerei während der ersten Hälfte des siebenten Jahrzehnts infolge der schwierigen Rohstofflage erheblich gestört waren.[36] Wenn wir von dem jährlich investierten Anlagekapital ausgehen, dann entfaltete sich die Kammgarnspinnerei vor allem in der Zeit zwischen 1861 und 1875, weil in dieser Periode 4,5 Millionen Mark in die Produktionsanlagen alljährlich investiert wurden im Vergleich zu einer Million während der vorangegangenen Zeit. Nicht ganz so ausgeprägt war die Entwicklung bei der Flachsspinnerei, doch brachten hier die Konjunkturjahre der fünfziger Jahre eine regere Investitionstätigkeit als die nachfolgenden zyklischen Aufschwungsphasen. Dem absoluten Umfange nach blieb diese Anlageinvestition jedoch gegenüber der Baumwollspinnerei erheblich zurück, denn sie betrug hier im Jahresdurchschnitt nur 0,9 Millionen Mark. Für den Zeitraum von 1861 bis 1875 lag der jährliche Kapitalzuwachs um 0,5 Millionen Mark darüber, aber hier muß im vollen Maße berücksichtigt werden, daß sich diese Investitionen auf zwei Konjunkturphasen verteilten. In die Produktionsanlagen der Streichgarn-

[36] Vgl. S. 242 f.

spinnerei wurden zwar im jährlichen Durchschnitt während beider Zeiträume etwa 1,3 Millionen Mark investiert, aber auch hier müssen wir den fünfziger Jahren eine regere Investitionstätigkeit als dem nachfolgenden Zeitraum zumessen.
Die Schätzung des in der Weberei angelegten Kapitals ist problematischer, da hierfür nicht nur geringere Angaben vorliegen, sondern darüber hinaus die unterschiedlichsten Betriebsformen existieren, die ihrerseits auch einen unterschiedlichen Kapitalbedarf pro Webstuhl repräsentierten. Allein die Aussonderung der Fabrikweberei ist nicht ohne weiteres möglich, da ja diese nicht ausschließlich mit Maschinenstühlen arbeitete. Für das Jahr 1844 gab die Leipziger polytechnische Gesellschaft das in der sächsischen Baumwollweberei angelegte Kapital mit 10 Millionen Talern an, die sich auf 30000 Webstühle verteilten. Demzufolge würden pro Webstuhl 333 Taler Kapital angelegt worden sein. Wieck gibt 1845 das Anlage- und Betriebskapital der sächsischen Baumwollweberei mit 12 Millionen Talern an und schätzt die Webstuhlzahl auf 35000, was sogar ein Anlage- und Betriebskapital pro Webstuhl in Höhe von 343 Talern ergäbe.[37] Für die Streichgarn- und auch für die Kammgarnweberei lauten die Angaben der polytechnischen Gesellschaft zu Leipzig je 2 Millionen Anlage- und Betriebskapital und je 4000 Webstühle. Demzufolge betrug das Anlagekapital in der Wollweberei pro Webstuhl 500 Taler. In einem anderen Zusammenhang ermittelten wir den Kapitalbedarf für einen Webstuhl in der Streichgarnweberei auf etwa die gleiche Höhe, obwohl wir nur vom erforderlichen Wollbedarf und von den Kosten für einen Tuchwebstuhl ausgingen.[38] Demzufolge ist hier die für die Tuch- und Wollweberei überhaupt angegebene Kapitalmenge pro Webstuhl keineswegs zu hoch, eher als noch zu niedrig anzusehen. Für die Leinenweberei besitzen wir eine solche Angabe nicht, aber man kann doch mit einer gewissen Sicherheit annehmen, daß die dortige Kapitalmenge etwa mit der in der Baumwollweberei übereinstimmte. Viebahn gibt für die vierziger Jahre den Durchschnittspreis für Flachsgarn mit 40 Talern pro Zentner an, während Reden für Baumwollgarn einen Durchschnittspreis von 27 Talern pro Zentner anführt.[39] Berücksichtigt man die unterschiedliche Leistung des Leinen- und Baumwollhandwebers, so erhält man für die Baumwoll- und Leinenweberei pro Webstuhl etwa den gleichen Kapitalbedarf, um die für die jährliche Produktion notwendigen Garne einzukaufen, nämlich 162 bzw. 160 Taler.[40] Demzufolge erscheint die sächsische Angabe für den Kapitalbedarf pro Webstuhl verhältnismäßig hoch, aber man muß hierbei ja berücksichtigen, daß die zuletzt angeführte Berechnung kaum zu einem exakten Ergebnis führen kann. Deshalb nehmen wir auch keine Korrekturen an dem Kapital-

[37] Vgl. *Beiträge zur Gewerbegeographie und Gewerbestatistik des Königreichs Sachsen*, in: Zeitschrift des Statistischen Büros des Königl. Sächs. Ministeriums des Innern, Nr 2/1857, S. 28.

[38] Vgl. S. 133.

[39] *Viebahn, G. W. v.*, Über die Leinen- und Wollmanufakturen, deren Ursprung, Umfang und Leistungen in Deutschland, deren Wert und Fortschritte, Berlin 1846, S. 30; *Reden, F. W. v.*, a. a. O., S. 1651.

[40] Vgl. *Dieterici, C. F. W.*, Der Volkswohlstand im Preußischen Staate, Berlin-Posen-Bromberg 1846, S. 143ff.; *Reden, F. W. v.*, a. a. O., S. 1650.

satz vor, wie er sich nach den Angaben der Leipziger polytechnischen Gesellschaft ergibt. In unseren Berechnungen werden die nebengewerblich benutzten Webstühle nicht berücksichtigt.

Da die sächsische Weberei nahezu ausnahmslos zu diesem Zeitpunkt Handweberei war und zugleich überwiegend als Hausindustrie existierte, benutzen wir die für das Jahr 1844 gemachten Angaben durchgehend für die Handweberei. Da keine Aufteilung in Betriebs- und Anlagekapital vorgenommen wurde und das letztere ohnehin bei der hausindustriellen Handweberei eine untergeordnete Rolle spielte, werden wir bei der Zusammenfassung der von uns ermittelten Kapitalanlagen das in der Handweberei angelegte Kapital stets wie Betriebskapital behandeln. Soweit wir fixes Kapital für die Weberei anführen werden, handelt es sich stets um Anlagekapital der Maschinenweberei.

Zur Berechnung der Kapitalanlagen in der Handweberei benutzen wir folgende Kapitalsätze:

Wollweberei	1500 Mark
Baumwollweberei	1000 „
Leinenweberei	1000 „ .

Wir erhalten auf diese Weise für die Handweberei der von uns betrachteten drei Hauptzweige der Textilindustrie nachfolgende Kapitalanlage:

Die Kapitalanlagen der Handweberei

Zweig	1846	1861	1875
	in Millionen Mark		
Baumwollweberei	139	152	99
Wollweberei	71	101	75
Leinenweberei	135	120	138

Die Kapitalanlagen in der Handweberei haben sich bei der Baumwoll- und Wollweberei bis zum Jahre 1861 noch erhöht, während in der nachfolgenden Zeit das in diesen Bereichen der Textilindustrie angelegte Kapital zurückging. Hierin spiegelt sich die seit den sechziger Jahren rascher sich vollziehende Verdrängung der Handweberei durch die Maschinenweberei wider. Demgegenüber erweiterte sich das in der Leinenweberei investierte Kapital nach einem geringen Rückgang während des ersten Zeitraums bis zum Jahre 1875 wieder etwas im Vergleich zu 1846 und 1861.

Für die Maschinenweberei wurde 1861 in Sachsen der Kapitalaufwand geschätzt, ohne daß zunächst die Gebäude und Transmissions- und Antriebskosten berücksichtigt wurden. Nach diesen Angaben benötigte man für einen Maschinenstuhl in der Tuchweberei ca. 1500 Mark, während man in der Baumwollweberei zumeist mit 540 Mark Kapitalaufwand auskam. Dieser Kapitalaufwand trat auch in der Kammgarn- und Halbwollweberei auf. Die durchschnittlichen Kosten für Antrieb und Transmission wurden mit 201 Mark angegeben. Genauere Angaben über das Betriebs- und Anlagekapital in der Baumwoll- und Leinenmaschinenweberei erhält man aus der Reichsenquete. Danach ergibt sich pro Webstuhl ein durchschnitt-

licher Kapitalaufwand für das Anlagekapital von 1638 Mark in der Baumwollweberei und von 3208 Mark in der Leinenweberei. Das durchschnittliche Betriebskapital pro Maschinenstuhl betrug 1033 bzw. 2620 Mark. Aus den sächsischen Angaben aus dem Jahre 1861 ergibt sich, daß die Kammgarn- und Halbwollweberei etwa die gleichen Maschinenwebstühle wie die Baumwollweberei verwendete.[41] Demzufolge läßt sich das Anlagekapital der Baumwollmaschinenweberei auch für diese anwenden. Demgegenüber lag das Betriebskapital in der Kammgarnweberei zweifellos infolge der höheren Rohmaterialkosten über dem der Baumwollweberei. Für die Streichgarnweberei besitzen wir für die sechziger und siebziger Jahre keine diesbezüglichen Angaben, aber wie die für Sachsen angeführten Daten aus dem Jahre 1861 ergeben, lagen hier die Anlagekosten höher als in der Baumwoll- und Kammgarnweberei. Demzufolge werden wir für die Streichgarnweberei die Kapitalsätze der Leinenmaschinenweberei benutzen. Wahrscheinlich wird dadurch das für die Streichgarnweberei ermittelte Kapital überhöht.
Zur Berechnung des in der Maschinenweberei angelegten Kapitals benutzen wir nachfolgende Kapitalsätze:

	1846	1861 u. 1875
Baumwollweberei	1000 Mark	1638 Mark
Kammgarnweberei	1000 „	1638 „
Leinenweberei und Streichgarnweberei	2000 „	3208 „

Da wir nur aus der Reichsenquete Angaben über das erforderliche Betriebskapital besitzen, rechnen wir bei der Baumwollweberei durchgehend mit 1033 und bei der

Die Kapitalanlagen in der deutschen Maschinenweberei

Zweig	Art der Kapitalanlage	1846	1861	1875
		in Millionen Mark		
Baumwollweberei	fixes Kapital	7	38	96
	Gesamtkapital	14	62	156
Kammgarn- und Halbwollweberei	fixes Kapital	1	6	28
	Gesamtkapital	3	13	62
Streichgarnweberei	fixes Kapital	1	8	34
	Gesamtkapital	2	15	62
Leinenweberei	fixes Kapital	–	1	22
	Gesamtkapital	–	2	40
Maschinenweberei insgesamt	fixes Kapital	9	51	180
	Gesamtkapital	19	92	320
	fixes Kapital	100	567	2000
	Gesamtkapital	100	484	1684
	durchschnitt. jährl. Zuwachs	–	11,1	9,3

41 *Beiträge zur Statistik*, a. a. O., S. 38.

Streichgarn- und Leinenweberei mit 2620 Mark. Für die Kammgarnweberei haben wir das Betriebskapital auf 2000 Mark festgesetzt. Danach erhalten wir für die deutsche Maschinenweberei folgende Kapitalanlagen. (Siehe Tabelle S. 49.)
Noch gegen Ende des ersten zyklischen Aufschwungs nahm sich die Maschinenweberei innerhalb der Textilindustrie sehr bescheiden aus, und das in sie investierte Kapital beanspruchte nur etwa 4% des in dem „gesamten" Industriezweig angelegten Kapitals. Doch schon im Verlaufe der fünfziger Jahre begann sich die Maschinenweberei rascher zu verbreiten, so daß das fixe Kapital auf mehr als das Fünfeinhalbfache anwuchs. An der Spitze dieser Entwicklung lag die Streichgarnweberei, gefolgt von der Kammgarn- und Halbwollweberei, deren fixe Kapitalanlagen auf das Acht- bzw. Sechsfache stiegen. Demgegenüber erhöhte es sich in der Baumwollweberei nur knapp um das Fünfeinhalbfache, während die Leinenweberei über die ersten Schritte in dieser Richtung nicht hinauskam. Demzufolge waren die durchschnittlichen jährlichen Zuwachsraten in der gesamten Maschinenweberei mit 11,1% sehr hoch, und auch im nachfolgenden Zeitraum zeigten die 9,3% eine anhaltend rege Investitionstätigkeit in der Maschinenweberei, von der nun auch die deutsche Leinenweberei erfaßt wurde. Auf Grund der raschen Zunahme des in der Maschinenweberei angelegten Kapitals besaß diese am Ende der industriellen Revolution schon einen Anteil von 18% am Gesamtkapital der Textilindustrie. Wenn wir die in den einzelnen Übersichten wiedergegebenen Kapitalanlagen zusammenfassen, dann verteilte sich das in der Textilindustrie angelegte Kapital auf die drei Hauptzweige in folgender Weise:

Die Kapitalanlagen in den drei Hauptzweigen der Textilindustrie

Zweig	Art der Kapitalanlage	1846	1861	1875
		in Millionen Mark		
Baumwollindustrie	fixes Kapital	23	118	250
	Gesamtkapital	187	328	471
Wollindustrie	fixes Kapital	38	85	215
	Gesamtkapital	138	267	491
Leinenindustrie	fixes Kapital	6	20	62
	Gesamtkapital	143	156	239

Infolge der sehr raschen Entwicklung der Kammgarn- und Halbwollweberei und der höheren Aufwendung für den zu verarbeitenden Rohstoff näherte sich das in der deutschen Wollindustrie im Jahre 1875 angelegte Kapital dem in der Baumwollindustrie investierten zumindest an. Nach unserer Tabelle überstieg das Gesamtkapital der Wollindustrie sogar dasjenige der Baumwollindustrie. Hierbei müssen wir jedoch berücksichtigen, daß das für die Streichgarnmaschinenweberei ermittelte Kapital wahrscheinlich etwas zu hoch ist. Das größere fixe Kapital in der Baumwollindustrie unterstrich jedoch nicht nur indirekt den höheren Grad der Zurückdrängung der Handarbeit in der Fabrikindustrie gegenüber der Wollindustrie, sondern auch ihren ersten Platz im Rahmen der deutschen Textilindustrie. Hinsichtlich der Vermehrung des Gesamtkapitals gegenüber 1846 stand demzufolge die Wollindustrie mit einer Zunahme von 256% an erster Stelle. Ihr folgten die Baumwollindustrie mit 151 und die Leinenindustrie mit nur 67%, aber hinsichtlich der Erhöhung des fixen Kapitals trat die Wollindustrie noch hinter die Leinenindustrie zurück. Im Vergleich zu 1846 stieg das fixe Kapital in der Baumwoll- und Leinenindustrie auf mehr als das Zehnfache. Die Steigerung betrug hingegen bei der Wollindustrie nur 466%. Vergleichen wir den absoluten Umfang des in den drei Zweigen angelegten Kapitals miteinander, dann stand die Leinenindustrie gegenüber der Woll- und Baumwollindustrie weit zurück.

Die Verteilung des in der Textilindustrie angelegten Kapitals auf ihre beiden Hauptbereiche zeigt die nachfolgende Übersicht:

Die Kapitalanlagen in den beiden Hauptbereichen der Textilindustrie

Bereich	Kapitalanlagen	1846	1861	1875
Spinnerei	fixes Kapital in Mill. Mk.	58	171	347
	Gesamtkapital in Mill. Mk.	104	286	569
	Anteil am Gesamtkapital in %	22	38	47
	1846 = 100	100	275	547
	durchschn. jährl. Zuwachs in %	–	7	5
Weberei	fixes Kapital in Mill. Mk.	9	53	180
	Gesamtkapital in Mill. Mk.	364	465	632
	Anteil am Gesamtkapital in %	78	62	53
	1846 = 100	100	128	174
	durchschn. jährl. Zuwachs in %	–	1,7	2,2

In der gesamten Hauptperiode der industriellen Revolution bildete die Spinnerei innerhalb der Textilindustrie die Hauptanlagesphäre für das Kapital. In der Zeit von 1846 bis 1875 wurden durchschnittlich etwa 24 Millionen Mark in diesen Bereich der Textilindustrie investiert. Demgegenüber trat die Weberei mit einer durchschnittlichen jährlichen Anlage in Höhe von 14 Millionen Mark erheblich zurück. Infolge der rascheren Entwicklung der Spinnerei und demzufolge auch der aufgenommenen größeren Investitionssummen fand während dieser Zeit hinsichtlich des von beiden Bereichen repräsentierten Kapitals eine gewisse Angleichung statt. 1846 beanspruchte die Weberei noch fast vier Fünftel des in der Textilindustrie angelegten Kapitals, während im Jahre 1875 die Spinnerei mit 47% fast die Hälfte auf sich vereinigte.

Betrachten wir abschließend die Kapitalbewegung in der gesamten Textilindustrie. (Siehe Tabelle S. 52)

Gegen Ende des ersten zyklischen Aufschwungs der deutschen Industrie betrugen die Kapitalanlagen in der Textilindustrie – soweit sie hier berücksichtigt wurde – knapp eine halbe Million Mark. Die Fabrikindustrie beanspruchte davon mindestens ein Viertel. Im Verlaufe der Hauptperiode der industriellen Revolution erhöhte sich dieses Gesamtkapital nur sehr langsam, und die Zuwachsraten blieben niedrig.

Die Kapitalanlagen in der deutschen Textilindustrie

		1846	1861	1875
Textilindustrie	fixes Kapital in Mill. Mk.	67	224	527
	Gesamtkapital in Mill. Mk.	468	751	1.201
	durchschn. jährl. Zuwachs in %	–	3,2	3,5
	1846 = 100	100	160	257
davon:				
Fabrikindustrie	Gesamtkapital in Mill. Mk.	123	378	889
	1846 = 100	100	307	723
	Anteil am Gesamtkapital in %	26	50	74
	durchschn. jährl. Zuwachs in %	–	7,7	6,8
Handweberei	Gesamtkapital in Mill. Mk.	345	373	312
	Anteil am Gesamtkapital in %	74	50	26
	1846 = 100	100	108	90
	durchschn. jährl. Zuwachs in %	–	0,5	–

so daß im Jahre 1875 das in der Textilindustrie angelegte Gesamtkapital dasjenige von 1846 nur um wenig mehr als das Eineinhalbfache überstieg. Wesentlich rascher hingegen entwickelte sich die Fabrikindustrie innerhalb der Textilindustrie. Das Anlagekapital stieg fast auf das Achtfache, und dadurch vermochte die Fabrikindustrie gegen Ende der industriellen Revolution mindestens drei Viertel des in der Textilindustrie angelegten Gesamtkapitals zu repräsentieren. Der durchschnittliche jährliche Zuwachs war während der gesamten Hauptperiode beachtlich hoch. Dies gilt auch für die absoluten Beträge, die im Jahresdurchschnitt in der Fabrikindustrie angelegt wurden. Für die Zeit von 1846 bis 1861 waren es 17 und von 1861 bis 1875 sogar 37 Millionen Mark; davon entfielen auf Anlageinvestitionen 10 bzw. 22 Millionen Mark.

Betrachtet man den Kapitalzuwachs für die gesamte Textilindustrie, so ist die absolute Höhe der aufgewendeten Summen mit 283 bzw. 450 Millionen bedeutend, aber im Vergleich zu den Investitionen in anderen Industriezweigen, wie z. B. im Eisenbahnbau und in der Montanindustrie, relativ niedrig. Bereits im Verlaufe des ersten zyklischen Aufschwungs der deutschen Industrie wurde allein in den Eisenbahnbau etwa die gleiche Summe investiert, die die Textilindustrie – soweit sie hier betrachtet wird – um 1861 repräsentierte.[42] Ungeachtet dessen können wir jedoch bis zur Mitte der siebziger Jahre feststellen, daß die deutsche Textilindustrie als Anlagesphäre des Kapitals eine beachtenswerte Rolle spielte, und sie blieb zweifellos innerhalb der Leichtindustrie während des gesamten Verlaufs der industriellen Revolution in Deutschland das wichtigste Investitionsgebiet. Außerhalb der Zweige der Schwer- und Verkehrsindustrie dürfte es keinen Industriezweig im Zeitraum von 1861 bis 1875 gegeben haben, in den für den Aufbau der Fabrikindustrie alljährlich durchschnittlich 37 Millionen Mark investiert worden sind.

[42] Vgl. S. 167.

3. *Die geographische Verteilung der Textilindustrie*

Von den drei Hauptzweigen der deutschen Textilindustrie, die wir in unsere Betrachtung einbezogen haben, gehörten die Leinen- und Wollindustrie zu den ältesten Zweigen der Textilproduktion wie der gewerblichen Tätigkeit in Deutschland überhaupt. Sie verarbeiteten beide weitgehend einheimischen Rohstoff, und bis in die Zeit der industriellen Revolution hinein existierten sie nahezu in allen deutschen Gebieten.[43] Im Unterschied zur Wollverarbeitung war die Leinenweberei im hohen Maße ein ländliches Gewerbe und darüber hinaus vielfach als landwirtschaftliches Nebengewerbe betrieben worden. Die Baumwollverarbeitung und die Kammgarnweberei waren hingegen jüngeren Datums. Die ersten Anfänge dieser gewerblichen Tätigkeit gehen auf das vierzehnte bzw. siebzehnte Jahrhundert zurück, und sie hatte bis zum Beginn der industriellen Revolution eine wesentlich begrenztere Verbreitung in Deutschland gefunden.[44]

Wenn auch die Streichgarn- und Leinenweberei im Unterschied zur Kammgarn- und Baumwollweberei schon in der „vorindustriellen" Periode weniger auf einzelne Gebiete Deutschlands konzentriert waren, so hatten sich doch in allen vier Branchen einzelne Hauptzentren herausgebildet, die nicht nur für den deutschen, sondern auch für den Weltmarkt produzierten. Diese Zentren wurden zugleich der Ausgangspunkt für die Fabrikindustrie in Deutschland. Wie wir bereits wissen, entstanden die ersten deutschen Spinnfabriken sämtlich in Zentren der betreffenden Textilbranchen: die ersten Baumwollspinnfabriken im sächsischen und rheinischen Baumwollwebereigebiet, die erste Flachsspinnfabrik in Schlesien, dem damaligen Hauptzentrum der deutschen Leinenwarenproduktion, und die ersten Kammgarnspinnfabriken im Eichsfeld, einem der wichtigsten Zentren dieses Gewerbes. Das gleiche läßt sich auch für die Streichgarnspinnerei feststellen. Diese standortmäßige Orientierung der Spinnereiindustrie blieb auch für die Hauptperiode der industriellen Revolution typisch.

In der damaligen Zeit war für die Entstehung der Fabrikindustrie das Facharbeiterproblem eine der Kardinalfragen. Deren Lösung war in den Zentren des Textilgewerbes am einfachsten. Dieses Problem, das heute zu den kompliziertesten im Industrialisierungsprozeß der ökonomisch schwachentwickelten Länder gehört, war auch im damaligen Deutschland – wenn auch nicht im gleichen Maße – nicht ohne Schwierigkeiten zu bewältigen. Die vorhandene agrarische Überschußbevölkerung bedeutete damals ebensowenig wie heute, daß damit die für die entstehende Fabrikindustrie geeigneten Arbeitskräfte auch vorhanden waren. Allerdings war es in Deutschland und überhaupt in Europa von Vorteil, daß die Fabrikindustrie auf dem Hintergrund eines breit entwickelten, Fertigerzeugnisse produzierenden Gewerbes entstand. Zwar besaßen diese ehemaligen Handwerksgesellen und auch die bisherigen Handspinner keine Kenntnisse von der Bedienung der Maschinen, aber sie kannten die Eigenschaften des zu verarbeitenden Rohstoffes, z. B. der Baumwolle, der Wolle und des Flachses. Sie brachten demzufolge eine Reihe von

[43] Vgl. z. B. Zollvereinsstatistik 1846/47, a. a. O.

[44] Vgl. S. 70 u. *Mottek, H.*, a. a. O., Bd 1, S. 189f.

Erfahrungen und Fertigkeiten mit, die auch im Fabrikbetrieb – wenn auch nicht immer im gleichen Umfange – erforderlich waren und die Heranbildung des Fabrikarbeiters aus dem ehemaligen „Handarbeiter" erheblich erleichterten. Daß dieser Faktor auch in den fünfziger Jahren noch wirksam war, ersieht man z. B. aus den Erwägungen eines Berliner Finanzkonsortiums für den Standort der zu gründenden Baumwollspinnerei und -weberei AG. Als Begründung für die Wahl von Sagan wird neben den niedrigen Löhnen wörtlich angeführt, daß „in den zahlreichen Weberfamilien der umliegenden Orte eine schon teilweise geübte Arbeiterklasse vorhanden" sei.[45] Daß diese Fähigkeiten jedoch zunächst keineswegs ausreichten, ersieht man daraus, daß bei den ersten Textilfabriken ausländische Facharbeiter zum Anlernen der deutschen Arbeiter verwendet wurden.[46] Eine größere Rolle beim Aufbau der Fabrikindustrie haben die ausländischen Fachkräfte jedoch nur dann gespielt, wenn diese Fabriken außerhalb von Zentren der betreffenden Branche entstanden.[47]

Die Gründung von Spinnfabriken innerhalb von Webereidistrikten bot zugleich von vornherein einen gesicherten Absatz für die Erzeugnisse. Demzufolge verkürzte der „lokale" Absatz die Umschlagszeit für das zirkulierende Kapital, und der Vorzug der fehlenden Transportkosten erleichterte den Konkurrenzkampf gegenüber ausländischen Fabrikaten. Besonders deutlich wurde die Einsparung des zur Fabrikgründung erforderlichen Kapitals infolge der lokalen Absatzorientierung dann, wenn sie zunächst oder überhaupt als sogenannte Lohnspinnereien errichtet wurden. Dies war zunächst nicht selten der Fall,[48] wodurch sich das erforderliche zirkulierende Kapital im wesentlichen auf die Lohnkosten für die Arbeiter reduzierte. Darüber hinaus entstanden die Spinnfabriken zumeist auf Initiative von Handelskapitalisten, die bereits über den Handel oder durch den Verlag mit der Weberei in Verbindung standen, und von reichen Handwerksmeistern oder Manufakturiers der Webereibranche. Auch hieraus erklärt sich der Zusammenhang zwischen den entstehenden Zentren der Spinnfabrikindustrie und den Zentren des Textilgewerbes. Eine große Rolle für die Standortwahl der ersten Spinnfabriken spielte bis über

[45] Zitiert bei *Baar, L.*, Die Entwicklung der Berliner Industrie in der Periode der industriellen Revolution, Diss. Berlin 1960 (MS), S. 128.

[46] Vgl. *Henderson, W. O.*, England und die Industrialisierung Deutschlands, in: Zeitschrift für die gesamten Staatswissenschaften, Bd 108, Tübingen 1952, S. 267ff.; *May*, Reisebericht aus dem Jahre 1836, in: DZA-Merseburg, Rep. 120 D I/1, Nr 11/Vol. 2; *Bein, L.*, Die Industrie des sächsischen Voigtlandes, T. 2: Die Textilindustrie, Leipzig 1884, S. 136; *Graßmann, J.*, Die Entwicklung der Augsburger Industrie im neunzehnten Jahrhundert, Augsburg 1894, S. 42.

[47] Vgl. z. B. *Ein Jahrhundert Arbeit und Erfolg.* Zum hundertjährigen Jubiläum der Firma Merkel & Kiemlin GmbH., Eßlingen 1930, S. 33; *Schmid, J.*, Die Augsburger Kammgarnspinnerei und ihre Stellung in der deutschen Wollindustrie, Diss. Würzburg 1923, S. 46; *Wolf, H. R*, Hundert Jahre Kammgarnspinnerei zu Leipzig als Aktiengesellschaft. 1836–1936, Leipzig 1936, S. 91; *Blumberg, H.*, a. a. O., S. 109, Anm. 155.

[48] Vgl. z. B. *Beiträge zur Statistik*, a. a. O., S. 26ff.; *Jahresberichte der Handels- und Gewerbekammern in Württemberg für 1861.* Stuttgart 1862.

die dreißiger Jahre hinaus das Vorhandensein von Wasserkräften, die zu jener Zeit die Hauptquelle für die Antriebsenergie bildeten. Daraus ergab sich im Unterschied zur zweiten Hälfte des 19. Jahrhunderts eine stärkere Dezentralisierung der Spinnereiindustrie innerhalb der einzelnen Zentren der Textilindustrie. Da das Textilgewerbe in Deutschland bereits während der „vorindustriellen" Zeit im hohen Maße in den deutschen Mittelgebirgen und in Gebirgsgegenden überhaupt konzentriert war, ergab sich hieraus ein weiteres Moment für das Zusammenfallen der neuen Zentren der Fabrikindustrie mit den alten des Gewerbes.

Für die Zeit der Vorbereitungsperiode besitzen wir kein ausreichendes statistisches Material, um die geographische Aufgliederung der deutschen Textilindustrie darzustellen. Damit wir einen möglichst frühen Ausgangspunkt für die standortmäßige Entwicklung der deutschen Textilindustrie erhalten, haben wir uns zur Übernahme der Dietericischen Schätzung für das Jahr 1840 entschlossen.[49] Diese Schätzungen scheinen verwendbar, da ein beträchtlicher Teil der Dietericischen Angaben auf statistischen Erhebungen beruht. Dies trifft vor allem für Preußen, aber selbst auch in gewissem Maße für Sachsen zu.

Wir haben bei der territorialen Aufgliederung der deutschen Textilindustrie bewußt die staatliche und verwaltungsmäßige Einteilung Deutschlands nicht in erster

Die geographische Aufgliederung der deutschen Textilindustrie 1840

Territorium	Spinnerei		Weberei	
Sachsen		37,9		31,7
Prov. Schlesien		7,4		14,7
Prov. Brandenburg		10,9		6,4
Prov. Sachsen		4,6		4,7
Thüringen		1,8		7,4
Ost- und mitteldeutsches Gebiet	62,6		64,9	
Rheinprovinz		17,6		7,6
Prov. Westfalen		2,6		4,1
Rheinisch-westfälisches Gebiet	20,2		11,7	
Baden		3,2		7,3
Württemberg		7,0		2,0
Bayern		3,6		6,6
Südwest- und süddeutsches Gebiet	13,8		15,9	
Hessen-Nassau		0,5		0,8
Hessen-Darmstadt		–		2,7
Hessisches Gebiet	0,5		3,5	
Zusammen:	97,1		96,0	
Deutscher Zollverein	100		100	

49 *Dieterici, C. F. W.*, Statistische Übersicht der wichtigsten Gegenstände des Verkehrs und Verbrauchs im Preußischen Staate und im deutschen Zollverbande, 2. Forts., Berlin-Posen-Bromberg 1844, S. 341ff.

Linie beachtet. Dies erscheint vor allem für Preußen wichtig, weil das preußische Staatsgebilde eine Reihe Provinzen enthält, die zwar summarisch eine ansehnliche Webstuhlzahl auf sich vereinen, die aber im Rahmen der deutschen Textilindustrie von untergeordneter Bedeutung sind. Demzufolge verwenden wir anstelle des preußischen Staates seine für die Textilproduktion wichtigsten Provinzen. Die Übersicht zeigt, daß sich die noch junge Fabrikindustrie in Gestalt der Spinnerei vorwiegend in einem verhältnismäßig kleinen Gebiet konzentrierte und daß dieses Gebiet zugleich identisch mit dem führenden Zentrum der Weberei war. Mehr als drei Fünftel der Spinnerei- und Webereikapazitäten beheimatete das ost- und mitteldeutsche Gebiet, in dem wiederum Sachsen den Schwerpunkt bildete.

In diesem Raum, der zu Beginn der vierziger Jahre das wichtigste Zentrum der deutschen Textilindustrie darstellte, waren alle drei Zweige der hier betrachteten deutschen Textilindustrie stark vertreten. Diese Verteilung war jedoch nicht gleichmäßig. Im Brandenburger Gebiet überwog bei weitem die Wollindustrie, speziell das Streichgarngewerbe und demzufolge auch die Streichgarnspinnerei.[50] Schlesien wiederum war vor allem Zentrum der Leinenweberei, der noch jungen Flachsmaschinenspinnerei, aber auch des Baumwollgewerbes. Den Schwerpunkt der sächsischen Textilindustrie stellte hingegen die Baumwollindustrie dar, die sich insbesondere im sächsischen Vogtland konzentrierte.[51] Das sächsische Leinengewerbe war vor allem in Ostsachsen, also in dem an Schlesien grenzenden Teil, beheimatet. Thüringen mit dem dazu gehörenden Regierungsbezirk Erfurt bildete das wichtigste Zentrum der deutschen Kammgarnweberei, während die Leinwand- und Baumwollindustrie demgegenüber zurücktraten. Im restlichen Teil der Provinz Sachsen besaß von der dortigen Textilerzeugung die Streichgarnindustrie eine größere Bedeutung.

Wenn wir die Fabrikindustrie als Kriterium wählen, so war das zweitwichtigste Zentrum der deutschen Textilindustrie zweifellos das rheinisch-westfälische Gebiet. Die Fabrikindustrie konzentrierte sich hier auf einen verhältnismäßig engen Raum, der die preußischen Regierungsbezirke Düsseldorf, Aachen und Köln umfaßte. Hauptzweige waren hier die Baumwoll- und Streichgarnspinnerei. Demgegenüber war die Kammgarnspinnerei noch schwach und die Flachsspinnerei als Fabrikindustrie noch gar nicht entwickelt. Die Weberei war im rheinisch-westfälischen Gebiet etwas geringer als im süddeutschen Raum vertreten, aber der Grad der kapitalistischen Durchdringung dieses Bereichs der Textilindustrie war hier erheblich höher, vor allem, soweit es das Gebiet der Rheinprovinz betraf. An der Spitze stand hier die Baumwoll- und Streichgarnweberei, während die Leinenweberei die Hauptbranche Westfalens bildete, die jedoch besonders im Regierungsbezirk Münster von der sich dort ausdehnenden Baumwollweberei bedrängt wurde.[52]

50 Vgl. ebenda.

51 Vgl. Zollvereinsstatistik 1846/47, a. a. O. — Die gleiche Quelle für die nachfolgenden Angaben.

52 Vgl. *Viebahn, G. W. v.*, Bericht über die gewerblichen Zustände in den Provinzen Niederrhein und Westfalen, 1843, in: DZA-Merseburg, Rep. 120 D I/1, Nr 33.

Das südwest- und süddeutsche Gebiet war ein wichtiger Standort vor allem der Baumwollmaschinenspinnerei, aber daneben existierte auch die Streichgarn- und Kammgarnspinnerei in ansehnlicher Ausdehnung. Zugleich gab es hier auch erste Anfänge einer Flachsmaschinenspinnerei.[53] Nach unserer Übersicht befanden sich etwa 16% der deutschen gewerbsweise tätigen Webstühle im süddeutschen Raum, tatsächlich war dieser Anteil wohl noch höher. Doch im Unterschied zu den vorangenannten Zentren waren in der süddeutschen Textilindustrie wohl noch die einfache Warenproduktion und das Verlagswesen gegenüber der Manufakturweberei vorherrschend. Von völlig untergeordneter Bedeutung war die Weberei- und Spinnereiindustrie im hessischen Raum.

Gegenüber diesen vier Gebieten war die Textilerzeugung im übrigen Deutschland nur gering entwickelt, was man bereits daraus ersehen kann, daß die obengenannten vier Gebiete 97% der Spinnerei- und 96% der gewerbsmäßigen Webereikapazitäten des deutschen Zollvereins beanspruchten. Von den außerhalb des deutschen Zollvereins liegenden Gebieten besaß lediglich Hannover noch eine Textilindustrie von überlokaler Bedeutung, die zwar die des hessischen Gebiets übertraf, aber gegenüber den anderen Zentren weit zurück blieb. Die deutsche Textilindustrie war also bereits zu Beginn der Hauptperiode der industriellen Revolution vorwiegend auf ein bestimmtes Gebiet Deutschlands konzentriert. Allerdings handelte es sich hierbei im Vergleich zu anderen Industriezweigen um ein sehr großes Territorium. Soweit die Textilindustrie in den darüber hinaus liegenden Gebieten nicht entwickelt war, handelte es sich um nahezu „reine" Agrardistrikte, d. h., zu dieser Zeit waren „industriell" entwickelte Gebiete zugleich Zentren der deutschen Textilindustrie. Darin spiegelt sich lediglich die Tatsache wider, daß die deutsche Textilindustrie auch noch zu Beginn des fünften Jahrzehnts des 19. Jahrhunderts den wichtigsten Zweig der nichtagrarischen Produktion darstellte.

Inwieweit Veränderungen hinsichtlich der standortmäßigen Konzentration im Verlaufe der Hauptperiode aufgetreten sind, läßt sich an Hand des statistischen Materials der Gewerbezählungen von 1846, 1861 und 1875 ermitteln.[54]

Die Spinnereiindustrie hat ihre Hauptstandorte im Verlaufe der industriellen Revolution nicht gewechselt. Die Hauptgebiete, die sich bereits 1840 herausgebildet hatten, blieben auch am Ende als solche bestehen. Auch ihr Anteil ander Gesamtheit dieses Industriezweiges in Deutschland blieb nahezu erhalten. Die Veränderungen vollzogen sich innerhalb dieser Zentren und zwischen ihnen. Zunächst vermochte das ost- und mitteldeutsche Gebiet nicht, seine überragende Position, die es 1840 besaß, weiter zu behaupten. Bereits im Ergebnis des ersten zyklischen Aufschwungs der deutschen Industrie verlor es an Boden. Dieser Rückgang könnte allerdings auch in den ungenauen statistischen Angaben aus dem vorangegangenen Jahr seinen Ursprung haben. Jedoch läßt sich diese Entwicklung während der gesamten Hauptperiode der industriellen Revolution feststellen. Die Spinnereiindustrie entwickelte sich hier langsamer als in den anderen Gebieten, vor allem als in Süddeutschland.

53 Vgl. *Blumberg, H.*, a. a. O., S. 77.

54 Die statistischen Angaben sind den in Anmerkung 25 angeführten Quellen entnommen.

Standortmäßige Veränderungen der Spinnereiindustrie während der industriellen Revolution

Territorium	1840	1846	1861	1875
Sachsen	37,9	36,4	30,1	23,3
davon				
Krshptm. Zwickau	–	30,3	24,5	19,2
„ Leipzig	–	5,1	4,2	2,6
„ Bautzen	–	0,2	0,5	0,9
Prov. Schlesien	7,4	8,0	5,3	5,5
Prov. Brandenburg	10,9	6,8	6,3	8,9
Prov. Sachsen ohne Reg. Bez. Erfurt	4,6	2,4	1,5	1,6
Thüringen	1,8	4,6	3,0	4,3
Ost- und mitteldeutsches Gebiet	62,6	58,2	46,2	43,6
Rheinprovinz	17,6	15,3	14,0	16,5
davon				
Reg. Bezirke Köln, Düsseldorf und Aachen	–	13,4	13,3	16,0
Prov. Westfalen	2,6	1,7	2,8	3,4
Rheinisch-westfälisches Gebiet	20,2	17,0	16,8	19,9
Württemberg und Hohenzollern	7,0	4,5	6,7	6,5
Baden	3,2	9,5	8,1	7,1
Bayern	3,6	5,5	15,7	17,9
davon				
Oberfranken	–	0,4	5,2	4,9
Schwaben	–	3,4	8,9	9,3
Südwest- und süddeutsches Gebiet	13,8	19,5	30,5	31,5
Hessisches Gebiet	0,5	1,2	1,3	1,6
Hannover	–	–	2,0	2,4
Zusammen:	97,1	95,9	96,8	96,0
Deutscher Zollverein bzw. Deutsches Reich ohne Elsaß-Lothringen	100	100	100	100

Demgegenüber konnte das rheinisch-westfälische Gebiet – wenn wir den gesamten Zeitraum betrachten – seinen prozentualen Anteil behaupten, aber seine zweite Stelle hinter dem ost- und mitteldeutschen Zentrum verlor es an Süddeutschland. Demzufolge entwickelte sich die Spinnereiindustrie am raschesten im südwest- und süddeutschen Gebiet. Bereits 1846 entfiel fast ein Fünftel der deutschen Spinnereikapazität auf diesen Raum, und bis zum Jahre 1875 wuchs dieser Anteil auf ein knappes Drittel an. Dies war vor allem der recht stürmischen Entwicklung der Baumwollspinnerei im süddeutschen Raum, insbesondere in Bayern, zu danken.[55]

[55] Vgl. *Schmoller, G.*, Die Ergebnisse der im Jahre 1861 zu Zollvereinszwecken veranstalteten Aufnahme der Gewerbe in Württemberg, in: Württembergische Jahrbücher 1862,

Daneben hatte sich jedoch auch die Kammgarnspinnerei in Bayern und Württemberg erheblich ausgedehnt.[56] Bayern besaß bis zum Jahre 1875 die ausgedehnteste Baumwollspinnerei, wenn Elsaß-Lothringen unberücksichtigt bleibt, aber auch in Baden und Württemberg gelangte dieser Zweig zu einer starken Verbreitung, so daß der südwest- und süddeutsche Raum am Ende der industriellen Revolution das Hauptzentrum dieses Industriezweiges beherbergte. Demgegenüber vermochte auch in dieser Zeit die hessische Spinnereiindustrie keine wesentliche Ausdehnung zu erlangen. Ihr Anteil verdreifachte sich zwar im Vergleich zu 1840, aber auch dann beanspruchte sie lediglich 1,6 % der deutschen Spinnereiindustrie.

Die Ursachen für dieses unterschiedliche Entwicklungstempo der Spinnereiindustrie innerhalb dieser drei Hauptzentren sind wohl vor allem in folgendem zu sehen: Die sächsische Fabrikspinnerei entstand in starker Anlehnung an die dortige Webereiindustrie, und infolge ihres sehr frühen Entstehens zumeist in Form des Mittel- und Kleinbetriebes.[57] Das in Sachsen im Vergleich zum Rheinland niedrigere Lohnniveau ermöglichte der sächsischen Spinnerei zunächst, sich im Konkurrenzkampf zu behaupten, ohne ihre technische Vervollkommnung in gleichem Maße anzustreben, wie das z. B. im Rheinland, aber auch im süddeutschen Raum der Fall war.[58] Die rheinische Spinnereiindustrie kam, zumindest seit den fünfziger Jahren, in zunehmendem Maße unter den Lohndruck der aufstrebenden Schwerindustrie, so daß sich hier das Lohnniveau im Vergleich zu Süddeutschland und dem mitteldeutschen Raum erhöhte. Andererseits boten die sich entwickelnde Schwerindustrie und ihr hoher Kapitalbedarf vielfältige Möglichkeiten der Kapitalanlage, so daß die Spinnereiindustrie für den Kapitalmarkt eine Anlagesphäre unter anderen wurde.

Im Unterschied zur sächsischen entstand vor allem die bayrische Maschinenspinnerei seit den vierziger Jahren verstärkt in Gestalt großer Aktienspinnereien, und für das dort angesammelte Kapital bot gerade die Textilindustrie angesichts des geringen Industrialisierungsgrades dieses Raumes ideale Anlagemöglichkeiten.[59] Die Nachbarschaft zur Schweiz und zum Elsaß bot darüber hinaus der entstehenden Fabrikindustrie einen Vorteil, da sie sich nicht nur auf den deutschen Maschinenbau

H. 2, Stuttgart 1863; *Die Bevölkerung und die Gewerbe des Königreichs Bayern nach der Aufnahme vom Jahre 1861, die Gewerbe in Vergleichung mit dem Stande im Jahre 1847*, München 1862; *Statistik des Deutschen Reiches*, a. a. O., Bd 35, T. 2.

56 Vgl. ebenda.

57 Vgl. Beiträge zur Statistik, in: a. a. O., S. 32.

58 Besonders im Vergleich zu Süddeutschland war dies selbst 1875 noch sichtbar. Während die sächsische Baumwollspinnerei erst zu 48% mit Selfaktorspindeln produzierte, betrug ihr Anteil in Bayern 89 und in Baden 91%. Die Baumwollspinnereien des Regierungsbezirks Düsseldorf verfügten gleichfalls bereits zu 55% über Selfaktorspindeln. Vgl. *Statistik des Deutschen Reiches*, a. a. O., Bd 36, T. 2, S. B 106f.

59 *Borchardt, K.*, Zur Frage des Kapitalmangels in der ersten Hälfte des 19. Jahrhunderts in Deutschland, in: Jahrbücher für Nationalökonomie und Statistik, Bd 173, Stuttgart 1961, S. 420.

zu stützen brauchte.[60] Die zunächst überwiegende agrarische Struktur erlaubte die Ausnutzung des damit verbundenen niedrigen Lohnniveaus.

Die standortmäßige Veränderung bei der Weberei vermittelt die nachfolgende Übersicht. Hierbei wurde eine Umrechnung der Maschinenstühle in Handstühle vorgenommen, um einen einigermaßen realen Vergleich der Webereikapazitäten in den einzelnen Gebieten vornehmen zu können.

Standortmäßige Veränderungen der Webereiindustrie während der industriellen Revolution

Territorium	1840	1846	1861	1875
Sachsen	31,7	14,0	15,0	22,6
davon				
Krshptm. Zwickau	–	5,7	7,4	11,8
Krshptm.Leipzig	–	1,0	0,7	1,5
Krshptm. Bautzen	–	6,6	6,4	8,6
Prov. Schlesien	14,7	14,0	13,5	13,2
Prov. Brandenburg	6,4	5,2	5,7	5,9
Prov. Sachsen ohne Reg. Bez. Erfurt	4,7	2,7	2,1	1,6
Thüringen	7,4	7,5	8,8	8,0
Ost- und mitteldeutsches Gebiet	64,9	43,4	45,1	51,3
Rheinprovinz	7,6	8,2	9,4	11,2
davon				
Reg. Bezirke Köln, Düsseldorf und Aachen	–	7,7	8,8	10,8
Prov. Westfalen	4,1	5,0	6,1	5,3
Rheinisch-westfälisches Gebiet	11,7	13,2	15,5	16,5
Württemberg und Hohenzollern	2,0	8,7	5,8	6,5
Baden	7,3	6,3	6,0	4,9
Bayern	6,6	20,0	14,1	11,3
davon				
Oberfranken	–	7,8	4,4	3,4
Schwaben	–	3,4	3,4	4,2
Südwest- und süddeutsches Gebiet	15,9	35,0	25,9	22,7
Hessisches Gebiet	3,5	4,7	3,2	3,0
Hannover	–	–	3,4	2,8
Zusammen:	96,0	96,3	93,1	96,3
Deutscher Zollverein bzw. Deutsches Reich ohne Elsaß-Lothringen	100	100	100	100

[60] *Graßmann, J.*, a. a. O., S. 18ff.

Die extremen Veränderungen, die in der Übersicht zwischen den Jahren 1840 und 1846 wiedergegeben werden, dürften überwiegend in der ungenauen Erfassung der Webstühle des süddeutschen Raumes ihre Ursache finden. Wir können deshalb annehmen, daß auch im Jahre 1840 der tatsächliche Anteil des südwest- und süddeutschen Gebietes an der deutschen Webereikapazität höher und demzufolge der Anteil des ost- und mitteldeutschen Gebietes niedriger war.

Im Verlaufe der Hauptperiode der industriellen Revolution waren die Veränderungen, ähnlich wie in der Spinnereiindustrie, nur begrenzt vorhanden, d. h., die bereits 1840 existierenden Hauptzentren blieben im wesentlichen erhalten, und Veränderungen sind innerhalb ihrer und zwischen ihnen zu suchen. Die für die Spinnerei festgestellte Verlagerung nach Süddeutschland ist hier jedoch nicht zutreffend, sondern im Gegenteil. Sowohl im ost- und mitteldeutschen als auch im rheinisch-westfälischen Gebiet entwickelte sich die Gewebeproduktion rascher als im süddeutschen Raum, so daß die deutsche Weberei in zunehmendem Maße sich in diesen beiden großen Gebieten konzentrierte. Am Ende der industriellen Revolution beherbergten diese beiden Zentren mehr als zwei Drittel der deutschen Webereikapazität, und die dominierende Stellung des mittel- und ostdeutschen Raumes in der Webereiindustrie verstärkte sich während des gesamten Zeitraums. Um die Mitte des achten Jahrzehnts war hier mehr als die Hälfte der deutschen Webereikapazität konzentriert. Demgegenüber blieb das rheinisch-westfälische Gebiet in seiner Entwicklung etwas zurück, aber was den kapitalistischen Reifegrad anbelangt, übertraf es das vorangenannte Gebiet wesentlich. Der Grad der Mechanisierung der Weberei lag in der Rheinprovinz erheblich über dem durchschnittlichen Niveau des mitteldeutschen Gebietes. Während sich die rheinische Webereiindustrie gegen Ende der industriellen Revolution bereits im hohen Maße als Fabrikindustrie präsentierte, überwog vor allem in Sachsen und in Thüringen nach wie vor die Handweberei, insbesondere als Hausindustrie.[61] So besaßen Sachsen 1875 insgesamt rund 96000 Webstühle und die drei rheinischen Regierungsbezirke nur ca. 34000. Beide Gebiete hatten aber etwa die gleiche Anzahl Maschinenstühle darunter, und zwar 16000 bzw. 15000.

Der Rückgang der Webereiindustrie im süddeutschen Raum resultierte wohl in erster Linie aus dem Zurückbleiben der kapitalistischen Entwicklung der dortigen Weberei bis zur Gründung des Zollvereins. Demzufolge geriet hier das Webereigewerbe nach 1834 in eine schwierige Lage, als die sächsische, die rheinische, aber auch die brandenburgisch-schlesische Textilindustrie auf dem süddeutschen Markt ihre Erzeugnisse anboten.[62]

Im Ergebnis der standortmäßigen Verschiebungen bildete sich zwischen den einzelnen Zentren eine gewisse Arbeitsteilung heraus. Vor allem die süddeutsche Baumwollspinnerei, aber auch die dortige Kammgarnspinnerei produzierten nicht nur

61 Vgl. die Daten der Gewerbezählung von 1875, in: *Statistik des Deutschen Reiches*, a. a. O., Bd 36, T. 2. – Diesem Band sind auch die nachfolgenden Angaben entnommen.

62 Vgl. *Schmoller, G.*, Die Ergebnisse der im Jahre 1861 zu Zollvereinszwecken veranstalteten Aufnahme der Gewerbe in Württemberg, a. a. O., S. 188ff.

für den „lokalen“ Markt, sondern zugleich für die Webereizentren des Rheinlandes und Mitteldeutschlands, während andererseits die rheinische und die mitteldeutsche Webereiindustrie auch den süddeutschen Markt belieferten. Darüber hinaus vollzog sich in der Weberei, aber noch deutlicher in der Spinnerei eine zunehmende Konzentrierung dieser Industrien innerhalb der großräumigen Zentren. Dies waren in Sachsen in erster Linie die Kreishauptmannschaft Zwickau, in der Provinz Brandenburg der Regierungsbezirk Frankfurt, in Rheinland-Westfalen im wesentlichen die Regierungsbezirke Köln, Düsseldorf und Aachen, in Baden das Gebiet um Freiburg und Konstanz und in Bayern schließlich vor allem Schwaben mit Augsburg als Zentrum der Spinnereiindustrie.
Wenn auch nicht so sichtbar wie bei anderen Industriezweigen, z. B. der Eisenmetallurgie, führte doch die industrielle Revolution auch innerhalb der deutschen Textilindustrie zur Herausbildung weniger großer Zentren dieser Industrie.

4. Die Struktur der Textilindustrie und ihre Stellung innerhalb der Industrie am Ende der industriellen Revolution

Um die Mitte der siebziger Jahre war der Prozeß der Ersetzung der Handarbeit durch die Maschine bereits weit fortgeschritten, aber noch nicht zum Abschluß gelangt. In einem Hauptbereich, und zwar in der Spinnerei, hatte sich jedoch die Maschine restlos durchgesetzt, und der Arbeitsprozeß war nahezu vollständig mechanisiert. Dadurch war in diesem Bereich der Industrie eine kontinuierliche Fertigung vorhanden, so daß in dieser Hinsicht die Spinnerei den technischen Höchststand jener Zeit mit repräsentierte.
In den anderen Bereichen der deutschen Textilindustrie war der Arbeitsprozeß in der Appretur, der Färberei und Druckerei im hohen Maße mechanisiert, aber die Handarbeit spielte hier immer noch eine beachtliche, wenn auch keine bestimmende Rolle mehr. Demgegenüber besaß die Handarbeit in der Weberei noch ein beträchtliches Ausmaß.
Die kapitalistische Warenproduktion hatte sich jedoch in allen Bereichen der deutschen Textilindustrie bereits durchgesetzt.Dies läßt sich aus den Ergebnissen der Gewerbezählung des Jahres 1875 ablesen.
Im Verlaufe der industriellen Revolution hatte sich infolge der verschiedenen Entwicklungsbedingungen der einzelnen Zweige und ihres sich daraus ergebenden unterschiedlichen Wachstums die Zusammensetzung der Textilindustrie verändert. Die Leinenindustrie hatte ihre dominierende Stellung eingebüßt und dies vor allem zugunsten der Baumwollindustrie, die auch in Deutschland zum Hauptzweig der Textilindustrie geworden war. Darüber hinaus war es der Wollindustrie im Verlaufe dieser Zeit gelungen, hinsichtlich der Zahl ihrer Arbeitskräfte dicht an die Leinenindustrie heranzukommen. Im Unterschied zur „vorindustriellen“ Periode war die Struktur der deutschen Textilindustrie wesentlich ausgeglichener. Wenn auch die Baumwollindustrie die übrigen Zweige überragte, so besaß sie doch ihrerseits nicht eine solche Vorrangstellung, wie das für das Leinengewerbe noch Ende des 18. Jahr-

Die Fabrik- und Manufakturindustrie der deutschen Textilindustrie 1875[63]

Zweig	Wolle	Baumwolle	Leinen	Seide
Zahl der „Großbetriebe" *	2870	1586	608	443
Zahl der darin Beschäftigten	147626	155225	41963	23115
Beschäftigte pro Betrieb	51	98	69	52
Anteil der „Großbetriebe" an der Gesamtzahl der Beschäftigten in %	76	52	26	29
Verhältnis von „Großbetrieb" zu Kleinbetrieb	1 : 11	1 : 62	1 :209	1 : 79
Anteil der Gesamtbeschäftigten an den Beschäftigten der Textilindustrie in %	25	39	26	10

* „Großbetrieb" = Betrieb mit mehr als 5 Beschäftigten.

hunderts zutraf. Im Verlaufe der industriellen Revolution war, wenn wir von der Seidenindustrie absehen, zwischen den drei Hauptzweigen der Textilindustrie eine gewisse Nivellierung eingetreten. Dies würde noch deutlicher werden, wenn wir das jährliche Produktionsquantum dieser Zweige „wertmäßig" vergleichen könnten. Wesentliche Unterschiede gab es aber zwischen den einzelnen Zweigen der Textilindustrie im erreichten ökonomischen Reifegrad. Hinsichtlich des Konzentrationsprozesses, der sich in der Zahl der „Großbetriebe" und im Verhältnis dieser zu den Kleinbetrieben ausdrückt, stand die deutsche Wollindustrie bemerkenswerterweise am Ende der industriellen Revolution an erster Stelle. Sie besaß sogar einen beträchtlichen Vorsprung gegenüber den anderen Zweigen. Dafür hatte sie jedoch die niedrigste Durchschnittsgröße der „Großbetriebe". Beträchtlich waren die Unterschiede in dieser Hinsicht aber nur zur Baumwollindustrie. Die außerordentlich hohe Zahl der sogenannten Kleinbetriebe in der deutschen Leinenindustrie wies aus, daß sich dieser Zweig selbst noch zu dieser Zeit auf einer sehr niedrigen Stufe der kapitalistischen Entwicklung befand. Aber für alle Zweige der Textilindustrie bedeutete die hohe Zahl solcher Kleinbetriebe nicht die Existenz einer breiten Schicht einfacher Warenproduzenten, sondern die im Durchschnitt nicht einmal zwei Personen besitzenden Betriebe dürften überwiegend der kapitalistischen Heimindustrie angehört haben. Dies galt namentlich für die Weberei, die knapp drei Fünftel dieser Kategorie beanspruchte.

Wenn wir den gesamten Bereich der deutschen Textilindustrie, soweit er in der obigen Tabelle erfaßt wurde, betrachten, so verfügte ein „Großbetrieb" im Durchschnitt über 53 Beschäftigte. Die damit zum Ausdruck kommende Konzentration der Produktion in zentralisierten Betrieben mit Manufaktur-, aber in der Regel schon Fabrikcharakter war auch im Vergleich zu anderen Industriezweigen bemerkenswert. Die Durchschnittsgröße dieser „Großbetriebe" wurde zu jenem Zeitpunkt nur

63 Ermittelt nach den Angaben der Gewerbezählung von 1875, in: *Statistik des Deutschen Reiches*, a. a. O., Bd 35, T. 1, u. Bd 36, T. 2.

von wenigen Industriezweigen übertroffen. Dies gilt für den Erzbergbau und die Buntmetallurgie, deren „Großbetriebe" bereits 127 Beschäftigte zählten, den Eisenerzbergbau und die Eisenmetallurgie mit durchschnittlich 108 und den Kohlenbergbau mit durchschnittlich sogar 317 Arbeitskräften. Von den übrigen Industriezweigen kam lediglich der Maschinenbau, was die Durchschnittsgröße seiner „Großbetriebe" betraf, dem erreichten Niveau in der Textilindustrie mit 46 Beschäftigten ziemlich nahe.

Die Reichsstatistik des Jahres 1875 erlaubt erstmalig, einen Einblick in die Struktur der deutschen Textilindustrie nach der Betriebsgröße zu erhalten.

Betriebsstruktur der deutschen Textilindustrie 1875 (in %)

Zweig	Gliederung der Betriebe mit mehr als 5 Beschäftigten nach Betriebsgrößen			
	10 und weniger	11–50	51–1000	über 1000
Wollindustrie	19,8	53,1	27,0	0,1
Baumwollindustrie	18,5	38,5	42,6	0,4
Leinenindustrie	25,0	47,3	27,2	0,5
Seidenindustrie	25,7	47,7	26,4	0,2
Textilindustrie	22,0	48,0	29,8	0,2

Auch diese Tabelle spiegelt den unterschiedlichen Reifegrad hinsichtlich der kapitalistischen Entwicklung in den einzelnen Zweigen der deutschen Textilindustrie wider. Noch ein beachtlicher Teil dieser „Großbetriebe" besaß in allen vier Zweigen nur 10 Beschäftigte und weniger. In diesem Bereich dürften weit mehr als unter den Kleinbetrieben Handwerksbetriebe zu finden gewesen sein. Mit Ausnahme der deutschen Baumwollindustrie war jedoch die Hauptbetriebskategorie jene mit 11 bis 50 Beschäftigten. Der eigentliche Großbetrieb[64] hingegen war in allen Zweigen noch in der Minderheit, aber in der Baumwollindustrie beanspruchte er bereits mehr als zwei Fünftel der vorhandenen „Großbetriebe". Aus dieser Aufgliederung kann man sicherlich schlußfolgern, daß die überwiegende Mehrheit der Betriebe der zweiten bis vierten Gruppe als Fabrikbetriebe oder solche Manufakturunternehmen anzusehen war, die sich bereits im Übergang zur Fabrik befanden, d. h. ebenfalls in einem gewissen Umfang Arbeitsmaschinen in den Produktionsprozeß eingeführt hatten.

Für eine echte handwerkliche Produktion und selbst für Manufakturunternehmen ohne Kombination mit bestimmten mechanisierten Teilprozessen war der Spielraum, den der innere Markt bot, schon während der sechziger Jahre sehr eng geworden und während des achten Jahrzehnts kaum noch gegeben. Lediglich in den reinen Agrardistrikten Ostdeutschlands dürften noch gewisse Möglichkeiten für den Absatz auf dem unmittelbaren lokalen Markt vorhanden gewesen sein, soweit solche

[64] Vgl. *Lenin, W. I.*, Der Imperialismus als höchstes Stadium des Kapitalismus. Gemeinverständlicher Abriß, Werke, Bd 22, Berlin 1960, S. 200.

Handwerker spezifische Gewebe für die ländliche Bevölkerung produzierten.[65] Diese handwerkliche Produktion spielte aber im Rahmen der gesamten Textilindustrie eine völlig untergeordnete Rolle. Die Erzeugnisse der deutschen Gewebeproduzenten mußten sich seit der Mitte der sechziger Jahre nicht nur gegenüber den Fabrikprodukten der einheimischen, sondern ohne größeren Zollschutz auch gegenüber denen der ausländischen Konkurrenz selbst auf dem deutschen Markt bewähren. Die weitgehende Durchsetzung des Freihandels um die Mitte des siebenten Jahrzehnts hatte eine beachtliche Senkung der Einfuhrzölle zur Folge,[66] so daß während kritischer Jahre sogar die Waren der kapitalistischen Unternehmen einen schweren Stand hatten. Mit der fortschreitenden Technik in der deutschen Textilindustrie und der damit verbundenen Zentralisierung der Textilproduktion in den kapitalistischen Fabrikbetrieben war der Konkurrenzkampf schärfer geworden, so daß seit den sechziger Jahren nicht mehr die Vernichtung bzw. Verdrängung der einfachen Warenproduktion vom Markt, sondern die Liquidierung der kapitalistischen Heimindustrie im Vordergrund stand. Wie weit dieser Prozeß gegen Ende der industriellen Revolution bereits fortgeschritten war, läßt sich durch die Erfassung der Maschinenweberei und die Darstellung ihres Verhältnisses zur Handweberei ermessen. Die nachfolgende Übersicht gibt darüber Auskunft. Dabei wollen wir uns auf die drei Hauptzweige der deutschen Webereiindustrie beschränken.

Die Verteilung der Webstühle in den drei Hauptzweigen der deutschen Textilindustrie 1875[67]

Zweig	Wolle	Baumwolle	Leinen
Gesamtzahl der Webstühle	80514	183906	146381
davon Webstühle in den „Großbetrieben"	46955	65351	10212
davon Maschinenstühle	27657	58418	6855
Anteil der Webstühle der „Großbetriebe" in %	58	36	7
Anteil der Maschinenstühle an der Gesamtzahl in %	34	32	5
Anteil der Maschinenstühle an den Webstühlen der „Großbetriebe" in %	59	89	67

Was die Zentralisierung der Weberei innerhalb der „Großbetriebe" betraf, so stand die deutsche Wollindustrie wiederum an erster Stelle, während dieser Prozeß bei der Leinenindustrie erst in den Anfängen steckte und die Baumwollindustrie auch noch mit erheblichem Abstand folgte. Unterscheiden wir die beiden Hauptzweige der Wollweberei, so stand die Streichgarnweberei mit 66% sogar mit beachtlicher Überlegenheit den anderen Zweigen gegenüber, aber auch die Kammgarn- und Halbwollweberei übertraf selbst die Baumwollweberei noch beträchtlich.

65 Vgl. *Schmoller, G.*, Zur Geschichte der deutschen Kleingewerbe, Halle 1870, S. 504.

66 Vgl. *Statistisches Jahrbuch für das Deutsche Reich*, a. a. O., S. 91ff.

67 Nach den Angaben der Gewerbezählung von 1875 unter Aussonderung der Weberei von Elsaß-Lothringen ermittelt, in: *Statistik des Deutschen Reiches*, a .a. O., Bd 34, T. 1, u. Bd 35, T. 2.

Hinsichtlich der Verdrängung der Handarbeit durch die Maschinenarbeit innerhalb der gesamten Weberei stand ebenfalls die deutsche Wollindustrie an der Spitze, aber der Unterschied zur Baumwollindustrie war minimal. Doch auch hier blieb die Leinenweberei gegenüber den beiden anderen Zweigen weit zurück. Anders verhielt es sich jedoch mit dem Anteil der Maschinenstühle innerhalb der „Großbetriebe". In dieser Hinsicht stand die deutsche Wollindustrie hintan, denn selbst die im allgemeinen zurückgebliebene Leinenindustrie besaß in ihren „Großbetrieben" 67% Maschinenstühle, und bei der Baumwollindustrie näherte sich die Durchsetzung der Maschinenarbeit innerhalb der „Großbetriebe" dem Abschluß. Das Zurückbleiben der deutschen Wollindustrie in dieser Hinsicht war vor allem auf das Zurückbleiben dieses Prozesses in der Streichgarnweberei zurückzuführen, da bei den dortigen „Großbetrieben" die Maschinenstühle mit 46% nicht einmal die Hälfte der Webstühle beanspruchten. Auf die Ursachen dieser Entwicklung werden wir im zweiten Teil der Arbeit eingehen.[68] Demgegenüber beherbergten die „Großbetriebe" der Kammgarnweberei bereits 72% Maschinenwebstühle. Wie wir später noch sehen werden, darf aus dem Zurückbleiben der Maschinenweberei in der deutschen Wollindustrie jedoch nicht der Schluß gezogen werden, daß die Fabrikindustrie der der Baumwollindustrie nachstand, da die Handstühle innerhalb der Streichgarnindustrie im hohen Maße Betrieben angehörten, die als Kombinate ihrem Charakter nach bereits Fabriken darstellten.[69] Was den tatsächlichen Produktionsanteil der Hausindustrie in den drei Hauptzweigen der Weberei betraf, so reichen die bisher gemachten Angaben für ein Urteil keineswegs aus. Hierfür muß die höhere Produktivität der Maschinenweberei in Rechnung gestellt werden. Wir wollen hier wieder zugrunde legen, daß die durchschnittliche Arbeitsleistung des Maschinenstuhls der von zwei Handstühlen entsprach. Darüber hinaus muß man bei der Hausindustrie berücksichtigen, daß sie weit stärker als die Fabrikindustrie und die zentralisierte Weberei überhaupt unter der Nichtauslastung ihrer Kapazitäten litt. Diese nichtausgelasteten Kapazitäten in der dezentralisierten Handweberei lassen sich jedoch für den gesamten Zeitraum kaum erfassen, so daß man sich bei den jeweils gemachten Angaben stets an diese Tatsache erinnern muß. Berücksichtigen wir die höhere Produktivität der Maschinenweberei, dann entfiel gegen Ende der industriellen Revolution in den drei Hauptzweigen der Weberei etwa folgender Produktionsanteil auf die Handweberei außerhalb der „Großbetriebe": bei der Wollweberei 31, der Baumwollweberei 49 und der Leinenweberei 89%. Unter Berücksichtigung der nichtausgelasteten Kapazitäten stellen diese Daten Maximalzahlen dar. Dies trifft für die Baumwollweberei noch im zweifachen Sinne zu, da hier die Arbeitsleistung eines Maschinenwebstuhls oft über der doppelten des Handstuhls lag. Daraus läßt sich der Schluß ziehen, daß mit Ausnahme der Leinenweberei der Fabrikbetrieb bereits das Übergewicht besaß und daß darüber hinaus in der Wollindustrie bereits von einem Sieg der Fabrikproduktion gesprochen werden könnte, wobei allerdings hier infolge des Zurückbleibens der mechanischen Weberei der Anteil der Handarbeit innerhalb der Fabrikindustrie noch beträchtlich war.

[68] Vgl. S. 91 f. u. 97 f. [69] Vgl. S. 96.

Abschließend wollen wir die Stellung der deutschen Textilindustrie im Gesamtbereich der Industrie erfassen. Soweit es den gesamten nichtagrarischen Sektor der Produktion betraf, beschäftigte die deutsche Textilindustrie während des Jahres 1875 etwa15 % der nichtagrarisch tätigen Bevölkerung des Deutschen Reiches, und das waren etwa 2,2% der Gesamtbevölkerung.[70] Vergleichsweise dazu beschäftigte die britische Textilindustrie gegen Ende der industriellen Revolution in England etwa 1,5% der britischen Bevölkerung, und im Jahre 1874 3,2%.[71] Am Ende der industriellen Revolution lag demzufolge der Anteil der Beschäftigten der Textilindustrie höher als zur damaligen Zeit in Großbritannien, während etwa zum gleichen Zeitpunkt die britische Textilindustrie, gemessen an der Beschäftigtenzahl, eine größere Bedeutung besaß, als das in Deutschland 1875 der Fall war. Hierbei müssen wir allerdings berücksichtigen, daß das Aufnahmejahr 1875 infolge der konkreten wirtschaftlichen Situation Deutschlands[72] nicht günstig war, da durch die Krisen- bzw. Depressionserscheinungen in der deutschen Industrie die Beschäftigtenzahlen niedriger als während der Konjunkturjahre gewesen sein dürften.

Da diese Situation in den einzelnen Zweigen unterschiedlich war und demzufolge auch das Ausmaß der Arbeitslosigkeit, beeinträchtigt dieser Umstand die Relationen in der nachfolgenden Übersicht.

Soweit die Angaben des Jahres 1875 mit früheren Daten vergleichbar sind, läßt sich ein gewisser Rückgang des Anteils der Beschäftigten der Textilindustrie an der nichtagrarisch tätigen Bevölkerung feststellen. Nach den Angaben von Dieterici, wie er sie im „Handbuch der Statistik des preußischen Staats“ macht, betrug dieser Anteil 1846 in Preußen unter Einbeziehung des Handwerks, aber unter Ausklammerung der Beschäftigten des Bergbaus 17,5%, während der Maschinenbau nur 0,6 und die Metallurgie ca. 3% auf sich vereinigten. Nach vergleichbaren Werten aus dem Jahre 1875 beanspruchten die deutsche Textilindustrie 16,7, die Metallurgie 8,1 und der Maschinenbau schließlich 5,8% der nichtagrarisch tätigen Bevölkerung. Die veränderte Industriestruktur Deutschlands im Verlaufe der industriellen Revolution deutet sich in diesen wenigen Zahlen sichtbar an. Um die Stellung der Textilindustrie gegen Ende der industriellen Revolution innerhalb der deutschen Industrie zu erfassen, können wir nicht ohne weiteres die Daten der Gewerbezählung von 1875 verwenden, da diese die verschiedensten sozialökonomischen Kategorien zusammen erfaßt hat. Wir finden in den einzelnen Hauptkategorien, zu denen die deutsche Industrie zusammengefaßt wurde, sowohl Fabrik- und Manufakturindustrie im eigentlichen Sinne als auch Zweige des Handwerks. So befinden sich beispielsweise innerhalb der chemischen Industrie die Apotheken und innerhalb der Nahrungs- und

70 Berechnet nach den Angaben von *Engel, E.*, Die deutsche Industrie 1875 und 1861. Statistische Darstellung der Verbreitung ihrer Zweige über die einzelnen Staaten des Deutschen Reichs mit Hervorhebung Preußens, 2. vermehrte Aufl., Berlin 1881, S. 1ff., und *Statistisches Jahrbuch für das Deutsche Reich.* Jg. 1, 1880, Berlin 1880, S. 5.

71 Berechnet nach den Angaben von *Page, W.*, Commerce and Industry. Tables of Statistics for the British Empire from 1815, London 1919, S. 1 u. 229.

72 Vgl. *Kuczynski, J.*, Die Geschichte der Lage der Arbeiter unter dem Kapitalismus, Bd 12, Berlin 1961, S. 12ff.

Genußmittelindustrie Bäckereien und Konditoreien sowie das Fleischerhandwerk. Wir haben deshalb Korrekturen vornehmen müssen, um mit einiger Sicherheit die tatsächliche Industrie erfassen zu können. Zunächst haben wir von vornherein nur die Daten der „Großbetriebe" übernommen und darüber hinaus bei den einzelnen Gruppen verschiedene Branchen ausgesondert. Zunächst wurden die bei Engel „Die deutsche Industrie 1875 und 1861" angegebenen Gruppen I, II, XV bis XIX unberücksichtigt gelassen.[73] Die Gruppe „Chemische Industrie" wurde mit ihren „Großbetrieben" mit Ausnahme der dritten und achten Klasse, die Industrie der Holz- und Schnitzstoffe mit denen der Klasse 1 und 2, die Nahrungs- und Genußmittelindustrie mit denen der Klasse 1, ohne Bäckereien und Konditoreien und einschließlich der Brauereiindustrie, die Gruppe „Bekleidung und Reinigung" nur mit ihrer ersten Klasse übernommen. Aus der Textilindustrie übernahmen wir von Engel die „Großbetriebe" mit ihren Beschäftigten zunächst in ihrer Gesamtheit und haben danach die vier Hauptzweige, die wir bei den ersten Tabellen dieses Abschnittes – also Baumwoll-, Woll-, Leinen- und Seidenindustrie – betrachtet haben, gesondert angegeben, um Vergleichsmöglichkeiten nicht auszuschalten. Auf dieser Grundlage erhielten wir die nachfolgende Übersicht:

Die Stellung der deutschen Textilindustrie im Rahmen der Manufaktur- und Fabrikindustrie des Jahres 1875

Zweig	Zahl der Beschäftigten	Anteil in %	Anteil an d. Bevölkerung in %	Zahl d. Arbeiter	Anteil in %
Bergbau und Metallgewinnung	422666	21,0	1,0	406295	21,7
Industrie Steine und Erden	173348	8,6	0,4	161719	8,6
Metallverarbeitung	137306	6,8	0,3	125507	6,7
Maschinenbau	201473	10,0	0,5	186412	9,9
„Schwerindustrie"	934793	46,4	2,2	879933	46,9
Chemische Industrie und Industrie der Heiz- und Leuchtstoffe	65334	3,2	0,2	57725	3,1
Papier- und Lederindustrie	90360	4,5	0,2	82858	4,4
Holzindustrie	58874	2,9	0,1	52979	2,8
Nahrungs- und Genußmittelindustrie	228998	11,4	0,5	210873	11,3
Konfektionsindustrie	50241	2,5	0,1	44174	2,4
Baugewerbe	169326	8,4	0,4	158196	8,4
Textilindustrie	413748	20,6	1,0	387555	20,7
davon bisher erfaßte Textilindustrie	377736	18,8	0,9	355498	19,0
insgesamt	2011674	100	4,7	1874293	100

73 *Engel, E.*, a. a. O., S. 1ff.

Auch am Ende der industriellen Revolution stellte die Textilindustrie noch einen der bedeutendsten Industriezweige dar, aber ihre dominierende Stellung, die sie noch zu Beginn der Hauptperiode der industriellen Revolution besessen hatte, war an die Schwerindustrie verlorengegangen, die mehr als zwei Fünftel der in der deutschen Manufaktur- und Fabrikindustrie beschäftigten Menschen beanspruchte. Jeder fünfte Industriearbeiter wurde aber am Ende der industriellen Revolution in der deutschen Textilindustrie ausgebeutet.

B. DIE DEUTSCHE WOLLINDUSTRIE VON DER ENTSTEHUNG DES DEUTSCHEN ZOLLVEREINS BIS ZUR GRÜNDUNG DES DEUTSCHEN REICHES

I. Die wichtigsten Zentren der deutschen Wollindustrie und ihre Stellung im Rahmen der deutschen Textilindustrie vor bzw. zu Beginn der Hauptperiode der industriellen Revolution

Die Verarbeitung der Wolle zu Geweben wurde in Deutschland seit Jahrhunderten betrieben und war verbreitet. Die Erzeugnisse dieses Produktionszweiges hatten bereits im frühen Mittelalter, teilweise in Gestalt der friesischen Tuche, überlokale Bedeutung erlangt.[1] Es gab wohl kaum ein Gebiet in Deutschland, in dem die Wollweberei nicht in einem gewissen Umfange betrieben wurde. Diese allgemeine Verbreitung trifft jedoch vor allem auf die Streichgarngewebeproduktion, insbesondere Tuche, zu, nicht aber auf die noch jüngere Verarbeitung von Kammgarnen. Die Kammgarnweberei, oder auch Wollzeugweberei genannt, war jüngeren Ursprungs. Sie hatte in Deutschland erst im Verlaufe des 17. Jahrhunderts Eingang gefunden. Sie wurde damals von Frankreich übernommen.[2] Im Eichsfeld, dem wichtigsten Zentrum dieses Gewerbes in Deutschland vor der industriellen Revolution, kam die Wollzeugweberei Ende des 17. Jahrhunderts auf, und auch hier stammten die Kenntnisse zur Betreibung dieses Gewerbes aus Frankreich.[3] Wenn sich auch dieses neue Wollgewerbe im Verlaufe des 18. Jahrhunderts weiter ausdehnte, so blieb es doch im Verhältnis zum Tuchgewerbe (Streichgarngewerbe) gering entwickelt. Es beschränkte sich außerdem auf nur wenige Gebiete in Deutschland, Neben diesen sich herausbildenden Zentren der Wollzeugweberei hatten sich ebenfalls bei dem relativ stark verbreiteten Tuchgewerbe schon vor der industriellen Revolution Zentren mit überlokaler Bedeutung entwickelt.

In Preußen war die Wollverarbeitung hinsichtlich ihres Umfanges am weitesten entwickelt. 1819 zählte man in Preußen 16014 und 1831 15360 Webstühle, die Wollwaren gewerbsweise herstellten.[4] Preußen besaß 1846 mehr als die Hälfte aller in Deutschland für Wollgewebe betriebenen Webstühle.[5] Aber auch in Preußen war die Wollweberei nur in wenigen Gebieten so entwickelt, daß sie den lokalen Bedarf überschritt. Preußen war vor allen Dingen die Heimat der Streichgarnbranche. Zu den wichtigsten Zentren zählten die Provinz Brandenburg, vor allem mit der Lausitzer Tuchweberei, und die Rheinprovinz mit den Bezirken Aachen und Lennep.

[1] *Mottek, H.*, Wirtschaftsgeschichte Deutschlands. Ein Grundriß. Bd 1, Berlin 1957, S. 110f.

[2] Ebenda, S. 267.

[3] *Haendly, K.*, Bauern und Weber vom Eichsfeld. Geschichte eines deutschen Kleinstaates, seiner Wirtschaft und der Menschen, die ihn bewohnten 897 bis 1933, Diss. Köln 1949 (MS), S. 86 u. 205.

[4] Vgl. Tabelle 4 (Anhang).

[5] Vgl. Tabelle 26 (Anhang).

Mit Abstand folgten diesen beiden Hauptzentren die Provinzen Schlesien und Sachsen. Die Rheinprovinz besaß 1834 28%, die Provinz Brandenburg 27%, Schlesien 16% und die Provinz Sachsen 14% der in Preußen gewerbsmäßig betriebenen Wollwebstühle.[6] Die Kammgarnweberei wurde vor allem im Regierungsbezirk Erfurt, im Regierungsbezirk Merseburg, also vor allem in der Provinz Sachsen, und darüber hinaus auch in der Rheinprovinz mit dem Regierungsbezirk Düsseldorf als Zentrum in größerem Umfange betrieben. Entsprechend diesem hohen Anteil an der deutschen Wollweberei sah es in der Wollspinnerei ähnlich aus. 71% der im Zollverein vorhandenen Feinspindeln für Streichgarne besaß allein Preußen.[7] Auf die Provinz Brandenburg entfielen 23% und auf die Rheinprovinz 24% der Feinspindelzahl des Zollvereins.[8] Hingegen betrug der Anteil von Schlesien und der Provinz Sachsen nur 8 bzw. 9%.[9] Der preußische Anteil an der Kammgarnspinnerei war infolge der geringer entwickelten Kammgarnweberei nicht so hoch. 1846 besaß Preußen 24% der Feinspindeln im Bereich des Zollvereins.[10]

Hinsichtlich des Anteils an der deutschen Wollwarenproduktion stand das Königreich Sachsen an zweiter Stelle, die Kammgarnspinnerei und -weberei, für sich betrachtet, sogar an erster Stelle. Sachsen besaß mehr als ein Viertel der Wollwebstühle Deutschlands. Die für die Streichgarnweberei arbeitenden Stühle wurden 1831 auf 2000 bis 3000 geschätzt, die für Kammgarngewebe auf 2500.[11] Hauptzentren der sächsischen Tuchweberei waren neben dem sächsischen Vogtland die sächsische Lausitz, die Städte Oederan, Zschopau, Freiberg und Umgebung, Roßwein, Leisnig, Döbeln und Grimma. Die sächsische Kammgarnweberei hatte vor allem im sächsischen Vogtland, darüber hinaus aber auch in Glauchau und Meerane ihre wichtigsten Standorte. Der Anteil der sächsischen Streich- und Kammgarnspinnerei mit 13 bzw. 39% entsprach dem an der deutschen Wollwarenproduktion.[12]

Das drittwichtigste Zentrum der deutschen Wollgewebeindustrie beheimatete Württemberg und Bayern. Die Hauptstandorte waren hier Calw, Eßlingen, Ludwigsburg, Reutlingen, Göppingen, Metzingen, Tübingen, Böblingen und Nürtingen. Hinsichtlich der Streichgarnspinnerei betrug der württembergische Anteil ca. 6%.[13] In Bayern waren die Standorte der Wollgewebeindustrie, insbesondere die Tuchweberei, vor allem in Oberfranken, in der Rheinpfalz und in den Städten Memmingen, Augsburg und München. Neben diesen drei Zentren spielte die Wollindustrie in Kurhessen mit den Städten Hersfeld, Melsungen Kassel, Fulda und Marburg, im Großherzogtum Hessen mit den Städten Alsfeld, Altenburg, Gießen und Friedberg und in Hannover mit den Städten Göttingen, Osterode, Hameln eine größere Rolle. In Baden war die Verarbeitung der Wolle unbedeutend. Einen gewissen Einblick in

6 Vgl. Tabellen 4 u. 5 (Anhang).
7 Vgl. Tabelle 11 (Anhang).
8 Vgl. ebenda.
9 Vgl. ebenda.
10 Vgl. Tabelle 12 (Anhang).
11 Vgl. Tabelle 6 (Anhang).
12 Vgl. Tabellen 11 u. 12 (Anhang).
13 Vgl. Tabelle 11 (Anhang).

den dortigen Umfang der Wollindustrie geben folgende Zahlen aus dem Jahre 1829.[14] Zu dieser Zeit zählte man in Baden 147 Tuchmachermeister mit 187 Gehilfen; deren gesamte Betriebsmittel wurden auf 28600 Gulden geschätzt. Daneben existierten noch 53 Woll- und Zeugweber mit 15 Gehilfen und einem geschätzten Betriebs„kapital" von 3900 Gulden. Außerdem existierten noch 3 Tuchmanufakturen mit 87 Gehilfen und einem Betriebskapital von 31200 Gulden. In einem noch geringeren Umfange war die Wollverarbeitung in Mecklenburg vorhanden.
In den thüringischen Staaten spielte die Tuchweberei nicht eine so große Rolle, doch war die Kammgarnweberei, vor allem in den reußischen Fürstentümern mit den Sitzen Gera und Greiz, beträchtlich verbreitet. Wenn wir darüber auch keine näheren statistischen Angaben haben, so dürfte die Kammgarnweberei dieser Gebiete der des sächsischen Vogtlandes zumindest ebenbürtig gewesen sein. 1846 zählten die thüringischen Staaten 4101 Wollwebstühle.[15]
Diese sich herausgebildeten Zentren der Wollverarbeitung mit überlokaler Bedeutung spiegelten sich in der Stellung dieses Zweiges im Rahmen der deutschen Textilindustrie wider. Auf Grund des unzureichenden statistischen Materials können wir es nicht für den Anfang der hier betrachteten Periode behandeln, sondern benutzen die Angaben der Zollvereinsstatistik von 1846/47. Die deutsche Wollwarenweberei mit 48662 Webstühlen beanspruchte 1846 den dritten Platz mit einem Anteil von 14% der in der deutschen Textilindustrie betriebenen Webstühle.[16] Bedeutender war der Anteil im Rahmen der deutschen Maschinenspinnerei, da die Wollweberei im Unterschied zu den anderen Webereibranchen im wesentlichen deutsche Garne verarbeitete. 90% der Maschinenspinnereien des Zollvereins waren solche der Wollindustrie. In der Masse waren es Streichgarnspinnereien, die 79% der deutschen Spinnereien ausmachten. Dagegen waren nur 10% Kammgarnspinnereien. Dieser hohe Anteil der Maschinenspinnereien ist jedoch nur dem vorherrschenden Kleinbetrieb in der Wollindustrie, insbesondere in der Streichgarnspinnerei, zuzuschreiben. Betrachtet man den Anteil an der Gesamtspindelzahl, so stehen die Wollspinnereien nur an zweiter Stelle mit 47% gegenüber 49% der Baumwollspinnereien. 38% der Gesamtspindelzahl beanspruchte die Streichgarnspinnerei, wogegen die Kammgarnspinnerei nur einen Anteil von knapp 9% besaß. Die Kammgarnspinnerei stand somit an der vorletzten Stelle im Rahmen der deutschen Maschinenspinnerei.
Bedeutender war jedoch der Anteil der Wollindustrie im Rahmen der deutschen Textilindustrie, wenn wir den Außenhandel betrachten. Von dem Export an Textilien, die 1837 40% der deutschen Ausfuhr bestritten, stand die deutsche Wollindustrie mit 15% des deutschen Gesamtexports an erster Stelle, während die Leinenindustrie mit 11% und die Baumwollindustrie mit 8% mit Abstand folgten.[17]

[14] *Gewerbekalender für das Jahr 1834,* Karlsruhe 1833, S. 24ff.
[15] Vgl. Tabelle 26 (Anhang).
[16] Vgl. zu den nachfolgenden Angaben S. 38 u. 41 sowie S. 43, Anm. 26.
[17] *Bondi, G.,* Deutschlands Außenhandel 1815–1870, Berlin 1958, S. 83.

II. Die Entwicklung der kapitalistischen Produktionsverhältnisse, insbesondere der Fabrikproduktion, in der deutschen Wollindustrie

1. Die wichtigsten Etappen des Mechanisierungsprozesses in der deutschen Wollindustrie

a) Überblick über die Einführung der ersten Arbeits- und Antriebsmaschinen in der deutschen Wollindustrie während der Vorbereitungsperiode der industriellen Revolution in Deutschland

Der Mechanisierungsprozeß in der deutschen Wollindustrie, wenn wir von dem Walkprozeß absehen, dessen Mechanisierung schon lange vorher weitgehend erfolgt war, begann – wie auch in den anderen Zweigen der Textilindustrie – mit der Spinnerei. Die Spinnmaschinen waren die ersten Arbeitsmaschinen, die in der deutschen Wollindustrie angewendet wurden. Den Anfang machte hierbei die deutsche Streichgarnindustrie, da die technischen Probleme, die das maschinelle Spinnen von Streichgarnen stellte, hier am leichtesten zu lösen waren.[1] Ähnlich wie in der Baumwollspinnerei waren es auch hier zunächst die kleineren Handspinnmaschinen, und auch ihre erste Anwendung fiel ungefähr in den gleichen Zeitraum.[2] Nach Schmoller bauten die Berliner Mechaniker Hoppe und Tappert bereits vor 1800 Maschinen zum Schrobbeln, Streichen und Spinnen der Wolle.[3] Diese Feinspinnmaschinen besaßen 30 Spindeln und wurden vor allem für die Erzeugung ordinärer Garne verwendet.[4] Wohl die erste dieser Spinnereien Sachsens war die im Jahre 1799 vom Grafen von Einsiedel in Wolkenburg gegründete Streichgarnspinnerei. Sie verwendete Jenny-Spinnmaschinen der Hargreaveschen Konstruktion, und der Betrieb stand unter Aufsicht eines englischen Meisters.[5] Über die Verwendung dieser Handspinnmaschinen zu Beginn des 19. Jahrhunderts besitzen wir auch aus den einzelnen Tuchwebereizentren Preußens Mitteilungen. In Grünberg (Schlesien) arbeiteten 1804 bereits 50 solcher Spinnmaschinen, und im Jahre 1808 waren es 300.[6] In Brandenburg/Havel kam es 1806 zur ersten Aufstellung von 3 solchen Spinnmaschinen mit je 64 Spindeln, aber angesichts der drohenden Haltung der dortigen Tuchmacher sah sich der Brandenburger Magistrat gezwungen, die Anwendung

[1] *Schmoller, G.*, Zur Geschichte der deutschen Kleingewerbe im 19. Jahrhundert (im folgenden: Kleingewerbe), Halle 1870, S. 476.

[2] *Viebahn, G. W. v.*, Über Leinen- und Woll-Manufakturen, deren Ursprung, Umfang und Leistungen in Deutschland, deren Wert und Fortschritte, Berlin 1846, S. 40.

[3] *Schmoller, G.*, a. a. O., S. 476.

[4] Ebenda.

[5] *Forberger, R.*, Die Manufaktur in Sachsen vom Ende des 16. Jahrhunderts bis zum Anfang des 19. Jahrhunderts, Berlin 1958, S. 153; *Genzmer, W.*, Hundert Jahre Kammgarnspinnerei Schedewitz 1835/1935 (im folgenden: Kammgarnspinnerei Schedewitz), Zwickau 1935, S. 33.

[6] *Frahne, C.*, Die Textilindustrie im Wirtschaftsleben Schlesiens, Diss. Tübingen 1905, S. 192.

dieser Maschinen zu verbieten.[7] Zumindest zu dem gleichen Zeitpunkt, wahrscheinlich aber schon früher, erzeugten auch die Burger Tuchmacher mit solchen Spinnmaschinen Streichgarne.[8] Die Aachener Tuchfabrikation bezog 1808 ihre ersten Spinnmaschinen zu je 60 Spindeln von Cockerill aus Lüttich, und 1818 besaß Aachen bereits 37 1/2 Assortiments Spinnmaschinen.[9] Die von Sartorius gemachte Angabe, daß Aachen erst 1821 die erste Cockerillsche Spinnmaschine aufstellte, entspricht demzufolge nicht der wirklichen Entwicklung.[10] In der bergischen Tuchindustrie scheint die Spinnmaschine hingegen erst nach 1814 Eingang gefunden zu haben.[11]

Ähnlich wie bei der ersten Anwendung der Baumwollspinnmaschinen dürfte die unmittelbare Ursache für die Anwendung der *ersten* Spinnmaschinen in der Wollindustrie der Engpaß in der Handspinnerei gewesen sein. Dieser Engpaß wird vor allem in den Zentren stärker aufgetreten sein, in denen sich im Verlaufe der zweiten Hälfte des 18. Jahrhunderts die Baumwollindustrie rascher entwickelt hatte, da eine ganze Reihe Wollhandspinner zur Baumwollhandspinnerei übergegangen war. Dazu gibt Krüger für Preußen eine Reihe Beispiele.[12]

Die allgemeinere Verbreitung der Spinnmaschine und insbesondere der Spinnmaschine mit zentralem Antrieb erfolgte jedoch erst nach Aufhebung der Kontinentalsperre und vor allem im Verlaufe der zwanziger Jahre. Zu jener Zeit kann für die Anwendung der Spinnmaschine nicht mehr ein Mangel an Handspinnern als unmittelbare Ursache angesehen werden.[13] Insbesondere für die Errichtung von Spinnfabriken waren vor allem die höhere Produktivität der Spinnmaschinen und die bessere Qualität ihrer Erzeugnisse maßgeblich. Auch die kritische Lage in der Baumwollmaschinenspinnerei nach 1814 trug zur raschen Erhöhung der Zahl der Streichgarnmaschinenspinnereien in Deutschland bei. Unter der Wucht der britischen Konkurrenz erwiesen sich zahlreiche Baumwollspinnereien als nicht mehr existenzfähig, und die Besitzer suchten nach Auswegen, um das in ihren Betrieben angelegte Kapital anderweitig verwerten zu können. In diesem Zusammenhang entstanden aus einigen Baumwollmaschinenspinnereien Streichgarnspinnereien.[14]

[7] *Geschichtliche Entwicklung der Industrie der Stadt Brandenburg a. H.*, in: Preußisches Handelsarchiv, Jg. 1857, 2. Hälfte, Nr 44, Berlin 1857 S. 555.

[8] Vgl. ebenda.

[9] *Wichterich, R.*, Die Entwicklung der Aachener Tuchindustrie von 1815 bis 1914, Diss. Köln 1922 (MS), S. 8 u. 169.

[10] *Sartorius von Waltershausen, A.*, Deutsche Wirtschaftsgeschichte 1815–1914, Jena 1923, veränd. Aufl., S. 50.

[11] *Isenburg, R.*, Untersuchungen über die Entwicklung der bergischen Wollindustrie, Diss. Heidelberg 1906, S. 26f.

[12] *Krüger, H.*, Zur Geschichte der Manufakturen und der Manufakturarbeiter in Preußen, Berlin 1958, S. 201ff.

[13] Vgl. z. B. *Quandt, G.*, Die Niederlausitzer Schafwollindustrie in ihrer Entwicklung zum Großbetrieb und zur modernen Technik, in: Staats- und sozialwissenschaftliche Forschungen, Bd 13, H. 3, Leipzig 1895, S. 25.

[14] *Bein, L.*, Die Industrie des sächsischen Voigtlandes, T. 2. Die Textilindustrie, Leipzig 1884, S. 274; *Genzmer, W.*, Hundert Jahre Augsburger Kammgarnspinnerei 1836/1936.

Seit der zweiten Hälfte des zweiten Jahrzehnts liegen aus den verschiedensten Gebieten Deutschlands Meldungen über die Errichtung von Streichgarnspinnereien vor.[15] Die zu dieser Zeit errichteten Wollspinnereien basierten nahezu alle auf dem Cockerillschen Maschinensystem, das sowohl Vorbereitungs- als auch Vorspinnmaschinen einschloß.[16] Nach G. Genzmer handelte es sich bei diesen Spinnmaschinen um Mule-Maschinen nach dem Patent von Crompton.[17] Gegenüber den bisher angewendeten Maschinen leistete das Cockerillsche System das Zwanzigfache bei besserer Qualität des Gespinstes.[18] Dieses Maschinensystem erlaubte noch den Handantrieb, wurde jedoch zumeist mit einem zentralen Antrieb in Bewegung gesetzt. Als Antriebskraft dienten Göpelwerke und die Wasserkraft.

In die gleiche Zeit – also im wesentlichen nach 1814 – fiel auch die Anwendung der Appreturmaschinen, vor allem der Scher- und Rauhmaschinen, in der deutschen Wollindustrie. Zugleich erfolgte auch während der zwanziger Jahre eine Verbesserung des Walkprozesses. Die Neuerungen der Tuchappretur fanden zunächst und vor allem im Rheinland ihre Anwendung.[19] In Lennep wurde 1804 die erste Zylinderschermaschine angewendet, und in Aachen zählte man 1818 bereits 15 Schermaschinen.[20] Die wesentlichste Ursache für den Übergang zur maschinellen Tuchappretur ist wohl nicht in erster Linie auf einen Mangel an Arbeitskräften, sondern schon mehr – insbesondere beim Tuchscheren – auf die Unvollkommenheit der Handarbeit zurückzuführen. Die schwierige Absatzsituation sowohl außerhalb Deutschlands als auch in Deutschland selbst während dieses Zeitraumes mag gleichfalls die Anwendung dieser Maschinen seitens der größeren Tuchunternehmer

Ein Beitrag zur Geschichte des deutschen Wollgewerbes (im folgenden: Augsburger Kammgarnspinnerei), Augsburg 1936, S. 32.

15 *Frahne, C.*, a. a. O., S. 192; *Bein, L.*, a. a. O., S. 279; *Genzmer, W.*, Augsburger Kammgarnspinnerei, a. a. O., S. 31ff.; *Graßmann, J.*, Die Entwicklung der Augsburger Industrie im 19. Jahrhundert, Augsburg 1894, S. 18f.; *Wichterich, R.*, a. a. O., S. 8 u. 169; *Schmidt, F.*, Die Entwicklung der Cottbuser Tuchindustrie, Cottbus 1928, S. 173; *Kruse, H.*, Das Siegerland unter preußischer Herrschaft 1815–1915. Festschrift aus Anlaß der hundertjährigen Vereinigung des oranischen Fürstentums Nassau-Siegen mit Preußen, Siegen 1915, S. 123; *Bühler, F.*, Die Entwicklung der Tuchindustrie in Lambrecht, in: Wirtschafts- und Verwaltungsstudien, mit besonderer Berücksichtigung Bayerns, Bd 50, Leipzig 1914, S. 23; *Höttemann, W.*, Die Göttinger Tuchindustrie in Vergangenheit und Gegenwart, Diss. Göttingen 1931, S. 82ff.; *Jahresberichte der Handels- und Gewerbekammern in Württemberg für das Jahr 1868*, Stuttgart 1869, Statistischer Anhang, S. 22f.; *Finkenwirth, F.*, Urkundliche Geschichte der Gera-Greizer Wollwarenindustrie von 1572 bis zur Neuzeit, Diss. Leipzig 1909, S. 107; *Isbary, C. R.*, Statistik und Lage der Industrie und des Handels im Königreich Sachsen, Leipzig 1865, S. 10; *Die Wolltuchfabrikation der Stadt Hersfeld in Kurhessen*, in: Das Zollvereinsblatt, Jg. 3/1845, Nr 5/6, S. 92.

16 *Schmidt, F.*, a. a. O., S. 173.

17 *Genzmer, W.*, Augsburger Kammgarnspinnerei, a. a. O., S. 32.

18 *Quandt, G.*, a. a. O., S. 180.

19 *Wichterich, R.*, a. a. O., S. 11f.; *Isenburg, R.*, a. a. O., S. 26ff.

20 Ebenda.

begünstigt haben, da diese Maschinen nicht nur wesentlich produktiver waren, sondern auch qualitativ bessere Ergebnisse brachten. Am Beispiel der Schermaschinen möge das erläutert werden. Die bei den Hückeswagener Unternehmern im Jahre 1817 aufgestellten 21 Schermaschinen leisteten das gleiche wie ca. 84 der *geübtesten* Handscherer.[21] Wenn sich auch in der bergischen und Aachener Tuchindustrie die Appreturmaschinen verhältnismäßig rasch vermehrten und sie in anderen Zentren der Tuchindustrie bis zur Mitte der dreißiger Jahre Eingang fanden, so wurde doch nirgends bis zu diesem Zeitpunkt die Handarbeit in der Tuchappretur verdrängt. In den meisten Zentren der deutschen Streichgarnindustrie überwog sogar gegen Ende der Vorbereitungsperiode bei weitem noch die Handarbeit. Das so wichtige Zentrum der deutschen Wollindustrie, nämlich Sachsen, verfügte noch bis zu Beginn des vierten Jahrzehnts über keine dieser Appreturmaschinen. Erst seit 1834 fanden sie zunächst vereinzelt Anwendung.[22] Bereits verbreiteter awren zu Beginn der dreißiger Jahre die Appreturmaschinen in der Lausitzer, märkischen und schlesischen Tuchfabrikation, aber auch hier bei weitem nicht in dem Umfange wie im Rheinland. Hauptursache für das langsame Vordringen der Appreturmaschinen in der deutschen Tuchindustrie während der Vorbereitungsperiode der industriellen Revolution dürften die hohen Anschaffungskosten[23] in Verbindung mit der geringen Entwicklung des deutschen Maschinenbaus und der schwierigen Absatzlage für die deutsche Wollindustrie während der zwanziger Jahre gewesen sein.

Die maschinelle Fertigung von Kammgarn in Deutschland begann Ende des zweiten Jahrzehnts des vorigen Jahrhunderts. Die erste Kammgarnspinnerei Deutschlands ist aus einer Baumwollspinnerei in Langensalza (Thüringen) hervorgegangen. Im Jahre 1802 gründete Johann Christian Weiß seine Baumwollspinnerei[24], aber nach Aufhebung der Kontinentalsperre konnte sich diese Spinnerei infolge der starken englischen Konkurrenz nicht halten, so daß Weiß nach Auswegen sann. Der erste Versuch, die Spinnerei in eine Flachsmaschinenspinnerei umzuwandeln, mißlang, während die danach erfolgte Umwandlung in eine Kammgarnspinnerei den Grundstein für die Entwicklung dieses Industriezweiges in Deutschland legen sollte.[25]

[21] *Isenburg, R.*, a .a. O., S. 29.

[22] Vgl. die Angaben im Sächsischen Landeshauptarchiv, Dresden (im folgenden: SLHA-Dresden), Ministerium des Innern (im folgenden: M. d. I.), Nr 1398a, 5763, 5817; *Pönicke, H.*, Sachsens Entwicklung zum Industriestaate (1830–1871), Dresden 1934, S. 32.

[23] Die Anschaffungskosten für die erste Lenneper Zylinderschermaschine betrugen 1700 Taler (*Isenburg, R.*, a. a. O., S. 26); 1833 zahlte man für eine Zylinderschermaschine 350–400 Taler – in Deutschland gefertigt (Bericht von Wedding über die Lehmannsche Spinnerei zu Treuenbrietzen, in: Deutsches Zentralarchiv, Abteilung Merseburg (im folgenden: DZA-Merseburg), Rep. 120 D IV/6b, Nr 17; Eingabe des Tuchfabrikanten Gönicke, 1834, in: SLHA-Dresden, M.d. I., Nr 5816.

[24] *Forberger, R.*, a. a. O., S. 290.

[25] *May*, Technologisch-kommerzielle Bemerkungen während der Ostermesse zu Leipzig 1832, in: Verhandlungen des Vereins zur Beförderung des Gewerbfleißes in Preußen, Jg. 11, Berlin 1832, S. 215. – Der von *Henderson, W. O.*, (Britain and Industrial Europe 1750 bis 1870, Liverpool, S. 142, Anm. 13) gegebene Hinweis, daß Weiß 1817 mit der

Diese Kammgarnspinnerei ist höchstwahrscheinlich nach englichem Vorbild unter teilweiser Verwendung der vorhandenen Maschinen entstanden. Johann Christian Weiß war vorher als Spinner in englischen Unternehmungen dieser Branche tätig gewesen.[26] Die zweite deutsche Kammgarnmaschinenspinnerei wurde in Eupen (Rheinprovinz) durch B. G. Scheibler mit englischen Maschinen unmittelbar zu Beginn des dritten Jahrzehnts errichtet.[27] Weitere Kammgarnmaschinenspinnereien entstanden in Verbindung mit der Familie Weiß während der zwanziger Jahre in Langensalza, in Glücksbrunn bei Bad Liebenstein und in Eisenach.[28] Die erste sächsische Kammgarnmaschinenspinnerei wurde 1825 im sächsischen Vogtland errichtet, der in den nächsten Jahren bald weitere folgten, so daß Sachsen 1831 10 Kammgarnspinnereien mit zusammen 8220 Feinspindeln besaß.[29] In den anderen Zentren der deutschen Wollindustrie wurden solche Spinnereien erst während der dreißiger Jahre und danach gegründet.

Im Unterschied zur deutschen Streichgarnspinnerei entstanden die deutschen Kammgarnspinnereien von vornherein als Spinnfabriken. Dies resultierte aus dem für die maschinelle Fertigung von Kammgarnen notwendigen vielseitigen Maschinensystem, das seinerseits hohe Anlage- und Betriebskosten erforderte. Der „Großbetrieb" und zugleich der Fabrikbetrieb wurden hier Bedingung für die Produktion, aber vor allem für die Rentabilität, d. h. damit für seine Existenz. Der Rohstoffbedarf war hier allein schon beträchtlich größer als bei der Streichgarnspinnerei. Einmal konnte nur ein Teil der Wolle als Kammwolle benutzt werden, und zum anderen erklärte sich das daraus, „daß die Kämm-, Streck-, Plätt- und Vorspinnmaschinen gewöhnlich in einer Reihenfolge hintereinander angeordnet waren, so daß man, um die ganze Reihe dieser Maschinen mit Material anzufüllen, einer viel größeren Wollmenge bedarf, als sie in der Streichgarnspinnerei zur Beschickung eines Krempelsatzes notwendig ist".[30] Zur Erläuterung dessen führen wir im Anhang die Beschreibung des deutschen Vorspinnsystems an, wie es 1840 üblich war. Ein Maschinensystem, das den zentralen Antrieb in irgendeiner Form einschloß, war hier im wesentlichen Bedingung der maschinellen Produktion. Zwar hat es anfangs und auch später vor allem in Preußen Spinnereien mit Handantrieb gegeben, aber

Umstellung der Produktion auf Flachsgarn begann, ist deshalb irreführend. In Großbritannien wurde 1787 bereits die erste Spinnmaschine in der Kammgarnspinnerei eingesetzt, und um 1810 begann die allgemeine Verdrängung der Handspinnerei (*Lipson, E.*, The History of the Woolen and Worsted Industries, London 1921, S. 184).

26 *Gülich, G. v.*, Die gesamten gewerblichen Zustände in den bedeutendsten Ländern der Erde während der letzten zwölf Jahre, Bd 2, Jena 1844, S. 476, Anm. 3. — Allgemein galt jedoch sein verwendetes Maschinensystem als seine Erfindung.

27 *Beuth, Ch.*, Bericht über den Ausspruch der Kommission zur Verteilung der Preise für die öffentliche Ausstellung vaterländischer Fabrikate vom Jahre 1822, in: Verhandlungen des Vereins zur Beförderung des Gewerbfleißes in Preußen, Jg. 2, Berlin 1823, S. 35.

28 *May*, a. a. O., S. 216.

29 Ebenda; *Bein, L.*, a. a. O., S. 279; Tabelle 10 (Anhang).

30 *Marx, A.*, Die Kammgarn- und Streichgarnindustrie, in: Wirtschafts- und Verwaltungsstudien, Bd 79, Leipzig 1927, S. 54.

sie haben nie eine größere Rolle gespielt. Von den 10 sächsischen Kammgarnspinnereien des Jahres 1831 – über deren Antriebskräfte wir nähere Angaben besitzen – wurden nur 3 mit Hand angetrieben, während 4 weitere durch Wasserkraft und 3 mit Göpelwerken betätigt wurden. Die Leipziger Kammgarnspinnerei von F. Hartmann verfügte sogar über Dampfantrieb.[31]
Auch die wichtigste Antriebskraft der Industrie in der Periode der industriellen Revolution – die Dampfkraft – fand bereits während der Vorbereitungsperiode in die deutsche Wollindustrie Eingang. Die erste Dampfmaschine dürfte die des Aachener Tuchfabrikanten Kelleter gewesen sein, der sie im Jahre 1818 in seinem Unternehmen anwandte.[32] Die Hauptursache für den relativ frühen Einsatz der Dampfmaschine in der Aachener Tuchindustrie war der Mangel an ausreichenden Wasserkräften[33], aber zweifellos trug auch der im Verhältnis zu anderen Gebieten Deutschlands günstigere Kohlebezug dazu bei. In der deutschen Kammgarnspinnerei wurde die erste Dampfmaschine 1827 in der Weißschen Spinnerei zu Glücksbrunn aufgestellt[34], und die zweite dürfte die in der bereits erwähnten Hartmannschen Spinnerei gewesen sein. Auch von den 9 Kottbuser Streichgarnspinnereien liefen 1833 bereits 2 mit Dampfkraft.[35] Die Anwendung dieser Antriebskraft während der Vorbereitungsperiode der industriellen Revolution blieb jedoch eine Ausnahmeerscheinung; soweit überhaupt eine zentrale Antriebskraft verwendet wurde, waren es vor allem Göpelwerke und die Wasserkraft.[36]
Abschließend können wir feststellen, daß auch in der deutschen Wollindustrie, mit Ausnahme des Maschinenwebstuhls, die zunächst für die Entwicklung der kapitalistischen Fabrikproduktion wichtigsten Arbeitsmaschinen erprobt und angewendet wurden und daß damit auch in diesem Zweig gegen Mitte der dreißiger Jahre die technischen Voraussetzungen für den Siegeszug der kapitalistischen Fabrik, mit Ausnahme der Weberei, herangereift waren. Jedoch hatten sich diese Maschinen innerhalb der deutschen Wollindustrie noch nicht allgemein durchgesetzt. Am weitesten fortgeschritten war der Mechanisierungsprozeß in der Spinnerei. Innerhalb der deutschen Streichgarnweberei war die Verwendung von Maschinengarn bereits allgemein, von der Haushaltsproduktion abgesehen. In erster Linie

31 *Bericht über die Ausstellung sächsischer Gewerb-Erzeugnisse im Jahre 1831*, Dresden-Leipzig 1832.

32 *Wichterich, R.*, a. a. O., S. 6. – Nach *Dahmen, J.*, (Das Aachener Tuchgewerbe bis zum Ende des 19. Jahrhunderts. Ein Beitrag zur Wirtschaftsgeschichte der Stadt Aachen, 2. Aufl., Berlin-Leipzig-Wien 1930, S. 111) wurde die Dampfmaschine sogar schon 1817 aufgestellt. Damit ist die in der Königlichen Porzellan-Manufaktur zu Berlin 1822 aufgestellte Dampfmaschine nicht die erste außerhalb des Bergbaus angewandte Dampfmaschine gewesen, wie es z. B. *Sombart, W.*, (Die deutsche Volkswirtschaft im 19. Jahrhundert und im Anfang des 20. Jahrhunderts, 6. Aufl., Berlin 1923, S. 15) annahm.

33 *Wichterich, R.*, a. a. O., S. 6.

34 *Die Entwicklung der Glücksbrunner Spinnerei* (MS), in: Betriebsarchiv des VEB Kammgarnspinnerei „Glücksbrunn", Bad Liebenstein.

35 *Schmidt, F.*, a. a. O., S. 180.

36 Vgl. *Quandt, G.*, a. a. O., S. 27; *Isenburg, R.*, a. a. O., S. 27; *Forberger, R.*, a. a. O., S. 291.

handelte es sich jedoch hierbei um Maschinengarn, das auf der Grundlage der Handspinnmaschine erzeugt worden war.[37] In der Kammgarnweberei hingegen wurde sogar noch weiterhin Handgarn verarbeitet, wenn auch nur in einzelnen Zentren, insbesondere im Eichsfeld. Im Verhältnis zur Zeit vor der Kontinentalsperre können wir nach 1814 schon ein schnelleres Tempo hinsichtlich des Maschineneinsatzes innerhalb der deutschen Wollindustrie feststellen.

b) Die Grundzüge des technischen Fortschritts der deutschen Wollindustrie im Verlaufe der Hauptperiode der industriellen Revolution

Der Eintritt Deutschlands in die Hauptperiode der industriellen Revolution und damit der Beginn der zyklischen Entwicklung der deutschen Wirtschaft mußten auch seinen Niederschlag innerhalb der deutschen Wollindustrie finden. Dies um so mehr, als bereits im Verlaufe der Vorbereitungsperiode – wie wir gesehen hatten – wichtige Fortschritte im Prozeß der Ersetzung der Handarbeit durch die Maschine erreicht waren.

Die Anwendung der Arbeitsmaschine in den verschiedenen Bereichen der deutschen Wollindustrie nahm fortwährend sowohl in quantitativer als auch in qualitativer Hinsicht zu, so daß am Ende der industriellen Revolution die Arbeitsmaschine und damit die Mechanisierung des Arbeitsprozesses in allen Bereichen der Wollindustrie Einzug gehalten hatten. In der überwältigenden Mehrzahl dieser Bereiche war die Ersetzung und Verdrängung der Handarbeit durch die Maschine bis zu diesem Zeitpunkt sogar abgeschlossen. Betrachten wir das nun speziell in den wichtigsten Bereichen der deutschen Wollindustrie.

Die Streichgarnspinnerei

In dieser Entwicklungsperiode der deutschen Industrie handelte es sich bei der Streichgarnspinnerei – wie wir bereits wissen – nicht mehr um die Durchsetzung, um den Sieg der maschinellen Fertigung von Streichgarnen. Dieser Prozeß war im wesentlichen abgeschlossen. Die Hauptfrage in der Streichgarnspinnerei war deshalb die Überwindung der die menschliche Antriebskraft noch bedingenden Produktionstechnik durch eine quantitativ und qualitativ überlegenere Technik, die den Menschen auch als Antriebskraft überwand. Darüber hinaus galt es, auch das vorhandene Spinnsystem, das den zentralen Antrieb bereits einschloß, weiterzuverbessern.

Anfänge von zentral angetriebenen Spinnsystemen hatte es bereits vor 1834 gegeben, aber ihre beschleunigte Durchsetzung fiel erst in die jetzt zu betrachtende Periode. Vor allem seit den vierziger Jahren erlebten sowohl der Vorspinnprozeß als auch die Feinspinnerei erhebliche Fortschritte. Bei der Vorspinnerei wurde besonders das Krempelsystem vervollkommnet, wobei sich der sächsische Maschinen-

37 Vgl. dazu auch *Schmoller, G.*, a. a. O., S. 476ff.

bau größere Verdienste erwarb.[38] Durch die Einführung der sogenannten Vorspinnkrempel wurden der Vorspinnprozeß vereinfacht und die bisher verwendete Vorspinnmaschine überflüssig. Das alte Vorspinnsystem bestand im wesentlichen aus Reißkrempeln, Lockenkrempeln und Vorspinnmaschinen. Anstelle der Lockenkrempeln und Vorspinnmaschinen trat jetzt die sogenannte Vorspinnkrempel. Dieses neue Vorspinnsystem vereinfachte nicht nur diesen Arbeitsprozeß, sondern war darüber hinaus auch leistungsfähiger. Das von diesem System gelieferte Vorgespinst erlaubte die Fertigung von wesentlich hochwertigeren, insbesondere von feineren Garnen.
Bei der Feinspinnerei bestand der technische Fortschritt vor allem in der Überwindung der bisher verwendeten Jenny -und Mule-Spinnmaschinen durch die Mule-Jennies. Diese Mule-Jennies waren allein durch ihre wesentlich höheren Feinspindelzahlen leistungsfähiger, aber auch die auf ihnen erzeugten Garne waren, vor allem hinsichtlich ihrer Feinheit, besser. Ende der dreißiger Jahre begann die deutsche Streichgarnspinnerei mit der Anwendung dieser Spinnmaschinen. So arbeitete beispielsweise die in der Nähe von Lennep gelegene Streichgarnspinnerei der Firma Wülfing bereits 1838 mit aus Belgien bezogenen Mule-Jennies.[39] Auch in Sachsen wurden schon 1837 solche Maschinen angewendet.[40] Die Anfänge dieser Spinnmaschinen in der deutschen Streichgarnspinnerei lagen also früher, als es die Literatur im allgemeinen bisher angeführt hat.[41] In der Lausitzer Tuchindustrie begannen sie Anfang der vierziger Jahre Einzug zu halten.[42] Der nächste Schritt bei der Vervollkommnung der Feinspinnerei wurde durch die Einführung des Selfaktors bestimmt. Die ersten Berichte über seine Einführung in die deutsche Streichgarnspinnerei stammen aus dem Jahre 1859. In diesem Jahre wurden von Hückeswagener Fabrikanten diese Maschinen aus England bezogen, da der deutsche Maschinenbau solche Maschinen noch nicht fertigte.[43] Im Verlaufe der sechziger Jahre nahmen sie dann auch in anderen Gebieten der deutschen Streichgarnindustrie zu[44], ohne daß

[38] *Schmidt, F.*, a. a. O., S. 174; Schreiben der Gebr. Schrüder vom 3. Nov. 1843, in: DZA-Merseburg, Rep. 120 D IV/9, Nr 5; *Genzmer, G.*, Kammgarnspinnerei Schedewitz, a. a. O., S. 35.

[39] *Minutoli, A. v.*, Reisebericht aus dem Jahre 1838, in: DZA-Merseburg, Rep. 120 D I/1, Nr 11, vol. 2.

[40] *Bericht über die Ausstellung sächsischer Gewerb-Erzeugnisse im Jahre 1837*, Dresden-Leipzig 1839, S. 30.

[41] *Kulischer, J.*, Allgemeine Wirtschaftsgeschichte des Mittelalters und der Neuzeit, Bd 2, Berlin 1954, S. 479.

[42] *Viebahn, G. W. v.*, Reisebericht aus dem Jahre 1845, in: DZA-Merseburg, Rep. 120 D I/1, Nr 33; *Schmidt, F.*, a. a. O., S. 174.

[43] Vgl. Die Zollbegünstigungen für die vom Ausland einzuführenden Maschinen behufs der Wollspinnerei und Tuch- und Wollwarenfabrikation, in: DZA-Merseburg, Rep. 120 C VII/2, Nr 65, vol. 3.

[44] Ebenda; *Wichterich, R.*, a. a. O., S. 8; *Jahresberichte der Handelskammern Leipzig, Plauen für 1864*. – Grothe setzt die Einführung des Selfaktors in die deutsche Streichgarnspinnerei mit den vierziger Jahren an, was wesentlich zu früh ist (*Grothe, H.*, Der Einfluß des Manchestertums auf Handwerk und Hausindustrie, gezeigt am Ergehen der Hand- und Hausweberei, 2. Aufl., Berlin 1884, S. 233).

sie jedoch während dieser Zeit ein größeres Gewicht in diesem Bereich der Wollspinnerei erreichten. Vor allem wurden sie für die Verarbeitung feinster Wollen benutzt, da hier die Gefahr des Fadenreißens infolge ihrer größeren Festigkeit nicht in dem Maße bestand.[45]

Insgesamt kann man jedoch sagen, daß der technische Fortschritt, die Durchsetzung leistungsfähigerer Maschinen in der Streichgarnspinnerei, verhältnismäßig langsam verlief. Bis zu den sechziger Jahren ist es nicht zu einer völligen Verdrängung der alten Spinnsysteme gekommen, sondern das Typische war ein Nebeneinander der verschiedensten Maschinen in ein und demselben Betrieb. Bis zu diesem Zeitpunkt ist es nicht einmal zur restlosen Verdrängung der Handspinnmaschinen gekommen. Am weitestgehenden hatten sich die zentral angetriebene Streichgarnspinnerei und das neue Vorspinnsystem durchgesetzt. Nähere Angaben über die Zusammensetzung des Maschinenparks der sächsischen Streichgarnspinnerei erlauben, in dieser Hinsicht eine Analyse vorzunehmen.[46] Die sächsische Streichgarnspinnerei besaß Ende 1861 nur noch 11 Lockenkrempeln und Vorspinnmaschinen. Dem älteren Feinspinnsystem gehörten noch 213 Maschinen mit je 30 bis 120, zumeist 60 Spindeln an. Ausschließlich nach dem alten System arbeiteten jedoch nur noch 3 kleine Spinnereien mit zusammen 600 Feinspindeln. Die überwältigende Masse arbeitete hingegen nach dem neueren System, dem sogenannten Zylindersystem. Die hier vorhandenen Feinspinnmaschinen verfügten über 120 bis zu 360 Feinspindeln. Die typische Feinspinnmaschine der sächsischen Streichgarnspinnerei war die mit 240 Spindeln; denn von den 1332 nach dem Zylindersystem arbeitenden Spinnmaschinen besaßen 667 – also etwas mehr als die Hälfte – 240 Spindeln.

Diese Angaben zeigen, daß zu Beginn der sechziger Jahre die Streichgarnmaschinenspinnerei hinsichtlich ihrer technischen Ausrüstung beachtliche Fortschritte erzielt hatte. Diese sächsischen Angaben dürften etwa dem durchschnittlichen Zustand der fortgeschritteneren Zentren der deutschen Streichgarnindustrie entsprochen haben. Darüber hinaus gab es besonders in Preußen eine ganze Reihe handbetriebener Feinspinnmaschinen ältester Bauart. Doch diese rückständige Technik befand sich bereits 1861 in der verschwindenden Minderheit und war fast nur noch in den von der industriellen Entwicklung Deutschlands wenig berührten Agrarbezirken anzutreffen. In den eigentlichen Zentren der deutschen Wollindustrie spielte sie keine Rolle mehr. In ganz Sachsen gab es nur eine Spinnerei mit 180 Spindeln, die auf Handantrieb basierte. Im Verlaufe der sechziger Jahre sind diese Spinnereien wohl auch in den Agrarbezirken überwunden worden.

Die relativ langsame Durchsetzung von Spinnmaschinen mit hohen Spindelzahlen, insbesondere des Selfaktors, in der deutschen Streichgarnspinnerei fand nicht zuletzt in der Organisation der Produktion ihre Ursache. Durch die Vielzahl der vorhandenen Lohnspinnereien und den Umstand, daß die übrigen Streichgarnspinnereien

45 *Wichterich, R.*, a. a. O., S. 8.

46 *Beiträge zur Statistik der in geschlossenen Etablissements mit mechanischen Mitteln betriebenen Industriezweige Sachsens* (im folgenden: Beiträge zur Statistik), in: Zeitschrift des Statistischen Büros des Königl. Sächs. Ministeriums des Innern, Jg. 1863, Nr 3 u. 4, S. 34. – Die nachfolgenden Zahlen wurden hier entnommen.

auch nicht unmittelbar für den Markt, sondern für die der Spinnerei angeschlossenen Webereien produzierten, wurde der technische Fortschritt aufgehalten. Der nächste Abschnitt wird ein größeres Verständnis für diese Frage ermöglichen.[47]

Die Kammgarnspinnerei

Die Kammgarnmaschinenspinnerei zählte im Jahre 1834 zu den jüngsten Zweigen der deutschen Wollindustrie, aber sie hatte in der Regel gegenüber der deutschen Streichgarnspinnerei bereits auf einem höheren technischen Niveau begonnen. Hierbei haben sicherlich die fehlende hemmende Wirkung der Tradition, die fehlenden Anknüpfungspunkte infolge der geringeren Ausdehnung des Kammgarn-*Gewerbes*, neben den bereits genannten Gründen, eine Rolle gespielt. Die deutsche Kammgarnmaschinenspinnerei verwendete, wie wir gesehen hatten, von Anbeginn vor allem Spinnmaschinen mit zentralem Antrieb. Die Waterframe und auch die Mule oder ihnen nachgebildete Maschinen waren Spinnmaschinen, mit denen die Kammgarnspinnerei Deutschlands arbeitete.
Wurden Jennies in diesem Zweig verwendet, dann in kleinen, zumeist handwerklichen Betrieben. Jedoch haben sie auch in der jetzt betrachteten Periode nie eine größere Rolle gespielt. Darüber hinaus dürfte diese rückständige Produktionstechnik in den wichtigsten Zentren der deutschen Kammgarnspinnerei schon im Verlaufe der dreißiger Jahre überwunden worden sein. Bereits 1834 besaß Sachsen keine solche kleine, mit Handspinnmaschinen ausgerüstete Spinnerei mehr; denn selbst das kleinste Werk arbeitete dort mit 340 Spindeln.[48] Hingegen besaßen die Jenny-Spindeln in Preußen auch in den vierziger Jahren noch einen größeren Anteil, der 1846 ungefähr ein Viertel der Gesamtspindelzahl ausmachte, aber Ende der fünfziger Jahre waren die Jennies auch hier weitgehend verschwunden.[49] Ihre Überwindung vollzog sich also in der deutschen Kammgarnspinnerei rascher als in der Streichgarn- und wohl auch in der Baumwollspinnerei.
In der Epoche der industriellen Revolution war jedoch die Verdrängung der Jenny kein für den technischen Fortschritt in der Kammgarnspinnerei bestehendes Problem, sondern in dieser Hinsicht standen folgende zwei wesentliche Fragen im Mittelpunkt: erstens die Beseitigung der Handarbeit im Bereich der Kämmerei und zweitens die Verbesserung des bereits zentral angetriebenen mechanisierten Spinnprozesses.
Das erste Problem war nicht nur das dringendste, sondern zugleich das komplizierteste. Bei der bisher allgemein üblichen Handkämmerei stieß die Ausdehnung der Kammgarnspinnerei auf gewisse Grenzen infolge des hohen Arbeitskräftebedarfs, dessen Lösung wegen der ungesunden und mühseligen Arbeit in Sachsen bereits in den

[47] Vgl. S. 95f.
[48] Vgl. Übersicht über die sächsische Wollspinnerei 1834, in: DZA-Merseburg, Rep. 120 D I/1, Nr 6.
[49] Vgl. *Jahrbuch für die Amtliche Statistik des Preußischen Staats*, Jg. 1, Berlin 1863, S. 449; *Reden, F. W. v.*, Erwerbs- und Verkehrs- Statistik des Königstaats Preußen, Abt. 1 bis 3, Darmstadt 1854.

dreißiger Jahren Schwierigkeiten bereitete.[50] Ein großer Teil der Handkämmer war Saisonarbeiter, die im Winter mangels anderweitiger Beschäftigung dieser Tätigkeit nachgingen. Dadurch wurde der kontinuierliche Produktionsprozeß in der Spinnerei erschwert. Die Spinnereien waren infolge dieser Situation nicht selten gezwungen, ihre Handkämmereien weit ab von dem Produktionsort der Spinnerei zu errichten.[51] Darüber hinaus versuchte man, das Arbeitskräfteproblem durch die Beschäftigung von Insassen der Strafanstalten zu lösen.[52] Hohe Wollverluste in Gestalt eines hohen Prozentsatzes an Kämmlingen sowie die ungleichmäßige Qualität der Handarbeit waren andere Nachteile der Handkämmerei. Das alles verstärkte das Streben, durch den Übergang zur maschinellen Fertigung eine Lösung auch in diesem Produktionsbereich zu erreichen. Bei der Lösung der Mechanisierung der Wollkämmerei ist hervorzuheben, daß der deutsche Maschinenbau hierbei einen eigenen selbständigen Beitrag geleistet hat. Während der zweiten Hälfte der zwanziger Jahre entwickelten Opelt und Wieck in Sachsen gemeinsam ein System von Maschinen, das die Handarbeit in der Wollkämmerei beseitigte. Um das Jahr 1834 war in Sachsen dieses Kämmsystem so weit entwickelt, daß es eine fehlerfreie maschinelle Fertigung des Kammzuges gestattete.[53] Einen vollen Erfolg dieses Systems zu diesem Zeitpunkt verhinderten vor allem die hohen Anschaffungskosten, der immer noch hohe Arbeitskräftebedarf und die geringe Überlegenheit hinsichtlich dessen Produktivität gegenüber der Handarbeit. In den nachfolgenden Jahren ist seitens der Erfinder an der weiteren Vervollkommnung dieses Systems gearbeitet worden, so daß es gegen Ende der dreißiger Jahre rentabel war und sich gegenüber der Handkämmerei überlegen erwies. Im Jahre 1845 wurde berichtet, „daß die Maschine um 50% billiger und besser kämme als die Hand".[54]

Die ersten Kämmaschinen, und zwar die von Opelt und Wieck und die französischen von Collier, wurden im Verlaufe der zweiten Hälfte der dreißiger Jahre in der deutschen Kammgarnspinnerei vereinzelt angewendet. In Gera kam es 1837 zu ersten Versuchen mit dem Collierschen Kammstuhl, die aber ohne nachhaltige Wirkung blieben, und die Cockerillsche Kammgarnspinnerei in Aachen stellte 1838 mit den gleichen Maschinen ihren Kammzug her.[55] Auch Wieck führte in seinem 1839

50 *Würdigung einer Kämmaschine für feine deutsche und französische Kammwolle,* in: Gewerbeblatt für das Königreich Sachsen, Jg. 1838, Nr 32.

51 Dies trifft z. B. für die Glücksbrunner Kammgarnspinnerei zum Teil (*Die Entwicklung der Glücksbrunner Spinnerei,* a. a. O.), für die Erfurter Kammgarnspinnerei (*Delbrück, R.,* Reisebericht über die Provinz Sachsen aus dem Jahre 1846, in: DZA-Merseburg, Rep. 120 HA/R, Nr 17) und für die Leipziger Kammgarnspinnerei zu (*Wolf, H. R.,* Hundert Jahre Kammgarnspinnerei zu Leipzig als Aktiengesellschaft. 1836–1936, Leipzig 1936, S. 59).

52 *Viebahn, G. W. v.,* Reisebericht aus dem Jahre 1845, a. a. O., (Breslauer Kammgarnspinnerei); *Wolf, H. R.,* a. a. O., S. 59.

53 *Kämmaschinen von Opelt-Wieck,* in: Gewerbeblatt für Sachsen, Jg. 1841, Nr 65.

54 *Deutsche Maschinen zum Kämmen der Wolle,* in: Deutsche Gewerbezeitung und Sächsisches Gewerbeblatt, Jg. 1846, Nr 1.

55 *Beiträge in Bezug auf den Stand der sächsischen Industrie und Technik,* in: Gewerbeblatt für Sachsen, Jg. 1842, Nr 51.

erschienenen Werk die Existenz von Kämmaschinen beider Systeme in Sachsen an.[56]
Größere Fortschritte erlebte das Vordringen der mechanischen Kämmerei jedoch erst im Verlaufe der vierziger Jahre, ohne daß die Handkämmerei überwunden wurde. 1842 ging die Augsburger Kammgarnspinnerei unter Verwendung französischer Maschinen zur mechanischen Kämmerei über, und im gleichen Jahre begann die württembergische Firma Merkel & Wolf damit.[57] Während der vierziger Jahre entstanden auch einzelne selbständige Maschinenkämmereien, und eine der ersten dürfte die Zwickauer Firma Hering (vormals Laas) gewesen sein, die nach dem System Opelt/Wieck arbeitete.[58]
Noch rascher verlief dann die Einführung dieser Maschinen im Verlaufe der fünfziger Jahre, und gegen Ende dieses Jahrzehnts fanden sie auch in den westthüringischen Spinnereien Aufnahme.[59] Die Ausdehnung der mechanischen Kämmerei in dieser Zeit wurde vor allem durch den gegenüber den bisherigen Maschinen leistungsfähigeren Heilmannschen Kammstuhl (auch Schlumberger Kammstuhl) unterstützt. Diese Erfindung wurde im Jahre 1845 gemacht. Zu einer völligen Verdrängung der Handkämmerei kam es jedoch erst um die Mitte der sechziger Jahre. Im sächsischen Vogtland schloß die letzte Handkämmerei Ende 1865 für immer ihre Pforten.[60]
Was die Vervollkommnung des eigentlichen Spinnprozesses anbelangt, so bildete auch in diesem Bereich die Einführung der Mule-Jennies, aber vor allem des Selfaktors die markantesten Wegweiser des technischen Fortschritts. Die Mule-Jennies fanden seit den dreißiger Jahren in den deutschen Kammgarnspinnereien Verwendung[61], und im Gegensatz zur deutschen Streichgarnspinnerei traten die ersten Selfaktoren nicht erst gegen Ende der fünfzigerJahre auf. DieAugsburger Kammgarnspinnerei bezog 1855 ihren ersten Selfaktor mit 400 Spindeln, dem in den folgenden Jahren neue folgten und an die Stelle alter Maschinen traten. 1858 besaß diese Spinnerei bereits 7 Selfaktoren und 5 zu Selfaktoren umgebaute Mule-Jennies.[62] Hingegen besaß die gesamte sächsische Kammgarnspinnerei im Jahre 1861 erst 5 solcher Spinnmaschinen.[63] Die wesentlichen Vorteile des Selfaktors bestanden in der Einsparung lebendiger Arbeit. Wie Genzmer anführt, wurden um 1860 auf je 1000 Spindeln bei Mulemaschinen 20 bis 25 und beim Selfaktor 13 bis 14 Arbeitskräfte

[56] *Wieck, G.*, Industrielle Zustände Sachsens, Chemnitz 1839, S. 222.
[57] *Ein Jahrhundert Arbeit und Erfolg.* Zum hundertjährigen Jubiläum der Firma Merkel & Kienlin GmbH. (im folgenden: Ein Jahrhundert Arbeit und Erfolg), Eßlingen 1930, S. 29.
[58] *Beiträge in Bezug auf den Stand der sächsischen Industrie und Technik*, a. a. O.
[59] *Die Entwicklung der Glücksbrunner Spinnerei*, a. a. O.
[60] *Jahresbericht der Handelskammer Plauen für 1865.*
[61] *Genzmer, W.*, Augsburger Kammgarnspinnerei, a. a. O.; *Ein Jahrhundert Arbeit und Erfolg*, a. a. O., S. 6; Aktennotiz von Wedding vom Juli 1832, in: DZA-Merseburg, Rep. 120 D IV/1, Nr 15.
[62] *Genzmer, W.*, Augsburger Kammgarnspinnerei, a. a. O., S. 40.
[63] *Beiträge zur Statistik*, a. a. O., S. 33. – Die nachfolgenden sich auf die sächsische Kammgarnspinnerei beziehenden Angaben sind der gleichen Quelle entlehnt.

benötigt.[64] Um einen allgemeinen Einblick in den technischen Zustand der deutschen Kammgarnspinnerei – soweit es den Feinspinnprozeß betrifft – zu erhalten, sollen wiederum Angaben aus dem Königreich Sachsen dienen. Die vorhandenen Kammgarnfeinspindeln setzten sich wie folgt zusammen:

Selfaktorspindeln	1864 =	1,8%
Mulespindeln	86922 =	83,1%
Waterspindeln	15836 =	15,1%

Auch die sächsischen Angaben zeigen, daß in der deutschen Kammgarnspinnerei während der fünfziger Jahre der Selfaktor noch ein Fremdling war. Jedoch im Verlaufe der sechziger Jahre nahmen die Selfaktorspindeln rascher zu, und bis zum Ende der industriellen Revolution in Deutschland treffen wir den Selfaktor überall in den deutschen Kammgarnspinnereien an, ohne daß er jedoch die bisher verwendeten Spinnmaschinen schon völlig verdrängt hätte. Die Fortschritte bis zur Mitte der sechziger Jahre innerhalb der sächsischen Kammgarnspinnerei in dieser Hinsicht zeigen Angaben aus den Chemnitzer und Plauener Handelskammerbezirken. 1864 betrug der Anteil der Selfaktorspindeln im ersteren 15,5% und im letzteren im Jahre 1865 16,3%.[65] Die Augsburger Kammgarnspinnerei hingegen arbeitete seit 1869 ausschließlich mit solchen Spinnmaschinen.[66] Demgegenüber wurde in der Glücksbrunner Kammgarnspinnerei der erste Selfaktor erst im Jahre 1871 aufgestellt.[67] Auch in der deutschen Kammgarnspinnerei hielt die fortgeschrittene Technik sehr unterschiedlich und im allgemeinen noch langsam, aber stetig Einzug.

Die Appretur

Die Appreturverfahren, die besonders bei der Herstellung gewalkter Wollwaren einen sehr wesentlichen Bestandteil des Produktionsprozesses darstellten, wurden – wie wir bereits gesehen haben – in der Vorbereitungsperiode vereinzelt mit Hilfe von Maschinen durchgeführt. Infolge des Vorherrschens der Handarbeit in der Appretur bestand das Hauptproblem während der jetzt betrachteten Periode in der Durchsetzung der Maschinenarbeit und in der Verdrängung der Handappretur. Dieser Prozeß wurde durch die ständige Vervollkommnung der verschiedenen Appreturmaschinen unterstützt.

Bereits in der zweiten Hälfte der dreißiger Jahre zeigten sich in der Maschinenappretur in erster Linie beim Scher- und Rauhprozeß rasche Fortschritte, und auch der Walkprozeß wurde auf der Basis der Hammerwalken verbessert. Auf diesen Gebieten machte die sächsische Tuchfabrikation große Fortschritte, während in

64 *Genzmer, W.*, Augsburger Kammgarnspinnerei, a. a. O., S. 40.
65 *Jahresberichte der Handelskammern Chemmnitz für 1864 und Plauen für 1865.*
66 *Genzmer, W.*, Augsburger Kammgarnspinnerei, a. a. O., S. 71.
67 *Die Entwicklung der Glücksbrunner Spinnerei*, a. a. O.

Süddeutschland die Appreturmaschinen nur vereinzelt Eingang fanden.[68] Bereits 1837 stellte der Bericht über die Ausstellung sächsischer Gewerb-Erzeugnisse fest, daß „während der letzten drei Jahre" die Tuchfabrikation „mehr vorgeschritten sei als in den vorangegangenen dreißig Jahren".[69] Die weitgehende Verdrängung der Handarbeit wurde jedoch erst im Verlaufe der vierziger Jahre erzielt[70] und kam im darauffolgenden Jahrzehnt zum Abschluß. Leider verfügen wir zu dieser Frage über kein aufschlußreiches statistisches Material. In gewisser Hinsicht gibt jedoch die Preußische Handwerkstabelle über die Zahl der Tuchscherer und Tuchbereiter einen gewissen Aufschluß. Um den Fortschritt noch mehr zu verdeutlichen, haben wir die Zahl der preußischen Wollwebstühle auf einen Tuchappreteur bezogen.

Die Zahl der Tuchscherer und Tuchbereiter in Preußen[71]

Jahr	Gesamtzahl der Tuchscherer und Tuchbereiter	Veränderung zum Vorjahr in %	Veränderung zu 1834 in %	Zahl der Webstühle pro Tuchappreteur
1831	5043	–	–	3,0
1834	5457	+ 8	–	2,8
1849	3058	−44	−44	8,7
1855	2218	−28	−59	12,8
1861	2088	− 6	−61	15,2

Einschränkend muß zur obigen Tabelle gesagt werden, daß damit wahrscheinlich – soweit es die Angaben nach 1834 betrifft – ein Teil der von der Preußischen Handwerkstabelle erfaßten Tuchscherer und Tuchbereiter nicht mehr der Handappretur angehörte. Auch ohne Berücksichtigung dessen wird der bedeutende Rückgang der Handappretur seit 1834 augenscheinlich. Die Zahl der in erster Linie in der Handappretur Tätigen sank gegen das Jahr 1834 bis Anfang der sechziger Jahre auf fast ein Drittel, und zugleich stieg die Zahl der Webstühle pro Appreteur auf das Fünffache. Zugleich widerspiegeln diese Angaben, daß sich dieser Prozeß vor allem im Verlaufe der vierziger Jahre vollzog, während gegen Ende der Vorbereitungs-

68 Vgl. Berichte über die Verbesserung der Appretur in Sachsen, in: SLHA-Dresden, M.d.I., Nr. 1398 a; *Wieck, G.*, Industrielle Zustände Sachsens, a. a. O., S. 42; *Industrieausstellung in Stuttgart*, in: Gewerbeblatt für Sachsen, Jg. 1839, Nr 26; *Schmoller, G.*, Die Entwicklung und Krisis der deutschen Weberei im 19. Jahrhundert (im folgenden: Die Entwicklung und Krisis), Berlin 1873, S. 417.

69 *Bericht über die Ausstellung sächsischer Gewerb-Erzeugnisse aus dem Jahre 1837*, a. a. O., S. 30

70 Vgl. *Quandt, G.*, a. a. O., S. 40; *Demmering, G.*, Die Glauchau-Meeraner Textilindustrie, in: Wirtschafts- und Verwaltungsstudien, mit besonderer Berücksichtigung Bayerns, Bd 88, Leipzig 1928, S. 75f.; *Böckelmann, C.*, Das Aufkommen der Großindustrie im sächsischen Wollgewerbe, Heidelberg 1908, S. 74ff.; *Bühler, F.*, a. a. O., S. 65ff.; *Beck, F.*, Die wirtschaftliche Entwicklung in der Stadt Greiz während des 19. Jahrhunderts, in: Beiträge zur mittelalterlichen, neueren und allgemeinen Geschichte, Bd 25, Weimar 1955, S. 85.

71 *Schmoller, G.*, Kleingewerbe, a. a. O., S. 525.

periode der industriellen Revolution die Handappretur noch mit der Ausdehnung der Wollindustrie Schritt hielt.
Um den technischen Fortschritt der Appretur in der deutschen Wollindustrie stärker zu veranschaulichen, seien noch statistische Angaben aus Sachsen angeführt. Diese Angaben sind um so instruktiver, als die sächsische Wollindustrie vor 1834 kaum über solche Maschinen verfügte, so daß die nun folgende Tabelle den tatsächlichen Fortschritt in der maschinellen Appretur während der Hauptperiode der industriellen Revolution bis zum Jahre 1861 widerspiegelt. Darüber hinaus umfaßt diese Tabelle alle Bereiche der Wollindustrie.

Die technische Ausrüstung der Appretur in der sächsischen Wollindustrie Ende 1861[72]

Maschinen für	Tuche u. tuchartige Stoffe	Flanelle u. Barchent	Wollene, halbwollene, halbseidene etc. Kleider- u. Möbelstoffe	Cassinets u. halbwollene Hosenstoffe etc.	Webstühle pro Maschine
Zahl der Betriebe bzw. Betriebsabteilungen	125	7	76	26	99
Walzenwalken	148	6	–	5	84 (für beide Walkenarten)
Andere Walken	89	10	–	19	
Rauhmaschinen	281	17	5	32	69
Schermaschinen	360	6	190	44	47
Hydraulische Pressen	3	–	73	–	52 (für beide Pressenarten)
Schraubenpressen	149	5	169	48	

Wenn diese Zusammenstellung über den Maschinenpark der sächsischen Wollwarenappretur, sowohl was die Zahl der angeführten Maschinen als auch was die verschiedenen Arten der angewendeten Appreturmaschinen betrifft, nicht vollständig ist, so zeugt sie doch von dem großen Schritt nach vorn, den die mechanische Appretur bis zu Beginn des siebenten Jahrzehnts getan hatte. Die Mehrzahl dieser angeführten Appreturbetriebe bzw. Appreturabteilungen innerhalb von Wollwarenfabriken und ihre Einrichtungen war jüngeren Datums und ist zumeist nach 1850 entstanden bzw. aufgestellt worden.[73]
Die Tabelle zeigt zugleich, daß in den einzelnen Bereichen der technische Fortschritt auch auf dem Gebiet der Appretur recht langsam verlief. Das gilt vor allem in bezug auf die Zylinderwalken. Dies ist um so bemerkenswerter, als diese Maschinen dem bisherigen Walkverfahren wesentlich überlegen waren, so daß Schmoller ihnen eine epochemachende Wirkung zuschrieb.[74] Ihre Einführung begann in der deutschen Streichgarnindustrie während der vierziger Jahre, d. h. dem Jahrzehnt, das für die Ausbreitung des technischen Fortschritts

[72] *Beiträge zur Statistik*, a. a. O., S. 40/41.
[73] Ebenda, S. 40.
[74] *Schmoller, G.*, Kleingewerbe, a. a.O., S. 523.

allgemein – wie wir bereits gesehen haben – so eine bedeutende Rolle gespielt hatte. Während die Aachener und auch die bergische Wollindustrie sich recht schnell dieser hochproduktiven Maschinen bemächtigten, so daß Wichterich bereits für das Jahr 1850 feststellte, daß in Aachen die bisher verwendeten Hammerwalken nur noch vereinzelt im Gebrauch waren, haben sie in der Lausitzer und wohl auch in der sächsischen Tuchfabrikation, zumindest bis zur Mitte der vierziger Jahre, noch keine Rolle gespielt.[75] Hingegen fanden sie während der fünfziger Jahre überall stärkere Verwendung[76], und Wachs weist darauf hin, daß sich die Zylinderwalken gegen Ende der fünfziger Jahre stärker durchgesetzt hätten.[77] In Sachsen überwogen sie Anfang der sechziger Jahre.
Wenn wir bisher über die Mechanisierung der Appretur gesprochen haben, so muß abschließend noch festgestellt werden, daß einzelne Arbeitsgänge, trotz der großen Fortschritte der Technik, eine Domäne der Handarbeit blieben. Dies war beispielsweise in der Tuchappretur das sogenannte Noppen.[78] Die Hauptprozesse in der Appretur standen jedoch unter der Herrschaft der Maschine, und dieser Bereich war das zweite wichtige Gebiet der Wollindustrie nach der Spinnerei, in dem die Maschine den Sieg über die Handarbeit errungen hatte. Dieser Sieg fiel noch in die Zeit vor Beendigung der industriellen Revolution in Deutschland, und zwar in das sechste Jahrzehnt.

Die Weberei

Zu Beginn der industriellen Revolution wurde die Wollweberei noch ausschließlich vom Handstuhl beherrscht. Darüber hinaus hatten sich beim Handstuhl nicht einmal alle wesentlichen Neuerungen, die bereits bekannt waren – wie z. B. der Schnellschütze –, vollständig durchgesetzt. Dieser, dessen Anwendung schon im Verlaufe der zwanziger Jahre große Fortschritte gemacht hatte, wurde in der Eichsfelder Wollweberei selbst um die Mitte der vierziger Jahre noch keineswegs allgemein, sondern lediglich bei der Herstellung breiter Gewebe benutzt.[79] Auch in Glauchau wurde der Schnellschütze erst im Jahre 1833 in die dortigeWollweberei eingeführt.[80]

[75] *Isenburg, R.*, a. a. O., S. 35; *Wichterich, R.*, a. a. O., S. 11; Gesuch des Fabrikanten H. Kittel vom 19. März 1845, in: DZA-Merseburg, Rep. 120 D IV/6a, Nr 12 (H. Kittel gehörte zu den Kottbuser Fabrikanten, die dem technischen Fortschritt am aufgeschlossensten gegenüberstanden.); *Viebahn, G.W. v.*, Reisebericht aus dem Jahre 1845, a. a. O.; *Schubarth*, Reisebericht vom September 1853, in: DZA-Merseburg, Rep. 120 D I/1, Nr 11, vol. 4.

[76] *Schubarth*, Reisebericht vom September 1853, a. a. O.; *Jahresbericht der Handelskammer Görlitz für 1858*; Schreiben des Fabrikanten G. Volke aus Sagan vom 6. Febr. 1850, in: DZA-Merseburg, Rep. 120 D IV/7, Nr 15; Bericht aus Oschatz vom 17. Oktober 1850, in: SLHA-Dresden, M. d. I., Nr 5759.

[77] *Wachs, A.*, Die volkswirtschaftliche Bedeutung der technischen Entwicklung der deutschen Wollindustrie, in: Technisch-volkswirtschaftliche Monographien, Bd 7, Leipzig 1909, S. 28.

[78] Ebenda, S. 55.

[79] *Delbrück, R.*, Reisebericht über die Provinz Sachsen aus dem Jahre 1846, a. a. O.

[80] *Demmering, G.*, a. a. O., S. 71.

Der Beginn der Anwendung des Maschinenstuhls in der deutschen Wollindustrie datiert aus der zweiten Hälfte der dreißiger Jahre. Sowohl in der Kammgarn- als auch in der Streichgarnweberei wurden zu diesem Zeitpunkt die ersten Maschinenstühle aufgestellt. Bereits 1835 wurden von dem Tuchfabrikanten Carl in Luckenwalde im Auftrage des preußischen Staates Versuche mit einem amerikanischen Maschinenstuhl unternommen, und in den nächsten Jahren finden wir die ersten Maschinenstühle auch in der Wollindustrie der Rheinprovinz.[81] In Gera wurde 1837 zum erstenmal ein Maschinenstuhl in der Kammgarnweberei benutzt.[82] Aachen bezog 1840 seine ersten Maschinenstühle aus England, und 1842 begann die Königliche Seehandlung in Wüste-Giersdorf (Schlesien) mit der Errichtung einer mechanischen Kammwollweberei.[83] Anfang der vierziger Jahre gelangten die ersten Maschinenstühle in die Lausitz und nach Württemberg.[84] In Bayern, Kurhessen und Thüringen wurden ebenfalls während der vierziger Jahre die ersten Maschinenstühle aufgestellt.[85] In Berlin arbeiteten bei der Firma C. F. Bathow & Sohn im Jahre 1839 9 Schönherrsche Webmaschinen, und in Zwickau gab es bereits 1840 eine mechanische Kammgarnweberei mit 25 solcher Stühle.[86] Bei der Verbreitung des Maschinenwebstuhls in der deutschen Wollindustrie, insbesondere innerhalb der Streichgarnindustrie, hatte der im Verlaufe der dreißiger Jahre in Sachsen entwickelte Schönherrsche Webstuhl eine größere Rolle gespielt.

Trotz dieser zahlreichen Anfänge gewann die mechanische Weberei während des fünften Jahrzehnts und auch selbst in dem darauffolgenden noch keine größere Ausdehnung. Selbstverständlich vermehrte sich die Zahl der aufgestellten Webmaschinen, aber sehr langsam. Lediglich in der Kammgarn-, vor allem in der Halbwollweberei erreichten sie während dieser Zeit einen größeren Umfang. Aber auch hier behielt der Handwebstuhl noch bei weitem das Übergewicht. Rascher entwickelte sich die mechanische Weberei erst im Verlaufe der sechziger Jahre. Während dieser Zeit entstand in Deutschland eine ansehnliche Zahl mechanischer Webereien in allen Zentren der Wollindustrie[87], aber auch jetzt war der Handstuhl noch bei weitem nicht verdrängt. Jedoch kann man seit diesem Jahrzehnt von einer echten

81 Vgl. die Angaben in: Die Einführung und Verteilung verbesserter Tuchwebstühle, in: DZA-Merseburg, Rep. 120 D IV/1, Nr 38.

82 *Finkenwirth, K.*, a. a. O., S. 113.

83 *Wichterich, R.*, a. a. O., S. 9; Bericht der Königlichen Seehandlung vom 30. Jan. 1849, in: DZA-Merseburg, Rep. 109 B II, Nr 84.

84 *Schmidt, F.*, a. a. O., S. 180; *Viebahn, G. W. v.*, Reisebericht aus dem Jahre 1845, a. a. O.; *Neuer Tuchwebstuhl*, in: Gewerbeblatt für Sachsen, Jg. 1840, Nr 43.

85 *Kotelmann, A.*, Vergleichende Statistische Übersicht über die landwirtschaftlichen und industriellen Verhältnisse Österreichs und des deutschen Zollvereins sowie seiner einzelnen Staaten, Berlin 1852, S. 183.

86 Vgl. betr. Angaben in: *Gewerbeblatt für das Königreich Sachsen*, Jg. 1840, Nr 9; *Über die Schönherrsche Webmaschine*, in: ebenda, Jg. 1839, Nr 22.

87 Vgl. die *Jahresberichte der Handelskammern* von Gladbach, Elberfeld-Barmen, Aachen, Görlitz, Eupen, Lennep, Siegen, Kottbus, Berlin, Chemnitz, Plauen, Leipzig, die *Berichte der Handels- und Gewerbekammern* aus Württemberg für die Jahre 1862 bis 1869.

Verdrängung des Handstuhls durch den Maschinenstuhl sprechen; denn jetzt nahm die Zahl der Handstühle nicht nur relativ, sondern auch absolut ab. Einen gewissen Einblick in die Entwicklung der mechanischen Weberei vermitteln die nachfolgenden statistischen Daten, die zugleich die bisher gegebene Einschätzung bestätigen.

Die Zahl der Webstühle in der deutschen Wollindustrie[88]

Jahr	Zahl der Maschinenstühle	Zahl der Handstühle	Verhältnis des Maschinenstuhls zum Handstuhl
1846	1372	47290	1 : 34
1861	6247	67485	1 : 11
1875	29341	56214	1 : 1,8

Wir können also feststellen, daß der Siegeszug der Maschinenarbeit in diesem wichtigen Bereich der Wollindustrie nicht nur wesentlich langsamer verlief, sondern er zog sich über die von uns betrachtete Periode hinaus. Die langsame Ausdehnung der mechanischen Weberei in der Wollindustrie war eine allgemeine Erscheinung, die z. B. auch für die britische Wollindustrie zutraf.[89] Zwar war dieser Prozeß in Großbritannien früher abgeschlossen – der Abschluß fiel in die sechziger Jahre[90] –, aber auch hier im Verhältnis zur Mechanisierung anderer Webereibranchen recht spät.

Abschließend müssen wir uns den Ursachen zuwenden, die die so gestaltete Entwicklung des technischen Fortschritts auf dem Gebiet der Weberei bewirkten. Die Ursachen selbst sind sehr vielfältig, und sie sind sowohl historischer als auch technischer sowie ökonomischer Natur, wobei die letzteren die entscheidenden waren.

Im Vergleich zu den anderen Bereichen, in denen zumindest am Anfang gewisse Engpaßprobleme die Einführung der Maschine beschleunigten, war das in der Handweberei nicht der Fall. Weder existierte ein Mangel an Webern, noch war die Arbeit des Handwebstuhls mangelhaft, so daß es einer technischen Veränderung unbedingt bedurft hätte. Der Kampf der Weber gegen die Einführung des Maschinenstuhls aus Furcht, durch ihn den Arbeitsplatz zu verlieren, spielte bis zu Beginn der fünfziger Jahre ebenfalls eine hemmende Rolle. Diese feindliche Haltung der Weber gegenüber dem Maschinenstuhl fand sich auch in anderen Ländern. Wie Lipson für Groß-

88 Zusammengestellt nach den Angaben der Zollvereinsstatistik von 1846/47, in: SLHA-Dresden, M. d. I., Nr 1398e u. 1399c; *Kotelmann, A.*, a. a. O., S. 183; *Viebahn, G. W. v.*, Statistik des zollvereinten und nördlichen Deutschlands, Berlin 1868, T. 3 (im folgenden: Statistik), S. 922 u. 951; *Statistisches Jahrbuch für das Deutsche Reich*, Jg. 1, Berlin 1880, S. 42.

89 *Fay, C. R.*, Great Britain from Adam Smith to the present Day an Economie and social Survey, London-NewYork-Toronto 1932, S. 295; *Hammond, J. L., Hammond, B.*, The Rise of modern Industry, London 1925, S. 79; *Lipson, E.*, a. a. O., S. 176f. u. 186ff.

90 *Fay, C. R.*, a. a. O., S. 296.

britannien feststellte, war es auch dort zunächst ein kühnes Unternehmen, zur Maschinenweberei überzugehen.[91] Auf Grund der drohenden Haltung der Weber sah sich beispielsweise der reußische Staat genötigt, nach der Anwendung des ersten Maschinenstuhls in Gera ein diesbezügliches Verbot auszusprechen.[92] Delbrück berichtete Mitte der vierziger Jahre aus Zeitz, daß ein dortiger Fabrikant einen Maschinenstuhl aufgestellt hatte, aber diesen Weg nicht weiter verfolgte, da die Weber ihm in diesem Falle gedroht hatten, sein Unternehmen in Brand zu stecken.[93] Wenn dieser Faktor ohne Zweifel gehemmt hat, so darf seine Wirkung doch auch nicht überschätzt werden. Am augenscheinlichsten wird das in den sechziger Jahren am Beispiel der Geschichte der Greizer Wollweberei. Die dortigen Weber nahmen zur Einführung des Maschinenstuhls durchaus noch den gleichen Standpunkt wie in früheren Jahrzehnten ein, und es kam zu einer diesbezüglichen offenen Auseinandersetzung, der in die Geschichte als Greizer Leineweberkrieg eingegangen ist.[94] Das Ergebnis war eine blutige Niederschlagung der Webererhebung, aber nicht die Verhinderung der Anwendung des Maschinenwebstuhls.

Im Gegensatz zu den anderen Maschinen bot der Maschinenstuhl zunächst und sogar bis in die sechziger Jahre hinein gegenüber dem Handstuhl keine wesentlich höhere Produktivität. Er war dem Handstuhl im allgemeinen nur um das Eineinhalbfache bis Zweifache hinsichtlich des Produktionsquantums überlegen.[95] Darüber hinaus ergab seine Anwendung von seiten der Beschaffenheit des Wollgarnes größere Schwierigkeiten, die am stärksten in der Streichgarnweberei auftraten. Das Wollgarn ist weniger fest als Baumwoll- und Leinengarne.[96] Besonders Streichgarne sind locker gesponnene Garne, worauf die Eigenschaften des daraus gefertigten Gewebes mit beruhen. Bei der größeren Strapazierung des Garnes auf dem Maschinenstuhl war die Gefahr des Reißens wesentlich größer. Damit wurden höhere Anforderungen an das Rohmaterial gestellt, und darüber hinaus bedeutete das öftere Reißen zugleich ein öfteres Anhalten des Webstuhls und damit eine Herabsetzung seiner ohnehin gegenüber dem Handstuhl nicht bedeutend größeren Leistungsfähigkeit. Wie gesagt, war letzterer Umstand bei Streichgarnen stärker als bei den Kammgarnen, woraus sich das schnellere Vordringen des Maschinenstuhls in der Kammgarnweberei mit erklärt. Der Vorteil des Maschinenstuhls gegenüber dem Handstuhl bestand in erster Linie zunächst nicht in seiner höheren Leistungsfähigkeit, sondern in seiner gleichmäßigeren Arbeit und seiner genaueren Wiedergabe der Muster sowie einiger ökonomischer Faktoren, wie z. B. seiner größeren zeitlichen Ausnutzbarkeit.[97] Die Dampfkraft, die er in der Regel als Antriebskraft erforderte,

91 *Lipson, E.*, a. a. O., S. 186.
92 *Beck, F.*, a. a. O., S. 78f.
93 *Delbrück, R.*, Reisebericht über die Provinz Sachsen aus dem Jahre 1846 a. a. O.
94 *Feustel, F.*, Aus der Vergangenheit des Greizer Textilgewerbes, Berlin 1925, S. 134; *Beck, F.*, a. a. O., S. 124ff.
95 *Neuer Tuchwebstuhl*, a. a. O.,; *Schmoller, G.*, Kleingewerbe, a. a. O., S. 496 u. 581; *Grothe, H.*, a. a. O., S. 236 u. 240.
96 *Quandt, G.*, a. a. O., S. 196; *Lipson, E.*, a. a. O., S. 176.
97 *Grothe, H.*, a. a. O., S. 236; *Frahne, C.*, a. a. O., S. 196; *Schmoller, G.*, Kleingewerbe, a. a. O., S. 581.

bereitete anfangs gleichfalls Schwierigkeiten, da sich ihr unregelmäßiger Gang auf den Maschinenstuhl übertrug. Dieser Nachteil wurde jedoch recht bald von dem bereits genannten Schönherrschen Federschlagstuhl überwunden[98], und in der gleichen Richtung wirkten die Verbesserungen an den Dampfmaschinen, die vor allem seit den fünfziger Jahren vorgenommen wurden.[99] Nicht zuletzt dankte diese Webmaschine jenem Vorzug ihre starke Verbreitung in der deutschen Wollindustrie gegenüber anderen Webmaschinentypen.[100]

Diesen sich in engen Grenzen haltenden Vorteilen standen die hohen Anschaffungskosten und der hohe Kraftbedarf gegenüber. Während beispielsweise ein Tuchhandstuhl ca.30 Taler kostete, betrugen die reinen Anlagekosten für einen Maschinenstuhl Ende der dreißiger Jahre 440 bis 460 Taler, und noch während der fünfziger Jahre lagen die Anschaffungskosten bei 260 bis 300 Taler.[101] Was die Antriebskraft des Maschinenstuhls betraf, so rechnete man pro Webmaschine mit einem Fünftel bis einem Viertel PS.[102] Das heißt, zu den hohen Anlagekosten traten hohe Betriebskosten hinzu. Nach den Berechnungen von Carl betrugen diese Kosten – die unmittelbaren Materialkosten nicht einberechnet (Garn etc.) – in den dreißiger Jahren jährlich 302 Taler bei einem Maschinenstuhl und 225 Taler für 2 Handstühle, die die gleiche Quantität hervorbrachten.[103] Mit der Verbilligung der Brennstoffkosten in den nachfolgenden Jahrzehnten sowie der wachsenden Leistungsfähigkeit des Maschinenstuhls veränderte sich jedoch das Verhältnis mehr und mehr zugunsten des Maschinenstuhls, was ihm gleichfalls zu seiner stärkeren Verbreitung besonders seit den sechziger Jahren verhalf.

98 *Wachs, A.*, a. a. O., S. 54.

99 *Becker,W.*, Die Entwicklung der deutschen Maschinenbauindustrie von 1850 bis 1870, in: Schröter/Becker, Die deutsche Maschinenbauindustrie in der industriellen Revolution, Veröffentlichungen des Instituts für Wirtschaftsgeschichte an der Hochschule für Ökonomie Berlin-Karlshorst, Bd 2, Berlin 1962, S. 149.

100 Vgl. z. B. die Angaben bei *Grothe, H.*, a. a. O., S. 235.

101 *Schmoller, G.*, Kleingewerbe, a. a. O., S, 497; Schreiben des Kommerzienrates Carl an Beuth aus dem Jahre 1835, in: DZA-Merseburg, Rep. 120 D IV/1, Nr 5. – Ein aus den USA bezogener Maschinenstuhl kostete zu dieser Zeit 200 Pfd. St. oder 1400 Taler; Rechnung des Mechanikers Mohl vom 28. März 1838, in: DZA-Merseburg, Rep. 120 D IV/1, Nr 38; *Jahresbericht der Handelskammer Aachen-Burtscheid für 1853*; *Neueste Mitteilungen.* Görlitz, in: Preußisches Handelsarchiv, Jg. 1856, Nr 47, S. 486.

102 *Quandt, G.*, a. a. O., S. 196. – Doch dank dem Fortschritt im Maschinenbau gelang es, diesen Kraftbedarf im Laufe der Jahre noch herabzusetzen. Nach den Versuchen des sächsischen Technologen Dr. E. Hartig genügten 1864 0,13 PS für den Antrieb eines Tuchwebstuhls für 2 1/2 Meter Ware (*Deutsche Industriezeitung*, Nr 45 v. 4. Nov. 1864).

103 Schreiben des Kommerzienrates Carl an Beuth aus dem Jahre 1835, a. a. O. – Diese Berechnung basiert auf der Voraussetzung, daß der Maschinenstuhl aus dem Auslande bezogen wurde. Bei einem im Inland nachgebauten lagen die Kosten für den Betrieb bei gleichen Bedingungen bei 209 Talern.

Die Ausnutzung der Dampfkraft in der deutschen Wollindustrie

Während die ersten Dampfmaschinen in der deutschen Wollindustrie – wie wir gesehen hatten – bereits in der Vorbereitungsperiode angewandt wurden, kam es in der jetzt zu betrachtenden Etappe zwar zu einer starken Zunahme der Zahl der Dampfmaschinen[104], aber auch jetzt noch zu keiner allgemeinen Durchsetzung gegenüber den anderen Antriebskräften. Während der dreißiger und vierziger Jahre wurde die Verbreitung der Dampfkraft in der deutschen Wollindustrie in gewissem Umfange durch die fehlende billige Beschaffung der Brennstoffe, insbesondere der Steinkohle, gehemmt. Darüber hinaus reichten besonders in der Streichgarnindustrie bei dem relativ geringen Kraftbedarf in den meisten Gebieten noch die vorhandenen Wasserkräfte aus. Soweit es vor allem die Streichgarnindustrie betrifft, wurden in diesem Zeitraum die angeschafften Dampfmaschinen nicht so sehr als alleinige Antriebskraft benutzt, sondern vielmehr zum Ausgleich der unterschiedlichen Kraftabgabe des Wassers an die Wasserräder und Turbinen. Erst im Verlaufe der fünfziger Jahre und in zunehmendem Umfange mit dem Aufkommen der mechanischen Weberei und ihrem hohen Kraftbedarf setzte sich die Dampfkraft in der deutschen Wollindustrie mehr und mehr durch. In welchem Ausmaße die Durchsetzung der Dampfkraft am Ende der industriellen Revolution erfolgt war, zeigen die nun angeführten Daten der Reichsstatistik.

Die Antriebskräfte in der deutschen Wollindustrie im Jahre 1875[105]

Zweig	Zahl der PS insgesamt	davon PS von Dampfmaschinen	Prozentualer Anteil d. letzteren
Streichgarnindustrie	30024	23494	78,2
Kammgarnspinnerei	13962	9893	70,9
Kammgarnweberei	6441	5512	85,6
Gesamte Wollindustrie	58235	45155	77,3

104 In der sächsischen Wollindustrie stieg die Zahl der eingesetzten Dampfmaschinen z. B. wie folgt:

Jahr	Zahl der Dampfmaschinen	Zahl der PS
1846	53	538
1856	179	1796
1861	276	3313

(*Zeitschrift des Statistischen Büros des Königl. Sächs. Ministeriums des Innern*, Jg. 1859, Nr 1 u. 2, S. 819, und Jg. 1863, Nr 5 u. 6, S. 50/51).

105 Entnommen bei *Engel, E.*, Die deutsche Industrie 1875 und 1861, 2. veränd. Aufl., Berlin 1881, S. 53ff.

2. *Der Siegeszug der kapitalistischen Fabrik*

a) Die Genesis der Fabrik in den beiden Hauptzweigen der deutschen Wollindustrie

Die Fertigung von Streichgarngeweben wurde in Deutschland im Unterschied zur Baumwollweberei seit Jahrhunderten betrieben, und im Gegensatz zur Leinenweberei konzentrierte sich dieser Zweig fast ausschließlich auf die Stadt, war also ein zünftig organisiertes städtisches Gewerbe. Demzufolge war die traditionelle Bindung hier viel stärker wirksam und dieses Gewerbe weit mehr konzentriert als die Leinenweberei. Die Streichgarnweberei in Deutschland, als Tuchgewerbe existierend, tritt uns Ende des 18. und Anfang des 19. Jahrhunderts als ein Zweig gegenüber, in dem der Differenzierungsprozeß auf der Grundlage des Wirkens der Gesetze der einfachen Warenproduktion bereits erhebliche Resultate hervorgebracht hatte. Dieser Differenzierungsprozeß einerseits und der Einfluß des Handelskapitals andererseits hatten bereits im Verlaufe des 14. Jahrhunderts zur Entstehung kapitalistischer Ausbeutungsverhältnisse geführt.[106] Diese kapitalistischen Ausbeutungsverhältnisse, zunächst in Form des Verlages vorhanden, hatten sich bis zum Ende des 18. Jahrhunderts zur zentralisierten und dezentralisierten Manufaktur weiterentwickelt, ohne jedoch den Verlag und die einfache Warenproduktion zu verdrängen. Diese Manufakturen waren im Ergebnis einer kontinuierlichen Entwicklung aus der handwerklichen zünftigen Produktion entstanden, aber auch durch die Gründungstätigkeit des Handelskapitals in dieser Branche gebildet worden.

Die Fertigung von Streichgarngeweben erfordert im wesentlichen die Verarbeitung der Wolle in vier Arbeitsstufen: die Spinnerei, die Weberei, die Walke und die Appretur. Von diesen vier Bereichen hatte sich im Verlaufe der Entwicklung des Tuchgewerbes jeder davon als selbständiges Gewerbe herausgebildet. Eine strenge Trennung in Form einer selbständigen Zunft existierte jedoch in der Regel nur zwischen der Weberei und der Appretur. Die Spinnerei entwickelte sich zwar selbständig, aber in Abhängigkeit von den Zunftwebern, die ihre Wolle, soweit sie es nicht selbst taten, im Lohnauftrag verspinnen ließen. Ähnlich sah es bei den Walken aus. Der Walkprozeß wurde zwar oft unabhängig von der Webereiwerkstatt von darauf spezialisierten Arbeitskräften durchgeführt, aber die Tuchwalken waren in der Regel Eigentum der jeweiligen Zunft. In dieser Form war die Tuchproduktion im überwiegenden Maße auch noch zu Beginn des 19. Jahrhunderts organisiert. Jedoch bereits Ende des 18. Jahrhunderts und verstärkt seit Beginn des 19. Jahrhunderts finden wir in den für die Entwicklung der kapitalistischen Streichgarnindustrie Deutschlands wichtigen Zentren einzelne zentralisierte Betriebe, die entweder alle diese Teilzweige in sich aufgenommen hatten oder zumindest die Weberei, die Walke und die Appretur in sich vereinigten. Beispiele für so geartete Betriebe haben wir aus der Brandenburger, sächsischen und aus der rheinischen

[106] *Mottek, H.*, a. a. O., S. 211f.

Tuchfabrikation.[107] Diese Betriebe müssen im Sinne der Marxschen Terminologie als kombinierte Manufakturen angesehen werden.[108] Bei diesen Manufakturen blieb jedoch die Weberei zumeist vollständig oder zumindest zu einem erheblichen Teil dezentralisiert, d. h., die Tuche wurden im Auftrage des Manufakturiers im Hause des Webers gefertigt.

Von diesen Betrieben vollzog sich eine kontinuierliche Entwicklung zur kapitalistischen Fabrik innerhalb der Streichgarnindustrie. Bei diesen Betrieben wird augenscheinlich, wie die Manufaktur und die in ihr geübte Arbeitsteilung die Voraussetzungen sowohl von seiten der Arbeitsorganisation als auch der Kapitalakkumulation für die Fabrik schuf. Wie bereits aus dem vorangegangenen Abschnitt ersichtlich wurde, begann auch in der Streichgarnindustrie die Anwendung der Arbeitsmaschine in der Spinnerei. Mit dem Übergang zu zentral angetriebenen Spinnsystemen in diesen kombinierten Manufakturen wurde im Bereich der Spinnerei die Handarbeit überwunden und zugleich in den meisten Fällen auch die Spinnerei am Orte der Manufaktur zentralisiert. Der Vorteil, der sich für den Manufakturier aus dem Übergang zur eigenen maschinellen Fertigung der Garne ergab, bestand nicht nur in der Überlegenheit der zentral angetriebenen Spinnmaschine gegenüber der Handspinnerei und auch der Handspinnmaschine – auf die bereits an anderer Stelle eingegangen wurde[109] —, sondern auch darin, daß sich die Verarbeitung der Wolle jetzt unmittelbar unter seiner Kontrolle vollzog und daß darüber hinaus die eigene Spinnerei weit besser die Erzeugung der Garne garantierte, wie sie die auf dem Markt am meisten gefragten Gewebe erforderten. Zugleich bedeutete die Kombination von Spinnerei mit den anderen Verarbeitungsstufen eine Verminderung der Transportkosten und damit zugleich eine Verkürzung der Produktionszeit, was eine schnellere Umschlagsgeschwindigkeit des Kapitals zur Folge haben mußte.

Aus dieser Entwicklung erwuchsen für die Streichgarnindustrie im Bereich der Spinnerei nicht nur Vorteile. Die Größe der Spinnerei wurde hier im wesentlichen durch die Garnnachfrage der eigenen Weberei bestimmt. Mehrere hundert Spindeln waren dafür zumeist ausreichend, und der Entwicklung großer Spinnereien, wie wir sie mit mehreren tausend Spindeln aus den anderen Bereichen der Textilindustrie kennen, waren sehr enge Grenzen gesteckt. Der Konzentrationsprozeß in der Streichgarnspinnerei wurde somit gehemmt, und wir finden hier die entscheidende Erklärung für das Vorherrschen des Kleinbetriebes, richtiger zumeist Kleinteilbetriebes, in der deutschen Streichgarnspinnerei. Diese spezifische Organisationsform der Spinnerei in der Streichgarnindustrie mußte darüber hinaus den technischen Fortschritt im Bereich der Feinspinnerei hemmen. Die angeschlossene Weberei verlangte verschiedene Garnsorten in relativ geringen Mengen, wofür nicht

107 *Krüger, H.*, a. a. O., S. 209; *Wichterich, R.*, a. a. O., S. 145; *Wendisch, G.*, Die Entwicklung der kapitalistischen Produktionsverhältnisse in der sächsischen Textilerzeugung bis 1800, Diss. Dresden 1956 (MS), S. 96 u. 105.

108 *Marx, K.*, Das Kapital, Bd 1, Berlin 1951, S. 364.

109 Vgl. S. 74 u. 80.

Spinnmaschinen mit hohen Spindelzahlen notwendig waren. Im Gegenteil, bei Spinnmaschinen mit 300 und mehr Spindeln, wie sie der Selfaktor aufwies, bestand die Gefahr der Unterbelastung, so daß durch die unzureichende Kapazitätsausnutzung die technischen Vorzüge der produktiveren Maschinen, die ja auch mit höheren Kapitalaufwendungen gekauft werden mußten, durchaus mehr als kompensiert werden konnten. Das Nebeneinander der verschiedenen Feinspinnmaschinentypen mit 60 bis 360 und mehr Spindeln in der deutschen Streichgarnspinnerei bei gleichzeitig raschen Fortschritten der technischen Vervollkommnung und Veränderung im Vorspinnprozeß findet gleichfalls hier seine nähere Erklärung.

Mit dem Aufkommen der Appreturmaschinen war es naheliegend, auch hier die bereits zentralisierte manuelle Appretur durch den Maschinenbetrieb zu ersetzen. Dieses Vorhaben wurde erleichtert, da Antriebskraft und Transmissionsmechanismus infolge der schon bestehenden Maschinenspinnerei vorhanden waren und darüber hinaus auch die Arbeitskräfte durch die Handappreteure existierten.

Auf der jetzt erreichten Stufe müssen wir den vor uns habenden kombinierten Betrieb seinem Charakter nach als eine Fabrik klassifizieren. In diesem kombinierten Betrieb finden wir sowohl eine zentrale Antriebskraft (Wasserrad, Wasserturbine oder Dampfmaschine), einen Transmissionsmechanismus und Arbeitsmaschinen. Wir haben also ein gegliedertes Maschinensystem, das Marx als das charakterisierende Merkmal der Fabrik gegenüber der Manufaktur herausgearbeitet hat.[110] Gleichzeitig besaß in dieser Fabrik die Handarbeit noch einen hohen Anteil, da ein wichtiger Teilprozeß – nämlich die Weberei – noch von der Hand beherrscht wurde. Die Tatsache, daß ein wichtiger Teilprozeß noch durch die Handarbeit charakterisiert wurde, darf jedoch nicht dazu führen, daß diesem kombinierten Betrieb sein Fabrikcharakter abgesprochen wird. Das darf deshalb nicht geschehen, weil in der Tuchfertigung wie in der Streichgarngewebefertigung allgemein der Appreturprozeß eine ganz andere Stellung einnimmt als in den anderen Zweigen der Gewebeindustrie. Während das rohe Leinengewebe, das rohe Seidengewebe beispielsweise auch in dieser Form in die individuelle Konsumtion eingehen können und die Appretur hier weit stärker als ein Veredlungsprozeß im eigentlichen Sinne des Wortes aufzufassen ist, gilt das für die Tuchappretur, den Walkprozeß mit eingeschlossen, nicht. Das rohe Tuch ist ein ausgesprochenes Halbfabrikat und ohne den Walk- und Appreturprozeß für die individuelle Konsumtion nicht verwendbar. Bereits Wieck hat darauf hingewiesen, daß bei der Tuchherstellung die Walke und Appretur eine ebenso wichtige Rolle spielen wie die Weberei selbst.[111] Damit wurden bei den kombinierten Betrieben zwei wichtige Hauptprozesse durch die Maschinenarbeit charakterisiert, d. h., dieser Betrieb wurde im überwiegenden Maße – den gesamten Produktionsprozeß betrachtet – durch die maschinelle Fertigung des Erzeugnisses bestimmt. In der Streichgarnindustrie erfaßte der Fabrikbetrieb bereits die Weberei vor der Durchsetzung der Webmaschine, und zwar infolge der im kapitalistischen

110 *Marx, K.*, Das Kapital, Bd 1, a. a. O., S. 396ff.

111 *Wieck, G.*, Das Tuchmachergewerbe im Zollverein und seine Umgestaltung, in: Deutsche Gewerbezeitung und sächsisches Gewerbeblatt, Jg. 13, 1848, Nr 50.

Bereich dieser Industrie typischen Vereinigung aller Teilprozesse in einem Unternehmen. Auf der so erreichten Entwicklungsstufe der Streichgarnindustrie war es naheliegend, auch den Webprozeß – soweit es nicht schon geschehen war – zu zentralisieren. Dies geschah in den wichtigsten Zentren der deutschen Streichgarnindustrie, aber zunächst noch auf der Basis des Handstuhls. Solche Betriebe, die alle Bereiche der Streichgarnindustrie zentralisiert in sich vereinigten, nennen wir Kombinate. Von kombinierten Betrieben sprechen wir dann, wenn die Weberei noch als Heimarbeit betrieben wurde und somit die „Webereiwerkstätte" des Tuchwebers als Außenstelle der Fabrik anzusehen war.

Die Zentralisierung der Handweberei wies eine Reihe von Vorteilen auf: Zunächst bedeutete sie einen stärkeren Einfluß des Fabrikanten auf den unmittelbaren Produktionsprozeß gegenüber der hausindustriell organisierten Weberei und eine stärkere Kontrolle über den Weber selbst. Sie erlaubte, die technischen Verbesserungen, die der Handstuhl erfuhr, weit leichter einzuführen, da ja in der Hausindustrie der Tuchstuhl zumeist Eigentum des ausgebeuteten Webers war. Die größere Intensität der Arbeit in der zentralen Weberei als Ergebnis der in Kooperation tätigen Weber war ein weiterer Vorteil, der durch die strengere Arbeitsteilung und damit durch die größere Kontinuität des Webprozesses noch verstärkt wurde. Wenn die größeren Unternehmungen auf den Messen ihre Fabrikate wegen ihrer größeren Gleichmäßigkeit und gleichbleibenden Güte günstiger veräußern konnten[112], so entsprang dies nicht nur aus dem höheren Mechanisierungsgrad dieser Betriebe, sondern auch aus den zuletzt angeführten Vorteilen der zentralisierten Handweberei. Eingesparte Lohnkosten begünstigten ebenfalls die Zusammenfassung der Weberei innerhalb der Fabrik. So wurde beispielsweise im Rheinland gegenüber dem verlegten Weber ein Drittel der Lohnkosten eingespart, da in der zentralisierten Weberei Gesellen- und in der Hausindustrie Meisterlöhne gezahlt wurden.[113] Auch andernorts traten solche Einsparungen auf, da ja die Ausgaben für die Zwischenmeister und Faktoren wegfielen.

Als Nachteil standen diesen Vorzügen im wesentlichen nur die Ausgaben für die notwendigen Gebäude gegenüber. Diese fielen jedoch auf dieser Stufe der Entwicklung nicht derart ins Gewicht, daß sie die Vorteile aufwogen, da diese Kombinate ohnehin über größere Räumlichkeiten für Spinnerei, Walke, Appretur und Färberei verfügten, so daß es sich hierbei nicht selten um die vollständigere Ausnutzung der Fabrikgebäude oder um die Verwertung älterer Gebäude handelte, die der ververänderten Maschinentechnik in den anderen Produktionsbereichen nicht mehr genügten.

Als die Modestoffe mehr und mehr die Produktion der Streichgarnindustrie zu beherrschen begannen, trieben die Erfordernisse der Produktion und die veränderten Verwertungsbedingungen des Kapitals zur Zentralisierung der Handweberei.

112 Vgl. S. 182 ff.

113 *Thun, A.*, Die Industrie am Niederrhein und ihre Arbeiter, T. 1: Die linksrheinische Textilindustrie, in: Staats- und sozialwissenschaftliche Forschungen, H. 2 (der ganzen Folge siebentes Heft), Leipzig 1879, S. 29.

Zunächst wurde hierzu eine neue Produktionsausrüstung erforderlich. Der bisher verwendete einfache Tuchstuhl mußte durch Jacquard- oder Schaftstühle ersetzt werden. Damit waren nicht nur zusätzliche Kapitalaufwendungen notwendig, sondern pro Stuhl wesentlich höhere als bisher, so daß von dieser Seite her die Anschaffung durch den Lohnweber selbst ausgeschlossen blieb. Die jetzt gesteigerten Ausgaben von fixem Kapital im Bereich der Weberei bestärkten den Fabrikanten in seinem Bestreben, diese kostspieligen Stühle unter seiner Kontrolle ausnutzen zu lassen und auf ihnen maximale Ergebnisse zu erhalten. Die Herstellung modischer Stoffe bedeutete zugleich eine viel stärkere Anpassung an die wechselnden Wünsche des Marktes gegenüber den Verhältnissen bei der bisher gewebten glatten Tuchware. Für die Verwertung des veranlagten Kapitals wurde mit entscheidend, in welchem Umfange die getroffene Musterung und Färbung den Wünschen des Marktes entsprach. Häufiges Wechseln der Muster und Farben wurde jetzt gegenüber der bisherigen relativ großen Stetigkeit zur Bedingung der Produktion und entscheidend für den Verwertungsprozeß des Kapitals. Zu dieser Frage wird das nachfolgende Kapitel reichlich Aufschluß geben.[114] Gerade von dieser Seite her bewies die zentralisierte Weberei gegenüber der Hausindustrie ihre Stärke, da sie einen größeren Einfluß auf die Produktion und damit eine größere Beweglichkeit gestattete. Der Wechsel der Muster und der der Stoffgattung stellten zugleich höhere Anforderungen an die Webstuhlbedienung[115], die in der zentralen Weberei von einer Spezialkraft geleistet werden konnte, ohne die einzelnen hier beschäftigten Weber wesentlich qualifizieren zu müssen. Die dezentralisierte Hausindustrie schloß dies hingegen weitgehend aus.

All diese Momente drängten in ihrer Gesamtheit schon vor der allgemeinen Einführung des Maschinenstuhls zur Zentralisierung der Weberei in der Streichgarnindustrie. Dieser Zentralisierungsprozeß ist jedoch auf der Basis des Handstuhls nie zu einem völligen Abschluß gekommen. Auch die Unternehmungen, die in dieser Hinsicht den höchsten Entwicklungsgrad erreichten, beschäftigten in der Regel – allerdings in Abhängigkeit von der jeweiligen Konjunktur – noch Lohnweber außerhalb der Fabrik. Die zentralisierte Handweberei hat auch für die Vorbereitung der Maschinenweberei eine wichtige Rolle gespielt. Einmal wurden durch sie in gewissem Umfange die dafür notwendigen Räumlichkeiten geschaffen, zum anderen – was noch wichtiger war – bildete sie den Fabrikweber heran, der willens war, sich einer bestimmten Fabrikdisziplin zu unterwerfen und zugleich bereits an diese Disziplin gewöhnt war. Die Einführung der ersten Maschinenstühle innerhalb dieser Kombinate fand deshalb nicht nur ihre Ursache in der Tatsache, daß hier die größeren Kapitalien hierfür vorhanden waren, sondern daß auch in anderer Hinsicht die günstigsten Voraussetzungen für den Übergang zur Maschinenweberei bestanden. In diesem Sinne ist die zentralisierte Handweberei als unmittelbare Vorstufe der Maschinenweberei in der Streichgarnindustrie zu werten. Damit gelangte die Ver-

[114] Vgl. z. B. S. 261ff.
[115] *Quandt, G.*, a. a. O., S. 5.

drängung der Handarbeit, als dies im Bereich der Weberei mit Hilfe des Maschinenstuhls geschah, in diesen Kombinaten zum Abschluß.

Haben wir bisher die Entstehung der kapitalistischen Fabrik innerhalb der Streichgarnindustrie im kontinuierlichen Entwicklungsprozeß von der kombinierten Manufaktur her verfolgt, so ist das nicht der einzige Weg, den die Herausbildung der Fabrik in diesem Zweig genommen hat. Wir müssen sogar feststellen, daß dieser Weg nicht einmal vorherrschend war. Infolge seiner Kontinuität hinsichtlich der Entwicklung des kapitalistischen Ausbeutungsverhältnisses bis zu seiner höchsten Form – eben in Gestalt der Fabrik – haben wir ihn an den Anfang unserer Darstellung gestellt. In der Mehrzahl sind diese kombinierten Betriebe oder Kombinate mit dem Aufkommen der verschiedenen Arbeitsmaschinen auf der Basis des bisher dezentralisierten Produktionsprozesses entstanden, indem der bisher dezentralisiert oder zentralisiert betriebenen Weberei zunächst die maschinelle Spinnerei und danach ebenfalls die Maschinenappretur – unter Ausschaltung der bisher selbständigen Tuchappreteure und Walker – angegliedert wurden. Mit dieser Entwicklung wurde in gewissem Umfange die sich herausgebildete gesellschaftliche Arbeitsteilung überwunden, und an ihre Stelle trat die innerbetriebliche Arbeitsteilung auf einer höheren technischen Basis.

Neben diesen sich auf zweifache Weise herausgebildeten Kombinaten entstand der Fabrikbetrieb auch in der deutschen Streichgarnindustrie wie in den anderen Zweigen der Textilindustrie auf dem Wege des Spezialbetriebes. Diese Spezialbetriebe, sich darstellend in Spinn- und Appreturfabriken, haben jedoch für den Sieg der Fabrik im gesamten Bereich der Streichgarnindustrie eine geringere Rolle gespielt als die voranstehend betrachteten Kombinate.

Ihre nähere Behandlung ist trotzdem von Belang; denn fanden die Kombinate ihren Ursprung oder Ausgangspunkt in den fortgeschrittensten Betrieben der Ära der Handarbeit, so lag der Ausgangspunkt der Spezialbetriebe in der traditionell gegebenen gesellschaftlichen Arbeitsteilung und in gewissem Umfange sogar in dem zünftigen Tuchgewerbe. Wir hatten oben bereits gesehen, daß die Handspinnerei in Abhängigkeit vom Tuchweber existierte und die Wolle von ihm selbst oder zumeist im Lohnauftrag von Spinnern verarbeitet wurde. Solange die Maschinenspinnerei mit Hilfe der kleinen Handspinnmaschinen betrieben wurde, änderte sich an diesem Zustand nur insoweit etwas, als die Spinnerei selbst ein Bestandteil der Tuchmacherwerkstatt wurde. Dies änderte sich mit der Durchsetzung der zentral angetriebenen Spinnsysteme. Auf dieser Stufe entstanden in allen Zentren der deutschen Streichgarnindustrie zahlreiche Spinnfabriken. Diese Spinnfabriken waren insoweit unabhängig, als die Anlagen einem einzelnen oder einer Gruppe von Personen gehörten, und insoweit nicht, als sie nicht eigene Rohstoffe, sondern die Wolle der Tuchmacher oder Verleger verarbeiteten. Wir haben es hierbei mit sogenannten Lohnspinnereien zu tun, in denen die Verhältnisse, wie sie zur Zeit der Handspinnerei existierten, wiederkehrten. Die Wiederkehr war jedoch nur hinsichtlich der Organisation der Produktion vollständig; denn was die Abhängigkeit dieser Lohnspinnereien von den Webern betraf, so war sie nur so, wie sie bei einem normalen Dienstleistungsbetrieb auch gegeben war. In bestimmten Fällen konnte es sogar zu einer Umkehrung des Abhängigkeitsverhältnisses, besonders seitens kleinerer Tuchweber, führen.[116] Der Vorteil der Lohnspinnerei bestand für den Inhaber gegenüber einer auf eigene Rechnung betriebenen Spinnerei darin, daß er die Ausgaben für das zirkulierende Kapital – die Lohnkosten ausgenommen – weitgehend einsparte. Andererseits war er jedoch weit stärker von den lokalen Bedürfnissen nach Streichgarnen abhängig als ein auf eigene Rechnung Spinnender. Die Lohnspinnerei ermöglichte zugleich denjenigen Unternehmern, die daneben für ihren eigenen Webereibetrieb produzierten, eine größere Ausnutzung der vorhandenen Kapazität und zumeist sogar eine verhältnismäßig gleichbleibende Auslastung des Betriebes, unabhängig von der jeweiligen Marktkonjunktur, da die einzelnen selbständigen Weber, auch zu Zeiten schlechter Konjunktur, im Interesse ihrer Existenz zur Aufrechterhaltung der Produktion genötigt waren.[117] Die Lohnspinnereien spielten in der deutschen Streichgarnindustrie vor allem dort eine größere Rolle, wo der Kleinbetrieb vorherrschte. Dies traf für Süddeutschland und in gewissem Umfange auch für Sachsen zu.[118] Aber diese Betriebe waren selbst in dem wichtigen Standort der deutschen Streichgarnindustrie, in Aachen, der in hohem Maße durch die Kombinate beherrscht wurde, anzutreffen.[119] Schon weniger Verbreitung fanden die Appreturbetriebe. Auch bei ihrer Entstehung fußten sie auf der vorgefundenen Arbeitsteilung zwischen Tuchappretur und Weberei. Angesichts der hohen Anschaffungskosten für solche Betriebe sind aus der Mitte der Tuchappreteure nur wenige solcher Betriebe entstanden. In einzelnen Zentren der deutschen Streichgarnindustrie, wie z. B. in der Lausitz, gab es jedoch zunächst die Tendenz der Bildung solcher Spezialbetriebe durch die Unterstützung der Tuchappreteure seitens der Tuchweber und -verleger.[120] Doch selbst hier haben die Zentralisierungsbestrebungen seitens der kapitalkräftigeren Unternehmer die weitere Entwicklung bestimmt.[121]

Die Entstehungsgeschichte der Fabrik in der Kammgarnindustrie gleicht weit stärker der der anderen Zweige der deutschen Textilindustrie. Hier erfolgte der Beginn der Fabrikproduktion auf dem Wege der Spezialbetriebe. Verhältnismäßig rasch drang der Fabrikbetrieb in der Kammgarnspinnerei vor, die – im Unterschied zur Streichgarnindustrie – unabhängig von den Webereien existierte. Die Ursache hierfür muß vor allem in den hohen Anlagekosten für die Maschinenspinnerei gesehen werden. Abgesehen von den hohen Kosten für die verwendete Maschinerie, waren auch die Ausgaben für die zum kontinuierlichen Produktionsprozeß notwendigen

116 Vgl. Gesuch Grünberger Tuchfabrikanten vom Juni 1835, in: DZA-Merseburg, Rep. 120 D IV/7, Nr 6; Schreiben der Firma H. Böttger zu Leisnig vom 19. September 1857, in: SLHA-Dresden, M. d. I., Nr 5817.

117 Vgl. ebenda.

118 *Jahresberichte der Handels- und Gewerbekammern in Württemberg für das Jahr 1861*, Stuttgart 1862, S. 151; *Bericht über die Ausstellung sächsischer Gewerb-Erzeugnisse im Jahre 1837*, a. a. O., S. 30.

119 Vgl. z. B. *Jahresbericht der Handelskammer Aachen-Burtscheid für 1861.*

120 *Quandt, G.*, a. a. O., S. 41.

121 *Ebenda*, S. 41f.; *Schmidt, F.*, a. a. O., S. 207f.

Wollvorräte wesentlich höher als bei der Streichgarnspinnerei. Die Ursache hierfür ist darin zu sehen, daß selbst die als Kammwolle von den Wollmärkten bezogene Wolle nur 50 bis 60 Prozent der in der Kammgarnspinnerei geeigneten langstapeligen Wolle enthielt.[122] Angesichts dieser hohen Betriebskosten waren solche Unternehmungen von vornherein nur profitabel, wenn sie eine größere Ausdehnung besaßen, d. h. ihre Produktion weit über den Bedarf einer einzelnen Weberei hinausging. Neben den Spinnfabriken traten Spezialbetriebe in Gestalt der Appretur- und Färbereiunternehmungen ebenfalls auf, aber sie existierten vor der Maschinenweberei zumeist als Spezialbetriebe. Die Färberei und Appretur, die jedoch im Produktionsprozeß der Kammgarnweberei nicht eine solch zentrale Rolle spielten wie in der Streichgarnindustrie, traten hier ebenfalls in Verbindung mit der Handweberei auf, aber zumeist verblieb die Weberei im Stadium der Hausindustrie.[123] In der deutschen Kammgarnweberei haben zentralisierte Webereien auf der Grundlage des Handwebstuhls eine wesentlich geringere Rolle gespielt als in der Streichgarnweberei. Der Zentralisierungsprozeß der Weberei vollzog sich demzufolge erst auf der Stufe des Maschinenwebstuhls, also zu einem Zeitpunkt, als die Fabrik in der Kammgarnindustrie ihren Siegeszug vollendete.

b) Die Gestaltung der Wollgewebeproduktion gegen Ende der Vorbereitungsperiode der industriellen Revolution

Der gegebene Überblick über die Einführung der Arbeits- und Antriebsmaschinen in der deutschen Wollindustrie während dieser Zeit ermöglicht bereits in gewissem Umfange, Rückschlüsse auf die Gestaltung der Wollgewebeproduktion zu ziehen. Nach den dort gemachten Angaben ist offensichtlich, daß auch gegen Ende der Vorbereitungsperiode die kapitalistische Warenproduktion in Form der Fabrik noch eine untergeordnete Rolle spielte. Kombinate, wie wir sie im voranstehenden Abschnitt kennengelernt haben, waren in der deutschen Streichgarnindustrie Einzelerscheinungen. Sie waren jedoch innerhalb der rheinischen Streichgarnindustrie zu einer gewissen Bedeutung gelangt. Insbesondere der Aachener Bezirk ragte in dieser Hinsicht hervor.[124] Wir können annehmen, daß bereits Ende der zwanziger Jahre in der dortigen Tuchindustrie solche Betriebe den größeren Teil der Produktion auf sich vereinigten, aber sie blieben auch hier noch in der Minderheit. Nach dem Adreßbuch von Aachen aus dem Jahre 1829 existierten dort 70 Tuchfabriken – deren Mehrzahl jedoch Manufakturen oder gar größere Handwerksbetriebe war –, und darunter befanden sich bereits 10 Kombinate.[125] Über den Umfang eines solchen Kombinats haben wir aus Aachen nähere Angaben. Der Betrieb von Kelleter besaß im Jahre 1822 5 Assortiments Spinnmaschinen, 60 Webstühle, 2 Walkmühlen, 2 Spülmühlen, 5 Rauhmaschinen, 72 Schertische, 1 Farbholzschneidemühle, 1 Fär-

122 *Reden, F. W. v.*, a. a. O., Abt. 1, S. 661.

123 Vgl. z. B. *Jahresberichte der Handelskammer Chemnitz für 1863, 1864 und 1865*; *Beck, F.*, a. a. O., S. 104ff.

124 Vgl. *Wichterich, R.*, a. a. O., S. 17.

125 Ebenda.

berei, 1 Tuchpresse, 1 Eisengießerei, 1 Kunstschmiede, 2 Dampfmaschinen und 1 Gasbereitungsapparat. Dieses Unternehmen beschäftigte insgesamt 300 Arbeiter.[126] Auch hier finden wir die Erscheinung, wie überhaupt in den Anfängen der deutschen Textilindustrie, daß dem Betrieb Einrichtungen zum Bau der benötigten Maschinen angegliedert waren. Im Gegensatz zum Rheinland waren in den anderen wichtigen Zentren der deutschen Streichgarnindustrie solche Kombinate bis zur Mitte der dreißiger Jahre noch kaum vorhanden. Sicher ist dies wohl für Süddeutschland und Sachsen. Hingegen könnten solche Betriebe in der märkischen, Burger, Lausitzer und schlesischen Tuchfabrikation schon bestanden haben.

Bis zur Mitte der dreißiger Jahre existierten in beiden Bereichen der deutschen Wollindustrie bereits in größerer Zahl Fabriken in Gestalt von Spezialbetrieben. Hierbei handelte es sich fast ausschließlich um Maschinenspinnereien. Solche Spinnfabriken der Streichgarnbranche existierten sowohl in Süddeutschland, in Sachsen, in Schlesien, in der Provinz Brandenburg, in der Provinz Sachsen, in Kurhessen als auch im Rheinland.[127] Für diese Spezialbetriebe haben wir aus dem Königreich Sachsen nähere Angaben. Die dort befindlichen 48 Streichgarnmaschinenspinnereien waren überwiegend Betriebe mit weniger als 1000 Spindeln.[128] Ihre durchschnittliche Spindelzahl betrug 763. Dementsprechend verhielt es sich auch mit der benutzten Antriebskraft. Im hohen Maße handelte es sich hierbei um Pferdegöpel. Dies war bei 20 Spinnereien der Fall, während die übrigen – mit Ausnahme einer Spinnerei, die Dampfantrieb besaß – von Wasserkraft angetrieben wurden. Bemerkenswert ist jedoch, daß es sich selbst bei den kleineren Betrieben um wirkliche Fabriken handelte; denn auch in diesen wurde, soweit sich der Mensch überhaupt als Antriebskraft noch betätigte, die Wasserkraft für diesen Zweck genutzt. Der verwendete zentrale Antrieb gibt mit ziemlicher Sicherheit die Gewähr, daß hier ein System von Vorbereitungs- und Feinspinnmaschinen zur Herstellung der Streichgarne benutzt wurde. Wahrscheinlich wurden bei diesen Betrieben die Vorspinnmaschinen zentral angetrieben, während man zur Feinspinnerei noch teilweise oder völlig handgetriebene Jennies benutzte.

Kammgarnspinnfabriken waren in diesem Zeitraum in Deutschland schon weniger anzutreffen, aber bereits zu dieser Zeit bildeten Thüringen und Sachsen das Hauptzentrum dieses Zweiges in Deutschland. Sachsen verfügte zu Beginn des vierten Jahrzehnts über 7 solcher Spinnfabriken, von denen 3 mehr als 1000 Spindeln besaßen, während bei den übrigen die Spindelzahl zwischen 300 und 800 schwankte.[129] Der Gesamtdurchschnitt ergab eine Spindelzahl von 1054. Thüringen besaß zur gleichen Zeit ebenfalls mindestens 7 solcher Fabriken. Die größte davon war die der Firma Gebr. Weiß in Langensalza, die bereits 1828 mit 3000 Spindeln arbeitete.[130] Von diesen 7 Thüringer Fabriken waren 4 im Vereinigten Kammgarn-Comptoir zusammen-

[126] Ebenda, S. 174, Anm. 9.

[127] Vgl. S. 75, Anm. 15.

[128] Vgl. *Übersicht über die sächsische Wollspinnerei des Jahres 1831*, in: Bericht über die Ausstellung sächsischer Gewerb-Erzeugnisse 1831, Dresden-Leipzig 1832, Anhang.

[129] Ebenda.

[130] *Haendly, K.*, a. a. O., S. 292.

geschlossen.[131] Dieses Comptoir stellte seiner Organisationsform nach ein Syndikat dar, und es dürfte sich hierbei um die erste Monopolorganisation der deutschen Fabrikindustrie handeln. Aufgabe dieses Comptoirs waren der zentrale Kauf der Wolle und die Monopolisierung des Maschinenkammgarn-Verkaufs im sächsisch-thüringischen Bezirk.[132] Zu diesem Syndikat gehörten zu Beginn der dreißiger Jahre folgende Firmen:

1. Christian Weiß, sen., Glücksbrunn,
2. Weiß, jun. & Comp., Langensalza,
3. Weiß Söhne, Langensalza, und
4. Eichel & Cramer, Eisenach.

Im Verlaufe der nächsten Jahre kamen noch zwei weitere Spinnereien hinzu, nämlich Christian Weiß sen., Zwick bei Wernshausen/Thür., und Kämmerer & Medius, Erfurt.[133] Es handelte sich hierbei im überwiegenden Maße um den Zusammenschluß von Familienbetrieben, wodurch die Bildung einer solchen Organisation auf dieser frühen Stufe der deutschen Industrie ermöglicht wurde.[134] Zugleich bildeten diese Betriebe, mit Ausnahme der Erfurter Kammgarnspinnerei, den Ursprung der deutschen Kammgarn-Maschinenspinnerei. Gegen Mitte der dreißiger Jahre dürfte die Spindelzahl dieses Syndikats mindestens 9000 Spindeln betragen haben. Damit verfügte das Gothaer Comptoir wahrscheinlich über rund 40% der deutschen Kammgarnspindeln. Aus der Größe dieser Spinnereien wird ersichtlich, daß die durchschnittliche Spindelzahl der 7 Thüringer Spinnereien ebenfalls über 1000 gelegen haben mußte. Aus den anderen Teilen Deutschlands sind uns drei weitere Kammgarnspinnfabriken bekannt, und zwar je eine aus Eßlingen, Nürnberg und Eupen.[135] Wenn auch die Zahl der Kammgarnspinnereien außerhalb Sachsens und Thüringens unvollständig sein dürfte, so kann doch mit einer gewissen Sicherheit angenommen werden, daß in Deutschland zu Beginn der dreißiger Jahre höchstens 20 dieser Fabriken zu finden waren.

Verbreiteter als diese höchste Form der kapitalistischen Warenproduktion waren die kapitalistischen Ausbeutungsverhältnisse in der deutschen Wollindustrie gegen Ende der Vorbereitungsperiode der industriellen Revolution in Form des Verlages und der Manufaktur. Gerade die schwierigen Absatzverhältnisse im Verlaufe der ersten drei Jahrzehnte des 19. Jahrhunderts haben die Unterwerfung der selbständigen Handwerker unter das Joch des Kapitals wesentlich beschleunigt und den Anteil der kapitalistischen Warenproduktion im Bereich der deutschen Wollgewebeproduktion erhöht. Die Erhöhung dieses Anteils verlief in zweifacher

131 Ebenda, S. 294.

132 Vgl. *Delbrück, R.*, Reisebericht über die Provinz Sachsen aus dem Jahre 1846, a. a. O.

133 Vgl. ebenda und *Schubarth*, Reisebericht vom September 1853, a. a. O.

134 Zunächst gehörten, wie die Aufstellung zeigt, die Weißschen Familienbetriebe dazu, die den Kern des Comptoirs darstellten, aber auch der eine Inhaber der Eisenacher Spinnerei v. Eichel war ein Schwager von J. Chr. Weiß (*Delbrück, R.*, a. a. O.). Lediglich von den Inhabern der Erfurter Spinnerei sind solche Bindungen nicht bekannt.

135 *Ein Jahrhundert Arbeit und Erfolg*, a. a. O.; *Genzmer, W.*, Augsburger Kammgarnspinnerei, a. a. O., S. 52; vgl. auch Anm. 43.

Richtung: einmal durch die Unterwerfung eines Teils der bisher selbständigen Weber und zum anderen durch die Dezimierung der Wollwarenproduktion, die besonders die Betriebe des selbständigen Handwerks traf. Vor allem hinsichtlich des letzteren Umstandes unterschied sich diese Periode wesentlich von der nachfolgenden Zeit der Hauptperiode der industriellen Revolution. Die während der ersten drei Jahrzehnte innerhalb des deutschen Wollgewerbes auftretenden Zerfallserscheinungen waren weniger Ausdruck der progressiven Überwindung dieser Produktionsstufe durch die kapitalistische Warenproduktion als weit mehr Ausdruck der hemmenden Wirkung der alten sich in Auflösung befindlichen Feudalgesellschaft, deren Pesthauch alles zu ersticken drohte und deren Zerstörungswerk durch die zunächst noch zaghaften ersten Schritte der bürgerlichen Revolution in Deutschland mehr und mehr verhindert wurde. Die völlige Überwindung dieses Zustandes geschah erst nach 1834, als der Weg für die Entfaltung der industriellen Revolution auch in Deutschland im wesentlichen freigelegt war. Leider besitzen wir nur wenig Zahlenmaterial, um diese Entwicklungsetappe damit veranschaulichen zu können. Zumeist handelt es sich bei diesem Material noch um solches, das nicht die gesamte Zeit der ersten drei Jahrzehnte umfaßt. Bereits die Tabelle 4 (Anhang) gibt anhand der Verminderung der preußischen Wollwebstühle in der Zeit von 1819 bis 1834 den Verfall des Wollgewerbes während dieser Zeit wieder. Im Eichsfeld, einem der wichtigsten Zentren der deutschen Kammgarnweberei jener Zeit, wurden in diesem Zweig gegen Ende des 18. Jahrhunderts insgesamt 21215 Personen beschäftigt. Bis zum Jahre 1804 war diese Zahl bereits auf 13343 abgesunken. Die Lage dieses Gewerbes änderte sich auch nach 1804 nicht.[136] Das benachbarte Greizer Kammgarngewebezentrum offenbarte während der ersten drei Jahrzehnte – von wenigen Jahren abgesehen – eine ähnliche Entwicklung.[137] Auch innerhalb des deutschen Tuchgewerbes zeigten sich während dieses Zeitraums solche Zerfallstendenzen. Beispielsweise zählte das Roßweiner Tuchmacherhandwerk noch 1815 500 selbständige Meister, aber im Jahre 1837 fanden sich nur noch insgesamt 256 Meister mit 92 Gesellen und 35 Lehrlingen.[138] Davon war jedoch nur etwa die Hälfte der Meister noch selbständig, während die anderen für die sogenannten Tuchfabrikanten tätig waren. Ähnliches wurde auch von der Goldberger Tuchmacherzunft aus Schlesien gemeldet.[139] Zugleich zeigen die voranstehend behandelten Fortschritte bei der Anwendung der Maschinen in der deutschen Wollindustrie, daß diese Zerfallserscheinungen nicht

136 *Haendly, K.*, a. a. O., S. 221ff. – Die voranstehenden Zahlen sind ebenfalls hier entnommen.

137 *Beck, F.*, a. a. O., S. 26ff.

138 *Böckelmann, C.*, a. a. O., S. 78; Übersicht der Betriebsamkeit des Tuchmacherhandwerks zu Roßwein im Monat August 1837, in: SLHA-Dresden, M.d.I., Nr. 1398a.

139 *Reden, F. W. v.*, a. a. O., Abt. 1, S. 535. – 1815 zählte Goldberg 450 Meister mit 520 Handstühlen und einer jährlichen Produktion von 24000 Stück Tuche, während für 1830 die entsprechenden Daten wie folgt lauteten: 200 Meister, 250 Webstühle und 12000 Stück Tuche im Jahre. *Isenburg, R.*, (a. a. O., S. 31) berichtet von einem Rückgang der Zahl der selbständigen Meister innerhalb des bergischen Tuchgewerbes.

allgemeiner Natur waren und davon in erster Linie das bis dahin selbständige Wollhandwerk betroffen wurde.
Wenn sich so die kapitalistische Warenproduktion im Bereich der deutschen Wollwarenproduktion schon bis zur Mitte des vierten Jahrzehnts erheblich ausdehnen konnte, so verblieb doch bis zu diesem Zeitpunkt auch der einfachen Warenproduktion noch ein ansehnlicher Bereich. Die Unterschiede zwischen den einzelnen Zentren der deutschen Wollwarenproduktion und zwischen den beiden Hauptzweigen der Wollweberei waren jedoch beachtlich. Die kapitalistischen Ausbeutungsverhältnisse dürften in der deutschen Kammgarnweberei bereits zu dieser Zeit die absolute Vorherrschaft behauptet haben, und die einfachen Warenproduzenten haben wohl hier keine größere Rolle mehr gespielt. Hingegen dürfte die Zahl der selbständigen Tuchmacher in der Streichgarnweberei noch beträchtlich gewesen sein. Aber man kann auch hier ein Überwiegen der kapitalistischen Warenproduktion bereits annehmen. Am verbreitetsten waren diese selbständigen Handwerksbetriebe vor allem in Süddeutschland, in Hannover und wohl auch noch in Sachsen. Eine geringere Rolle spielten sie hingegen in den für die nachfolgende rasche Entwicklung der kapitalistischen Industrie entscheidenden Gebieten, vor allem im Rheinland.

c) Das Vordringen der Fabrik in der Hauptperiode der industriellen Revolution

Bei der Untersuchung des Wachstumsprozesses der Fabrik im Rahmen unseres Zweiges kommt es darauf an, sowohl die zahlenmäßige Zunahme als auch den wachsenden Anteil der Fabrikproduktion an der deutschen Wollwarenproduktion zu veranschaulichen. Angesichts des lückenhaften statistischen Materials und der unzureichenden Aussagekraft des vorhandenen wird es schwer werden, auf diese außerordentlich wichtigen Fragen im Rahmen unserer Untersuchung eine befriedigende Antwort zu finden. Dies gilt insbesondere für den Wachstumsprozeß der Kombinate innerhalb der deutschen Streichgarnindustrie.
Die erste wesentliche Frage, die es zu beantworten gilt, ist folgende: Hat die deutsche Wollindustrie dazu beigetragen, daß Deutschland in den Jahren unmittelbar nach der Gründung des deutschen Zollvereins in die Hauptperiode der industriellen Revolution eintrat und sich damit der erste zyklische Aufschwung zu entwickeln begann? Kam es nach 1834 zu einer beschleunigten Gründung von Fabriken in der deutschen Wollindustrie, so daß auch die Entwicklung dieses Zweiges die Symptome der Vorbereitungsperiode abstreifte?
Die wertvollsten Angaben infolge ihrer Vollständigkeit sind uns aus dem Königreich Sachsen überliefert. Die Aussagekraft dieser Daten für die Entwicklung der deutschen Wollindustrie wird nicht zuletzt dadurch gehoben, daß es sich hierbei um das zweitwichtigste Gebiet der deutschen Wollindustrie handelte. Aus den Jahren 1834 bis 1838 sind uns die Gründungen innerhalb der Wollindustrie Sachsens bekannt, bedauerlicherweise jedoch nur die Zahl der Betriebe, nicht aber deren Größe. Die nachfolgende Übersicht gibt uns den gewünschten Einblick.
Mit 115 Unternehmungen wies die sächsische Wollindustrie in den ersten 5 Jahren nach der Gründung des Zollvereins einen ansehnlichen Zuwachs auf. Daß davon der

Gründungen im Bereich der Wollindustrie Sachsens 1834 bis 1838[140]

Art des Betriebes	Periode 1834/36	Periode 1837/38	insgesamt
a) Kombinierte Betriebe der Streichgarnindustrie			
1. Streichgarnspinnerei mit Tuchweberei, Walke und und Appretur	2	–	2
2. Streichgarnspinnerei mit Tuchweberei und Appretur	7	4	11
3. Streichgarnspinnerei mit Tuchweberei	–	1	1
4. Streichgarnspinnerei mit Tuchappretur	8*	–	8
5. Streichgarnspinnerei mit Tuchwalke	4	–	4
6. Tuchwalke und Appretur	1	–	1
	22	5	27
b) Spezialbetriebe der Streichgarnindustrie			
1. Streichgarnspinnerei	15	23	38
2. Streichgarnfärberei	2	–	2
3. Tuchappretur	10	–	10
4. Walkmühlen	2	1	3
5. Tuchfärberei	–	3	3
	29	27	56
Streichgarnindustrie insgesamt	51	32	83
c) Kombinierte Betriebe der Kammgarnindustrie			
1. Merino- und Tuchappretur	1	–	1
2. Merinoweberei mit Appretur	1	–	1
	2	–	2
d) Spezialbetriebe der Kammgarnindustrie			
1. Kammgarnspinnerei	5	9	14
2. Kämmerei	–	3	3
3. Kammgarngewebeappretur	10	1	11
4. Merino- und Wollweberei	1	1	2
	16	14	30
Kammgarnindustrie insgesamt	18	14	32
Sächsische Wollindustrie insgesamt	69	46	115
davon sind als Fabriken anzusehen:			
1. Streichgarnindustrie	47	28	75
2. Kammgarnindustrie	17	10	27
nsgesamt	64	38	102

*) Davon waren 2 Betriebe aus vorher bereits vorhandenen Spinnereien hervorgegangen.

140 Zusammengestellt nach den Angaben der summarischen Übersichten der in den Jahren 1834 bis 1836 neuentstandenen Fabrikunternehmungen und der gleichen Übersicht für die Jahre 1837 und 1838, in: SLHA-Dresden, M. d. I., Nr 1398a u. 1398b.

größte Teil auf die Streichgarnindustrie entfiel, entsprach der selbst für Sachsen gültigen Tatsache, daß sie den Hauptzweig der deutschen Wollindustrie darstellte. Bemerkenswert für die uns interessierende Frage ist jedoch das Überwiegen der Fabriken unter diesen Gründungen; denn diese beanspruchten 88%. Des weiteren ist hervorzuheben, daß bereits während dieses Zeitraums die kombinierten Betriebe innerhalb der Streichgarnindustrie Sachsens auftraten und schon einen ansehnlichen Anteil an den Gründungen beanspruchten. Kombinate im vollen Sinne waren jedoch erst 13 Betriebe, aber bei den restlichen 14 handelte es sich ohne Zweifel um Vorstufen zu dieser Betriebsform. Zu diesem Zeitpunkt überwogen jedoch, wie die Aufstellung deutlich zeigt, unter den Gründungen immer noch die Spezialbetriebe, wobei es sich hierbei verständlicherweise vor allem um Appretur- und Spinnfabriken handelte. Wenn in den letzten beiden Jahren die Zahl der Gründungen sich etwas verminderte, so äußerten sich hierin die Auswirkungen der britischen Krise von 1836/37, aber auch gleichzeitig der Umstand, daß es sich hierbei noch um keine eigentliche Überproduktionskrise in *Deutschland* handelte.

Wenn uns aus den anderen Zentren der deutschen Wollindustrie keine gleichwertigen Angaben zur Verfügung stehen, so haben wir andererseits keinen Anlaß zu der Annahme, daß es sich in Sachsen um eine Ausnahmeentwicklung handelte. Im Gegenteil, Meldungen aus anderen Zentren weisen aus, daß diese Entwicklung – im Ausmaß natürlich unterschiedlich – allgemein gültig war.[141] Seit den dreißiger Jahren läßt sich für die wichtigen Gebiete der deutschen Streichgarnindustrie das Aufkommen der Kombinate feststellen. Dies gilt z. B. für die Lausitzer, Brandenburger, schlesische und hessische Tuchindustrie.[142] In die gleiche Richtung weisen auch die bereits behandelten Fortschritte der Technik während der dreißiger Jahre und die Klagen, daß ohne die Anwendung der maschinellen Appretur die Tuche kaum gewinnbringend verkäuflich waren.[143]

Abschließend können wir also feststellen, daß das beschleunigte Tempo bei der Ausdehnung der Wollwarenproduktion[144] während der ersten fünf Jahre der Zollvereinsära das forcierte Wachsen des Neuen – der Fabrik – in der deutschen Wollindustrie widerspiegelte, daß die deutsche Wollindustrie, ähnlich wie die deutsche Baumwollindustrie, bereits in diesen Jahren einen eigenen Beitrag zur Entwicklung eines zyklischen Aufschwungs leistete. Doch die Anlage von fixem Kapital in der

141 Vgl. *Quandt, G.*, a. a. O., S. 29ff.; *Schmidt, F.*, a. a. O., S. 207; Zeitungsbericht vom Januar 1835, in: Brandenburger Landeshauptarchiv, Potsdam (im folgenden: BLHA-Potsdam), Reg. Bez. Frankfurt a. a. O., Rep. 1, Nr 389; Nachweisung über die Ergebnisse der Tuchfabrikation im Jahre 1838, 1839 und 1840 im Reg. Bez. Potsdam, in: ebenda; *Bühler*, F., a. a. O., S. 65ff.; *Schmoller, G.*, Kleingewerbe, a. a. O., S. 478; *Industrieausstellung in Stuttgart*, in: Gewerbeblatt für Sachsen, Jg. 4/1839, Nr 26, 1839.

142 Ebenda; *Rößler, H.*, Ausführlicher Bericht über die von dem Gewerbeverein für das Großherzogtum Hessen im Jahre 1842 veranstaltete Allgemeine deutsche Industrieausstellung zu Mainz, Darmstadt 1843, S. 48f.

143 Vgl. S. 85ff. und Gesuch Grünberger Tuchfabrikanten vom Juni 1835, a. a. O.; Gesuch an den König aus Goldberg vom 9. August 1836, in: ebenda, Nr 2.

144 Vgl. S. 160ff.; Tabelle 2 (Anhang).

deutschen Textilindustrie zu diesem Zeitpunkt reichte noch nicht aus, um es bereits im Verlaufe der dreißiger Jahre zur Entfaltung eines vollen zyklischen Aufschwungs kommen zu lassen. Einmal spielte die deutsche Textilindustrie im Rahmen der deutschen Wirtschaft noch keine so entscheidende Rolle, wie das in Großbritannien zur gleichen Zeit der Fall war, und zum anderen besaß die deutsche Textilindustrie nicht die Möglichkeit, eine solch dominierende Stellung zu erringen.[145] Dies hatte seine Ursache mit darin, daß die industrielle Revolution in Deutschland der in den westeuropäischen Ländern folgte, so daß die deutsche Textilindustrie auf dem Weltmarkt vor allem mit der fortgeschrittenen westeuropäischen, insbesondere der britischen Fabrikindustrie zu kämpfen hatte. Gerade für diesen Kampf war aber die Tatsache entscheidend, daß der britische Industriezyklus kurz nach 1834 in seine Krisenphase eintrat. Unter diesen Umständen kam es erst im Zusammenwirken mit den großen Kapitalanlagen im deutschen Eisenbahnbau während der vierziger Jahre zur Entwicklung des ersten zyklischen Aufschwungs in Deutschland.[146] Die Gründungswelle während der zweiten Hälfte der dreißiger Jahre in der deutschen Textilindustrie bereitete jedoch den Boden für diesen Aufschwung, und mit ihr entstanden die ersten Elemente eines zyklischen Aufschwungs.[147]

Daß dieser Wachstumsprozeß der Fabrikindustrie auch im Bereich der deutschen Wollwarenproduktion im Verlaufe der vierziger Jahre nicht abebbte, sondern trotz und gerade wegen der erschwerten Konkurrenzbedingungen[148] voranschritt, dafür stehen uns zwar keine ähnlichen detaillierten Angaben als Beweis zur Seite, aber die Zollvereinsstatistik weist im Vorkrisenjahr 1846 eine stattliche Zahl von kapitalistischen Unternehmungen in der deutschen Wollindustrie aus. In gleicher Weise zeigen dies die statistischen Angaben aus Preußen und Sachsen von 1837 und 1846.[149] Im Jahre 1846 zählte die Zollvereinsstatistik 2810 sogenannte Tuchfabriken mit durchschnittlich 13 Beschäftigten und 4 Webstühlen sowie 337 sogenannte Wollwarenfabriken mit durchschnittlich 35 Beschäftigten, 2 Maschinenstühlen und 16 Handstühlen.[150] Bei einer großen Zahl dieser Unternehmungen handelte es sich zweifellos um kapitalistische Betriebe, sogar um Fabriken. Aber es finden sich unter diesen sogenannten Fabriken nicht nur die verschiedensten Formen kapitalistischer Unternehmen vom Verlag bis zur Fabrik, sondern selbst Handwerksbetriebe. Dieser Umstand setzt die Aussagekraft dieser Angaben erheblich herab.

145 Vgl. hierzu *Mottek, H.*, Einleitende Bemerkungen zum Verlauf und zu einigen Hauptproblemen der industriellen Revolution in Deutschland, (im folgenden: Einleitende Bemerkungen) in: Mottek/Blumberg/Wutzmer/Becker, Studien zur Geschichte der industriellen Revolution in Deutschland, Veröffentlichungen des Instituts für Wirtschaftsgeschichte an der Hochschule für Ökonomie Berlin-Karlshorst, Bd 1, Berlin 1960, S. 30.

146 Vgl. ebenda, S. 30ff.

147 *Mendel'son, L. A.*, Teorija i istorija ékonomičeskich krizisov i ciklov, Bd 1, Moskau 1959, S. 411ff.

148 Vgl. S. 182ff.

149 Vgl. die Tabellen 3 u. 10 (Anhang).

150 Fabrikentabellen der Zollvereinsstaaten über die statistische Erhebung aus den Jahren 1846/47, in: SLHA-Dresden, M. d. I., Nr 1398e.

Beschäftigen wir uns zunächst mit den sogenannten Tuchfabriken. Unter diesen knapp 3000 Betrieben befand sich eine erhebliche Zahl von Werkstätten einfacher Warenproduzenten. Schon ein flüchtiger Blick auf die sächsischen Angaben zeigt das; denn die knapp 2000 sächsischen Tuchfabriken verfügten im Durchschnitt nur über 2 Webstühle und 3 Arbeiter. Wenn wir uns ein näheres Bild über die Fabrikbetriebe in der deutschen Tuchindustrie machen wollen, so müssen wir auf die sächsischen Angaben verzichten. Dies geschieht aber nicht deshalb, weil es in Sachsen keine Tuchfabriken gab, sondern weil die statistischen Angaben infolge ihrer unzureichenden Unterscheidung der verschiedenen sozialökonomischen Formen wertlos geworden sind. Auch unter den preußischen Betrieben gibt es solche Handwerksbetriebe. Aber dort treten sie doch nicht in einem solchen Ausmaß auf, daß im Gesamtergebnis die kapitalistischen Betriebe praktisch verschwinden. Mit Hilfe der detaillierteren Angaben Redens[151] sind wir in der Lage, diese Handwerksbetriebe weitgehend zu erfassen. Auch die Gewerbetabellen der einzelnen Länder lassen in gewissem Umfange eine Revidierung der Fabriktabellen zu. Im Ergebnis erhalten wir folgende Übersicht:

Tuchmanufakturen und -fabriken im Zollvereinsgebiet 1846

Land	Zahl	Maschinenstühle	Handstühle	Arbeiter
Preußen	473	244	7824	27452
davon entfielen:				
Provinz Sachsen	56	22	567	867
Provinz Schlesien	8	10	199	820
Provinz Brandenburg	106	21	1093	1563
Rheinprovinz	264	184	5794	23463
Sachsen	–	–	–	–
Bayern	26	–	312	733
Thüringen	10	73	187	449
Baden	10	7	151	273
Großherzogtum Hessen	5	–	37	59
Nassau	2	–	13	56
Kurhessen	5	–	35	105
Zollverein ohne Württemberg	531	324	8559	29127
Anteil Preußens in %	89	75	82	94

Wie die Tabelle zeigt, zählte der Zollverein mindestens 531 Betriebe der Streichgarnweberei, die über durchschnittlich 17 Webstühle und 55 Arbeiter verfügten und von denen wir mit ziemlicher Sicherheit annehmen können, daß es sich in der überwiegenden Mehrzahl um zentralisierte Manufakturen und teilweise auch um Fabriken handelte. Auf diese Tatsache weist schon der Umstand hin, daß im Durch-

151 *Reden, F. W. v.*, a. a. O., Bd 1–3.

schnitt 3 Arbeiter auf einen Webstuhl entfielen, d. h. arbeitsteilige Kooperation in diesen Betrieben angewandt wurde. Der Hauptanteil beanspruchte Preußen, das 89% dieser Betriebe beherbergte und 94% der in ihnen beschäftigten Arbeiter erfaßte. Die überwiegende Mehrzahl hiervon entfiel auf die Rheinprovinz und die Provinz Brandenburg, die Hauptzentren der preußischen und darüber hinaus der deutschen Streichgarnindustrie. An den rheinischen „Tuchfabriken" ist bemerkenswert, daß sie größer waren und bei ihnen im Durchschnitt sogar 4 Arbeiter auf einen Webstuhl kamen. Sowohl die Größe der dortigen Unternehmungen als auch das noch stärkere Überwiegen der Beschäftigten gegenüber den Webstühlen deuten auf einen starken Anteil der Kombinate – also der Fabriken – an den rheinischen „Tuchfabriken" hin. Bei den rheinischen „Tuchfabriken" – soweit man die Hauptzentren betrachtet – handelte es sich ausschließlich um Großbetriebe und in der Mehrzahl um Fabriken. Um einen näheren Einblick zu erhalten, seien noch einige Angaben aus der dortigen Streichgarnindustrie angeführt. Die Stadt Aachen zählte 1846 48 Fabriken mit durchschnittlich 49 Handstühlen und 237 Arbeitern; Düren besaß 5 Tuchfabriken mit durchschnittlich 45 Handstühlen und 204 Arbeitern; der Landkreis Stolberg 7 Tuchfabriken mit 44 Handstühlen, fast 3 Maschinenstühlen und 77 Arbeitern; Eupen 25 Tuchfabriken, mit 46 Handstühlen und 98 Arbeitern; Hückeswagen 9 Fabriken mit 7 Handstühlen und 65 Arbeitern und der restliche Lenneper Kreis 20 Fabriken mit 4 Maschinenstühlen, 2 Handstühlen und 64 Arbeitern im Durchschnitt.[152]

Die statistische Erhebung aus dem Jahre 1846 ermöglicht jedoch darüber hinaus, auch die Anzahl der Kombinate und kombinierten Betriebe in einem gewissen Umfange zu erfassen, da solche Betriebe in der Beilage I zur Gewerbetabelle von 1846 gesondert aufgeführt wurden. Leider ist diese Aufstellung nicht vollständig und wurde deshalb – soweit dies aus unserem Quellenmaterial möglich war – ergänzt. Für Preußen ergibt sich folgendes Bild:

Kombinierte Betriebe in der preußischen Streichgarnindustrie 1846

Provinz	Kombinierte Betriebe überhaupt			Davon Kombinate		
	Zahl	Beschäftigte	Durchschnittlich Beschäftigte	Zahl	Beschäftigte	Durchschnittlich Beschäftigte
Preußen	1	34	34	–	–	–
Brandenburg	92	4586	50	52	3410	66
Schlesien	6	1004	167	6	1004	167
Sachsen	6*	222*	–	5*	160*	–
Westfalen	3	66	22	–	–	–
Rheinprovinz	35*	5170*	147	20*	4256*	213
Kgr. Preußen	143	10972	76	83	8610	104

* unvollständige Angaben.

152 Ebenda, S. 1314ff.

Unter den 475 Tuchmanufakturen und -fabriken Preußens befanden sich demnach *mindestens* 143 Betriebe, die Fabrikcharakter trugen oder sich unmittelbar auf dem Wege zur Fabrik befanden. Von 83 Betrieben kann der Fabrikcharakter nachgewiesen werden. Diese 143 Betriebe beuteten unmittelbar ein Fünftel der in der preußischen Streichgarnindustrie beschäftigten Arbeiter aus. Auch diese unvollständige Aufstellung zeigt deutlich, daß die kapitalistische Entwicklung in der Provinz Brandenburg und in der Rheinprovinz am weitesten fortgeschritten war und sich hier die Mehrzahl der Fabriken konzentrierte. Auch die anderen Zentren der deutschen Streichgarnindustrie wiesen bereits zu diesem Zeitpunkt Kombinate auf, aber sie waren doch nicht in einem solchen Umfange vertreten. Im Großherzogtum Hessen stellte die Firma Gebr. Mühlberger in Erbach ein solches Kombinat dar, das 120 Personen beschäftigte.[153] Daneben gab es in diesem Land noch 2 weitere kombinierte Betriebe mit zusammen 151 Beschäftigten.[154] Sachsen wies gleichfalls z. B. mit den Firmen J. G. Herrmann & Sohn, Bischofswerda, mit 200 Arbeitern; F. N. Pätzold, Roßwein, mit 300; Ch. F. Reichel, Roßwein, mit 300 Beschäftigten solche Kombinate auf.[155] In Württemberg bildeten das Unternehmen der Firma Gebr. Hartmann, Eßlingen, mit 400 Arbeitern und in Baden das der Firma Finkenstein & Comp., Pforzheim, mit einer jährlichen Produktion von 2000 Stück feiner Tuche solche Kambinate.[156] Der gesamte Zollverein dürfte im Jahre 1846 mindestens 150 solcher Kombinate innerhalb der deutschen Streichgarnindustrie besessen haben. Die Zahl der kombinierten Betriebe in ihrer Gesamtheit dürfte mindestens doppelt so hoch gewesen sein.

Bei den obenangeführten 337 sogenannten Wollwarenfabriken handelte es sich, im Gegensatz zu den sogenannten Tuchfabriken der Zollvereinsstatistik, um überwiegend kapitalistische Unternehmungen. Handwerksbetriebe sind hierunter weniger anzutreffen. Die hier in ähnlicher Weise wie bei den sogenannten Tuchfabriken erfolgte Revision ergab, daß der deutsche Zollverein im Jahre 1846 etwa 279 Wollwaren„fabriken" mit 818 Maschinenstühlen, 5360 Handstühlen und 11971 Beschäftigten beherbergte. Diese Betriebe besaßen somit im Durchschnitt 3 Maschinenwebstühle, 19 Handstühle und 43 Arbeiter. Es zeigt sich, daß der Mechanisierungsprozeß in der Kammgarnweberei – bei diesen Wollwarenfabriken handelte es sich ausschließlich um Kammgarn- und Halbwollwebereien – gegenüber der Streichgarnweberei schon größere Fortschritte erzielt hatte. Im Unterschied zu den revidierten sogenannten Tuchfabriken handelte es sich bei diesen sogenannten Wollwarenfabriken jedoch ausschließlich, von wenigen Ausnahmen abgesehen, um Manufakturen, denen neben der zentralisiert oder dezentralisiert betriebenen Weberei teilweise noch andere Betriebsteile, wie Färberei und Appretur, angeschlossen waren. Fa-

153 Beilage I zur Gewerbe-Tabelle der Fabrikations-Anstalten und Fabrikunternehmungen für das Großherzogtum Hessen, 1846, S. 7.

154 Ebenda, S. 3ff.

155 *Die Wollen- und Tuchmanufaktur in Sachsen und in der Mark Brandenburg*, in: Deutsche Gewerbezeitung und Sächsisches Gewerbeblatt, Jg. 12/1847, Nr 31.

156 *Rößler, H.*, a. a. O., S. 57ff.

briken in Gestalt von mechanischen Webereien – der typischen Form des Fabrikbetriebes in der Kammgarnweberei – waren zu diesem Zeitpunkt noch selten. Im Jahre 1846 gab es z. B. in Fulda eine mit 56 Maschinenstühlen, in Delitzsch eine mit 160 Maschinenstühlen, in Bleicherode eine mit 10 und in Wüste-Giersdorf eine solche mit 208 sowie in Sachsen-Coburg 3 mit zusammen 46 Maschinenstühlen.[157] Der gesamte Zollverein dürfte zu jener Zeit kaum mehr als 50 mechanische Webereien dieses Bereichs der Wollindustrie besessen haben.

Neben diesen bisher erwähnten Fabrikbetrieben gab es jedoch in der deutschen Wollindustrie noch solche als Spezialbetriebe in Gestalt der Appretur- und Spinnfabriken. Jedoch können wir uns nur bei den letzteren einen statistischen Überblick verschaffen, da die Zollvereinsstatistik bei den Appreturanstalten nicht nach den verschiedenen Zweigen der Textilindustrie unterschieden hat. Auch bei den Spinnfabriken können wir diese Statistik nicht unmittelbar übernehmen, da auch hier handwerkliche Betriebe mit den eigentlichen Fabriken vermengt wurden, was insbesondere in Preußen in größerem Maße geschehen ist. Nach erfolgter Korrektur erhalten wir für den Zollverein folgende Angaben:

Wollspinnfabriken des Zollvereins 1846

Art der Spinnerei	Fabriken	Feinspindeln	Durchschnittliche Spindelzahl
Kammgarn	106	125955	1188
Streichgarn	750	429469	572

Bei den Spinnfabriken der Kammgarnindustrie handelte es sich offensichtlich überwiegend um Großbetriebe, während in der Streichgarnspinnerei die mittleren und kleineren Unternehmungen vorherrschten. Um die Gesamtzahl der vorhandenen Spinnfabriken in Gestalt von Spezialbetrieben zu erhalten, müssen wir diejenigen abziehen, die nur Abteilungen der kombinierten Betriebe darstellten. Als Spezialbetriebe erhalten wir somit 106 Kammgarnspinnfabriken und etwa 450 Streichgarnspinnfabriken. Aus unserer bisherigen Betrachtung folgt somit, daß innerhalb der Wollindustrie des deutschen Zollvereins im Jahre 1846 – die selbständigen Appreturfabriken nicht eingerechnet – *mindestens* 900 Fabriken existierten. Welchen Anteil besaßen nun diese 900 Fabriken innerhalb der deutschen Wollwarenfabrikation? Zunächst kann gesagt werden, daß die Mehrzahl der hauptberuflich in der deutschen Wollindustrie Tätigen entweder in ihnen oder in ihrem Auftrage ihrer Arbeit nachging. Zwischen den einzelnen Bereichen der deutschen Wollindustrie gab es jedoch erhebliche Unterschiede. Nach unseren Schätzungen wurden von den in Deutschland produzierten Kammgarnen mindestens 93% von den Fabriken geliefert, und bei den Streichgarnen waren es mindestens 80%. In diesem Bereich der deutschen Wollindustrie kann also bereits zu diesem Zeitpunkt von einem Sieg der Fabrik-

157 Fabrikentabellen der Zollvereinsstatistik von 1846/47, a. a. O.; *Reden, F. W. v.*, a. a. O., Abtg. 1, S. 772.

produktion gesprochen werden. Die Weberei hingegen war davon noch weit entfernt. Bei den Kammgarn- und Halbwollwebereien dürften die Fabriken nur einen geringen Teil der Produktion geliefert haben, der sicherlich noch unter 10% lag. Jedoch wurde schon *mindestens* ein Fünftel der in Deutschland gefertigten Streichgarngewebe von den Fabrikbetrieben erzeugt.

Die nachfolgenden Krisenjahre von 1847 und 1848 hatten verständlicherweise den Wachstumsprozeß der Fabrikproduktion innerhalb der deutschen Wollindustrie aufgehalten. Wir verfügen hierfür, dank der Gewerbezählung von 1849, über statistisches Material aus Preußen. 1849 zählte man in Preußen 798 sogenannte Tuchfabriken mit 459 Maschinenstühlen, 9570 Handstühlen und 30206 Beschäftigten.[158] Unter diesen Betrieben befanden sich 284 Tuchmanufakturen und -fabriken mit zusammen 7818 Webstühlen und 25077 Arbeitern. Damit besaßen diese Betriebe im Durchschnitt 28 Webstühle und 88 Arbeiter. Demgegenüber verfügten die gleichen Betriebe, die wir im Jahre 1846 ermittelten, in Preußen im Durchschnitt nur über 17 Stühle und 58 Arbeiter. Offensichtlich ist es im Ergebnis der Krise zu einem Konzentrationsprozeß innerhalb dieses kapitalistischen Bereiches der preußischen Streichgarnindustrie gekommen. Dieser Konzentrationsprozeß vollzog sich jedoch nicht in dem gleichen Umfange, wie es die oben wiedergegebenen Zahlen zum Ausdruck bringen, da das uns für das Jahr 1849 zur Verfügung stehende statistische Material eine noch genauere Aussonderung der Handwerksbetriebe und Verlagsgeschäfte unter diesen sogenannten Tuchfabriken ermöglichte. Unter diesen 284 Tuchmanufakturen und -fabriken befanden sich mindestens 138 kombinierte Betriebe mit 4240 Webstühlen und 18595 Arbeitern. Unter den Arbeitern befinden sich nicht diejenigen, die in den dazugehörenden Streichgarnspinnereien beschäftigt waren. Was die Spezialbetriebe anbelangt, so können wir bei den Streichgarnspinnfabriken – einschließlich der Produktionsabteilungen der kombinierten Betriebe – eine Zunahme von 498 auf 503 Betriebe feststellen, während die Spindelzahl sich um 11% erhöhte. Gleichzeitig nahm auch die durchschnittliche Größe der Spinnfabriken zu. Während die preußischen Streichgarnfabriken 1846 durchschnittlich 617 Spindeln besaßen, zählten die des Jahres 1849 698. Die Krise bewirkte die Vernichtung zahlreicher Handwerksbetriebe der Streichgarnspinnerei; denn zählte man in Preußen 1847 2184 Streichgarnspinnereien mit 419523 Spindeln, so waren es 1849 nur noch 1787 mit 420415 Spindeln.[159] Innerhalb der Kammgarnweberei kam es in Preußen zu einer geringen Abnahme der Zahl der Betriebe, aber zu einer Zunahme der Webstühle, soweit es die sogenannten Wollwarenfabriken betraf.[160] Die Kammgarnspinnereien, soweit es sich um Fabrikbetriebe handelte, haben sich gegenüber dem Jahre 1846 um 2 Betriebe vermindert, so daß es in Preußen 1849 26 Kammgarnspinnfabriken mit 26501 Spindeln und 1462 Arbeitern gab. Auch hier können wir eine Vermehrung der Feinspindelzahl um mehr als 2000 feststellen.

158 *Tabellen und Amtliche Nachrichten über den Preußischen Staat für das Jahr* (im folgenden: Tabellen) *1849*, Bd 6, Berlin 1855.

159 Ebenda.

160 Ebenda.

Für die Betrachtung des industriellen Zyklus von 1849 bis 1859 stehen uns aus dem gesamten Zollverband keine statistischen Materialien zur Verfügung. Hingegen ermöglicht uns die preußische Statistik eine nähere Darstellung der Zunahme der Fabrikproduktion innerhalb der dortigen Wollindustrie. Was die Streichgarnindustrie anbetrifft, so reichen diese Angaben völlig aus, um die Entwicklung der deutschen Streichgarnindustrie auf diese Weise darzustellen, da ja Preußen den Hauptanteil dieses Industriezweiges beherbergte. Bei der Kammgarn- und Halbwollweberei müssen wir uns zwar ebenfalls mit den preußischen Angaben begnügen, aber es ist in diesem Falle wohl nicht möglich, sie ohne weiteres als repräsentativ für die Entwicklung der Fabrikindustrie innerhalb der deutschen Kammgarnweberei zu werten.

Im Unterschied zur Gewerbezählung von 1846 werden bei den späteren Erhebungen Preußens nicht mehr alle kombinierten Betriebe aufgeführt. Dagegen wurden alle Betriebe, die 50 und mehr Beschäftigte besaßen, namentlich registriert. Darüber hinaus wurde bei diesen Betrieben nicht nur die Zahl der Arbeitskräfte, sondern es wurden auch die wichtigsten Produktionsmittel mit angeführt. Während die Angaben über die Arbeitskräfte vollständig sind, ist das bei den Angaben über die Ausrüstungen der Betriebe nicht der Fall. Wir sind also seit 1852 – wo diese namentliche Aufführung der Betriebe zum erstenmal vorgenommen wurde – in der Lage, die kombinierten Betriebe wiederum zu erfassen. Jedoch auch diesmal gelingt uns dies nicht vollständig, da es selbst unter den Kombinaten, wie die Gewerbestatistik von 1846 zeigt, zahlreiche Betriebe mit weniger als 50 Beschäftigten gab. In der Mehrzahl verfügten jedoch bereits 1846 diese Kombinate und in den meisten Fällen selbst die kombinierten Betriebe, die noch nicht die Stufe des Kombinats erreicht hatten, über 50 und mehr Beschäftigte. Wenn wir aus der namentlichen Aufstellung der Betriebe die Kombinate ermitteln, so können wir deshalb mit Sicherheit annehmen, daß wir damit die Mindestzahl der Fabriken erhalten, die die preußische Streichgarnindustrie zum jeweiligen Zeitpunkt zählte. Außer den Kombinaten haben wir jedoch auch die kombinierten Betriebe, soweit sie mit Streichgarnweberei verbunden waren, ermittelt. Für die Beurteilung des Wachstumsprozesses der Fabrikproduktion innerhalb der Streichgarnindustrie müssen wir in der Regel die 1852er Angaben mit denen des Jahres 1858 vergleichen, da nur diese infolge der gleichen Aufnahmetechnik für unsere Zwecke direkt vergleichbar sind.

Auf Grund der unvollständigen Angaben haben wir uns entschlossen, bei den Webstühlen insoweit Korrekturen vorzunehmen, daß wir die Webstühle bei den Betrieben, wo diese Angaben fehlten, errechnet haben, indem wir das durchschnittliche Verhältnis von Arbeitskräften und Webstühlen zugrunde legten. Danach verfügten die kombinierten Betriebe 1852 über 7245, 1855 über 7593 und 1858 über 9573 Webstühle. Außer diesen kombinierten Betrieben zählte Preußen 1852 noch 188 Tuchmanufakturen mit 201 Maschinenwebstühlen und 1713 Handstühlen, 1855 317 mit 80 Maschinenstühlen und 2082 Handstühlen und 1858 174 mit 74 Maschinenstühlen und 1349 Handstühlen. An Streichgarnspinnfabriken – die Produktionsabteilungen der kombinierten Betriebe mit eingerechnet – existierten in Preußen 1852 925 mit 448391 Feinspindeln und 13254 Arbeitern, 1855 860 mit 481110

Die kombinierten Betriebe der preußischen Streichgarnindustrie 1852 bis 1858[161]
soweit mit Weberei verbunden

Art der Betriebe	1852	1855	1858
Kombinierte Betriebe insges.:			
Zahl der Betriebe	153	172	196
Maschinenwebstühle	10*	413	907
Handwebstühle	7208	6100	8523
Webstühle insgesamt	7218*	6513*	9420*
Zahl der Feinspindeln	45887*	105038	226701
Zahl der Arbeiter	26610	25646	28898
Zahl der Dampfmaschinen	108	105	189
Zahl der PS	816*	2837	3547
davon Kombinate:			
Zahl der Betriebe	118	143	168
Maschinenwebstühle	9*	385	832
Handwebstühle	5906	5364	7539
Webstühle insgesamt	5915*	5749*	8371*
Zahl der Feinspindeln	31676*	100915*	215261
Zahl der Arbeiter	22317	22503	26368
Zahl der Dampfmaschinen	92	88	176
Zahl der PS	816	2493	3304

* unvollständige Angaben.

Feinspindeln und 13295 Arbeitern und 1858 918 mit 563972 Feinspindeln und 12779 Arbeitern. Über die Stellung der Kombinate und kombinierten Betriebe in der preußischen Streichgarnindustrie gibt die folgende Tabelle Aufschluß.

Wie die voranstehenden Angaben zeigen, hat die Fabrikindustrie innerhalb der preußischen Streichgarnindustrie im Verlaufe des zyklischen Aufschwungs von 1849 bis 1857 bedeutende Fortschritte erfahren. Während dieser Jahre wurden die Kombinate innerhalb der preußischen Streichgarnindustrie zum bestimmenden Faktor. Bereits während der ersten Phase dieses Aufschwungs in den Jahren 1849 bis 1852 hatte die Fabrikindustrie eine bedeutsame Ausdehnung genommen. Der Anteil an der Streichgarngewebeproduktion hatte sich von einem Fünftel auf ein

161 Ebenda, S. 1155ff.; *Tabellen 1855*, Berlin 1858, S. 256ff.; *Tabellen 1858*, Berlin 1860, S. 486ff. – Die auf den nachfolgenden Seiten gegebenen statistischen Angaben sind – soweit nicht ausdrücklich etwas anderes vermerkt wurde – den voranstehend genannten Veröffentlichungen des Preußischen Statistischen Büros zu Berlin entnommen oder auf der Grundlage der dortigen Angaben berechnet worden. Unter der Gruppe kombinierte Betriebe sind auch die Kombinate enthalten. Dies trifft auch für die anderen diesbezüglichen Tabellen zu.

Die Stellung der Kombinate und kombinierten Betriebe in der Streichgarnindustrie Preußens 1852, 1855 und 1858

	1852		1855		1858	
	Kombinierte Betriebe	Kombinate	Kombinierte Betriebe	Kombinate	Kombinierte Betriebe	Kombinate
Anteil an den Spindeln der Streichgarnspinnfabriken in %	10	7	20	20	41	38
Anteil an den Maschinenwebstühlen der sogenannten Tuchfabriken	–	–	53	45	65	60
Anteil an den Webstühlen der Tuchmanufakturen (korrigierte Werte)	79	64	67 (78)	59	86 (88)	77
Anteil an den Webstühlen der Streichgarnweberei	30	25	28 (33)	25	40 (44)	30
Anteil an den Beschäftigten der Streichgarnindustrie	40	34	46	41	53	48

Viertel gesteigert, und zu jenem Zeitpunkt erfaßten die Kombinate bereits mehr als ein Drittel der in der preußischen Streichgarnindustrie Tätigen. Die kombinierten Betriebe beuteten sogar 40 Prozent der Arbeiter der Streichgarnindustrie aus. Hierbei ist noch zu berücksichtigen, daß diese Werte eher zu niedrig als zu hoch liegen, da einmal die Zahl der Webstühle der preußischen Streichgarnweberei nicht exakt ermittelt werden konnte (für die Kammgarn- und Halbwollweberei konnten nur diejenigen Webstühle in Rechnung gestellt werden, die bei den sogenannten Fabriken für wollene und halbwollene Zeuge angeführt worden sind), und zum anderen Male haben wir ja nur diejenigen kombinierten Betriebe und Kombinate erfaßt, die 50 und mehr Beschäftigte aufwiesen. Dürfte die Zahl der Kombinate in Wirklichkeit nicht wesentlich höher gelegen haben, als sie unsere Tabelle angibt, so ist das bei den kombinierten Betrieben überhaupt im wesentlich stärkeren Maße der Fall gewesen. Zu den Fortschritten der Fabrikindustrie in diesen ersten Jahren des zyklischen Aufschwungs hat sicherlich nicht zuletzt die schwierige Situation auf dem inneren Markt beigetragen. Der Aufschwung basierte – wie wir aus dem nachfolgenden Kapitel ersehen werden – im hohen Maße auf den angestiegenen Exportmöglichkeiten der deutschen Streichgarnindustrie und nicht so sehr auf der Grundlage eines sich erweiternden inneren Marktes. Für den Export arbeiteten jedoch in erster Linie die eigentliche Fabrikindustrie und die in der Entwicklung zur Stufe der Fabrik am weitesten fortgeschrittenen Teile der übrigen kapitalistischen Unternehmungen. Damit entwickelte sich gerade dieser fortgeschrittenste Teil der preußischen Streichgarnindustrie während dieses Zeitraums unter wesentlich günstigeren Bedingungen als der übrige Teil der Branche. Es war gerade dieser fortgeschrittene Teil der oben genannten Industrie, der sich in diesen Jahren bereits unter den Bedingungen eines Aufschwungs entwickelte, während das für den anderen Teil nicht im vollen Sinne zutraf.

Die Jahre 1852 bis 1855 brachten ein weiteres Anwachsen der Zahl der Kombinate und kombinierten Betriebe sowie auch eine Vermehrung ihrer technischen Ausrüstungen, während der Anteil an der preußischen Streichgarnindustrie sich ebenfalls etwas erhöhte. Die Fortschritte blieben jedoch hinter denen der ersten Jahre des zyklischen Aufschwungs zurück. Dies wird verständlich, da sich während dieser Zeit die Absatzlage auch der Fabrikindustrie schwierig gestaltete. Die Auswirkungen der Zwischenkrise von 1854 zogen sich bis in das Jahr 1855 hinein.[162] Wenn sich trotz dieser Umstände die Zahl der Fabriken vermehrte und ihr Anteil an der preußischen Streichgarnindustrie weiter hob, so zeigt sich darin, daß dieser fortgeschrittenste Teil der preußischen Streichgarnindustrie leichter dieser Schwierigkeiten Herr wurde. Auf diesen Umstand weisen auch die Angaben der offiziellen Fabrikentabelle von 1852 und 1855 hin; denn danach verminderte sich die Zahl der sogenannten Tuchfabriken und auch die Zahl der von ihnen betriebenen Webstühle.[163]

Die Angaben aus dem Jahre 1858 zeigen, daß die letzten und zugleich günstigsten Jahre des zyklischen Aufschwungs in erster Linie der Fabrikindustrie zugute kamen. Die Weltwirtschaftskrise, deren Auswirkungen sich ja ebenfalls in den Angaben des Jahres 1858 widerspiegeln, hatte diesen Teil der preußischen Streichgarnindustrie nicht ernsthaft getroffen. Während die Zahl der sogenannten Tuchfabriken sich gegenüber 1855 wiederum verminderte, hatte sich die Zahl der Webstühle und insbesondere die Zahl der Maschinenwebstühle erhöht.[164] Zu diesem Zeitpunkt lieferten die Kombinate bereits knapp ein Drittel der in Preußen gefertigten Streichgarngewebe, und nahezu die Hälfte der in der Streichgarnindustrie Beschäftigten wurde von diesen Kombinaten ausgebeutet. Von der wachsenden Rolle des fixen Kapitals innerhalb dieser Betriebe und darüber hinaus ihres technischen Reifegrades zeugte auch die rasche Zunahme der in ihnen angewendeten Dampfmaschinen und deren PS-Zahlen. Diese 196 kombinierten Betriebe Preußens besaßen nicht weniger als ein Drittel der in der preußischen Textilindustrie aufgestellten Dampfmaschinen, und der Anteil der von ihnen geleisteten PS betrug ebenfalls ein Drittel.[165]

Wir können demnach feststellen, daß die industrielle Revolution im Verlaufe der fünfziger Jahre auch in der preußischen und zugleich in der deutschen Streichgarnindustrie bedeutende Ergebnisse bei der Umgestaltung dieses Zweiges vollbracht hatte.

162 Vgl. S. 224 ff.

163 *Tabellen 1849*, a. a. O., S. 1092, u. *Tabellen 1855*, a. a. O., S. 209.

164 Ebenda und *Tabellen 1858*, a. a. O., S. 439.

165 *Tabelle* auf S. 115 u. *Jahrbuch für Amtliche Statistik des Preußischen Staats*, Jg. 1, a. a. O., S. 462.

Es ist von Interesse, neben diesen Gesamtergebnissen einmal zu untersuchen, welchen Stand die Fabrikindustrie nicht nur im Rahmen des gesamten preußischen Staates, sondern auch in den wichtigsten Zentren dieser Industrie erreicht hatte. Im Ergebnis dieser detaillierten Betrachtung erhalten wir über die Stellung der Kombinate und kombinierten Betriebe folgende Daten. Trotz der teilweise unvollständigen Angaben beanspruchten die Kombinate im Regierungsbezirk Aachen 63% der dortigen Streichgarnfeinspindeln, 72% der in der dortigen Streichgarnweberei tätigen Webstühle und 78% der in der dortigen Streichgarnindustrie beschäftigten Personen. Bei den kombinierten Betrieben, soweit sie 50 und mehr Beschäftigte aufwiesen, lauten die entsprechenden Zahlen 64, 81 und 84%. Damit näherte sich der Siegeszug der Fabrik innerhalb dieses wichtigen Gebietes der deutschen Streichgarnindustrie seinem Ende.

Im Regierungsbezirk Frankfurt, also in der Lausitzer Streichgarnindustrie, beanspruchten die Kombinate 34% der Feinspindeln, 28% der Webstühle und 44% der Arbeiter, und bei den kombinierten Betrieben lauten die entsprechenden Ziffern 35, 31 und 47%. Im Vergleich zum Regierungsbezirk Aachen war die Entwicklung innerhalb der Lausitzer Streichgarnindustrie noch beträchtlich zurück. Aber gerade bei der Lausitzer Streichgarnindustrie wirkte sich die Tatsache, daß nur die Kombinate und kombinierten Betriebe ermittelt werden konnten, die 50 und mehr Beschäftigte aufwiesen, nachteilig aus, da die Betriebe hier im Durchschnitt kleiner waren. Dies geht schon eindeutig aus der Aufstellung der kombinierten Betriebe aus dem Jahre 1846 hervor.

Im Regierungsbezirk Liegnitz beanspruchten die Kombinate 46% der Feinspindeln, 22% der Webstühle und 57% der in der dortigen Streichgarnindustrie beschäftigten Personen. Für die kombinierten Betriebe lauten die entsprechenden Zahlen 53, 30 und 64%. Auch die Daten aus diesem Regierungsbezirk bleiben hinter dem tatsächlichen Stand zurück, da sich hier neben dem Umstand, der bereits für den Regierungsbezirk Frankfurt angeführt wurde, noch die ungenügende Aussonderung der Webstühle und der Beschäftigten der Kammgarn- und Halbwollwebereien nachteilig zeigte. Aus den gleichen Gründen, nur mit dem Unterschied, daß in diesen Fällen die Fehlerquellen die tatsächlichen Verhältnisse zu stark verfälschen würden, wurde davon Abstand genommen, für die Regierungsbezirke Breslau, Düsseldorf und Erfurt eine ähnliche detaillierte Untersuchung auszuführen. Was die übrigen Teile der deutschen Streichgarnindustrie betrifft, so können wir annehmen, daß für Sachsen sich wahrscheinlich ein der Lausitzer Streichgarnindustrie ähnliches Bild ergeben würde, während die bayerische und württembergische Streichgarnindustrie hinsichtlich der Stellung der dortigen Fabrikindustrie hinter der Lausitzer Streichgarnindustrie zurückblieb. In der Gesamtheit dürften jedoch für die deutsche Streichgarnindustrie im wesentlichen die Daten, die wir für Gesamtpreußen ermittelten, Gültigkeit haben.

Wie bisher müssen wir uns nun der Entwicklung der Spezialbetriebe zuwenden. Zunächst gilt es festzustellen, in welchem Umfange es den Streichgarnfabriken im Verlaufe des industriellen Zyklus von 1849 bis 1859 gelang, die handwerklichen Betriebe zurückzudrängen. Über diese Frage gibt uns die folgende Tabelle Aufschluß.

Die Stellung der Spinnfabriken innerhalb der preußischen Streichgarnspinnerei
die Spinnereien der kombinierten Betriebe sind darin enthalten

Jahr	Anteil an der Zahl der Betriebe in %	Anteil an den Feinspindeln in %	Anteil an den Beschäftigten in %
1846	23	73	74
1849	28	84	80
1852	55	88	82
1855	63	90	87
1858	73	92	88
1858	87	97	96

Bei der Auswertung dieser Tabelle muß folgendes berücksichtigt werden. Für die Jahre 1852 bis 1858 (erste Angabe) konnten nicht in ähnlicher Weise wie für die Jahre 1846 und 1849 die handwerklichen Betriebe ausgesondert werden, da die uns zur Verfügung stehenden Angaben nur bis auf die einzelnen Regierungsbezirke aufgeschlüsselt sind. Demzufolge sind eine Reihe kleinerer Spinnfabriken nicht ermittelt worden, sondern sie mußten zu den handwerklichen Betrieben hinzugerechnet werden. Die zweite Angabe aus dem Jahre 1858 ist insoweit besser, als zwar auch nur die Spinnereien bis auf die Regierungsbezirke aufgeschlüsselt sind, aber darüber hinaus unterschieden wurde zwischen den Streichgarnspinnereien auf dem Lande und denen in der Stadt. Auf Grund dieses Umstandes war eine genauere Ermittlung der Spinnfabriken für das Jahr 1858 möglich. Die bisherige Methode wurde jedoch zunächst auch für das Jahr 1858 angewendet, um Vergleichsmöglichkeiten zu den vorangegangenen Jahren zu haben. Die genauere Berechnung der Spinnfabriken ergibt für das Jahr 1858 im Unterschied zu den auf Seite 115 gegebenen Angaben folgende Zahl: 1080 Spinnfabriken mit 592811 Feinspindeln und 13884 Arbeitern. Während im Verlaufe der vierziger Jahre die handwerklichen Spinnereien noch einen hohen Anteil an der Zahl der Betriebe besaßen und auch ihr Anteil an den Feinspindeln mit mehr als einem Viertel erheblich war, so hat sich das doch im Verlaufe der fünfziger Jahre und trotz des zyklischen Aufschwungs, in dessen Verlauf auch die Handwerksbetriebe in der Regel gewisse Entwicklungsmöglichkeiten hatten, wesentlich zugunsten der Fabriken entwickelt. Im Verlaufe dieser Jahre zeigte sich endgültig, daß die Handwerksbetriebe mit den leistungsfähigeren und qualitativ bessere Garne erzeugenden Spinnfabriken nicht mehr konkurrieren konnten. Die zeitweiligen Schwierigkeiten auf dem inneren Markt und nicht zuletzt die Weltwirtschaftskrise von 1857 haben diesen Vernichtungskampf wesentlich beschleunigt. Im Ergebnis dieses Kampfes wurde die handwerkliche Streichgarnspinnerei in Preußen nahezu vernichtet. Die Spinnfabriken beanspruchten nun 87% der Betriebe und verfügten über 97% der Feinspindeln und 96% der Beschäftigten. Wenn man berücksichtigt, daß die Spinnmaschinen der handwerklichen Betriebe von geringerer Leistungsfähigkeit waren, so war der Anteil der Spinnfabriken an der preußischen Streichgarnproduktion noch höher, als die 97% es auswiesen. In absoluten Zahlen ausgedrückt, ergibt sich für die preußische Streichgarnspinnerei im Jahre 1858 folgendes Bild: Mindestens 179 Betriebe mit 226701 Spindeln waren Bestandteil von Kombinaten oder kombinierten Betrieben. Daneben existierten höchstens 901 Spinnfabriken als Spezialbetriebe – die wirkliche Zahl, die wir aber nicht ermitteln können, lag wesentlich darunter – mit 366110 Spindeln. Daneben gab es noch etwa 181 Handwerksbetriebe mit 18998 Spindeln. Wenn wir die gesamte deutsche Streichgarnspinnerei betrachten, so sind die Verhältnisse für die Spinnfabriken kaum ungünstiger, wahrscheinlich sogar noch günstiger gewesen; denn das zweitwichtigste deutsche Land der Streichgarnindustrie, das Königreich Sachsen, verfügte im Jahre 1861 nur noch über einen einzigen derartigen Handwerksbetrieb.[166] Auch in den anderen Zentren der deutschen Streichgarnindustrie spielten diese Betriebe nur eine untergeordnete Rolle. In Bayern, das hinsichtlich der Entwicklung der Fabrikindustrie dieses Zweiges wohl am weitesten zurückgeblieben war – soweit wir die deutschen Gebiete betrachten, in denen diese Industrie eine größere Ausdehnung besaß –, sahen die Verhältnisse 1861 folgendermaßen aus: Neben 35 Spinnfabriken mit 16030 Feinspindeln und 467 Arbeitern zählte man noch etwa 8 Handwerksbetriebe mit 1280 Feinspindeln und 78 Arbeitern.[167]

Haben wir uns bei der Behandlung der Fabrikindustrie im Verlaufe der fünfziger Jahre auf Durchschnittsgrößen beschränkt, so ist es darüber hinaus auch wichtig, Vorstellungen über den Umfang der größten Fabrikbetriebe zu haben. Zu diesem Zwecke führen wir abschließend einige der größten preußischen Fabriken der Streichgarnindustrie und ihre Ausrüstungen an. Das größte Unternehmen dieses Industriezweiges in Preußen und wohl auch in Deutschland stellte die Firma C. Nellessen, J. M. Söhne, in Aachen dar, die in Paris auf der Weltausstellung 1855 für ihre ausgestellte Ware eine Silbermedaille erhalten hatte. Diese Firma beschäftigte insgesamt 880 Arbeiter, besaß 85 Maschinenstühle, 250 Handstühle, 6 Wassermühlen, 3 Dampfmaschinen mit 85 PS und eine Streichgarnspinnerei mit 6500 Feinspindeln.[168] Zu den größten Betrieben des Regierungsbezirks Düsseldorf zählte die Firma Gebr. Hilger, Kreis Lennep, mit 307 Arbeitern, 60 Maschinenstühlen, 2 Dampfmaschinen mit 80 PS und einer Streichgarnspinnerei mit 2700 Feinspindeln.[169] Die detailliertesten Angaben besitzen wir von der Firma J. A. Borrmann, Neukirch, Kreis Sagan, das größte Kombinat der schlesischen Streichgarnindustrie. Diese Firma beschäftigte 1858 246 Arbeiter und besaß an Ausrüstungen: 5 Bütten, 2 Spülkörbe, 15 Pelz-, 8 Vorspinnkrempelmaschinen, 2 Wölfe, 1 Schlagmaschine, 10 Feinspinnmaschinen mit zusammen 2070 Spindeln, 1 Spulmaschine, 34 Maschinenstühle, 40 Handstühle, 1 Leimmaschine, 7 Walzenwalken, 4 Waschmaschinen, 1 Farbholzraspel, 2 Waidküpen, 4 diverse Färbekessel, 12 Rauhmaschinen, 3 Bürstmaschinen und 2 Kardenreinigungsmaschinen.[170] Zu den größten Firmen der Streich-

[166] Vgl. S. 81, Anm. 46.

[167] *Die Bevölkerung und die Gewerbe des Königreichs Bayern nach der Aufnahme von 1861, die Gewerbe in Vergleichung mit derem Stande im Jahre 1847* (im folgenden: Die Bevölkerung), München 1862, S. 62ff.

[168] *Tabellen 1858*, a. a. O., S. 612f.; *Preußisches Handelsarchiv*, Beilage zu Nr 1, 1856, S. 31.

[169] *Tabellen 1858*, a. a. O., S. 590f.

[170] Ebenda, S. 538f.

garnindustrie der Provinz Brandenburg zählten Tannenbaum, Pariser & Co., Luckenwalde, und A. Martini in Sommerfeld.[171] Die erste Firma besaß eine Streichgarnspinnerei mit 5000 Feinspindeln und 54 Arbeitern, und in der Tuchweberei, Färberei, Appretur und Walke beschäftigte sie 315 Arbeiter. In ihrer Tuchweberei arbeiteten 90 Webstühle. Die Sommerfelder Firma beschäftigte 158 Arbeiter, ihre Spinnerei umfaßte 1800 Feinspindeln, ihre Tuchweberei arbeitete mit 44 Handstühlen, und die Appretur und Walkerei hatten folgenden Maschinenpark: 3 doppelte, 7 einfache Rauh-, 2 Wasch-, 2 Bürst-, 3 Langscher-, 2 Querschermaschinen sowie 4 doppelte und 2 einfache Walkzylinder. Zu den größten Spezialbetrieben in der Streichgarnspinnerei Preußens zählte die Firma Gottfried Pastor, Aachen, mit 5340 Feinspindeln, 2 Dampfmaschinen mit 38 PS und einer Wassermühle. Sie beschäftigte 149 Arbeiter.[172] Eine nur wenig kleinere Streichgarnspinnerei war die der Firma Friedrich Höning, Aachen, mit 4140 Feinspindeln, einer Dampfmaschine mit 18 PS und 75 Arbeitern.[173]

Auch für den Verlauf der fünfziger Jahre sind wir nicht in der Lage, eine genaue Übersicht über die Zahl der Fabriken in der Kammgarn- und Halbwollweberei Preußens zu geben. Der nachfolgenden Tabelle ist die Zahl der Manufaktur- und Fabrikbetriebe Preußens in der Zeit von 1849 bis 1858 zu entnehmen, soweit eine solche Aussonderung aus den Fabrikentabellen möglich war.

Die Manufakturen und Fabriken in der preußischen Kammgarn- und Halbwollweberei 1849 bis 1858

Jahr	Zahl	Maschinenstühle	Handstühle	Arbeiter
1849	181	747	5127	11233
1852	218	886	3490	7410
1855	233	650	4456	7863
1858	242	1049	5328	9987

Da es aus der offiziellen Statistik nicht möglich ist, die Zahl der Manufakturen und Fabriken exakt zu ermitteln, so sind die Angaben für die Jahre 1852 bis 1858 als Maximalzahlen aufzufassen. Aus der Tabelle geht deutlich hervor, daß auch in diesem Bereich die Fabrikbetriebe im Verlaufe der fünfziger Jahre eine Zunahme erfahren haben; denn die Zahl der Maschinenstühle ist am stärksten angestiegen. Aber gleichzeitig wird auch deutlich, daß dieser Teilbereich der Wollindustrie weiterhin durch die niedrigeren Formen der kapitalistischen Produktionsverhältnisse charakterisiert wurde. Auf Grund der namentlichen Registrierung der Unternehmungen mit 50 und mehr Beschäftigten haben wir für das Jahr 1858 noch eine genauere Analyse der Fabrikbetriebe vorgenommen. Danach gab es in Preußen 8 Maschinenwebereien für Wolle und Halbwolle mit zusammen 1110 Maschinenstühlen – d. h., allein diese 8 Betriebe besaßen mehr Maschinenstühle als die obige

171 Ebenda, S. 498ff.; insbesondere S. 500f. u. S. 506f.
172 Ebenda, S. 614f.
173 Ebenda.

Tabelle für das Jahr 1858 angibt.[174] Von diesen 8 Maschinenwebereien handelte es sich bei sieben, die zur Kategorie der Betriebe mit 50 und mehr Beschäftigten zählten, um ausgesprochene Großbetriebe, die zusammen 1108 Maschinenstühle, 714 Handstühle und 2552 Arbeiter beschäftigten. Als Antriebskraft benutzten 6 von ihnen zusammen 12 Dampfmaschinen mit 210 PS. Neben diesen 7 Betrieben zählte man in diesem Bereich noch weitere 32 Betriebe, deren Charakter als Manufaktur anzusprechen war, mit 7491 Arbeitern und 4857 Handstühlen. Von den hier erwähnten 39 Betrieben der Kammgarn- und Halbwollweberei waren nur acht, die 2101 Arbeiter ausbeuteten, mit anderen zur Kammgarnindustrie gehörenden Produktionseinrichtungen, wie Färberei, Appretur oder Spinnerei, verbunden. Von den preußischen Unternehmungen mit 50 und mehr Beschäftigten fertigten noch weitere 41 Betriebe mit 10944 Arbeitern, 52 Maschinenstühlen und 6479 Handstühlen ebenfalls neben anderen Gewebearten halbwollene und wollene Zeuge. Die Fabrikindustrie war also auch 1858 noch im Bereich der Kammgarn- und Halbwollweberei gering entwickelt, aber es ist hervorzuheben, daß die bereits existierende Fabrikindustrie sich nahezu ausschließlich in Gestalt von Großbetrieben darstellte. Die Kammgarnspinnfabriken vermehrten sich gleichfalls im Verlaufe der fünfziger Jahre, aber das Schwergewicht der Entwicklung lag hier mehr bei der Vergrößerung der einzelnen Spinnfabriken. Die nachfolgende Tabelle veranschaulicht die Zunahme der preußischen Kammgarnspinnfabriken.

Die Kammgarnspinnfabriken Preußens 1849 bis 1858

Jahr	Zahl	Feinspindeln	Arbeiter
1849	26	29501	1462
1852	29	36044	1679
1855	34	39360	1795
1858	37	47378	1729

Ähnlich wie in der preußischen Streichgarnindustrie standen auch in der preußischen Kammgarnspinnerei die fünfziger Jahre unter dem Zeichen der Verdrängung der handwerklichen Spinnerei. Über den Erfolg dieses Kampfes gibt uns die nachfolgende Tabelle Aufschluß.

Die Stellung der Kammgarnspinnfabriken innerhalb der preußischen Kammgarnspinnerei

Jahr	Anteil an der Zahl der Betriebe in %	Anteil an den Feinspindeln in %	Anteil an den Beschäftigten in %
1846	11	72	73
1849	12	89	79
1852	13	88	92
1855	29	93	85
1858	63	98	96

[174] Ebenda, S. 486ff.

Diese Tabelle verdeutlicht, daß es vor allen Dingen die Zeit der Krise war, die es den Kammgarnspinnfabriken auch in zahlenmäßiger Hinsicht ermöglichte, endgültig das absolute Übergewicht zu erhalten. Bei der Produktion von Kammgarn spielte jedoch die handwerkliche Spinnerei praktisch schon seit 1849 keine Rolle mehr. Selbst am Ende des vorangegangenen zyklischen Aufschwungs verblieb dieser handwerklichen Spinnerei höchstens noch ein Viertel der Produktion. Die Zunahme der handwerklichen Spinnerei im Jahre 1852 gegenüber 1849 erscheint nur in dieser Tabelle infolge der unzulänglichen Aussonderungsmöglichkeiten, die sich, ähnlich wie bei der Streichgarnindustrie, für die Jahre nach 1852 gegenüber den voranstehenden Jahren verschlechterten. Auch für die Erzeugung von Kammgarn können wir feststellen, daß die handwerkliche Spinnerei vom Standpunkt der Produktion Ende des industriellen Zyklus von 1849 bis 1859 vernichtet war. In absoluten Ziffern stellte sich die preußische Kammgarnspinnerei um das Jahr 1858 wie folgt dar: Neben den 37 Kammgarnspinnfabriken mit durchschnittlich 1280 Feinspindeln und 47 Arbeitern existierten noch 22 Handwerksbetriebe mit zusammen 838 Spindeln und 63 Arbeitern. Somit entfielen pro Betrieb im Durchschnitt 38 Spindeln und 3 Arbeiter.

Zu den größten Firmen der preußischen Kammgarnindustrie zählten die folgenden Fabriken: Die größte preußische Kammgarn- und Halbwollweberei, die wohl auch in ganz Deutschland ihresgleichen suchte, war die Firma Gebr. Reichenheim in Wüste-Giersdorf mit 452 Arbeitern und 460 Maschinenwebstühlen (die Arbeiterzahl ist offensichtlich zu niedrig angegeben).[175] Zu den größten Kammgarnspinnereien gehörte die Firma Schöller in Breslau mit 4600 Feinspindeln und 230 Arbeitern.[176] Die größte Kammgarnspinnerei des Zollvereins hingegen war die AugsburgerKammgarnspinnerei AG mit 20600 Feinspindeln und 658 Arbeitern (1856).[177]

Daß die deutsche Wollindustrie und insbesondere ihre Fabrikindustrie, auch im internationalen Maßstab gesehen, bedeutende Fortschritte erzielt hatte, zeigte die Anerkennung, die ihre Erzeugnisse auf der Pariser Weltausstellung des Jahres 1855 fanden.[178] Auf dieser Ausstellung wurden 165 Betriebe der deutschen Wollindustrie mit Medaillen und „ehrenvollen Erwähnungen" bedacht. Zwei Drittel dieser Betriebe gehörten der deutschen Streichgarnindustrie und ein Drittel der deutschen Kammgarn- und Halbwollweberei an. Diese Betriebe erhielten insgesamt 3 Goldmedaillen, 51 silberne, 80 bronzene Medaillen und 31 „ehrenvolle Erwähnungen". Im Vergleich dazu konnten die Betriebe der deutschen Baumwollindustrie insgesamt nur 27 Medaillen mit nach Hause nehmen, worunter sich eine Gold- und 8 Silbermedaillen befanden. Preußen stellte auf der Ausstellung nicht nur die Mehrzahl der deutschen Firmen, sondern nahm auch die meisten Medaillen in Empfang. 3 Goldmedaillen, 38 silberne sowie 61 bronzene Medaillen und 21 „ehrenvolle

175 Ebenda, S. 526f.

176 Ebenda, S. 518f.

177 *Graßmann, J.*, a. a. O., S. 46.

178 Die nachfolgenden Angaben sind entnommen und zusammengestellt nach den Mitteilungen des *Preußischen Handelsarchivs*, Beilage zu Nr 1, Jg, 1856, Berlin 1856, S. 30ff., und den Angaben in: *Tabellen 1855*, a. a. O., S. 256ff.

Erwähnungen" konnten die preußischen Firmen für sich buchen. Von diesen 123 geehrten preußischen Betrieben gehörten mehr als die Hälfte zur Kategorie mit 50 und mehr Beschäftigten. Soweit es die preußische Streichgarnindustrie betraf (43 Betriebe), handelte es sich fast ausschließlich um Kombinate. Auch die 3 Goldmedaillen wurden 3 Kombinaten der rheinischen Streichgarnindustrie zuerkannt. Aus dem Erfolg der deutschen Wollindustrie, insbesondere der Fabrikindustrie der Streichgarnbranche, können wir schließen, daß bei der letzteren der erreichte Entwicklungsstand dem internationalen Niveau entsprach.

Für den industriellen Zyklus von 1860 bis 1868 steht uns weder für das Zollvereinsgebiet noch für einzelne Staaten hinreichendes statistisches Material zur Verfügung. Lediglich für den Anfang dieses Zyklus ermöglicht die Zollvereinsstatistik von 1861, einen gewissen Überblick zu geben, aber das vorhandene Material erlaubt uns nur, eine unzureichende Analyse hinsichtlich der Fabrikindustrie vorzunehmen. Nach der Zollvereinsstatistik zählten die Zollvereinsstaaten 1861 zusammen 1067 sogenannte Tuchfabriken mit 2592 Maschinenstühlen, 11818 Handstühlen und 34144 Arbeitern.[179] Auf den Durchschnitt der Betriebe entfielen somit insgesamt 13 Webstühle, von denen 2 Maschinenstühle waren, und 32 Arbeiter. Auch zu jenem Zeitpunkt trug nur ein Teil dieser Betriebe den Charakter von Manufakturen oder gar den von Fabriken. Von den 143 bayerischen sogenannten Tuchfabriken können wir beispielsweise von 21 mit ziemlicher Sicherheit annehmen, daß es sich um Unternehmen solcher Art handelte.[180] Aber selbst diese Unternehmungen besaßen im Durchschnitt nur 7 Webstühle und 27 Arbeiter. In Sachsen verteilten sich die 506 Maschinenstühle auf 49 Betriebe, also auf wenig mehr als ein Drittel der sogenannten Tuchfabriken, und diese Betriebe zusammen mit ihren Handwebstühlen beanspruchten mehr als die Hälfte der von den sogenannten Tuchfabriken unmittelbar beschäftigten Webstühle, so daß auf die restlichen zwei Drittel der Betriebe im Durchschnitt nur noch 9 Handstühle entfielen.[181] Mit anderen Worten: Auch 1861 dürfte eine große Anzahl der sogenannten Tuchfabriken in Sachsen ihrem Charakter nach Handwerksbetriebe und kleine Manufakturen gewesen sein. Stellen wir bei den preußischen sogenannten Tuchfabriken die im Jahre 1858 existierenden 196 kombinierten Betriebe mit 50 und mehr Beschäftigten mit ihren damaligen Webstühlen in Rechnung, so verbleiben zwar noch 323 Betriebe, aber mit nur 3 Webstühlen im Durchschnitt. Damit wird offensichtlich, daß mindestens 50% der sogenannten Tuchfabriken des Zollvereins weder Manufakturen noch gar Fabriken waren. Streichgarnspinnereien zählte der deutsche Zollverein 1861, die Kunstwollfabriken einbegriffen, 1797 mit 1117870 Spindeln und 27174 Arbeitern.[182] Im Durchschnitt entfielen demzufolge auf die einzelne Spinnerei 622 Spindeln und 15 Arbeiter. Eine Aussonderung der darin enthaltenen Handwerksbetriebe sowie der Produktionsabteilungen der Kombinate, um die Spezialbetriebe in Gestalt der Spinnfabriken

179 *Viebahn, G. W. v.*, Statistik, a. a. O., S. 917.
180 Ermittelt nach den Angaben in: *Die Bevölkerung*, a. a. O., S. 68ff.
181 *Beiträge zur Statistik*, a. a. O., S. 38f.
182 *Viebahn, G. W. v.*, Statistik, a. a. O., S. 883.

zu ermitteln, ist auf Grund des uns zur Verfügung stehenden statistischen Materials nicht möglich.

Lediglich für Preußen und Bayern kann dies in gewissem Maße geschehen. Preußen zählte 1861 etwa 994 Fabrikspinnereien mit 635175 Spindeln und 12558 Arbeitern sowie etwa 105 Handwerksbetriebe mit 15772 Spindeln und 525 Arbeitern.[183] Damit beherrschten die Fabrikbetriebe zu Beginn der sechziger Jahre bereits 98% der Feinspindeln in der Streichgarnspinnerei Preußens, d. h., die handwerkliche Spinnerei hatte keinerlei Bedeutung mehr. In Bayern gab es 1861 noch etwa 8 Spinnereien, die Handwerksbetriebe gewesen sein dürften, während die Spinnfabriken, mit 35 an der Zahl, 93% der Feinspindeln und 86% der Arbeitskräfte beanspruchten.[184] Von Sachsen wurde an anderer Stelle bereits gesagt, daß es 1861 nur noch eine handwerkliche Spinnerei mit 180 Spindeln besaß.[185] Damit reduzieren sich die Streichgarnspinnfabriken des Zollvereins auf mindestens 1683 mit rund 1,1 Mill. Feinspindeln.

Sogenannte Fabriken für wollene und halbwollene Zeuge zählte der Zollverein 1861 622 mit 3655 Maschinenstühlen, 9068 Handstühlen und 15675 Arbeitern.[186] Im Durchschnitt entfielen somit pro Betrieb 6 Maschinenstühle, 14 Handstühle und 25 Arbeiter. Bei den sogenannten Wollzeugfabriken lag der Anteil der Manufakturbetriebe offensichtlich wiederum höher als bei den sogenannten Tuchfabriken. Aber auch hier können wir keine nähere Ermittlung anstellen. Sicher ist jedoch, daß die eigentliche Fabrikindustrie noch immer keine entscheidende Rolle spielte. Nur in einzelnen Teilbereichen dieser Branche war sie stärker entwickelt. Hierzu zählte vor allem die Orleansweberei, also die Halbwollweberei. In Sachsen zählte man beispielsweise in diesem Bereich 6 Betriebe mit zusammen 1001 Maschinenstühlen und 132 Handstühlen.[187] Hingegen zählte die sächsische Thibetweberei nur 2 mechanische Webereien mit zusammen 14 Maschinenstühlen. Die Fabrikation halbwollener Kleiderstoffe zählte 4 solcher Betriebe mit 133 Maschinenstühlen. Diese Angaben sind zur Beurteilung des Standes der Fabrikindustrie in diesem Industriezweig sehr aufschlußreich, da es sich ja bei diesem Land um eines der wichtigsten Zentren dieses Industriezweiges handelte. Die 1391 Maschinenstühle der sogenannten Fabriken dieser Gattung verteilten sich in Sachsen auf nicht mehr als 21 Betriebe, d. h. auf nur 7% der Gesamtzahl. Diese 7% der Unternehmungen bestritten zusammen mit ihren Handstühlen 37% der Webstühle der sächsischen sogenannten Fabriken für wollene und halbwollene Zeuge, so daß auf die Masse der Betriebe,

183 Berechnet nach den Angaben der preußischen Gewerbetabellen für das Jahr 1861, in: *Preußische Statistik*, Bd 5: Die Ergebnisse der Volkszählung und Volksbeschreibung nach den Aufnahmen vom 3. Dez. 1861, resp. Anfang 1862, Berlin 1864. – Die dortigen Angaben differieren um 10 Spinnereien mit der Angabe im *Jahrbuch für die Amtliche Statistik des Preußischen Staats*, Jg. 1, 1863, S. 449.

184 Berechnet nach den Angaben in: *Die Bevölkerung*, a. a. O.

185 Vgl. S. 120.

186 *Viebahn, G. W. v.*, Statistik, a. a. O., S. 921.

187 *Beiträge zur Statistik*, a. a. O., S. 38f. – Unmittelbar folgende statistische Angaben sind gleichfalls dieser Quelle entnommen.

nämlich auf 93%, im Durchschnitt 8 Handstühle entfielen, während die anderen im Durchschnitt 76 Webstühle besaßen, von denen 66 Maschinenstühle waren.

Auf dem Sektor der Kammgarnspinnerei zählte der deutsche Zollverein 1861 146 Betriebe mit 251897 Spindeln und 9510 Arbeitern[188], so daß im Durchschnitt auf eine Spinnerei 1725 Spindeln entfielen. Bei diesen Betrieben handelte es sich im wesentlichen um Fabriken. Handwerkliche Spinnereien existierten darunter nur in sehr geringer Zahl. Preußen, das 1846 noch so zahlreiche Betriebe dieser Kategorie besaß, zählte 1861 höchstens 15 solcher Betriebe mit durchschnittlich 52 Spindeln.[189]

Wenn wir auch für die nachfolgenden Jahre kein umfassendes Zahlenmaterial über die Entwicklung der Fabrikindustrie der deutschen Wollindustrie haben, so steht doch fest, daß sie sich im Verlaufe der sechziger Jahre beschleunigt entwickelte. Das Charakteristische dieser Entwicklung zeigte sich nicht nur in einer quantitativen Ausdehnung der Fabrikindustrie, sondern darüber hinaus auch in einer stärker vor sich gehenden qualitativen Veränderung, selbst innerhalb der vorhandenen Fabrikindustrie. Das letztere fand vor allem darin seinen Ausdruck, daß der Reifegrad der Fabrikbetriebe infolge der sich erhöhenden organischen Zusammensetzung des Kapitals stieg, was wiederum mit einer Einsparung lebendiger Arbeit im allgemeinen wie der weiteren Zurückdrängung der Handarbeit im besonderen verbunden war. Die sechziger Jahre brachten vor allem eine schnellere Mechanisierung der Weberei, worauf wir in anderem Zusammenhang hingewiesen haben. Die wesentlichsten Ursachen für die beschleunigte Entwicklung der Fabrikindustrie und ihre Vervollkommnung sind darin zu sehen, daß im Ergebnis der bisher stattgefundenen industriellen Revolution die kapitalistische Wollindustrie einen höheren Reifegrad erlangt hatte, so daß das Gesetz der freien Konkurrenz im Zusammenwirken mit den schwierigen Absatzverhältnissen während dieser Jahre weit stärker als bisher zur Vervollkommnung des Produktionsapparates und zum Übergang der maschinellen Weberei drängte. Solche ökonomischen Kategorien, wie der Durchschnittsprofit, die durchschnittliche organische Zusammensetzung, dürften spätestens in diesen Jahren innerhalb der deutschen Wollindustrie voll zur Wirkung gekommen sein.

Waren wir nicht in der Lage, den Wachstumsprozeß der Fabrikindustrie im Verlaufe des Zyklus von 1860 bis 1868 wenigstens einigermaßen darzulegen, so können wir auf Grund der statistischen Erhebung des Deutschen Reiches aus dem Jahre 1875 ein ziemlich genaues Bild über den erreichten Stand gegen Ende der industriellen Revolution vermitteln.

Die deutsche Streichgarnspinnerei und -weberei zählte 1875 insgesamt 10533 Betriebe mit 88279 Personen.[190] Davon waren 15% Betriebe mit mehr als 5 Beschäftigten, die jedoch 83% aller in der Streichgarnspinnerei und -weberei be-

188 *Viebahn, G. W. v.*, Statistik, a. a. O., S. 887f.

189 Berechnet nach den Angaben in: *Preußische Statistik*, Bd 5, a. a. O.

190 *Statistisches Jahrbuch für das Deutsche Reich*, a. a. O., S. 42. – Die nachfolgenden Angaben für das Jahr 1875 sind – soweit nicht anderes ausdrücklich angemerkt – der gleichen Quelle entnommen.

schäftigten Personen unmittelbar ausbeuteten. Die durchschnittliche Beschäftigtenzahl lag bei diesen Betrieben bei 47. An Webstühlen besaßen sie im Durchschnitt 7 Maschinenstühle und 8 Handstühle. Diese niedrige Durchschnittszahl bedeutet nicht ein Vorherrschen kleiner Webereien innerhalb der deutschen Streichgarnindustrie, da die Reichsstatistik die Spinnereien und Webereien zusammenfaßte. Die 1564 Betriebe mit mehr als 5 Beschäftigten dieses Zweiges enthielten vielleicht 500 Streichgarnspinnereien, die als Spezialbetriebe existierten. Bei der Mehrzahl der erfaßten Betriebe der Streichgarnindustrie, also den Betrieben mit weniger als 5 Beschäftigten, betrug die durchschnittliche Beschäftigtenzahl nur knapp 2, und im Durchschnitt verfügten sie über einen Webstuhl. Im Gegensatz zu den „Großbetrieben" handelte es sich hierbei fast ausschließlich um Betriebe der Streichgarnweberei. Diese sogenannten Betriebe stellten zweifellos in der überwiegenden Mehrzahl hausindustriell tätige Weber dar. Sie umfaßten 17% der außerhalb der Fabriken in der deutschen Streichgarnindustrie Beschäftigten. Daraus folgt, daß für die deutsche Streichgarnindustrie die Hausindustrie nur noch eine geringe Rolle spielte. Zwei Drittel der Webstühle befanden sich in den sogenannten Großbetrieben, von denen wiederum 47% Maschinenstühle waren. Wenn wir berücksichtigen, daß ein Maschinenstuhl im Durchschnitt das Doppelte eines Handstuhls leistete, so besaßen die Kleinbetriebe oder die Hausindustrie nur noch höchstens ein Viertel der Produktion der deutschen Streichgarnweberei. Bei der Mehrzahl der Betriebe mit mehr als fünf Beschäftigten dürfte es sich um Fabrikbetriebe handeln. Diese sogenannten Großbetriebe wurden, soweit Hauptbetriebe – und das war von den 1564 mit 1481 die überwiegende Mehrzahl –, nach ihrer Größe geordnet[191]:

Zahl der Betriebsangehörigen:	10 und weniger	11–50	51–200	201–1000
Zahl der Betriebe:	258	772	407	44

1223 oder 82% konnten als Fabrikbetriebe wohl gelten, wenn wir die Erfahrungen aus den vergangenen Jahrzehnten berücksichtigen. Darunter befanden sich 37% Großbetriebe im eigentlichen Sinne.[192]

Bei der Kammgarnindustrie stellten sich die Verhältnisse im Jahre 1875 folgendermaßen dar: Es wurden 2350 Kammgarnspinnereien mit 28772 Personen gezählt. Dabei handelte es sich jedoch nur bei 613 um Betriebe mit mehr als 5 Gehilfen. Diese Betriebe setzten 964268 Feinspindeln in Gang. Die Gesamtspindelzahl der deutschen Kammgarnspinnerei betrug 1,036 Millionen Feinspindeln, da noch 71763 Spindeln innerhalb von Kammgarnwebereien spannen. Die 613 Betriebe, oder 26% der Gesamtzahl, beanspruchten 92% der innerhalb der Kammgarnspinnerei beschäftigten Personen und wiesen damit eine durchschnittliche Beschäftigtenzahl

191 Vgl. *Statistik des Deutschen Reiches.* Bd 35, T. 1, Berlin 1879, S. 301. – Die nachfolgenden Angaben dieser Art sind der gleichen Quelle entnommen (S. 301 ff.).

192 Unter den damaligen Verhältnissen rechnete Lenin Betriebe mit mehr als 50 Beschäftigten zu den Großbetrieben (*Lenin, W. I.*, Der Imperialismus als höchstes Stadium des Kapitalismus. Gemeinverständlicher Abriß, in: Werke, Bd 22, Berlin 1960, S. 200).

von 43 auf. Hingegen verfügte die Masse der Betriebe nur über 8% der Gesamtbeschäftigten, so daß im Durchschnitt auf einen „Betrieb" 2 Personen entfielen. Um welche Betriebe es sich hierbei handelte, kann an dieser Stelle nicht festgestellt werden, aber offensichtlich ist, daß diese Familienbetriebe keine Kammgarnmaschinenspinnereien verkörperten. Als sogenannte Hauptbetriebe mit mehr als 5 Beschäftigten, d. h. solche Kammgarnspinnereien, die fast ausschließlich Kammgarn produzierten, wurden 411 Betriebe gezählt. Auf die verschiedenen Betriebsgrößen verteilten sie sich folgendermaßen:

Zahl der Betriebsangehörigen:	10 und weniger	11–50	51–200	201–1000	über 1000
Zahl der Betriebe:	76	241	66	26	2

Die Mehrzahl der Betriebe besaß demzufolge zwischen 11 und 50 Arbeitskräfte, während es sich bei 23% um Großbetriebe handelte.
Die Kammgarnwebereien umfaßten insgesamt 20667 Betriebe mit 18078 Maschinenstühlen, 30831 Handstühlen und 28772 beschäftigten Personen. Davon besaßen 711 Betriebe, oder 3,4% der Betriebe, mehr als 5 Beschäftigte und 54 % der insgesamt innerhalb der Kammgarnweberei tätigen Personen. Von diesen Unternehmen wurden 592 als sogenannte Hauptbetriebe ermittelt, und sie unterteilten sich nach den verschiedenen Betriebsgrößen:

Zahl der Betriebsangehörigen:	10 und weniger	11–50	51–200	201–1000	über 1000
Zahl der Betriebe:	136	311	115	29	1

Auch hier bildeten die Betriebe mit 11 bis 50 Beschäftigten die Hauptgruppe, was damit für alle wichtigen Zweige der deutschen Wollindustrie zutraf. Der Anteil der Großbetriebe mit 24% war etwas höher als in der Kammgarnspinnerei, aber erreichte ebenfalls nicht den Stand der deutschen Streichgarnindustrie. Die Masse der Betriebe – 97% – besaß im Durchschnitt nur einen Beschäftigten. Bei diesen „Ein-Mann-Betrieben" handelte es sich offensichtlich im wesentlichen um kapitalistische Hausindustrie. Im Unterschied zur Streichgarnindustrie spielte die Hausindustrie mit knapp 50% der Beschäftigten und 52% der Webstühle noch eine wesentlich größere Rolle. Demgegenüber war der Mechanisierungsgrad innerhalb der „Großbetriebe" der deutschen Kammgarnweberei höher; denn 70% ihrer Webstühle waren Maschinenstühle. Auch der Gesamtanteil der Maschinenstühle mit 36% lag etwas höher als bei der Streichgarnweberei, wo dieser 31% betrug. Die voranstehend dargelegten Angaben der Reichsstatistik zeigen, daß die deutsche Wollindustrie am Ende der industriellen Revolution einen ansehnlichen Grad der Konzentration der Produktion in den Großbetrieben erreicht hatte. Bei der Mehrzahl der in der Statistik als Betriebe mit mehr als 5 Beschäftigten ausgewiesenen Unternehmungen handelte es sich um Fabriken. Manufakturen im strengen Sinne, d. h. ohne eine größere Verwendung von Maschinen, dürfte es zu diesem Zeitpunkt in den Hauptbereichen der deutschen Wollindustrie nicht mehr gegeben haben. Auch die Masse der sogenannten Kleinbetriebe, die sich im Bereich der Weberei im wesentlichen als

„Familienbetriebe“ herausgestellt haben, dürfte nur zu einer verschwindenden Minderheit zu eigentlichen selbständigen Betrieben zu rechnen sein. In der erdrückenden Mehrzahl handelte es sich hierbei um Heimindustrie, d. h. um Außenstellen der großen und kleinen Fabrikbetriebe oder solcher Betriebe, die sich in einem Übergangsstadium von der Manufaktur zur Fabrik befanden.

Die Angaben des Amtlichen Katalogs der Ausstellung des Deutschen Reiches auf der Wiener Weltausstellung ermöglichten darüber hinaus ein näheres Eindringen in die Natur der sogenannten Großbetriebe, da bei der Mehrzahl der ausstellenden Firmen unseres Zweiges Angaben über die Beschäftigtenzahl gemacht wurden.[193] Von der Streichgarnindustrie, abgesehen von den Spezialbetrieben der Streichgarnspinnerei, stellten 96 Firmen aus, die ihrem Charakter nach Kombinate darstellten, und bei weiteren 31 Betrieben handelte es sich um kombinierte Unternehmen. Von diesen 127 Betrieben besitzen wir wiederum für 121 Angaben über die Zahl der beschäftigten Personen. Die dort ausstellenden Kombinate besaßen im Durchschnitt 160, die kombinierten Betriebe 118 Arbeiter. Der Anteil dieser Betriebe an der Gesamtzahl der „Großbetriebe“ der Streichgarnspinnerei und -weberei betrug nur 8%, aber sie hatten fast ein Viertel der in diesen „Großbetrieben“ beschäftigten Arbeiter. Bemerkenswert sind auch die Angaben, die von der Mehrzahl dieser Betriebe über ihren Umsatz (zumeist aus dem Jahre 1871) gemacht wurden. Die Kombinate (Angaben von 74 Betrieben) wiesen einen durchschnittlichen Jahresumsatz von 600000 Mark, die kombinierten Betriebe (Angaben von 27 Betrieben) einen solchen von 318000 Mark aus. Bei den Kammgarn- und Halbwollwebereien waren 30 Betriebe auf der Ausstellung vertreten, von denen 25 Betriebe Angaben über ihre Beschäftigten machten. Diese 25 Betriebe umfaßten einen Anteil von knapp 4% an der Zahl der „Großbetriebe“, verfügten aber über 36% der Beschäftigten. Im Durchschnitt besaßen diese 25 Unternehmungen 432 Arbeiter. Von 18 Betrieben wurden auch Angaben über den jährlichen Umsatz angeführt, der insgesamt 17,9 Millionen Mark betrug, so daß fast eine Million Mark Umsatz im Durchschnitt auf einen Betrieb entfiel. Bei den ausstellenden Firmen der Streichgarn-, Kammgarn- und Halbwollindustrie handelte es sich fast ausnahmslos um Fabrikbetriebe, und wenn wir diese Betriebe mit ihren Beschäftigten in die sogenannten Großbetriebe der Reichsstatistik von 1875 einordnen, so verfügten die restlichen „Großbetriebe“ immer noch über eine ansehnliche Zahl von Arbeitskräften. Bei der Streichgarnindustrie verblieben im Durchschnitt 38 und bei der Kammgarnindustrie 28 Arbeiter. Auch von dieser Seite her wird deutlich, daß sich unter den sogenannten Großbetrieben der Reichsstatistik kaum eine nennenswerte Zahl von Unternehmen befand, die zu Handwerksbetrieben zu rechnen waren.

Auch für das Ende der industriellen Revolution wollen wir neben den bisher erörterten Durchschnittsgrößen einige der größten Firmen der deutschen Wollindustrie anführen.[194] Zunächst einige Beispiele aus dem Bereich der Streichgarnindustrie.

193 *Wiener Weltausstellung*. Amtlicher Katalog der Ausstellung des Deutschen Reiches, Berlin 1873, S. 196ff. – Die nachfolgenden Angaben wurden dieser Quelle entnommen.

194 Ebenda.

Die Tuchfabrik AG, Sommerfeld, beschäftigte 470 Arbeiter und benutzte 4 Dampfmaschinen mit insgesamt 200 PS als Antriebskraft. Diese Aktiengesellschaft war im Jahre 1872 aus drei Sommerfelder Tuchfabriken, unter denen sich auch die für das Jahr 1858 angeführte Firma A. Martini befand, gebildet worden. Der jährliche Umsatz wurde mit 2,4 Millionen Mark angegeben. Die schlesische Tuchfabrik J. S. Foerster & Co (KG) zu Grünberg beschäftigte 500 Arbeiter und besaß 8 Dampfmaschinen mit 450 PS, ein Wasserrad mit 8 und eine Turbine mit 6 PS als Antriebsmaschinen. Der jährliche Umsatz wurde mit 5,4 Millionen Mark angegeben. Bei dieser Firma handelte es sich um eine Kommanditgesellschaft auf Aktien, die im Jahre 1870 gegründet worden war. Die Firma J. H. Kesselkaul, Aachen, deren Anfänge bis auf das Jahr 1815 zurückgingen, beschäftigte 500 Arbeiter und besaß 3 Dampfmaschinen mit 100 PS. Ihr jährlicher Umsatz betrug 1,2 Millionen Mark. Unter den ausstellenden Streichgarnspinnereien (Spezialbetrieben) befanden sich die Firmen Johann Wülfing & Sohn, Lennep, die uns bereits bekannte Firma G. Pastor, Aachen, und die Vigognespinnerei H. Hüffer, Crimmitzschau. Die erste Fabrik beschäftigte 208 Arbeiter, hatte 1871 7000 Zentner Garn produziert und einen jährlichen Umsatz von 2,55 Millionen Mark erzielt. Die zweite beschäftigte 300 Arbeiter und verfügte über ein Wasserrad mit 6 PS und 3 Dampfmaschinen mit 120 PS als Antriebskraft. Die Produktion wurde 1871 mit 7480 Zentnern angegeben. Die zuletzt genannte Firma beschäftigte zwischen 400 und 500 Arbeitern und erzielte im Jahre 1871 einen Umsatz von 1,5 Millionen Mark. Als Antriebskraft dienten ihr 5 Dampfmaschinen mit 120 PS. Zu den größten Firmen der deutschen Kammgarn- und Halbwollweberei zählte die uns bereits bekannte Firma N. Reichenheim & Sohn, Wüste-Giersdorf. Dieser Betrieb bestand aus einer Kammgarnspinnerei, einer mechanischen Weberei und einer Färberei und Appretur. Insgesamt wurden von ihr 1601 Arbeiter beschäftigt, und als Antriebskraft dienten ihr 25 Dampfmaschinen mit zusammen 397 PS. Diese Firma hatte im Jahre 1871 ca. 160000 Stück (à 33 Meter) halbwollener Waren gefertigt. Die Firma E. F. Weissflog, Gera, beschäftigte in ihrer mechanischen Weberei und Handweberei 630 Arbeiter und wies eine Produktion von jährlich 30000 Stück auf. C. A. Preibisch in Reichenau bei Zittau war auf die Fertigung von gemischten Kleiderstoffen, vor allem Orleans, spezialisiert und beschäftigte in seinen zwei Betrieben 1100 Arbeiter. Die Firma besaß 456 Maschinenstühle, und als Antrieb dienten ihr 4 Dampfmaschinen mit 160 PS. Ihr jährlicher Umsatz betrug 1871 2,55 Millionen Mark. Zu den größten Kammgarnspinnereien Deutschlands zählten die Augsburger Kammgarnspinnerei AG und die Kammgarnspinnerei AG Kaiserslautern. Der erste Betrieb besaß 1869 37000 [195] und der zweite 1871 29400 Feinspindeln.

Abschließend soll der erreichte Stand der kapitalistischen Entwicklung in der deutschen Wollindustrie mit dem in den anderen Zweigen der Textilindustrie erreichten verglichen werden, soweit dies auf der Grundlage der Reichsstatistik möglich ist. Nähere Auskunft über diese Fragen geben uns die nachfolgenden Tabellen. Die erste Tabelle enthält die Angaben über den Gesamtbereich der einzelnen Zweige, also einschließlich der Appreturunternehmungen, Kunstwollspinnereien u. ä.

[195] *Graßmann, J.*, a. a. O., S. 54.

Die Fabrik- und Manufakturindustrie der deutschen Textilindustrie 1875[196]

Zweig	Wolle	Baumwolle	Leinen	Seide
Zahl der „Großbetriebe" *	2870	1586	608	443
Zahl der darin Beschäftigten	147626	155225	41963	23115
Beschäftigte pro Betrieb	51	98	69	52
Anteil der „Großbetriebe" an der Gesamtzahl der Beschäftigten in %	76	52	26	29
Verhältnis von „Großbetrieben" zu Kleinbetrieben	1 : 11	1 : 62	1 :209	1 :79
Anteil der Gesamtbeschäftigten an den Beschäftigten der Textilindustrie in %	25	39	26	10

* „Großbetrieb" = Betrieb mit mehr als 5 Beschäftigten.

Die deutsche Wollindustrie stand im Rahmen der deutschen Textilindustrie im Jahre 1875 mit einem Viertel der Beschäftigten an dritter Stelle, aber sie wurde nur um ein Prozent von der deutschen Leinenindustrie übertroffen, die zu Beginn der industriellen Revolution mit Abstand zu dem ersten Zweig der deutschen Textilindustrie (Gewerbe) zählte. Lediglich die Baumwollindustrie übertraf die deutsche Wollindustrie hinsichtlich der Zahl der Beschäftigten mit 14% beträchtlich. Hingegen war die deutsche Wollindustrie gegenüber der Seidenindustrie um das Zweieinhalbfache entwickelt.

Hinsichtlich des Konzentrationsprozesses, der sich in der Zahl der „Großbetriebe" und im Verhältnis dieser zu den Kleinbetrieben ausdrückt, stand die deutsche Wollindustrie jedoch am Ende der industriellen Revolution an erster Stelle. Die durchschnittliche Größe der „Großbetriebe" der Baumwollindustrie übertraf jedoch die der Wollindustrie beträchtlich, und auch bei den anderen Zweigen der deutschen Textilindustrie lag sie etwas höher. Am Ende der industriellen Revolution können wir also feststellen, daß die Zentralisierung der Produktion in geschlossenen Betrieben von allen Zweigen der Textilindustrie in der deutschen Wollindustrie am weitesten fortgeschritten war und daß innerhalb der Streichgarnindustrie dieser Prozeß bereits vor seinem Abschluß stand.

Abschließend wollen wir uns noch der Weberei der drei Hauptzweige der deutschen Textilindustrie zuwenden, um zu sehen, wie sich in dieser Hinsicht die Verhältnisse bei der Konzentrierung in Großbetrieben und der Mechanisierung der Weberei darstellten.

Im Unterschied zu der auf S. 65 bereits angeführten Tabelle haben wir diesmal die drei Webereibereiche, also ohne die im Bereich der Spinnerei – die Streichgarnindustrie ausgenommen – arbeitenden Webstühle, des gesamten Reichsgebietes zusammengefaßt. Daraus ergeben sich zunächst die Differenzen in den Daten zwischen beiden Tabellen. Infolge des höheren Grades der Durchsetzung des Maschinenstuhls in der Textilindustrie des annektierten Elsaß-Lothringens lassen sich auch

[196] Zusammengestellt und berechnet nach den Angaben bei *Engel, E.*, a. a. O., S. 52ff.

Die Verteilung der Webstühle in den drei Hauptzweigen der deutschen Textilindustrie 1875[197]

Zweig	Wolle	Baumwolle	Leinen
Gesamtzahl der Webstühle	85555	209580	154338
davon Webstühle in den „Großbetrieben"	50072	88863	11773
davon Maschinenstühle	29341	80465	8517
Anteil der Webstühle der „Großbetriebe" in %	58	42	8
Anteil der Maschinenstühle an der Gesamtzahl in %	34	38	5
Anteil der Maschinenstühle an den Webstühlen der „Großbetriebe" in %	59	90	70

noch weitere Unterschiede feststellen. Infolgedessen stand die deutsche Baumwollweberei mit ihrem Anteil der Maschinenstühle an der Gesamtzahl der Webstühle jetzt an erster Stelle in der Textilindustrie und übertraf, wenn auch nicht wesentlich, die deutsche Wollindustrie in dieser Hinsicht.

Was jedoch die Zentralisierung der Weberei innerhalb der „Großbetriebe" betraf, so behauptete die deutsche Wollindustrie auch bei der Betrachtung des gesamten damaligen Reichsgebietes ihren führenden Platz. Allerdings war der Unterschied zur Baumwollweberei etwas geringer, jedoch immer noch beachtlich.

Im Gesamtergebnis können wir also nochmals feststellen, daß die Fabrikindustrie innerhalb der Wollindustrie gegen Ende der industriellen Revolution am fortgeschrittensten war und daß in dieser Hinsicht auch der, quantitativ gesehen, führende Zweig der deutschen Textilindustrie, die Baumwollindustrie, übertroffen wurde. Der Anteil der Handarbeit innerhalb der Fabrikindustrie lag jedoch bei der Wollindustrie gegenüber der Baumwollindustrie infolge des Zurückbleibens der Maschinenweberei vor allem in der Streichgarnbranche höher.

d) Die Herkunft der Fabrikanten und die Quellen des in der deutschen Wollindustrie angelegten Kapitals

An der Bildung des Teiles der Industriebourgeoisie, die die deutsche Wollindustrie beherrschte und Träger der Entwicklung der Fabrikindustrie in diesem Industriebereich wurde, waren ähnlich wie an der Bildung der Gesamtklasse der Bourgeoisie die verschiedensten Schichten der Bevölkerung Deutschlands beteiligt. Es ist verständlich, daß vor allem jene Kreise die zukünftigen Fabrikanten der Wollindustrie stellten, die in irgendeiner Weise mit dem Wollgewerbe bzw. der Wollindustrie verbunden waren oder zumindest Berührungspunkte mit ihr besaßen. Demzufolge kamen in erster Linie in Frage:

197 Zusammengestellt und berechnet nach den Angaben des *Statistischen Jahrbuchs für das Deutsche Reich*, a. a. O., S. 42.

1. die Zunftmeister des Wollzeug- und Tuchmachergewerbes (Handwerk),
2. die Woll-, Garn-, Tuch- und Wollzeughändler (Handelskapital),
3. die Manufakturiers und Verleger der Wollindustrie (Kapitalisten der Manufakturperiode).

Eine nähere Untersuchung der drei aufgeführten Gruppen hinsichtlich ihres Anteils an der Fabrikbourgeoisie im Bereich der deutschen Wollindustrie erfordert zunächst eine Trennung der beiden Hauptzweige. Wir beginnen bei der Streichgarnindustrie und wenden uns hierbei zunächst der ersten Gruppe zu. Wenn man untersucht, in welchem Umfange das Handwerk (die Tuchmeister) Fabrikanten der Streichgarnindustrie hervorbrachten, so muß man sich bewußt sein, daß diese Zunftmeister keine sozialökonomisch einheitliche Schicht mehr darstellten. Während die kleinen Tuchmachermeister mit 1 bis 3 Handstühlen als einfache Warenproduzenten anzusprechen waren, traf das für die Großmeister mit 6, 10 und mehr Webstühlen nicht mehr zu. Ihre Werkstätten glichen doch schon mehr den Manufakturen, und sie müssen zur untersten Gruppe der kapitalistischen Unternehmer gezählt werden. In ihren Händen konzentrierten sich bereits ansehnliche Geldfonds, ohne die das Tuchgewerbe in einem solchen Ausmaß gar nicht selbständig betrieben werden konnte.
In welchem Umfange aus ehemaligen Tuchmachern Fabrikanten werden konnten, hing in erster Linie von den Reproduktionsbedingungen des Handwerks ab. Eine Betrachtung dieser Reproduktionsbedingungen im Verlaufe der industriellen Revolution beantwortet deshalb bereits prinzipiell die Frage nach dem Anteil dieser Gruppe an den Trägern der entstehenden Fabrikindustrie.
Selbst für den einfachen Warenproduzenten waren für die Aufrechterhaltung seiner Selbständigkeit im Bereich der Wollgewebefertigung ansehnliche Mittel notwendig, da die verarbeitete Wolle, mit Ausnahme der Seide, der teuerste Textilrohstoff war. Diese Tuchmacher produzierten vor allem die gröberen Tuche. Die dazu erforderlichen Kosten gibt die nachfolgende Tabelle wieder.

Die Ausgaben für Wolle in einem Handwerksbetrieb mit einem bzw. drei Handstühlen[198]

Jahre	Durchschnittliche Ausgaben für Wolle bei einem Handstuhl (in Mark)	bei drei Handstühlen (in Mark)
1830–1836	1566	4698
1840–1846	1269	3807
1849–1857	1566	4698
1861–1865	1746	5238

198 Die Berechnungen basieren auf der Angabe *Redens* (a. a. O., Abt. 3, S. 1663), daß ein Handwerker 6 Ellen Tuch webt und das durchschnittliche Gewicht einer Elle Tuch 0,7 Zollpfund beträgt; demnach 0,84 Zollpfund Wolle entspricht. Die Redensche Produktionsangabe ist eher zu niedrig als zu hoch anzusehen; denn *Schmoller, G.*, gibt als durchschnittliche Tagesleistung zwischen 8 und 10 Ellen an (Kleingewerbe, a. a. O., S. 496 u. 581).

Die obigen Angaben beziehen sich auf eine halbjährige Produktionsperiode, und ihnen liegen die Durchschnittspreise dieser Konjunkturjahre vom Breslauer Wollmarkt zugrunde. Der einzelne Tuchmacher konnte nur dann erfolgreich seinen Betrieb führen, wenn er zur Zeit der Schur seinen Wollbedarf entweder direkt beim Produzenten oder auf den Wollmärkten für die gesamte nachfolgende Produktionsperiode einkaufte. War er dazu nicht in der Lage, sondern mußte kontinuierlich während des ganzen Jahres die für seinen Betrieb notwendige Wolle erwerben, so waren bereits durch diesen Wollkauf die Bedingungen für die erweiterte Reproduktion sehr begrenzt, in der Regel sogar unmöglich. Dies galt um so mehr, je stärker sich die kapitalistischen Unternehmungen innerhalb der Streichgarnindustrie entwickelten. Außerhalb der Zeit der Wollmärkte mußte er die Wolle wesentlich teuerer bezahlen, und sie war obendrein in der Regel von schlechterer Qualität.[199] Wenn wir die Reproduktionsbedingungen des Handwerks untersuchen, müssen wir deshalb von diesem Gesamteinkauf ausgehen. Demzufolge gestaltete sich bereits die Aufrechterhaltung eines selbständigen Handwerksbetriebes von der Rohstoffbeschaffung her schwierig, da ansehnliche Mittel erforderlich waren, die sich im Verlaufe der industriellen Revolution noch erhöhten. Die weitere Ausdehnung des Betriebes und damit die Vorbereitung zum Übergang zur kapitalistischen Warenproduktion scheiterten deshalb bei vielen dieser Handwerker an den hohen Rohstoffkosten. Schon von dieser Seite her wird verständlich, daß die einfachen Warenproduzenten einen äußerst geringen Anteil an den späteren Fabrikanten der deutschen Streichgarnindustrie hatten. Möglichkeiten zum Aufstieg bestanden für diese einfachen Warenproduzenten ohnehin nur solange, wie auch die kapitalistischen Betriebe überwiegend ihre Erzeugnisse auf der Basis der Handarbeit herstellen ließen. Als sich seit den dreißiger Jahren mehr und mehr die Verarbeitung von auf zentralangetriebenen Spinnmaschinen hergestellten Streichgarnen durchsetzte, waren diese Handwerker bereits benachteiligt. Hatten zahlreiche Tuchmacher noch mit der Handspinnmaschine Schritt halten können, so war das jetzt unmöglich. Die Anlage einer eigenen Spinnfabrik war wegen ihrer Kosten ausgeschlossen, aber auch vom Standpunkt des Garnbedarfs des Handwerksbetriebes unzweckmäßig. In den Gegenden des deutschen Streichgarngewerbes, in denen zahlreiche Lohnspinnereien entstanden, waren die Tuchmacher auch jetzt noch in der Lage, ihre Selbständigkeit zu behaupten und ein den kapitalistischen Betrieben ebenbürtiges Erzeugnis zu liefern. Der Garnkauf, der ja in den anderen Zweigen der Textilindustrie die entscheidende Rolle spielte, schied hier als Möglichkeit aus, da Streichgarnspinnereien, die für eigene Rechnung spannen und demzufolge für den Markt produzierten, bis zur Mitte des Jahrhunderts in Deutschland kaum vorhanden waren. Die Streichgarnspinnereien

199 Tuchmacher, die in eine solche Lage geraten waren, standen in der Regel unmittelbar vor der Aufgabe ihrer Selbständigkeit. — Vgl. Gesuch der Leisniger Tuchmacherinnung vom 9. Juli 1834, in: SLHA-Dresden, M. d. I., Nr 5817; Schreiben des Tuchmacher-Mittel zu Goldberg vom 16. Januar 1845, in: DZA-Merseburg, Rep. 109 B IV, Nr 44; Nachweisung der im Jahre 1839 im Reg. Bez. Frankfurt a. O. gefertigten Tuche, in: BLHA-Potsdam, Rep. 1, Nr 389.

entstanden, wie bereits behandelt wurde[200], in dieser Zeit entweder im Rahmen eines kombinierten Betriebes oder als Lohnbetrieb.
Schon auf der Stufe der Lohnspinnerei floß ein Teil ihres bisherigen Gewinns in Gestalt des Spinnlohnes in die Taschen der kapitalistischen Unternehmer. Während bei den letzteren die im Bereich der Spinnerei gewonnenen Profite zur Akkumulation verwendet werden konnten, entfiel das bei den Handwerksbetrieben.[201] Soweit sich verschiedene Tuchmacher zum gemeinsamen Betrieb einer solchen Lohnspinnerei zusammengeschlossen hatten, war es ihnen doch noch möglich, in gewissem Umfange an dem Gewinn der Spinnerei Anteil zu nehmen. Aber auch hier kam das in weit stärkerem Umfange den Großmeistern zugute. Als auch die Handappretur ebenfalls seit den dreißiger Jahren mehr und mehr durch die Maschinenappretur zurückgedrängt wurde, verschlechterten sich die Reproduktionsbedingungen der einfachen Warenproduzenten weiter. Die Anschaffung von Scher-. Rauh- und Bürstmaschinen war allein wegen des hohen Kapitalbedarfs für diese Kreise unmöglich. In den dreißiger Jahren betrugen die Kosten für eine Schermaschine immerhin 350 bis 500 Taler, die für eine Rauhmaschine 240 Taler und die für eine Bürstmaschine 190 Taler.[202] Um die Handweberei beispielsweise im Jahre 1834 mit den notwendigen technischen Nebeneinrichtungen so zu ergänzen, daß sie dem technischen Stand der kapitalistischen Fabrikbetriebe entsprach, wären nach den uns zur Verfügung stehenden Angaben über Maschinenpreise aus dem Jahre 1834 folgende Ausgaben notwendig gewesen: 1905 Taler für ein Assortiment Spinnmaschinen (2 Spinnmaschinen mit je 80 Feinspindeln und die notwendigen Vorbereitungsmaschinen); 780 Taler für die Anschaffung einer Scher-, Rauh- und Bürstmaschine.[203] Über solche Fonds verfügten jedoch einfache Warenproduzenten nicht. Soweit die einfachen Warenproduzenten jetzt noch in der Lage waren, ihre Tuche in Maschinenappreturanstalten im Lohnauftrag bearbeiten zu lassen, gelang es ihnen noch mit Erfolg, ihre Selbständigkeit zu behaupten. Aber da sie die in der Appretur gemachten Gewinne nicht

200 Vgl. S. 95ff.

201 Vgl. *Höttemann, W.*, a. a. O., S. 87; Schreiben der Firma H. Böttger zu Leisnig vom 19. September 1857, a. a. O.; Gesuch Grünberger Tuchfabrikanten vom Juni 1835, a. a. O., – Von den Unterschieden, die sich hinsichtlich der Akkumulationsmöglichkeiten zwischen den kapitalistischen Unternehmen gegenüber den einfachen Warenproduzenten durch die Aneignung fremder Arbeit, durch die höhere Produktivität unabhängig von dem technischen Fortschritt u. a. ergaben (vgl. S. 95ff.), wird hier abgesehen.

202 *Bericht von Wedding über die Lehmannsche Spinnerei zu Treuenbrietzen*, a. a. O.

203 Ebenda und Rechnung des Mechanikers C. Spazier vom 30. Mai 1834, in: DZA-Merseburg, Rep. 120 D IV/2, Nr 2. – Hierbei sind die Ausgaben für Gebäude und Antriebseinrichtungen unberücksichtigt. Um die Anlagekosten eines Kombinats von mittlerem Umfang (14 Handwebstühle) an einem Beispiel wiederzugeben: Der Saganer Fabrikant Gustav Volke benötigte für die Errichtung seiner Fabrik (vierziger Jahre) 55000 Taler. Davon entfielen 25000 auf das Gebäude und 30000 Taler auf Maschinen. Es handelte sich hierbei um einen Betrieb mit Dampfantrieb (Schreiben des Fabrikanten Gustav Volke zu Sagan an den Handelsminister vom 6. Februar 1850, in: DZA-Merseburg, Rep 120 D IV/7, Nr 15).

erzielen konnten, diese jedoch in den mehr und mehr hervortretenden kapitalistischen Unternehmungen der Tuchweberei erzielt und Bestandteil der Akkumulationsmittel wurden, waren die Bedingungen für eine erweiterte Reproduktion nur noch in unzureichendem Maße gegeben. Solange die fortgeschrittensten kapitalistischen Betriebe infolge ihrer Exportorientierung auf dem inneren Markt und im Bereich der ordinären und mittleren Tuchgattungen kaum spürbar wurden, hatten die einfachen Warenproduzenten – soweit sie durch Lohnauftrag ihre Wolle verspinnen und ihre Tuche maschinell appretieren lassen konnten – noch erträgliche Entwicklungsbedingungen. Als jedoch seit den vierziger Jahren dies immer weniger zutraf, waren unserer Ansicht nach die Bedingungen für die erweiterte Reproduktion bei den einfachen Warenproduzenten im Bereich des Tuchgewerbes nicht mehr gegeben.[204] Zu diesem Zeitpunkt war demzufolge das Tuchmachergewerbe zum Untergang verurteilt, und die Möglichkeiten für den Übergang zu kapitalistischen Unternehmern waren im wesentlichen entschwunden.

Anders verhielt es sich mit den Tuchmachermeistern, die in den zwanziger und dreißiger Jahren eine größere Zahl von Webstühlen führten. Bei diesen Handwerksbetrieben, in denen bereits Ausbeutungsverhältnisse bestanden, war es infolge der ihnen zur Verfügung stehenden größeren Geldfonds möglich, in vielen Fällen mit der sich entwickelnden Technik Schritt zu halten. Wenn in der Literatur verschiedentlich darauf hingewiesen wird, daß aus den wohlhabenden oder besser bemittelten Tuchmachermeistern die späteren Fabrikanten hervorgingen[205], so handelt es sich um diese Kreise, d. h. um Menschen, die bereits auf der Stufe des Gewerbebetriebes dem Kapitalisten weit näher standen als dem einfachen Warenproduzenten. Das war jene Schicht, die wir die unterste Gruppe der kapitalistischen Unternehmer genannt hatten. Aus dieser Gruppe gingen über den Weg der Manufaktur und der allmählichen Mechanisierung des Betriebes unter Einbeziehung verschiedener Fertigungsstufen, die zunächst nicht im Bereich dieses Handwerks lagen (Appretur), zahlreiche Fabrikanten der deutschen Streichgarnindustrie hervor. Die sozialökonomische Herkunft der Fabrikanten der deutschen Streichgarnindustrie war zu einem hohen Prozentsatz die des „wohlhabenden

[204] Daß sich diese Entwicklung bereits im Verlaufe der dreißiger Jahre anbahnte, darauf wies *Wieck, G.*, hin (Industrielle Zustände Sachsens, a. a. O., S. 43f.). Vgl. auch die Bemerkungen zu den Hauptübersichten der in den vierziger und fünfziger Jahren in den Städten des Regierungsbezirks Potsdam gefertigten Tuche, in: BLHA-Potsdam, Rep. 1, Nr 389; *Die Wollen- und Tuchmanufaktur tn Sachsen und in der Mark Brandenburg*, a. a. O.; *Wieck, G.*, Das Tuchmachergewerbe im Zollverein und seine Umgestaltung, a. a. O.; Bericht des Magistrats zu Creutzburg vom 9. September 1844 an den Landrat, in: DZA-Merseburg, Rep. 120 D IV/7, Nr 20; *Schmoller, G.*, Kleingewerbe, a. a. O., S. 479f.; *Neueste Mitteilungen*, Breslau, in: Preußisches Handelsarchiv, Jg. 1856, Nr 48, Berlin 1856; *Isenburg, R.*, a. a. O., S. 35.

[205] Vgl. *Forberger, R.*, a. a. O., S. 161; *Schmoller, G.*, Die Entwicklung und Krisis, a. a. O., S. 418; *Grothe, H.*, a. a. O., S. 233; *Bühler, F.*, a. a. O., S. 67ff.

Tuchmachermeisters".[206] Zum Zeitpunkt der Fabrikgründung waren jedoch auch diese Kreise in der Regel bereits kapitalistische Unternehmer.
Aus dem Handelskapital, und zwar fast ausschließlich aus den Teilen, die wir bereits näher angeführt hatten, entstammten ebenfalls zahlreiche Fabrikanten der späteren Fabrikindustrie. Wie jedoch eine Reihe von Beispielen aus der Literatur zeigt, ging auch hier der Weg dieses Handelskapitals, soweit es die Streichgarnindustrie betraf, oft über den Verlag, die Manufaktur zur Fabrik. Als das Handelskapital in die Streichgarnindustrie eindrang, geschah das also in der Regel nicht durch die Gründung von Fabriken, sondern durch die Abhängigmachung einfacher Warenproduzenten, ihre Unterwerfung unter die Bedingungen des Verlages oder durch die Gründung von Manufakturunternehmungen.[207] Seit den vierziger Jahren diente das Handelskapital in der deutschen Streichgarnindustrie in größerem Maße auch unmittelbar zur Gründung von Fabriken[208]; oft jedoch nicht in selbständiger Form, sondern im Zusammenwirken mit diesen vorher betrachteten wohlhabenden Tuchmachermeistern oder den nachfolgend zu betrachtenden kapitalistischen Unternehmern.[209]
Die dritte Gruppe, also die Manufakturiers und Verleger der deutschen Streichgarnindustrie, hat bei der Entstehung der Fabrikindustrie wohl die entscheidende Rolle gespielt. Ihrer sozialökonomischen Herkunft nach war diese Schicht zum großen Teil nicht selbständig, da sie häufig aus dem Handelskapital und den Großmeistern hervorgegangen war. Da sich die kapitalistische Entwicklung im deutschen Tuchgewerbe bereits vor Beginn der industriellen Revolution vollzogen hatte, ohne jedoch zum Abschluß zu kommen, war das Handelskapital bereits im 17. und 18. Jahrhundert stärker in das Tuchmachergewerbe eingedrungen und hatte zusammen mit den wohlhabenden Zunftmeistern jenen Typus des Verleger-Kaufmanns gebildet[210], der Ende des 18. Jahrhunderts und zu Beginn des 19. Jahrhunderts die kapitalistische Entwicklung bestimmte. Diese Schicht war beispielsweise in Aachen Träger der entstehenden dortigen Tuchindustrie.[211] Neben den bisher betrachteten Schichten kamen einige der späteren Fabrikanten auch aus den Reihen der Fakturiers und Zwischenmeister.[212] Ihrer sozialökonomischen Herkunft nach waren diese Fakturiers aus dem Handwerk und dem Handelskapital entstanden.[213]

206 Ebenda u. *Schmoller, G., Kleingewerbe,* a. a. O., S. 580; *Quandt, G.*, a. a. O., S. 181; *Wachs, A.*, a. a. O., S. 72; *Wieck, G.*, Das Tuchmachergewerbe im Zollverein und seine Umgestaltung, a. a. O.; *Schmidt, F.*, a. a. O., S. 208.

207 *Höttemann, W.*, a. a. O., S. 91; *Thun, A.*, a. a. O., S. 20; *Forberger, R.*, a. a. O., S. 161; *Wichterich, R.*, a. a. O., S. 145ff.; *Finkenwirth, K.*, a. a. O., S. 107.

208 Gesuch des Kaufmanns Emil Praetorius vom 29. Juli 1841, in: DZA-Merseburg, Rep. 120 D IV/6b, Nr 18; Bericht des Bürgermeisters Krüger aus Grünberg vom 28. April 1842, in: ebenda, Rep. 120 D IV/7, Nr 6; *Höttemann, W.*, a. a. O., S. 91.

209 *Köhler, F.*, Hansemann, ein rheinischer Kaufmann, Leipzig-Berlin, o. J., S. 28.

210 *Wichterich, R.*, a. a. O., S. 145ff.; vgl. hierzu auch die Arbeit von *Wendisch, G.*, a. a. O., S. 53ff.

211 Ebenda.

212 *Thun, A.*, a. a. O., S. 21; *Haendly, K.*, a. a. O., S. 266f.

213 Ebenda.

Zusammenfassend können wir also feststellen: Ihrer Herkunft nach waren die Fabrikanten der deutschen Streichgarnindustrie vor allem kapitalistische Unternehmer der Manufakturperiode, wohlhabende Handwerksmeister und Handelskapitalisten. Die erste Gruppe war von entscheidender Bedeutung, während die anderen etwas zurückstanden. Vor allem ist hervorzuheben, daß das Handelskapital bei der Entstehung der Fabrikindustrie keine entscheidende selbständige Rolle gespielt hatte.

In der deutschen Kammgarnindustrie lagen die Verhältnisse etwas anders. Im Bereich der Kammgarnspinnerei hatte das Handelskapital auf die Entstehung der dortigen Fabrikindustrie einen wesentlichen Einfluß genommen. Die entstehenden Kammgarnspinnfabriken wurden im überwältigenden Maße von Handelskapitalisten, die jedoch in der Regel mit dem Wollzeuggewerbe bereits in Verbindung standen (z. B. als Wollhändler und Wollzeugwarenhändler), gegründet.[214]

In der Kammgarnweberei hat das Handelskapital bei der Umwandlung des Gewerbes in eine Fabrikindustrie eine ebenfalls entscheidende Rolle gespielt. Die späteren Fabrikanten der deutschen Kammgarnweberei entstammten sozialökonomisch aus dem Handelskapital. Jedoch ähnlich wie in der deutschen Streichgarnweberei drang das Handelskapital bereits zu einer Zeit ein, als die Fabrik entweder noch gar nicht oder nur als Seltenheit vorhanden war, so daß zum Zeitpunkt der Entstehung zahlreicher Fabriken der Kammgarnweberei ihre Gründer nicht mehr Handelskapitalisten, sondern Manufakturiers oder Verleger waren.[215]

Aus dem Handwerk sind bei der Kammgarnweberei kaum Fabrikanten hervorgegangen Nur wenigen gelang es, auf dem Umweg über den Verlag diesen Stand zu erreichen.[216] Die Anfänge hierbei dürften jedoch in der Regel schon in der Vorbereitungsperiode der industriellen Revolution gelegen haben. Mit der Durchsetzung des Maschinengarns in der deutschen Kammgarnweberei verlor die Masse der bis dahin noch selbständigen Weber ihre Selbständigkeit. Wie wir aus dem nachfolgenden Kapitel ersehen werden, bestand bei der deutschen Kammgarnweberei auf dem inneren Markt eine wesentlich größere Konkurrenz gegenüber den ausländischen Fabrikaten. Um sich auf dem inneren Markt zu behaupten, mußten für die Herstellung von Kammgarngeweben Maschinengarne verwendet werden. Da die deutsche Kammgarnmaschinenspinnerei jedoch in den zwanziger und dreißiger Jahren nur gering entwickelt war, bestand eine große Nachfrage nach diesen Garnen, worauf ja die hohen Gewinne der deutschen Kammgarnspinnereien jener Zeit mit zurückzuführen waren. Die Maschinenspinnereien waren demzufolge nicht daran interessiert,

214 *Haendly, K.*, a. a. O., S. 288ff.; *Finkenwirth, K.*, a. a. O., S. 108; *Genzmer, G.*, Augsburger Kammgarnspinnerei, a. a. O., S. 52; *200 Jahre Kammgarnspinnerei in Eisenach, 1733 bis 1933*, Eisenach 1933, S. 1; *Wolf, H. R.*, a. a. O., S. 26f.; Bericht von Bloch vom 30. Januar 1849, in: DZA-Merseburg, Rep. 109 B II, Nr 84; *Ein Jahrhundert Arbeit und Erfolg*, a. a. O., S. 3.

215 Vgl. *Schmoller, G.*, Die Entwicklung und Krisis, a. a. O., S. 419; *Grothe, H.*, a. a. O., S. 251f.; *Haendly, K.*, a. a. O., S. 270; *Demmering, G.*, a. a. O., S. 75ff.; *Beck, F.*, a..a. O., S. 79ff.

216 *Beck, F.*, a. a. O., S. 79f. u. 104.

kleine Garnposten an die einzelnen Handwerksmeister zu verkaufen, sondern versorgten in erster Linie Handelshäuser und Verleger mit ihren Garnen, da sie ihnen gegenüber ihre Produktion oft schon im voraus vertraglich binden konnten.[217] Somit mußten sich die Weber mit diesen Handelshäusern und Verlegern in Verbindung setzen, um solche Garne zu erhalten, was ihnen oft sofort, aber in der Regel recht bald ihre ökonomische Selbständigkeit kostete.[218]

Zusammenfassend können wir feststellen, daß in der gesamten deutschen Kammgarnindustrie deren Gründer in erster Linie aus dem Handelskapital und in gewissem Umfange auch aus den Verlegern und Manufakturiers, die jedoch zumeist ebenfalls im Handelskapital ihren Ursprung hatten, hervorgegangen sind.

Aus der Herkunft der Fabrikanten der beiden Hauptzweige der deutschen Wollindustrie beantwortet sich bereits in hohem Maße die Frage nach den Quellen des in der Wollindustrie angelegten Kapitals. Die Herkunft des in der deutschen Streichgarnindustrie angelegten Kapitals ist demzufolge auch unterschiedlich gegenüber der Kammgarnindustrie. In der Masse dürfte das in der deutschen Streichgarnindustrie angelegte Kapital aus den eigenen Akkumulationsmitteln hervorgegangen sein. Für die entstehende Fabrikindustrie spielten vor allem die Profite, die die kapitalistischen Unternehmungen im Außenhandel erzielten, eine wesentliche Rolle. Sowohl die rheinische als auch die Lausitzer Tuchindustrie beruhten in hohem Maße auf der Akkumulation der im Außenhandel, insbesondere im Handel mit den Vereinigten Staaten, erzielten Profite. Sowohl Thun als auch Quandt weisen darauf hin, daß die sich im Verlaufe der vierziger und fünfziger Jahre bildenden großen Vermögen in der rheinischen und Lausitzer Tuchindustrie aus dem Tuchexport nach den Vereinigten Staaten herrührten.[219] Dies gilt jedoch nicht nur für diese Industriebezirke, sondern auch, wenn auch nicht im gleichen Ausmaße, für die schlesische und sächsische Tuchindustrie. Bemerkenswert ist, daß die Entwicklung der Fabrikindustrie in Gestalt von Großbetrieben gerade in jenen Zentren und verhältnismäßig früh hervortrat, die sehr starke Außenhandelsbeziehungen pflegten.[220]

Zur Illustration dieser Feststellungen angesichts des absoluten Mangels, direkte Angaben hierzu geben zu können, sei die Entwicklung der Einkommensgruppen nach der Einkommenssteuer in der Stadt Aachen angeführt. Angesichts der beherrschenden Rolle der Streichgarnindustrie in dieser Stadt vermittelt sie doch ein anschauliches, wenn auch kein exaktes Bild der Einkommensentwicklung in der dortigen Wollindustrie.

Während des gesamten Zeitraums stieg die Zahl der zur Einkommenssteuer veranlagten Personen auf fast das Doppelte. Doch stiegen vor allem die höheren Einkommensgruppen besonders rasch. Diejenigen, welche ein Einkommen von mehr als 36000 Mark auswiesen, haben sich bis zum Jahre 1873 verfünffacht, und die nächste

217 *Finkenwirth, K.*, a. a. O., S. 110; *Mitteilungen des Industrievereins für das Königreich Sachsen*, Jg. 1832, S. 242ff.

218 Ebenda.

219 *Thun, A.*, a. a. O., S. 74; *Quandt, G.*, a. a. O., S. 38.

220 Vgl. S. 110 u. S. 173f.

Zur Einkommensteuer veranlagte Personen mit einem Einkommen von[221]

Jahr	3000 bis 4800 Mark	4800 bis 9600 Mark	9600 bis 18000 Mark	18000 bis 36000 Mark	36000 bis 72000 Mark	72000 bis 120000 Mark
1854	379	172	43	13	—	—
1859	358	228	66	20	4	—
1864	452	256	86	23	6	—
1869	546	289	89	40	12	2
1873	639	362	123	56	17	3

Die Zunahme betrug, 1854 = 100 gesetzt:

1859	94	132	153	154	100
1864	119	148	200	176	150
1869	144	168	207	307	350
1873	168	210	286	430	500

darunterliegende Gruppe erreichte mit dem Anstieg auf 430% ein annäherndes Resultat. Wenn wir berücksichtigen, daß diese versteuerten Einkommen nur „annähernd" die tatsächlichen Einkommensverhältnisse wiedergeben, so ist für die Fabrikanten der Aachener Wollindustrie offensichtlich eine günstige Kapitalakkumulation während dieser Jahre anzunehmen.

Neben der Eigenakkumulation schöpfte jedoch die Streichgarnindustrie für ihre Umgestaltung zur Fabrikindustrie und für die Erweiterung ihrer Produktion auch aus den Quellen des Handels- und des Leihkapitals. Das Leihkapital wurde vor allem durch Hypothekenkredite wirksam.[222] Diese beiden zuletzt angeführten Kapitalquellen traten jedoch gegenüber den in der Wollindustrie selbst akkumulierten Mitteln zurück. Nähere Angaben über die Rolle des Handels- und Leihkapitals zu geben ist auf Grund des verarbeiteten Materials an dieser Stelle nicht möglich.

In der deutschen Kammgarnindustrie spielte das Handelskapital verständlicherweise als Kapitalquelle eine wesentlich größere Rolle. Bei den Kammgarnspinnereien läßt sich auch ein größerer Anteil des Bankkapitals nachweisen.[223] Zur Erweiterung der Produktion im Bereich der Kammgarnspinnerei dienten jedoch ebenfalls die

221 *Thun, A.*, a. a. O., S. 74.

222 Dieser Schluß kann aus den Angaben der Gesuche an den Staat entnommen werden; z. B. Schreiben der Kreisdirektion Budissin vom 15. November 1836, in: SLHA-Dresden, M. d. I., Nr 5821; Bericht der Königlichen Regierung Potsdam an den Finanzminister vom 9. Juli 1841, in: DZA-Merseburg, Rep. 120 D IV/6b, Nr 3; Gesuch des Fabrikanten Grunwald vom 13. Februar 1855, in: ebenda, Rep. 120 D IV/7, Nr 20; Schreiben der Firma H. Böttger, Leisnig vom 19. September 1857, a. a. O.

223 Zum Beispiel spielte bei der Erweiterung der Augsburger Kammgarnspinnerei und auch der Leipziger von Hartmann Bankkapital eine wesentliche Rolle (*Wolf, H. R.*, a. a. O., S. 56; *Genzmer, W.*, Augsburger Kammgarnspinnerei, a. a. O., S. 54).

in dem Zweig selbst akkumulierten Mittel.[224] Für die Entstehung der Fabrikindustrie im Bereich der Kammgarnweberei spielte gleichfalls das Handelskapital eine größere Rolle, aber die innerhalb der Kammgarnweberei auf der Basis des Verlages und der Manufaktur akkumulierten Mittel haben zumindest eine ebenso große Bedeutung gehabt. Zum Beispiel weist Beck für die Greizer Kammgarnweberei nach, daß die Verlagsunternehmungen im Verlaufe des zyklischen Aufschwungs der fünfziger Jahre jene Mittel sammelten, die sie für den beginnenden Übergang zur mechanischen Weberei während der sechziger Jahre verwandten.[225]

Die Rolle der Eigenakkumulation in den verschiedenen Bereichen der deutschen Wollindustrie wird in gewissem Umfange unterstrichen, wenn wir die Organisationsform der Betriebe betrachten. Diese Möglichkeit bietet sich uns dank der Gewerbezählung von 1875 für das Ende der industriellen Revolution. Bei der Erfassung der sogenannten Hauptbetriebe mit mehr als 5 Beschäftigten wurde unterschieden, ob sie einzelnen Personen oder Gesellschaften bzw. Kooperationen gehörten. In der nachfolgenden Übersicht geben wir die Ergebnisse dieser Ermittlung wieder:

Zweig	Zahl der Hauptbetriebe	davon einzelnen Personen gehörig absolut	in %	Gesellschaften etc. gehörig absolut	in %
Streichgarnspinnereien und -webereien	1.481	943	64	537	36
Kunstwollfabriken	77	47	61	30	39
Kammgarnspinnereien	411	243	59	167	41
Kammgarnwebereien	592	339	57	253	43

In allen Bereichen überwogen im Jahre 1875 noch die „Einzelbetriebe". Dies ist um so bemerkenswerter, als inzwischen die Gründerjahre in ihrem Bestreben, durch die Umwandlung bestehender Betriebe in Aktien- oder Kommanditgesellschaften neue Profitquellen für die Gründer zu erschließen, auch über die Wollindustrie hinweggegangen waren. Am verbreitetsten waren die „Einzelbetriebe", wie die Tabelle zeigt, in der Streichgarnindustrie. Fast zwei Drittel befanden sich in den Händen von einzelnen Personen. Selbst wenn wir von diesen Durchschnittsangaben abgehen und die einzelnen Zentren betrachten, ändert sich an dem Gesamtbild wenig. Was die Streichgarnindustrie betraf, so befanden sich die „Einzelbetriebe" lediglich in den Regierungsbezirken Aachen und Düsseldorf mit 42 bzw. 32% in der Minderheit.

Wenn also selbst gegen Ende der industriellen Revolution die „Einzelbetriebe" noch überwogen, so können wir den berechtigten Schluß ziehen, daß Betriebsformen, wie Kommandit- und Aktiengesellschaft, bei dem Aufbau der Fabrikindustrie innerhalb der Wollindustrie keinen dominierenden Platz eingenommen haben.

224 Dafür geben vor allem die Weißschen Kammgarnspinnereien ein beredtes Beispiel (vgl. *Haendly, K.*, a. a. O., S. 290ff.).

225 *Beck, F.*, a. a. O., S. 84.

Zugleich ist daraus zu entnehmen, daß für den Aufbau und die weitere Entwicklung dieser Industrie die eigenen Akkumulationsquellen eine wesentliche Rolle spielten. Die Umwandlung von Einzelunternehmen in Gesellschaften diente doch in der Regel der Kapitalbeschaffung für die notwendige Erweiterung.[226]

In gewissem Umfange ist das in der deutschen Wollindustrie angelegte Kapital auch aus der Staatskasse der einzelnen deutschen Staaten geflossen. Hierbei waren die Formen recht unterschiedlich, und sie reichten von faktischen Geldgeschenken über zinsfreie und verzinsbare Darlehen bis zur Übergabe von einzelnen Maschinen oder zur Gründung von Staatsbetrieben. Solche Formen der staatlichen Unterstützung an einzelne Wollfabrikanten oder Handwerker des Wollgewerbes sind im wesentlichen aus allen deutschen Staaten, in denen die Wollgewebefabrikation eine gewisse Rolle spielte, nachweisbar. Am ausgeprägtesten waren diese Methoden jedoch in Preußen. Die Gewährung von Darlehen wie die Übergabe der für die Errichtung von Manufakturen bzw. Fabriken notwendigen Geldfonds fanden in Preußen vor allem in der Vorbereitungsperiode der industriellen Revolution statt. So wurden vom preußischen Staat für die Errichtung einer Manufaktur für Kammgarngewebe die notwendigen Mittel einem Kaufmann übergeben, und nach zehnjährigem Betrieb sollte dieses Unternehmen Privateigentum werden.[227] Im Jahre 1833 erhielt eine Gruppe Tuchmachermeister in Goldberg vom preußischen Staat ein Darlehen in Höhe von 10000 Talern für die Errichtung einer Maschinenspinnerei.[228] Für den gleichen Zweck erhielt im gleichen Jahr der schlesische Kaufmann Lindheim eine Unterstützung von 4000 Talern.[229] Diese mit staatlichen Mitteln errichtete Lindheimsche Streichgarnspinnerei ging nach sechsjährigem Betrieb vertragsgemäß in das Eigentum des Kaufmanns über.[230] Beispiele für die Übergabe von staatlichen Darlehen zur Errichtung von Fabriken sind auch aus Sachsen und Hannover bekannt. So erhielten 1837 die Tuchmacher C. G. Trnöl und Ch. G. Grohmann zum Bau einer Streichgarnspinnerei und Walke ein Darlehen von 2000 Talern,

226 Vgl. hierzu *Blumberg, H.*, Die Finanzierung der Neugründungen und Erweiterungen von Industriebetrieben in Form der Aktiengesellschaften während der fünfziger Jahre des 19. Jahrhunderts in Deutschland, am Beispiel der preußischen Verhältnisse erläutert, in: Mottek/Blumberg/Wutzmer/Becker, a. a. O., S. 181f.

227 Für diese Manufaktur in Luckenwalde, die mit 36 Webstühlen arbeitete, stellte der preußische Staat 18000 Taler zur Verfügung (Schreiben von Beuth vom 10. September 1834, in: DZA-Merseburg, Rep. 120 D IV/6b, Nr 18).

228 Diese 10000 Taler wurden als zinsfreies Darlehen gegeben, und nach zehnjährigem Betrieb der Spinnerei sollte die Rückzahlpflicht erlöschen, was dann auch eintrat (Schreiben der Tuchfabrikanten Willenberg, Kühn etc. vom 14. Juni 1824 an Minister Graf v. Bülow und Schreiben an den Minister von Schuckmann vom 14. April 1833, in: DZA-Merseburg, Rep. 120 D IV/7, Nr 1).

229 Schreiben von H. D. Lindheim an Beuth vom 4. Oktober 1833 und nachfolgender Schriftverkehr, in: DZA-Merseburg, Rep. 120 D IV/7, Nr 18. – Beispiele aus der Lausitzer Tuchindustrie führt *Quandt, G.*, a. a. O., S. 28, an.

230 Ebenda.

das nach fünf Jahren in Raten zurückgezahlt werden mußte.[231] Der Württemberger Staat zahlte z. B. 1834 an die Firma Merkel & Wolf ein zinsfreies Darlehen von 10000 Gulden zur Einführung der Merinoweberei in Württemberg.[232] Der Göttinger Tuchmachergilde gewährte der Staat 1837 ebenfalls eine Beihilfe zur Hebung der Appretur, und im Jahre 1848 erhielt sie ein staatliches Darlehen von 8000 Talern zur Errichtung einer Spinnerei.[233]

Aus den angeführten Beispielen ist zu ersehen, wie bis in die Hauptperiode der industriellen Revolution hinein staatliche Mittel zur Errichtung von kapitalistischen Betrieben, insbesondere von kapitalistischen Fabriken, dienten, die jedoch Privateigentum blieben. Die Gründung staatlicher Betriebe im Bereich der deutschen Wollindustrie spielte hingegen keine Rolle. Lediglich aus Preußen sind zwei Fabriken bekannt, die als staatliche Betriebe mit privater Beteiligung gegründet wurden, jedoch Ende der vierziger Jahre ebenfalls in Privathand übergingen. Hierbei handelte es sich um die im Jahre 1841 gegründete Kammgarnspinnerei der Königlichen Seehandlung und die mechanische Kammgarnweberei in Wüste-Giersdorf.[234]

Eine größere Rolle als staatliche Darlehen spielte besonders in den dreißiger und vierziger Jahren die Übergabe von Maschinen an einzelne Fabrikanten der deutschen Wollindustrie. In dieser Form hat eine große Zahl von kapitalistischen Unternehmern und in geringerem Maße von Handwerkern eine unmittelbare Unterstützung zur Errichtung bzw. Vervollkommnung ihrer Unternehmen durch den Staat erhalten.[235] Da es sich, zumindest in Preußen, bei diesen Maschinen um die modernsten ihrer Art handelte, hatte es neben der unmittelbaren Unterstützung des Beschenkten zugleich Bedeutung für den technischen Fortschritt innerhalb der preußischen Wollindustrie. In den anderen deutschen Staaten haben die Maschinen-

231 Schreiben an das Innenministerium vom 1. Oktober 1847, in: SLHA-Dresden, M. d. I., Nr 5821.

232 *Ein Jahrhundert Arbeit und Erfolg,* a. a. O., S. 15f.

233 *Höttemann, W.,* a. a. O., S. 87.

234 Vgl. Bericht vom 30. Januar 1849 von Bloch, in: DZA-Merseburg, Rep. 109 B II, Nr 84, und Vertrag zwischen der Königlichen Seehandlung und der Handlung Franz Großmanns Söhne vom 20. September 1839, in: DZA-Merseburg, Rep. 109 B IV, Nr 40. – Die Breslauer Kammgarnspinnerei repräsentierte 1849 ein Anlagekapital von 131600 Talern und wurde für 67000 Taler verkauft (Antrag an den König vom 4. Juli 1849 und Kabinetsordre vom 11. Juli 1849, in: ebenda, II, Nr 84). – Die mechanische Weberei in Wüste-Giersdorf wurde 1848 in den Büchern der Seehandlung mit 723760 Taler geführt und im Mai 1849 an die Wollwarenhandlung N. Reichenheim & Sohn für 214000 Taler verkauft. Der Käufer mußte die Kaufsumme in Raten bis zum 1. April 1859 tilgen (Bericht von Bloch vom 30. Januar 1849; Verkaufsvertrag vom 26. Mai 1849, in: ebenda).

235 Vgl. die Einführung und Verteilung verbesserter Tuchwebstühle, a. a. O., Nr 5 u. 38; Die Beförderung der Tuch- und Wollzeugfabrikation, Appretur- und Spinnanstalten im Reg.- Bez. Düsseldorf, in: ebenda IV/10, Nr 2; Die Tuchfabrikation in Potsdam bzw. in Brandenburg und die bewilligten Unterstützungen, in: ebenda, IV/6b, Nr 2 u. 3; Übersicht der vor allem in den vierziger Jahren gewährten Unterstützungen, in: DZA-Merseburg, Rep. 120 D II, Nr 86, Adh.

geschenke nicht eine solch große Rolle gespielt, sondern hier traten oft Prämien für die Anwendung neuer Maschinen an ihre Stelle. So zahlte z. B. der sächsische Staat in den dreißiger Jahren Prämien zumeist in Höhe von 50 Talern für die erste Anwendung von Appreturmaschinen.[236] Auch in Preußen handelte es sich bei den Maschinengeschenken in den dreißiger und vierziger Jahren in erster Linie um Appreturmaschinen für die Tuchindustrie. Mit der Annahme dieser Maschinen verpflichteten sich die Unternehmer in Preußen zu einer sechsjährigen fortwährenden Anwendung und zur Vorführung dieser Maschinen für Personen, die vom preußischen Staat zu ihnen geschickt wurden.[237] Bei Einhaltung dieser Verpflichtung gingen diese Maschinen nach sechs Jahren in Privateigentum über. In den fünfziger und sechziger Jahren hat eine unmittelbare finanzielle Unterstützung der deutschen Wollindustrie seitens der einzelnen deutschen Staaten nur eine untergeordnete Rolle gespielt. Jedoch in Form von Zollermäßigung für eingeführte Maschinen erleichterten die Staaten auch noch in dieser Zeit die Erweiterung und Modernisierung kapitalistischer Betriebe.[238]

Wenn auch für den einzelnen Unternehmer die staatlichen Zuwendungen teilweise eine bedeutende Rolle spielten, so haben doch die staatlichen Mittel nur einen sehr geringen Anteil an dem in der Hauptperiode der industriellen Revolution angelegten Kapital im Bereich der deutschen Wollindustrie beansprucht.

III. Die Entwicklung der Produktion der deutschen Wollindustrie und die ihres Marktes

Wenn uns das voranstehende Kapitel die Einsicht in die qualitativen Veränderungen innerhalb der von uns untersuchten Produktionszweige vermittelte, so fehlen uns bisher die Kenntnisse über den historischen Hintergrund dieses Prozesses. Wie wir sahen, wurde die Produktion von Wollgeweben in der Phase der industriellen Revolution auf eine neue, qualitativ höhere technische Grundlage gestellt, die zu entscheidenden Veränderungen in den Produktionsverhältnissen führte. Bis zum Ende der industriellen Revolution trug auch in unseren Zweigen die kapitalistische Warenproduktion in ihrer höchsten Form, der Fabrikproduktion, den Sieg über die einfache, aber auch selbst über die niederen Formen der kapitalistischen Waren-

236 Vgl. Prämiengesuch vom 4. Januar 1836 an das Innenministerium von der Kreisdirektion Zwickau und die nachfolgenden Prämienbescheide, in: SLHA-Dresden, M. d. I., Nr 5763.

237 Vgl. Schreiben an die Königliche Regierung in Stralsund vom 3. Januar 1845, in: DZA-Merseburg, Rep. 120 D I/1, Nr 30. – Die darin geschilderten Bedingungen für die Verleihung von Maschinen fanden sich bei allen konkreten Verleihungen an die einzelnen Unternehmer der preußischen Wollindustrie wieder.

238 Vgl. z. B. Anm. 59. – Die Augsburger Kammgarnspinnerei konnte durch solche gewährten Zollerleichterungen im Jahre 1850 bei ihrem Maschinenimport 4000 Gulden einsparen (*Schmid, J.*, Die Augsburger Kammgarnspinnerei und ihre Stellung in der deutschen Wollindustrie. Diss. Würzburg 1923, S. 83).

produktion weitgehend davon. Diese sich entwickelnde Produktion war also kapitalistische *Waren*produktion, d. h. Produktion, deren Bestimmung der Verkauf zur Realisierung des in ihr gewonnenen Mehrwerts (Profit) war. Dieser Verkauf spielte also eine entscheidende Rolle und übte einen wesentlichen Einfluß auf die Entwicklung dieser kapitalistischen Warenproduktion aus. Die nachfolgende Untersuchung muß sich demzufolge auf diese Fragen orientieren. Mit anderen Worten: Wir müssen uns den Marktverhältnissen und ihrer Entwicklung für unseren Industriezweig in der von uns betrachteten Periode zuwenden. Eine solche Erörterung ist für das richtige Verständnis der im voranstehenden Kapitel behandelten Entwicklung unerläßlich. Vieles wird erst auf diesem Wege voll sichtbar; denn wir müssen hierbei den Hinweis von Friedrich Engels beachten: „Es herrscht Anarchie der gesellschaftlichen Produktion. Aber die Warenproduktion, wie jede andere Produktionsform, hat ihre eigentümlichen, inhärenten, von ihr untrennbaren Gesetze; und diese Gesetze setzen sich durch, trotz der Anarchie, in ihr, durch sie. Sie kommen zum Vorschein in der einzigen *fortbestehenden Form des gesellschaftlichen Zusammenhanges, im Austausch,* und machen sich geltend gegenüber den einzelnen Produzenten *als Zwangsgesetze der Konkurrenz.*“[1] Allein der sozialökonomische Umwälzungsprozeß unterstreicht die tiefe Wahrheit dieser Worte. Zweifellos waren nicht die Marktverhältnisse jener Jahrzehnte, denen wir unsere nähere Aufmerksamkeit schenken, die Ursache für die Vernichtung des selbständigen Handwerks in diesem Produktionsbereich, sondern die höhere Produktivität der Fabrik, aber dieser Prozeß vollzog sich im Konkurrenzkampf auf dem *Markt.* Doch ist hierbei nicht unwesentlich, in welchem Umfange sich dieser Markt für Wollwaren im Vergleich zur Entwicklung der kapitalistischen Wollwarenproduktion entfaltete. Davon hing doch die Stärke der kapitalistischen Konkurrenz ab, die den Waren der selbständigen Handwerker entgegentrat. Die Entwicklung der Marktverhältnisse erleichtert uns, den Reifegrad der sich entwickelnden kapitalistischen Warenproduktion einzuschätzen, da sie uns den Umfang des Wirkens der Gesetze der kapitalistischen Produktionsweise signalisiert. Hierfür sind vor allem die zyklischen Überproduktionskrisen und ihr Ausmaß, das sie in unserem Zweig erreichten, von erstrangiger Bedeutung, weshalb wir ihnen unsere besondere Aufmerksamkeit schenken müssen; kommt doch in diesen Krisen der Hauptwiderspruch der sich entwickelnden neuen Produktionsweise, „der Widerspruch zwischen gesellschaftlicher Produktion und kapitalistischer Aneignung zum gewaltsamen Ausbruch“.[2] Sowenig sich die Produktion in einem Zweig unabhängig von der in den anderen entwickelte, sowenig traf dies für die Entwicklung des Marktes zu. Auch der Markt für die Produkte eines einzelnen Zweiges entfaltete sich auf der Grundlage der Bewegung der gesamten Volkswirtschaft. Wenn wir den inneren Markt und seine Veränderungen in der von uns betrachteten Zeit ernsthaft untersuchen wollen, so können wir auf diesen Zusammenhang nicht verzichten, sondern wir müssen ihn zum Ausgangspunkt wählen.

1 *Engels, F.*, Herrn Eugen Dührungs Umwälzung der Wissenschaft („Anti-Dühring“), in: Marx/Engels, Werke, Bd 20, Berlin 1962, S. 253 (Hervorhebung von mir — H. B.).

2 Ebenda, S. 257.

Für das Verständnis der Entwicklung der Wollwarenproduktion in Deutschland und der in ihr stattgefundenen qualitativen Veränderungen sozialökonomischer Natur reicht dies jedoch nicht aus. So wie der äußere Markt für die Entwicklung des Kapitalismus in einem Lande eine wesentliche Rolle spielte, so galt dies prinzipiell auch für die einzelnen Zweige der kapitalistischen Industrie, da der Kapitalismus im Gegensatz zu den vorangegangenen Produktionsweisen selbst den nationalen Rahmen des Marktes sprengte. „Der äußere Markt ist notwendig", so erklärte uns Lenin, „weil der kapitalistischen Produktion das Streben nach *schrankenloser* Erweiterung *eigen* ist im Gegensatz zu allen alten Produktionsweisen, die an die Grenzen der Dorfgemeinde, des Erbgutes, des Stammes, des Territoriums oder des Staates gebunden waren."[3]

Es ist demzufolge eine Vielzahl von Problemen, mit denen wir uns in diesem Kapitel beschäftigen müssen, und wenn den Leser eine Fülle von Einzelheiten bestürmt, so sollte er hierbei doch nicht vergessen, daß unser konkretes Bild, das wir über die wirtschaftliche Entwicklung Deutschlands jener wichtigen Jahrzehnte besitzen, noch sehr lückenhaft ist. Viele auftretenden Störungen in der Produktionsentwicklung der deutschen Wollindustrie und darüber hinaus in der gesamten Wirtschaft sind, soweit überhaupt bekannt, noch wenig geklärt. Ihr Verständnis setzt jedoch die Kenntnis des Details voraus.

1. *Produktion und Markt gegen Ende der Vorbereitungsperiode der industriellen Revolution (Überblick)*

a) Die Entwicklung des inneren Marktes während der zwanziger Jahre und zu Beginn des vierten Jahrzehnts

Die Nachfrage nach Wollwaren und damit der innere Markt für die deutsche Wollindustrie jener Zeit waren noch relativ gering entwickelt. Das wichtigste Konsumtionsmittel, das die Masse der deutschen Bevölkerung von der Wollindustrie bezog, war das Tuch. Der Konsument erwartete von diesem reinwollenen Erzeugnis eine große Haltbarkeit und damit eine lange Lebensdauer.[4] Das tuchene Kleidungsstück begleitete demzufolge den Konsumenten, soweit er der werktätigen Bevölkerung entstammte, den größten Teil seines Lebens und diente darüber hinaus nicht selten später den Kindern noch als Kleidungsstück. Daraus resultierte der geringe Wollgewebeverbrauch dieser Zeit, der aber zugleich auch Ausdruck der Armut der Masse der Bevölkerung war. Die herrschenden sozialökonomischen Verhältnisse drückten den Wollwarenverbrauch auf ein Minimum.

Deutschland war zwar ein volkreiches Land mit etwa 23 Millionen Einwohnern[5], aber die überwältigende Mehrheit – mehr als 70%[6] – lebte auf dem Lande und

[3] *Lenin, W. I.*, Zur Charakteristik der ökonomischen Romantik, in: Werke, Bd 2, Berlin 1963, S. 158.

[4] Vgl. *Lehmann, H.*, Die Textilindustrie, in: Die Rheinprovinz 1815–1915, Bd 1, Bonn 1917, S. 401.

[5] *Obermann, K.*, Deutschland von 1815 bis 1849. Lehrbuch der deutschen Geschichte (Beiträge), Bd 6, Berlin 1961, S. 431f.

[6] Ebenda, S. 7.

erwarb ihren Lebensunterhalt zumeist recht notdürftig in der Landwirtschaft. Wenngleich sich die feudalen Produktionsverhältnisse in der Auflösung befanden und die Leibeigenschaft in großen Teilen Deutschlands weitgehend beseitigt war, so steckten doch die Herausbildung kapitalistischer Prloduktionsverhältnisse in der Landwirtschaft und die Bildung selbständiger bäuerlicher Wirtschaften noch in den Anfängen. Soweit überhaupt kapitalistische Produktionsverhältnisse in der Landwirtschaft bestanden, waren sie stark mit feudalen Ausbeutungsmethoden verbrämt, und die bereits vorhandenen selbständigen Bauernwirtschaften litten unter der Belastung der aus der Ablösung der feudalen Knechtschaftsverhältnisse herrührenden Forderungen der Großagrarier. Die ländliche Bevölkerung war weitgehend gezwungen, die vielfältigen Formen der Naturalwirtschaft beizubehalten, da ihnen einerseits zum Kauf von Waren nur geringe Mittel zur Verfügung standen und andererseits die mehr oder weniger noch bestehende feudale Ausbeutung, die Unwissenheit und die Armut sie zur Beibehaltung der rückständigen Produktionsmethoden – soweit sie Bauern waren – zwangen, so daß sie im Winter für solche Nebenarbeiten noch hinreichend Zeit besaßen. Zumindest ein Teil ihres Bedarfs an wollener Kleidung wurde aus der eigenen Wolle von ihnen selbst erzeugt. Allerdings war die Herstellung von Wollgeweben für den eigenen Bedarf bei der bäuerlichen Bevölkerung nicht so stark ausgebildet wie die von Leinengeweben. 1834 zählte man in Preußen 3549 nebengewerblich betriebene Wollwebstühle, wovon wiederum fast die Hälfte auf die beiden Agrarprovinzen Preußen und Pommern entfiel.[7] Trat deshalb die ländliche Bevölkerung in jener Zeit als Käufer für die sich entwickelnde kapitalistische Warenproduktion im außeragrarischen Bereich nur in geringem Umfang auf, so galt dies noch mehr für die relativ teuren Wollwaren.

Etwas stärker war die Nachfrage nach den Erzeugnissen des Wollgewerbes in den Städten, waren doch hier die Austauschbeziehungen infolge der anderen Lebensweise schon entwickelter. Aber auch in diesem Bereich dürfen die naturalwirtschaftlichen Verhältnisse nicht übersehen werden, bewahrten doch auch zu jener Zeit eine große Zahl deutscher Städte noch ihren weitgehend ländlichen Charakter. Eine gewisse Rolle für die Nachfrage nach Wollwaren spielte der Bedarf der deutschen Staaten vor allem für das Militär.

Der Pro-Kopf-Verbrauch lag 1831 demzufolge nur bei einer Elle Wollgewebe, während der Verbrauch an Leinwand und Baumwollware mit 6 bzw. 7 Ellen angegeben wurde.[8] Zu Beginn der zwanziger Jahre dürfte er kaum davon abgewichen sein. Obendrein war die vorhandene geringe Nachfrage nach Wollwaren infolge der nationalen Zersplitterung und der daraus resultierenden zwischenstaatlichen Zolllinien, die nicht selten durch solche innerhalb der einzelnen Staaten ergänzt wurden, sehr dezentralisiert und stand den bereits herausgebildeten Zentren der Wollverarbeitung mit überlokaler Bedeutung nicht unmittelbar zur Verfügung.

7 *Dieterici, C. F. W.*, Statistische Übersicht der wichtigsten Gegenstände des Verkehrs und Verbrauches im preußischen Staate und im Zollverband in dem Zeitraum von 1837 bis 1839 (im folgenden: Statistische Übersicht), 1. Fortsetzung, Berlin-Posen-Bromberg 1842, S. 330.

8 *Lehmann, H.*, a. a. O., S. 395.

Dieser geschilderte Zustand des inneren Marktes für die Wollindustrie bzw. für das Wollgewerbe traf im wesentlichen für die gesamte jetzt betrachtete Periode zu. Obwohl in diesen Jahren die Bevölkerung Deutschlands erheblich anwuchs, und zwar von 1820 bis 1830 auf rund 30 Millionen (einschließlich Elsaß-Lothringens)[9], kam es zu keiner nennenswerten Ausdehnung des inneren Marktes. Die im Verlaufe des dritten Jahrzehnts herrschende Agrarkrise führte zu einer Verschlechterung der Lebenslage der ländlichen Bevölkerung und hatte einen Rückgang ihrer Nachfrage nach Wollwaren zur Folge. Der Einfluß dieser den wichtigsten Zweig der deutschen Volkswirtschaft treffenden Krise auf die anderen Wirtschaftszweige im Zusammenwirken mit einigen anderen Faktoren, auf die hier nicht näher eingegangen werden soll, schloß einen Aufschwung der außeragrarischen Produktion im wesentlichen aus,[10] weshalb eine Ausdehnung der Nachfrage nach Wollgeweben auch in diesem Bereich nicht angenommen werden kann.

Die während jener Jahre feststellbaren sinkenden Wollpreise bildeten nicht die Grundlage einer steigenden Nachfrage, sondern waren Ausdruck der schwierigen Absatzverhältnisse im Wollgewerbe. Für eine solche positive Wirkung für die Nachfrage nach Wollwaren war der Preisfall nicht anhaltend genug.

Vergleichen wir den jährlichen Durchschnittspreis der Jahre 1815 bis 1819 mit dem der Jahre 1820 bis 1824, so zeigen die Wollpreise auf dem Berliner und Breslauer Wollmarkt zwar eine Verminderung um 9% (extra feine Wolle) bzw. 11% (feine Wolle), aber in den Jahren 1825 bis 1829 überboten die Wollpreise wieder den Stand der Jahre 1815 bis 1819.[11] Lediglich bei ordinären Wollen hielt der Preisfall auch in der zweiten Hälfte des dritten Jahrzehnts noch an.[12]

Die wirtschaftliche und politische Zersplitterung Deutschlands und die Vielzahl der Zollinien, die das deutsche Wirtschaftsgebiet zerschnitten, hemmten gleichfalls die Entwicklung des inneren Marktes und führten nicht selten zur künstlichen Trennung der Hauptproduktionszentren von denen der Konsumtion. In der zweiten Hälfte der zwanziger und zu Beginn der dreißiger Jahre verstärkten sich in gewissem Umfange diese hemmenden Momente. Einerseits brachten zwar die sich herausbildenden geschlossenen Zollterritorien (Preußisch-Hessischer Zollverein, Süddeutscher Zollverein, Mitteldeutscher Handelsverein) eine gewisse Erleichterung innerhalb dieser Gebiete, aber sie erschwerten andererseits den Verkehr untereinander, was sich insbesondere für die sächsische und preußische Wollindustrie nachteilig auswirkte, da sie von dem aufnahmefähigen süddeutschen Markt ausgeschlossen blieben.[13]

9 *Statistisches Jahrbuch für das Deutsche Reich*, Jg. 1, 1880, Berlin 1880, S. 5 (Bevölkerung in den Grenzen des Deutschen Reiches von 1871).

10 Vgl. *Mottek, H.*, Einleitende Bemerkungen, a. a. O., S. 25; *Sartorius von Waltershausen, A.*, Deutsche Wirtschaftsgeschichte 1815–1914, 2. veränd. Aufl., Jena 1933, S. 31ff.

11 *Jahrbuch für die Amtliche Statistik des Preußischen Staats*, Jg. 2, Berlin 1867, S. 102 u. 106.

12 Ebenda.

13 *Quandt, G.*, Die Niederlausitzer Schafwollindustrie in ihrer Entwicklung zum Großbetrieb und zur modernen Technik, in: Staats- und sozialwissenschaftliche Forschungen, Bd 13, H. 3, Leipzig 1895, S. 34; *Thieme, W.*, Eintritt Sachsens in den Zollverein und seine wirtschaftlichen Folgen, Diss. Leipzig 1914, S. 53; *Thun, A.*, Die Industrie am Nieder-

Für die Entwicklung der Nachfrage nach wollenen Erzeugnissen wirkte sich weiterhin der Umstand nachteilig aus, daß entsprechend der geringen kapitalistischen Entwicklung Deutschlands die Mode und damit ihre belebende Wirkung auf die Absatzgestaltung eine noch unbedeutende Rolle spielten.

Zusammenfassend läßt sich feststellen: Im Verlaufe des dritten Jahrzehnts ist es zu keiner Ausdehnung der Nachfrage nach Wollwaren gekommen, sondern ein gewisser Rückgang muß vor allem während seiner ersten Hälfte (der Hauptperiode der Agrarkrise) angenommen werden.

Im ersten Jahr des vierten Jahrzehnts kam es zu einer gewissen Belebung der Nachfrage nach Wollwaren. Soweit es die Tuche betraf, war diese Belebung auf zeitweilig wirkende Faktoren zurückzuführen, die, soweit sie auf dem inneren Markt wirksam wurden, mit den 1830 einsetzenden Rüstungen (Juli-Revolution in Frankreich) zusammenhingen.[14] Dadurch wuchs der Bedarf nach Militärtuchen. Allerdings gingen zunächst von den revolutionären Ereignissen in Frankreich, die auch die politische Lage in Deutschland beeinflußten, Störungen aus, die die deutsche Wollindustrie dort besonders trafen, wo die Belebung des Klassenkampfes zu direkten Auseinandersetzungen zwischen den Arbeitern und den Besitzern der Wollmanufakturen bzw. Fabriken führte.[15] Da in den nachfolgenden Jahren dieser Faktor unwirksam wurde, änderte sich die Situation für Tuche auf dem inneren Markt nur wenig im Vergleich zu den zwanziger Jahren. Das Überwinden der Agrarkrise wirkte sich allerdings bereits in jenen Jahren günstig aus. Für Kammgarnartikel bestand schon in den ersten Jahren des dritten Jahrzehnts eine größere Nachfrage, da solche Stoffe stärker als vorher zur Oberbekleidung benutzt wurden.

b) Der schrumpfende Absatz auf dem äußeren Markt während des dritten Jahrzehnts

Angesichts des niedrigen Niveaus des inneren Marktes und seiner Zersplitterung wurden diejenigen Zentren unserer Industriezweige, deren Entwicklungsstand den des inneren Marktes in gewissem Sinne bereits übertraf, mit ihren Waren auf den äußeren Markt gedrängt. Die politische und die daraus erwachsende wirtschaftliche Zerstückelung Deutschlands mußten diesen Drang für manche der Zentren verstärken, da ihre Waren bei der Suche nach Konsumenten dann weniger Zollschranken zu überwinden hatten. Deshalb trifft Bondi für das Verhältnis von Außenhandel und Industrie in der Zeit vor dem deutschen Zollverein die wichtige Feststellung: „Durch Struktur, geographische Lage und vor allem durch die geringe kapitalistische Ent-

rhein und ihre Arbeiter, T. 1: Die linksrheinische Textilindustrie, in: Staats- und sozialwissenschaftliche Forschungen, H. 2 (der ganzen Folge siebentes Heft), Leipzig 1879, S. 25.

14 *Quandt, G.*, a. a. O., S. 35; *Gülich, G. v.*, Die gesamten gewerblichen Zustände in den bedeutendsten Ländern der Erde während der letzten zwölf Jahre, Bd 2, Jena 1844, S. 362.

15 Vgl. *Hobusch, E.*, 800 Jahre Geschichte des Burger Tuchgewerbes, in: Veröffentlichungen zur Burger Geschichte, H. 2/3, Burg 1954, S. 19f.

wicklung Deutschlands war diese Industrie sehr stark vom Außenhandel abhängig."[16] Die Absatzgestaltung für deutsche Wollwaren auf dem äußeren Markt nahm keinen geringen Einfluß auf die Entwicklung der deutschen Wollwarenproduktion. Dieser Einfluß war jedoch im Verlaufe der zwanziger Jahre überwiegend nachteilig. Als Hauptexportgebiet für die deutsche Wollindustrie zu jener Zeit galten der *europäische Kontinent* und der *Orient*.

Für eine Reihe Tuchproduktionszentren spielte in den beiden ersten Jahrzehnten des vorigen Jahrhunderts, vor allem gegen Ende des zweiten, der Export nach Polen und Rußland sowie unter Vermittlung dieser Länder die Ausfuhr nach China eine bedeutende Rolle. Dies trifft vor allem für die Lausitzer, schlesische und sächsische Tuchindustrie, aber auch für das Gera-Greizer Wollwarenzentrum zu. Es war vor allem der Transithandel nach China, der für die Tuchindustrie in Ostdeutschland von Bedeutung war. Es nimmt deshalb nicht wunder, daß in den Verhandlungen zwischen dem preußischen und dem russischen Staat jener Zeit das Streben nach Erleichterung für denselben einen wichtigen Platz einnahm.[17] Die folgenden Angaben gewähren einen Einblick in die Entwicklung dieses Tuchtransithandels gegen Ende des zweiten Jahrzehnts[18]:

1817: 407000 Arschin im Werte von 2208000 Rbl.
1818: 1025000 Arschin im Werte von 5974000 Rbl.
1819: ca. 828000 Arschin im Werte von 4000000 Rbl.

Dieser Tuchtransithandel war nach Brinkmann „der Hauptzweig des preußischen Ausfuhrhandels nach Rußland".[19] Die unmittelbare Ausfuhr nach dorthin blieb jedoch schwierig; denn die Tuche wurden mit einem hohen Zoll belegt, und die Einfuhr von schwarzem feinem Tuch war ganz verboten.[20] Ein vernichtender Schlag wurde diesem Tuchexport jedoch erst mit dem neuen russischen Zolltarif von 1822 zugefügt. Wenn zunächst auch für ein weiteres Jahr die Wollwareneinfuhr in Höhe von 7000 Pud und der Transit von 600000 Arschin nach China zu den alten Bedingungen für Preußen gewährt wurden[21], so brachte er doch das legale Exportgeschäft zum Erliegen.[22] Vor allem die Lausitzer und die schlesische Wollindustrie wurden dadurch schwer geschädigt, da sie damit einen wichtigen traditionellen Absatzmarkt verloren. Dies hatte die Auswanderung zahlreicher brandenburgischer, schlesischer und

16 *Bondi, G.*, Deutschlands Außenhandel 1815–1870, Berlin 1958, S. 37.

17 Vgl. die Ausführungen bei *Brinkmann, C.*, Die preußische Handelspolitik vor dem Zollverein und der Wiederaufbau vor hundert Jahren, Berlin-Leipzig 1922, S. 57ff.

18 Ebenda, S. 78.

19 Ebenda, S. 206.

20 Ebenda, S. 78.

21 *Zimmermann, A.*, Geschichte der preußisch-deutschen Handelspolitik, Oldenburg-Leipzig 1892, S. 72.

22 Diese russischen Zollmaßnahmen führten in den Jahren nach 1822 zur schnelleren Entwicklung einer eigenen Tuchindustrie, soweit dies unter den feudalen Fesseln überhaupt möglich war. Bei *Wittschewsky, V.*, Rußlands Handels-, Zoll- und Industriepolitik von Peter dem Großen bis auf die Gegenwart, Berlin 1905, S. 72, und bei *Brinkmann, C.*, a. a. O., S. 208, finden sich u. a. diesbezügliche Angaben.

sächsischer Tuchmachermeister nach Polen und Rußland zur Folge.[23] Was von dem Tuchexport nach 1822 blieb, war ein beträchtlicher Schmuggel. Dieser war insgesamt gesehen (also einschließlich anderer Waren) so groß, „daß er . . . eine gewisse volkswirtschaftliche Bedeutung" hatte.[24] Gewisse Erleichterungen im Transithandel nach China brachten die neuen Handelsvereinbarungen zwischen Rußland und Preußen vom Jahre 1825, in denen Rußland die Einfuhr einiger Tuchsorten nach China im Transithandel gestattete.[25] Bezüglich der Handelsbeziehungen zu dem großen östlichen Nachbarn war das jedoch der einzige Lichtblick für die deutsche Wollindustrie während der zwanziger Jahre.

Im gleichen Jahrzehnt litt auch der Handel nach dem Orient[26], teils verursacht durch die Erschwerung des Transithandels seitens Österreich[27] und später des süddeutschen Zollvereins[28], teils aber auch infolge der dortigen zeitweilig ungünstigen politischen Verhältnisse. Im Vergleich zum Rußlandhandel nahm jedoch der Orienthandel während der zwanziger Jahre wohl einen positiveren Verlauf.[29]

Der Ausbau des Schutzzollsystems in nahezu allen europäischen Staaten bot für die deutsche Wollindustrie kaum Möglichkeiten, ihren Export zu steigern. Im Gegenteil, er ging nicht nur nach dem Osten, sondern auch nach dem Norden zurück.[30] Der größeren Entwicklung des Überseehandels stand gleichfalls eine Reihe Schwierigkeiten entgegen. Einmal hemmten die häufigen Bürgerkriege in Südamerika die Aufnahme normaler Handelsbeziehungen mit diesem Gebiet, zum anderen benachteiligte die von den deutschen Staaten, insbesondere von Preußen, betriebene Politik der Nichtanerkennung der neuen, von den Kolonialmächten Spanien und Portugal losgesagten Staaten den deutschen Handel gegenüber dem britischen.[31] Der Handel mit den Vereinigten Staaten wurde durch den Ausbau des dort bestehenden Schutzzollsystems ebenfalls behindert.[32]

23 *Quandt, G.*, a. a. O., S. 26; Bericht des Magistrats zu Creutzburg vom 9. September 1844, in: Deutsches Zentralarchiv, Abteilung Merseburg (im folgenden: DZA-Merseburg), Rep. 120 D IV/7, Nr 20.

24 *Kuczynski/Wittkowski*, Die deutsch-russischen Handelsbeziehungen in den letzten 150 Jahren, Berlin 1947, S. 21; vgl. dazu auch *Zimmermann, A.*, a. a. O., S. 75. – Auf S. 88 seines angeführten Werkes führt Zimmermann aus: „In den seltensten Fällen wurden die Schleichhändler, die meist mit russischen Beamten im Einverständnis waren, abgefaßt. Dennoch betrug von 1824–1833 die Summe der von den russischen Zollbeamten an der europäischen Grenze konfiszierten Einfuhrwaren . . . im Durchschnitt jährlich 529552 Rubel!"

25 *Wittschewsky, V.*, a. a. O., S. 54.

26 *Zimmermann, A.*, a. a. O., S. 87.

27 Ebenda S. 105.

28 *Bein, I* , Die Industrie des sächsischen Voigtlandes, T. 2: Die Textilindustrie, Leipzig 1884, S. 279.

29 *Thun, A.*, a. a. O., S. 25.

30 *Isenburg, R.*, Untersuchungen über die Entwicklung der bergischen Wollindustrie, Diss. Heidelberg 1906, S. 30.

31 *Brinkmann, C.*, a. a. O., S. 198ff.

32 Ebenda, S. 204; *Isenburg, R.*, a. a. O., S. 30 u. 33.

Angesichts dieser hier dargelegten Verhältnisse sind wir berechtigt, von einer Abnahme des Wollwarenexports während der zwanziger Jahre zu sprechen, obwohl uns keine Zahlen für ganz Deutschland zur Verfügung stehen. Diese Schlußfolgerung bestätigt der Rückgang des preußischen Wollwarenexports, der 1829/31 im jährlichen Durchschnitt 44339 Zentner gegen 53743 Zentner 1828 und 68393 Zentner im Jahre 1825 betrug.[33]
Diese rückläufige Bewegung des deutschen Wollwarenexports fand ihre Ursache – wie zunächst anzunehmen wäre – nicht allein im Zurückbleiben der kapitalistischen Entwicklung in der deutschen Wollgewebeproduktion gegenüber der in Westeuropa, insbesondere der in Großbritannien. Im gewissen Umfange spiegelte sich darin vielmehr die allgemeine Entwicklungstendenz des Welthandels in dieser Branche während jener Jahre wider. Ein Vergleich mit dem britischen Wollwarenexport unterstreicht diese Feststellung. Gegenüber 1820 erhöhte sich der Wollwarenexport dieses Landes während der nächsten fünf Jahre um durchschnittlich 9%, um damit im Jahresdurchschnitt den Wert von 6139000 Pfd. St. zu erlangen. Dagegen fiel er in den nachfolgenden fünf Jahren auf 4152000 Pfd. St.; also gegenüber 1821/25 um fast ein Drittel (32%).[34]

c) Die Widerspiegelung der Marktverhältnisse in der Wollwarenproduktion

Die dargelegten Absatzverhältnisse sowohl auf dem inneren Markt als auch auf den äußeren Märkten offenbarten bereits, daß die Wollgewebeproduktion im Verlaufe der zwanziger Jahre keine nennenswerte Ausdehnung erfahren hatte. Zunächst bliebe jedoch noch die Frage zu beantworten, inwieweit die vorhandene Nachfrage nach Wollwaren in Deutschland den deutschen Produzenten zugute kam. Da die Absatzverhältnisse nicht nur in Deutschland, sondern allgemein und vor allem seit der Mitte des dritten Jahrzehnts schwierig waren, so ist der Versuch des Eindringens auf den deutschen Markt seitens ausländischer Wollwaren verständlich. Die durch die verschiedenen deutschen Staaten erhobenen weitgehend niedrigen Zölle gegenüber ausländischen Waren bereiteten diesem Vorhaben keinen ernsten Widerstand.[35] Gegenüber deutschen Wollwaren befanden sich die ausländischen Erzeugnisse nicht selten insoweit im Vorteil, als sie bei ihrem Weg zum Konsumenten durch die politische und wirtschaftliche Zersplitterung Deutschlands weniger gehemmt wurden. Dies traf z. B. für französische Waren auf dem süddeutschen Markt gegenüber Lausitzer Tuchen zu. Deshalb litt die deutsche Wollindustrie in ihren einzelnen Zentren im allgemeinen weniger unter der innerdeutschen als vielmehr unter der ausländischen Konkurrenz. Hauptkonkurrenten dieser Art waren vor allem die britischen Wollwaren, die französischen Kammgarnartikel und die niederländischen Tuche. Bis zur Mitte der dreißiger Jahre wurde z. B. der Bedarf an feinen Tuchen zumeist durch niederländische Ware gedeckt.[36]

[33] Angeführt in: Gewerbeblatt für Sachsen, Nr 6/1834.
[34] *Page, W.*, Commerce and Industry. Tables of Statistics for the British Empire from 1815, London 1919, S. 133.
[35] *Obermann, K.*, a. a. O., S. 13.
[36] *Gülich, G. v.*, a. a. O., S. 470.

Dies alles zusammengenommen, verhinderte einen Aufschwung der Wollgewebeproduktion während der zwanziger Jahre. Wenn auch um die Mitte dieses Jahrzehnts gewisse Momente der Steigerung vorhanden waren, so stagnierte doch die Produktion von Wollwaren in Deutschland oder nahm sogar während dieser Zeit ab.

Die Wollwebstühle verminderten sich in Preußen in der Zeit von 1819 bis 1831 nicht unbedeutend.[37] Stagnation der Produktion, aber auch in einzelnen Jahren eine beträchtliche Abnahme werden auch aus anderen wichtigen Zentren der deutschen Streichgarnindustrie, jedoch auch der Kammgarnweberei berichtet.[38]

Nach unvollständigen Angaben sank in der Wollweberei Sachsens die Zahl der Beschäftigten während der Jahre 1817 bis 1823 auf nahezu die Hälfte.[39] Allein in sieben Städten Sachsens verminderte sich im gleichen Zeitraum die Zahl der Tuchfabrikanten und Arbeiter um 2113.[40]

Einen größeren Aufschwung zeigte die Produktion erst im Verlaufe der dreißiger Jahre. Bereits das Jahr 1830 brachte für die preußische Wollindustrie eine gewisse Belebung[41], die jedoch nur zeitweiliger Natur war, da sie in den folgenden Jahren wieder durch Rückgang oder Stagnation der Produktion gekennzeichnet wurde.[42] Darauf deutet allein die weitere Abnahme der Wollwebstühle in Preußen hin, wenngleich diese Abnahme nicht so erheblich war und nur 2% betrug.[43] Deutlich ist jedoch der Rückgang der Produktion aus den Angaben der Tuchproduktion für die Provinz Brandenburg zu ersehen.[44] Die schlesische Tuchindustrie zeigte gleichfalls eine rückläufige Bewegung, und für Kurhessen kann ähnliches festgestellt werden.[45]

37 Vgl. Tabelle 4 (Anhang).

38 Vgl. S. 104f.; *Bühler, F.*, Die Entwicklung der Tuchindustrie in Lambrecht, in: Wirtschafts- und Verwaltungsstudien, mit besonderer Berücksichtigung Bayerns, Bd 50, Leipzig 1914, S. 71; *Quandt, G.*, a. a. O., S. 26ff.; *Die Wolltuchfabrikation der Stadt Hersfeld in Kurhessen*, in: Das Zollvereinsblatt, Jg. 3/1845, Nr 5, S. 93; *Höttemann, W.*, Die Göttinger Tuchindustrie in Vergangenheit und Gegenwart, Diss. Göttingen 1931, S. 85f.; *Beck, F.*, Die wirtschaftliche Entwicklung in der Stadt Greiz während des 19. Jahrhunderts, in: Beiträge zur mittelalterlichen, neueren und allgemeinen Geschichte, Bd 25, Weimar 1955, S. 55ff.; Tabelle 23 (Anhang); *Isenburg, R.*, a. a. O., S. 30; *Hundert Jahre staatliche Gewerbeförderung in Württemberg.* 1848–1948, Stuttgart 1948, S. 18.

39 Vgl. Angaben in: Tabelle über den Handels- und Fabrikzustand sowie der Häuser und Einwohnerzahl in den Städten des Königreichs Sachsen in dem Zeitraum der Jahre 1805, 1817 und 1823, in: Sächsisches Landeshauptarchiv, Dresden (im folgenden: SLHA-Dresden), Landes-Oeconomie-Manufaktur-Commercien-Deputation, Loc. 11187 (im folgenden nur: Loc . . .).

40 Vgl. ebenda – beigefügte Betrachtung: Die Tuchmanufaktur.

41 *Gülich, G. v.*, a. a. O., S. 362f.; *Quandt, G.*, a. a. O., S. 34ff.

42 *Gülich, G. v.*, a. a. O., S. 474.

43 Vgl. Tabelle 4 (Anhang).

44 Vgl. Tabelle 2 (Anhang) .

45 Vgl. S. 104, Anm. 139; *Die Wolltuchfabrikation der Stadt Hersfeld in Kurhessen*, in: a. a. O., S. 93f.

Die selbständigen Wollwarenproduzenten – Handwerker wie Kapitalisten – mußten unter diesen schwierigen Bedingungen nach Wegen suchen, um ihre Existenz durch den Absatz ihrer Gewebe aufrechtzuerhalten. So standen beispielsweise die Lausitzer Tuchgewerbetreibenden vor der Aufgabe, von ihren sogenannten Dicktuchen, die für den traditionellen Rußlandhandel bestimmt waren, abzugehen und neue Gewebe zu fertigen.[46] Um eine gute Qualität zu gewährleisten und auf Kosten der Konkurrenten einen größeren Absatz zu sichern, mußte dem technischen Fortschritt eine größere Aufmerksamkeit geschenkt werden. Doch das erforderte größere Geldfonds, die nur wenigen zur Verfügung standen. Während es deshalb den Kapitalkräftigeren gelang, die Konkurrenz des In- und Auslandes zu bestehen, mußten viele einfachen Tuchmacher ihr Gewerbe aufgeben, Lohnarbeit aufnehmen oder durch Auswanderung versuchen, im Ausland eine neue Existenz zu gründen.[47] Seit der zweiten Hälfte der zwanziger Jahre und vor allem seit Beginn des vierten Jahrzehnts wurde deshalb auch die innerdeutsche Konkurrenz spürbarer. Infolge der schwierigen Absatzlage auf dem inneren und äußeren Markt kam es zu erhöhten Anstrengungen insbesondere seitens der Lausitzer, aber auch der rheinischen und sächsischen Tuchindustrie, die Produktion zu vervollkommnen, den technischen Fortschritt vor allem in der Tuchappretur und Walke einzuführen und neue Stoffarten zu erzeugen, um auf diese Weise den Absatz auf Kosten anderer deutscher Wollindustriezentren auf dem inneren Markt zu erhöhen. Der vollen Entfaltung dieser Bestrebungen standen zunächst noch die bestehenden Zollschranken im Wege. Aber für die kurhessische Tuchindustrie traf dies seit 1831 nicht mehr zu, da sie innerhalb des preußisch-hessischen Zollvereins auf die starke Konkurrenz der preußischen Tuchwaren traf, die ihren Absatz bedrohten.[48] Hingegen blieben die württembergischen und bayerischen Wollwarenproduzenten infolge der hohen Zölle des süddeutschen Zollvereins einerseits und der die Produktion übersteigenden Nachfrage nach Wollgeweben in diesem Zollgebiet andererseits zunächst noch gut geschützt, wenn sich auch die englische und französische Konkurrenz zum Teil störend bemerkbar machte.[49] Dieser Schutz führte jedoch nicht zu einer weiteren Entwicklung der dortigen Tuchindustrie, sondern konservierte die zumeist rückständigen Verhältnisse in Süddeutschland, was sich nach 1834 nachteilig auswirken sollte. Jedoch ermöglichte der süddeutsche Zollverein dem dortigen Tuchgewerbe, seine Produktion auf der *bestehenden* Produktionstechnik seit Anfang der dreißiger Jahre zu steigern.[50] Aber auch in Sachsen wurden die Bestrebungen deutlich, durch den Ausbau der Maschinenspinnerei die günstiger werdenden Absatzverhältnisse zu nutzen.[51]

46 *Isenburg, R.*, a. a. O., S. 44; *Quandt, G.*, a. a. O., S. 34.

47 *Quandt, G.*, a. a. O., S. 26; Bericht des Magistrats von Creutzburg vom 9. September 1844, a. a. O.

48 *Die Wolltuchfabrikation der Stadt Hersfeld in Kurhessen*, in: a. a. O., S. 93.

49 *Bühler, F.*, a. a. O., S. 72.

50 *Schmoller, G.*, Zur Geschichte der deutschen Kleingewerbe im 19. Jahrhundert (im folgenden: Kleingewerbe), Halle 1870, S. 522.

51 *Bericht über die Ausstellung sächsischer Gewerb-Erzeugnisse im Jahre 1834*, Leipzig 1836, S. 11ff.

Deutlich zeigt das die Entwicklung der Streichgarn- und Kammgarnmaschinenspinnerei. Die Feinspindelzahl stieg bei der ersten in diesen Jahren um 60% und bei der letzteren sogar um 130%.[52] Dieser Steigerung der Wollgarnproduktion entsprach aber nicht eine gleichstarke Zunahme der Wollgewebeproduktion. Dies erklärt sich daraus, daß es sich insbesondere bei der Kammgarnspinnerei teilweise noch um die Verdrängung des bisher verwendeten Handgarnes handelte und darüber hinaus beide Zweige der sächsischen Wollmaschinenspinnerei einen Teil der Produktion an außerhalb Sachsens liegende Wollwebereien lieferten. Das ostthüringische Zentrum der Kammgarnweberei zeigte hinsichtlich des Produktionsverlaufes die gleiche Entwicklung.[53] Die hannoversche Tuchindustrie bot in den ersten Jahren des vierten Jahrzehnts das gleiche Bild wie die preußische, aber bereits 1832 setzte hier der Aufschwung ein.[54] Für die Wollwarenproduktion Deutschlands in ihrer Gesamtheit dürfte sich in den ersten vier Jahren des vierten Jahrzehnts eine, wenn auch nicht bedeutende Steigerung der Produktion feststellen lassen.

2. Produktion und Markt in den ersten Jahren des entstandenen deutschen Zollvereins

a) Die Entwicklung des inneren Marktes unter den Bedingungen des Zollvereins

Größere Fortschritte für die Entwicklung des inneren Marktes brachten die auf die Gründung des deutschen Zollvereins folgenden Jahre. Mit seiner Gründung stand auch der deutschen Wollindustrie ein geschlossenes einheitliches Wirtschaftsterritorium mit 23,5 Millionen (1834) bzw. 26 Millionen Menschen (1837) als Absatzgebiet zur Verfügung.[55] Der Wegfall einer Reihe zwischenstaatlicher Zollinien mußte sich ökonomisch wie eine Verbilligung der Produktionskosten auswirken. Der nach 1834 einsetzende allgemeine Aufschwung der deutschen Industrie[56] führte auch zu einer gesteigerten Nachfrage nach Wollgeweben auf dem inneren Markt. Aus nahezu allen Zentren der deutschen Wollindustrie, soweit sie im Gebiet des deutschen Zollvereins lagen, wurden deshalb positive Urteile über die Wirkung des Zollvereins auf die Entwicklung der Industrie gegeben.[57] Von der überwiegenden

52 Vgl. Tabellen 9 u. 10 (Anhang).
53 Vgl. Tabelle 23 (Anhang).
54 Vgl. *Höttemann, W.*, a. a. O., S. 86.
55 *Statistisches Jahrbuch für das Deutsche Reich*, Jg. 1, 1880, Berlin 1880, S. 5.
56 Vgl. *Mottek, H.*, Einleitende Bemerkungen, a. a. O., S. 26ff.
57 Vgl. *Bein, L.*, a. a. O., S. 275; Bericht über das Jahr 1835, in: Brandenburger Landeshauptarchiv, Potsdam (im folgenden: BLHA-Potsdam), Rep. 1, Nr 389; *May*, Reisebericht aus dem Jahre 1836, in: DZA-Merseburg, Rep. 120 D I/1, Nr 11, vol. 2; *Bühler, F.*, a. a. O., S. 71f.; *Wichterich, A.*, Die Entwicklung der Aachener Tuchindustrie von 1815 bis 1914, Diss. Köln 1922 (MS), S. 104; *Isenburg, R.*, a. a. O., S. 34; *Pönicke, H.*, Wirtschaftskrise in Sachsen vor hundert Jahren. Ein Beitrag zur sächsischen Wirtschaftsgeschichte, Herrnhut 1933, S. 15; *Finkenwirth, K.*, Urkundliche Geschichte der Gera-Greizer Wollwarenindustrie von 1572 bis zur Neuzeit, Diss. Leipzig 1909, S. 110; *Demmering, G.*, Die Glauchau-Meeraner Textilindustrie, in: Wirtschafts- und Ver-

Mehrzahl wurde jedoch auch von einem vermehrten Absatz gesprochen.[58] Die unmittelbaren Wirkungen des Zollvereins in den von uns zunächst betrachteten ersten fünf Jahren dürfen allerdings auch nicht überschätzt werden, da die schwache Entwicklung der Kommunikationsmittel der vollen Erschließung des inneren Marktes noch hemmend im Wege stand. Die ersten Schritte zur Überwindung dieses Hemmnisses waren jedoch durch den umfangreichen Straßenbau und die Anfänge des Eisenbahnbaus getan worden.

b) Die Expansion der deutschen Wollwaren auf dem äußeren Markt

Die deutsche Wollgewebeproduktion konnte in den ersten Jahren nach der Gründung des Zollvereins erfolgreich ihren Absatz im Ausland erweitern, und zwar bis zum Jahre 1836 im wachsenden Maße. Gegenüber 1833 steigerte sich die durchschnittliche Ausfuhr während der Jahre 1834 bis 1838 um 35% und die Mehrausfuhr sogar mit 38% um fast zwei Fünftel.[59] Auf diese Weise gelang es der deutschen Wollindustrie, etwa ein Fünftel ihrer Produktion außerhalb der deutschen Grenzen abzusetzen.[60] Damit übertraf der deutsche Wollwarenexport hinsichtlich seiner Expansion den britischen beträchtlich, der sich während der Jahre 1834/38 gegenüber dem 1833 erreichten Stand um ein Prozent verminderte.[61] Wir erhalten auch kein anderes Bild, wenn wir den im Jahre 1833 erreichten Export mit dem Höchststand von 1836 vergleichen. In dieser Hinsicht übertraf die deutsche Wollindustrie ihren britischen Konkurrenten, soweit es die Ausfuhrsteigerung betraf, um fast das Dreifache. Gelang es der britischen Wollindustrie, bis zum Jahre 1836 ihre Ausfuhr um wenig mehr als ein Fünftel (22%) zu steigern, so betrug der Zuwachs für die deutsche mit 57% fast drei Fünftel.[62] Offensichtlich begann dieser deutsche Industriezweig bereits in den wenigen Jahren nach der Gründung des Zollvereins, auf dem äußeren Markt gegenüber seinen Konkurrenten Boden zu gewinnen. Hierbei hat die Stärkung der deutschen Wollindustrie auf dem geschaffenen Zollvereinsmarkt keine unwesentliche Rolle gespielt. Dies bewies nicht zuletzt die zunehmende Konkurrenzfähigkeit der deutschen Tuche, aber auch der deutschen Kammgarnwaren auf dem äußeren Markt. Auf Kosten des englischen Tuchexports gewannen deutsche Tuche in den Vereinigten Staaten einen zunehmenden Absatz.[63] 1833 exportierte Großbritannien noch 352000 Stück Tuch dorthin, und 1840 waren es nur noch 104000.[64] Der Zoll-

waltungsstudien, mit besonderer Berücksichtigung Bayerns, Bd 88, Leipzig 1928, S. 69; *Bericht über die größere Ausstellung kurhessischer Gewerb-Erzeugnisse im September 1839*, Kassel 1840, S. 11f.; *Gülich, G. v.*, a. a. O., S. 373ff.; *Hundert Jahre staatliche Gewerbeförderung in Württemberg.* 1848–1948, a. a. O., S. 18.

58 Vgl. ebenda.

59 Vgl. Tabelle 18 (Anhang).

60 Vgl. Tabelle 8 (Anhang).

61 Vgl. Tabelle 32 (Anhang).

62 Vgl. Tabellen 17 u. 32 (Anhang).

63 *Der Wollhandel und die Tuchfabrikation in England*, in: Das Zollvereinsblatt, Jg. 1/1843, Nr 34, S. 668.

64 Ebenda, S. 670.

verein hob jedoch das Exportgeschäft auch direkt infolge des durch den Wegfall der zahlreichen Binnenzölle erleichterten Zugangs zu den auswärtigen Märkten.[65]
Die Hauptabsatzgebiete der deutschen Wollindustrie im Ausland waren Italien, der Orient und in zunehmendem Maße der amerikanische Kontinent, vor allem nach den 1834 gewährten Zollerleichterungen die Vereinigten Staaten. Demgegenüber erlebte der Handel mit Rußland während dieser Jahre keine Verbesserung. Im Gegenteil, der in jener Zeit noch in gewissem Umfang betriebene Transithandel über Odessa und den Kaukasus nach Asien kam zu Beginn der dreißiger Jahre gleichfalls zum Stillstand.[66]
Träger dieses zunehmenden Wollwarenexports waren die Hauptzentren der deutschen Wollindustrie – die Lausitzer, die rheinische, die sächsische und auch die schlesische Tuchindustrie sowie die sächsische und die Gera-Greizer Kammgarnweberei. In diesen Gebieten wiederum waren es vor allem die großen Firmen, die kombinierten Betriebe, die das Exportgeschäft betrieben.[67] Diese produzierten fast ausschließlich für auswärtige Konsumenten.
Nach G. Quandt beruhte der Aufschwung der Lausitzer Tuchindustrie in den dreißiger Jahren vor allem auf dem blühenden Exportgeschäft, das zwei Drittel der dortigen Tuchproduktion absorbierte.[68] Auch die sächsische Kammgarnindustrie hatte ihren Aufschwung in starkem Maße dem Export zu danken.[69] Für den Anteil der verschiedenen ausländischen Absatzgebiete am deutschen Wollwarenexport der dreißiger Jahre liegen keine näheren Angaben vor. Lediglich für die Aachener Tuchindustrie haben wir eine solche Aufstellung für das Jahr 1838.[70] Danach war der Export an der dortigen Tuchproduktion mit fast 70% beteiligt. Hauptabsatzgebiete waren Italien, das nahezu 30% der Produktion aufnahm, und daneben Holland und Norddeutschland mit den Hansestädten, die wiederum fast 24% der Produktion beanspruchten. Von diesen 24% ist jedoch ein Teil in Deutschland verblieben. Die Hauptmasse jedoch war für Skandinavien und den überseeischen Export bestimmt. Der Orient mit 4,2% und Amerika mit knapp 6% waren zu dieser Zeit noch in geringem Umfange Absatzgebiete dieses rheinischen Tuchproduktionszentrums. Einschränkend muß jedoch berücksichtigt werden, daß ein Teil des Exports nach Italien den Weg nach dem Orient genommen hatte und der niedrige Anteil des direkten Amerikaexports zum Teil auf die Krisenwirkungen im amerikanischen Außenhandelsgeschäft zurückzuführen war. Außerdem nahm ein Teil der rheinischen Tuche seinen Weg nach Amerika über Holland und vor allem über die Hansestädte.
Mit dem Ausbruch der zyklischen Krise von 1836/37 erlitt auch der deutsche Wollwarenexport einen Rückgang, der zunächst noch 1838 anhielt. Gegenüber 1836 verminderte sich dieser Export des Zollvereins in den darauffolgenden Jahren um 11%.[71]

65 *Demmering, G.*, a. a. O., S. 69; *Bein, L.*, a. a. O., S. 279.
66 *Wittschewsky, V.*, a. a. O., S. 57f. u. S. 80ff.
67 *Schmoller, G.*, Kleingewerbe, a. a. O., S. 522; *Isenburg, R.*, a. a. O., S. 33.
68 *Quandt, G.*, a. a. O., S. 36.
69 *Demmering, G.*, a. a. O., S. 79.
70 Vgl. Tabelle 21 (Anhang), der auch die nachfolgenden Angaben entnommen sind.
71 Vgl. Tabelle 17 (Anhang).

Am stärksten wurden die Betriebe betroffen, die für den amerikanischen Markt gearbeitet hatten, da sich dort die Krise am heftigsten abzeichnete. Dazu gehörte vor allem die deutsche Kammgarnweberei, die damit für die nächsten Jahre ihren wichtigsten auswärtigen Markt verlor.[72] Die Verluste, die einzelne Firmen durch diese Krise erlitten, waren teils beträchtlich, und bei nicht wenigen bildeten sich erhebliche Lagerbestände.[73] Viele der für den auswärtigen Geschmack produzierten Waren konnten auf dem inneren Markt nicht abgesetzt werden und mußten bis zur Besserung der Absatzverhältnisse auf Lager genommen oder um jeden Preis im Ausland verkauft werden. Die Verluste erwuchsen dem deutschen Fabrikanten nicht zuletzt aus der Organisation des Tuchexports. Nicht selten wurde von einzelnen Firmen im Konsignationsgeschäft die Ware exportiert. Damit übernahm der deutsche Fabrikant das Risiko des Absatzes und erhielt von dem jeweiligen Importeur lediglich einen Vorschuß. Zumeist betrug dieser ein Drittel des Warenwertes.[74] Beim Ausbruch der Krise mußten sich diese Geschäfte sehr nachteilig auswirken, da der Importeur, um seinen Vorschuß zu realisieren, zu jedem Preis die Ware losschlug, und der deutsche Fabrikant mußte den Verlust tragen.[75] Jedoch auch die Fabrikanten, die vor allem unter Vermittlung Hamburger, holländischer und französischer Handelshäuser exportierten und jenen das Risiko des Absatzes überließen, erlitten beim Bankrott dieser Handelshäuser gleichfalls beträchtliche Verluste. Dies war bei den Lenneper Tuchfirmen in bezug auf den Bankrott zahlreicher Hamburger Handelshäuser[76] und bei der Eupener Tuchindustrie beim Bankrott griechischer Handelshäuser der Fall.[77] Neben diesen angeführten Beispielen gab es aber auch solche wie die Aachener Tuchindustrie, wo diese Verluste – ausgenommen natürlich der Stillstand des Exportgeschäfts – kaum aufgetreten sind.[78] Somit führte die Krise von 1836/37 infolge der internationalen Verbindung der deutschen Wollindustrie ebenfalls zu gewissen Überproduktionserscheinungen in Deutschland.

Die Auswirkungen der 1837er Krise auf die deutsche Wollindustrie sind jedoch noch insofern von Bedeutung, als sie eine wichtige Neuerung in der Organisation des Exportgeschäfts einleiteten. Angesichts der für die Lenneper Firmen eingetretenen Verluste befreiten sich diese von den Kommissionshändlern Hamburgs und gingen zum direkten Absatz nach den USA über, indem zumeist die Söhne der Fabrikanten in Übersee eigene Niederlassungen für den Absatz der Tuche ihrer Firma gründeten.[79]

72 *Der Kammgarnzoll im Zollvereine*, in: Preußisches Handelsarchiv, Jg. 1859, Nr 36, Berlin 1859, S. 221.

73 *Minutoli, A. v.*, Reisebericht über Westfalen und die Rheinprovinz aus dem Jahre 1838, in: DZA-Merseburg, Rep. 120 D I/1, Nr 11, vol 2.

74 *Wichterich, R.*, a. a. O., S. 87.

75 Ebenda.

76 *Isenburg, R.*, a. a. O., S. 32.

77 *Minutoli, A. v.*, a. a. O.

78 *Wichterich, R.*, a. a. O., S. 83.

79 *Isenburg, R.*, a. a. O., S. 32; vgl. *Jahresbericht der Handelskammer Lennep aus dem Jahre 1841.*

c) Die veränderten Konkurrenzverhältnisse auf dem inneren Markt und die Entwicklung der Produktion nach der Gründung des Zollvereins

Der deutsche Zollverein brachte nicht nur einen von zwischenstaatlichen Zolllinien befreiten inneren Markt, sondern stellte die hier vorhandene Nachfrage nach Wollgeweben auch weitgehend der deutschen Wollindustrie zur Verfügung. Beim Eingang in den Zollverein wurden die Wollwaren mit einem Gewichtszoll von 30 Talern pro Zentner belegt und Garne, soweit es sich nicht um einfache Wollgarne handelte, die nur die einfache Eingangsabgabe von 15 Silbergroschen zahlen mußten, mit 6 Talern Zoll belastet.[80] Die Zölle konnten, wie das Zollsystem allgemein, weder als schutzzöllnerisch noch als freihändlerisch angesehen werden. Hierzu führte Friedrich Engels 1845 folgendes aus: „Unsere Zölle sind zu wirklichen Schutzzöllen zu niedrig, zur Handelsfreiheit zu hoch ... Wenn wir Handelsfreiheit proklamieren und unsere Zölle aufheben, so ist unsere gesamte Industrie mit Ausnahme weniger Zweige ruiniert ..., von den meisten Zweigen der Baumwollen- und Wollenindustrie, von bedeutenden Branchen der Seidenindustrie, von beinahe der ganzen Eisengewinnung und Eisenverarbeitung kann dann keine Rede mehr sein."[81] Die Zölle boten also, trotz ihrer relativ geringen Höhe, einen wirkungsvollen Schutz für die deutsche Wollindustrie. Im Unterschied zu den anderen Zweigen der deutschen Textilindustrie können wir die Wirksamkeit des Zollvereins hinsichtlich der Sicherung des inneren Marktes gegenüber dem Ausland nicht allein nach der Höhe des erhobenen Eingangszolls für Wollwaren beurteilen. Die deutsche Wollindustrie verarbeitete im Unterschied zur Baumwollindustrie einheimischen Rohstoff, also deutsche Wolle, und zwar betrug der Anteil der deutschen Wolle 1834 etwa 72%.[82] Im Gegensatz zur Leinenindustrie, die ja auch noch zu dieser Zeit überwiegend aus deutschem Flachs gesponnene Garne verwendete, war die deutsche Wollindustrie insofern im Vorteil, als die ausländische Wollindustrie insbesondere für die Herstellung feiner Tuche auf diese deutschen Wollen angewiesen war. Der Anteil der deutschen Wolle an der britischen Wolleinfuhr betrug 1835 fast 60% und bewahrte 1840 noch eine Höhe von 44%.[83] Die aus dem Zollverein exportierte Wolle wurde mit einem Ausfuhrzoll von 2 Talern pro Zentner belastet,[84] d. h., gegenüber dem ausländischen Konkurrenten verteuerte sich die deutsche Wolle nicht allein durch die höheren Transportkosten, sondern darüber hinaus noch durch diese Ausfuhrabgabe. Wie bereits ausgeführt wurde, bestand die ausländische Konkurrenz auf dem deutschen Markt in der Zeit vor 1834 besonders in den feinen Tuchgattungen. Angesichts des Gewichtszolls waren jene Gattungen weniger geschützt als die anderen Tuchsorten. Aber da das Ausland bei ihrer Fertigung auf die deutsche Wolle an-

80 *Lohren, A.*, Die Entwicklung der deutschen Wollindustrie vor und nach Abschluß des deutsch-französischen Handelsvertrags, Berlin 1879, S. 10.

81 *Engels, F.*, Zwei Reden in Elberfeld, in: Marx/Engels, Werke, Bd 2, Berlin 1958, S. 550/551.

82 Vgl. die Angaben von Tabelle 1 (Anhang).

83 Errechnet aus den Angaben bei *Senkel, W.*, Wollproduktion und Wollhandel im 19. Jahrhundert, mit besonderer Berücksichtigung Deutschlands, in: Zeitschrift für die gesamte Staatswissenschaft (Ergänzungshefte), Tübingen 1901, S. 32.

84 *Lohren, A.*, a. a. O., S. 10.

gewiesen war, bot gerade für jene der Wollausfuhrzoll einen zusätzlichen Schutz. Dieser zusätzliche Zollschutz ist mit 2 Talern 15 Silbergroschen anzunehmen. Noch höher war die Wirkung des Wollausfuhrzolls für die deutsche Kammgarnspinnerei, da der Anteil der brauchbaren Kammwolle bei der deutschen Merinowolle höchstens 50 bis 60 % betrug[85] und sich somit der Ausfuhrzoll nahezu verdoppelte. Dieser Zollschutz ist jedoch weitaus weniger wirksam gewesen, da die Abhängigkeit der ausländischen Kammgarnspinnerei von den deutschen Wollen wesentlich geringer war. In gewissem Umfange wirkte er sich gegenüber der französischen Kammgarnindustrie aus, die den deutschen Fabrikaten ähnliche Waren fertigte und in der Zeit vor 1834 den Absatz der Gera-Greizer Kammgarnweberei auf dem deutschen Markt schmälerte.[86] Hingegen wurde dieser Schutz gegenüber der britischen Kammgarnspinnerei gar nicht wirksam, da diese ausschließlich englische und überseeische Wollen verarbeitete.

Die deutsche Wollindustrie beherrschte nach 1834 den inneren Markt nahezu vollständig, was namentlich für die Tuchindustrie, aber nicht in gleichem Maße für die Kammgarnindustrie zutraf. Der Anteil des Auslandes am deutschen Wollwarenkonsum betrug in den dreißiger Jahren nur 6 bis 7%.[87] Demzufolge war die innerdeutsche Konkurrenz auf dem Zollvereinsmarkt die entscheidende. Diese Konkurrenz wurde für die einzelnen Zentren der deutschen Wollindustrie im unterschiedlichen Maße spürbar. Nach 1834 setzte vor allem zwischen den in technischer Hinsicht fortgeschritteneren Gebieten – der Rheinprovinz, der Lausitz, Sachsen, aber auch Schlesien – der Kampf um die Eroberung des inneren, insbesondere des süddeutschen Marktes ein, was sich für die bayerische, württembergische und hessische Tuchindustrie nachteilig zeigte.[88] Dies traf in jenen Teilen Deutschlands vor allem die zahlreichen Handwerksbetriebe der selbständigen Tuchmacher besonders hart; denn auf deren Kosten vergrößerte sich der Absatz dieser fortgeschritteneren Zentren, aber auch der sich nun stärker entwickelnden kapitalistischen Betriebe Süddeutschlands und Hessens. Im Kampf um den inneren Markt setzte sich so der gesellschaftliche Fortschritt auf Kosten dieser werktätigen Schichten durch.

Die Leugnung der Konkurrenz innerhalb der deutschen Tuchproduktion während der dreißiger Jahre, wie das weitgehend von G. Schmoller geschieht[89], idealisiert die tatsächlichen Verhältnisse. Schmoller hat nur insoweit recht, als dieser Konkurrenzkampf – wenn wir von Süddeutschland absehen – in den wichtigen Zentren nicht ohne weiteres der der kapitalistischen Industrie gegen das selbständige Handwerk war. Da der fortgeschrittenste Teil dieser Industrie, die kombinierten Betriebe und Kombinate, welche ohnehin nicht zahlreich waren, sich – wie wir feststellten – fast

85 *Reden, F. W. v.*, Erwerbs- und Verkehrs-Statistik des Königstaats Preußen, Abt. 3, Darmstadt 1854, S. 1661.

86 *Finkenwirth, K.*, a. a. O., S. 109f.

87 Vgl. Tabelle 8 (Anhang).

88 Vgl. *Schmoller, G.*, Kleingewerbe, a. a. O., S. 522; *Wieck, G.*, Das Tuchmachergewerbe im Zollverein und seine Umgestaltung, in: Deutsche Gewerbezeitung und sächsisches Gewerbeblatt, Jg. 13/1848, Nr 50, Leipzig 1848.

89 *Schmoller, G.*, Kleingewerbe, a. a. O., S. 674.

ausnahmslos dem Exportgeschäft widmeten, traten sie auf dem Zollvereinsmarkt als Konkurrerten kaum in Erscheinung. Darüber hinaus konnten sich die selbständigen Tuchmacher in den fortgeschritteneren Zentren, wie der Lausitz und Sachsen, der neuen Technik auf dem Wege des Lohnauftrags ebenfalls bedienen. In diesen Gebieten konnten sie zumeist ihre Wolle auf diese Weise in den vorhandenen Lohnspinnfabriken verarbeiten lassen. Die Ausnutzung der Appreturmaschinen war ihnen schon weniger möglich, aber diese hatten sich zu jenem Zeitpunkt auch noch nicht allgemein durchgesetzt. Hingegen wurden sie der Verbesserung der Walke zumeist noch teilhaftig, da diese oft von den Innungen vorgenommen worden war.[90] Somit konnten auch die Handwerksbetriebe und die kleinen Manufakturunternehmen der wohlhabenderen Tuchmeister an der Ausdehnung der Produktion teilnehmen. Jedoch war bei dem kapitalistischen Teil dieser Industrie, der mit eigenen Maschinen arbeitete, die Akkumulationsrate größer, so daß er sich zweifellos schneller entwickelt hat. In den Gebieten jedoch, in denen der selbständige Tuchmacher auf diese geschilderten günstigen Bedingungen nicht zurückgreifen konnte, kam es bereits während der ersten Jahre des Zollvereins zu seinem Ruin, oder er blieb zunächst noch auf dem erreichten Stande stehen. Das erste traf vor allem für Süddeutschland zu[91], während das letztere für die Tuchgewerbetreibenden im Regierungsbezirk Potsdam, aber auch andernorts galt.[92]

Wenn wir die gesamte deutsche Streichgarnproduktion betrachten, so hatte während dieser Jahre auf Grund des niedrigen Entwicklungsniveaus der Fabrikproduktion auch das selbständige Handwerk noch Ausdehnungsmöglichkeiten. Im Vergleich zu den vorangegangenen Jahrzehnten hatten sich die Bedingungen auch für diesen Teil der Wollwarenproduzenten noch einmal verbessert. Dies traf infolge der Rückständigkeit des süddeutschen Tuchgewerbes dort jedoch nur sehr eingeschränkt zu, da der Zollverein 1834 die süddeutschen Staaten, deren Wollindustrie den eigenen Bedarf nicht decken konnte, mit den mittel-, ost- und westdeutschen Zentren der wollverarbeitenden Industrie vereinigte, deren Produktion den Verbrauch ihres Gebiets bedeutend überschritt. Damit wurden die in der Entwicklung zurückgebliebenen Gebiete der Wollindustrie der Konkurrenz der Lausitzer, rheinpreußischen und sächsischen Tuchindustrie ausgesetzt. Beispielsweise realisierte die Aachener Tuchindustrie 1838 11% ihrer Produktion im Bereich der süddeutschen Staaten. Damit wurden zugleich fast zwei Fünftel der von der Aachener Industrie in

90 Vgl. z. B. die vom preußischen Staat an einzelne Innungen gezahlten Unterstützungen für die Verbesserung der Walke und Appretur, in: DZA-Merseburg, Rep. 120 D II, Nr 86, Adh.; Allerhöchste Resolution vom 18. Juni 1836 (betr. Zinsbeihilfe für die Tuchmacherinnung in Oschatz), in: SLHA-Dresden, Ministerium des Innern (im folgenden: M. d. I.), Nr 5759; vgl. auch die diesbezüglichen Angaben in: ebenda, Nr 5821; *Die Wollen- und Tuchmanufaktur in Sachsen und in der Mark Brandenburg*, in: Deutsche Gewerbezeitung und Sächsisches Gewerbeblatt, Jg. 12/1847, Nr 31, Leipzig 1847.

91 Vgl. *Wieck, G.*, Das Tuchmachergewerbe im Zollverein und seine Umgestaltung, a. a. O.; *Jahresbericht der Handels- und Gewerbekammern in Württemberg für das Jahr 1865.*

92 Vgl. hierzu Bericht über die Tuchfabrikation im Regierungsbezirk Potsdam für die Jahre 1834 bis 1838, in: BLHA-Potsdam, Rep. 1, Nr 358, 359 u. 389.

Deutschland abgesetzten Tuche nach diesem Gebiet gesandt.[93] Die Wirkung dieser Konkurrenz war in den dreißiger Jahren jedoch zunächst noch infolge der Verdrängung der ausländischen Konkurrenz vom Zollvereinsmarkt und der allgemeinen steigenden Nachfrage nach Wollgeweben abgeschwächt.
Dementsprechend verlief die Ausdehnung der Wollwarenproduktion in den einzelnen Zentren unterschiedlich. Sie hing davon ab, inwieweit sich die dortige Gewebeproduktion der wachsenden Nachfrage auf dem inneren Markt bemächtigen und dem steigenden Exportgeschäft widmen konnte.
Der Lausitzer Tuchindustrie gelang es, ihre durchschnittliche Produktion während der Jahre 1834 bis 1838 mit 31% um fast ein Drittel gegenüber der der Jahre 1828 bis 1833 auszudehnen.[94] Infolge der bereits in den ersten Jahren des vierten Jahrzehnts begonnenen Umstellung der Produktion und der eingeführten technischen Verbesserungen, insbesondere auf dem Gebiet der Appretur, einschließlich des Walkprozesses, konnte sie sich gegenüber der sächsischen Konkurrenz erfolgreich behaupten und vor allem aus dem Exportgeschäft Nutzen ziehen. Die daraus gewonnenen Mittel führten zur weiteren Anwendung der Maschinen, vor allem auf dem Gebiet der Appretur. Die Dicktuche wurden durch die Fertigung leichter, gemusterter Stoffe verdrängt.[95] In Sorau, Forst und Sommerfeld begann man, für die Damenbekleidung sogenannte Dreiviertel-Tuche unter Verwendung von Baumwolle herzustellen.[96] Da sich die Lausitzer Tuchindustrie in der Tuchfertigung zugleich den Mittelgattungen und ordinären Tuchen zuwandte, konnte sie auch der in technischer Hinsicht überlegenen rheinischen Tuchindustrie widerstehen, da sie niedrigere Löhne zahlte und einen günstigeren Wollbezug hatte. Außerdem war gerade bei diesen Tuchqualitäten, die für den Konsum der werktätigen Schichten in Frage kamen, nicht die technische Vollkommenheit, sondern die Billigkeit ausschlaggebend. Infolgedessen wich die rheinische Tuchindustrie dieser Konkurrenz aus, indem sie stärkere, feinere Ware produzierte und in größerem Umfange andere Streichgarngewebe, wie Buckskin und andere, erzeugte,[97] die den Absatz der eigentlichen Tuche, insbesondere in den folgenden Jahrzehnten, mehr und mehr streitig machten. Dies gelang ihr um so mehr, als sie auf beiden Gebieten, aber insbesondere auf dem letzteren, gegenüber ihren Konkurrenten bereits einen Vorsprung besaß. Die Montjoier Tuchfabrikation hatte bereits zu Beginn der dreißiger Jahre ihren erneuten Aufschwung auf den Übergang zur Fertigung geköperter und gemusterter Streichgarnstoffe, vor allem Buckskin, gegründet.[98]
Daß jedoch der Aufschwung der Lausitzer Streichgarnindustrie vor allem der sich entwickelnden kapitalistischen Industrie zu danken war, verdeutlicht der Vergleich mit der entsprechenden Entwicklung im Regierungsbezirk Potsdam. Die dortige Produktion von Tuchen erhöhte sich im Durchschnitt der Jahre 1834 bis 1838 gegenüber den Jahren 1828 bis 1833 um nur 13%. Darüber hinaus kam es selbst in

93 Vgl. Tabelle 21 (Anhang). 94 Vgl. Tabelle 3 (Anhang). 95 *Quandt, G.*, a. a. O., S. 34.
96 Ebenda. 97 Ebenda.
98 *Barkhausen, E.*, Die Tuchindustrie in Montjoie, ihr Aufstieg und Niedergang, Aachen 1925, S. 166f.

wichtigen Standorten dieser Branche, in denen allerdings der Handwerksbetrieb und vor allem fehlende Appreturfabriken und unzureichend entwickelte Spinnfabriken charakteristisch waren, während dieser Jahre zu einem Produktionsrückgang. So verminderte sich in Brandenburg/Havel die Tuchproduktion 1834/38 gegenüber 1828/33 um fast 4%.[99] Betrug hier im Jahre 1829 die Produktion 13187 Stück Tuch, so blieb dagegen die höchste Jahresproduktion in den Jahren 1834/38 mit 11360 (1836) erheblich zurück.[100]

Diese zwiespältige Entwicklung, wie wir sie in der Provinz Brandenburg antrafen, galt auch für die sächsische Tuchproduktion, da Sachsen gegenüber der Lausitz in technischer Hinsicht zurückgeblieben war. Die verstärkte innerdeutsche Konkurrenz nach 1834 zwang die sächsische Tuchfabrikation zur Vervollkommnung ihrer Walken und allgemein der Appretur.[101] Daraus erklären sich die großen Fortschritte, die in dieser Hinsicht für Sachsen im vorangegangenen Kapitel festgestellt wurden.[102] Nachdem sich die sächsischen Unternehmen in der Appretur mehr und mehr der Appreturmaschinen bedienten, konnten sie die Vorteile des Zollvereinsmarktes besser nutzen. Der jetzt mögliche freie Bezug der schlesischen Wolle wirkte sich für sie voll aus.[103] Jedoch blieb der Zuwachs der Tuchproduktion in Sachsen während dieser Jahre gegenüber dem der Lausitz zurück. Die Streichgarnspinnerei erhöhte ihre Feinspindelzahl um wenig mehr als ein Fünftel.[104]

Nach den uns zur Verfügung stehenden Angaben steigerte die Aachener Tuchindustrie ihre Produktion bis zum Jahre 1838 gegenüber 1834 um nur 5%[105], aber dies dürfte der wirklichen Entwicklung nicht entsprochen haben. Für die rheinische Tuchindustrie ist zumindest ein ähnlicher Zuwachs wie für Sachsen anzunehmen, da sie infolge des relativ hohen technischen Niveaus in ihren wichtigsten Zentren voll an dem gesteigerten Export teilgenommen haben dürfte und durch die Veränderung ihres Produktionsprogramms ebenfalls der innerdeutschen Konkurrenz erfolgreich begegnete.[106]

Nach den Angaben, die wir von der Burger Tuchindustrie besitzen, dürfte die Tuchproduktion in der Provinz Sachsen ebenfalls um 20 und mehr Prozent zugenommen haben. Während der Jahre 1830 bis 1842 stieg die dortige Produktion um nicht weniger als 89%.[107] Im Zeitraum von 1834 bis 1837 erhöhte sich die Zahl der

99 Vgl. Hauptverwaltungsberichte für die Jahre 1828 bis 1838, in: BLHA-Potsdam, Rep. 1, Nr 356, 357 u. 358.

100 Ebenda.

101 Schreiben der Tuchmacher-Innung zu Oschatz vom 9. September 1835, in: SLHA-Dresden, M. d. I., Nr 5759; *Böckelmann, C.*, Das Aufkommen der Großindustrie im sächsischen Wollgewerbe, Heidelberg 1908, S. 74; Schreiben der Kreisdirektion Budissin vom 15. November 1836, in: SLHA-Dresden, M d. I., Nr 5821.

102 Vgl. S. 86f.

103 *Pönicke, H.*, a. a. O., S. 15.

104 Vgl. Tabelle 9 (Anhang).

105 Vgl. Tabelle 7 (Anhang).

106 Vgl. S. 162.

107 *Hobusch, E.*, a. a. O., S. 23.

Wollwebstühle in der gesamten Provinz um fast ein Fünftel.[108] Die hannoversche Streichgarnweberei steigerte – wie Gülich angibt – vor allem nach 1835 ihre Produktion.

Wenn wir unsere einzelnen Feststellungen zusammenfassen, so läßt sich für die deutsche Streichgarnindustrie in den Jahren 1834/38 eine durchschnittliche Produktionszunahme von 20 bis 30% gegenüber der der Jahre 1828 bis 1833 annehmen.

Die Kammgarnweberei war, wie bereits ausgeführt, in Deutschland weniger verbreitet und die innerdeutsche Konkurrenz weniger ausgebildet. Der Zollverein bot einen gesicherten Absatz, da ihre Stoffe die französischen Waren vom Markt verdrängten und sie ihren Absatz auf Kosten feiner Baumwollstoffe und wollener Tuche so erweiterte, daß diese Stoffe in den dreißiger Jahren zu einem Modeartikel wurden.[109] Für die deutschen Kammgarngewebe und ihre Hauptartikel, die Merinos und Thibets, waren hinsichtlich einer größeren Ausdehnung des Absatzes auf dem inneren Markt gewisse Grenzen gesetzt, da sie sich für den Massenkonsum nicht eigneten. Die sogenannten sächsischen Merinos und Thibets wurden, im Unterschied zu den englischen, aus den feineren und teuereren deutschen Kammgarnen gefertigt. Ihre höheren Preise beschränkten ihren Absatz von vornherein auf die wohlhabenderen Schichten.[110] Soweit diese wollenen Zeuge in den Konsum der Werktätigen eingingen, waren es solche aus England. Die deutsche Wollwareneinfuhr nach 1834 bestand fast ausschließlich aus diesen englischen Worstedzeugen.[111] Um auch diese Sphäre des inneren Marktes für sich zu erschließen, ging die deutsche Kammgarnweberei mehr und mehr zur Verarbeitung englischer Kammgarne und zur Fertigung halbwollener Artikel über, die aber zumeist neben Baumwollgarn auch englisches Kammgarn enthielten. Bereits 1831 begann im Rheinland die Firma Gebr. Boeddinghaus als erste im Zollverein, aus englischen Garnen Merinos englischer Art weben zu lassen.[112] Ebenfalls schon in den dreißiger Jahren fertigte man in Elberfeld halbwollene Stoffe.[113] Für die Kammgarnweberei als noch jungen Zweig der deutschen Wollindustrie war bereits in den dreißiger Jahren weit stärker als für die Streichgarnverarbeitung die ständige Suche nach neuen Stoffen charakteristisch, um sich damit

[108] Vgl. Tabelle 5 (Anhang).

[109] *Gülich, G. v.*, a. a. O., S. 477.

[110] *Genzmer, W.*, Hundert Jahre Kammgarnspinnerei Schedewitz. 1835/1935 (im folgenden: Kammgarnspinnerei Schedewitz), Zwickau 1935, S. 39.

[111] *Bienengräber, A.*, Statistik des Verkehrs und Verbrauches im Zollverein für die Jahre 1842 bis 1864, Berlin 1868, S. 228.

[112] *Jahresbericht der Handelskammer von Elberfeld und Barmen für 1834*; Bericht des Landrates des Kreises Wittgenstein vom 23. August 1834, in: DZA-Merseburg, Rep. 120 D IV/2, Nr 2.

[113] *Minutoli, A. v.*, a. a. O. – Nach den Darlegungen eines Leipziger Handelshauses (vom 26. Februar 1845 datiert, in: SLHA-Dresden, M. d. I., Nr 5760, Blatt 31f.) begann die Halbwollweberei in Sachsen bereits 1827 mit dem Beginn der Einfuhr englischer Maschinengarne. In der Literatur wird jedoch dafür zumeist der Anfang der vierziger Jahre oder noch später angegeben (vgl. *Demmering, G.*, a. a. O., S. 72; *Isbary, C. R.*, Statistik und Lage der Industrie und des Handels im Königreich Sachsen, Leipzig 1865, S. 46).

ein stetig wachsendes Absatzgebiet zu erobern. Als eines der letzten neuen Erzeugnisse der deutschen Kammgarnweberei der dreißiger Jahre sind die sogenannten Mousseline de laine zu nennen[114], ein leichtes, sehr feines dünnes Gewebe, das den Baumwollgeweben hinsichtlich seiner Feinheit sehr nahekam und sich zunehmender Beliebtheit erfreute.
Die Konkurrenzlage für die deutsche Wollspinnerei auf dem deutschen Markt der dreißiger Jahre war für die beiden Hauptzweige, Kammgarnspinnerei und Streichgarnspinnerei, recht unterschiedlich. Hinsichtlich der letzteren kann gesagt werden, daß für sie eine Konkurrenz im eigentlichen Sinne kaum bestand, da das Streichgarn als Halbfabrikat auf dem Markt nahezu gar nicht in Erscheinung trat; denn die Streichgarnspinnereien existierten kaum als selbständige Betriebe und produzierten demzufolge nicht für den Markt.[115] Lediglich die sächsischen Streichgarnspinnereien produzierten während der dreißiger Jahre Garne für außersächsische Gebiete, insbesondere für den Export.[116] Aus diesen Verhältnissen innerhalb der deutschen Streichgarnindustrie erklärt es sich, daß die deutsche Streichgarnweberei ausschließlich deutsche Maschinengarne verarbeitete. Sie war im Rahmen der deutschen Textilindustrie der einzige Zweig, der keine ausländischen Garne verwendete.
Bei der Kammgarnspinnerei lagen die Verhältnisse etwas anders, was sich bereits aus den Darlegungen über die Kammgarnweberei ergibt. Trotzdem besaß sie keinen ernstzunehmenden ausländischen Konkurrenten, da die in großen Mengen eingeführten englischen Worstedgarne nicht für die Gewebe verwendet werden konnten, für welche die deutsche Kammgarnspinnerei arbeitete.[117] Die beherrschende Rolle auf dem deutschen Kammgarnmarkt spielten in den dreißiger Jahren die im „Vereinigten Kammgarn-Comptoir zu Gotha" zusammengeschlossenen Thüringer Kammgarnspinnereien, deren wöchentliche Produktion 1842 mit 15000 Pfund Garn angegeben wurde.[118] Bis 1830 besaßen diese Spinnereien sogar eine Monopolstellung auf dem deutschen Markt[119], die sie, angesichts der übergroßen Nachfrage nach Maschinengarnen, zu ihren Gunsten ausnutzten und sich durch hohe Preisforderungen einen Teil des in den Kammgarnwebereien produzierten Mehrwerts aneigneten. Im Jahre 1834 bestand für die deutschen Kammgarne eine vorübergehend ungünstige Konjunktur, da sich infolge der raschen Ausdehnung der sächsischen Kammgarnproduktion in den vorangegangenen Jahren Merkmale einer Überproduktion zeigten. Das Gothaer Comptoir versuchte, diese Situation zu seinen Gunsten zu nutzen, indem es durch starke Preisherabsetzungen die sächsischen Konkurrenten zwang, den Betrieb teilweise einzustellen oder ganz aufzugeben.[120]

114 *Wieck, G.*, Industrielle Zustände Sachsens, Chemnitz 1839, S. 225.
115 Näheres dazu auf S. 95 u. 99f.
116 *Bericht über die Ausstellung sächsischer Gewerb -Erzeugnisse im Jahre 1834*, a. a. O., S. 11; *Bericht über die Ausstellung sächsischer Gewerb-Erzeugnisse im Jahre 1837*, Dresden-Leipzig 1839, S. 31.
117 *Wieck, G.*, Industrielle Zustände Sachsens, a. a. O., S. 225.
118 *Das Gothaer Kammgarncomptoir und die sächsischen Kammgarnspinner*, in: Gewerbeblatt für Sachsen, Jg. 7/1842, Nr 58.
119 Ebenda.
120 *Thieme, W.*, a. a. O., S. 91.

Die sächsische Konkurrenz war jedoch bereits so stark entwickelt, daß der Vernichtungskampf der Gothaer Vereinigung zum Scheitern verurteilt war. In den nachfolgenden Jahren bot die ständig wachsende Nachfrage nach deutschen Kammgarnen keine Handhabe, diesen Kampf fortzusetzen. Die günstige Absatzlage für deutsche Kammgarne währte bis einschließlich 1836[121] und verhalf den größeren sächsischen Kammgarnspinnereien zur Festigung ihrer Positionen auf dem inneren Markt. Das Jahr 1837 hingegen brachte für die Kammgarnspinnerei einen stark geminderten Absatz als Auswirkung der Folgen der zyklischen Krise, insbesondere in den USA, auf die deutsche Kammgarnweberei. Auch in dieser schwierigen Situation versuchte die Gothaer Vereinigung, sich den noch vorhandenen inneren Markt durch fortwährende Preisherabsetzungen zu sichern.[122] Die Kammgarnpreise erreichten damit einen Stand, der für die meisten Spinnereien nur Verlustgeschäfte ermöglichte. Die Leipziger Kammgarnspinnerei schloß das Jahr 1837 mit einem Verlust von 5512 Talern[123], und der Inhaber der Augsburger Kammgarnspinnerei äußerte sich zu den damaligen Verhältnissen: „Es wäre viel besser, unter solchen Auspicien die Fabrik ganz einzustellen, denn die jetzigen Preise bringen Verlust statt Gewinn".[124] Diese Störungen in der Absatzgestaltung waren jedoch nicht von langer Dauer; denn von einer Anzahl großer deutscher Kammgarnspinnereien wurde das Jahr 1838 wieder als ein für den Absatz ihrer Erzeugnisse günstiges Geschäftsjahr bezeichnet.[125]

Nach den oben erfolgten Ausführungen ist auch für die deutsche Kammgarnindustrie eine Produktionserhöhung während der ersten Jahre des Zollvereins anzunehmen. Für eine quantitative Festlegung dieses Zuwachses sind jedoch nur wenige und unzureichende Kennziffern vorhanden. Die sächsische Kammgarnspinnerei dehnte ihre Produktionskapazität von 1834 bis 1838 um 29% aus, und gleichzeitig stieg die Garneinfuhr beträchtlich an. Sie dürfte sich – genaue Angaben besitzen wir nicht – wohl verdoppelt und etwa bei 15000 Zentnern gelegen haben.[126] Da die deutsche Kammgarnproduktion in diesen Jahren noch verhältnismäßig niedrig war und nach unseren Schätzungen höchstens jährlich 30000 Zentner betrug, beeinflußte diese Importsteigerung den Produktionszuwachs in der Kammgarnweberei beträchtlich.

Unter Berücksichtigung dieser Feststellungen dehnte sich die Produktion in beiden Bereichen der Kammgarnindustrie stärker als in der Streichgarnindustrie aus.

[121] Vgl. Schreiben aus Mylau vom 29. Oktober 1836, in: SLHA-Dresden, M. d. I., Nr 13989.

[122] *Genzmer, W.*, Hundert Jahre Augsburger Kammgarnspinnerei 1836/1936. Ein Beitrag zur Geschichte des deutschen Wollgewerbes (im folgenden: Augsburger Kammgarnspinnerei), Augsburg 1936, S. 56.

[123] *Wolf, H. R.*, Hundert Jahre Kammgarnspinnerei zu Leipzig als Aktiengesellschaft. 1836–1936, Leipzig 1936, S. 80.

[124] *Genzmer, W.*, Augsburger Kammgarnspinnerei, a. a. O., S. 56.

[125] Vgl. ebenda; *Wolf, H. R.*, a. a. O., S. 80; *Ein Jahrhundert Arbeit und Erfolg.* Zum hundertjährigen Jubiläum der Firma Merkel & Kienlin GmbH. (im folgenden: Ein Jahrhundert Arbeit und Erfolg), Eßlingen 1930, S. 12; *Bericht über die Ausstellung sächsischer Gewerb-Erzeugnisse im Jahre 1840*, Dresden-Leipzig 1841, S. 24.

[126] Vgl. hierzu Tabelle 19 (Anhang).

Gegenüber dem Jahre 1834 stieg wahrscheinlich die deutsche Kammgarnerzeugung bis zum Jahre 1838 um mindestens 30%, während die Kammgarngewebeproduktion sich etwa um 50% vermehrte.

3. *Produktion und Markt während des industriellen Zyklus von 1839 bis 1848, der Periode der zunehmenden Vernichtung des selbständigen Handwerks durch die kapitalistische Wollindustrie*

a) Die Entwicklung der Nachfrage nach Wollgeweben auf der Grundlage des ersten zyklischen Aufschwungs der deutschen Industrie

Eine Reihe von Faktoren führte während der Aufschwungsphase des industriellen Zyklus von 1839 bis 1848 zu einer gesteigerten Nachfrage auf dem inneren Markt. Das Anwachsen der Bevölkerung hielt auch während dieser Jahre an, und der Zollverein wies von 1838 bis 1847 eine Zunahme von 12,4% aus.[127] Den Hauptfaktor für die gesteigerte Nachfrage müssen wir jedoch in dem allgemeinen zyklischen Aufschwung selbst sehen. Getragen wurde dieser Aufschwung von der Kapitalanlage im Eisenbahnbau. Allein in Preußen vergrößerten sich die Eisenbahnlinien von 1838 bis 1847 von 34,6 auf 2184 km, und Gesamtdeutschland besaß 1850 ein Eisenbahnnetz von 5822 km.[128] Dieser enormen Zunahme entsprach auch eine beträchtliche Kapitalsumme, die für den Eisenbahnbau nutzbar gemacht wurde. In Preußen betrug das bis zum Jahre 1847 in diesem Bereich investierte Kapital 112 Millionen Taler.[129] Die dafür in ganz Deutschland aufgewandten Kapitalien dürften etwa 250 Millionen Taler oder 750 Millionen Mark betragen haben. Diese gewaltige Summe repräsentierte sich auf dem inneren Markt als stark gesteigerte Nachfrage nach Eisen, Kohle, Maschinen, Konsumgütern aller Art und anderem mehr und gab damit auch den anderen Zweigen die Grundlage für einen Aufschwung. Diese Impulse dürfen jedoch in ihrer Wirkung auch nicht überschätzt werden. Es ist deshalb richtig, wenn Mendelson darauf hinweist, daß der zyklische Aufschwung in Deutschland, insgesamt betrachtet, träge und nicht anhaltend verlief.[130] Trotzdem bedeutete die Zunahme der Produktion in allen Zweigen der deutschen Wirtschaft, insbesondere die Beschäftigung großer Menschenmassen aus der agrarischen Überschußbevölkerung im Eisenbahnbau, ein Anwachsen der Nachfrage nach Wollwaren für die deutsche Wollindustrie.[131] Diese Zunahme bedeutete zugleich ein Anwachsen der nichtagrarisch gebundenen Bevölkerung und somit

127 Vgl. *Statistisches Jahrbuch für das Deutsche Reich*, Jg. 1/1880, Berlin 1880, S. 5.

128 Vgl. *Jahrbuch für die Amtliche Statistik des Preußischen Staates*, Jg. 1, a. a. O., S. 505; *Mottek, H.*, Einleitende Bemerkungen, a. a. O., S. 38.

129 Vgl. *Jahrbuch für die Amtliche Statistik des Preußischen Staates*, Jg. 1, a. a. O., S. 512f.

130 *Mendel'son, L. A.*, Teorija i istorija ekonomičeskich krizisov i ciklov, Bd 1, Moskau 1959, S. 451.

131 Auf diesen Zusammenhang hatte bereits *Gülich, G. v.*, in seiner letzten Schrift hingewiesen: Ein Wort über Vergangenheit, Gegenwart und Zukunft von Deutschlands Handel, Gewerbe und Ackerbau (im folgenden: Ein Wort über Vergangenheit), Berlin 1847, S. 41).

eine Verminderung der Haushaltsproduktion, was wiederum die Nachfrage nach Wollgeweben steigern mußte. Ein für die Nachfrage belebend wirkender Faktor, die Mode, trat im Verlaufe der vierziger Jahre stärker in Erscheinung. Dieser Faktor begann in jenen Jahren auch für die Streichgarnindustrie wirksam zu werden.
Wenn wir die Mode als ein Moment der Belebung der Nachfrage auf dem inneren Markt betrachten, so gilt es zunächst, Klarheit darüber zu erzielen, inwieweit der Mode *überhaupt* eine solche Wirkung zugesprochen werden kann. Dies ist um so wichtiger, als die Mode mit der Entwicklung des Kapitalismus zunehmend an Bedeutung gewann und damit auch ihr Einfluß auf die deutsche Wollindustrie stieg. Zunächst bewirkte sie eine relative Zunahme der Nachfrage, d. h., bestimmte Stoffarten gewannen auf Kosten anderer einen größeren Absatz. Darüber hinaus führte sie – wenn auch in engen Grenzen – zu einer absoluten Vermehrung des Absatzes. Durch den Wechsel der Mode wurde die „Lebensdauer" des Gewebes – um in unserer Branche zu bleiben – herabgesetzt. Zu dem natürlichen Verschleiß trat – ähnlich wie in der Sphäre der materiellen Produktion – der moralische Verschleiß. Die Wirkung des moralischen Verschleißes für den Absatz wurde um so größer, je mehr die Mode die gesamte Gesellschaft erfaßte, also auch die breiten Schichten der Konsumenten – das werktätige Volk. Die Mode blieb nicht mehr – wie in den vorangegangenen Produktionsweisen – die Domäne der herrschenden Klassen. Die Beschränktheit der Konsumtionskraft der breiten Massen setzt jedoch dieser Entwicklung auch im Kapitalismus Grenzen. Diese beschränkte Konsumtion des entscheidenden Teils der Konsumenten erhöht die Relativität dieses Faktors für die Entwicklung des Marktes. Er muß deshalb stets als ein zweitrangiger, abgeleiteter Faktor angesehen werden und wird nie in der gleichen Weise wirksam wie die aus der Ökonomik selbst entspringenden Faktoren. Trotz dieser prinzipiellen Einschränkung muß vor allem bei der Entwicklung der Konsumgüterindustrie der Mode die ihr zukommende Aufmerksamkeit geschenkt werden, da sie zu einer wichtigen Waffe der kapitalistischen Industrie im Konkurrenzkampf wird.
Während der vierziger Jahre begünstigte die Mode die fassonierten Streichgarngewebe, so daß ihr Anteil am Streichgarngewebekonsum auf Kosten der Tuche zunahm.[132] Dem geschmälerten Absatz der letzteren stand aber die größere Nachfrage nach diesen modischen Geweben gegenüber. Dies bewirkte eine absolut gesteigerte Nachfrage für die Wollindustrie, da ein nicht unwesentlicher Teil der sich in der Konsumtion befindlichen Tuche schon vor ihrem natürlichen Verschleiß durch solche Stoffe ersetzt wurde. Durch die Verbilligung der Kammgarngewebe infolge des Übergangs zur Halbwollweberei gelang es ihnen, ihren Absatz auf Kosten der Baumwollgewebe, aber auch der Tuche, insbesondere bei der Damenbekleidung

132 Vgl. *Berichte der Handelskammer Lennep für die Jahre 1841 u. 1845; Viebahn, G. W. v.*, Über Leinen- und Wollmanufakturen, deren Ursprung, Umfang und Leistungen in Deutschland, deren Wert und Fortschritte (im folgenden: Über Leinen- und Wollmanufakturen), Berlin 1846, S. 39; *Über die Handelsverhältnisse Livornos im Jahre 1840, Livorno, April 1841*, in: Gewerbeblatt Sachsens, Jg. 6/ 1841, Nr 42; Nachweisung der Tuchfabrikation im Regierungsbezirk Potsdam im Jahre 1841, in: BLHA-Potsdam, Rep. 1, Nr 389.

zu erweitern.[133] Zum andern führte die Zuwendung der Mode zu den englischen Worstedzeugen in den vierziger Jahren zeitweilig zur Einengung der Nachfrage nach deutschen Kammgarngeweben, den sogenannten sächsischen Merinos etc.[134] Die stärkere Zuwendung des Verbrauchs zu den fassonierten Streichgarngeweben gegen Ende des zyklischen Aufschwungs engte ebenfalls den Absatz für Kammgarnwaren ein.[135]

Es wäre jedoch einseitig, bei der Behandlung der Nachfrage nur diese allgemein positiv wirkenden Momente zu betrachten. Wir müssen darüber hinaus untersuchen, inwieweit sie voll zur Geltung kamen. Bei Wollwaren handelt es sich um relativ langlebige Konsumtionsmittel und darüber hinaus um solche, die sowohl teuer als auch in gewissem Umfange nicht zu den lebensnotwendigsten Verbrauchsgütern zählen. Der Umfang der Konsumtion der Wollwaren hängt deshalb in hohem Maße von der Preisentwicklung der lebensnotwendigen Güter – der Nahrungsmittel – ab. Ein starkes Ansteigen der Preise für Lebensmittel wird bei den werktätigen Schichten stets zur Einschränkung der Ausgaben für Kleidung führen und da wiederum stärker bei den teuren Gattungen, den Wollgeweben. Um die Entwicklung der Nachfrage nach Wollgeweben in dieser Richtung zu untersuchen, haben wir die Preisentwicklung der wichtigsten Nahrungsmittel für verschiedene Gebiete Deutschlands in der im Anhang angeführten Tabelle 29 zusammengestellt.

Deutlich wird ein beträchtliches Ansteigen der Preise während des zyklischen Aufschwungs – wenn auch in unterschiedlichem Maße – vor allem für die wichtigsten Grundnahrungsmittel: Brotgetreide und Kartoffeln. Dieser Preisanstieg ist zunächst einmal Ausdruck des wirtschaftlichen Aufschwungs selbst und für alle Konjunkturphasen im Kapitalismus typisch. Soweit er dadurch bedingt ist, führt er zu keiner Einengung der Nachfrage, da die daraus zu erwartenden negativen Momente durch steigende Löhne und anwachsende Einkommen in der Regel nicht wirksam werden. Dies galt zunächst auch für die vierziger Jahre, wie es die Entwicklung der Brutto-Geld-Löhne ausweist.[136] Darüber hinaus schlug sich diese Preissteigerung zumindest in gewissem Umfang in den erhöhten Einnahmen der selbständigen landwirtschaftlichen Produzenten nieder, was die Nachfrage für Wollwaren auch bei der bäuerlichen Bevölkerung steigerte.

Die letzten Jahre des zyklischen Aufschwungs brachten jedoch ein derartiges Anziehen der Preise, daß die Steigerung der Durchschnittspreise der Jahre 1846/47 gegenüber dem Stand von 1845 fast durchweg wesentlich höher, als sie während der gesamten Periode von 1839 bis 1846 lag. Dieses Anwachsen der Preise war vor allem

133 *Schmoller, G.*, Kleingewerbe, a. a. O., S. 484.

134 Vgl. *Aus dem Erzgebirge*, in: Gewerbeblatt für Sachsen, Jg. 8/1843, Nr 76, Rubrik: Deutsche Industrie- und Handelszeitung; *Die Wollproduktion, der Wollhandel, die Wollindustrie*, in: Das Zollvereinsblatt, Jg. 1/1843, Nr 34, S. 659ff.

135 *Delbrück, R.*, Reisebericht über die Provinz Sachsen aus dem Jahre 1846, in: DZA-Merseburg, Rep. 120 HA/R, Nr 17.

136 *Kuczynski, J.*, Die Geschichte der Lage der Arbeiter in Deutschland von 1789 bis in die Gegenwart, Bd 1, T. 1, 6. veränd. Aufl., Berlin 1954, S. 79.

das Resultat schlechter Ernten und mußte ein Absinken der Nachfrage für Wollgewebe zur Folge haben.[137] Dies um so mehr, als die Brutto-Geld-Löhne seit 1844 stagnierten.[138] Angesichts der gerade in den Jahren 1844 und 1845 besonders stark erhöhten Wollpreise konnte sich der Preisfall[139], der bei feinen Wollen bereits im Sommer 1846 einsetzte, für die Wollindustrie noch nicht erleichternd auswirken, da diese Wollen ja im wesentlichen erst für die Verarbeitung im kommenden Jahr angekauft wurden. Dieser Preisfall war andererseits Ausdruck der erschwerten Absatzbedingungen für die deutsche Wollindustrie.
Abschließend können wir somit feststellen, daß die angeführten positiven Faktoren für die Ausdehnung des inneren Marktes gegen Ende der Aufschwungsphase für die deutsche Wollindustrie nicht mehr voll wirksam wurden und daß spätestens 1846 bereits ein Rückgang der Nachfrage nach Wollwaren einsetzte. Während sich der Pro-Kopf-Verbrauch an Wollgeweben in den ersten Jahren gegenüber den ersten Jahren der Zollvereinsperiode erhöhte, verminderte er sich in den letzten Jahren des industriellen Zyklus von 1839/48. Daraus erklärt sich auch, daß in der Literatur sowohl für 1831 als auch für 1849 der gleiche Wollwarenverbrauch angegeben wird.[140]

b) Die Entwicklung des Wollwarenexports unter dem Einfluß der „beispiellosen Stagnation der Jahre 1838 bis 1842“ (Marx) in der britischen Industrie

Die nach 1834 einsetzende Exportexpansion der deutschen Wollindustrie wurde, wie wir gesehen hatten, durch die britisch-amerikanische Überproduktionskrise gestoppt. Dies war jedoch keine vorübergehende Erscheinung, sondern diese Entwicklung hielt bis in das Jahr 1843 hinein an. Bis zu diesem Zeitpunkt gelang es der deutschen Wollindustrie nicht, nur annähernd die Ausfuhrziffer des Jahres 1836 zu erreichen.[141] Der Exportrückgang, der durchaus nicht kontinuierlich verlief, war in den der Krise folgenden Jahren stärker als zum Zeitpunkt der Krise. Den tiefsten Stand erreichte die deutsche Wollgewebeausfuhr im Jahre 1840, als sie gegenüber dem Stand von 1836 um fast ein Fünftel (19%) zurückblieb. Erst durch den kontinuierlichen Anstieg seit 1843 gelang es der deutschen Wollindustrie, bis 1847 ihren Absatz außerhalb der Zollvereinsgrenzen gegenüber dem Maximum der dreißiger Jahre um 14% zu erhöhen. Damit wuchs die durchschnittliche Wollgewebe-

137 Zur Illustration mögen die Gülichschen Ausführungen über die Auswirkungen der Mißernte des Jahres 1846 in Deutschland dienen: „... wenigstens in sehr vielen deutschen Staaten war das Betteln seit Jahrzehnten in solchem Maße nicht vorgekommen; in mehreren Gegenden Deutschlands sah man durch die Not sich veranlaßt, die gegen dasselbe bestehenden gesetzlichen Bestimmungen aufzuheben“ (*Gülich, G. v.*, Ein Wort über Vergangenheit, a. a. O., S. 24).

138 *Kuczynski, J.*, Die Geschichte der Lage der Arbeiter in Deutschland von 1789 bis in die Gegenwart, a. a. O., S. 79.

139 Vgl. Tabelle 15 (Anhang).

140 Vgl. *Schmoller, G.*, Kleingewerbe, a. a. O., S. 473; *Lehmann, H.*, a. a. O., S. 395.

141 Vgl. Tabelle 17 (Anhang).

ausfuhr im Zyklus von 1839/48 gegenüber der der Jahre 1834/38 um nur 7%.[142] Zugleich verminderte sich jedoch die Mehrausfuhr um 12%.[143]
Einer größeren Entwicklung des Exports stand in den vierziger Jahren eine Reihe Hemmnisse entgegen, die zum Teil in der deutschen Wollindustrie selbst, teils aber auch in den allgemeinen deutschen Verhältnissen jener Jahre ihre Ursache hatten. Die deutsche Streichgarnindustrie konnte zwar in der Regel ihre Produkte billiger als die ausländischen Konkurrenten anbieten, aber sie waren diesen – die rheinischen Exportfirmen ausgenommen – nicht selten noch hinsichtlich der Appretur unterlegen.[144] Eine größere Ausdehnung des Exports der deutschen Tuchindustrie wurde auch dadurch behindert, daß einzelne Tuchfabrikanten mit krämerhaften Betrügereien versuchten, auf Kosten der ausländischen Konsumenten Gewinne zu erzielen. Ähnlich, wie wir es aus der Geschichte des Leinenexports kennen[145], wiesen die ausgeführten Tuche nicht das angegebene Ellenmaß aus, oder das Innere des Tuchballens entsprach nicht dem Deckblatt. Zu dieser Frage führte der von Preußen nach China zur Erforschung des dortigen Marktes entsandte Kommerzienrat Grube folgendes aus: „Ehrlichkeit und Aufrichtigkeit bei der Verpackung sind nicht dringend genug zu empfehlen, und es kann nicht unbemerkt bleiben, daß über unrichtiges Maß und schlechten, absichtlich versteckten inneren Gehalt deutscher Waren Klagen geführt werden . . . die deutsche Ware in Verruf zu bringen".[146] Daß dies nicht nur eine Erscheinung auf diesem Markt war, geht aus dem Bericht über die Leipziger Ostermesse vom Jahre 1847 hervor, in dem es heißt: „Besonders in Tuchen und tuchartigen Modestoffen ist diesmal die betrügerische Aufmachung mehr als jemals aufgefallen, das Innere fiel von dem täuschenden Umschlage weit ab, und besonders Amerikaner wurden mit der fehlerhaften Ware so sehr betrogen, daß man fürchtet, sie werden in Zukunft ausbleiben. In gutem Glauben daran, daß die deutsche Fabrikation ebenso reell sei als die englische, kauften sie ungesehen . . ."[147]

[142] Vgl. Tabelle 18 (Anhang). – Die geringere Zunahme rechtfertigt jedoch nicht, uneingeschränkt von einem Absatzrückgang der Wollindustrie in dieser Zeit zu sprechen, wie es von *Obermann, K.*, (Die deutschen Arbeiter in der Revolution von 1848, Berlin 1953, S. 19) geschieht, indem er über die „Leinen- und Wollmanufaktur" das gleiche Urteil fällt.

[143] Vgl. Tabelle 18 (Anhang).

[144] *Über den Absatz deutscher Fabrikate im Auslande*, in: Das Zollvereinsblatt, Jg. 1/1843, Nr. 22. S. 381; *Die Wollen- und Tuchmanufaktur in Sachsen und in der Mark Brandenburg*, in: Deutsche Gewerbezeitung und Sächsisches Gewerbeblatt, Jg. 12/1847, Nr 33, Leipzig 1847.

[145] *Blumberg, H.*, Ein Beitrag zur Geschichte der deutschen Leinenindustrie von 1834 bis 1870, in: Mottek/Blumberg/Wutzmer/ Becker, a. a. O., S. 99f.

[146] *Der Absatz deutscher Erzeugnisse nach China*, in: Deutsche Gewerbezeitung und Sächsisches Gewerbeblatt, Jg. 11/1846, Nr 18, Leipzig 1846.

[147] *Resultate der Leipziger Messe*, in: Das Zollvereinsblatt, Jg. 5/1847, Nr 21, S. 362. – Ähnliche Klagen finden sich auch schon in früheren Messeberichten, z. B. in der Leipziger Zeitung, Meßbericht, Nr 103 v. 30. April 1845.

Es muß jedoch betont werden, daß die führenden deutschen Tuchfirmen nicht mit solchen Mitteln arbeiteten. Gleichzeitig wurde in diesen Jahren von den Kommissionären wiederholt Klage darüber geführt, daß die deutsche Fabrikation ihre Produkte nicht genau genug auf die Bedürfnisse und Eigenarten des jeweiligen ausländischen Konsumenten ausrichtete.[148] Das letztere lag jedoch teilweise an den unzureichenden direkten Verbindungen, die die deutsche Wollindustrie mit den ausländischen Märkten besaß; denn, wo solches der Fall war, richtete man sich stärker auf die dortigen Bedürfnisse der Käufer ein. Dies galt z. B. seit den dreißiger Jahren für die rheinische Tuchindustrie in bezug auf den amerikanischen Markt.[149] Die politische Ohnmacht Deutschlands, das Desinteresse der meisten deutschen Staaten für die Belange des deutschen Exports und auch die oft ungünstigen Verkehrsbedingungen – der teilweise fehlende direkte Zugang zur See – hemmten gleichfalls die Entwicklung sowohl des deutschen Außenhandels im allgemeinen als auch die des deutschen Wollwarenexports im besonderen. Als ein gutes Beispiel für die mangelnde Unterstützung des deutschen Ausfuhrhandels durch die deutschen Staaten kann die Erschließung des chinesischen Marktes angesehen werden. Karl Marx und Friedrich Engels haben darauf hingewiesen, daß diese Frage ein wesentliches Moment für den zyklischen Aufschwung der britischen Industrie der vierziger Jahre war.[150] Zu dieser Zeit forderte auch die deutsche Bourgeoisie – soweit sie am Export interessiert war – die Erkundung des dortigen Handels für die deutsche Industrie und schlug die Entsendung eines preußischen Konsuls vor, um von China Begünstigungen für den Handel zu erhalten.[151] Von preußischer Seite empfahl man jedoch – nach der Darstellung von A. Zimmermann –, „man wolle sich daher begnügen, aus den von England für die Welt errungenen Erfolgen Nutzen zu ziehen".[152] Letztlich entschloß man sich doch, den erwähnten Kommerzienrat Grube nach China zur Erforschung des dortigen Marktes zu entsenden. Dieses Vorhaben wurde zwar allgemein begrüßt, war es doch wenigstens etwas, was in dieser Richtung unternommen wurde. Einen größeren Erfolg hatte diese Aktion jedoch nicht, da dieser Abgesandte Preußens inzwischen verstarb und die noch erhalten gebliebenen Berichte doch zumeist infolge der geringen Sachkenntnis dieses vom preußischen Staat als „am geeignetsten" angesehenen Mannes eine unzureichende Aussagekraft besaßen.[153] Eine Wiederholung dieser Aktion wurde hingegen vom preußischen Staat abgelehnt.[154] Nicht zuletzt auf dem Gebiet des Außenhandels zeigte sich gegen Ende der vierziger Jahre mit aller Deutlichkeit die tiefe Wahrheit der folgenden Marxschen Ausführungen: „Die Bourgeoisie mußte sich ihren Anteil an der politischen Herrschaft vindizieren, schon ihrer materiellen Interessen wegen.

148 *Über den Absatz deutscher Fabrikate im Auslande*, in: a. a. O.

149 *Sächsische Fabrikate und Produkte auf ausländischen Märkten, New York 1833*, in: Gewerbeblatt für Sachsen, Nr 46/1834, Chemnitz 1834.

150 *Marx, K.*, Das Kapital, Bd 3, Berlin 1951, S. 444 u. 531.

151 *Zimmermann, A.*, a. a. O., S. 304f.

152 Ebenda, S. 304.

153 *Der Absatz deutscher Erzeugnisse nach China*, a. a. O.

154 *Zimmermann, A.*, a. a. O., S. 306.

Sie selbst war allein fähig, ihre kommerziellen und industriellen Bedürfnisse gesetzlich zur Geltung zu bringen. Sie mußte einer überlebten, ebenso unwissenden als arroganten Bürokratie die Verwaltung dieser ihrer ‚heiligsten Interessen' aus der Hand nehmen."[155]

Offenbar mußte die deutsche Wollindustrie im Verlaufe der vierziger Jahre große Anstrengungen unternehmen, um das erreichte Exportniveau aufrechtzuerhalten und zu überbieten. Dies spiegelt sich jedoch auch in der Bewegung des britischen Wollwarenexports wider, die noch diskontinuierlicher verlief. Der Exportrückgang war hier noch stärker; denn die Verminderung gegenüber dem Höchststand des vorangegangenen Zyklus betrug 28%. Darauf folgte eine wesentlich raschere Steigerung, so daß die britische Wollindustrie bereits im Jahre 1844 das vorangegangene Maximum um 15% übertraf.[156] Die damit erreichte Wollwarenausfuhr konnte jedoch in den darauffolgenden Jahren nicht gehalten werden. Trotz dieser stärkeren Diskontinuität in der Exportentwicklung der britischen Wollindustrie gegenüber der in Deutschland übertraf die durchschnittliche Wollwarenausfuhr in diesem Zyklus die des vorangegangenen mit 11%.

Bevor wir jetzt die detaillierte Darstellung des deutschen Wollwarenexports folgen lassen, sei bemerkt, daß sich in seiner Zusammensetzung nichts geändert hatte. Die Masse bestand aus Streichgarngeweben, unter denen jedoch die streichgarnenen Zeuge gegenüber den Tuchen an Bedeutung gewannen. Nur ein Fünftel des deutschen Wollwarenexports bestand aus Erzeugnissen der deutschen Kammgarnweberei, wovon wiederum die Hälfte die eigentlichen deutschen Kammgarnstoffe darstellte, während die andere Hälfte solche aus englischen Kammgarnen gefertigte war.[157]

Wir beginnen deshalb mit dem Export der deutschen Streichgarnindustrie. Die rheinische Streichgarnindustrie besaß während der vierziger Jahre auf dem Weltmarkt eine verhältnismäßig gefestigte Stellung. Die dortigen führenden Firmen, die sich mit dem Export befaßten, standen ihren ausländischen Konkurrenten in nichts nach, waren ihnen zumeist überlegen. Von dieser Seite her betrachtet, bietet die Tabelle 21, die die Entwicklung des Aachener Tuchexports während der vierziger Jahre wiedergibt, einen günstigen Einblick in den Tuchabsatz Deutschlands im Ausland. In der Aachener Streichgarnindustrie nahm der Anteil des Exports gegenüber dem Ende der dreißiger Jahre während des fünften Jahrzehnts nur unbedeutend zu und betrug 70 bis 71%. Doch die Entwicklung des Aachener Tuchexports zeigt, daß die dortige Streichgarnindustrie ihr Ende der dreißiger Jahre erreichtes Exportquantum ebenfalls nicht halten konnte. Zunächst konnte sie offenbar infolge ihrer Stellung auf dem Weltmarkt den Rückgang noch aufhalten; denn bis 1840 fiel er mit 4% unbedeutend. Allerdings gilt es hierbei zu berücksichtigen, daß uns für den exakten Vergleich mit der Entwicklung des gesamten Woll-

155 *Marx, K.*, Die Bourgeoisie und die Konterrevolution, in: Marx/Engels, Werke, Bd 6, Berlin 1959, S. 104/105.

156 Vgl. Tabelle 32 (Anhang).

157 *Verhandlungen vor dem Königlichen Handelsamt in Berlin*, in: Beilage zum Zollvereinsblatt, Jg. 3/1845, Nr 35, S. 698.

warenexports des Zollvereins die Angabe aus dem Jahre 1836 fehlt, die zweifellos höher als die für 1838 war. Der Aachener Tuchexport fiel in den darauffolgenden Jahren noch unter den 1840 erreichten Stand. Die Ausfuhr sank bis zum Jahre 1844 um 17% ab. Damit dürfte sich der Export von Aachen in diesen Jahren zumindest im gleichen Maße vermindert haben, wie das für den Zollvereinsdurchschnitt festgestellt wurde. Die danach einsetzende Aufwärtsentwicklung blieb jedoch ebenfalls gering; denn der Stand von 1838 wurde nur mit 6% überboten. Bei diesen Angaben muß jedoch berücksichtigt werden, daß unserer Ansicht nach die Produktionsangaben für Aachen zu niedrig sind.[158] Für Aachen wurde bereits zu jener Zeit der Markt der Vereinigten Staaten zum wichtigsten Absatzgebiet, und er absorbierte 1847 mit fast einem Viertel nicht viel weniger als der deutsche Markt, der 27% aufnahm.[159] Daneben spielte jedoch weiterhin Italien eine sehr wichtige Rolle, aber im Vergleich zu dem ersteren verlor dieser Markt während der vierziger Jahre an Bedeutung. Noch stärker war die rückläufige Tendenz des Handels mit den orientalischen Ländern. Gegenüber 6% im Jahre 1840 sank der Anteil des Direkthandels mit jenen Staaten auf 2%.

Betrachten wir nun die wichtigsten Absatzgebiete für die deutsche Streichgarnindustrie. Es wurde bereits darauf hingewiesen, daß Italien für den Export eine wichtige Rolle spielte. Die deutschen Tuche beherrschten hier den Markt. Bereits 1839 spielten die englischen Tuche eine untergeordnete Rolle, und bis zum Jahre 1846 wurden sie völlig verdrängt.[160] Es waren vor allem die Tuche aus den rheinpreußischen Fabriken, die hier dominierten.[161] Daneben spielte auch Belgien noch eine gewisse Rolle. Allerdings wurde den belgischen von den sächsischen, vor allem aber von den rheinpreußischen Tuchen ihr Absatz geschmälert.[162] Deutlich wird dies dadurch, daß es den rheinischen feinen Tuchen während der vierziger Jahre mit Erfolg gelang, selbst auf dem gut geschützten belgischen Markt aufzutreten.[163] Zu Anfang der vierziger Jahre verloren jedoch die sächsischen Tuche – es waren hier vor allen Dingen Mitteltuche – gegenüber ihren rheinischen, aber auch belgischen Konkurrenten an Boden, was in erster Linie durch die schlechte Appretur verschuldet wurde.[164] Insgesamt gesehen, sank jedoch während der vierziger Jahre die Aufnahmefähigkeit des italienischen Marktes für Tuche. Einmal behinderten die in der zweiten Hälfte der dreißiger Jahre von einigen italienischen Staaten ein-

158 Vgl. S. 180f.

159 Vgl. Tabelle 21 (Anhang).

160 *Übersicht des Handels zwischen dem Königreich Sachsen, Italien und der Levante durch Vermittlung des Freihafens Livorno*, in: Gewerbeblatt für Sachsen, Jg. 5/1840, Nr 28; *Das sächsische Manufakturgeschäft in Livorno*, in: Deutsche Gewerbezeitung, Jg. 11/1846, Nr 27, Leipzig 1846.

161 Ebenda.

162 *Gülich, G. v.*, a. a. O., Bd 2, S. 398.

163 *Thun, A.*, a. a. O., S. 25.

164 *Handel des Freihafens von Livorno*, in: Kunst- und Gewerbeblatt des polytechnischen Vereins für das Königreich Bayern, Jg. 26, Monat August/September, Heft VIII u. IX, 1840.

geführten hohen Schutzzölle den Absatz – mit Ausnahme der feinen Tuche –, zum anderen zeigte sich auch auf dem italienischen Markt die bereits für Deutschland festgestellte zunehmende Nachfrage nach streichgarnenen Zeugen zuungunsten der Tuche.[165] Dieser Prozeß mußte sich hier um so rascher vollziehen, als diese leichteren Stoffe gegenüber den schweren Tuchen den klimatischen Bedingungen weit besser angepaßt waren. Auch in dieser Hinsicht wurden die feinen Tuche weit weniger betroffen, „da deren feinere Gattung (gemeint sind die feinen Tuche aus dem Rheinland – H. B.) zu Zwecken dienen, die durch andere Stoffe nicht zu ersetzen sind".[166] Der abnehmende Tuchabsatz traf deshalb die sächsische Tuchindustrie weit stärker als die der Rheinprovinz. Hauptkonsumtionsartikel in Streichgarngeweben waren bereits zu Anfang der vierziger Jahre die Buckskine und die ihnen ähnlichen Stoffe.[167] In dieser Zeit wurde Italien damit zum größten Teil von England beliefert. Die britische Streichgarnindustrie wich auf diese Weise dem direkten Konkurrenzkampf mit den deutschen Tuchen aus, da sie hier unterlegen war, und versuchte mit Erfolg, ihren Absatz durch das Anbieten anderer Streichgarngewebe, vor allem Buckskine, auf Kosten der deutschen Streichgarnindustrie zu erweitern. Diese Gewebe waren für den Konkurrenzkampf der britischen Industrie auch insofern geeigneter, als sie als gemusterte Gewebe weit stärker als das glatte, einfarbige Tuch modischen Einflüssen unterworfen werden konnten. So begann sich schon im Verlaufe dieser Jahre abzuzeichnen, was G. Hermes mit folgenden Worten treffend formuliert hat: „Und die Beherrschung der Mode gab den westlichen Ländern das Mittel in die Hand, den Weltbedarf an Tuchen allmählich zurückzudrängen, um jene Stoffe zu lancieren, in denen ihre spezielle Leistungsfähigkeit bestand."[168] Dies traf nicht nur für den Wandel im Verbrauch von Streichgarngeweben, sondern noch stärker für den wachsenden Verbrauch von Kammgarn- und Halbwollgeweben zuungunsten der Streichgarnwaren zu. Allerdings war der Absatz des Rheinlandes an diesen gemusterten Streichgarngeweben auch schon beträchtlich. Sachsen beherrschte hingegen den Markt für halbwollene Flanelle. Bis 1846 gelang es den rheinischen Tuchfabriken, auch hinsichtlich der Buckskine die englischen Waren vom italienischen Markt zu verdrängen, da sie sich im Preis trotz gleicher Qualität billiger stellten.[169]

Im Handel mit dem Orient und den Donauländern spielten neben Sachsen und Rheinpreußen, insbesondere mit den letzteren Ländern, auch die schlesische – vor allem Görlitzer – und die Lausitzer Tuchindustrie eine größere Rolle. In diesen Gebieten gab es jedoch bereits Ende der dreißiger und zu Beginn der vierziger Jahre

165 Ebenda; *Wichterich, R.*, a. a. O., S. 68; *Übersicht des Handels zwischen dem Königreich Sachsen, Italien und der Levante durch Vermittlung des Freihafens Livorno*, a. a. O.

166 *Über die Handelsverhältnisse Livornos im Jahre 1840*, a. a. O.

167 Ebenda; *Übersicht des Handels zwischen dem Königreich Sachsen, Italien und der Levante durch Vermittlung des Freihafens Livorno*, a. a. O.

168 *Hermes, G.*, Statistische Studien zur wirtschaftlichen und gesellschaftlichen Struktur des zollvereinten Deutschland, in: Archiv für Sozialwissenschaft und Sozialpolitik, Bd 63, H. 1, Tübingen 1930, S. 137.

169 *Das sächsische Manufakturgeschäft in Livorno*, a. a. O.

infolge ungünstiger politischer Verhältnisse Absatzschwierigkeiten.[170] Darüber hinaus wurde die deutsche durch die englische Tuchindustrie vom orientalischen Markt verdrängt. Lediglich feine rheinische Tuche fanden noch in der zweiten Hälfte der vierziger Jahre in der Türkei Absatz.[171] Außerdem gewann auch hier der Absatz der streichgarnenen, aber vor allem der der englischen Worstedzeuge auf Kosten der Tuche. Bereits auf der Leipziger Messe von 1845 klagte man über das Fehlen der „gern gesehenen" Käufer aus dem Orient.[172]

Es wurde bereits darauf hingewiesen, daß die Vereinigten Staaten auf dem amerikanischen Kontinent das wichtigste Absatzgebiet für deutsche Tuche waren. Darüber hinaus wurden sie für die deutsche Wollindustrie zum wichtigsten auswärtigen Markt. Dieses Absatzgebiet spielte nicht nur für die rheinische, sondern darüber hinaus auch für die sächsische, Lausitzer und schlesische Tuchindustrie eine wichtige Rolle. Den deutschen Tuchen gelang es, die Konkurrenz sowohl der mit einheimischen als auch gegenüber der englischen mit Erfolg zu bestehen, und die deutschen Tuche wurden in jenen Jahren von den dortigen Konsumenten mehr und mehr vorgezogen.[173] Der 40% betragende hohe amerikanische Zoll erlaubte jedoch nur den großen Firmen, auf diesem Markt aufzutreten. Den Wert dieses Absatzgebietes ersieht man auch daraus, daß die Tuchindustrie einzelner Städte, wie Guben und Sommerfeld, fast ausschließlich für ihn arbeitete. Allerdings brachte dieser Markt auch häufigere Störungen für die deutsche Tuchindustrie. Der Glaube an die unerschöpfliche Aufnahmefähigkeit dieses Marktes führte wiederholt zu einem Überangebot an ausländischen Tuchwaren. Das war z. B. 1839/40 und 1842/43 der Fall.[174] Besonders stark steigerte sich der Export dorthin in den Jahren 1846/47, als der um 10% herabgesetzte Einfuhrzoll erleichternde Bedingungen gewährte.[175] Der Anstieg der deutschen Tuchproduktion im Jahre 1846 und noch zu Beginn des Jahres 1847 war im wesentlichen darauf zurückzuführen, daß die deutschen Tuchproduzenten auf eine infolge der Zollermäßigung stark anwachsende Aufnahmefähigkeit des amerikanischen Marktes spekulierten.

Süd- und Mittelamerika spielten hingegen als Absatzgebiet für die deutsche Tuchindustrie eine geringere Rolle. Für die größten Teile dieses Gebiets ergab sich das bereits aus den klimatischen Bedingungen, die nur einen geringen Bedarf nach Wollgeweben aufkommen ließen und da wiederum die leichteren ganz- und halbwollenen Zeuge sowohl aus Streichgarn als auch aus Kammgarn gegenüber den

170 *Handel und Verkehr, Triest am 10. Februar 1840*, in: Gewerbeblatt für Sachsen, Jg. 5/1840, Nr 18.

171 *Wichterich, R.*, a. a. O., S. 65.

172 *Bericht über die Leipziger Messe*, in: Berlinische Nachrichten von Staats- und gelehrten Sachen, Nr 107/1845.

173 *Isbary, C. R.*, a. a. O., S. 11; *Jahresbericht der Hvndelskammer Aachen für 1843; Über den Absatz deutscher Fabrikate im Auslande*, a. a. O., S. 381.

174 *Isenburg, R.*, a. a. O., S. 33; Bericht aus Erfurt über das Fabrikwesen im Eichsfeld vom 9. November 1843, in: DZA-Merseburg, Rep. 109 B IV, Nr 36; *Gülich, G. v.*, a. a. O., S. 383, Anm. 5.

175 *Wichterich, R.*, a. a. O., S. 85.

Tuchen bevorzugten. Der deutsche Wollwarenexport nach diesem Teil der Welt war zwar gering, wies aber in den vierziger Jahren ebenfalls eine Steigerung auf. Die vorherrschende Rolle spielte demzufolge hier die englische Wollindustrie. An der Wollwareneinfuhr Kubas im Jahre 1842 besaß Deutschland nur einen Anteil von 17% gegenüber den 64% Englands.[176] Ähnliches kann man auch für Brasilien feststellen, aber hier konnte die deutsche Wollindustrie im Gegensatz zu der Englands, Frankreichs und Belgiens ihren Absatz steigern, was die Tabelle 25 wiedergibt. Hier wies die deutsche Ausfuhr während der vierziger Jahre bis 1846 gleichfalls die größte Steigerung auf. Aber trotzdem überstieg der englische Export dorthin den deutschen um das 16fache.

Gegen Mitte der vierziger Jahre drangen die deutschen Tuche auf dem Seewege wieder in den chinesischen Markt ein. Sowohl die rheinische als auch die Lausitzer und schlesische Tuchindustrie knüpfte mit China Handelsverbindungen an. Aber auch auf diesem Markt spielte Großbritannien die beherrschende Rolle.[177]

Die britische Industrie, deren Lage zu Beginn des fünften Jahrzehnts, wie Marx feststellte, durch „die beispiellose Stagnation der Jahre 1838 bis 1842 . . ., die ebenfalls ein direktes Ergebnis der industriellen Überproduktion war",[178] charakterisiert wurde, bediente sich bei der Erschließung neuer Märkte auch der militärischen Gewalt ihres Staates. Ein Beispiel hierfür ist der britisch-chinesische Vertrag aus dem Jahre 1842, der unter den Geschützmündungen der britischen Flotte diktiert worden war.[179] Die Öffnung dieses Marktes für die britische Industrie ließ die Ausfuhr von 969000 Pfd. St. im Jahre 1842 auf 2395000 Pfd. St. bis zum Jahre 1845 ansteigen.[180] Unter dieser Einfuhr nach China befanden sich 1845 181204 Stück Wollwaren.[181] Daß die britische Wollindustrie bereits 1844 ihr Exportmaximum während dieses Zyklus erreichte, dürfte vor allem der vermehrten Ausfuhr nach China zuzuschreiben sein. Dieser gesteigerte Export nach China führte jedoch schnell zur Überfüllung des dortigen Marktes, so daß die Ausfuhr bereits 1846 zu sinken begann.[182]

Die Stellung der ganz- und halbwollenen deutschen Kammgarnartikel auf dem Weltmarkt war wesentlich ungünstiger als die der deutschen Streichgarnwaren. In diesem Bereich wurde der Weltmarkt bei den ordinären und Mittelgattungen von der britischen, bei den feineren von der französischen Kammgarnindustrie beherrscht. Auf diesem Gebiet führt die britische gegenüber der deutschen Woll-

176 *Statistische Tabellen*, in: Gewerbeblatt für das Königreich Hannover, Jg. 1844, S. 3.

177 Vgl. *Der deutsch-chinesische Handel von 1845*, in: Das Zollvereinsblatt, Jg. 5/1847, Nr 32, S. 551f.; *Wichterich, R.*, a. a. O., S. 65; *Viebahn, G. W. v.*, Reisebericht aus dem Jahre 1845, in: DZA-Merseburg, Rep. 120 D I/1, Nr 33.

178 *Marx, K.*, Pauperismus und Freihandel – Die drohende Handelskrise, in: Marx/Engels, Werke, Bd 8, Berlin 1960, S. 371.

179 *Marx, K.*, Über den britisch-chinesischen Vertrag, in: Marx/Engels, Werke, Bd 12, Berlin 1961, S. 565.

180 Ebenda.

181 Ebenda, S. 566.

182 Ebenda.

industrie auf dem Weltmarkt einen erfolgreichen Konkurrenzkampf. Ihre Worstedzeuge, ordinärer und mittlerer Qualität, waren außerdem für den Massenabsatz – denn sie waren für den Konsum der Werktätigen bestimmt – am geeignetsten. Beide Länder besaßen jedoch auch auf diesem Gebiet infolge ihrer technischen Entwicklung und durch die Beherrschung der Mode gegenüber Deutschland einen Vorteil. Auf den wichtigsten Absatzmärkten der Welt spielten deshalb deutsche Kammgarngewebe nur eine untergeordnete Rolle. Die in Deutschland nachgeahmten englischen Zeuge hatten nur in den hochmodischen Artikeln eine gewisse Absatzmöglichkeit, insbesondere in solchen, bei denen die Handfertigung notwendig war.[183] Etwas größer waren dieselben für die feinen deutschen Kammgarnstoffe. Auf dem italienischen Markt beherrschten beispielsweise die englischen Merinos den Absatz, da sich die sächsischen zu teuer stellten.[184] Hingegen konnte die sächsische Industrie bei den feinen Thibets den dortigen Bedarf befriedigen, da die französischen Konkurrenten zu teuer produzierten. Aber auch hier wurden diese immer mehr von anderen und billigeren englischen Zeugen vom Markt verdrängt.[185] Zu Anfang der vierziger Jahre konnten die sächsischen Mousseline de laine infolge ihrer hohen Qualität und Preiswürdigkeit in den feinen Gattungen noch einen ansehnlichen Absatz in Italien finden. Aber bereits zu dieser Zeit bestand der Hauptverbrauch in den geringeren und billigeren englischen Qualitäten, während 1846 die französische und englische Industrie auch in diesem Artikel den Sieg davongetragen hatten.[186] Zur gleichen Zeit konnte sich die rheinische Kammgarnweberei in den gemusterten ganz- und halbwollenen Kammgarnzeugen infolge ihrer Preiswürdigkeit und Musterwahl gegenüber der englischen Konkurrenz durchsetzen, mußte sich jedoch mit Frankreich den italienischen Markt teilen.[187] Der geringe Export, der von deutschen Kammgarnwaren überhaupt erfolgte, war deshalb in diesen Jahren weniger nach Südeuropa und den transatlantischen Märkten gerichtet, sondern vor allem nach Osteuropa, den Balkanländern und in gewissem Umfange auch nach dem Orient. Der Absatz nach den Vereinigten Staaten hat wohl gegen Ende der vierziger Jahre wieder stärker zugenommen, ohne jedoch den hohen Stand der dreißiger Jahre zu erreichen. Die Geraer Kammgarnweberei arbeitete beispielsweise für diesen Markt und unternahm nicht geringe Anstrengungen, um ihre Konkurrenzfähigkeit zu heben. Nach dem Geschmack des Orients und der amerikanischen Staaten wurden die Stücke unterschiedlich gefärbt. Um den Wendungen der Mode zu folgen, wurden sowohl für die Weberei als auch für den Druck durch Kommissionäre von den größten Industrieplätzen dieser Branche Englands und Frankreichs Musterstücke bezogen, um sie nachzuahmen oder durch neue Zusammenstellungen andere Muster zu gewinnen.[188] Der Wert der jährlichen Kammgarn-

183 *Verhandlungen vor dem königlichen Handelsamt in Berlin*, a. a. O., S. 698ff.

184 *Übersicht des Handels zwischen dem Königreich Sachsen, Italien und der Levante durch Vermittlung des Freihafens Livorno*, a. a. O.

185 Ebenda.

186 Ebenda; *Das sächsische Manufakturgeschäft in Livorno*, a. a. O.

187 Ebenda.

188 *Die Wollmanufaktur von Gera*, in: Das Zollvereinsblatt, Jg. 5/1847, Nr 34, S. 583.

gewebeausfuhr aus dem Geraer Bezirk wurde 1847 mit 3 bis 3,5 Millionen Taler angegeben.[189] Für dieses Gebiet spielte wohl das Exportgeschäft gegen Ende des zyklischen Aufschwungs eine beträchtliche Rolle, aber dadurch kann das Gesamtbild für die deutsche Kammgarnweberei nicht beeinträchtigt werden. Das um so weniger, als aus den uns zur Verfügung stehenden Angaben nicht zu ersehen ist, ob es sich in vollem Umfange um einen echten Export oder nicht doch in beträchtlichem Maße um eine Ausfuhr aus dem Zollverein nach Norddeutschland handelte.

Da uns für das Jahr 1847, in dem die deutsche Wollindustrie die größte Ausfuhr erreichte, eine Übersicht über ihre Absatzrichtungen zur Verfügung steht, wollen wir mit ihrer Wiedergabe das Bild über den deutschen Wollwarenexport jener Jahre weiter abrunden. Von den aus dem Zollverein ausgeführten wollenen Stoffen verblieben noch 24% in Deutschland. Dies wird verständlich, wenn wir berücksichtigen, daß dieser Industriezweig in den norddeutschen Ländern entweder kaum oder wie in den Steuervereinsländern in einem dem inneren Bedarf nicht entsprechenden Umfange entwickelt war. Bei der überwiegenden Mehrheit der aus dem Zollverein ausgeführten Wollwaren handelt es sich jedoch um einen echten Absatz auf dem äußeren Markt. Den Hauptanteil am Export vermittelten die Hansestädte Hamburg und Bremen. Neben diesen beiden Städten, die ein Fünftel der Gesamtausfuhr aufnahmen, spielten Österreich, Belgien und die Schweiz mit einem Anteil von 17,14 bzw. 13% die wichtigste Rolle. Alle diese Länder traten vor allem als Vermittler für den Absatz deutscher Wollgewebe nach anderen Märkten auf. Die Hansestädte betrieben vor allem den Export nach Amerika, insbesondere den nach den USA. Daneben belieferten sie zu einem geringeren Teil die skandinavischen Länder, nach denen auch die 1,1% über die Ostsee ausgeführten Wollerzeugnisse ihren Weg nahmen. Für Belgien traf das gleiche zu, was für die Hansestädte festgestellt wurde. In dem relativ hohen Anteil Belgiens schlug sich die günstige Wirkung des preußisch-belgischen Handelsvertrages von 1844 nieder, der die freie Ausfuhr über Antwerpen für den Zollverein gewährte.[190] Österreich trat vor allem als Zwischenhändler mit dem Orient über den Hafen Triest, den Donauländern und Italien auf. Die Schweiz, soweit sie die eingeführten Wollgewebe nicht im eigenen Land verbrauchte – was aber wohl der geringere Teil gewesen sein dürfte –, vermittelte gleichfalls den Handel mit Italien. Der russische Markt war auch während dieser Zeit für die deutsche Wollindustrie unbedeutend. Der Anteil Rußlands betrug 1847 nicht einmal 2%. Umgekehrt war jedoch zumindest zu Anfang der vierziger Jahre der Anteil Deutschlands am russischen Wollwarenimport mit 30% (1841) nicht unbedeutend.[191] Damit stand Deutschland hinter England (62%) an zweiter Stelle in der russischen Wollwareneinfuhr.[192] Insgesamt wird deutlich, daß mit Ausnahme Italiens, das

[189] Ebenda, S. 584.

[190] *Zimmermann, A.*, a. a. O., S. 278.

[191] *Über die Wollproduktion, die Wollindustrie und den Wollhandel des russischen Reiches*, in: Das Zollvereinsblatt, Jg. 1/1843, Nr 34, S. 687f.

[192] Ebenda.

allerdings vor allem mit der Hafenstadt Livorno als Zwischenhändler nach dem Orient eine beträchtliche Rolle spielte, der europäische Kontinent für die deutsche Wollindustrie als Absatzmarkt unbedeutend war. Die Hauptgebiete des Exports waren demzufolge der amerikanische Kontinent – hier wiederum vor allem die Vereinigten Staaten – und der Orient.

c) Der erfolgreiche Kampf der kapitalistischen Industrie, um auf Kosten der Handwerksbetriebe die gesteigerte Produktion auf dem inneren Markt abzusetzen

Für die Streichgarnweberei, die auch in dieser Periode noch vorherrschend Tuchweberei war – allerdings in abnehmendem Maße –, änderte sich die Lage der Konkurrenz auf dem inneren Markt hinsichtlich des ausländischen Einflusses nicht. Soweit ausländische Streichgarngewebe überhaupt Eingang in den Zollverein fanden, waren es sehr feine Modewaren, die aber nur – nach den Angaben des Zollvereinsblattes von 1843 – ein Zwanzigstel der importierten Wollstoffe beanspruchten.[193]
Inwieweit sich die innerdeutschen Konkurrenzverhältnisse gegenüber den dreißiger Jahren veränderten, hing im wesentlichen davon ab, in welchem Umfang die Produktion im Verlaufe der Aufschwungsjahre zugenommen hatte. Unabhängig davon, mußte jedoch zumindest bis zum Jahre 1843 selbst bei etwa gleichbleibender Produktion infolge des rückläufigen Exports eine größere Menge Wollwaren auf dem inneren Markt realisiert werden. Infolge der Ausdehnung dieses Marktes waren jedoch solche Möglichkeiten auch gegeben. Um die Entwicklung der innerdeutschen Konkurrenz näher einschätzen zu können, müssen wir uns deshalb zunächst der Produktionsentwicklung zuwenden. Die Lausitzer Streichgarnindustrie steigerte ihre durchschnittliche Gewebeproduktion während dieses Zyklus um ein Viertel, so daß sich das Entwicklungstempo im Vergleich zu den Jahren 1834 bis 1838 verminderte.[194] Da im Regierungsbezirk Potsdam die Tuchfabrikation um 5% absank, betrug in der gesamten Provinz Brandenburg der durchschnittliche Zuwachs gegenüber der mittleren Produktion der Jahre 1834/38 nur 16%. Dieses Ergebnis spiegelte sich in der um den gleichen Betrag gestiegenen Webstuhlzahl (1837 bis 1846) wider, während sich die Zahl der Feinspindeln um 11% verminderte (1843 bis 1846).[195]
Gegenüber der Lausitzer Wollindustrie dürfte sich die des Rheinlandes stärker ausgedehnt haben; denn während der Jahre 1837 bis 1846 hatte sich die Zahl der Webstühle mit 117% mehr als verdoppelt, und die Zahl der Feinspindeln in der Streichgarnspinnerei war allein in den Jahren 1843 bis 1846 um fast die Hälfte (44%) gewachsen.[196] Wenn wir auch über keine ausreichenden Produktionsangaben der

[193] *Die Wollproduktion, der Wollhandel, die Wollindustrie*, a. a. O., S. 658. – In den Verhandlungen über Zollerhöhungen im preußischen Handelsamt wurde 1845 der Anteil der Streichgarngewebe an den importierten Wollwaren sogar nur mit 1% angegeben (*Verhandlungen vor dem Königlichen Handelsamt in Berlin*, a. a. O., S. 698).

[194] Vgl. Tabelle 3 (Anhang).

[195] Vgl. Tabellen 5 u. 11 (Anhang) sowie die Angaben der preußischen Gewerbetabellen von 1843, in: DZA-Merseburg, Rep. 120 HA, G, Nr 10.

[196] Vgl. ebenda.

rheinischen Wollindustrie verfügen, so geben auch die verwendete Literatur, die sich mit diesem Zentrum beschäftigt, und das Archivmaterial keine Anhaltspunkte für eine in gleichem Umfange wie die Zahl der Webstühle gestiegene Produktion. Sicher ist jedoch, daß die Steigerung gegenüber der Lausitzer Tuchindustrie größer gewesen ist. Aus den Produktionsangaben der Tabelle 7 für den wichtigsten Standort der rheinischen Tuchindustrie ist zwar nur eine Zunahme der Produktion von knapp 6% ersichtlich, aber hierbei muß berücksichtigt werden, daß nicht der Höchststand der Aufschwungsphase, sondern das Krisenjahr 1847 auf den Stand von 1838 bezogen wurde. Nach Viebahn betrug in Aachen die jährliche Tuchproduktion gegen Mitte der vierziger Jahre 100000 Stück.[197] Damit wäre also die Produktion seit 1838 um fast ein Fünftel gestiegen. Aber auch diese Angabe scheint uns hinter der tatsächlichen Entwicklung zurückzustehen. Von den Wollwebstühlen des Regierungsbezirks Aachen befanden sich 1846 mehr als die Hälfte (53%) in Aachen und Burtscheid.[198] Allein während der Jahre 1843 bis 1846 hatte sich ihre Zahl im gesamten Regierungsbezirk um 96% erhöht, was der Entwicklung in der gesamten Rheinprovinz entsprach.[199] Gleichzeitig hatten sich auch die Feinspindeln in den Streichgarnspinnereien dieses Regierungsbezirks um 53% vermehrt, so daß in dieser Hinsicht die durchschnittliche Entwicklung in der Rheinprovinz übertroffen wurde.[200] Für die rheinischeTuchindustrie muß deshalb zumindest eine Steigerung gegenüber der durchschnittlichen Produktion der Jahre 1834 bis 1838 um 30 bis 40% angenommen werden.

Zur Beurteilung der Entwicklung der schlesischen Tuchproduktion und der in der Provinz Sachsen steht uns nur die Vermehrung der Wollwebstühle zur Verfügung. In dieser Richtung betrug die Zunahme dort 13 bzw. 9%.[201] Diesen Zahlen dürfte die Produktionsentwicklung während der vierziger Jahre entsprochen haben. Sie blieb somit selbst hinter dem Entwicklungstempo der Brandenburger Wollindustrie zurück.

Die sächsische Wollindustrie wies eine Steigerung ihrer Webstühle um 37% aus. Dies entspricht der gesamtpreußischen Entwicklung.[202] Die sächsische Tuchindustrie dürfte ähnlich der Lausitzer ein Anwachsen der Produktion um 25% ausgewiesen haben.

Im Gegensatz zur preußischen und sächsischen verminderte sich die Produktion der süddeutschen Tuchindustrie. In Württemberg machte jeder sechste Tuchmacher in der Zeit von 1840 bis 1847 bankrott, und auch aus Bayern wurde von einem ständigen Absinken der Tuchproduktion während dieses Zeitraums gesprochen.[203] Auf Grund des verarbeiteten Quellenmaterials können wir jedoch die zahlenmäßige Abnahme der Produktion nicht angeben.

197 *Viebahn, G. W. v.*, Über Leinen- und Wollmanufakturen, a. a. O., S. 39.
198 Zollvereinsstatistik von 1846/47 (Preußen), in: SLHA- Dresden, M. d. I., Nr 1398e.
199 Ebenda u. *Preußische Gewerbetabellen von 1843*, in: a. a. O.
200 Ebenda.
201 Vgl. Tabelle 5 (Anhang).
202 Vgl. Tabellen 4 u. 6 (Anhang).
203 *Schmoller, G.*, Die Entwicklung und Krisis, a. a. O., S. 417.

Die Tuchindustrie der hessischen Staaten dürfte sich gleichfalls nicht wesentlich vermehrt haben, wenn nicht gar ein geringes Absinken der Produktion eingetreten war.[204] Hingegen hat sich die hannoversche Tuchproduktion in den vierziger Jahren gehoben.[205]

Die Entwicklung der Streichgarnspinnerei entsprach hinsichtlich ihrer Produktion der der Tuchweberei. Im Zeitraum von 1837 bis 1846 vermehrten sich die Feinspindeln in Preußen um 21 und in Sachsen um 11%.[206] Die Streichgarnspinnerei beider Länder zusammen – das waren 84% der Streichgarnspinnereien des Zollvereins – wies eine Steigerung von 19% auf.[207]

Mit dieser Produktionssteigerung in den wichtigsten Zentren der deutschen Streichgarnindustrie mußte sich notwendigerweise der Konkurrenzkampf auf dem inneren Markt zuspitzen. Mit der zunehmenden Gewebefertigung erhöhten sich doch die Mengen der Wollwaren, die auf dem inneren Markt realisiert werden sollten. Angesichts der Exportentwicklung in den ersten Jahren des fünften Jahrzehnts vergrößerte sich außerdem auch der Anteil der Produktion, der in Deutschland konsumiert werden mußte, d. h., die für den inneren Markt bestimmte Warenmenge wuchs rascher als die Produktion. Nach unseren Schätzungen dürfte gegenüber dem Jahre 1834 dieser Anteil bis zum Jahre 1840 um etwa 6% gestiegen sein.[208] Damit galt es, 86% der gesamten Wollwarenproduktion auf dem deutschen Markt abzusetzen. Zwar hatte sich die Aufnahmefähigkeit des inneren Marktes gehoben, aber die Folge dieser Entwicklung war doch eine zunehmende Konkurrenz zwischen den einzelnen Zentren der deutschen Wollindustrie und innerhalb derselben. Der zunehmende Kampf um den Absatz hatte für die Durchsetzung des technischen Fortschritts und damit für die der kapitalistischen Produktionsverhältnisse im Bereich der Wollindustrie eine entscheidende Rolle gespielt. In dieser Hinsicht waren die vierziger Jahre viel bedeutungsvoller als die ersten Jahre der Zollvereinsperiode, wovon wir uns bereits im voranstehenden Kapitel überzeugen konnten.[209]

Wurde die verschärfte Konkurrenz auch durch die erschwerten Absatzbedingungen nach außen beeinflußt, so war sie doch zugleich und beschleunigt durch diese Tatsache Ausdruck eines höheren Niveaus der deutschen Wollindustrie. Die Anforderungen an die Wollwaren, insbesondere die Streichgarngewebe, auf dem inneren Markt waren gestiegen. Ein Absatz im Großen, d. h. auf den Messen, an Großhändler – und nicht der Absatz auf Jahrmärkten, im Ausschnitt sowie im Hausierhandel –, setzte mehr und mehr die Anwendung der neuen Walk- und Appreturmaschinen voraus. Wurden diese Anforderungen nicht erfüllt, so bestanden

204 Vgl. *Bericht über die Ausstellung von Gewerbs-Erzeugnissen aus Kurhessen, welche vom 20. September bis zum 21. Oktober 1842 in hiesiger Residenz stattfand*, Kassel 1843, S. 9; *Die Industrie des Herzogtums Nassau*, in: Das Zollvereinsblatt, Jg. 2/1844, Nr 1, S. 13; *Die Wolltuchfabrikation der Stadt Hersfeld in Kurhessen*, a. a. O., S. 93 f.; Zollvereinsstatistik von 1846/47 (Kurhessen), a. a. O.

205 *Die hannoverschen Fabriken*, in: Das Zollvereinsblatt, Jg. 1/1843, Nr 24, S. 438.

206 Vgl. Tabelle 9 (Anhang).

207 Vgl. ebenda.

208 Vgl Tabelle 8 (Anhang).

209 Vgl. S. 79 ff.

selbst während günstiger Jahre für solche Tuche Verkaufsmöglichkeiten nur zu herabgesetzten Preisen. Wenn Quandt die Auffassung vertritt, daß in bezug auf die Messen die umgekehrte Erscheinung zuträfe und Ende der vierziger Jahre nur noch die kleinen Meister die Messen besuchten[210], so ist diese Darstellung nicht richtig. Er unterschätzt die Bedeutung der Messen für den Großabsatz und überschätzt die Entwicklung des zweifellos gesteigerten Direktbezuges der Tuche durch die Handelshäuser von den Fabrikanten. Seiner Auffassung stehen auch die zeitgenössischen Berichte der Provinzverwaltung entgegen, die gerade die Tatsache betonen, daß vor allem die großen Fabriken ihre Ware auf den Messen absetzen konnten im Gegensatz zu den Tuchmachern, die dazu nicht mehr in der Lage waren.[211] Auch Schmidt weist für die Kottbuser Tuchfabrikation nach, daß die Hälfte der gefertigten Tuche auf den Messen abgesetzt wurde.[212] In Kottbus beherrschten aber gerade die kapitalistischen Betriebe die Produktion, und die Tuchmacher spielten hier eine untergeordnete Rolle.[213] Zweifellos boten die Messen für die Lausitzer Tuchfabrikationsstädte – und hier auch für die Meister – noch größere Absatzmöglichkeiten infolge ihrer geringen Entfernung von den Messeplätzen, insbesondere von Frankfurt a. O. Diese Möglichkeiten konnten sie jedoch infolge der steigenden Anforderungen an die Tuche immer weniger zu ihrem Vorteil nutzen. Sie blieben von den großen Absatzplätzen ausgeschlossen, wenn sie ihre Ware nicht in solcher Vollkommenheit walken und appretieren konnten wie die großen Firmen.

Sie wurden deshalb mehr und mehr auf den Ausschnitt am Ort, auf den Hausierhandel und den Absatz auf den Jahrmärkten der näheren Umgebung gedrängt. In gewissem Umfange verblieb ihnen auch noch die Belieferung des Staates für den Heeresbedarf, da dieser Absatz den größeren Tuchfabrikanten wenig gewinnbringend und deshalb nicht lohnend war. Allerdings begannen sich in den vierziger Jahren infolge der zunehmenden Konkurrenz im Tuchgeschäft auch einige Fabrikanten dieser Branche zu widmen[214], und die Tuchmacher waren nicht selten unfähig, den technischen Anforderungen der Heeresverwaltung zu den gebotenen Preisen gerecht zu werden.[215] Mit dem Ausbau der Kommunikationsmittel und der damit verbundenen stärkeren Erschließung des inneren Marktes für die Großindustrie – die kapitalistischen Tuchfabriken – verloren der Absatz auf den Jahr-

210 *Quandt, G.*, a. a. O., S. 36.

211 Bericht der Frankfurter Bezirksverwaltung vom 16. Februar 1845 und der vom 4. Mai 1846, in: BLHA-Potsdam, Rep. 1, Nr 359; Nachweisung von der im Jahre 1840 in den Städten des Potsdamer Regierungsbezirks gefertigten Tuche, in: ebenda; Hauptverwaltungbericht der Provinz Brandenburg für 1840, in: ebenda (Anlage 34); *Bericht über die Frankfurter Margarethenmesse 1847*, in: Handels-Archiv, Jg. 1847, Berlin 1847, S. 418; *Michaelismesse Leipzig 1847*, in: ebenda, S. 610.

212 *Schmidt, F.*, Die Entwicklung der Cottbuser Tuchindustrie, Cottbus 1928, S. 186.

213 Ebenda, S. 774f.

214 Das traf z. B. für Burger Tuchfabrikanten zu (*Delbrück, R.*, Reisebericht über die Provinz Sachsen aus dem Jahre 1846, a. a. O.).

215 Vgl. Schreiben des Kriegsministeriums an das Finanzministerium vom 30. August 1844, in: DZA-Merseburg, Rep. 120 D IV/7, Nr 18.

märkten und der direkte Lokalabsatz für die Tuchmacher an Bedeutung. Damit soll jedoch nicht gesagt werden, daß dieser Absatz keine Rolle mehr spielte, sondern nur, daß er in dieser Richtung kaum einer Ausdehnung mehr fähig war. In den ersten Jahren der hier betrachteten Periode beeinträchtigte die Preisentwicklung der Wolle vor allem die kleinen Tuchproduzenten. Im Gegensatz zu den dreißiger Jahren war diese Entwicklung nicht einheitlich. Zwar kam es während des gesamten Zyklus im Gegensatz zu der Zeit von 1834 bis 1838 zu einem Sinken der durchschnittlichen Wollpreise, aber dieser Preisfall setzte sich vor allem gegen Ende des Zyklus voll durch.[216] In den vorangegangenen Jahren wurde dieser Fall durch die in einzelnen Jahren sogar beträchtlich gestiegenen Preise aufgehalten. Dieser ständige Wechsel von Preisanstieg und Preisfall hielt bis 1842 an.[217] Er hemmte zwar die Produktionsentwicklung der gesamten Industrie, da der auf den vorjährigen Preisanstieg folgende Preisfall nicht nur den Rohstoff verbilligte, sondern zugleich die fertige, aber noch nicht realisierte Ware entwertete, mußte aber wiederum vor allem die kleinen Tuchproduzenten treffen. Da andererseits die Preise der Fertigprodukte nicht im gleichen Maße dem Preisanstieg folgten, wurden auch von dieser Seite die Bedingungen für die Realisierung der Produktion, insbesondere für die Realisierung hoher Gewinne, erschwert. Dies war beispielsweise bereits 1839 der Fall. Die Ergebnisse der Leipziger Jubilate-Messe waren für das Tuchgeschäft nicht ungünstig, da die angebotenen Tuche, und zwar die guten und beliebten Marken – d. h. vor allem die Erzeugnisse der größeren Firmen –, rasch verkauft wurden.[218] Die Preise bewahrten jedoch den alten Stand, trotzdem die für Wolle sowohl 1838 als auch 1839 teilweise sogar beträchtlich gestiegen waren.[219] Die Labilität der Wollpreise und damit die erschwerten Realisierungsbedingungen von dieser Seite her waren für die Jahre 1839 bis 1842 typisch. Während die Großbetriebe dieser Gefahr für den Profit auswichen, indem sie infolge der Produktionssteigerung die Profitmasse vergrößerten, mußte das für die kleinen Tuchmacher ruinierend wirken,[220] vor allem, da sie noch mit anderen negativen Faktoren – wie oben bereits dargelegt – zu kämpfen hatten. Der Rückgang der Produktion in einzelnen Zentren der deutschen Tuchindustrie hatte in der Verdrängung der handwerklichen Produzenten vom inneren Markt seine wesentliche Ursache. Auch das geminderte Entwicklungstempo, das andere Zentren aufwiesen, wurde dadurch mit beeinflußt. Die Berichte über die Tuchproduktion der Provinz Brandenburg weisen dies beispielsweise deutlich nach. Selbst 1839, als die Tuchproduktion in beiden Regierungsbezirken sank, wurde von einem „schwunghaften Betriebe" bei den mit vollkommenen Appreturmaschinen ausgerüsteten Werken gesprochen.[221] In den für die nächsten Jahre aus dem Regierungsbezirk

[216] Vgl. Tabellen 13, 14 u. 15 (Anhang).
[217] Vgl. ebenda.
[218] *Bericht über die Leipziger Jubilatemesse 1839*, in: Gewerbeblatt für Sachsen, Jg. 4/1839, Nr 21.
[219] Ebenda u. Tabelle 15 (Anhang).
[220] *Wieck, G.*, Das Tuchmachergewerbe im Zollverein und seine Umgestaltung, a. a. O.
[221] Hauptverwaltungsbericht der Provinz Brandenburg für 1839 (Tuchfabrikation), in: BLHA-Potsdam, Rep. 1, Nr 359; vgl. auch Nachweisung der in den Fabrikstädten des

Frankfurt erstatteten Berichten wurde betont, daß die Zunahme der Produktion vor allem auf den vermehrten Absatz der großen Tuchfabriken zurückzuführen war.[222] Umgekehrt betonten die gleichen Berichte aus dem Regierungsbezirk Potsdam, daß die Abnahme der Produktion aus der Konkurrenzunfähigkeit der kleinen Tuchmacher gegenüber den großen Firmen resultierte.[223] Angesichts dieses unterschiedlichen Entwicklungsstandes der Tuchindustrie dieser beiden Regierungsbezirke spiegelte die Entwicklung der Brandenburger Tuchfabrikation die Gesamtentwicklung treffend wider. Diese Feststellungen lassen sich auch an Hand der Produktionsentwicklung einzelner Standorte der Tuchindustrie in der Provinz Brandenburg verdeutlichen. Während die Produktion in Luckenwalde, Forst und Sommerfeld – also in Standorten der kapitalistischen Streichgarnindustrie – im Vergleich zum Jahre 1838 bis zum Jahre 1846 um 182, 169 bzw. 143% anstieg, blieben Schwiebus mit 2 und Reppen mit 13% selbst hinter der durchschnittlichen Entwicklung zurück. In Wittstock – einem der bisher wichtigsten Standorte der Tuchfertigung des Potsdamer Regierungsbezirks – sank die Produktion mit 37% um fast zwei Fünftel.[224] Die verminderte Zahl der Feinspindeln in der Provinz Brandenburg bei steigender Gewebeproduktion war gleichfalls Ausdruck der Vernichtung der Handwerksbetriebe.

In dem Maße, wie die großen mit vollkommenen Spinn- und Appreturmaschinen arbeitenden kapitalistischen Betriebe den inneren Markt stärker beherrschten und ihre Erzeugnisse den Preis der Streichgarnwaren bestimmten, mußte sich auch der Konkurrenzkampf zwischen ihnen verschärfen. Die zunehmende Rolle dieser Betriebe auf dem inneren Markt gegenüber den dreißiger Jahren hing vor allem damit zusammen, daß sich infolge der Schwierigkeiten im Exportgeschäft auch die größeren Firmen stärker als bisher diesem Markt zuwandten. Damit wurde in der Tuchindustrie die kapitalistische Produktion auf dem Zollvereinsmarkt mehr und mehr wertbestimmend. Dies war noch nicht in gleichem Maße im Steuerverein der Fall; denn hier hatte die einfache Warenproduktion noch einen wesentlichen Einfluß auf die Wertbestimmung – was in dem allgemein höheren Preisniveau seinen Ausdruck fand und woraus die auch hier vorhandene Großindustrie ihre Vorteile zog.[225] Der Konkurrenzkampf jener Jahre spiegelte sichtbar den preisbestimmenden Faktor der kapitalistischen Betriebe der Streichgarnbranche wider. Auf dem inneren Markt zeigte sich jetzt wesentlich stärker, daß sich alle Hemmnisse, die der Entwicklung der Produktion in den einzelnen Zentren im Wege standen, nun auch für

Regierungsbezirks Frankfurt a. O. im Jahre 1839 gefertigten Tuche, in: BLHA-Potsdam, Rep. 1, Nr 389.

222 Vgl. Hauptverwaltungsberichte der Provinz Brandenburg für 1839 bis 1842, in: BLHA-Potsdam, Rep. 1, Nr 359 u. 360.

223 Vgl. ebenda.

224 Vgl. Berichte über die Tuchfabrikation im Regierungsbezirk Frankfurt a. O. bzw. Regierungsbezirk Potsdam für die Jahre 1838 und 1846, in: BLHA-Potsdam, Rep. 1, Nr 389.

225 Vgl. *Die hannoverschen Fabriken*, in: Das Zollvereinsblatt, Jg. 1/1843, Nr 24 u. 26, S.438 u. 493ff.

die Großbetriebe im Konkurrenzkampf nachteilig auswirkten. So klagten die Lausitzer Tuchfabrikanten über ungünstige Verkehrsverhältnisse, die sie gegenüber den sächsischen Tuchmacherstädten benachteiligten.[226] Der Burger Tuchindustrie beschnitt der teure Kohlebezug angesichts der fehlenden ausreichenden Wasserkräfte die Profite.[227] Ähnliche Klagen finden sich auch für die Lenneper Tuchfabrikation in dem Handelskammerbericht aus Lennep für das Jahr 1845. Bemerkenswert für die Wirkung des Konkurrenzkampfes hinsichtlich des technischen Fortschritts ist ein Schreiben der Tuchfabrikanten Gebr. Schrüder aus dem Jahre 1843. Die Konkurrenz der bergischen Industrie zwang sie, die neuerfundenen Krempelmaschinen in die Streichgarnspinnerei einzuführen.[228] Auch die feudalen Überreste wirkten sich zu jener Zeit weit stärker hemmend aus als in den vorangegangenen Jahren. So klagte die Lausitzer Tuchindustrie über die noch bestehenden „lästigen Zwangs- und Bannrechte", die die Innungsmitglieder in einigen Lausitzer Tuchfabrikationsstädten zur Benutzung der mangelhaften Innungswalken nötigten und damit ihre Konkurrenzfähigkeit minderten.[229] Dazu führte der Hauptverwaltungsbericht der Provinz Brandenburg für das Jahr 1839 folgendes aus: „. . . daß sie (die Tuchfabrikation – H. B.) nach innen unter dem Drucke der älteren Gewerbeverfassung leiden, die jeder freien Entwicklung der Industrie entgegentritt", und „daß das seit den zwanziger Jahren für die vormals sächsischen Landesteile versprochene Gewerbegesetz endlich" erlassen wird.[230]

Die Konkurrenz innerhalb der Tuchbranche nahm nicht zuletzt infolge des wachsenden Verbrauchs an gemusterten Streichgarngeweben zu. In dieser Hinsicht vermittelt uns der Lenneper Handelsbericht von 1841 ein anschauliches Bild: „. . . es ist zur unleugbaren Tatsache geworden, daß besonders in größeren Städten, die den Tuchverbrauch sonst vorzugsweise begünstigen, unter allen Klassen der Gesellschaft (die höheren Kreise der fashionablen Welt nicht ausgenommen) der Gebrauch von Buckskin etc. solch eine allgemeine Verbreitung gefunden hat, daß die Winterkleidung fast ausschließlich nur aus derartigen Zeugen besteht." In den Jahren 1840 und 1841 waren diese Absatzschwierigkeiten für Tuche so ausgeprägt, daß in dem

226 Hauptverwaltungsbericht der Provinz Brandenburg für 1839, a. a. O.

227 *Delbrück, R.*, Reisebericht über die Provinz Sachsen aus dem Jahre 1846, a. a. O.

228 Schreiben vom 3. November 1843, in: DZA-Merseburg, Rep. 120 D IV/9, Nr 5.

229 Nachweisung der in den Fabrikstädten des Regierungsbezirks Frankfurt a. O. im Jahre 1839 gefertigten Tuche, a. a. O.; Hauptverwaltungsbericht der Provinz Brandenburg für 1841, a. a. O. – Der Hauptverwaltungsbericht für 1839 (a. a. O.) führt über die Spremberger Tuchfabrikation aus: „Vergebens ist die anerkannte Industrie der Tuchmacher bemüht, diesen Mängeln (hinsichtlich der Walke und Appretur – H. B.) abzuhelfen. Durch das bestehende Zwangsrecht des dortigen Walkmühlenbesitzers sind sie gezwungen, ihre Tuche auf der für den Bedarf unzureichenden und unvollkommenen Zwangsanstalt walken zu lassen und durch ein auf Instanz der Tuchschererzunft im vorigen Jahre ergangenes richterliches Erkenntnis ist ihnen überdies die Befugnis entzogen, sich der am Orte nach verbesserter Methode errichteten Tuchscher- und Appretur-Anstalt zu bedienen."

230 Hauptverwaltungsbericht der Provinz Brandenburg für 1839, a. a. O.

Lenneper Zentrum der Tuchindustrie von Überproduktion gesprochen wurde.[231] Auch die Burger Tuchfabrikanten, die sich inzwischen mehr der feineren Ware zugewandt hatten, klagten 1840 über mangelnden Absatz, und die dortige Industrie befand sich in einer gedrückten Lage.[232] Allein diese Erscheinung galt nicht allgemein. Für die sächsische Wollindustrie wurde das bereits in der vorletzten Anmerkung festgestellt, und die Hauptverwaltungsberichte der Provinz Brandenburg für 1840 und 1841 sprachen von einem „erweiterten Absatz der größeren Tuchfabriken, welche mit vollkommenen Appreturanstalten versehen sind, vorzugsweise Tuche von feiner Qualität liefern und ihre Waren auf den Messen in Leipzig, Frankfurt a. O. und Braunschweig, auch durch Versendung an Handelshäuser fast in ganz Norddeutschland bis nach den Rheinprovinzen absetzen", und für 1841 wird von „vorübergehenden Handels- und Modekonjunkturen" gesprochen, die den Absatz erschwerten.[233] In den Absatzproblemen 1840/41 spiegelte sich auch der 1840 erreichte Tiefstand des deutschen Exports wider. Die teilweise aufgetretenen Überproduktionsmerkmale in der Tuchweberei waren zweifellos das Ergebnis des rückläufigen Tuchabsatzes auf dem äußeren Markt und des durch den Modewechsel hervorgerufenen eingeschränkten Tuchverbrauchs in Deutschland. In einem solchen Ausmaß setzte sich jedoch der Verbrauch der streichgarnenen Zeuge während der folgenden Jahre nicht fort[234], aber behielt doch einen derartigen Umfang, daß die Produktion solcher Stoffe mehr und mehr die deutsche Streichgarnindustrie erfaßte. Gegen Mitte der vierziger Jahre war für die Aachener und Montjoier Weberei die Erzeugung gemusterter und geköperter Streichgarnware bereits wichtiger als die der eigentlichen Tuche.[235] Gleichfalls nahm in der Lausitz die Produktion solcher Stoffe zu.[236] Damit wollte die dortige Streichgarnindustrie auch in den Genuß der für diese Gewebe entstehenden Nachfrage gelangen. Auch dieser Weg der Sicherung des Absatzes für die Produktion auf dem inneren Markt blieb nur

231 *Jahresbericht der Handelskammer Lennep für 1841; Bericht über die Ausstellung sächsischer Gewerb-Erzeugnisse im Jahre 1840*, a. a. O., S. 3. – Die hier in der gleichen Richtung getroffene allgemeine Feststellung wird jedoch für die Wollindustrie stark eingeschränkt.

232 *Schütz*, Reisebericht aus dem Jahre 1840, in: DZA-Merseburg, Rep. 120 D I/1 Nr 35.

233 Hauptverwaltungsberichte der Provinz Brandenburg für 1840 u. 1841, a. a. O.

234 *Isenburg, R.*, a. a. O., S. 34.

235 *Viebahn, G. W. v.*, Über Leinen- und Wollmanufakturen, a. a. O., S. 39.

236 Kottbus begann Anfang der vierziger Jahre mit Buckskinfertigung (*Schmidt, F.*, a. a. O., S. 209), und das Gleiche gilt z. B. auch für Guben und Peitz (*Quandt, G.*, a. a. O., S. 34). Die Tuchfabriken in Brandenburg/Havel fertigten 1845 zum größten Teil in Nachahmung französischer Ware gemusterte Mantelstoffe (Schreiben der Tuchfabrikanten Gebr. Wetzenthin vom 4. Dezember 1845, in: DZA-Merseburg, Rep. 120 D IV/6b, Nr 3). In Kurhessen entstand 1842 die erste Buckskinfabrik in Melsungen (*Bericht über die Ausstellung von Gewerb-Erzeugnissen aus Kurhessen, welche vom 20. September bis zum 21. Oktober 1842 in hiesiger Residenz stattfand*, a. a. O., S. 11). In Sachsen ist die Fertigung solcher Stoffe ebenfalls gegen Ende der dreißiger Jahre aufgekommen, denn im Ausstellungsbericht von 1840 werden Buckskine zum erstenmal genannt (*Bericht über die Ausstellung sächsischer Gewerb-Erzeugnisse im Jahre 1840*, a. a. O.).

den großen Firmen offen, da er verbesserte Webstühle, zumeist Jacquardstühle, und einen stetigen Wechsel der Muster, also allgemein höhere Anforderungen an die technische Ausrüstung und damit an die Höhe des Kapitals voraussetzte.

Wenngleich die Jahre 1839 bis 1842 für die deutsche Streichgarnindustrie, vor allem für die Tuchweberei, eine Reihe die Realisierung der Produktion erschwerende Bedingungen boten, waren sie doch die günstigere Zeit während des allgemeinen zyklischen Aufschwungs der vierziger Jahre. In den danach folgenden Jahren setzte sich im allgemeinen die bereits dargelegte Entwicklung der Konkurrenzverhältnisse auf dem inneren Markt weiter fort, nur nahm der Konkurrenzkampf schärfere Formen an, was allein darin seinen sichtbaren Ausdruck fand, daß die Preise der Tuche fortwährend gedrückt bei anhaltend steigenden Wollpreisen blieben.[237] Damit wurden die kleinen Tuchmacher weiter vom Markt verdrängt.[238] Es mehrten sich deshalb, besonders 1844, die Klagen darüber, und die Forderungen an die Militärverwaltungen nach Tuchlieferungen nahmen zu. Das Kriegsministerium äußerte sich hierzu im Sommer 1844: „... weil bei der großen Anzahl der an diesen Lieferungen schon teilnehmenden Tuchfabrikanten und Gewerke in Schlesien und im Großherzogtum Posen, welche ebenfalls über Nahrungslosigkeit klagen und fast fortwährend Unterstützung durch größere Lieferungen nachsuchen, die Lieferungsquoten schon gegenwärtig gering ausfallen ..."[239] Der Konkurrenzkampf spitzte sich besonders bei den feineren Tuchqualitäten zu. Die rheinische Tuchindustrie wurde mehr und mehr von der Lausitzer bedrängt.[240] Angesichts der Absatzschwierigkeiten und der hohen Wollpreise waren die Fabrikanten verstärkt bemüht, die Spinnerei so zu vervollkommnen, daß aus Mittelwollen feine Garne zur Verarbeitung für feinere Ware gesponnen wurden.[241] Auf diese Weise und durch verstärkte An-

237 Vgl. Tabelle 15 (Anhang); *Bericht über die Leipziger Jubilatemesse von 1843,* in: Gewerbeblatt für Sachsen, Jg. 8/1843, Nr 37; Nachweisung der in den Fabrikstädten des Regierungsbezirks Potsdam im Jahre 1844 gefertigten Tuche, in BLHA-Potsdam, Rep. 1, Nr 389; gleicher Bericht aus dem Regierungsbezirk Frankfurt a. O. für 1844, in: ebenda; die gleichen Berichte für das Jahr 1845, in: ebenda; *Jahresbericht der Handelskammer Lennep für 1845.*

238 Vgl. Bericht des Magistrats zu Creutzburg vom 9. September 1844, a. a. O.; Bericht des Neuroder Vereins zur Unterstützung der Tuchmacher, Weber und Spinner an den König vom 26. Juli 1844, in: ebenda, Nr 18; Schreiben des Tuchmacher-Mittels zu Goldberg vom 16. Januar 1845, a. a. O.; *Die Wolltuchfabrikation der Stadt Hersfeld in Kurhessen,* a. a. O.; Schreiben der Frankfurter Bezirksverwaltung vom 4. Mai 1846, a. a. O.; *Die Wollen- und Tuchmanufaktur in Sachsen und in der Mark Brandenburg,* a. a. O; *Bühler, F.,* a. a. O., S. 72 u. 91f.; *Wieck, G.,* Das Tuchmachergewerbe im Zollverein und seine Umgestaltung, a. a. O.

239 Schreiben des Kriegsministeriums an das Finanzministerium vom 30. August 1844, a. a. O.

240 Schon der zitierte Hauptverwaltungsbericht der Provinz Brandenburg für 1840 vermittelte einen Eindruck von dem Ausmaß der Herstellung feiner Tuche in der Provinz. In Guben begann man 1840 mit der Herstellung feiner Tuche (H. Schemel Tuchfabrik Guben. 100jähriges Jubiläum 1840–1940, Guben 1940).

241 *Jahresbericht der Handelskammer Lennep für 1845.*

strengungen in der Appretur gelang es vor allem der Lausitzer Tuchindustrie, anstelle ihrer bisherigen Mitteltuche eine preiswerte und den rheinischen feinen Tuchen kaum nachstehende Ware auf dem Markt anzubieten.[242] Damit wurden die rheinischen feinen Tuche, insbesondere jetzt in der Zeit der zunehmenden Teuerung, kaum noch gefragt. Um die Mitte der vierziger Jahre mußten deshalb auch die Lenneper Tuchfabriken auf dem von der Aachener Tuchindustrie schon früher beschrittenen Weg folgen und zur Fertigung gemusterter Streichgarngewebe übergehen.[243] Die zunehmende Produktion solcher Stoffe verstärkte jedoch auf diesem Gebiet den Konkurrenzkampf, was beispielsweise die Verdrängung der Montjoier Buckskine vom deutschen Markt durch die Lausitzer Streichgarnindustrie zur Folge hatte.[244]

Gegenüber den ersten Jahren des Zollvereins können wir für diesen Zeitabschnitt feststellen, daß die vermehrte Nachfrage nach Streichgarngeweben *nicht mehr allen* Produzenten zugute kam. Diese Erweiterung des inneren Marktes reichte für die sich rascher ausdehnende kapitalistische Streichgarnindustrie, die noch nicht immer das Niveau eines Fabrikbetriebes in Gestalt des Kombinats erreicht zu haben brauchte, nicht aus, so daß sie – verstärkt durch die Schwierigkeiten auf dem äußeren Markt – den Absatz auf Kosten des noch selbständigen Handwerks erweiterte. Damit führte die Zeit des ersten zyklischen Aufschwungs der deutschen Industrie im Bereich der Wollindustrie bereits zu den für die industrielle Revolution charakteristischen sozialökonomischen Veränderungen, bevor die hereinbrechende Krise diesen Prozeß treibhausmäßig beschleunigte. Diese Jahre reichten jedoch noch nicht aus, um diesen Prozeß schon zu Ende zu führen. Dazu waren auch in der kapitalistischen Entwicklung der deutschen Streichgarnindustrie – wie im voranstehenden Kapitel gezeigt wurde – weitere zyklische Perioden notwendig.

Wir hatten bereits für die ersten Jahre des Zollvereins gesehen, daß die deutsche Kammgarnindustrie diesen Markt nicht so souverän beherrschte, wie das durch die deutsche Streichgarnindustrie geschah. Die schwierige Lage der britischen Industrie in den ersten Jahren der hier betrachteten Periode zwang diese, ihren Absatz außerhalb Großbritanniens zu erweitern. Dieses Streben wurde auch auf dem deutsche Markt spürbar. Die durchschnittliche Wollwareneinfuhr des Zollvereins während der Jahre 1839 bis 1848 überstieg die der Jahre 1834/38 um 64%,[245] und der Zuwachs der Garnimporte betrug in den Jahren 1840 bis 1847 sogar 186%.[246] Allein bis zum Jahre 1844 erhöhte sich die Garneinfuhr um 73% und erreichte damit 47809 Zentner.[247] Bei diesem Garn handelte es sich fast ausschließlich um britisches Kammgarn.[248] Das Maximum der Einfuhr von Wollgeweben während dieses Zyklus wurde im Jahre 1842 mit 38369 Zentnern erzielt. Diese Menge überstieg die durchschnittliche Einfuhr während der ersten Jahre des Zollvereins um mehr als das Doppelte (222%).

242 Ebenda. 243 Ebenda.
244 *Barkhausen, E.*, a. a. O., S. 169f.
245 Vgl. Tabelle 18 (Anhang).
246 Vgl. Tabelle 19 (Anhang).
247 Vgl. ebenda.
248 *Verhandlungen vor dem Königlichen Handelsamt in Berlin*, a. a. O., S. 660.

Da sich nun auch die deutsche Kammgarnindustrie – wie wir bereits erfahren haben – in diesen Jahren stärker dem Zollvereinsmarkt zuwenden mußte, verschärfte sich der Konkurrenzkampf zusehends. Doch bis zu Beginn des Jahres 1842 gelang es der deutschen Kammgarnindustrie, vor allem der Kammgarn- und Halbwollweberei, sich noch einen zunehmenden Absatz zu sichern. Der Bevorzugung englischer Worstedzeuge kam sie durch die zunehmende Verarbeitung englischer Kammgarne zu ähnlichen wollenen und halbwollenen Geweben entgegen.[249] Vor allem der Tiefpunkt des deutschen Exportgeschäfts im Jahre 1840 ließ es jedoch Ende 1839 und vor allem im Sommer 1840 zu gewissen Absatzstörungen kommen. Jedoch von der Michaelismesse 1840 wurde freudig berichtet: „Die sächsischen Thibets gewinnen durch größere Billigkeit den englischen den Vorrang ab. Der Konsum hat sich dadurch sowohl als durch die gute Qualität im Zollvereine immer mehr ausgedehnt ... Auch die sächsischen gemusterten Thibets erfreuen sich einer guten Messe."[250] Doch in den folgenden beiden Jahren stieg die Einfuhr von Wollwaren gegenüber dem letzgenannten Jahr um 44% an.[251] Die britische Kammgarnindustrie wandte sich infolge ihrer Absatzschwierigkeiten mehr und mehr dem Zollvereinsmarkt zu, und für sie galt dieser Markt in diesen Jahren als der „beste und regelmäßigste".[252] Damit verschärfte sich zwischen der deutschen und der britischen Kammgarnindustrie der Kampf um den Absatz auf dem Zollvereinsmarkt, der der günstigen Absatzgestaltung für deutsche Kammgarngewebe gegen Mitte des Jahres 1842 ein Ende setzte. Selbst die in Deutschland aus englischen Garnen gefertigten „englischen" ganz- und halbwollenen Zeuge hatten einen schwierigen Stand, da die ausländische Industrie die Mode bestimmte und mit ständig neuen Mustern und Genres aufwartete.[253] Überhaupt war die Abhängigkeit vom Ausland hinsichtlich der Mode in der Kammgarnweberei wesentlich größer als in der Streichgarnindustrie; denn die deutsche Kammgarnweberei mußte sich zur Steigerung ihres Absatzes ständig um die Nachahmung der ausländischen Ware bemühen. Die schwierigsten Jahre für die deutsche Kammgarnindustrie waren die zweite Hälfte von 1842 und das Jahr 1843. Die deutschen Fabrikanten forderten deshalb höhere Zölle, um sich den gefährdeten inneren Markt wieder zu sichern. Zur Situation des Jahres 1843 stellte die Handelskammer von Elberfeld und Barmen mit beißender Ironie fest: „So ist der Zollverein allein das große Trödelmagazin der Lagerhüter und des Ausschusses unserer freundlichen Nachbarn geworden. Von diesen wird dagegen gelegentlich die weise Mäßigung unseres Tarifs andern zum Muster hingestellt, während sie selbst indes im Ernste sich schwerlich zur Nachahmung desselben würden entschließen können."[254]

[249] *Demmering, G.*, a. a. O., S. 72; Bericht aus Leipzig vom 26. Februar 1845, in: SLHA-Dresden, M. d. I., Nr 5760; *Die Wollproduktion, der Wollhandel, die Wollindustrie*, a. a. O., S. 659 ff.

[250] *Meßbericht*, in: Gewerbeblatt für Sachsen, Jg. 5/1840, Nr 47.

[251] Vgl. Tabelle 17 (Anhang).

[252] *Englische Urteile über die Wirkung der Karlsruher Zollkongreßbeschlüsse*, in: Das Zollvereinsblatt, Jg. 3/1845, Nr 48, S. 955. [253] Ebenda.

[254] *Die Handelskammer von Elberfeld und Barmen über den Vereinstarif*, in: Gewerbeblatt für Sachsen, Jg. 8/1843, Nr 48.

Zugleich beklagte sie sich, daß ihre Anträge auf höhere Zölle unberücksichtigt geblieben wären und nur ein kleiner Teil wollener Kammgarngewebe seit 1843 höher besteuert wurden. Die hier erwähnte Zollerhöhung war ohne wesentliche Wirkung.[255] Die in den Jahren 1843 und 1844 gesunkene Wollwareneinfuhr und die damit verbundene günstigere Konkurrenzfähigkeit der deutschen Kammgarnzeuge auf dem inneren Markt waren vielmehr auf die allgemein für die britische Wollindustrie sich günstiger gestaltenden Verhältnisse auf dem übrigen Weltmarkt zurückzuführen. 1845 zeigten die 37620 Zentner importierter Wollgewebe das mit aller Deutlichkeit, da sie nicht bedeutend unter dem Höchststand von 1842 lagen. Die inzwischen etwas erholte deutsche Kammgarnweberei sah sich den gleichen Schwierigkeiten gegenüber wie in der Zeit von 1842 bis 1843 und forderte weit stärker als vorher höhere Zölle. Daraufhin kam es im preußischen Handelsamt zur Beratung mit führenden Industriellen über die Verbesserung des Zollsystems. Für die Kammgarnweberei wurden folgende Zölle gefordert: Mit 50 Talern pro Zentner (30 Taler bisher) sollten alle Kammgarngewebe – mit Ausnahme der bedruckten Kammgarnstoffe, deren Eingangszoll 75 Taler (früher 50 Taler) betragen sollte – verzollt werden.[256] Der Erfolg dieser Verhandlungen bestand jedoch nur darin, dem Historiker aufschlußreiche Darlegungen über den Zustand der damaligen deutschen Wollindustrie zu überliefern; denn an den bisherigen Zollsätzen änderte sich nichts. Deshalb versuchte man, zunehmend gemischte Ware zu fertigen und die ausländischen, insbesondere britischen Zeuge nachzuahmen. Diese Bestrebungen führten auch auf dem inneren Markt zur erfolgreicheren Bekämpfung der britischen Konkurrenz. Neben dem bereits bekannten Elberfeld wurden während der vierziger Jahre Glauchau-Meerane, Chemnitz, Gera, Erfurt und Wüste-Giersdorf in Schlesien Zentren der Halbwollweberei.[257] Als gegen Ende der hier betrachteten Periode die feinen Streichgarnzeuge den Absatz der deutschen Kammgarnartikel schmälerten, begann man in Schlesien mit der Fertigung von Kammgarn-Streichgarn-Mischgeweben.[258] Allgemein kann man von den vierziger Jahren sagen, daß die heute aus der Textilindustrie nicht mehr wegzudenkenden Mischgewebe in der deutschen Wollindustrie in größerem Umfange Eingang fanden. Die mit dem Jahre 1846 stark wachsende Teuerung mußte in diesem Bereich vor allem die deutschen reinwollenen Kammgarnstoffe treffen und den billigeren ganz- und halbwollenen Wortstedzeugen, die im Inland produziert oder vom Ausland bezogen wurden, den Vorzug geben. Die Lage der deutschen Kammgarnindustrie blieb jedoch trotzdem gegen Ende des Zyklus noch erträglich, da die größeren Exportmöglichkeiten gewisse Erleichterungen schufen und die zunehmende Verarbeitung des englischen Halbfabrikats auch im Bereich der mittleren und ordinären Qualitäten sie besser als früher gegen die britische Konkurrenz wappnete. Ein sichtbares Anzeichen hierfür war die in den

255 Vgl. *Die Wollproduktion, der Wollhandel, die Wollindustrie*, a. a. O., S. 660f.

256 *Verhandlungen vor dem Königlichen Handelsamt in Berlin*, a. a. O., S. 746.

257 *Bericht über die Jubilatemesse in Leipzig 1844*, in: Allgemeine Zeitung für National-Industrie und Verkehr nebst Gewerbeblatt für Sachsen, Jg. 9/1844, Nr 37.

258 Vgl. *Verhandlungen vor dem Königlichen Handelsamt in Berlin*, a. a. O., S. 699.

Jahren 1846 und 1847 stark gesunkene Wollwareneinfuhr, und zwar betrug der Rückgang gegenüber 1845 35 bzw. 54%.[259]

Die günstigere Absatzsituation auf dem inneren Markt im Vergleich zu der deutschen Streichgarnindustrie und der Umstand, daß sie von den Exportschwierigkeiten wesentlich weniger betroffen wurde, da der äußere Markt für die Realisierung der deutschen Kammgarngewebeproduktion nicht solch eine Rolle spielte, erlaubten der deutschen Kammgarn- und Halbwollweberei eine größere Produktionserweiterung. Für das Ende der vorherigen Periode hatten wir den jährlichen Wollgarnverbrauch dieses Zweiges der deutschen Wollindustrie auf etwa 45000 Zentner geschätzt. Bis zum Jahre 1846 stellte ihr die deutsche Kammgarnspinnerei etwa 38600 Zentner zur Verfügung, und vom Ausland bezog sie noch 42700 Zentner.[260] Damit können wir den Wollgarnverbrauch der deutschen Halbwoll- und Kammgarnweberei mit etwa 81000 Zentnern annehmen. Außerdem wurden in diesem Bereich noch erhebliche Mengen Baumwollgarn verarbeitet, über deren Umfang wir jedoch keine Kenntnisse haben. Die Produktion lag demzufolge 1846 um vier Fünftel über der von 1837. Da wir die verwendeten Baumwollgarne unberücksichtigt ließen, dürfte dieser geschätzte Produktionszuwachs keineswegs zu hoch sein. Die durchschnittliche Produktion des Zyklus wird aber im Vergleich zu der jährlichen Produktion von 1834/38 geringer zugenommen haben, da die Wachstumsrate während dieses Zyklus infolge der diskontinuierlichen Absatzverhältnisse sehr erhebliche Unterschiede aufgewiesen haben dürfte.

Die Absatzgestaltung für die deutsche Kammgarnspinnerei entsprach der der deutschen Kammgarnweberei, die feinere Qualitäten herstellte. Im Unterschied zur gesamten Kammgarnweberei hatte sie nicht den Ausweg, sich durch eine Produktionsänderung den veränderten Marktverhältnissen anzupassen. Zwar hat es von seiten der deutschen Kammgarnspinnereien gerade während der schwierigen Jahre 1842/43 und 1845 an Versuchen, zur Fertigung der gröberen, den englischen Worstedgarnen entsprechenden Garnen überzugehen, nicht gefehlt, aber diese Versuche blieben erfolglos.[261] Der deutschen Spinnerei mangelte es an den dafür geeigneten Wollen, und beim Bezug der dafür geeigneten englischen Wolle produzierten sie zu teuer und konnten demzufolge im Konkurrenzkampf nicht bestehen.[262] Die deutsche Kammgarnspinnerei blieb deshalb bei der Fertigung feiner Kammgarne.

Bei der Beurteilung der britischen Konkurrenz auf dem Zollvereinsmarkt muß berücksichtigt werden, daß die Einfuhr englischer Kammgarne nicht in vollem Umfange für die deutsche Kammgarnspinnerei absatzmindernd wirkte. Der so stark zugenommene Verbrauch englischer Garne während der vierziger Jahre war zugleich auch Ausdruck der stark gestiegenen Nachfrage nach solchen Garnen, da die

259 Vgl. Tabelle 17 (Anhang).

260 Vgl. Tabellen 19 u. 24 (Anhang).

261 Vgl. Thieriot, Schreiben vom 11. Juni 1845, in: SLHA-Dresden, M. d. I., Nr 5760; Bericht aus Leipzig vom 26. Februar 1845, in: SLHA-Dresden, M. d. I., Nr 5760.

262 Ebenda; *Verhandlungen vor dem Königlichen Handelsamt in Berlin*, a. a. O., S. 697ff.

deutsche Industrie diese Qualitäten nicht lieferte. Eine Einengung der Nachfrage nach deutschen Kammgarnen resultierte daraus nur, wenn die feineren Kammgarngewebe durch die britischen und die in Deutschland hergestellten „englischen“ Kammgarn- und Halbwollwaren im deutschen Konsum zurückgedrängt wurden. Wie wir bereits ausführten, war dies im Verlaufe der vierziger Jahre eingetreten. Der daraus resultierende geringere Verbrauch deutscher Kammgarne im Zollverein wurde aber für die deutsche Spinnerei nicht voll wirksam, da diese die Ausfuhr ihrer Erzeugnisse steigern konnte. Während der vierziger Jahre bestand die deutsche Garnausfuhr wohl vor allem aus deutschen Kammgarnen.[263] Diese Ausfuhr stieg während der Jahre 1840 bis 1845 von 7883 auf 16505 Zentner,[264] also um mehr als das Doppelte.

Der Konkurrenzkampf auf dem inneren Markt um den Absatz feiner Kammgarne war deshalb in Deutschland auch in diesen Jahren in hohem Maße durch die Auseinandersetzungen zwischen den im Gothaer Kammgarn-Comptoir zusammengeschlossenen Thüringer Spinnereien mit den übrigen deutschen Spinnereien charakterisiert. Die Mittel, die „Gotha“ in diesem Kampf anwandte, waren die gleichen, wie wir sie schon aus den dreißiger Jahren kennen. Als die Vorräte an Garnen Ende 1842 die Höhe von 180000 bis 200000 Pfd. erreicht hatten[265] und keine Aussicht auf einen gehobenen Absatz bestand, setzte das Gothaer Comptoir laufend die Preise herab, so daß vom Januar bis April 1843 dieselben um 44 Kreuzer pro Pfund fielen.[266] Zugleich versuchte es mit Auktionsverkäufen und nachträglicher Preisermäßigung, den noch vorhandenen Bedarf an feinen Wollgarnen für sich zu gewinnen.[267] Auf Grund dieser schwierigen Situation schlossen mehrere sächsische Kammgarnspinnereien für immer ihre Pforten, und andere versuchten, die Spinnerei auf andere Garnarten umzustellen.[268] Ende 1843 sollen die meisten sächsischen Kammgarnspinnereien stillgelegen haben[269], und die deutschen Kammgarnspinnereien nutzten insgesamt ihre Kapazität nur zu 50% aus.[270] Ebenso wie für die deutsche Kammgarnweberei war das Jahr 1844 wieder günstiger. Im Unterschied zu den Jahren 1842/43 trat in der nachfolgenden Zeit auch die französische Kammgarnspinnerei auf und bedrängte die deutschen Kammgarne auf dem inneren Markt.[271]

263 Ebenda, S. 698.
264 Vgl. Tabelle 19 (Anhang).
265 *Das Gothaer Kammgarncomptoir und die sächsischen Kammgarnspinner*, a. a. O.
266 *Genzmer, W.*, Augsburger Kammgarnspinnerei, a. a. O., S. 59.
267 Vgl. ebenda.
268 *Aus dem Erzgebirge*, in: Gewerbeblatt für Sachsen, Jg. 8/1843, Nr 76; *Das Gothaer Kammgarncomptoir und die sächsischen Kammgarnspinner*, a. a. O.
269 *Genzmer, W.*, Augsburger Kammgarnspinnerei, a. a. O., S. 60.
270 *Mitteilung über die deutsche Kammgarnspinnerei*, in: Allgemeine Zeitung für National-Industrie und Verkehr nebst Gewerbeblatt für Sachsen, Nr 80/1843, Leipzig 1843.
271 *Schmid, J.*, Die Augsburger Kammgarnspinnerei und ihre Stellung in der deutschen Wollindustrie, Diss. Würzburg 1923, S. 76. — Die französische Kammgarnspinnerei hatte sich besonders in den Jahren 1839 bis 1845 in technischer Hinsicht gehoben, so daß

Wie in der Kammgarnweberei, so übertraf auch die Produktionsausdehnung der deutschen Maschinenkammgarnspinnerei die der Streichgarnindustrie beträchtlich. Die Kammgarnproduktion war bis zum Jahre 1846 auf etwa 54000 Zentner angewachsen.[272] Der Zuwachs betrug demzufolge gegenüber 1837 80%. Da beide Bereiche der deutschen Kammgarnindustrie selbst in den dreißiger Jahren in Deutschland noch gering entwickelt waren, ist diese hohe Zunahme im Vergleich zur Streichgarnindustrie verständlich, da sich der Wollwarenverbrauch während dieser Jahre jenen Geweben stärker zuwandte. Doch auch die so stark vermehrte Kammgarnproduktion besaß nur einen Anteil von etwa 12% an der gesamten deutschen Wollgarnproduktion.[273] Auch bei der Kammgarnspinnerei ist infolge der verschiedenen Absatzstockungen, die wir bereits erwähnt haben, der durchschnittliche Jahreszuwachs während des Zyklus niedriger anzunehmen.

d) Ausbruch und Verlauf der Weltwirtschaftskrise von 1847/48 in der deutschen Wollindustrie

Die Weltwirtschaftskrise nahm von England ihren Ausgang, wo sie nach vorangegangenen Störungen vor allem auf dem Geldmarkt im Herbst 1847 Einzug hielt. „Dieser Krach kam zum Ausbruch infolge der Mißernte 1846", wie Friedrich Engels bemerkte.[274] Dieser Hinweis ist vor allem für die Untersuchung der Krise in Deutschland außerordentlich wichtig. Die Situation in England charakterisierte Friedrich Engels zur Zeit des Höhepunktes der Krise folgendermaßen: „Die Handelskrise, der England zur Zeit ausgesetzt ist, ist in der Tat ernster als irgendeine der vorherigen Krisen. Weder 1837 noch 1842 war die Depression so allumfassend wie im jetzigen Augenblick. Alle Zweige der ausgedehnten englischen Industrie sind aus dem Rhythmus ihrer Arbeit herausgerissen; überall trifft man auf Stillstand, überall nur aufs Pflaster geworfene Arbeiter."[275] Im Verlaufe dieser Überproduktionskrise verminderte sich die Produktion in den englischen Industriebezirken um ein Drittel.[276]
Diese Überproduktionskrise in England konnte nicht ohne Einfluß auf die Entwicklung der deutschen Wirtschaft bleiben. Das um so weniger, als die deutsche Industrie gleichfalls im Verlaufe der vierziger Jahre ihren ersten zyklischen Aufschwung erlebte und ohnehin bereits die früheren Krisen Englands einen mehr oder weniger starken Einfluß auf die deutsche Wirtschaft genommen hatten. Die Ende des Jahres 1847 auftretenden Krisenerscheinungen in Deutschland, die sich vor allem im Zusammenbruch der Eisenbahnspekulation und in Überproduktionserscheinungen in der deutschen Textilindustrie äußerten und ihre Fortsetzung im Jahre 1848 fanden, sind von den marxistisch-leninistischen Ökonomen und Wirtschaftshisto-

sie allein auf Grund dieser Fortschritte die Preise um 10% senken konnte (*Französische Wollindustrie – französischer Quelle entnommen*, in: Deutsche Gewerbezeitung und Sächsisches Gewerbeblatt, Jg. 11/1846, Nr 8, Leipzig 1846).

272 Vgl. Tabelle 33 (Anhang). 273 Vgl. ebenda.

274 *Marx, K.*, Das Kapital, Bd 3, Berlin 1951, S. 445.

275 *Engels, F.*, Die Handelskrise in England – Chartistenbewegung – Irland, in: Marx/Engels, Werke, Bd 4, Berlin 1959, S. 325.

76 *Marx, K.*, Das Kapital, Bd 3, a. a. O., S. 529.

rikern durchaus nicht einheitlich eingeschätzt worden. Während Kuczynski in seiner neuesten Arbeit diese Erscheinungen der Überproduktion in der deutschen Wirtschaft vor allem auf die vorangegangene Teuerung und den unmittelbaren Einfluß der Revolution auf die Wirtschaft zurückführt, wobei er Elemente einer echten Überproduktion (im Sinne der marxistisch-leninistischen Krisentheorie) im Zusammenwirken mit der englischen Krise anerkennt,[277] wird bei L. A. Mendelson eindeutig von einer Überproduktionskrise auch in Deutschland gesprochen.[278] Mendelson weist ausdrücklich darauf hin, daß die Krise bereits im Jahre 1847 die deutsche Wirtschaft stark erfaßte und sie den Ausbruch der Revolution im Jahre 1848 beschleunigte.[279]

Die Analyse der Krise wird zweifellos durch die vorangegangene enorme Teuerung kompliziert, da dadurch der innere Markt beträchtlich eingeschränkt wurde, worauf wir bereits im Zusammenhang mit der Entwicklung des inneren Marktes hingewiesen haben. Darüber hinaus mußte diese Teuerung den zyklischen Aufschwung in seiner Endphase dämpfen. Die bereits Ende des ersten Quartals 1848 ausgebrochene bürgerlich-demokratische Revolution erschwert des weiteren den Nachweis, in welchem Umfange diese Krise dem kapitalistischen Reproduktionsprozeß entsprang, da diese revolutionären Ereignisse zweifellos in ihrer *unmittelbaren* Wirkung nachteilig für die Entwicklung der Wirtschaft sein mußten.

Infolge des geringeren Reifegrades des deutschen Industriekapitalismus mußte der äußere Einfluß auf den Ausbruch und den Verlauf der Krise noch stärker sein als in den nachfolgenden Krisen. Die in den vorangegangenen Jahren vorhandene ungewöhnlich starke Verteuerung der Lebensmittel hatte die Entwicklung der Produktion innerhalb der Leichtindustrie bereits gehemmt, als der zyklische Aufschwung den Kulminationspunkt noch nicht erreicht hatte. Diese Umstände mußten bewirken, daß zu dem Zeitpunkt, als im internationalen Maßstab die Überproduktionskrise ausbrach, sie sich in Deutschland nicht mit großer Stärke zeigen konnte. Daß das letztere aber nicht eintrat, ist zweifellos auf die unmittelbaren nachteiligen Wirkungen der Revolution im Jahre 1848 zurückzuführen gewesen. Der starke Einfluß von außen auf den Krisenverlauf in Deutschland wurde nicht zuletzt dadurch sichtbar, daß innerhalb der Leichtindustrie vor allem die deutsche Baumwollindustrie am stärksten von der Krise betroffen wurde.[280] Die Zweige der Leichtindustrie und daneben der Eisenbahnbau dürften in Deutschland auch die einzigen Zweige gewesen sein, die aus ihrer inneren Entwicklung heraus eine Überproduktionskrise hervorriefen. Was den Eisenbahnbau betrifft, so führte er weniger zu einer Überproduktion im eigentlichen Sinne, als vor allem zum Zusammenbruch der Überspekulation und damit zur Vernichtung von Kapital.

Betrachten wir anschließend die Entwicklung der deutschen Wollindustrie in diesem Zeitraum. Das Jahr 1846 brachte für die deutsche Wollindustrie eine Einengung ihrer Absatzmöglichkeiten in Deutschland, jedoch wurde ihre Lage durch die größeren

277 *Kuczynski, J.*, Die Geschichte der Lage der Arbeiter unter dem Kapitalismus, Bd 11, Berlin 1961, S. 72ff.

278 *Mendel'son, L. A.*, a. a. O., S. 470ff.

279 Ebenda, S. 472f.

280 Ebenda, S. 472.

Exportmöglichkeiten erleichtert. Hatte sich die Wollwarenausfuhr im Jahre 1845 noch in den Grenzen des Vorjahres gehalten, so steigerte sie sich jetzt um insgesamt 7%.[281] Die Teuerung selbst, die zweifellos den Absatz erschwerte, hatte jedoch kaum einen Rückgang der Produktion im Jahre 1846 herbeigeführt, wie es die bei Kuczynski von Spiethoff übernommenen Angaben ausweisen.[282] Zu Produktionseinschränkungen ist es lediglich bei den selbständigen Tuchmachern gekommen, aber dieser Rückgang wurde durch die Ausdehnung der Produktion seitens der kapitalistischen Unternehmungen der Wollindustrie ausgeglichen. Die Aufrechterhaltung der Produktion und ihre Ausdehnung bei den kapitalistischen Unternehmungen hingen damit zusammen, daß die deutsche Wollindustrie große Hoffnungen auf einen vermehrten Absatz in den Vereinigten Staaten nach der Herabsetzung des dortigen Zolltarifs hegte. Allerdings blieben angesichts des eingeschränkten Absatzes auf dem inneren Markt bedeutende Lagerbestände am Ende des Jahres bestehen, und insoweit verursachte diese Teuerung im Jahre 1846 eine Überproduktion. Zu größeren Einschränkungen der Produktion ist es wohl erst in der ersten Hälfte von 1847, als die Teuerung ihren Höhepunkt erreichte, gekommen.

Die Absatzverhältnisse im Jahre 1847 spiegeln die Berichte von den Messen recht deutlich wider, weshalb sie nachfolgend auszugsweise zitiert werden sollen.

Die Braunschweiger Lichtmesse 1847: „Die inländischen Tuche, welche in der Regel hier lohnenden Absatz finden, hatten diesmal ebenfalls unter der Ungunst der Verhältnisse zu leiden. Die Fabrikanten aus Salzwedel und Burg machten zwar gute Geschäfte, indem sie fast alle über Dreiviertel ihrer Läger verkauften, und auch einige Tuchhändler aus Kirchberg waren mit der Messe zufrieden, aber die anderen Tuchfabrikanten setzten nur wenig ab und führten bittere Klage.“[283]

Die Ostermesse zu Leipzig 1847: „Schon vor Beginn der Messe hatte sich die Nachricht verbreitet, daß für die Vereinigten Staaten sich ein starker Begehr nach Tuch kund geben würde. Derselbe ist auch wirklich nicht ausgeblieben; doch haben die Amerikaner den Markt bei weitem nicht in der Art sortiert gefunden, um ihren Bedarf vollständig befriedigen zu können. Ihre Nachfrage war hauptsächlich auf sogenanntes Dreiviertel-Tuch gerichtet ... Davon ist nun vieles in Bestellung gegeben ... Die süddeutschen und Schweizer Einkäufer zeigten sich diesmal sehr lau, und aus Italien waren gar keine Aufträge eingegangen. Besser ging das Geschäft nach Holland, Mecklenburg, Hannover und Dänemark. Für solid gearbeitete ordinäre und gute Mittelware ist ein lohnender Preis, teilweise sogar ein besserer als auf der letzten Michaelismesse, gezahlt worden. Von dieser Gattung wurde fast alles verkauft; von ordinärer Ware dagegen hat vieles, leichtfertiger Arbeit wegen, zurückgenommen werden müssen. In feinen Tuchen war der Absatz nur mäßig ... Reinwollene Hosenzeuge waren stark begehrt ... Dagegen hat die Nachfrage nach halbwollenen Hosenzeugen bedeutend nachgelassen. In englischen Kammgarnwaren ist

281 Vgl. Tabelle 17 (Anhang).

282 *Kuczynski, J.*, Die Geschichte der Lage der Arbeiter unter dem Kapitalismus, a. a. O., S. 85.

283 *Handelsarchiv*, Jg. 1847, 1. Hälfte, Berlin 1847, S. 296.

der Verkehr der Menge nach bedeutend geringer gewesen ... Man sieht diese Branche, der immer mehr aufstrebenden deutschen Konkurrenz wegen, als eine ziemlich hoffnungslose an ... Während die norddeutschen Fabriken die englischen Erzeugnisse zu verdrängen suchen, sind die süddeutschen bemüht, den französischen halbwollenen Mousselinen die Spitze zu bieten. Die einheimischen Fabrikanten waren auch mit dem Ergebnis der Messe im ganzen recht zufrieden."[284]

Die Reminisceremesse zu Frankfurt a. O. 1847: „Der für die hiesige Messe besonders wichtige Tuchhandel ist schwach gewesen ... An Einkäufern fehlte es nicht, besonders an auswärtigen, von denen aber, da sie bei der herrschenden Kreditlosigkeit ihre an hiesige Häuser mitgebrachten Wechsel nicht zu Versilbern imstande waren, so geringe Preise geboten wurden, daß sich für solche die Ware nicht habe fabrizieren lassen. Daher wurde nur von denen verkauft, welche die Not dazu zwang; ein großer Teil der Verkäufer hat dagegen vorgezogen, seine Waren zu behalten und den Ausfall der nächsten Messe zu erwarten. So ist eben von allen hierher geführten Tuchvorräten kaum die Hälfte verkauft worden ... Am wenigsten gut sind die evoleurten Tuche ordinärer Sorte (22 Taler pro Stück) gegangen, während sich an schwarzen Tüchern Mangel zeigte, der dadurch entstanden sein soll, daß im Spätherbst des Vorjahres die Sorte für den Levantehandel in mehreren preußischen Fabrikstädten von italienischen und Schweizer Häusern aufgekauft worden ist ... Die weiteren über den Tuchhandel eingezogenen Erkundigungen gewähren übrigens die Beruhigung, daß von dem geringen Absatz auf der Messe kein Schluß auf das Zurückgehen der Fabrikation gezogen werden darf, da neben dem lebhaften Tuchverkehr über Triest nach der Levante, auch der Export von Hamburg nach Amerika mit preußischen Tuchen wächst ..."[285]

Die Margarethenmesse zu Frankfurt a. O. 1847: „Während die Wirkung der anhaltenden Teuerung und des dadurch erzeugten Drucks aller Verkehrsverhältnisse sich auf den Messen des vorigen Jahres mehr darin äußerte, daß die Fabrikanten einen erheblichen Teil ihrer Waren zurückführten, anstatt sie dem Käufer zu einem unverhältnismäßig geringen Preis zu überlassen, sind sie auf der letzten Messe in großer Zahl genötigt gewesen, ihre Fabrikate auf jedes Gebot loszuschlagen, um die nötigen Mittel zur Fortsetzung ihres Gewerbes zu erhalten. Der Warenumsatz war daher nicht unbedeutend, die Preise sind aber noch mehr heruntergedrückt worden ... Unter den Wollwaren hat die Tuchmesse kein günstiges Resultat geliefert, und eine große Zahl der kleineren Fabrikanten aus der Mark, Lausitz und Schlesien hat entweder wenig oder zu Preisen verkauft, bei denen von einem Fabrikationsgewinn nicht die Rede sein kann. Wenn daher auch fast zwei Drittel der Läger geräumt sein mögen ..., so kann dies nicht als Beweis für ein gutes Geschäft angesehen werden ... Erfreulicheres als über die Tuche kann von den wollenen und halbwollenen Zeugwaren berichtet werden. An englischen Mousselines de laine war wenig am Platz, und es haben daher die inländischen Fabriken auch nach dem

284 Ebenda, S. 593f.

285 Bericht der Königlichen Bezirks-Regierung von Frankfurt a. O. vom 31. März 1847, in: BLHA-Potsdam, Rep. 1, Nr 505.

Auslande (Warschau und Brody) bedeutende Posten abgesetzt, zumal sie billiger liefern können, als die Inhaber französischer derartiger Waren ... Die Ombrés der Fabriken in Greiz fanden ebenfalls einen guten Absatz; sie liegen schmaler als die englischen, sind aber ganzwollen und stellen sich gleichwohl im Preise ebenso billig, indem sie in der Appretur und Weichheit der Ware nicht nachstehen."[286]

Die Herbstmesse zu Frankfurt a. M. 1847: „In Winterartikeln, als vereinsländischen Tuchen, Buckskins und baumwollenen Waren war der Absatz noch eher von ziemlichem Belang, allein die Preise blieben gedrückt, wie auch nach ausländischen Artikeln dieser Art die Nachfrage fehlte. In feinen wollenen Stoffen ... wurde wenig gemacht, und in sonstigen Mode- und Luxusartikeln beschränkte sich der Absatz auf die neuesten Muster."[287]

Die Michaelismesse zu Leipzig 1847: „Was die Wollwaren betrifft, so sind von Tuchen nach den zuverlässigsten Mitteilungen nur cirka 45000 Stück im ganzen zur Messe gebracht und davon nur wenig über die Hälfte abgesetzt worden. Dies wäre einer sehr ärmlichen Messe ähnlich; doch erklärt sich die Erscheinung zur Genüge. Von der Ostermesse her waren viele Fabriken auf Bestellung für Amerika beschäftigt; diese Lieferungen mußten daher der Messe entgehen. Aber auch deutsche Einkäufer haben der Messe in der Weise vorgegriffen, daß sie in früherer Jahreszeit die bedeutendsten Fabrikorte bereisten ... und dort sogleich ihren Bedarf kauften oder bestellten. Am meisten gesucht waren gute und gut gearbeitete Mitteltuche, und für Amerika, wie in der Ostermesse, die sogenannten Dreiviertel-Tuche. Für diese sind auch angemessene Preise gezahlt worden; nachlässig und unsolid gearbeitete Ware war selbst zu sehr gedrückten Preisen nicht unterzubringen, und es hat davon sehr viel den Rückweg antreten müssen. Es hat sich auch jetzt wieder, wie so oft, als eine handgreifliche Erfahrung herausgestellt, daß Waren aus größeren und geschlossenen Etablissements vorzugsweise Käufer und bessere Preise erlangen ... Von den Amerikanern ist wieder vieles in Bestellung gegeben worden. An der Messe hat sich am meisten die deutsche Kundschaft beteiligt; auch Griechen haben recht gute Einkäufe gemacht, für die Schweiz wurde dagegen wenig gekauft, und aus Italien waren, wie gewöhnlich zur Michaelismesse, nur ganz unerhebliche Aufträge eingegangen. Holländer, Dänen und Schweden haben so ziemlich ihren gewöhnlichen Bedarf entnommen. In Buckskins und Paletotstoffen war die Auswahl sehr groß ... Auch haben alle diese Fabrikate recht raschen und vorteilhaften Absatz gefunden. Ebenso war in tuchartigen Mantelstoffen, womit die Messe sehr reichlich versorgt war, der Absatz vollkommen befriedigend ... Hieran reiht sich eine Gattung von Waren, wie sie in solcher Varietät und Menge kaum je am Platze gewesen ist. Es waren dies quadrillierte Stoffe aus baumwollener Kette mit Einschlag aus fein und drall gesponnenem Streichgarn ... Fast alle sogenannten Zeugweber hatten sich mit aller Kraft auf diesen Artikel geworfen. Glücklicherweise schien auch ein ähnlicher Geist die Käufer zu beherrschen; denn alle diese Artikel gingen reißend ab, und mancher Fabrikant mußte bedeutende Sendungen nachkommen lassen, um seine Kunden nur einigermaßen zu befriedigen, während andere

[286] *Handelsarchiv*, Jg. 1847, 2. Hälfte, a. a. O., S. 412ff.

[287] Ebenda, S. 523.

noch ansehnliche Aufträge mit nach Hause genommen haben... Natürlich sind die Kammgarnwaren hierdurch beeinträchtigt worden und in gleicher Weise mögen auch die Kammgarnspinnereien gelitten haben. Die Streichgarnspinnereien dagegen sind so außerordentlich stark beschäftigt gewesen, daß sie dem Begehr nicht haben genügen können ... Nächst den Orleans haben auch die Mousselines de laine sehr viel Glück gemacht. Die Fabrikation derselben ist nunmehr in Augsburg, Heidenheim und Berlin in dem Maße fortgeschritten, daß sie gegen die halbwollenen französischen und englischen Fabrikate nicht mehr zurücksteht. Es wird jetzt nur darauf ankommen, daß sie den Begehr auch der Menge nach befriedigt, um jene fremden Waren allmählich zu verdrängen; denn die deutschen Mousselines de laine werden schon zu einem Preis verkauft, welcher ihnen den Vorzug vor jenen sichern muß ... Englische Orleans und Mousselines de laine haben unter diesen Umständen innerhalb des Vereins nur einen beschränkten Absatz gewinnen können."[288]
Die Martinimesse zu Frankfurt a. O. 1847: „Den lebhaftesten Absatz fanden die wollenen und halbwollenen gemusterten Zeugwaren. Die gestreiften und karrierten Waren dieser Art waren gleich in den ersten Tagen vergriffen, und haben namentlich die Verkäufer aus dem Königreich Sachsen mit ihren Lägern fast gänzlich geräumt ... Ebenso war das Geschäft in inländischen Kammgarnwaren, wie Kamlots und Orleans, im ganzen recht befriedigend. Die bedeutenden Vorräte aus der Fabrik von Wüste-Giersdorf ... wurden ganz verkauft ... Weniger erfreulich war der Verkehr mit Tuch. Nach den ordinären Gattungen zeigte sich nur geringe Nachfrage; am meisten waren die Mitteltuche zu 30 bis 40 Talern begehrt, und den besten Absatz fanden die Buckskins, welche zu annehmlichen Preisen rasch verkauft wurden. Die Ausländer kauften gar nicht, hinterließen jedoch ansehnliche Bestellungen für den Hamburger Export. Es haben auch einige Fabrikanten der Lausitz den Versuch gemacht, selbständige Tuchsendungen nach Nordamerika zu unternehmen, und es sollen nicht ungünstige Aussichten für diesen direkten überseeischen Absatz vorhanden sein."[289]
Die Neujahrsmesse zu Leipzig 1848: „Was die Wollwaren anbetrifft, so ist in Tuch nach dem gewöhnlichen Verhältnis einer Neujahrsmesse ein ganz ansehnliches Geschäft gemacht worden. Es sollen etwa 50000 Stück Tuch am Platz gewesen sein, und davon ungefähr 30000 Stück verkauft worden sein. Die Konkurrenz der Käufer war größer als gewöhnlich; denn nicht nur zeigten die Käufer aus Bayern und den Niederlanden einen sehr starken Begehr, sondern auch die Griechen kauften recht ansehnlich und aus Amerika und Italien waren recht bedeutende Aufträge eingegangen; letztere konnten sogar nicht vollständig befriedigt werden ... Am besten wurden Tuche mittlerer Qualität bezahlt, für feinere fehlte die lebhaftere Nachfrage, und für ordinäre Tuche wurden wegen der zu großen Zufuhr nur gedrückte Preise bewilligt. Winterbuckskin und Paletotstoffe wurden nicht stark begehrt, und es ist davon vieles auf dem Lager geblieben ... Nächst Tuch waren die wichtigeren vereinsländischen Artikel Mousseline de laine und Orleans. In ersterem ent-

[88] Ebenda, S. 610f.
[89] *Handelsarchiv*, Jg. 1848, 1. Hälfte, Berlin 1848, S. 198f.

sprach der Absatz dem Bedürfnis der Jahreszeit, und ist sogar besser gewesen, als sich zu einer Neujahrsmesse hätte erwarten lassen. Es ist dies den Fortschritten der Fabrikation zu verdanken, welche gegen die englischen Waren dieser Gattung eine immer stärkere Konkurrenz entwickelt. In Orleans konnte die Nachfrage nicht vollständig befriedigt werden, und die Fabrikanten haben deshalb recht ansehnliche Aufträge mit nach Hause genommen ... In den englischen gemischten Kammgarnwaren ... zur vereinsländischen Konsumtion wurde jedoch abermals weniger verkauft ... Hinsichtlich der französischen Mousseline de laine, reinwollene und gemischte, wurde sehr über mangelnden Absatz geklagt; sie sind im Vergleich mit deutschen Artikeln zu teuer, und man gibt ihnen nur etwa der größeren Eleganz wegen bei den Sommermoden den Vorzug."[290]
Die Lichtmesse zu Braunschweig 1848: „Unter den inländischen Waren wurden vorzüglich Mitteltuche aus Salzwedel, Burg, Wittenberg, Bischofswerda, Crimmitzschau, Werdau und Kirchberg zu guten Preisen rasch abgesetzt. Die feineren Tuche aus Lennep und Eupen waren weniger begehrt, und die ordinären hatten fast gar keine Nachfrage; auch fanden Buckskins und ähnliche Stoffe nur schwachen Absatz. Unter den Käufern von Tuchen nahmen Holländer wohl die erste Stelle ein; ihnen folgten die Hannoveraner, Bremer und Braunschweiger. Sächsische und preußische wollene und halbwollene Kleider- und Mäntelstoffe fanden im ganzen, besonders in neu ansprechenden Mustern, einen vorteilhaften Absatz."[291]
Bevor wir zur Auswertung dieser Berichte übergehen, wollen wir uns noch der Produktionsentwicklung in der Lausitzer Streichgarnindustrie zuwenden, da wir für dieses Zentrum detaillierte Angaben über die monatliche Produktion besitzen.[292] Die folgende Tabelle repräsentiert ca. 10% der deutschen Wollwarenproduktion und ca. 20% der deutschen Streichgarnweberei. Für die Entwicklung der deutschen Streichgarnweberei können diese Angaben als repräsentativ gewertet werden. Diese Feststellung muß nur insoweit eingeschränkt werden, als sie die allgemeine Entwicklung etwas günstiger widerspiegelt, da die Lausitzer Streichgarnweberei zu den fortgeschritteneren Zentren dieses Industriezweiges in Deutschland zählte. Die Resultate der folgenden Tabelle zeigen demzufolge den Produktionsverlauf etwas günstiger, als er in Wirklichkeit gewesen war, aber sie repräsentieren weitgehendst die Entwicklung des kapitalistischen Teils dieser Industrie.
Betrachten wir nun zunächst die Entwicklung innerhalb der deutschen Wollindustrie während der ersten Jahreshälfte von 1847. Die Messeberichte zeigen deutlich, daß die Absatzsituation für die deutsche Wollindustrie in diesem Zeitraum nicht einheitlich war. Deutlich ist der Unterschied zwischen der Streichgarn- und der Kammgarnindustrie sichtbar. Schenken wir zunächst der Streichgarnindustrie – also dem Hauptzweig der deutschen Wollindustrie – unsere Aufmerksamkeit. Angesichts der relativ großen Produktionszunahme während des vorangegangenen Jahres

290 Ebenda, S. 193f.
291 Ebenda, S. 278.
292 Zusammengestellt und berechnet nach den Angaben der Jahresberichte über die Tuchfabrikation im Regierungsbezirk Frankfurt a. O., in: BLHA-Potsdam, Rep. 1, Nr 389.

Monatliche Durchschnittsproduktion

	1846	1847	1848	1849
1. Quartal				
Produktion in Stück	–	19 669	16 556	16 936
Veränderung in %	–	+ 1	– 5	+ 9
2. Quartal				
Produktion in Stück	–	17 317	12 299	16 921
Veränderung in %	–	– 12	– 26	± 0
3. Quartal				
Produktion in Stück	–	17 851	13 248	20 170
Veränderung in %	–	+ 3	+ 8	+ 19
4. Quartal				
Produktion in Stück	19 510*	17 411	15 530	22 670
Veränderung in %	–	– 2	+ 17	+ 12
Jahresproduktion				
In Stück	234 122	228 175	177 345	231 990
Veränderung in %	+ 10	– 3	– 22	+ 31

* Monatliche Durchschnittsproduktion des Jahres 1846.

erwies sich die Aufnahmefähigkeit des inneren Marktes als zu gering. Demzufolge konnten auf den Messen nicht die gewünschten Abschlüsse getätigt werden. Besonders in feinen Tuchen und in solchen ordinärer Qualität zeigten sich die Absatzmöglichkeiten am beschränktesten. Davon mußten vor allem die rheinische und die schlesische Tuchindustrie, aber daneben auch die noch vorhandenen selbständigen Tuchmacher besonders stark betroffen werden. Erleichtert wurde die Lage der Streichgarnindustrie vor allem durch die noch anhaltend günstigen Exportmöglichkeiten, die über die erste Hälfte hinaus in dieser Richtung wirksam blieben. Insgesamt nahm die deutsche Wollwarenausfuhr im Jahre 1847 noch stärker als im vorangegangenen Jahr zu. Der Zuwachs betrug 9%.[293] Wenn auch der Anteil des Exports an der Produktion der deutschen Streichgarnweberei (der deutsche Wollwarenexport bestand bekanntlich vor allem aus solchen Erzeugnissen) erheblich war und sich im Jahre 1847 weiter steigerte, so reichte er jedoch nicht aus, um das Marktproblem völlig zu lösen. Überproduktionserscheinungen konnten deshalb nicht ausbleiben, was zu niedrigen Verkaufspreisen und Produktionseinschränkungen führte. Die obige Tabelle zeigt deutlich. daß die Streichgarngewebeproduktion bereits während des ersten Quartals gegenüber dem jährlichen Durchschnitt von 1846 stagnierte, und das zweite Quartal brachte eine nicht unbedeutende Einschränkung der Produktion um 12%. Wie der Bericht über die Frankfurter Früh-

293 Vgl. Tabelle 17 (Anhang).

jahrsmesse zeigt, war es nicht allein die zurückgegangene Nachfrage, sondern es waren auch die schwierigen Kreditverhältnisse, die den Absatz der deutschen Streichgarnweberei beeinträchtigten. Wie wir es bereits während der Aufschwungsjahre beobachten konnten, erwiesen sich auch jetzt die Absatzmöglichkeiten für sogenannte Modestoffe, vor allem für Buckskine, günstiger als für Tuche. Während man sich bis zu Beginn des zweiten Quartals – begünstigt durch den lebhafteren Absatz auf der Leipziger Ostermesse – bemühte, dem starken Druck auf die Preise der Fertigwaren auszuweichen, zeigten die Ergebnisse der Frankfurter Margarethenmesse, daß sich zu diesem Zeitpunkt – also während der Sommermonate – vor allem die Tuchfabrikanten genötigt sahen, sich ihrer angestauten Warenlager auch zu verlustbringenden Preisen zu entledigen. Die Hauptursache für die Überproduktion in der deutschen Streichgarnweberei während der ersten Hälfte von 1847 resultierte vor allem aus der akuten Verteuerung der Lebensmittel und den damit enorm angestiegenen Lebenshaltungskosten. Andererseits darf man jedoch auch nicht übersehen, daß die deutsche Streichgarnweberei im Verlaufe des Zyklus ihre durchschnittliche jährliche Produktion bei einer nur geringen Ausdehnung des inneren Marktes um ca. 20% gesteigert hatte, so daß zweifellos die vorhandene Überproduktion in gewissem Umfange auch unabhängig von dieser Teuerung existierte.
Für die deutsche Kammgarnweberei war die Absatzlage, was ihre reinwollenen, aber auch halbwollenen Erzeugnisse betrifft, offenbar günstiger als für die Streichgarnweberei. Dies resultierte, wie es die Messeberichte deutlich zeigen, zum erheblichen Teil aus der Verdrängung ausländischer Fabrikate vom deutschen Markt. Tatsächlich ist die Wollwareneinfuhr im Jahre 1847 erheblich gegenüber der im vorangegangenen Jahr zurückgeblieben. Solche Möglichkeiten bestanden für die Streichgarnweberei nicht, da der Verbrauch ausländischer Streichgarnerzeugnisse in Deutschland unbedeutend war. Infolge des größeren modischen Charakters der Kammgarnerzeugnisse war es für die deutsche Kammgarnindustrie auch von dieser Seite her leichter, sich durch den Übergang zu neuen Mustern und Farben einen erweiterten Absatz zu „erzwingen“. Das letztere traf auch für die Streichgarnstoffe zu. Während der Herbstmonate gestaltete sich auch der Absatz für Tuche wie für Streichgarnwaren überhaupt günstiger als während der ersten Hälfte des Jahres. Dies spiegelte sich in der gegenüber dem zweiten Quartal etwas erhöhten Produktion innerhalb der Lausitzer Streichgarnweberei wider. Die günstigeren Ernten im Jahre 1847 und der Preisfall der Wolle haben sicherlich in dieser Richtung gewirkt. Jedoch waren die größeren Absatzmöglichkeiten während dieser Monate – soweit sie nicht den Export betrafen – vor allem spekulativer Natur. Ungünstiger zeigten sich die Absatzmöglichkeiten bereits teilweise für die deutsche Kammgarnweberei.[294] Bereits die Martinimesse zu Frankfurt a. O. zeigte in ihren Ergebnissen, daß diese günstigeren Absatzmöglichkeiten für deutsche Streich-

[294] Neben den angeführten Messeberichten vergleiche: Bericht aus Zwickau vom 15. November 1847, in: SLHA-Dresden, M. d. I., Nr 5977; *Beck, F.*, a. a. O., S. 83; *Genzmer, W.* Augsburger Kammgarnspinnerei, a. a. O., S. 65; *Jahresbericht der Handelskammer Gera für 1850.*

garnwaren nur vorübergehender Natur waren. In den letzten Monaten des Jahres wirkte sich offenbar die von England ausgehende Krise auch auf die deutsche Wollindustrie nachteilig aus. Entwertung der Fertigerzeugnisse und in gewissem Umfange auch Einschränkung der Produktion resultierten daraus. Die Verluste, die damit entstanden, waren vor allem in jenen Zentren bedeutend, in denen sich im Verlaufe der ersten sieben Monate infolge der geringen Absatzmöglichkeiten beträchtliche Lagervorräte gebildet hatten. Zu dieser Frage äußerte sich ein Handelsbericht aus Erfurt: „... der Absatz von Stuhlwaren hat in den ersten sieben Monaten fast gänzlich gestockt ... mußten sich die Vorräte ganz unverhältnismäßig aufhäufen, so daß noch jetzt (Anfang des Jahres 1848 – H. B.) ein großer Teil derselben unverkauft geblieben ist. Den Besitzern entsteht nun besonders dadurch ein namhafter Verlust an Kapital, daß infolge der Handelskrisis inzwischen alle Fabrikmaterialien, wie wollene, baumwollene und leinene Garne, Farbstoffe und anderes mehr, einen Preisabschlag von nicht weniger als 15 bis 20% erlitten haben."[295] Selbst die Exportmöglichkeiten waren Ende des Jahres weniger günstig,[296] wenngleich sich dies im Verlaufe des Jahres 1847 und sogar teilweise noch zu Beginn des nachfolgenden Jahres weniger in einer rückläufigen Ausfuhr zeigte, sondern vor allem hinsichtlich ungünstigerer Resultate. Nach einzelnen Richtungen blieb jedoch der Export schon im Jahre 1847 gegenüber dem Vorjahr zurück. Über die Situation im deutschen Exportgeschäft gibt uns der Handelsbericht aus Hamburg einigen Aufschluß: „Die überseeischen Exportgeschäfte, im Frühjahr recht belebt, wurden durch das Mißtrauen, welches die britische Geldkrisis herbeiführte, im Herbste auf das äußerste beschränkt ... Der Umfang des Handels mit deutschen Fabrikaten hat zwar gegen das Vorjahr ziemlich bedeutend zugenommen, die Geschäfte waren jedoch nicht lohnender, und namentlich gewannen die Absatzverhältnisse nach transatlantischen Ländern im allgemeinen keine günstigere Gestalt. Die Mehrzahl dieser Märkte war überführt, und die dadurch bedingten unbefriedigenden Resultate der Aussendungen führten, in Verbindung mit dem durch die britische Geldkrisis erzeugten Mißtrauen, eine allgemeine Lähmung der Unternehmungslust gegen Ende des Jahres herbei. Wenn dessenungeachtet die Verschiffungen bedeutender waren als im Vorjahr, so ist diese Ausdehnung mehr einer übermäßigen Produktion in vielen Artikeln und der Notwendigkeit für die Fabrikanten, um jeden Preis Absatz zu finden, als einem wirklichen Bedürfnis der Konsumenten, nur wohlberechneten Spekulationen zuzuschreiben."[297] Doch insgesamt hielten sich wirkliche Krisenerscheinungen innerhalb der deutschen Wollindustrie während der zweiten Jahreshälfte in Grenzen. Diese Tatsache spiegelt auch der Bericht über die Leipziger Neujahrsmesse wider. Auf dieser zeigte sich beispielsweise ein noch unvermindert bestehender Bedarf nach Tuchen für den Amerika-Export. Doch dieser wichtige Markt offenbarte bald seine Überfüllung.[298] An die Stelle hoher Gewinne

295 *Handelsarchiv*, Jg. 1848, 1. Hälfte, a. a. O., S. 257f.

296 *Handelsbericht Rio de Janeiro*, in: ebenda, 2. Hälfte, a. a. O., S. 220ff.; *Wichterich, R.*, a. a. O., S. 84f.; *Isenburg, R.*, a. a. O., S. 41.

297 *Handelsarchiv*, Jg. 1848, 2. Hälfte, a. a. O., S. 62ff.

298 *Jahresbericht der Handelskammer Aachen-Burtscheid für 1847.*

traten jetzt Verluste, wovon vor allem diejenigen Tuchfabrikanten stärker betroffen wurden, die auf eigene Rechnung und damit auf eigenes Risiko ihre Fabrikate nach Amerika gesandt hatten.[299] Auch auf dem inneren Markt zeigte sich das Überangebot immer stärker, so daß die Lausitzer Streichgarnweberei während des ersten Quartals ihre Produktion um weitere 5% verminderte. Am ausgeprägtesten war jedoch die Produktionseinschränkung während des zweiten Quartals, in dem die Lausitzer Streichgarnweberei ihre Produktion wiederum um 26% verminderte. Damit blieb die Produktion gegenüber dem ersten Quartal von 1847 um 37% zurück, und das Jahresergebnis von 1848 erreichte, trotz des erneuten Produktionsanstiegs im Verlaufe der zweiten Jahreshälfte, nur 76% des Jahres 1846. Die Streichgarnweberei des Bezirks Potsdam erreichte zwar im Jahre 1848 noch 78% von 1846; aber die dortige Streichgarnweberei hatte bereits 1843 ihren Kulminationspunkt erreicht, und gegenüber diesem Jahresergebnis blieb die Produktion sogar um 26% zurück [300] Nicht in dem gleichen Umfange wie die Produktion verminderte sich die deutsche Wollwarenausfuhr; denn sie reduzierte sich im Jahre 1848 nur um 5%.[301] Diese Ausfuhrziffern bieten jedoch keinen realen Einblick in die Auswirkungen der Krise während der Jahre 1847/48, da sie auch die nicht oder nur zu verlustbringenden Preisen auf dem Weltmarkt realisierten Waren enthalten. Zweifellos haben sich der Ausbruch der Revolution im März 1848 und ihr nachfolgender Verlauf auch auf die deutsche Wollwarenfabrikation unmittelbar nachteilig ausgewirkt; denn dadurch kam der Absatz zeitweilig völlig zum Stillstand, und die Überproduktion wurde damit vergrößert.[302] Aus dem Zusammentreffen der sich erst während der ersten Hälfte des Jahres 1848 stärker offenbarenden Überproduktion und den revolutionären Ereignissen darf man jedoch nicht den Schluß ziehen, daß es keine eigentliche Krise gegeben hat. In dieser Hinsicht können auch die zeitgenössischen Berichte kaum als Zeugen angeführt werden; denn für sie war die Revolution das unmittelbar Sichtbare und damit auch die Ursache für die Absatzschwierigkeiten während des ersten Halbjahres von 1848. In diesem Zusammenhang ist es nützlich, die Marxsche Einschätzung für England zu beachten: „1847 gibt es eine Katastrophe, deren Folgen sich erst 1848 vollständig offenbaren, als der Exportumfang sogar unter den des Jahres 1844 fällt."[303] Sich auf die zeitgenössischen Berichte berufen und damit die vorhandene Krise negieren hieße die wirkliche Entwicklung eher verschleiern als sie aufhellen. Unmittelbar für die deutsche Wollindustrie gab uns Friedrich Engels einen wichtigen Hinweis, indem er in einem Artikel der „Neuen Rheinischen Zeitung" vom 7. Juni 1848 folgendes ausführte: „Die Seehandlung wird also ihre Wollwaren auf den Markt bringen, sie wird den

299 Vgl. *Wichterich, R.*, a. a. O., S. 84f.

300 Vgl. Tabelle 2 (Anhang).

301 Vgl. Tabelle 17 (Anhang).

302 *Quandt, G.*, a. a. O., S. 44; Schreiben des Regierungspräsidenten von Wedell vom 31. Januar 1848, in: DZA-Merseburg, Rep. 120 D IV, Nr 1, vol. 1; *Handelsbericht aus Erfurt*, in: Handelsarchiv, Jg. 1849, 1. Hälfte, Berlin 1849, S. 128f.; *Handelsbericht Crefeld*, in: ebenda, S. 138; *Handelsbericht Magdeburg*, in: ebenda, S. 227ff.; *Handelsbericht Frankfurt a. M.*, in: ebenda, 2. Hälfte, S. 187ff.

303 *Marx, K.*, Industrie und Handel, in: Marx/Engels, Werke, Bd 13, Berlin 1961, S. 497.

ohnehin überfüllten Markt noch überfüllen, die gedrückten Preise noch mehr drücken. Mit einem Wort, sie wird, um den märkischen etc. Landjunkern Geld für ihre Wolle zu verschaffen, *die gegenwärtige Handelskrisis noch steigern* und die wenigen noch vorhandenen Kunden den Wollfabrikanten entziehen."[304]

Erst im Verlaufe der zweiten Jahreshälfte besserten sich die Absatzverhältnisse für die deutsche Wollindustrie, was einen Anstieg der Produktion gegenüber dem Tiefstand der vorangegangenen Zeit zur Folge hatte. Damit trat die deutsche Wollindustrie wieder in die Phase einer gewissen Belebung ein, die während der zweiten Hälfte von 1849 in einen erneuten Aufschwung einmündete.

Während der Jahre 1847/48 zeigten sich auch in der deutschen Wollindustrie, resultierend aus der vorangegangenen Entwicklung, Überproduktionserscheinungen, mit den damit in Zusammenhang stehenden anderen Krisenmerkmalen. Verschärft wurde diese Krise durch die enorme Teuerung und die unmittelbare Wirkung der Revolution von 1848.

4. *Die Widerspiegelung des internationalen Zyklus und des tatsächlich hergestellten Weltmarktes (Engels) in der Entwicklung der Produktion und des Marktes in den Jahren 1849 bis 1859*

a) Die Ausdehnung des inneren Marktes im Verlaufe des zyklischen Aufschwungs

Der nach der Krise von 1847 folgende industrielle Zyklus unterschied die ökonomische Entwicklung Deutschlands gegenüber den vorangegangenen Jahrzehnten wesentlich. Die Fortführung der bürgerlichen im Rahmen der bürgerlich-demokratischen Revolution von 1848 und der höhere Reifegrad der kapitalistischen Entwicklung im internationalen Maßstab sowie der erfolgreiche Beginn der industriellen Revolution, vor allem während des fünften Jahrzehnts, in Deutschland schufen zusammen die Bedingungen für eine Umgestaltung der sozialökonomischen und wirtschaftlichen Verhältnisse in einem für Deutschland bisher nicht gekannten Tempo. Deshalb kam Marx 1859 zu folgender Einschätzung: „. . . , daß die Periode von 1848 bis 1859 eine Epoche darstellt, die in der ökonomischen Entwicklung Deutschlands beispiellos ist. Während dieser Zeit hat es sich gewissermaßen aus einem landwirtschaftlichen in ein industrielles Land verwandelt . . . Gleichzeitig mit der Entwicklung von Fabriken, Eisenbahnen, Dampfschiffahrt ist plötzlich ein Kreditsystem emporgeschossen, das nicht nur dem allgemeinen Fortschritt von Industrie und Handel entspricht, sondern durch die aus Frankreich importierten Treibhausmanipulationen des Credit mobilier über seine zulässigen Grenzen hinaus hochgetrieben wurde. Die Bauernschaft und das Kleinbürgertum, bis vor kurzem noch die gewaltige Mehrheit der Nation, hatten sich vor der Revolution von 1848 einfach an die alte asiatische Methode gehalten, das Hartgeld zu horten; jetzt

304 *Engels, F.*, Berliner Vereinbarungsdebatten, in: Marx/Engels, Werke, Bd 5, Berlin 1959, S. 47.

haben sie es aber durch zinstragende Papiere aller Sorten, Farben und Werte ersetzt."[305]
Das höhere Niveau der kapitalistischen Entwicklung jener Jahre fand nicht zuletzt darin seinen Ausdruck, daß diesmal nicht allein bzw. im wesentlichen der Eisenbahnbau dem zyklischen Aufschwung sein Gepräge gab. Er spielte jedoch gleichfalls wieder eine entscheidende Rolle, aber doch in nicht wesentlich geringerem Maße der Aus- und Aufbau der Schwerindustrie wie der Produktionsmittelindustrie allgemein.[306] Illustrieren wir dies wieder an Hand einiger Zahlen. In Preußen wurden während der Jahre 1849 bis 1857 1883 km Eisenbahnlinien gelegt.[307] Die dafür einschließlich der damit verbundenen Ausrüstungen, Baulichkeiten etc. aufgewandten Kapitalien betrugen 148,9 Millionen Taler.[308] Die Eisenbahnlinien erreichten in ganz Deutschland bis zum Jahre 1857 eine Länge von 9500 km[309] gegenüber 6000 km im Jahre 1850. Gehen wir von den preußischen Kapitalanlagen aus, so dürften die in diesem Bereich verwandten Mittel ungefähr 270 Millionen Taler betragen haben; die für den Aufbau der Schwerindustrie – soweit er sich in Form von Aktiengesellschaften vollzog – betrugen in Sachsen und Preußen in den Jahren 1850 bis 1857 78 Millionen Taler.[310] Das Ergebnis der gesamten Kapitalanlagen innerhalb der Schwerindustrie demonstrieren folgende Angaben: Die Roheisenproduktion stieg in der Zeit von 1851 bis 1857 um 145%, der Roheisenverbrauch um 152%,[311] und eine in gleicher Höhe liegende Zunahme wies auch die Kohlenförderung auf.[312] Die deutsche Stahlproduktion vervierfachte sich fast in der gleichen Zeit, und der Maschinenbau verdoppelte seine Produktion.[313] Diese rasche Entwicklung in den angeführten entscheidenden Zweigen der Abteilung I der gesellschaftlichen Produktion gab auch den anderen Bereichen der Industrie die materiellen Bedingungen für eine rasche Entwicklung. Dies zeigte sich in dem raschen Wachstumstempo innerhalb der einzelnen Zweige der Leichtindustrie. Die Baumwollspinnereien des Zollvereins erhöhten ihre Spindelzahl bis 1861 gegenüber 1846 um 183%,[314] die Flachsmaschinenspinnereien um 148%,[315] und die Zuckerindustrie in Preußen vermehrte die

305 *Marx, K.*, Eine preußische Meinung zum Krieg, in: Marx/Engels, Werke, Bd 13, a. a. O., S. 354.
306 *Mottek, H.*, Einleitende Bemerkungen, a. a. O., S. 40f.
307 Vgl. *Jahrbuch für die Amtliche Statistik des Preußischen Staats*, a. a. O., Jg. 1, S. 506f.
308 Ebenda, S. 513 u. 515.
309 *Becker, W.*, Die Entwicklung der deutschen Maschinenbauindustrie von 1850 bis 1870, in: Schröter/Becker, Die deutsche Maschinenbauindustrie in der industriellen Revolution. Veröffentlichungen des Instituts für Wirtschaftsgeschichte an der Hochschule für Ökonomie Berlin-Karlshorst, Bd 2, Berlin 1962, S. 144.
310 *Blumberg, H.*, Die Finanzierung von Neugründungen und Erweiterungen von Industriebetrieben in Form der Aktiengesellschaften während der fünfziger Jahre des 19. Jahrhunderts in Deutschland, am Beispiel der preußischen Verhältnisse erläutert (im folgenden: Die Finanzierung), in: Mottek/Blumberg/Wutzmer/Becker, a. a. O., S. 185f.
311 *Becker, W.*, a. a. O., S. 269. 312 Ebenda, S. 143. 313 Ebenda, S. 143 u. 177.
314 Vgl. Zollvereinsstatistik von 1846/1847, a. a. O., *Viebahn, G. W. v.*, Statistik des zollvereinten und nördlichen Deutschlands (im folgenden: Statistik), T. 3, Berlin 1868, S. 877.
315 *Blumberg, H.*, Ein Beitrag zur Geschichte der deutschen Leinenindustrie, a. a. O., S. 77.

Zahl ihrer Beschäftigten von 1849 bis 1858 um 101%.[316] Die Tatsache, daß sich während des Zeitraums von 1849 bis 1858 die in Preußen verwendeten Dampfmaschinen mehr als verdreieinhalbfacht haben und ihre PS-Zahl sogar fast vervierfacht hat,[317] zeugt zugleich von den qualitativen Fortschritten der industriellen Entwicklung dieser Periode. Die Kapitalinvestitionen, die in finanzieller Hinsicht diesen für kapitalistische Verhältnisse gewaltigen Aufschwung sicherten, dürften die der vierziger Jahre um ein beträchtliches überstiegen haben. Allein die Angaben, die uns von dem Eisenbahnbau und den Industrieaktiengesellschaften aus Sachsen und Preußen bekannt sind, ergeben die bedeutende Summe von 1090 Millionen Mark.

Es wird durchaus verständlich, daß diese Entwicklung einen nachhaltigen Einfluß auf die Nachfrage nach Wollgeweben in Deutschland bewirken konnte. Die zunehmende Industrialisierung des Landes absorbierte immer größere Teile der agrarischen Überschußbevölkerung und löste sie aus den naturalwirtschaftlichen Fesseln[318], vermehrte ihre Kaufkraft durch die aktivere Einbeziehung in den Produktionsprozeß. Wenn sich die Steigerung der Kaufkraft für den einzelnen auch nur gering auswirkte, so wurden doch Tausende davon erfaßt, so daß diese Kaufkraftvermehrung in quantitativer Hinsicht durchaus wirksam wurde. Hierbei muß jedoch noch ein weiteres Moment gesehen werden. Dieser zyklische Aufschwung bedeutete zugleich ein weiteres Vordringen der Großindustrie, d. h. die vermehrte Produktion in den zentralisierten Betrieben und die zunehmende Verwandlung der Handwerker in Proletarier, in Menschen, die alles kaufen müssen, bei denen die Haushaltsproduktion nur noch eine unwesentliche Rolle spielte. Diese Seite war in quantitativer Hinsicht allerdings für die kapitalistische Konsumgüterindustrie in ihrer Gesamtheit von größerer Bedeutung, hatte aber auch für einen einzelnen Zweig, wie die Wollindustrie, eine gewisse – wenn auch geringe – Bedeutung. Die Bereicherung der Bourgeoisie während dieses zyklischen Aufschwungs und die damit verbundene Hebung der gesellschaftlichen Stellung größerer Teile derselben steigerten die Luxusbedürfnisse dieser Klasse, was sich wiederum in einer gesteigerten Nachfrage nach Wollgeweben niederschlug.

Die Erweiterung des inneren Marktes für Wollwaren vollzog sich während der fünfziger Jahre gleichfalls in bezug auf die ländlichen Gegenden Deutschlands. Die zunehmende Intensivierung der landwirtschaftlichen Produktion mußte, begünstigt durch die qualitativ hochwertigeren Wollwaren der kapitalistischen Industrie, die Haushaltsproduktion der bäuerlichen Bevölkerung in diesem Bereich einengen. Aus der erst in der zweiten Hälfte der fünfziger Jahre abnehmenden Zahl der nebengewerblich betriebenen Wollwebstühle, die die preußische Statistik nachweist, kann nicht die gegenteilige Schlußfolgerung gezogen werden. Es ist daraus nicht zu entnehmen, in welchem Umfange diese Webstühle überhaupt noch verwendet wurden und inwieweit sie nicht in den Konjunkturjahren von der kapitalistischen Industrie als Reserve ausgenutzt wurden und damit aus dem Bereich der Haushaltsproduktion ausschieden. Für die Erweiterung der Nachfrage nach

[316] *Jahrbuch für die Amtliche Statistik des Preußischen Staats*, a. a. O., S. 446.
[317] Ebenda, S. 462ff. [318] Vgl. ebenda, S. 286.

Wollgeweben von seiten der ländlichen Bevölkerung kann jedoch nicht nur – und nicht einmal in erster Linie – von der Haushaltsproduktion ausgegangen werden, da diese ja sowieso eine geringere Rolle im Gegensatz zur Leinenweberei spielte. Die zunehmende industrielle Entwicklung Deutschlands und das ständig sich erweiternde und verändernde Angebot von Wollgeweben sowie die Durchsetzung der neuen Gewebearten in der Kleidung der städtischen Bevölkerung dürften während der fünfziger Jahre bereits einen größeren Einfluß auf die ländliche Bevölkerung ausgeübt haben. Der zunehmende Einfluß des städtischen Lebens auf das Dorf mußte auch hier das Bedürfnis nach solcher Kleidung wecken. Das Zurückdrängen der bisherigen üblichen und relativ langlebigen Trachten zugunsten der modischen Kleidung mußte den Wollwarenverbrauch dieser Bevölkerungsschichten heben. Da sich dieser Prozeß erst in den Anfängen befand, mußte er sich in diesen Jahren in geringem Umfange auswirken. Allerdings dürfte das für jene ländlichen Gebiete, die den industriellen Bezirken näher lagen, bereits in stärkerem Maße zugetroffen haben. Für die wohlhabenderen Schichten der bäuerlichen Bevölkerung dürfte es jedoch bereits in ganz Deutschland in größerem Umfange der Fall gewesen sein. Gerade in dieser Hinsicht spielte es für die von der Industrie aufgesaugte ländliche Überschußbevölkerung eine größere Rolle.
Die Möglichkeiten für die zunehmende Nachfrage nach Wollgeweben wie überhaupt die Ausdehnung des inneren Marktes für die kapitalistische Industrie in bezug auf die ländliche Bevölkerung wurden jedoch in ihrer Entfaltung durch den preußischen Weg und seine nachteiligen Folgen für die Werktätigen auf dem Lande gehemmt. Diese Tatsache muß man sich stets vor Augen halten. Diese Hemmnisse dürfen aber andererseits nicht dazu führen, daß man die in dieser Hinsicht sich vollziehende Entwicklung völlig negiert.
Die von seiten des Aufschwungs für die Ausdehnung des inneren Marktes wirkenden günstigen Faktoren wurden jedoch auch in den fünfziger Jahren beeinträchtigt. Sie wurden in ihrer Wirksamkeit infolge der bis 1854 stagnierenden und danach nur schwach steigenden Löhne eingeengt.[319] Dies mußte um so nachteiliger wirken, als nach einem vorübergehenden Sinken der Preise für die wichtigsten Nahrungsmittel in den ersten beiden Jahren des neuen Zyklus ein starker Preisanstieg einsetzte, was die Tabelle 29 mit aller Deutlichkeit zeigt. Bis zum Jahre 1855 erreichten die Preise den Höchststand während des Zyklus. Dieser Anstieg betrug gegenüber dem Jahre 1849 für Roggen 186, für Weizen 94, für Kartoffeln 129, für Butter 33 und für Schweinefleisch 56%. Damit hatten die Preise den Höchststand der vierziger Jahre größtenteils nicht unwesentlich übertroffen. Dieser Umstand mußte jedoch nicht nur bei den Arbeitern, sondern weit bis in die sogenannten Mittelschichten hinein zu einer Einengung des Wollwarenverbrauchs während dieser Jahre führen. Damit dienten wiederum die markterweiternd wirkenden Faktoren zu einem beachtlichen Maße zur Auffüllung der durch die Preisentwicklung entstandenen Einengung des Marktes. Demzufolge war die wirkliche Ausdehnung des inneren Marktes für die Wollindustrie in den Jahren 1851 bis 1855 geringer als zunächst anzunehmen

319 *Kuczynski, J.*, Die Geschichte der Lage der Arbeiter in Deutschland von 1789 bis in die Gegenwart, a. a. O., S. 198.

wäre. Im Unterschied zu den vierziger Jahren setzte gegen Ende des zyklischen Aufschwungs eine Erweiterung der Nachfrage infolge des Sinkens der Preise ein. Aber auch jetzt bewahrten die Preise für die wichtigsten Nahrungsmittel noch einen solchen Stand, der erheblich über dem des Jahres 1849 lag.

b) Die Exportoffensive der deutschen Wollindustrie in den Jahren des zyklischen Aufschwungs

Die Entwicklung der Wollwarenausfuhr Deutschlands unterstrich mit aller Deutlichkeit, wie stark dieser Zweig der deutschen Industrie unter dem Einfluß des internationalen Aufschwungs stand und wie eng der Zusammenhang zwischen der Entwicklung der deutschen Wollindustrie und der des internationalen Handels war. Die Wollindustrie war wahrscheinlich der einzige Zweig der deutschen Industrie, der *unmittelbar* und in vollem Umfange in den Genuß des sich erweiternden Weltmarktes gelangte. Diese Erweiterung besaß besonders zu Beginn des zyklischen Aufschwungs in dem durch die Entdeckung der Gold- und Silberfunde in Kalifornien, Australien und Mexiko hervorgerufenen raschen Anstieg der Edelmetallproduktion eine ihrer wesentlichen Triebkräfte. War damit eine bedeutende Ausdehnung der überseeischen Märkte verbunden, so erleichterte der Aufschwung der Transportindustrie während der fünfziger Jahre die Nutzung dieser Märkte für die europäische Industrie. Beiden Faktoren schrieb Friedrich Engels eine große Bedeutung für die industrielle Entwicklung jener Zeit zu.[320] Besonders zum letzteren führte er aus: „Zu alledem kam aber noch, daß die neuen, am Schluß der vorigen Periode eingeführten Verkehrsmittel – Eisenbahnen und ozeanische Dampfschiffe – jetzt auf internationalem Maßstab verwirklicht wurden und damit das tatsächlich herstellten, was bisher nur der Anlage nach bestanden hatte: den Weltmarkt."[321]

Es war vor allem die wachsende Nachfrage auf dem Weltmarkt, die es der deutschen Wollindustrie gestattete, die Krise von 1847/48 so schnell zu überwinden. Bereits im Jahre 1849 gelang es ihr, die Gewebeausfuhr um 16% gegenüber dem vorangegangenen Höchststand von 1847 zu steigern. Damit übertraf sie den Export des vorangegangenen Jahres um fast ein Viertel. Ohne Unterbrechung nahmen Jahr um Jahr größere Mengen Wollgewebe ihren Weg in das Ausland, so daß die Ausfuhr 1857 mit 219662 Zentnern die des Jahres 1847 um fast das Eineinhalbfache überstieg.[322] Auf Grund dieser Entwicklung betrug der durchschnittliche Zuwachs des deutschen Wollgewebeexports gegenüber dem vorangegangenen Zyklus 120% und der der Mehrausfuhr sogar 209%.[323] Diesem raschen Tempo vermochte die britische Wollindustrie nicht zu folgen. Obwohl sie ihre durchschnittliche Ausfuhr ebenfalls um fast zwei Fünftel erhöhte,[324] übertraf die deutsche Wollindustrie sie um das Doppelte.

320 *Engels, F.*, Vorwort zur deutschen Ausgabe von 1892 der „Lage der arbeitenden Klasse in England", in: Marx/Engels, Werke, Bd 2, Berlin 1958, S. 638.
321 Ebenda.
322 Vgl. Tabelle 17 (Anhang).
323 Vgl. Tabelle 18 (Anhang).
324 Vgl. Tabelle 32 (Anhang).

Das Maximum des vorangegangenen Zyklus wurde von ihr erst 1850 überboten, und gegen Ende des Aufschwungs wurde dieses Niveau „nur" mit 49% überschritten. Dank dieser erfolgreichen Exportoffensive nahm der Anteil der deutschen Wollgewebeproduktion erheblich zu, der außerhalb der deutschen Grenzen realisiert wurde. Bereits 1852 waren es – nach unseren groben Berechnungen – fast ein Viertel und im Jahre 1858 sogar 27%.[325] Auf dem Höhepunkt des Aufschwungs dürfte der Anteil der deutschen Wollwarenausfuhr an der Produktion der deutschen Wollindustrie etwa ein Drittel betragen haben.

Für die Einschätzung der Absatzrichtungen des deutschen Wollwarenexports stehen uns Angaben aus den Jahren 1853 und 1858 zur Verfügung. Die Angaben aus dem letzteren Jahr sind insofern ungünstig, als sie nicht den Höchststand der fünfziger Jahre widerspiegeln, sondern durch die Krisenerscheinungen stark beeinträchtigt sind. Die Angaben in der Tabelle 20 zeigen deutlich, daß sich die Tendenzen, die wir für den deutschen Wollwarenexport bereits Ende der vierziger Jahre feststellten, während dieser Zeit weiter fortsetzten. Während die Ausfuhr nach dem europäischen Kontinent, aber auch nach den orientalischen Staaten stark an Bedeutung verlor, gewann der überseeische Export einen entscheidenden Einfluß. Bereits 1853 nahmen die Hansestädte und Belgien sowie Holland mehr als 47% des Exports auf, und – wie wir wissen – waren diese Wollwaren vor allem für Übersee, insbesondere für Amerika, bestimmt. 1858 waren es bereits mehr als zwei Drittel des deutschen Wollwarenexports, der in diese Richtung ging.

In der Zusammensetzung der deutschen Wollwarenausfuhr, insbesondere hinsichtlich des Verhältnisses zwischen Kammgarnzeugen und Streichgarnwaren, hatte sich gegenüber den vierziger Jahren kaum etwas geändert. Nach wie vor bestand die Masse der ausgeführten Wollwaren aus Streichgarnerzeugnissen.[326] Hier wiederum überwogen die eigentlichen Tuche, aber der Anteil der anderen Streichgarnzeuge hatte weiter zugenommen. Hinsichtlich der Zusammensetzung der ausgeführten Kammgarnwaren hatte sich wohl besonders die Ausfuhr halbwollener Erzeugnisse gesteigert. Die Konkurrenzlage deutscher Wollwaren auf dem Weltmarkt hatte sich insofern verändert, als in diesen Jahren mehr und mehr auch die mittleren Qualitäten über ihre ausländischen Konkurrenten triumphierten und die deutschen Kammgarnartikel, insbesondere die halbwollenen Gattungen, sich besser behaupten konnten.[327] Hauptkonkurrenten für die deutschen Tuche waren in den feinen Qualitäten die belgischen und vor allem in den ordinären Sorten die französischen.[328] Für die Kammgarnartikel blieb weiterhin die britische Worstedindustrie der Hauptkonkurrent, aber auch die französische Kammgarnweberei trat

325 Vgl. Tabelle 8 (Anhang).

326 *Bienengräber, A.*, a. a. O., S. 229.

327 Vgl. *Jahresberichte der Handelskammer Düsseldorf für 1855 und 1856*; *Finkenwirth, K.*, a. a. O., S. 120; *Demmering, G.*, a. a. O., S. 79; *Hofmann, C.*, Die Hausweberei in Oberfranken. Heimarbeit und Verlag in der Neuzeit, Jena 1927, Heft 12, S. 55.

328 *Jahresbericht der Handelskammer Liegnitz für 1852*; *Absatz der deutschen und belgischen Tuche*, in: Handelsarchiv, Jg. 1852, Berlin 1852, S. 33ff.; *Ein- und Ausfuhr von Buenos-Ayres im Jahre 1856*, in: Preußisches Handelsarchiv, Jg. 1857, Nr 26, Berlin 1857, S. 786.

infolge ihrer größeren Preiswürdigkeit besonders gegenüber der eigentlichen deutschen Kammgarnware erfolgreich auf.[329]
Betrachten wir nun die einzelnen wichtigen Absatzgebiete für die deutsche Wollindustrie im Ausland. Den entscheidenden ausländischen Markt während dieser Zeit boten die Vereinigten Staaten. Ihr Anteil am deutschen Wollwarenexport dürfte etwa 50% betragen haben. Die Schwankungen auf diesem Markt übten deshalb einen großen Einfluß auf die Entwicklung der Wollwarenproduktion in Deutschland aus. Die große Aufnahmefähigkeit dieses Marktes für wollene Erzeugnisse zeigt die im Anhang wiedergegebene Tabelle 22 anschaulich. Nach dem uns zur Verfügung stehenden Material betrug der deutsche Anteil an den Wollwarenimporten der USA 1854 fast ein Viertel. Dieser Markt war es vor allem, der der deutschen Wollindustrie während der ersten beiden Jahre des neuen Zyklus den verhältnismäßig raschen Aufschwung ermöglichte. Er war es aber wiederum auch, der im Jahre 1851 in hohem Maße die Absatzschwierigkeiten für die deutsche Wollindustrie verursachte, als „die vollgepfropften Lager nur mit Anstrengung und teilweise mit großen Verlusten in etwa gelüftet werden" konnten.[330] Aber bereits in der zweiten Hälfte des folgenden Jahres bot dieser Markt wieder hinreichenden Absatz. Die Jahre 1852 und 1853 sollten dem USA-Geschäft einen bis dahin nie gekannten Aufschwung bringen. Der Einfluß auf die deutsche Wollindustrie war so stark, daß selbst kleinere Tuchfabrikanten davon erfaßt wurden. Das nachfolgende Zitat gibt das recht gut wieder: „Der Begehr fremder Länder hatte sich gesteigert, und der für Nordamerika war ein so ungewöhnlich großer geworden, daß die Fabriken, welche ihren gewöhnlichen Absatz dahin haben, nicht ausreichten, ihm zu genügen. Jeder beeilte sich, die glückliche Konjunktur zu benutzen. Besitzer großer Fabriken, selbst Inhaber kleiner Anlagen, die mit dem Namen Tuchmacher bezeichnet werden, versandten, was sie nur immer an Vorräten hatten, nach Amerika."[331] Es wurden dabei enorme Gewinne erzielt, so daß die deutsche Tuchindustrie für den Ausfall des Absatzes nach dem Orient zunächst mehr als entschädigt wurde.[332] Während dieser Jahre wurden die englischen Tuche von diesem Markt fast völlig verdrängt, und selbst die einheimische Fabrikation kam gegen diese ausländische Konkurrenz nicht auf.[333] Die britische Ausfuhr nach den Vereinigten Staaten sank z. B. von 352000 Stück im Jahre 1833 auf 81686 Stück im Jahre 1859.[334] Während in den feinen Tuchgattungen die rheinischen

329 Vgl. *Jahresberichte der Handelskammern Düsseldorf und Barmen-Elberfeld für die Jahre 1850 bis 1857*; *Handelsbericht Neapel*, in: Deutsche Gewerbezeitung, Jg. 18, Neue Folge, Bd 4, Leipzig 1853, S. 405; *Über den Tuchhandel nach Nordamerika*, in: Gewerbeblatt aus Württemberg, Jg. 1854, Nr 6.

330 *Jahresbericht der Handelskammer Aachen-Burtscheid für 1851.*

331 *Der Handel der Provinz Schlesien im Jahre 1855*, in: Preußisches Handelsarchiv, Jg. 1856, Nr 38, Berlin 1856, S. 275.

332 Vgl. *Jahresberichte der Handelskammer Görlitz für 1852 und 1853.*

333 *Handelsbericht aus Philadelphia über das Jahr 1852*, in: Deutsche Gewerbezeitung, Jg. 18, Neue Folge, Bd 4, Leipzig 1853, S. 352.

334 *Marx, K.*, Britischer Handel, in: Marx/Engels, Werke, Bd 13, a. a. O., S. 479 (Die Angabe von 1859 bezieht sich jedoch nur auf die ersten 6 Monate des Jahres); vgl. auch S. 156.

und belgischen Fabrikate dominierten, waren es in den Mittelgattungen vor allem diejenigen aus den führenden sächsischen, schlesischen und Lausitzer Tuchfabriken. Die Tuche aus Großenhain, Görlitz, Bischofswerda, Oederan, Goldberg, Sommerfeld, Kottbus und Sorau fanden allgemeine Anerkennung.[335] In der amerikanischen Presse wurde für diese Orte anerkannt, „daß man dort mit Erfolg alles aufgeboten hat, eine kräftige reelle Ware zu liefern und in der letzten Zeit die richtige Appretur trifft".[336] Auch die deutsche Kammgarnweberei fand während dieser Jahre in den Vereinigten Staaten ein günstiges Absatzfeld.[337] Diese starke Ausdehnung der Wollwarenausfuhr nach den Vereinigten Staaten mußte jedoch sehr schnell zu einem Überangebot auf diesem Markt führen. Dies um so mehr, als durch die Einbeziehung vieler Tuchfabrikanten in das USA-Geschäft, denen die nähere Kenntnis über die spezifischen Bedürfnisse des dortigen Marktes fehlten, in hohem Maße schlechte und für den dortigen Gebrauch ungeeignete Ware hingelangte. Daraus resultierten schließlich die großen Absatzschwierigkeiten gegen Ende des Jahres 1853 und im Verlaufe des folgenden. Große Verluste blieben deshalb nicht aus. Es wurden vor allem die kleineren Tuchfabrikanten davon betroffen, da deren ungeeignete Ware nicht mehr absetzbar war.[338] Die bekannten Firmen mußten jedoch gleichfalls 1854 ihre Waren zu stark herabgesetzten Preisen veräußern, um sie überhaupt realisieren zu können.[339] Aber bereits 1855 zeigten sich wieder – begünstigt durch die dortigen guten Ernten – gesunde Verhältnisse auf diesem Markt.[340] Es waren vor allem die Mittelsorten und die sogenannten Dreiviertel-Tuche, deren Absatz sich wieder schnell belebte, während die feineren Gattungen noch längere Zeit wenig gefragt waren. Bereits von der Margarethenmesse in Frankfurt a. O. im Sommer 1855 wurde folgendes berichtet: „Der Bedarf in allen für Amerika passenden Qualitäten war so groß, daß die Lager nicht reichten; zu letzterem Umstande mochten die bedeutenden Bestellungen beigetragen haben, die schon vor der Messe in den Fabrikorten eingetreten waren."[341] Zunächst blieben jedoch die Preise infolge der großen Konkurrenz gedrückt, was sich doch mit der eintretenden Herbstsaison völlig änderte, wo selbst in ordinären Tuchen gute Geschäfte zu erzielen waren.[342] Das war nicht zuletzt darauf zurückzuführen, daß infolge der Krisenerscheinungen im Jahre 1854 eine Reihe amerikanischer Firmen, die bisher den Absatz deutscher ordinärer Tuche eingeengt

335 *Jahresberichte der Handelskammern für die Kreise Liegnitz, Lüben, Jauer und Goldberg-Haynau für das Jahr 1852.*

336 Ebenda.

337 *Finkenwirth, K.*, a. a. O., S. 113; *Der Handel der Vereinigten Staaten, insbesondere New Yorks*, in: Preußisches Handelsarchiv, Jg. 1856, Nr 6, Berlin 1856, S. 129.

338 *Der Handel der Provinz Schlesien im Jahre 1855*, a. a. O.

339 *Jahresberichte der Handelskammern Breslau und Aachen-Burtscheid für 1854*; *Der Handel der Vereinigten Staaten, insbesondere New Yorks*, a. a. O., S. 128.

340 *Jahresberichte der Handelskammern Aachen-Burtscheid, Breslau, Lennep und der für die Kreise Liegnitz, Lüben, Jauer und Goldberg-Haynau für 1855.*

341 *Die Margarethenmesse in Frankfurt a. O. 1855*, in: Handelsarchiv, Jg. 1855, Nr 13, Berlin 1855, S. 241.

342 *Der Handel der Vereinigten Staaten, insbesondere New Yorks*, a. a. O., S. 128.

hatten, zugrunde gegangen war.[343] Auch die deutsche Kammgarnindustrie erhielt jetzt wieder Aufträge aus den Vereinigten Staaten, und sächsische und französische Merinos brachten 1855 selbst auf Auktionen Nutzen.[344] Die steigenden Absatzmöglichkeiten für deutsche Wollwaren, insbesondere für Tuche, setzten sich auch im Jahre 1856 fort, so daß sich selbst die Lambrechter Tuchindustrie, die bisher ausschließlich für den deutschen Markt gearbeitet hatte, mit dem Exportgeschäft nach den Vereinigten Staaten befaßte[345] und für Görlitz dieser Markt an die erste Stelle trat.[346]

Die südamerikanischen Staaten boten ebenfalls für die deutsche Wollindustrie Absatz, aber ihre Bedeutung stand wesentlich hinter der der Vereinigten Staaten zurück. Sie boten auch während der Jahre 1851 und 1854 keinen Ersatz für den Ausfall des USA-Geschäfts, da auch bei ihnen ein Überangebot wollener Erzeugnisse vorhanden war. Es waren vor allem Görlitzer, Aachener, Lenneper und sächsische Tuchfabrikanten, die diese Märkte belieferten. Auch auf ihnen setzten sich die deutschen Tuche gegenüber ihren Konkurrenten durch. Sowohl in Argentinien als auch in Mexiko wurden beispielsweise deutsche Tuche vorgezogen.[347] Die deutsche Kammgarnindustrie zählte diese Staaten gleichfalls zu ihren Abnehmern. Glauchau-Meerane belieferte in den fünfziger Jahren Mexiko, West-Indien und Brasilien. Die Vermittlung dahin übernahmen zumeist Hamburger Handelshäuser. Die oberfränkische Halbwollweberei erschloß sich in diesen Jahren Südamerika als Absatzfeld.[348]

Das zweite wichtige Absatzgebiet für die deutsche Wollindustrie waren der Orient und der Balkan. Aber es folgte nach den Vereinigten Staaten erst mit beträchtlichem Abstand, übertraf jedoch seiner Bedeutung nach Südamerika. Es waren vor allem sächsische, schlesische und in gewissem Umfange auch Lausitzer Tuche sowie sächsische reinwollene und halbwollene Kammgarnartikel, die dort ihren Absatz fanden.[349] Zu Beginn des sechsten Jahrzehnts litt jedoch der deutsche Export nach einigen Ländern, wie z. B. nach Syrien, unter den fehlenden Direktbeziehungen. Die daraus resultierende geringe Übersicht über den dortigen Markt benachteiligte die deutschen Exporteure gegenüber ihren Schweizer und französischen Konkurrenten.[350]

343 Ebenda.

344 Ebenda.

345 *Bühler, F.*, a. a. O., S. 75.

346 *Jahresbericht der Handelskammer Görlitz für 1856.*

347 *Ein- und Ausfuhr von Buenos-Ayres im Jahre 1856*, a. a. O., S. 786; *Der Handel und die Schiffahrt von Vera-Cruz (Mexiko) im Jahre 1856*, in: Preußisches Handelsarchiv, Jg. 1857, Nr 20, Berlin 1857, S. 574.

348 *Hofmann, C.*, a. a. O., S. 55.

349 *Jahresberichte der Handelskammern Görlitz, Breslau für die Jahre 1850 bis 1857*; *Sächsische Waren in der Levante*, in: Deutsche Gewerbezeitung, Jg. 18/1853, Neue Folge, Bd 4, Leipzig 1853, S. 290f.

350 *Berichte des Königlichen General-Konsulats für Ägypten und Syrien über die Handels- und Gewerbsverhältnisse dieser Länder*, in: Handelsarchiv, Jg. 1851, 1. Hälfte, Berlin 1851, S. 409ff.

Es war vor allem die für die dortigen Bedürfnisse zu geringe Breite der deutschen Tuche, die den Absatz erschwerte. Zur Hebung des Absatzes begannen deshalb rheinische Tuchfabrikanten, sich Reisender zu bedienen, und die schlesische Tuchfabrikation nahm im Jahre 1851 mit gutem Erfolg Direktbeziehungen mit Konstantinopel auf.[351] Dadurch konnten die schlesischen Mitteltuche die französischen vom Markt verdrängen. Im Jahre 1852 zeigten sich insbesondere auf dem Balkan größere Absatzschwierigkeiten, wodurch deutschen Tuchfabrikanten erhebliche Verluste entstanden. Die Verluste wurden jedoch insoweit etwas ausgeglichen, daß besonders schlesische Fabrikanten ihre sonst kaum absetzbare Ware nach dort versandten und sie in der Regel zu einem um 25% höheren Preis an die dortigen Zwischenhändler verkauften.[352] Der im folgenden Jahr beginnende Krimkrieg brachte den Export sowohl nach dem Balkan als auch nach der Türkei zum völligen Erliegen. Eine Besserung der Absatzbedingungen trat erst wieder im vierten Quartal von 1854 ein, aus der besonders die schlesischen Tuchfabrikanten Vorteil zogen.[353]
Im Jahre 1855 erreichte dann der Absatz eine bis dahin nicht gekannte Höhe, und die nach Görlitz von dort eintreffenden Bestellungen konnten kaum befriedigt werden.[354]
Ebenfalls die Gera-Greizer Kammgarngewebe fanden jetzt dort einen lohnenden Absatz. 1855 wurde die Hälfte der Geraer Gesamtproduktion (3,03 Millionen Taler) nach dorthin und nach Österreich gesandt.[355] Selbst rheinische Tuchfabriken begannen jetzt wieder für diesen Markt zu arbeiten, und für die Eupener Tuchfabrikation wurde der Orient zu einem der bedeutendsten Absatzgebiete.[356]

Südeuropa, insbesondere Italien, spielte für den Absatz deutscher Streichgarn- und Kammgarnwaren gleichfalls noch eine gewisse Rolle. Aber während des schwierigen Jahres 1854 zeigte dieser Markt eine geringere Aufnahmefähigkeit. Hingegen steigerte sich der Absatz dorthin in den letzten beiden Jahren des zyklischen Aufschwungs, und es waren vor allem sächsische feine Tuche, Eupener Tuche und sächsische Merinos, die hier begehrt wurden.[357]

Infolge der hohen Zölle bot der russische Markt während der fünfziger Jahre zwar einen gleichbleibenden, aber nur geringen Absatz. Selbst die 1854 ermäßigten russischen Zölle boten noch keine Grundlage für ein belebendes Exportgeschäft.[358]
Das gleiche gilt für die skandinavischen Länder, insbesondere für Dänemark. Nach dort verlief der Export während der fünfziger Jahre infolge hoher Schutzzölle

351 Ebenda.

352 *Handelsverhältnisse der Moldau*, in: Handelsarchiv, Jg. 1852, 2. Hälfte, Berlin 1852, S. 29f.

353 *Jahresberichte der Handelskammern Görlitz und Breslau für 1854.*

354 Jahresberichte der Handelskammern Görlitz und Breslau für 1855.

355 *Finkenwirth, K.*, a. a. O., S. 120.

356 *Jahresberichte der Handelskammern Aachen-Burtscheid, Eupen, Stolberg und Lennep für 1855 und 1856.*

357 *Handelsbericht aus Neapel vom Jahre 1855*, in: Deutsche Gewerbezeitung, Jg. 21/1856, Neue Folge, Bd 7, Leipzig 1856, S. 375; *Jahresbericht der Handelskammer Gera für 1850.*

358 *Wirkungen der russischen Tarifermäßigungen vom 23. Juni (5. Juli) 1854 auf den Handel Preußens mit Rußland*, in: Handelsarchiv, Jg 1855, Nr 2, S. 18.

rückläufig. Die Erhebung eines Zolls von 11 1/4 Silbergroschen pro Pfund schloß die Ausfuhr von Mittel- und ordinären Tuchen nach Dänemark aus.[359]
Auch die anderen europäischen Staaten spielten für den Wollwarenexport eine geringere Rolle. Allerdings gelang es sowohl der rheinischen Tuchindustrie als auch der deutschen Halbwollweberei, in Holland einen gewissen Absatz zu finden.[360] Bemerkenswert für die Konkurrenzfähigkeit der deutschen Wollindustrie auf dem Weltmarkt während der fünfziger Jahre ist die Tatsache, daß sowohl die Aachener Tuche als auch die Glauchau-Meeraner Kammgarnwaren in den britischen Markt eindrangen.[361]
Der asiatische Kontinent war für die deutsche Wollwarenindustrie in den fünfziger Jahren noch von geringer Bedeutung. Der Absatz nach China, der in den ersten Jahren noch eine gewisse Rolle spielte, wurde infolge des dortigen Überangebots europäischer Wollwaren fast ganz vernachlässigt.[362] Mit einem gewissen Erfolg drangen insbesondere sächsische Mittel- und ordinäre Tuche sowie Flanelle auf dem indonesischen Markt vor.[363] Auch Görlitzer Tuchfabriken begannen 1852 mit Erfolg, mit Australien und Ost-Indien Handelsbeziehungen aufzunehmen.[364] In quantitativer Hinsicht spielte der Absatz nach diesen Ländern während des gesamten Zeitraums eine unbedeutende Rolle.

c) Die Ausdehnung der Produktion und die Lage der Konkurrenz auf dem inneren Markt

Aus der allgemeinen Entwicklung des inneren und äußeren Marktes wurde deutlich, daß die deutsche Wollindustrie starke Impulse erhielt, um ihre Produktion zu erweitern. Dies gelang – wie im voranstehenden Kapitel gezeigt wurde – der kapitalistischen Großindustrie in einem solchen Maße, daß sie ihren Anteil im Rahmen der Wollgewebefertigung wesentlich erweitern konnte.[365] Die nichtkapitalistische Wollverarbeitung verlor im Verlaufe dieses Zyklus derart an Boden, daß sie in der gesamten Wirtschaft keine nennenswerte Rolle mehr spielte. Es ist deshalb sicherlich nicht zufällig, daß Marx bei der Verdeutlichung des industriellen Fortschritts in Deutschland während der fünfziger Jahre die Wollindustrie anführt. „Nehmen Sie einen einzigen Zweig der Industrie. Vor 1848 bildete der Wollexport nach England, Frankreich und anderen Ländern eine der wichtigsten deutschen

359 *Jahresberichte der Handelskammern Aachen-Burtscheid, Lennep und Breslau für die Jahre 1854 bis 1857.*
360 *Jahresberichte der Handelskammern Gera für 1850, Düsseldorf, Lennep und Aachen-Burtscheid für 1856.*
361 *Jahresbericht der Handelskammer Aachen-Burtscheid für 1852*; *Demmering, G.*, a. a. O., S. 79.
362 *Jahresbericht der Handelskammer Lennep für 1856.*
363 *Absatz europäischer, besonders deutscher Erzeugnisse auf dem niederländisch-ostindischen Markt*, in: Handelsarchiv, Jg. 1850, Berlin 1850, S. 528ff.
364 *Jahresbericht der Handelskammer Görlitz für 1853*; *Der Handel der Provinz Schlesien im Jahre 1855*, a. a. O.
365 Vgl. S. 115ff.

Ressourcen", schrieb Marx, „während gegenwärtig die in Deutschland erzeugte Wolle kaum den Bedarf der einheimischen Fabriken deckt."[366]
Die Streichgarnindustrie der Provinz Brandenburg erhöhte die Zahl ihrer Webstühle von 1846 bis 1858 um 103% und die ihrer Streichgarnfeinspindeln um 59%.[367] Das auf dieser Grundlage erzeugte jährliche Produktionsquantum stieg während des gesamten Zyklus gegenüber dem Durchschnitt der Periode 1839 bis 1848 mit 42% um mehr als zwei Fünftel.[368] Der in der kapitalistischen Entwicklung fortgeschrittenere Teil dieser Industrie, der im Regierungsbezirk Frankfurt a. O., erzielte sogar eine Zunahme um etwas mehr als die Hälfte.[369] Daß die Zurückdrängung des Handwerks weiter anhielt, verdeutlicht hingegen die Entwicklung der Tuchproduktion im anderen Regierungsbezirk dieser Provinz mit einem Anstieg von nur 10%. Jedoch noch deutlicher werden diese Unterschiede in der Entwicklung der Großindustrie und der übrigen, vor allem der des Handwerks, wenn wir die Produktionsbewegung einzelner Standorte miteinander vergleichen. Vergleichen wir den Höchststand gegen Ende des zyklischen Aufschwungs der vierziger Jahre mit dem vor Ausbruch der 1857er Krise, so ergibt sich für einzelne Standorte folgendes Bild: Mit einer Steigerung von 190% verdoppelte sich die Produktion der Kottbuser Streichgarnweberei nahezu.[370] Auch die Orte Sorau, Sommerfeld, Luckenwalde, Peitz, Forst und Brandenburg/Havel wiesen eine hohe Zunahme mit 152%, 143%, 127%, 105%, 89% und 78% auf.[371] Dem stehen andere Standorte mit einer verminderten Produktion, wie z. B. Wittstock mit 41%, Züllichau mit 25%, Neudamm mit 12%, Neuruppin mit 9% und Finsterwalde mit 1% gegenüber.[372] Mehr und mehr verloren einige Tuchfabrikationsorte ihre Bedeutung im Rahmen der Brandenburger Tuchindustrie, was insbesondere für eine Reihe im Regierungsbezirk Potsdam beheimatete galt.
Der zyklische Aufschwung der fünfziger Jahre wies jedoch gegenüber dem vorangegangenen nicht nur eine größere Produktionszunahme auf, sondern er war auch kontinuierlicher. Im wesentlichen wiesen die einzelnen Jahre eine stetige Zunahme auf. Lediglich 1852 kam es zu einem Absinken der Produktion, aber diese Abnahme betrug für den Frankfurter Regierungsbezirk insgesamt nur 2%.[373] Von diesem Rückgang waren darüber hinaus nicht einmal alle wichtigen Standorte betroffen. Es galt z. B. nicht für Kottbus, Sommerfeld und Sorau. Für einzelne Fabrikations-

366 *Marx, K.*, Eine preußische Meinung zum Krieg, in: Marx/Engels, Werke, Bd 13, a. a. O., S. 354.
367 Vgl. Zollvereinsstatistik von 1846/1847 (Preußen), a. a. O.; *Tabellen und Amtliche Nachrichten über den Preußischen Staat für das Jahr 1858* (im folgenden: Tabellen), Berlin 1860, S. 434ff.
368 Vgl. Tabelle 3 (Anhang).
369 Vgl. ebenda.
370 Berechnet aus den Angaben der Jahresberichte über die Tuchfabrikation in den beiden Regierungsbezirken der Provinz Brandenburg, in: BLHA-Potsdam, Rep. 1, Nr 389.
371 Ebenda.
372 Ebenda.
373 Vgl. Tabelle 2 (Anhang).

orte wiederum setzte er erst 1853 ein, was für Finsterwalde und Peitz der Fall war.[374] Der zyklische Aufschwung während der fünfziger Jahre unterschied sich von seinem Vorgänger weiterhin dadurch, daß die Hauptkonjunkturperiode nicht in den Anfang, sondern in die letzten Jahre fiel, d. h., die Brandenburger Streichgarnindustrie erlebte während der fünfziger Jahre in jeder Hinsicht einen echten Aufschwung.

Die Daten über den Produktionsverlauf der Brandenburger Streichgarnindustrie sollen uns nun die Einschätzung dieser Entwicklung in den anderen Zentren der deutschen Streichgarnindustrie erleichtern, von denen wir nur die allgemeine Einschätzung der Handelskammern und die Veränderungen der Produktionskapazität besitzen. Jedoch gilt dies nur für jene Gebiete, die zum preußischen Staat zählten.

Aus den Jahresberichten der Handelskammern aus der Rheinprovinz ergibt sich ein allgemeiner Produktionsverlauf, der gegenüber dem der Lausitzer Streichgarnindustrie diskontinuierlicher verlief. Auch für die rheinische Streichgarnindustrie begann der zyklische Aufschwung mit dem Jahre 1849, aber er hielt nur bis zu Beginn des vierten Quartals des folgenden Jahres an. Bereits im November 1850 gab es störende Momente, die die Produktion negativ beeinflußten. Dies setzte sich im folgenden Jahr verstärkt fort. Erst in der zweiten Hälfte von 1852 begann die Produktion wieder anzusteigen, aber auch jetzt währte ihr Fortschreiten nicht lange; denn vom dritten Quartal 1853 an bis zu Beginn des Jahres 1855 war die Produktion durch Rückgang und Stagnation gekennzeichnet. Seit dem letztgenannten Jahr nahm dann die Produktion bis zu Beginn der Krise von 1857 einen raschen und anhaltenden Aufschwung. Die hier charakterisierte Entwicklung galt vor allem für die Hauptzentren der rheinischen Streichgarnindustrie, für das Gebiet von Aachen-Burtscheid und Lennep.[375] Andere Standorte dieser rheinischen Industrie, die jedoch nur von lokaler Bedeutung waren, zeigten in ihrer Produktionsentwicklung eine größere Stetigkeit. Die Handelskammer Siegen, die von Stolberg sowie diejenige für die Kreise Arnsberg, Meschede, Brilon und Olpe ließen in ihrem Jahresbericht von 1853 erkennen, daß die dortige Streichgarngewebeproduktion sich nicht vermindert, sondern in gewissem Umfange sogar vermehrt hatte. Die Entwicklung verlief also auch innerhalb der Rheinprovinz unterschiedlich.

Zur Ermittlung der quantitativen Produktionsausdehnung müssen wir uns auf die Angaben der Gewerbestatistik für den Regierungsbezirk Aachen stützen, der den größten Teil der rheinpreußischen Streichgarnindustrie repräsentierte und dessen Angaben die Entwicklung dieses Industriezweiges unverfälscht widerspiegelten, da die Kammgarnindustrie in diesem Gebiet eine geringe Ausdehnung besaß. Von 1846 bis 1858 nahmen die Webstühle um 18% zu, und die Zahl der Streichgarnspindeln erhöhte sich dagegen um 63%.[376] In den anderen Regierungsbezirken der Rheinprovinz dehnte die Streichgarnspinnerei ihre Kapazität wie folgt aus[377]:

374 *Jahresberichte über die Tuchfabrikation im Regierungsbezirk Frankfurt a. O. für die Jahre 1852 und 1853*, a. a. O.

375 Vgl. die *Berichte der Handelskammern Lennep, Aachen und Eupen für die Jahre 1849 bis 1857.*

376 Vgl. Zollvereinsstatistik von 1846/47 (Preußen), a. a. O.; *Tabellen 1858*, a. a. O., S. 434 ff.

377 Ebenda.

Düsseldorf	+ 94%
Köln	+ 72%
Coblenz	+ 1%
Trier	+ 48%
Rheinprovinz	+ 67%

Die Unterschiede in der Entwicklung dürften in der Rheinprovinz offenbar noch größer gewesen sein als in der Provinz Brandenburg. Auch hier zeichnet sich ab, daß die fünfziger Jahre eine weitere Konzentrierung der Industrie in bestimmten Gebieten brachten. Auffallend ist jedoch die große Diskrepanz hinsichtlich der Zunahme der Webstühle und der der Feinspindeln. Hierbei müssen wir uns jedoch erinnern, daß sich die Zahl der Webstühle während der Jahre 1843 bis 1846 fast verdoppelt hatte, ohne daß die Produktion im gleichen Verhältnis zunahm.[378] Damit läßt die geringe Zunahme der Webstühle nach 1846 auf eine größere Ausnutzung der vorhandenen Kapazität in der dortigen Weberei schließen. Darüber hinaus erfaßte die preußische Statistik nicht die Gesamtheit der von den Aachener Fabrikanten in der Hausindustrie beschäftigten Webstühle. R. Wichterich hat in seiner Dissertation über die Aachener Tuchindustrie nachgewiesen, daß die dortigen Fabrikanten im Interesse ihrer Profite während der fünfziger Jahre zahlreiche Weber im benachbarten belgischen und holländischen Grenzgebiet beschäftigten, da sie diesen niedrigere Löhne zahlen konnten.[379]
Demzufolge erlaubte uns die Entwicklung der Streichgarnspinnerei, eher den Umfang des Produktionszuwachses zu erfassen, da sie nach wie vor vorwiegend den Bedarf der dortigen Streichgarnweberei deckte. Gegenüber den früheren Jahrzehnten hatte allerdings der Anteil zugenommen, der außerhalb dieses Bereiches in der Strumpf- und Halbwollweberei verarbeitet wurde. Doch dies traf unserer Ansicht nach stärker für die Spinnerei des Regierungsbezirks Düsseldorf als für die des Aachener Bezirks zu. Daraus erklärte sich auch die stärkere Ausdehnung der Streichgarnspinnerei im erstgenannten Teil der Rheinprovinz.
Unter Berücksichtigung des oben Gesagten und der Ausführungen der Handelskammern dürfte die Streichgarnindustrie in der Rheinprovinz ihre Gewebeproduktion in einem der Lausitzer Industrie gleichkommenden Umfang erweitert haben, d. h., wir nehmen auch hier an, daß sich die jährliche Durchschnittsproduktion um die Hälfte gegenüber dem vorherigen Zyklus erhöht hatte.
Die schlesische Streichgarnindustrie wies in dieser Periode gleichfalls eine gesteigerte Produktion auf. Der allgemeine Produktionsverlauf, wie er sich aus den dortigen Handelskammerberichten ergibt,[380] entsprach im wesentlichen dem in der Rheinprovinz. Jedoch hob sich die Streichgarngewebeproduktion hier nach der Unterbrechung von 1853 bereits in der zweiten Hälfte von 1854. Die schlesische Streichgarnspinnerei erhöhte ihre Feinspindeln bis zum Jahre 1858 im Vergleich zu 1846

378 Vgl. S. 180f.
379 *Wichterich, R.*, a. a. O., S. 29.
380 Vgl. *Jahresberichte der Handelskammern für Breslau, für die Kreise Schweidnitz, Reichenbach und Waldenburg, für Görlitz, für Landeshut und für Liegnitz über die Jahre 1849 bis 1857.*

um 30%, aber die Zahl der Webstühle sank zugleich um ein Fünftel.[381] Im Regierungsbezirk Liegnitz, der die wichtigsten Standorte der schlesischen Streichgarnindustrie mit Görlitz und Grünberg enthielt, verlief die Entwicklung ähnlich. Aber die Diskrepanz war noch größer, da sich die Feinspindelzahl sogar um 64% vermehrte, während die Reduktion der Webstühle 17% betrug.[382] Jedoch bis zum Jahre 1855 hatten sich die Webstühle um 7% erhöht bei einem Zuwachs der Feinspindeln um 43%.[383] Die in Schlesien ermittelte Webstuhlzahl ist wahrscheinlich zu niedrig, da man 1861 wieder 4400 zählte.[384] Damit betrug der Zuwachs während der Jahre 1858 bis 1861 nicht weniger als 49%. Ein solcher Anstieg ist jedoch für diese Zeit unwahrscheinlich. Die beträchtliche Ausdehnung der Streichgarnspinnerei bis zum Jahre 1858 läßt auch ohnehin eine Verminderung der Produktion als unmöglich erscheinen. Diese Feststellung wird noch durch zwei weitere Faktoren erhärtet: Die Streichgarnfabriken mit 50 und mehr Beschäftigten erhöhten in den Jahren 1852 bis 1858 ihre Webstühle um 47%, und ihr Anteil an den Webstühlen des Regierungsbezirks Liegnitz betrug immerhin 30%.[385] Die Streichgarnweberei der Stadt Görlitz erhöhte während der Jahre 1852 bis 1857 ihre Produktion mit 54% um mehr als die Hälfte.[386] Da die Berichte der schlesischen Handelskammern ebenfalls die Verminderung der Streichgarngewebeproduktion nicht erkennen lassen, dürfte sich die Produktion nur langsamer als in der Brandenburger Streichgarnindustrie ausgedehnt haben, da die Ausdehnung der Großindustrie durch die Verminderung der Handwerksbetriebe zum Teil aufgewogen wurde. Ein Zuwachs von 20% gegenüber der durchschnittlichen Produktion des vorangegangenen Zyklus kann wohl als Minimum für Schlesien angenommen werden.

Innerhalb des vierten wichtigen Zentrums der preußischen Streichgarnindustrie war die Produktionsentwicklung ebenfalls sehr unterschiedlich, aber der allgemeine Verlauf entsprach dem, den wir schon aus Schlesien und der Rheinprovinz kennen. Jedoch der Ende 1850 erfolgte Einbruch wurde erst 1854 durch eine erneute Aufwärtsentwicklung überwunden.[387] Im Regierungsbezirk Magdeburg, der die Burger Tuchindustrie mit erfaßte, erhöhte sich die Feinspindelzahl bis zum Jahre 1858 nur um 8% und die der Webstühle sogar nur um 5%.[388] Hingegen verdoppelte die Streichgarnspinnerei im Regierungsbezirk Erfurt ihre Feinspindeln. Der genaue Zuwachs betrug 113%.[389] Im gleichen Zeitraum verminderte sich jedoch hier die Gesamtzahl der Wollwebstühle um knapp 6%.[390] Für die Streichgarnspinnerei des Eichsfeldes

381 Vgl. Zollvereinsstatistik von 1846/47 (Preußen), a. a. O.; *Tabellen 1858*, a. a. O., S. 434ff.
382 Ebenda.
383 Vgl. ebenda; *Tabellen 1855*, Berlin 1858, S. 204ff.
384 *Jahrbuch für die Amtliche Statistik des Preußischen Staats*, Berlin 1869, Jg. 3, S. 215.
385 Vgl. Angaben in: *Tabellen 1849*, Berlin 1855, S. 1190ff.; *Tabellen 1858*, a. a. O., S. 520ff.
386 Vgl. *Handelskammerberichte aus Görlitz für die Jahre 1852 bis 1857*.
387 Vgl. *Jahresberichte der Handelskammern Erfurt und der für die Kreise Mühlhausen, Heiligenstadt und Worbis für 1850 bis 1857*.
388 Vgl. Zollvereinsstatistik von 1846/47 (Preußen), a. a. O.; *Tabellen 1858*, a. a. O., S. 434ff.
389 Vgl. ebenda.
390 Vgl. ebenda.

(Regierungsbezirk Erfurt) muß berücksichtigt werden, daß sie wohl stärker als andernorts Garn für die Wirkwarenindustrie sowie überhaupt für den Markt spann und damit die gesteigerte Produktion nicht im gleichen Umfange der dortigen Streichgarnweberei zugute kam.[391] Dies erschwert eine Einschätzung der Produktionsentwicklung, und da unser anderweitiges Material über die Provinz Sachsen sehr lückenhaft und dürftig ist, müssen wir auf eine Schätzung verzichten. Unbestreitbar ist jedoch, daß sich die Streichgarngewebeproduktion auch hier während der fünfziger Jahre erhöhte.

Im Königreich Sachsen steigerte die Streichgarnspinnerei ihre Spindelzahl bis zum Jahre 1861 im Vergleich zu 1846 um 184%, und die Wollwebstühle nahmen um 67% zu.[392] Diese 184% sind zu reduzieren, da sie bereits den zu Beginn des neuen Zyklus stattgefundenen Zuwachs enthalten. Hierbei muß außerdem berücksichtigt werden, daß die sächsische Streichgarnspinnerei – die auch in beträchtlichem Umfange Vigognegarne produzierte (in der Regel Streichgarne mit einem 20prozentigen Baumwollanteil) – für die Halbwollweberei und für auswärtige Streichgarnwebereien spann. Angesichts des höheren Anteils der Lohnspinnereien innerhalb der sächsischen Streichgarnfertigung dürften die Auslastung der vorhandenen Kapazitäten und auch die Produktivität der Anlagen im Durchschnitt geringer als in der Rheinprovinz gewesen sein. Damit dürften sowohl der Produktionszuwachs in der Spinnerei als auch der Garnverbrauch der Streichgarnweberei nicht unwesentlich unter den oben angegebenen 184% gelegen haben, aber die sächsische Streichgarnweberei dürfte trotzdem einen höheren Zuwachs als selbst die Lausitzer Industrie dieser Branche aufgewiesen haben.

In den anderen deutschen Ländern nahm die Streichgarngewebeproduktion – soweit es die statistischen Angaben wiedergeben können – vor allem in den hessischen und thüringischen Staaten besonders zu, aber auch in Hannover und in Württemberg hob sie sich[393], während sie in Bayern wohl zurückgegangen war.[394]

Für den gesamten Zollverein stieg die Produktionskapazität der Streichgarnspinnerei zwischen den Jahren 1846 und 1861 um 86%.[395] Berücksichtigen wir, daß diese Angabe überhöht ist, so dürfte für die deutsche Streichgarnweberei während des industriellen Zyklus die Zunahme der durchschnittlichen Produktion 40 bis 45% betragen, und die Streichgarnproduktion – die Vigognegarnproduktion mit einbezogen – dürfte jedoch einen Zuwachs von mindestens 60% erzielt haben.

Nach den Angaben der Zollvereinsstatistik dehnte die Kammgarnspinnerei ihre Produktionskapazität gleichfalls um 86% aus.[396] Auch für sie war die Produktions-

391 Vgl. *Jahresberichte der Handelskammer für die Kreise Mühlhausen, Heiligenstadt und Worbis für 1857 und 1858.*

392 Vgl. Tabellen 26 u. 27 (Anhang).

393 Vgl. ebenda.

394 Vgl. *Die Bevölkerung und die Gewerbe des Königsreichs Bayern nach der Aufnahme vom Jahre 1861, die Gewerbe in Vergleichung mit deren Stande im Jahre 1847*, München 1862, S. 62ff.

395 Vgl. Tabelle 27 (Anhang).

396 Vgl. Tabelle 28 (Anhang).

entwicklung während der Aufschwungsjahre des neuen industriellen Zyklus gleichmäßiger und war die Zunahme beträchtlicher. Unterbrechungen in dieser Hinsicht hat es, ähnlich wie in der Streichgarnindustrie, in den Jahren 1851 und 1853 gegeben. Am stärksten entwickelte sich die Kammgarnspinnerei in Württemberg, Bayern und in der Rheinprovinz. Ihnen gegenüber blieb die sächsische Kammgarnspinnerei im Entwicklungstempo zurück, und die Thüringer Spinnerei nahm sogar ab. Neben diesen bisher schon bekannten Zentren dieses Industriezweiges kam jetzt innerhalb der hessischen Staaten ein neues hinzu, ohne jedoch die dominierende Stellung der alten Zentren zu gefährden.[397]

Gegenüber 1846 dürfte sich die Kammgarnproduktion in Deutschland infolge der starken Erhöhung der Spindelzahl und der zugenommenen Spindelleistung etwas mehr als verdoppelt haben, so daß die Produktion 1861 mit rund 113000 Zentnern angenommen werden kann. Auf der Grundlage der beträchtlich gesteigerten deutschen Kammgarnerzeugung und der am Ende des zyklischen Aufschwungs gegenüber dem Höchststand der vierziger Jahre sich vervierfachenden Garnimporte konnte sich die deutsche Kammgarnweberei und die zu ihr gehörende Halbwollweberei stark entwickeln. Daraus erklärt sich auch die starke Zunahme der Wollwebstühle innerhalb der Thüringer Staaten und in Baden. Die Produktionsbewegung verlief innerhalb dieses Zweiges während der Zeit von 1849 bis 1857 mit geringen Unterbrechungen im Jahre 1851 und 1853 stetig. Von der deutschen Kammgarnproduktion verbrauchte die deutsche Kammgarn- und Halbwollweberei 1861 rund 91000 und bezog außerdem vom Ausland noch weitere 145000 Zentner[398], so daß allein der Wollgarnverbrauch gegenüber 1846 um 190% gestiegen sein dürfte. Da wir wiederum den Baumwollgarnverbrauch unberücksichtigt ließen und die Halbwollweberei außerdem während dieser Jahre Vigogne- und Streichgarne verarbeitete, dürfte sich die Produktion von Kammgarn- und Halbwollgeweben während dieses Zyklus gegenüber dem Durchschnitt des vorangegangenen etwa auf das Dreifache gesteigert haben.

Die bedeutende Steigerung der Produktion in allen Bereichen der deutschen Wollindustrie bei einer zögernden Erweiterung der Nachfrage auf dem inneren Markt und der zunehmenden Orientierung auf den Weltmarkt mußten zu einer engen Verflechtung der Entwicklung der Wollindustrie mit dem Verlauf des internationalen Zyklus führen. Die Anfälligkeit der deutschen Wollindustrie auf die verschiedensten Handelsstörungen mußte damit zunehmen; denn die Produktion hatte die Aufnahmemöglichkeiten des inneren Marktes wesentlich überschritten. Dies mußte sich notwendigerweise auch im Konkurrenzkampf auf dem inneren Markt widerspiegeln, dem wir uns nun zuwenden werden.

Die bereits erwähnten Handelsstörungen traten im Verlaufe des zyklischen Aufschwungs in verschiedener Hinsicht auf, und es zeigte sich zumindest teilweise darin, daß sich mit dem wachsenden Reifegrad der kapitalistischen Entwicklung im Weltmaßstab, vor allem in Europa, die Labilität des Marktes – die der kapitalistischen

397 Vgl. ebenda.

398 Vgl. Tabellen 19 u. 33 (Anhang).

Produktionsweise eigene Unsicherheit – erhöhte. Im Verhältnis zu den späteren Jahrzehnten mußte dies in gewisser Weise noch stärker wirken, da die Unübersichtlichkeit des Weltmarktes durch den niedrigeren Stand des Verkehrs- und Nachrichtenwesens das blinde Wirken des Gesetzes der Konkurrenz und Anarchie noch förderte. Das Auftreten von Zwischenkrisen im Rahmen des zyklischen Aufschwungs war ein sichtbarer Ausdruck dieser Verhältnisse. In ähnlicher Weise beeinträchtigten jedoch auch die zeitweilig unsicheren politischen Verhältnisse die Realisierungsbedingungen für die deutsche Wollindustrie. Für die Industrie jener Zeit war allgemein charakteristisch, daß sie auf Veränderungen in der politischen Lage äußerst empfindlich reagierte. Dies war nicht zuletzt Ausdruck der politischen Ohnmacht des vielgeteilten Deutschlands. Bereits die Gefahr politischer Verwicklungen veranlaßte große Teile der Bourgeoisie, insbesondere das Handelskapital, zur äußersten Vorsicht bei Kapitalanlagen sowie in ihren geschäftlichen Operationen. Für die Industrie wirkte sich das in Gestalt von Absatzschwierigkeiten und Erschwerung der Kreditbedingungen aus. Die Schwierigkeiten des Absatzes in der deutschen Wollindustrie im letzten Quartal von 1850 wurden deshalb in hohem Maße durch die politischen Verwicklungen zwischen Preußen und Österreich sowie die daraus resultierende preußische Mobilmachung vom 1. November 1850 bedingt. In ähnlicher Weise wirkte sich auch der Staatsstreich Napoleon III. Ende 1851 aus, da zunächst Wiederholungen der Verwicklungen zwischen den europäischen Staaten, wie sie zur Zeit Napoleon I. aufgetreten waren, befürchtet wurden. Das Jahr 1853 war ebenfalls nicht frei von Störungen dieser Art, da beim Ausbruch des Krimkrieges mit dem Eintritt deutscher Staaten, insbesondere Preußens, in diesen Krieg gerechnet wurde. All diese politischen Ereignisse hatten jedoch nur einen zeitweilig begrenzten Einfluß auf die Realisierung der Produktion. Es wäre jedoch einseitig, nur die Nachteile dieser Kriegsgefahren anzuführen und außer acht zu lassen, daß sie sich auch in gewissem Umfange vorteilhaft für einzelne Teile der Wollindustrie auswirkten. Das Anwachsen der Kriegsgefahr bedeutete doch zugleich ein Anwachsen des Bedarfs des Staates an Kriegsmaterial und damit auch an Uniformtuchen. In dieser Weise zog die deutsche Wollindustrie aus dem Sieg der Reaktion im Jahre 1849 unmittelbar Vorteile – verwandelte das vergossene Blut der Revolutionäre in klingende Münze in Gestalt erhöhter Tuchlieferungen für die Armee. So erhielten allein die Brandenburger Tuchfabriken im Dezember 1848 einen Auftrag für 4000 Ellen Militärtuche, der im April des folgenden Jahres um weitere 12000 Ellen erhöht wurde.[399]

Die Gestaltung der Wollpreise erschwerte gleichfalls die Realisierung der Produktion, da sie während des Zyklus im Durchschnitt beträchtlich stiegen.[400] Angesichts der allgemeinen Teuerung mußte doch ihr Ansteigen die Absatzschwierigkeiten für die nun ebenfalls teureren Wollwaren erhöhen. Der größere Preisrückgang für Wolle, wie er vor allem 1851 und 1854 auftrat, konnte keine positiven Wirkungen hervorrufen,

399 Akten der Tuchmacher-Innung in Brandenburg, betr. Militärtuchlieferungen, in: Stadtarchiv, Brandenburg/Havel, Nr 11/23.

400 Vgl. Tabellen 13 u. 16 (Anhang).

da er Ausdruck der ungünstigen Absatzlage in der deutschen Wollindustrie selbst war.

Die Streichgarnindustrie, soweit es die Weberei betraf, wahrte auch in dieser Zeit ihre absolute Herrschaft über den inneren Markt und hatte praktisch keinen ausländischen Konkurrenten. Etwas anders lag es bereits bei der Streichgarnspinnerei. Während der fünfziger Jahre zeigte sich hier die belgische und böhmische Streichgarnspinnerei als Konkurrent[401], und das wirkte sich sowohl für die Lohnspinnereien als auch für die auf eigene Rechnung produzierenden Streichgarnspinnereien, die während der fünfziger Jahre an Bedeutung gewannen, absatzschmälernd aus.

Für die Streichgarnindustrie und ihre Entwicklung zeigten sich die gleichen Tendenzen, die bereits in den vierziger Jahren wirksam waren und dort ausführlicher behandelt wurden. Das trifft vor allem für die Verdrängung der handwerklichen Tuchproduzenten vom inneren Markt zu. Um Wiederholungen zu ersparen, werden wir in diesem Abschnitt auf diese Fragen nur insoweit eingehen, soweit sich größere Änderungen ergaben. Bereits während der vierziger Jahre hatten wir festgestellt, daß sich der Konkurrenzkampf zwischen den fortgeschritteneren Zentren der Tuchindustrie und innerhalb der Großindustrie verschärfte. Wir hatten darauf hingewiesen, daß schon in jenen Jahren gewisse Unterschiede in der Lage und anderen Umständen sich selbst für die Tuchfabriken im Konkurrenzkampf stärker nachteilig auswirkten. Mehr noch als während der vierziger Jahre mehrten sich jetzt die Klagen aus einzelnen Fabrikationsorten über ihre nachteilige Situation gegenüber den Konkurrenten. Die weitere verkehrsmäßige Erschließung des inneren Marktes infolge des raschen Eisenbahnbaus, infolge der Herausbildung eines Eisenbahnnetzes in Deutschland wirkte sich jetzt erst voll aus.[402] Um so nachteiliger mußte sich dies für diejenigen Standorte auswirken, die von dieser Entwicklung unberührt blieben. Aus einigen wichtigen Standorten der Streichgarnindustrie wurden während der fünfziger Jahre verstärkt Forderungen nach einem Anschluß ihrer Orte an das Eisenbahnnetz laut, da die bisherige verkehrsmäßige Isolierung die Existenz der Fabrikation, aber vor allem ihre weitere Entwicklung, infrage stellte. Mögen diese Darstellungen auch übertrieben sein, so enthielten sie doch einen realen Kern. Zum Beispiel die Klagen der Lenneper, Kottbuser und Görlitzer Handelskammern in dieser Richtung waren durchaus begründet[403], da die günstigere Verkehrslage ihrer Konkurrenten diesen einen verbilligten Rohstoffbezug – einschließlich Brennmaterialien –, einen transportmäßig günstigeren Absatz und somit in gewissem Umfange ein schnelleres Umschlagen des Kapitals ermöglichte sowie auch die Aufnahme von Direktbeziehungen zwischen Großhandel und Fabrikanten erleichterte. Diese Umstände mußten ohne Zweifel zur Schmälerung der Profite seitens der in dieser Richtung Benachteiligten führen, und für die kleineren Firmen – die Handwerksbetriebe oder solche, die an der Grenze zwischen den ersteren und den kapitalistischen Betrieben standen – konnten sie allerdings auch ruinierende Folgen zeitigen.

401 Vgl. *Jahresbericht der Handelskammer von Elberfeld und Barmen für 1854.*

402 *Mottek, H.*, Einleitende Bemerkungen, a. a. O., S. 39f.

403 Vgl. *Jahresberichte der Handelskammern Lennep, Kottbus und Görlitz für die Jahre 1854 und 1855.*

Während die rheinische Streichgarnweberei nach wie vor stark mit der Konkurrenz der sächsischen, aber auch der Lausitzer Tuchindustrie zu ringen hatte, verengte sich für die letzteren und auch für die schlesische Streichgarnweberei der Absatz ihrer Erzeugnisse auf dem inneren Markt, da sich in Süddeutschland und Hessen die Fabrikation merklich hob und sich damit diese Absatzgebiete mehr und mehr in Produktionszentren umwandelten.[404]

Auch auf den Absatz innerhalb des Zollvereins wirkten sich die internationalen Handelsstörungen von 1851 und 1854 aus, die zumindest für Großbritannien den Charakter von Zwischenkrisen annahmen.[405] Die rasche Ausdehnung der Produktion während der ersten beiden Jahre des neuen Zyklus führte zur Überflügelung der kauffähigen Nachfrage nach Streichgarngeweben, insbesondere nach Tuchen. Die niedrigen Gewebepreise angesichts der hohen Wollpreise hatten die Ausdehnung der Produktion beschleunigt, da die Tuchfabrikanten durch die volle Ausnutzung ihrer Kapazitäten ihr Kapital besser verwerten und zugleich durch eine gesteigerte Produktion den sinkenden Profiten durch die Vergrößerung der Profitmasse entgegenwirken wollten.[406] Dies führte im Verlauf des Jahres 1851 auch in der deutschen Streichgarnindustrie zu Überproduktionserscheinungen. Die aus den gleichen Ursachen heraus bestandenen Absatzschwierigkeiten auf dem Weltmarkt wirkten auf den inneren Markt zurück, und diese Kalamität wurde durch das Einsetzen des Anstiegs der Preise für die wichtigsten Lebensbedürfnisse während des gleichen Jahres noch verstärkt. Der sich damit ergebende Widerspruch zwischen Produktion und Markt zeigte sich 1851 in Gestalt einer zunehmenden Konkurrenz und beträchtlichen Warenlagern in den Tuchfabriken sowie im Großhandel.[407] Auf der Leipziger Michaelismesse von 1851 konnten feine Tuche nur mit einem Preisnachlaß von 3 bis 4 Talern pro Stück veräußert werden, und auch die bis dahin im Preis relativ konstant gebliebenen ordinären Tuchgattungen erfuhren einen Abschlag von

404 *Jahresbericht der Handelskammer Breslau für 1854.*

405 *Mendel'son, L. A.*, a. a. O., S. 545ff., und bezüglich Frankreich vgl. *Marx, K.*, Der achtzehnte Brumaire des Louis Bonaparte, in: Marx/Engels, Werke, Bd 8, Berlin 1960, S. 185ff. – In welchem Umfange Deutschland betroffen wurde, bedürfte noch einer gründlichen Untersuchung. In einem Brief von Lassalle an Marx vom 19. Juli 1851 gewinnt man den Eindruck, daß von diesen Schwierigkeiten nicht allein die deutsche Wollindustrie betroffen wurde. Wörtlich schrieb Lassalle: „. . . und die Steuerüberbürdung wird allgemein um so fühlbarer, als bereits mit beiden Lungenflügeln schnaufend die industrielle Krise herangekeucht kommt. Nach allen Nachrichten, die ich im Rheinland sowohl als auch auf meiner Reise nach Berlin und Breslau von dortigen Fabrikanten und Geschäftsmännern aller Art eingezogen, berechne ich, daß die Stockung und Arbeitseinstellung, die sich bereits in allen Gewerbszweigen fühlbar zu machen anfängt, bis zum Dezember d. J. in voller Blüte stehen muß." (*Aus dem literarischen Nachlaß von Karl Marx, Friedrich Engels und Ferdinand Lassalle*, hg. v. Franz Mehring, Stuttgart 1902, Bd 4).

406 Vgl. *Jahresberichte der Handelskammer Breslau für 1851, der Handelskammer Köln für 1853,*

407 Vgl. *Jahresberichte für 1851 der Handelskammern Mühlhausen, Barmen und Elberfeld, Breslau, Aachen, Görlitz.*

2 bis 3 Talern pro Stück.[408] Die unvermeidliche Folge waren – bestärkt durch ein erneutes Ansteigen der Wollpreise im darauffolgenden Jahr – Produktionseinschränkungen vor allem bei den Tuchwebereien, aber auch in den Streichgarnspinnereien, soweit dies nicht schon Ende 1851 eingetreten war.[409] Diese Absatzschwierigkeiten erstreckten sich teilweise bis in das Jahr 1853 und bewirkten allgemein niedrige Tuchpreise. Die Ältesten der Kaufmannschaft zu Berlin führten dazu in ihrem Bericht für die Jahre 1852/53 aus: „... so wurden dennoch, sowohl hier wie in allen übrigen Teilen der Zollvereinsstaaten, nachdem die Märkte, außer mit neuen Fabrikaten, auch noch mit starken Beständen des Jahres 1851 bis zur Überfüllung versehen wurden, die Preise mit jedem Tage mehr gedrückt, so daß der Umsatz nach allen Seiten hin für den Verkäufer durchaus gewinnlos ausfiel.“ Aus Berlin wurde weiter berichtet, daß vor allem die letzten Monate von 1852 außerordentlich ungünstig verliefen, so daß selbst die 1851er Vorräte an Winterware nicht voll realisiert werden konnten.

Allerdings zeigten sich im Jahre 1852 auch einige günstige Momente, die eine Verbesserung der Lage auf dem inneren Markt einleiten mußten. Zwar hielt die Teuerung für die wichtigsten Nahrungsmittel verstärkt an, aber der zyklische Aufschwung in den meisten Zweigen der Wirtschaft setzte nun voll ein, so daß auch der Beginn desselben für Deutschland von dem Jahre 1852 an datiert wird. Das sich wieder belebende Exportgeschäft trug ebenfalls zur Erleichterung der Situation auf dem inneren Markt bei. Die Festigung der politischen Verhältnisse in Frankreich bestärkte das allgemeine Vertrauen in eine ruhige und von politischen und kriegerischen Verwicklungen freie Zukunft und begünstigte damit zugleich den beginnenden allgemeinen Aufschwung. Das sich ausdehnende Kreditsystem infolge der wachsenden Zahl der neuen Banken und des zunehmenden Umfangs ihrer Kreditoperationen wirkte jetzt und in den kommenden Jahren in der gleichen Richtung. Allein 1852 stieg bei der Preußischen Bank die diskontierte Wechselsumme auf 103,47 Millionen Taler gegenüber 78,62 Millionen Taler im vorangegangenen Jahr, und die Lombarddarlehen steigerten sich während des gleichen Zeitraums um nahezu 9 Millionen.[410] Die Ungewißheit über die Zukunft des deutschen Zollvereins wirkte sich hingegen hemmend aus. Das alles – mit Ausnahme des letzteren – bedingte einen belebenden Absatz im Jahre 1853, aber doch vor allem auf der Basis eines quantitativ vermehrten Absatzes; denn der starke Konkurrenzkampf auf dem inneren Markt ließ die Tuchpreise weiterhin gedrückt.[411] Günstiger gestaltete sich der Absatz in den modischen Streichgarn-Gattungen, die auch 1851 weit weniger unter Absatzschwierigkeiten zu leiden hatten.[412] Die Entwicklung der kauffähigen Nachfrage auf dem inneren Markt bot jedoch keine stabile Grundlage für eine starke Aus-

408 *Jahresbericht der Handelskammer Breslau für 1851.*

409 Vgl. *Jahresberichte der Handelskammern von Aachen und Köln, Breslau, Gladbach, Barmen und Elberfeld für 1851 und 1852.*

410 *Jahrbuch für die Amtliche Statistik des Preußischen Staats*, Jg. 2, a. a. O., S. 42.

411 Vgl. *Jahresberichte der Handelskammern Aachen-Burtscheid, Mühlhausen, für die Kreise Schweidnitz, Reichenbach und Waldenburg für 1852 und 1853.*

412 Vgl. *Jahresberichte der Handelskammer Breslau für 1851 und 1854.*

dehnung der Wollgewebeproduktion. Nach den bereits im Jahre 1853 auftretenden Störungen im Zusammenhang mit dem Krimkrieg zeigte sich in dem darauffolgenden Jahr das gleiche Bild wie 1851, und die Ursachen waren ebenfalls die gleichen. Wieder sahen sich Fabrikant und Großhändler überfüllten Warenlagern gegenüber. In Kottbus beispielsweise blieben 1854 von einer Produktion von 24000 Stück mehr als 3000 unverkauft.[413] Produktionseinschränkungen standen ebenfalls wieder auf der Tagesordnung, und erhebliche Kapitalverluste – die allerdings zumeist aus Exportgeschäften resultierten – führten bei einzelnen Firmen zu Zahlungseinstellungen.[414] Aber auch jetzt zeigten sich die sogenannten Modestoffe, wie Buckskin, Düffel, Kalmuk und andere, in einer günstigeren Lage.[415] Die während des Jahres 1855 einsetzende Belebung des Absatzes innerhalb des Zollvereins resultierte aus der Erweiterung des inneren Marktes und dem freieren Zugang zu dem Absatzgebiet der Steuervereinsländer. Das letztere konnte sich erst jetzt stärker auswirken, nachdem die Exportschwierigkeiten des Jahres 1854 weitgehendst überwunden waren.[416] Das mit dem Jahre 1856 im Zusammenhang mit guten Ernten einsetzende Sinken der Lebensmittelpreise bot der Streichgarnindustrie gleichfalls einen vermehrten Absatz. In gleicher Richtung wirkte die Gesundung der internationalen Beziehungen infolge der Beendigung des Krimkrieges. Diese beiden Faktoren gaben vor allem der Spekulation einen günstigen Nährboden, so daß an der Ausdehnung der „Nachfrage" in dieser Zeit die Spekulation einen beträchtlichen Anteil hatte. Für die fünfziger Jahre kann allgemein festgestellt werden, daß die Spekulation auf die Entwicklung der Wollwarenproduktion einen größeren Einfluß nahm, was nicht zuletzt von der höheren Reife des deutschen Kapitalismus gegenüber der ersten Hälfte des vorigen Jahrhunderts zeugte. Die wechselvolle Lage des Absatzes gestaltete die erfolgreiche Realisierung der Produktion recht schwierig und erforderte ein schnelleres Reagieren von seiten der Tuchfabrikanten. Dies veranlaßte sie zu einem möglichst raschen Umschlag ihres Kapitals und zur größtmöglichen Verwertung des angelegten fixen Kapitals. Beides förderte während der fünfziger Jahre den technischen Fortschritt und festigte die Stellung der Großindustrie innerhalb der deutschen Streichgarnindustrie.

Für die Kammgarnindustrie zeigten sich hinsichtlich der Realisierung der Produktion während dieser Zeit die gleichen Schwierigkeiten. Die deutsche Kammgarnspinnerei sah weiterhin auf dem inneren Markt ihren Absatz durch die englische Kammgarnspinnerei beeinträchtigt. Während der fünfziger Jahre trat gleichfalls das französische Kammgarn auf dem inneren Markt stärker auf. Der französische Kammgarnexport nach dem Zollverein stieg von 525 Zentnern im Jahre 1848 (Höchststand der vierziger Jahre) auf 9338 Zentner im Jahre 1857.[417] Die französische Konkurrenz

[413] *Jahresbericht der Handelskammer Kottbus für 1854*; *Quandt, G.*, a. a. O., S. 45.

[414] Ebenda; *Isenburg, R.*, a. a. O., S. 42; *Der Handel der Provinz Schlesien im Jahre 1855*, a. a. O., S. 275.

[415] *Jahresbericht der Handelskammer Breslau für 1854.*

[416] *Jahresbericht der Handelskammer für die Kreise Arnsberg, Meschede, Brilon und Olpe für 1854 und 1855.*

[417] *Der Kammgarnzoll im Zollvereine*, in: Preußisches Handelsarchiv, Jg. 1859, Nr 36, Berlin 1859, S. 222.

wirkte sich besonders in den ungünstigen Absatzjahren für die deutsche Kammgarnspinnerei nachteilig aus, da es sich um ein gleichartiges Fabrikat handelte. Dem französischen Kammgarn kamen im Konkurrenzkampf die vom französischen Staat gezahlten Ausfuhrprämien zugute. Die Masse der eingeführten Kammgarne, deren Menge insgesamt bis zum Jahre 1856 gegenüber 1849 auf das Vierfache anstieg[418], blieb weiterhin britischen Ursprungs. Dieser enorme Anstieg engte den Absatz für deutsche Kammgarne auf dem inneren Markt ein und führte in den schwierigen Jahren von 1851 und 1854 auch hier zu Produktionseinschränkungen.[419] Im Vergleich zum Konkurrenzkampf zwischen den deutschen und ausländischen Kammgarnen auf dem inneren Markt spielten die während der vorangegangenen Jahrzehnte aufgetretenen Auseinandersetzungen zwischen dem Gothaer Comptoir und den übrigen deutschen Spinnereien eine untergeordnete Rolle, da seine Konkurrenten, wie z. B. die Augsburger und Leipziger Aktienspinnereien, ihm in nichts mehr nachstanden und in technischer Hinsicht wohl teilweise sogar überlegen waren. Von den schwierigen Zeiten abgesehen – die allerdings einen verhältnismäßig großen Zeitraum umfaßten –, war jedoch, insbesondere während der letzten Aufschwungsjahre, der Begehr nach deutschen Kammgarnen stark genug, um einen raschen Absatz zu gewährleisten.

Für die deutsche Kammgarnweberei, die sich mehr und mehr auf die preiswerten englischen Kammgarne stützte – ihr Anteil am Kammgarnverbrauch in Deutschland stieg bis zum Jahre 1861 auf etwa 61%[420] –, war die Absatzlage auf dem inneren Markt relativ günstig, wenngleich sie in den Jahren 1851 und 1854 ebenfalls unter Absatzschwierigkeiten litt. Ihre Stellung wurde dadurch erleichtert, daß die durchschnittliche Wollwareneinfuhr während dieses Zyklus gegenüber dem vorangegangenen um 23% sank und auch während der einzelnen Jahre der Höchststand der vierziger Jahre kaum überboten wurde.[421] Das Eindringen der Streichgarne in die deutsche Halbwollweberei während der fünfziger Jahre beeinträchtigte sie wesentlich weniger als die deutsche Kammgarnspinnerei, da es sich hierbei für sie im wesentlichen nur um die Verarbeitung eines anderen Halbfabrikats handelte. In gewisser Hinsicht wurden jedoch dadurch die Grenzen zwischen diesen beiden Zweigen der deutschen Wollindustrie im Bereich der Halbwollweberei verwischt.

d) Ausbruch und Verlauf der Weltwirtschaftskrise von 1857/58 und die nachfolgende Depression in der deutschen Wollindustrie

Bevor wir uns der deutschen Wollindustrie zuwenden, wollen wir einen allgemeinen Überblick der Entwicklung und des Verlaufs der Krise geben, soweit es für die spezielle Untersuchung unseres Industriezweiges notwendig erscheint. Bereits bei der Behandlung der Realisierung der Produktion auf dem inneren und äußeren Markt wurde darauf hingewiesen, daß von dieser Seite gegen Ende des zyklischen Auf-

418 Vgl. Tabelle 19 (Anhang).
419 Vgl. *Jahresberichte der Handelskammern Breslau und Erfurt für 1851, 1852 und 1854.*
420 Vgl. Tabelle 33 (Anhang).
421 Vgl. Tabellen 17 u. 18 (Anhang).

schwungs für die Wollindustrie eine Reihe von Impulsen ausging, die die Entwicklung beschleunigten. Dies traf mehr oder weniger auch für die anderen Zweige der Volkswirtschaft zu. Ohne Zweifel gab es für eine solche Bewegung der Produktion, wie wir sie am Ende des zyklischen Aufschwungs feststellen können, materielle Ursachen, die vor allem auf der infolge der Verbilligung wichtiger Nahrungsmittel sich vollziehenden Ausdehnung des Konsumgütermarktes sowohl in den europäischen Ländern als auch in Übersee beruhten. Letzteres beeinflußte auch den weiteren Aufschwung innerhalb der Abteilung I, wobei hier jedoch noch andere Faktoren wirksam waren. Zu diesem Zeitpunkt dienten jedoch diese real wirkenden Faktoren in erster Linie der Spekulation zu ihrer weiteren Entfaltung. Die Spekulation trieb die Rohstoffpreise und zugleich die Preise für Halbfabrikate und andere Waren weiter in die Höhe. Die dadurch angeregte allgemeine Ausdehnung der Produktion wurde wesentlich durch eine starke Erweiterung des Kredits beschleunigt. Der Diskontsatz überschritt bis Anfang September 1856 in Preußen nicht 4%.[422] Allein bei der Preußischen Bank stieg der Wert der diskontierten Wechsel gegenüber dem Vorjahr um 35% und die Notenausgabe der gleichen Bank um 240%.[423] Diese Entwicklung setzte sich zunächst auch im kommenden Jahr weiter fort. Die diskontierte Wechselsumme erhöhte sich 1857 bei der Preußischen Bank auf 429,56 Millionen Taler gegenüber 330,56 Millionen im Jahre 1856[424], die Notenausgabe steigerte sich im gleichen Zeitraum auf 85 Millionen gegenüber 71 Millionen Taler.[425] Das Wechselkonto wuchs beim Schaaffhausenschen Bankverein 1856 gegenüber dem Vorjahr gleichfalls um 31%.[426] Diese Zahlenangaben ermöglichen einen Einblick in die Ausdehnung des Kredits während dieser Zeit in Deutschland. Wenn diese Bewegung des Kredits in gewissem Umfange die real vergrößerte Warenbewegung widerspiegelte, so bringt sie doch bei dem hier erreichten Ausmaß gleichfalls die Überspannung des Kredits zum Ausdruck. Auf diese Tatsache hat auch Engels in seinen Briefen an Marx aus dem Jahre 1857 hingewiesen.[427] Die rasche Ausdehnung der industriellen Produktion und die gesteigerte Spekulation gegen Ende des zyklischen Aufschwungs werden durch die folgenden Angaben veranschaulicht. Allein in Preußen betrug 1856 die Zahl der im Bereich der Industrie konzessionierten Aktiengesellschaften 25, das waren 29% der in der Zeit von 1850 bis August 1857 gegründeten Industrieaktiengesellschaften.[428] Im gleichen Jahr wies der preußische Eisenbahnbau mit 619 km den höchsten jährlichen Zuwachs in diesem Zyklus auf.[429] In dem gleichen Jahr erhöhten sich die Roheisenproduktion in Deutschland um 16% und der Roheisenverbrauch um ein Fünftel.[430] Die Lausitzer Streichgarnindustrie wies einen Produktionszuwachs von 13% auf.[431] Die deutsche Baumwoll-

[422] *Jahrbuch für die Amtliche Statistik des Preußischen Staats*, Jg. 2, a. a. O., S. 42.
[423] Ebenda. [424] Ebenda. [425] Ebenda, S 50.
[426] *Hocker, N.*, Sammlung aller Aktienbanken Deutschlands, Köln 1858, S. 575.
[427] *Marx/Engels*, Briefwechsel, Bd 2, Berlin 1949, S. 304ff., insbesondere S. 316f.
[428] *Blumberg, H.*, Die Finanzierung, a. a. O., S. 176; *Gesetzessammlung für die Königlich Preußischen Staaten*, Jg. 1856, Berlin 1856.
[429] *Jahrbuch für die Amtliche Statistik des Preußischen Staats*, Jg. 1, a. a. O., S. 515.
[430] *Becker, W.*, a. a. O., S. 269. [431] Vgl. Tabelle 2 (Anhang).

garnerzeugung stieg gegenüber dem Vorjahr mit 28% ebenfalls beträchtlich, und der Baumwollgarnverbrauch hob sich im Zollverein um 13%.[432] Die für die kapitalistischen Verhältnisse bedeutenden jährlichen Zuwachsraten zeigen – angesichts der etwa in gleichem Maße vor sich gehenden Entwicklung in den wichtigen kapitalistischen Ländern der Erde und der damaligen Marktlage –, daß sich die Produktion auch in Deutschland von ihrer realen Grundlage, der kauffähigen Nachfrage, emanzipierte. Engels schrieb an Marx bereits am 14. April 1856 insbesondere im Hinblick auf die Gesellschaftsgründungen in Deutschland: „Der Schwindel in Deutschland ist wirklich so brillant wie noch nie. Mevissen ist König der Rheinprovinz ... Diesmal wird der Krach so unerhört wie noch nie ..."[433] Die faktisch bereits existierende Überproduktion in zahlreichen Bereichen der Industrie wurde jedoch zunächst durch die Überspannung des Kredits überdeckt. Für Deutschland haben wir das bereits mit den oben gegebenen Zahlen illustriert.

Der häufige Vorbote der zyklischen Überproduktionskrisen – die Geldkrise – blieb angesichts dieser Entwicklung auch diesmal nicht aus. Im Unterschied zur unmittelbaren Vorgeschichte der Krise von 1847 war diesmal Deutschland ihr Ausgangspunkt. Sie brach etwa Mitte September aus und erreichte am 26. September ihren Höhepunkt, um danach allmählich abzuklingen.[434] Die Preußische Bank erhöhte bereits am 22. September ihren Diskontsatz auf 6%[435], und der höchste Stand des Diskonts in Deutschland erreichte sogar 9%.[436] Marx sagte den baldigen Bankrott als notwendige Folge voraus, „da der Panik nicht der Mangel an Umlaufmitteln zugrunde lag, sondern eine Disproportion zwischen dem disponablen Kapital und der ungeheuren Anzahl der damals bestehenden industriellen, kommerziellen und spekulativen Unternehmen."[437] Der Verlauf der Entwicklung in der zweiten Jahreshälfte von 1856 gab Marx und Engels die Gewißheit des Ausbruchs einer Weltwirtschaftskrise im darauffolgenden Jahr.[438]

Hatte die Geldkrise zunächst einen lähmenden Einfluß auf die gesamte Zirkulationssphäre ausgeübt – was die im Anhang wiedergegebene Einschätzung der Frankfurter Martinimesse veranschaulicht –, so war ihr Einfluß auf die Produktion nicht wesentlich, wenn auch die erschwerten Kreditbedingungen in diesem Bereich drückend empfunden wurden. Im Verlaufe des neuen Jahres schien jedoch alles vorüber zu sein, und die Warenbörsen setzten ihr preistreibendes Spiel unvermindert fort.[439] Die

432 Vgl. *Statistisches Jahrbuch für das Deutsche Reich*, Jg. 2/1881, Berlin 1881, S. 139. – Hierbei muß jedoch darauf hingewiesen werden, daß das Vorjahr – 1855 – niedrigere Angaben ausweist als das Jahr 1854.

433 *Marx/Engels*, Briefwechsel, a. a. O., S. 157/158.

434 *Marx, K.*, Die Ursachen der Geldkrise in Europa, in: Marx/Engels, Werke, Bd 12, Berlin 1961, S. 58.

435 *Jahrbuch für die Amtliche Statistik des Preußischen Staats*, Jg. 2, a. a. O., S. 42.

436 *Marx, K.*, Die Ursachen der Geldkrise in Europa, a. a. O., S. 58.

437 Ebenda.

438 *Marx/Engels*, Briefwechsel, a. a. O., S. 553.

439 Vgl. *Rosenberg, H.*, Die Weltwirtschaftskrise von 1857 bis 1859, in: Beiheft 30 zur Vierteljahrsschrift für Sozial- und Wirtschaftsgeschichte, Stuttgart 1934, S. 114ff.

spekulative Nachfrage dehnte sich weiter aus. Sowohl die im Anhang wiedergegebenen Auszüge aus den Messeberichten, welche die gesamte Entwicklung auch während der Krise und Depression plastisch widerspiegeln, als auch der Bericht über den Leipziger Mess-Verkehr im Jahre 1857 verdeutlichen das. Wegen seiner eindrucksvollen Situationsschilderung vor Ausbruch der Krise soll der letztere an dieser Stelle zitiert werden: „Die demselben (Jahr 1857 – H. B.) vorangegangene gesegnete Ernte, die in allen industriellen Kreisen herrschende Regsamkeit, welchem jeden reichlichen Verdienst gewährte und so den allgemeinen Wohlstand zu heben versprach, die Flüssigkeit des baren Geldes und bereitwillige Aufnahme der Wertzeichen der Privatbanken, wodurch der Geldmarkt auf das entscheidendste erleichtert wurde und das durchgängige Vertrauen, welches den Kredit belebte, alle diese Umstände zusammengenommen berechtigten zu den günstigsten Aussichten auf das Gelingen aller kaufmännischen Unternehmungen.“[440]
Diese überhitzte Konjunktur fand dann im Herbst 1857 ihr jähes Ende, und der Zusammenbruch des aufgeblähten Kredits offenbarte die Überproduktion für jedermann. Mit dem Zusammenbruch von Eisenbahngesellschaften und Importhäusern sowie der danach folgenden Lähmung des amerikanischen Banksystems wurde die Weltwirtschaftskrise in den Vereinigten Staaten von Amerika eröffnet, um dann auf alle europäischen Länder überzugreifen.[441] „Der American crash ist herrlich und noch lange nicht vorbei. Den Sturz der Masse der Importhäuser haben wir noch zu erwarten“, berichtete Friedrich Engels am 29. Oktober 1857.[442] Die Weltwirtschaftskrise allgemein charakterisierend, schrieb er am 11. Dezember des gleichen Jahres die bekannten Worte: „Bei dieser Krise ist die Überproduktion so allgemein gewesen wie noch nie, sie ist auch in den Kolonialwaren unleugbar und ebenso in Korn. Das ist das Famose und muß kolossale Folgen haben. Solange die Überproduktion sich nur auf die Industrie beschränkte, war die Historie doch nur halb, sowie sie aber auch den Ackerbau und in den Tropen ebenso gut wie in der gemäßigten Zone ergreift, wird die Sache großartig.“[443]
Auch in Deutschland ließ der Ausbruch der Krise nicht lange auf sich warten und begann im deutschen Hauptknotenpunkt des Welthandels – in Hamburg. Bereits am 17. Oktober berichtete der französische Generalkonsul nach Frankreich von der an der Hamburger Börse ausgebrochenen Panik, und am 23. November konnte er den Bankrott vieler solider Großhändler melden.[444] Hamburg war zum Zentrum der Krise in Europa geworden.[445] Am 18. Dezember schrieb Marx: „Die Hamburger Krise hat kaum nachgelassen. Sie bietet das beste und klassischste Beispiel einer Geldkrise, die es je gegeben hat. Alles außer Silber und Gold ist wertlos geworden. Alte Firmen haben falliert, weil sie nicht in der Lage waren, auch nur einen einzigen

440 Bericht des Oberzollinspektors Lamm über den Leipziger Handel pro 1857, in: SLHA-Dresden, M. d. I., Nr 6030.
441 *Mendel'son, L. A.*, a. a. O., S. 555.
442 *Marx/Engels*, Briefwechsel, a. a. O., S. 294.
443 Ebenda, S. 316
444 Zitiert bei *Mendel'son, L. A.*, a. a. O., S. 557.
445 *Marx, K.*, Die Finanzkrise in Europa, in: Marx/Engels, Werke, Bd 12, a. a. O., S. 339.

fälligen Wechsel bar zu bezahlen, obwohl in ihren Pulten Wechsel auf den hundertfachen Wert liegen, die jedoch momentan wertlos waren, nicht weil sie nicht honoriert wurden, sondern weil sie nicht diskontiert werden konnten."[446] Naturgemäß bahnte sich die Krise bald ihren Weg nach allen Zentren der deutschen Wirtschaft. Der Diskontsatz bei der Preußischen Bank kletterte im November 1857 auf 7,5% und bewahrte diesen Stand auch noch am 1. Januar des nächsten Jahres.[447] In den Krisenmonaten waren in Deutschland Diskontsätze von 10% nicht unbekannt.[448] Das unterschiedliche Ausmaß der Krise soll an zwei Beispielen illustriert werden. Während die Krefelder Industrie 24000 Arbeiter auf die Straße warf, bewirkte die Krise für die Eisenindustrie zunächst nur ein Sinken der Eisenpreise.[449] Die charakteristischen Merkmale einer Überproduktionskrise – wie Preissturz, Produktionseinschränkung, Massenarbeitslosigkeit, Kreditnot und Bankrotte – zeigten sich in den wichtigsten Industrie- und Handelsplätzen Deutschlands.[450] Waren es zunächst 1857 vor allem die Zweige der Leichtindustrie – insbesondere die deutsche Textilindustrie, der Großhandel und das Kreditsystem –, in denen die Krise wütete, so offenbarte sich doch spätestens 1859 die Überproduktion auch in der deutschen Montanindustrie.[451]

Damit wurde der junge deutsche Industriekapitalismus von einer Krise erfaßt, deren Ausbruch er in umfassendster Weise vorbereitet hatte.[452] Die Schwere und die lange Dauer der Krise, die vor allem wesentlich durch den unterschiedlichen Zeitpunkt, zu dem sie in der Leicht- und Schwerindustrie ausbrach, gefördert wurden, ließen keinen Zweifel aufkommen, daß sie, wie es Kuczynski nennt, „bodenständig" war.[453]

Betrachten wir nun, wie sich die Krise in der deutschen Wollindustrie entwickelte. Das Jahr 1856 brachte für die deutsche Wollindustrie allgemein günstige Absatzbedingungen und daraus resultierend eine gesteigerte Produktion. Wir sind darauf bereits in den vorangegangenen Abschnitten näher eingegangen und können uns deshalb auf die wesentlichen Momente, die für den weiteren Verlauf von größerer Bedeutung waren, beschränken. Hervorzuheben ist, daß sich die Absatzlage besonders in der zweiten Jahreshälfte günstig gestaltete, was vor allem für den inneren Markt zutraf. Auf dem amerikanischen Markt – bekanntlich dem auswärtigen Hauptmarkt für deutsche Wollwaren – hingegen zeigten sich im Verlaufe des Jahres vorübergehende Absatzschwierigkeiten, die zu ungünstigen Verkaufsresultaten führten. Der ausgedehntere Absatz in den südosteuropäischen Ländern und in den orientalischen Staaten konnte diese Nachteile nicht völlig kompensieren. Gegen Ende des Jahres meldete jedoch auch der amerikanische Kontinent wieder einen großen

446 Ebenda, S. 345 f.

447 *Jahrbuch für die Amtliche Statistik des Preußischen Staats*, Jg. 2, a. a. O., S. 42.

448 *Jahresbericht der Handelskammer Barmen und Elberfeld für 1858.*

449 *Mendel'son, L. A.*, a. a. O., S. 570; *Jahresbericht der Handelskammer Köln für 1858.*

450 *Mendel'son, L. A.*, a. a. O., S. 568ff.

451 Ebenda; *Becker, W.*, a. a. O., S. 154ff.; *Blumberg, H.*, Die Finanzierung, a. a. O., S. 205.

452 Vgl. auch *Kuczynski, J.*, Die Geschichte der Lage der Arbeiter unter dem Kapitalismus, a. a. O., S. 118ff.

453 Ebenda, S. 138.

Begehr nach deutschen Wollwaren an. Die Messen in Leipzig, Frankfurt a. O. und Braunschweig – die wichtigen Umschlagplätze für deutsche Wollwaren – brachten durchweg in quantitativer Hinsicht gute Verkaufsmöglichkeiten, die sich besonders für modische Streichgarnartikel auch hinsichtlich der Preise günstig gestalteten. Der weitere Preisanstieg der Wolle und darüber hinaus der anderen Rohmaterialien, Brenn- und Hilfsstoffe sowie die erschwerten Kreditbedingungen im Herbst beeinträchtigten jedoch die Kapitalverwertung und wirkten sich teilweise negativ auf die Entwicklung der Produktion aus, da die Preise der Fertigwaren dieser steigenden Tendenz nicht in gleichem Maße folgen konnten. Die Gesamtheit dieser Faktoren bewirkte ein Sinken der Durchschnittsprofite, was von den größeren Fabriken mit einer weiteren Steigerung der Produktion zur maximalen Ausnutzung der Kapazitäten beantwortet wurde. Diese Erscheinung können wir auch 1857 vor Ausbruch der Krise feststellen. Die Aachener Handelskammer schrieb hierzu in ihrem Jahresbericht für 1856: „Wenn die Tuchfabriken aber trotz dieser Mißverhältnisse, die sich nur im Laufe der Zeit ganz ausgleichen können, gegenwärtig mit Anspannung aller intellektuellen und materiellen Kräfte betrieben werden, so liegt der Grund hauptsächlich in der Annahme, daß die völlige Ausbeutung dieser Kräfte für den einzelnen immer noch ersprießlicher resp. weniger schadenbringend sei, als die bloß teilweise Beschäftigung eines kostspieligen Etablissements . . . Man muß daher befürchten, daß die Überproduktion keineswegs ab-, sondern zunehmen werde . . ., daß nur Fabriken von größerem Umfange dabei (bei den gestiegenen Rohstoff- und Materialpreisen – H. B.) bestehen können, die anderen nicht.“ Nach den Angaben dieses Handelskammerberichtes betrugen die durch die Preissteigerung hervorgerufenen Mehrausgaben in einer Tuchfabrik mit 200 Arbeitern und einer Produktion von 24000 Stück Tuch insgesamt 5725 Taler. Für die kleineren Unternehmungen, aber vor allem für die noch bestehenden selbständigen Tuchmacher verschärften sich damit die Reproduktionsbedingungen derart, daß sie sich zur Einschränkung ihrer Produktion oder bei den letzteren zur völligen Aufgabe ihrer bisherigen Tätigkeit veranlaßt sahen.[454] Eine ähnliche Situation, wie sie oben für die deutsche Streichgarnindustrie erläutert wurde, bestand auch für die deutsche Kammgarnspinnerei und -weberei: Ausdehnung der Produktion bei gedrückten Preisen. Die auftretenden Schwierigkeiten im Reproduktionsprozeß der deutschen Wollindustrie wiesen auf die bereits in gewissem Umfange bestehende Überproduktion hin.

Zunächst trat jedoch diese Überproduktion nicht offen zutage. Im Gegenteil, mit Anbruch des neuen Jahres steigerte sich die Nachfrage nach deutschen Wollwaren auf den Messen, bei den Exporthandlungen, dem Großhandel und den ausländischen Importeuren enorm. Die weiter anhaltende steigende Tendenz der Wollpreise bestärkte darüber hinaus viele Wollwarenfabrikanten, insbesondere die der Kammgarnweberei, sich durch große Garneinkäufe und rechtzeitige Garnbestellungen günstige Voraussetzungen für die Produktion zu schaffen.[455] Dies gewährte auch der

454 Vgl. z. B. Bemerkungen zur Hauptübersicht der im Jahre 1856 in den Städten des Regierungsbezirks Potsdam gefertigten Tuche, in: BLHA-Potsdam, Rep. 1, Nr 389; *Jahresbericht der Handelskammer Breslau für 1856.*

455 Vgl. z. B. *Jahresbericht der Handelskammer Breslau für 1857.*

deutschen Spinnerei, insbesondere während des ersten Quartals, einen günstigen Absatz für ihre Garne und damit die Grundlage für eine ausgedehnte Produktion. Charakteristisch für die erste Jahreshälfte war der massenhafte Eingang von Aufträgen in den Betrieben der deutschen Wollindustrie, und zwar derart, daß nicht selten den Aufträgen auch bei Anspannung aller vorhandenen Kräfte und trotz des Übergangs zur Nachtarbeit nicht voll Genüge getan werden konnte. Dies traf vor allem auf jene Zweige und Branchen der deutschen Wollindustrie zu, die den inneren Markt völlig beherrschten und auf dem Weltmarkt der ausländischen Konkurrenz trotzen konnten – also auf die deutsche Streichgarnindustrie und mit Einschränkung auf die deutsche Kammgarnweberei. Dies galt nicht in gleichem Maße für die von der britischen und französischen Konkurrenz bedrängten deutschen Kammgarnspinnerei. In dieser Situation strebten verständlicherweise auch die Preise für Wollgewebe in die Höhe, wenn auch nicht im gleichen Umfange wie die Rohstoffpreise. Die soeben getroffenen Feststellungen über die Entwicklung der deutschen Wollindustrie während der ersten Jahreshälfte mögen durch die folgenden Zitate illustriert werden, und wir verweisen gleichfalls wieder auf die im Anhang wiedergegebenen Messeberichte.

Aus Aachen wurde bereits Anfang Dezember 1856 gemeldet: „Die Nachfrage in Wollwaren ist so stark, daß die Tuchfabriken teilweise Tag und Nacht arbeiten.“[456] Aus dem Greizer Zentrum der Kammgarnweberei wurde berichtet: „... als im Jahre 1857 alle Geschäfte flott gingen, als nicht genug Ware in jedem Artikel beschafft werden konnte, als unsere hiesigen Fabrikanten ... sämtlich Geld verdienten, als in unserer Stadt weder ein Weber noch ein Webstuhl aufgetrieben werden konnte ...“[457] Von Görlitz hieß es Anfang April: „Die hiesige Tuchfabrikation arbeitet ungestört und mit vollen Kräften für den allseitigen kaum zu befriedigenden Bedarf.“[458] Mitte Juni berichtete man aus Erfurt: „Der Betrieb der Fabriken ist lebhaft, namentlich werden Kammgarn- und Streichgarnspinnereien, die Modetuchfabriken ... sehr schwunghaft betrieben.“[459] Diese anschaulich wiedergegebene Entwicklung konnte auch nicht durch die im zweiten Quartal vorübergehenden Absatzschwierigkeiten wesentlich beeinträchtigt werden.

Diese überhitzte Konjunktur der ersten Hälfte von 1857 innerhalb der deutschen Wollindustrie beruhte in hohem Maße auf spekulativen Motiven. Diese Spekulation erhielt laufend neue Nahrung. In dieser Richtung wirkten der mit dem 1. Juli 1857 herabgesetzte Zolltarif der Vereinigten Staaten und auch die Zollherabsetzung von seiten Rußlands, die mit dem 9. Juni wirksam wurde, sowie diejenige Schwedens. Eine echte Auswirkung zugunsten eines gesteigerten lohnenden Absatzes nach diesen Ländern haben all diese Zollherabsetzungen für die deutsche Wollindustrie in dieser Zeit nicht gehabt. Wenn die Spekulation auf dem inneren Markt auch eine gewisse Rolle spielte, so waren es doch vor allem die Exportgeschäfte, die hierfür

456 *Neueste Mitteilungen*, in: Preußisches Handelsarchiv, Jg. 1857, Nr 1, Berlin 1857, S. 19.
457 *Beck, F.*, a. a. O., S. 131.
458 *Neueste Mitteilungen*, in: Preußisches Handelsarchiv, Jg. 1857, Nr 17, Berlin 1857, S. 455
459 *Neueste Mitteilungen*, in: Preußisches Handelsarchiv, Jg. 1857, Nr 27, Berlin 1857, S. 27.

einen günstigen Nährboden gaben. Teils waren die Akteure deutsche Exportfirmen, teils ausländische Importhäuser oder gar die großen deutschen Wollwarenfabrikanten selbst. Im Endeffekt war die Wirkung für die deutsche Wollindustrie die gleiche. Charakteristisch für die vorhandene und durch den Kredit verschleierte Überproduktion war, daß sie sich zunächst nicht in vollen Lagern bei den Fabrikanten, sondern vor allem in solchen beim Großhandel, in Lagerräumen der Schiffe, in den Lagerhallen der ausländischen und deutschen Kommissions- und Importhäuser in Amerika und anderswo äußerte. Wenn Mendelson dies allgemein für England zutreffend erklärt[460], so galt das in ähnlicher Weise auch für die deutsche Wollindustrie. Die deutsche Wollwarenausfuhr steigerte sich 1857 gegenüber dem Vorjahr um 16%.[461] Diese bedeutende Mehrausfuhr konzentrierte sich jedoch infolge des Krisenausbruchs im Herbst 1857 auf nur 9 Monate des Jahres. Vor allem die Vereinigten Staaten, aber auch die anderen Absatzgebiete der deutschen Wollindustrie, wurden reichlich mit Wollwaren versehen. Die gesamte amerikanische Wollwareneinfuhr betrug 1857 wertmäßig 33 Millionen Dollar gegenüber 19 Millionen im Jahre 1855.[462] In Chile lagerten noch am Ende des Jahres Wollwaren in einem Ausmaße, daß sie einem normalen Jahresbedarf entsprachen.[463]

Innerhalb der deutschen Wollindustrie waren somit in jeder Beziehung die Voraussetzungen für den „großen Krach" geschaffen. Durch die enge Verbindung der wichtigsten Zentren der deutschen Wollindustrie mit dem amerikanischen Markt mußte sich mit dem Ausbruch der amerikanischen Krise die Überproduktion auch in der deutschen Wollindustrie offenbaren. Engels stellte diesbezüglich in seinem Brief an Marx vom 15. November 1857 fest: „Die amerikanische Krisis reitet . . . die deutschen französischen und belgischen Tuchfabrikanten tief in die Sauce."[464] Die ersten Anzeichen der Krise zeigten sich bereits im Oktober vor allem in der Zurücknahme der gegebenen Aufträge. Für die Lausitzer Streichgarnindustrie läßt sich zu diesem Zeitpunkt schon ein Produktionsrückgang nachweisen.[465] Zum akuten Ausbruch der Krise kam es dann im November 1857. Der Zusammenbruch der Preisspekulation auf dem Gebiet der industriellen Rohstoffe führte auch bei der Wolle zu einem raschen Preissturz, dem die Preise der Garne und Fertigerzeugnisse folgen mußten. Waren bisher die Wollpreise beim Anstieg vorausgeeilt, so übernahmen jetzt die Fertigerzeugnisse beim Preissturz die Führung.[466] Die von den Fabrikanten für die kommenden Monate auf den Sommerwollmärkten teuer erstandene Wolle entwertete sich demzufolge stark, wodurch ansehnliche Verluste entstanden. Der Erlös der vorhandenen Waren lag ebenfalls beträchtlich unter den Selbstkosten, soweit sie

460 *Mendel'son, L. A.*, a. a. O., S. 554.
461 Vgl. Tabelle 17 (Anhang).
462 Vgl. Tabelle 22 (Anhang).
463 Vgl. *Jahresbericht der Handelskammer Barmen und Elberfeld für 1857.*
464 *Marx/Engels*, Briefwechsel, a. a. O., S. 300.
465 Vgl. Jahresbericht über die Ergebnisse der Tuchfabrikation im Regierungsbezirk Frankfurt a. O. für 1857, in: BLHA-Potsdam, Rep. 1, Nr 389.
466 Vgl. *Neueste Mitteilungen, Aachen, Mitte Februar*, in: Preußisches Handelsarchiv, Jg. 1858, Nr 10, Berlin 1858, S. 239.

im letzten Quartal 1857 überhaupt zu veräußern waren.[467] Von den daraus resultierenden Verlusten wurde die Wollwarenfabrikation in allen Teilen Deutschlands hart betroffen. Das war jedoch nur eine der Formen, in denen sich die Krise in der Wollindustrie äußerte. Für die großen Fabriken, die vor allem dem Exportgeschäft huldigten, brachte darüber hinaus der Zusammenbruch der Importhäuser in den USA und der Exporthäuser in Hamburg und andernorts bedeutende Verluste.[468] Zugleich führte der Zusammenbruch des Kreditsystems bei einer Reihe von Tuchfabrikanten zum Bankrott, da ihre Mittel nun nicht mehr ausreichten, um den eingegangenen Verpflichtungen nachzukommen. Zu dieser Frage äußerte die Görlitzer Handelskammer in ihrem Bericht für das Jahr 1857: „Leider trat die von Amerika ausgegangene und auf Europa zurückwirkende Geschäftskrisis mit ihren unheilvollen Folgen dazwischen, die hier um so drückender empfunden wurden, als die große Leichtigkeit, mit welcher das Geld zu schaffen war, auch hier den Unternehmungsgeist unverhältnismäßig belebt, andererseits dem Leichtsinn Gelegenheit gegeben hatte, die Unerfahrenheit mit in das Verderben zu ziehen." Daß dies nicht eine Einzelerscheinung war, zeigte auch die Äußerung der Stolberger Handelskammer in ihrem Bericht für das gleiche Jahr: „Dieselben (Streichgarnspinnereien – H. B.) waren im verlaufenen Jahre in schwunghaftem, leider aber sehr viel auf gut verborgenem Schwindel seitens vieler Abnehmer ihrer Fabrikate begründeten Betrieb. Aus letzterer Ursache fügte daher die Krisis den meisten Spinnern empfindliche Verluste durch Bankrotte, namentlich in Berlin, zu." Der Berliner Jahresbericht für 1858 betonte gleichfalls, daß „die Fallimente unter den Fabrikanten (der Streichgarnindustrie – H. B.) sehr zahlreich wurden." Auch aus England konnte Marx im Januar 1858 berichten, daß die Krise zu jener Zeit besonders in der britischen Wollindustrie wütete, „wo ein Bankrott dem anderen folgte".[469]

Wenn wir auch über kein ausreichendes Zahlenmaterial über die erfolgten Zahlungseinstellungen innerhalb der deutschen Wollindustrie verfügen, so lassen doch die zeitgenössischen Berichte aus den Jahren 1857 und 1858 den Schluß zu, daß sie in allen wichtigen Zentren der deutschen Wollindustrie zumeist in beträchtlichem Umfange auftraten. Von diesen Zusammenbrüchen waren sowohl große Firmen als auch eine Vielzahl kleiner und Handwerksbetriebe betroffen. Diese Zahlungseinstellungen begannen im November 1857 und zogen sich dann bis weit in das nachfolgende Jahr hinein. Um nur einige – uns bekannte – Beispiele zu nennen, sei darauf verwiesen, daß in der Stadt Lennep 2 Tuchfabrikanten und in Aachen gleichfalls 2 Firmen, in Görlitz 3 größere Unternehmungen der Wollbranche sowie in Kottbus

467 *Jahresberichte der Handelskammern Breslau, Aachen-Burtscheid, Lennep, Eupen und Görlitz für 1857 und 1858.*

468 *Jahresberichte der Handelskammern Köln, Lennep und Aachen für 1857*; *Isenburg, R.*, a. a. O., S. 42; *Amerikanische Krisis*, in: Deutsche Gewerbezeitung, Jg. 23/1858, Neue Folge, Bd 4, Leipzig 1858, S. 14.

469 *Marx, K.*, Der britische Handel, in: Marx/Engels, Werke, Bd 12, a. a. O., S. 361.

und Guben u. a. je eine große Firma bankrott machten, die eine Anzahl kleinerer mit in diesen Strudel hinabzogen.[470]
Bedeutend waren die Verluste, die die Krise den Unternehmungen der Wollindustrie brachte, worauf wir bereits hingewiesen haben. Von diesen blieb keiner unbehelligt, wenn sie auch in den meisten Fällen nicht bis zum Bankrott führten. Auch in diesem Falle können wir keine näheren Angaben über die Höhe der Verluste machen, die die gesamte deutsche Wollindustrie erlitt. Wir wissen z. B. von der größten deutschen Kammgarnspinnerei, der Augsburger Aktienspinnerei, daß sie 1857 einen Verlust von 200000 Gulden buchen mußte, zu denen sich im Jahre 1859 weitere 60000 gesellten.[471] Von Glauchau-Meerane wurde berichtet, daß die Krisenverluste mehrere Jahresgewinne geschluckt hätten.[472]
Angesichts der offenbarten Überproduktion und der Unverkäuflichkeit der Ware, insbesondere der für den Export bestimmten, sowie der schwierigen Kreditbedingungen kam es – unabhängig von den erfolgten Bankrotten – zu Produktionseinschränkungen. Die Einschränkung der Produktion erfolgte sowohl durch die zeitweilige Schließung ganzer Betriebe als auch durch die Stillegung einzelner Betriebsabschnitte und durch die Verkürzung der Arbeitszeit. Massenarbeits-

Monatliche Durchschnittsproduktion

	1856	1857	1858	1859
1. Quartal				
Produktion in Stück	23 236	23 413	21 134	24 958
Veränderung in %	–	+ 1	– 3	+ 6
2. Quartal				
Produktion in Stück	24 110	23 036	22 053	22 661
Veränderung in %	+ 4	– 2	+ 4	– 9
3. Quartal				
Produktion in Stück	24 128	23 806	24 959	23 271
Veränderung in %	± 0	+ 3	+ 13	+ 3
4. Quartal				
Produktion in Stück	23 141	21 694	23 567	24 937
Veränderung in %	– 4	– 9	– 6	+ 7
Jahresproduktion				
in Stück	378 315	370 311	366 325	364 789
Veränderung in %	+ 13	– 2	– 1	– 1

470 *Jahresberichte der Handelskammern Lennep, Görlitz, Kottbus, Breslau, Bochum, Aachen, Berlin für 1857 und 1858*; Schreiben des Tuchfabrikanten August Zeidler vom 25. Januar 1858, in: DZA-Merseburg, Rep. 120 D IV/6a, Nr 12; *Quandt, G.*, a. a. O., S. 47ff.; *Schmidt, F.*, a. a. O., S. 210.
471 *Genzmer, W.*, Augsburger Kammgarnspinnerei, a. a. O., S. 65.
472 *Bericht aus Meerane*, in: Sächsische Industriezeitung, Nr 5/1860, Chemnitz 1860.

losigkeit war die notwendige Folge dieser Maßnahmen. Bevor wir auf einzelne Beispiele eingehen, die die negative Produktionsentwicklung dokumentieren, wollen wir uns der Produktionsentwicklung der Lausitzer Streichgarnindustrie zuwenden. Die uns hier zur Verfügung stehenden Angaben erlauben uns, auch für die 1857er Krise eine Darstellung ihres Verlaufs vom Standpunkt der Produktion zu geben.[473]

Es erweist sich wiederum als ein Vorzug, nicht allein die jährliche Veränderung der Produktion zu betrachten, sondern die jährliche Produktionsentwicklung auf die einzelnen Quartale aufzuschlüsseln. Der jährliche Zuwachs betrug in der Lausitzer Streichgarnindustrie 1856 gegenüber dem Vorjahr 13%, aber die progressive Entwicklung endete bereits im zweiten Quartal. Von diesem Zeitpunkt an begann die Produktion in der Lausitz zu stagnieren und erlebte eine größere Zunahme erst unmittelbar vor Ausbruch der Krise. Die jetzt eintretende Produktionssteigerung konnte jedoch den Einbruch im vierten Quartal von 1856 nicht mehr wettmachen, so daß die Lausitzer Tuchindustrie bereits ein Jahr vor Ausbruch der Weltwirtschaftskrise ihren Höhepunkt erreicht hatte. Die Lausitzer Streichgarnindustrie wich somit etwas von der Gesamtentwicklung innerhalb der deutschen Wollindustrie ab. Die wesentlichen Ursachen hierfür sind in den erschwerten Reproduktionsbedingungen für die Wollindustrie bereits vor Ausbruch der Krise zu suchen, die – worauf bereits hingewiesen wurde – den kleineren Firmen und den handwerklichen Produzenten keine weitere Ausdehnung der Produktion ermöglichten und sie sogar zeitweise zur Einschränkung der Produktion zwangen. Der Einbruch im vierten Quartal resultierte aus dem Zusammenwirken dieser Faktoren, verbunden mit der ausbrechenden Kreditkrise und den zeitweiligen Schwierigkeiten im Exportgeschäft, insbesondere nach den Vereinigten Staaten. Mit dem Ausbruch der Weltwirtschaftskrise von 1857 setzte sofort ein beträchtlicher Produktionsrückgang ein, der sich bis in das erste Quartal von 1858 erstreckte. Damit erreichte der Stand der Produktion gegenüber dem unmittelbaren Höchststand vor der Krise 88,8% und verglichen mit dem absoluten Höchststand vor der Krise 87,6%. Am stärksten und anhaltendsten waren die Produktionseinschränkungen während der letzten drei Monate des Krisenjahres; denn gegenüber der September-Produktion verminderte sie sich bis zum Dezember um ein Fünftel. Die Produktionsentwicklung der einzelnen Standorte der Lausitzer Streichgarnindustrie vollzog sich auch während der Krise nicht einheitlich. Während einzelne Standorte einen geringeren Produktionsabfall aufwiesen, betrug dieser für Peitz und Sommerfeld z. B. sogar 30 bzw. 27%.[474] Insgesamt betrachtet, war dieser Produktionsrückgang mit 20 bzw. 11% verhältnismäßig gering, aber dies entsprach durchaus dem Krisenverlauf des vormonopolistischen Stadiums, in dem sich die deutsche Industrie in jener Zeit befand. Der Produktionsverlauf der Lausitzer Streichgarnindustrie bestätigt uns, daß die Krise im vierten Quartal 1857 ausbrach und sich bis zum ersten Quartal des nächsten Jahres erstreckte. Dem all-

473 Zusammengestellt und berechnet nach den *Jahresberichten über die Ergebnisse der Tuchfabrikation im Regierungsbezirk Frankfurt a. O. für 1856 bis 1859*, a. a. O.

474 Ebenda.

gemeinen Verlauf nach veranschaulichen diese statistischen Angaben die Entwicklung in der gesamten Wollindustrie. Unterschiede bestanden jedoch gegenüber den einzelnen Zentren insoweit, daß der Produktionszuwachs vor der Krise teilweise größer und die Produktionseinschränkungen stärker waren. Unterschiede dürfte es gleichfalls hinsichtlich der Kontinuität der Produktionssteigerung vor Ausbruch der Krise gegeben haben. Für die anderen Zentren besitzen wir hinsichtlich der Produktionseinschränkungen neben zahlreichen allgemeinen Einschätzungen auch einige konkrete Feststellungen. Die größeren Grünberger Streichgarnfabriken beispielsweise entließen bis zum Februar 1858 ein Viertel ihrer Arbeiter und führten für die noch Beschäftigten eine verkürzte Arbeitszeit ein.[475] Nach den Angaben des Landeshuter Handelskammerberichts für 1857 sank die dortige Wollwarenproduktion im Krisenjahr gegenüber dem Vorjahr sogar um mehr als die Hälfte. In Bernau standen von 836 Webstühlen Mitte Februar 1858 etwa zwei Drittel still.[476] Auch in Luckenwalde herrschte große Arbeitslosigkeit, da die dortigen Tuchfabriken die Produktion bedeutend eingeschränkt hatten.[477] Das gleiche trifft auch für die sächsische Streichgarn- und Kammgarnweberei sowie für die rheinische Wollindustrie zu.[478] Die Überproduktion äußerte sich jedoch nicht nur in der eingeschränkten Produktion, sondern auch darin, daß während der Krisenmonate in erheblichem Umfange auf Lager gearbeitet werden mußte. Diese Tatsache zeigte sich beispielsweise deutlich bei den Tuchfabriken in Brandenburg/Havel, für die wir in dieser Hinsicht genaue Angaben haben. Während die Produktion 1857 dort gegenüber dem Vorjahr nur um knapp 6% zurückging, blieb Ende des Krisenjahres mehr als ein Viertel der Jahresproduktion unverkauft.[479] Wenn wir bedenken, daß die Produktion aus den ersten zwei Quartalen im wesentlichen realisiert wurde, so zeigt dieser hohe Lagerbestand deutlich, daß während der Krise die Wollwaren unverkäuflich waren.

Noch größer als in der Weberei waren die Produktionseinschränkungen in der Wollspinnerei, vor allem bei den Kammgarnspinnereien. „Die Stockung wurde in diesem Industriezweig (in der Kammgarnspinnerei mit Ausbruch der Krise – H. B.) nach und nach eine so bedeutende, wie sie seit dem Jahre 1848 nicht mehr dagewesen ist, und man darf wohl annehmen, daß Ende 1857 keine einzige Kammgarnspinnerei des Zollverbandes sich in voller Tätigkeit mehr befand, mehrere aber vollständig, die meisten wenigstens sehr erheblich ihren Betrieb eingeschränkt hatten."[480] Die Augsburger Kammgarnspinnerei nutzte nur ihre halbe Kapazität aus[481], und die

475 *Neueste Mitteilungen*, in: Preußisches Handelsarchiv, Jg. 1858, Nr 8, Berlin 1858, S. 184.
476 *Neueste Mitteilungen*, in: Preußisches Handelsarchiv, Jg. 1858, Nr 9, Berlin 1858, S. 206.
477 Über Wahrnehmungen auf dem politischen Gebiete – Jüterbog, den 15. Dezember 1857, in: BLHA-Potsdam, Rep. 2 A, Nr 16226.
478 Vgl. *Amerikanische Krisis*, a. a. O.; *Jahresberichte der Handelskammern Aachen-Burtscheid, Lennep, Eupen, Stolberg für 1857 und 1858*.
479 *Neueste Mitteilungen*, in: Preußisches Handelsarchiv, Jg. 1858, Nr 9, Berlin 1858, S. 206.
480 *Jahresbericht der Handelskammer Breslau für 1857*.
481 *Genzmer, W.*, Augsburger Kammgarnspinnerei, a. a. O., S. 65; *Schmidt, J.*, a. a. O., S. 87.

Düsseldorfer der Firma Bockmühl sogar nur ein Drittel.[482] Auch die Erfurter Kammgarnspinnerei stand während der ersten neun Monate von 1858 teilweise still.[483] Aus diesen Beispielen wird sichtbar, daß die Krise innerhalb dieser Branche wesentlich länger anhielt. Die wesentlichsten Ursachen hierfür sind einmal in der gerade während der Krise sich verstärkenden französischen Konkurrenz und in der sinkenden Nachfrage nach Kammgarnen infolge des Modewechsels zu suchen, da die Mode den Streichgarngeweben Ende der fünfziger Jahre den Vorrang gewährte.[484] Ähnlich wie in der Kammgarnspinnerei waren auch die Produktionseinschränkungen in der Streichgarnspinnerei in den Krisenmonaten. Von den Spremberger Streichgarnspinnereien beispielsweise stand ein großer Teil 1858 still, und die übrigen arbeiteten ebenfalls nicht mit der ganzen Kapazität.[485] Ähnliches zeigte sich auch in den anderen wichtigen Zentren der deutschen Streichgarnspinnerei.[486]

Hinsichtlich der Produktionseinschränkung waren jedoch nicht alle Gebiete der deutschen Wollindustrie in gleichem Umfange betroffen. Die Krise wirkte sich am schwersten für die mit dem Weltmarkt eng verbundenen Zentren aus. Daraus erklärt sich auch, daß die Württemberger Wollindustrie, die fast ausschließlich für den deutschen Markt und in hohem Maße sogar nur für den süddeutschen arbeitete, auch im vierten Quartal des Jahres 1857 kaum Produktionseinschränkungen kannte.[487]

Gegen Ende des ersten Quartals 1858 war die Krise in der deutschen Wollindustrie im wesentlichen überwunden, aber in einzelnen Bezirken und Branchen – wie z. B. in der Kammgarnspinnerei – reichten ihre Ausläufer noch bis zur Jahresmitte. In der Lenneper Tuchfabrikation wurde erst in der zweiten Jahreshälfte wieder zur normalen Arbeitszeit übergegangen.[488] Seit dem zweiten Quartal, aber insbesondere seit der zweiten Jahreshälfte bestanden wieder gewisse Möglichkeiten für den Export nach Amerika, und auch der Zollvereinsmarkt nahm neue Waren auf. Besonders jene Betriebe, die mit neuen ansprechenden Mustern aufwarteten, fanden einen lebhafteren Absatz. Insgesamt blieb die Lage der Industrie und ihres Absatzes noch gedrückt. Die zeitweise belebte Nachfrage – wie sie sich beispielsweise auf der Frankfurter Margarethenmesse im Sommer zeigte – war nicht anhaltend, so daß sich die deutsche Wollindustrie im Zustand der Depression befand. Das entsprach auch dem allgemeinen Zustand der deutschen Industrie, was u. a. durch den

482 *Schubarth*, Reisebericht aus dem Jahre 1858, in: DZA-Merseburg, Rep, 120 D I/1, Nr 45.

483 *Jahresberichte der Handelskammer Erfurt für 1857 und 1858.*

484 *Jahresberichte der Handelskammern Breslau, Stuttgart, Schwaben und Neuburg, Düsseldorf für 1857 und 1858.*

485 Statistische Übersicht des Kreises Spremberg pro 1858, Spremberg 1860, in: BLHA-Potsdam, Rep. 6 B, Landratsamt Spremberg, Nr 125.

486 Vgl. *Jahresberichte der Handelskammern Aachen-Burtscheid, Lennep, Stolberg, Görlitz und Mühlhausen für 1857 und 1858.*

487 *Jahresberichte der Handelskammern Stuttgart und Heilbronn für 1857; Über die Zahl der am Schluß des Jahres 1857 in Württemberg in Betrieb gewesenen Handwebstühle und Dampfmaschinen*, in: Gewerbeblatt aus Württemberg, Nr 47/1858, S. 454.

488 *Jahresbericht der Handelskammer Lennep für 1858.*

relativen Kapitalüberschuß bei den Kreditinstituten und den dadurch hervorgerufenen niedrigen Diskontsatz sichtbar wurde. Im Rheinland sank der Diskontsatz in der zweiten Jahreshälfte zeitweise auf 3% gegenüber 10% – dem Stand der Krisenmonate.[489]

Gegen Ende 1858 trat eine gewisse Belebung innerhalb der deutschen Wollindustrie ein, die auch am Anfang des neuen Jahres weiter anhielt. Die deutsche Wollindustrie begann offenbar wieder dem internationalen Zyklus zu folgen; denn zur Beurteilung desselben schrieb Marx am 18. März: „Denn das Jahr 1859 begann unter günstigen Anzeichen, die eine Restauration der goldenen Tage von 1836 und 1856 erwarten ließen. Die langanhaltende Stagnation der Industrie hatte die Vorräte an Metallen, Waren und Fabrikaten erschöpft. Die zahlreichen Bankrotte hatten die Atmosphäre des Handels merklich gereinigt. Schiffe bekamen wieder einen Marktwert, Lagerhäuser sollten wieder gebaut und gefüllt werden. Aktien stiegen, und die Millionäre waren in ausgezeichneter Stimmung; kurz, nie hatte es glänzendere Handelsaussichten, nie einen so heiteren, glücksverkündenden Himmel gegeben."[490]

Wenn sich auch für die deutsche Wollindustrie ein so wolkenloser Himmel noch nicht auftat, so waren doch die Berichte aus den verschiedenen Zentren ebenfalls optimistisch. Von der bergischen Wollindustrie wurde im Januar 1859 von einem regeren Leben gesprochen, und das gleiche traf für die Düsseldorfer Kammgarnspinnerei zu.[491] Die Görlitzer Tuchindustrie sah sich gleichfalls einer vermehrten Nachfrage nach ihren Fabrikaten gegenüber, aber die größeren Exportgeschäfte nach Amerika, Italien und dem Orient hielten sich noch in engen Grenzen.[492] Ähnlich sah es in den ersten Monaten dieses Jahres bei der Aachener Streichgarnindustrie aus.[493] Im zweiten Quartal von 1859 kam es jedoch bereits wieder zu einem Rückschlag. Doch auch dies entsprach wieder den internationalen Verhältnissen; denn Marx schrieb am 18. März: „Die Fabrikanten und Händler erkennen voller Trauer, daß die erhoffte Ernte von 1859 wahrscheinlich einer ‚Todesernte' Platz machen wird."[494] Der kommende italienische Befreiungskrieg gegen die österreichische Unterdrückung und um die Einigung des Landes warf seine düsteren Schatten voraus, aber das Ausmaß seines Einflusses auf die wirtschaftlichen Verhältnisse Europas verdeutlichte doch auch, daß nach der Krise von 1857/58 noch nicht wieder alles im Lot war. In der deutschen Wollindustrie nahmen die Ereignisse in der Zurücknahme erteilter Aufträge, in sinkenden Preisen, in Produktionseinschränkungen

489 *Jahresbericht der Handelskammer Elberfeld und Barmen für 1858.*

490 *Marx, K.*, Eine historische Parallele, in: Marx/Engels, Werke, Bd 13, a. a. O., S. 286.

491 *Jahresberichte der Handelskammern Lennep, Düsseldorf für 1859*; *Neueste Mitteilungen, Düsseldorf*, in: Preußisches Handelsarchiv, Jg. 1859, Nr 5, Berlin 1859, S. 124.

492 *Jahresberichte der Handelskammern Breslau, Görlitz, Lennep, Aachen-Burtscheid und Berlin für 1859*; *Neueste Mitteilungen, Görlitz*, in: Preußisches Handelsarchiv, Jg 1859, Nr 7, Berlin 1859, S. 171.

493 *Neueste Mitteilungen, Aachen*, in: Preußisches Handelsarchiv, Jg. 1859, Nr 9, Berlin 1859, S. 218.

494 *Marx, K.*, Eine historische Parallele, in: Marx/Engels, Werke, Bd 13, a. a. O., S. 286.

und in vereinzelten Bankrotten konkrete Gestalt an.[495] Im Eupener Handelskammerbericht für das Jahr 1859 wurde sogar von Schleuderpreisen auf den Messen gesprochen. Unmittelbarer Anlaß für diesen erneuten Einbruch waren auch für die deutsche Wollindustrie der italienische Befreiungskrieg gegen die österreichischen Unterdrücker und die sich daraus ergebende Gefahr für den Eintritt Preußens in diesen Krieg. Daß diese politischen Ereignisse die deutsche Wollindustrie so schwer erschütterten, zeigte jedoch, daß zu diesem Zeitpunkt die vorangegangene Belebung noch keinen stabilen Charakter besaß und die deutsche Wollindustrie die Depressionsphase noch nicht überwunden hatte. Dies galt vor allem auch deshalb, da die Situation auf einer Reihe ausländischer Märkte – wie Südamerika und auch Nordamerika sowie die orientalischen Staaten, die allesamt für den Absatz deutscher Wollwaren von großer Wichtigkeit waren – anhaltend ungünstig war.[496] Was den nordamerikanischen Markt anbelangt, so litt er gerade zu jener Zeit an einem Überangebot deutscher Wollwaren.[497] Dieser Markt hatte zu Anfang der erneut eintretenden Stockung noch verhältnismäßig günstige Absatzmöglichkeiten geboten, wodurch sich die deutsche Wollindustrie mangels anderer Möglichkeiten auf jenes Absatzgebiet konzentriert hatte, um so binnen kurzer Zeit die Überfüllung des dortigen Marktes zu erreichen. Deshalb sprach auch die Kottbuser Handelskammer in ihrem Jahresbericht für 1859 von einer seit drei Jahren währenden Lähmung der Tuchfabrikation.

Erst im Monat September zeigten sich erneute Tendenzen zur Besserung, und der Absatz auf dem inneren Markt gestaltete sich lebhaft. Auch der chinesische Markt gewährte wieder gewisse Exportmöglichkeiten, und nach dem Orient sowie selbst nach Italien begann sich wieder ein lebhafter Absatz anzubahnen.[498]

Zusammenfassend können wir feststellen: Die Weltwirtschaftskrise begann in der deutschen Wollindustrie im Oktober 1857 zu wirken, kam im November akut zum Ausbruch und erstreckte sich bis Ende des ersten Quartals 1858. Teilweise dehnten sich die Krisenerscheinungen bis zur Mitte des letztgenannten Jahres aus. In dieser Überproduktionskrise waren alle eine zyklische Krise charakterisierenden Merkmale in den Hauptzentren der deutschen Wollindustrie *voll* ausgebildet. Teilweise bereits im zweiten Quartal, aber allgemein in der zweiten Hälfte von 1858 befand sich dieser deutsche Industriezweig in der Depression, die sich im wesentlichen auch während des Jahres 1859 fortsetzte. Das Jahr 1859 zeigte sowohl zu seinem Beginn, aber vor allem im letzten Quartal Elemente eines neuen Aufschwungs. Während des letztgenannten Zeitpunkts bahnte sich der neue Aufschwung an, der sich dann in den sechziger Jahren vollzog.

495 *Jahresbericht der Handelskammern Mühlhausen, Eupen, Aachen-Burtscheid, Solingen, Gladbach, Berlin, Elberfeld und Barmen, Düsseldorf für 1859.*

496 Ebenda.

497 Ebenda.

498 Ebenda; *Jahresbericht der Handelskammer Görlitz für 1859.*

5. *Produktion und Markt unter den Bedingungen des Ausfalls des USA-Marktes und des entfalteten Freihandels während der Jahre 1860 bis 1868*

a) Die Erweiterung des inneren Marktes unter den Bedingungen des zyklischen Aufschwungs und des „Baumwollhungers“

Der innere Markt für die deutsche Wollindustrie erlebte auch während der sechziger Jahre eine fortschreitende Ausdehnung. Die ausgedehnte Nachfrage nach Wollgeweben aller Art war das Resultat einer Reihe Faktoren, die in dieser Periode wirkten und die wir nun im einzelnen betrachten wollen.

Die Bevölkerungsvermehrung war einer der Faktoren, aber sie war auch in dieser Periode nicht von großer Bedeutung; denn der absolute Bevölkerungszuwachs betrug in den Zollvereinsstaaten im Jahre 1865 gegenüber 1859 nur 7%.[499] Die entscheidende Bedeutung für die Ausdehnung der Nachfrage nach Wollgeweben muß wiederum den Auswirkungen des sich vollziehenden zyklischen Aufschwungs zugesprochen werden.

Der industrielle Zyklus von 1860 bis 1868 unterschied sich gegenüber dem vorangegangenen darin, daß international wie auch besonders in Deutschland außerökonomische Ereignisse einen starken Einfluß auf seinen Verlauf ausübten, aber daß ihm solche starken Triebkräfte, wie es der außerordentlich starke Anstieg der Edelmetallproduktion Ende der vierziger und Anfang der fünfziger Jahre war, fehlten. Den stärksten Einfluß auf den internationalen Zyklus übte der amerikanische Bürgerkrieg aus, da damit einmal dieser außerordentlich wichtige Markt für die fortgeschrittenen kapitalistischen Länder Europas nur noch stark eingeschränkt zur Verfügung stand und – was noch wesentlicher war – der wichtigste Baumwolllieferant während der Kriegsjahre ausfiel. Ergebnis des letzteren war der sogenannte Baumwollhunger, wodurch der wichtigste Zweig der Leichtindustrie in den entwickelten kapitalistischen Ländern sich völlig anormalen Reproduktionsbedingungen gegenübersah. In Deutschland wirkten außerdem die im Zusammenhang mit der Erringung der nationalen Einheit sich vollziehenden politischen und militärischen Auseinandersetzungen auf den Verlauf der wirtschaftlichen Entwicklung ein.

Der Baumwollhunger, das verschärfte Marktproblem im Weltmaßstab infolge des weitgehenden Ausfalls des USA-Marktes und der zunehmenden Konkurrenz durch die rasche Entwicklung der kapitalistischen Industrie während der fünfziger Jahre sowie die kriegerischen Auseinandersetzungen in Deutschland gaben dem zyklischen Aufschwung sein Gepräge. Unter diesen Bedingungen konnte sich die Spekulation nur mäßig und nicht allgemein entfalten, und der wichtigste Zweig der deutschen Textilindustrie – die Baumwollindustrie – erreichte seinen Kulminationspunkt bereits im Jahre 1861. Zu diesem Zeitpunkt lag der Baumwollverbrauch um 42% über dem von 1857.[500] Danach verminderte sich die Baumwollwarenproduktion beträchtlich, so daß der Baumwollverbrauch bis zum Jahre 1865 um 41% gegenüber

[499] *Statistisches Jahrbuch für das Deutsche Reich*, Jg. 1/1880, Berlin 1880, S. 5.
[500] Vgl. ebenda, Jg. 2/1881, Berlin 1881, S. 139.

1860 und um 21% gegenüber 1857 zurückging.[501] Die Vorteile, die die anderen Zweige der deutschen Textilindustrie aus der Verteuerung der Baumwollwaren zogen und die ihnen eine raschere Produktionsausdehnung ermöglichten, konnten diesen Rückgang doch wesentlich mehr als ausgleichen. Diese Entwicklung rechtfertigt, von einer gewissen Deformierung des Zyklus infolge der Auswirkungen der oben näher genannten außerökonomischen Ereignisse zu sprechen. Von einem fehlenden Aufschwung kann im gewissen Sinne bei der Baumwollindustrie gesprochen werden. Die anderen Zweige zeigten eine solche Ausdehnung ihrer Produktionskapazitäten und ihrer Produktion, daß nur eine Verlangsamung im Entwicklungstempo des deutschen Industriekapitalismus zu konstatieren ist.[502] In gewisser Hinsicht vollzog sich der zyklische Aufschwung der sechziger Jahre, der sich in Deutschland bis in das Jahr 1866 hineinzog, auf noch breiterer Grundlage, als es in den fünfziger Jahren der Fall gewesen war. Neben der Errichtung neuer Produktionskapazitäten spielte die Ersetzung des alten Produktionsapparates durch leistungsfähigere Aggregate in diesen Jahren eine beträchtliche Rolle, was für den erhöhten Reifegrad des deutschen Kapitalismus spricht.[503] Auf den deutschen Kapitalismus trafen jetzt die nachfolgenden Engelsschen Worte vollinhaltlich zu, und sie charakterisieren seine Entwicklung seit dieser Zeit: „Es ist die treibende Kraft der sozialen Produktionsanarchie, die die unendliche Vervollkommnungsfähigkeit der Maschinen der großen Industrie in ein Zwangsgebot verwandelt für jeden einzelnen industriellen Kapitalisten, seine Maschinerie mehr und mehr zu vervollkommnen, bei Strafe des Untergangs."[504] Zur Veranschaulichung der Breite und des Umfangs dieses Aufschwungs soll wiederum eine Reihe statistischer Daten dienen, die in erster Linie die industrielle Entwicklung in Preußen widerspiegeln. Hierbei muß zumeist das Jahr 1867 als Endstand benutzt werden, da wir aus den vorangegangenen Jahren keine Angaben besitzen. Die nachfolgenden statistischen Daten wurden insoweit korrigiert, daß sie die echte Steigerung zum Ausdruck bringen und nicht durch die erfolgte Gebietserweiterung des preußischen Staates verfälscht sind. Auch in diesen Jahren spielte bei der massenhaften Anlage von fixem Kapital der Eisenbahnbau eine hervorragende Rolle. Allein in Preußen wurden in den Jahren 1859 bis1867 2491 km Eisenbahnlinien gebaut und dafür 180,6 Millionen Taler aufgewandt.[505] Bis zum Jahre 1867 wies das deutsche Eisenbahnnetz eine Länge von 15700 km auf, und es hatte sich gegenüber 1857 um weitere 6200 km vermehrt.[506] Die dadurch erfolgten Kapitalinvestitionen dürften ungefähr 465 Millionen Taler betragen haben. Die deutsche Roheisenproduktion stieg bis zum Jahre 1866 – verglichen mit dem Stand von 1859 – um 80,5%, und der Roheisenverbrauch stieg zu 1858 während

501 Vgl. ebenda.

502 *Kuczynski, J.*, Die Geschichte der Lage der Arbeiter in Deutschland, a. a. O., S. 168.

503 *Mottek, H.*, Einleitende Bemerkungen, a. a. O., S. 43.

504 *Engels, F.*, „Anti-Dühring", a. a. O., S. 255.

505 *Jahrbuch für die Amtliche Statistik des Preußischen Staats*, Jg. 1, a. a. O., S. 507 u. 515, und Jg. 3, a. a. O., S. 282 u. 297.

506 *Mendel'son, L. A.*, a. a. O., S. 610.

der gleichen Zeit um 37%.[507] Der preußische Eisenerzbergbau steigerte in den Jahren 1861 bis 1867 seine Förderung um 148%, der Zinkerzbergbau um 10%, der Kupfererzbergbau um 84%, der Salzbergbau um 14% und der Steinkohlenbergbau schließlich um 101%.[508] Mit dieser Steigerung erhöhte sich die Ausbeute des gesamten preußischen Bergbaus auf 62,6 Millionen Taler.[509] Die höchste Ausdehnung der Produktion wies der deutsche Maschinenbau auf, der seine Produktion während der sechziger Jahre verdreifachte.[510] Auch die Zweige der Leichtindustrie erhöhten ihre Produktion teilweise beachtlich. Die Streichgarnindustrie der Provinz Brandenburg überbot im Jahre 1866 mit ihrer Gewebeproduktion den Vorkrisenhöchststand von 1856 um mehr als drei Fünftel.[511] Während die vom Kapital beherrschte Landeshuter Leinenweberei ihre Fertigung um zwei Fünftel gegenüber 1857 ausdehnte, konnte die in der Tendenz rückläufige Leinenproduktion, die noch auf den Leggen registriert wurde, in Minden und Hannover bis zum Jahre 1865/66 gleichfalls noch einen Zuwachs von 3% ausweisen.[512] Die deutsche Flachsmaschinenspinnerei erhöhte ihre Spindelzahl in den Jahren 1861 bis 1865 um 60%[513], und die preußischen Zuckerfabriken verarbeiteten 1865/66 21% mehr Zuckerrüben als in der Kampagne 1859/60.[514]

Die oben angeführten Daten veranschaulichen, daß auch während der sechziger Jahre der zyklische Aufschwung – die erneute massenhafte Anlage von fixem Kapital – nicht in erster Linie vom Eisenbahnbau getragen wurde. Charakterisiert und getragen wurde dieser zyklische Aufschwung in Deutschland vor allem vom Auf- und Ausbau der Schwerindustrie mit allen ihren Zweigen. Das dabei erreichte technische Niveau war – worauf Mendelson hinweist – dem Weltniveau durchaus ebenbürtig, und insbesondere die in der eisenschaffenden Industrie errichteten Anlagen waren denen der englischen Industrie bereits überlegen.[515] An der starken Ausdehnung der Produktionsmittelindustrie hatten auch die Staatsaufträge, vor allem die Rüstungsaufträge, einen ansehnlichen Anteil.[516]

Mit dieser raschen industriellen Entwicklung näherte sich Deutschland zusehends dem Entwicklungsniveau eines führenden Industrielandes und schuf damit die Voraussetzungen, daß das kommende Jahrzehnt dieses Ergebnis bringen konnte. Wie weit dieser Prozeß bereits fortgeschritten war, veranschaulicht die Bevölkerungsstruktur des preußischen Staates von 1867. Zu diesem Zeitpunkt lebten nur noch

507 *Becker, W.*, a. a. O., S. 259.
508 *Jahrbuch für die Amtliche Statistik des Preußischen Staats*, Jg. 1, a. a. O., S. 378ff., und Jg. 3, a. a. O., S. 160ff.
509 Ebenda, Jg. 3, a. a. O., S. 174.
510 *Becker, W.*, a. a. O., S. 177.
511 Vgl. Tabelle 2 (Anhang).
512 Vgl. *Blumberg, H.*, Ein Beitrag zur Geschichte der deutschen Leinenindustrie von 1834 bis 1870, a. a. O., S. 74.
513 Ebenda, S. 77.
514 *Jahrbuch für die Amtliche Statistik des Preußischen Staats*, Jg. 2, a. a. O., S. 211.
515 *Mendel'son, L. A.*, a. a. O., S. 621.
516 Ebenda, S. 671; *Becker, W.*, a. a. O., S. 164f.

48% der Bevölkerung von der Landwirtschaft, und bereits 28% bezogen ihren Unterhalt aus der Industrie und dem Verkehrswesen.[517]
Für die Nachfrage nach wollenen Erzeugnissen wirkte diese rasche industrielle Entwicklung in ähnlicher Weise positiv, wie wir das bereits bei der Ausdehnung des inneren Marktes während des Aufschwungs der fünfziger Jahre dargelegt haben. Das gleiche traf für die gesteigerte Nachfrage nach Wollgeweben von seiten der in der Landwirtschaft Tätigen zu. Der zunehmende Verbrauch von Modewaren auch innerhalb der ländlichen Bevölkerung – was wir in den Ansätzen bereits für die fünfziger Jahre feststellen konnten – vollzog sich jetzt in rascherem Tempo.[518]
Betrachten wir nun, in welchem Maße sich diese aus der Entwicklung der deutschen Wirtschaft resultierenden Faktoren in der Ausdehnung der Nachfrage nach Wollwaren realisierten. Die Situation in dieser Hinsicht war wesentlich günstiger als während der Aufschwungsjahre des sechsten Jahrzehnts. Wenn auch die Preise für die wichtigsten Lebensmittel in den ersten Jahren des siebenten Jahrzehnts im Vergleich zu den gesunkenen Preisen gegen Ende der fünfziger Jahre wieder anstiegen, so erreichten sie auf ihrem Höchststand – mit Ausnahme der Durchschnittspreise für Rindfleisch und Butter – nicht mehr das während der fünfziger Jahre erzielte Maximum.[519] Darüber hinaus war dieser Preisanstieg nicht anhaltend, da er bereits 1862 bei Feldfrüchten durch einen Preisfall abgelöst wurde.[520] Diesem Preisfall folgten auch 1863 die tierischen Erzeugnisse, bei denen sich jedoch 1865 ein erneutes Anziehen der Preise bemerkbar machte.[521] Auf Grund dieser Entwicklung blieb in den Aufschwungsjahren des siebenten Jahrzehnts das Lebensmittelpreisniveau nicht unwesentlich unter dem des vorangegangenen Jahrzehnts, insbesondere unter dem der damaligen Aufschwungsjahre. Die Ausdehnung der industriellen Produktion einerseits und die noch nicht vorhandene Freizügigkeit innerhalb Deutschlands andererseits führten darüber hinaus zu einer Verknappung der Arbeitskräfte[522], was sich in den gestiegenen Nominallöhnen während dieses zyklischen Aufschwungs – trotz sinkender Lebensmittelpreise – äußerte.[523]
Auf Grund der soeben näher geschilderten Entwicklung vergrößerte sich die Aufnahmefähigkeit des inneren Marktes während des zyklischen Aufschwungs der sechziger Jahre bedeutender als in den Konjunkturjahren des vorangegangenen Jahrzehnts. Der innere Markt gab deshalb der deutschen Wollindustrie starke Impulse für ihre weitere Ausdehnung.
In der ersten Hälfte der sechziger Jahre gab es darüber hinaus noch Momente, die – unabhängig von der bisher skizzierten Entwicklung – die Nachfrage nach Woll-

517 *Jahrbuch für die Amtliche Statistik des Preußischen Staats*, Jg. 3, a. a. O., S. 584f.
518 Vgl. *Jahresbericht der Handels- und Gewerbekammern in Württemberg für 1863.*
519 Vgl. Tabelle 30 (Anhang).
520 Vgl. ebenda.
521 Vgl. ebenda.
522 Vgl. *Lage der arbeitenden Klasse im Allgemeinen*, in: Jahrbuch für die Amtliche Statistik des Preußischen Staats, Jg. 4, Berlin 1876, S. 278ff.
523 *Kuczynski, J.*, Die Geschichte der Lage der Arbeiter in Deutschland von 1789 bis zur Gegenwart, a. a. O., S. 198.

waren positiv beeinflußten. Hierzu zählte in erster Linie die im Zusammenhang mit dem amerikanischen Bürgerkrieg in Europa auftretende sogenannte Baumwollhungersnot. Das verringerte Angebot von Baumwolle führte zu einer enormen Verteuerung dieses wichtigen Textilrohstoffes. Allein bis zum Jahre 1863 vervierfachte sich fast der Preis für Baumwolle gegenüber 1860.[524] Dieser Umstand mußte die „Konkurrenten" der Baumwollindustrie – die Woll- und Leinenindustrie – in eine vorteilhafte Lage bringen. Und in der Tat vermehrte sich während der sechziger Jahre der Wollwarenverbrauch auf Kosten des Verbrauchs von Baumwollgeweben. Hieraus zog vor allem die deutsche Kammgarnweberei ihre Vorteile, und hier war es wiederum vor allem die Halbwollweberei. Dies wird um so leichter verständlich, wenn wir uns entsinnen, daß selbst zu normalen Zeiten die Kammgarngewebe bei bestimmten Gewebearten – z. B. in den vierziger Jahren die Mousseline de laine – ihren Absatz auf Kosten von Baumwollgeweben zeitweise erweitert hatten. Die feinen leichten ganz- und halbwollenen Kammgarnstoffe konnten jetzt doch am ehesten an die Stelle der teuren Baumwollstoffe treten.

Die Mode spielte gleichfalls für die Erweiterung der Nachfrage nach bestimmten Wollgeweben eine ansehnliche Rolle. In der ersten Hälfte der sechziger Jahre setzte sich bei den Kleiderstoffen der Verbrauch von kammgarnenen Erzeugnissen durch.[525] Auf diese Weise konnte die deutsche Kammgarnweberei ihren Markt auf Kosten der Baumwollindustrie erweitern, was jedoch vor allem auf die bereits angeführte Verteuerung der baumwollenen Erzeugnisse zurückzuführen war. Wichtiger hingegen war der Einfluß der Mode auf die Erweiterung der Nachfrage nach bestimmten Wollgeweben auf Kosten anderer. Die bereits seit den vierziger Jahren festgestellte Tendenz des zunehmenden Anteils der sogenannten fassoniertenStreichgarngewebe in der Oberbekleidung zuungunsten der eigentlichen Tuche setzte sich in dieser Periode derart durch, daß diese Stoffarten sowohl in reiner Wolle als auch gemischt den größtenAnteil am Streichgarngewebeverbrauch in Deutschland beanspruchten.[526] Dieser Prozeß erfaßte nicht nur die städtische, sondern auch in hohem Maße die ländliche Bevölkerung. Auf Grund dieser Entwicklung engte sich die Nachfrage nach den eigentlichen Tuchen während der sechziger Jahre auf dem inneren Markt ein. Darüber hinaus gab die Mode in der ersten Hälfte der sechziger Jahre den rein- und halbwollenen Kammgarngeweben gegenüber den Streichgarn-Erzeugnissen den Vorzug.[527] Aus dieser Situation heraus waren die Impulse, die vom inneren Markt auf die Produktion der deutschen Wollindustrie wirkten, für die deutsche Kammgarnindustrie weit stärker als für die deutsche Streichgarnindustrie. Um

[524] *Jahresbericht der Handelskammer Dresden und Jahresbericht der Handels- und Gewerbekammern in Württemberg für 1863.*

[525] Ebenda.

[526] Vgl. *Jahresberichte der Handelskammern Köln, Aachen-Burtscheid, Eupen, Hagen, Kottbus und Jahresberichte der Handels- und Gewerbekammern in Württemberg für 1861 bis 1863.*

[527] *Jahresbericht der Handelskammer Dresden und Jahresbericht der Handels- und Gewerbekammern in Württemberg für 1863 und Jahresberichte der Handelskammern Breslau und Köln für 1862.*

Mißverständnisse zu vermeiden, muß jedoch darauf hingewiesen werden, daß sich während dieser Jahre auch die Nachfrage nach Streichgarngeweben auf dem inneren Markt erweitert hatte, und zwar stärker, als es in den fünfziger Jahren der Fall gewesen war. All diese Faktoren, die auf die Entwicklung der Nachfrage nach Wollgeweben in positiver Weise Einfluß nahmen, bewirkten, daß der Pro-Kopf-Verbrauch von wollenen Erzeugnissen in Deutschland anstieg. War das auch teilweise auf die Verteuerung der Baumwollgewebe zurückzuführen, so war das nicht die alleinige Ursache. Das zeigt sich nicht zuletzt daran, daß der Pro-Kopf-Verbrauch wollener Erzeugnisse gegen Ende im Vergleich zur Mitte der sechziger Jahre nicht abgesunken war.[528]

b) Die Erweiterung des Wollwarenexports unter den erschwerten Absatzbedingungen auf dem Weltmarkt

Gegenüber dem vorangegangenen Zyklus muß man feststellen, daß für die Ausdehnung des Weltmarktes keine so überaus günstigen Faktoren wirkten, wie es die Gold- und Silberfunde in Kalifornien, Australien und Mexiko zu Beginn des zyklischen Aufschwungs der fünfziger Jahre gewesen waren. Im Gegenteil, durch den Ausbruch und die lange Dauer des amerikanischen Bürgerkrieges fiel sogar einer der bedeutendsten Märkte für Wollwaren zeitweise völlig aus, und andere Absatzgebiete des Weltmarktes hatten noch lange an der Überwindung der nachteiligen Folgen der 1857er Krise zu leiden. In gewissem Umfange bewirkten jedoch – ähnlich wie auf dem deutschen Markt – die Verknappung und Verteuerung der Baumwolle und damit auch der baumwollenen Erzeugnisse eine größere Nachfrage nach Wollgeweben auf dem Weltmarkt.

Der Kampf um den Absatz mußte sich unter diesen Bedingungen zwischen den rivalisierenden Wollindustrien der europäischen Länder auf dem Weltmarkt verschärfen. Die zeitweilig auftretenden Absatzschwierigkeiten vor allem während des Jahres 1861 förderten zugleich das Streben, erleichternde Absatzbedingungen auf dem Weltmarkt zu schaffen. Der Triumph des Freihandels während der sechziger Jahre war zweifellos als Ausdruck dieser Bestrebungen anzusehen. Die europäischen Staaten versuchten durch den Abschluß von Handelsverträgen, die den gegenseitigen Abbau der Zölle vorsahen, den Absatz ihrer Industrie zu erweitern.[529]

Auch in den Jahren des sich mehr und mehr entfaltenden Freihandels blieb die deutsche Wollindustrie auf dem Weltmarkt erfolgreich. Hierbei spielte für die deutsche Streichgarnindustrie die Tatsache sicherlich keine unwesentliche Rolle, daß der deutsche Maschinenbau ihr für die Wollverarbeitung Maschinen lieferte, die das Weltniveau mit bestimmten.[530] Während dieses Zyklus stieg der deutsche Wollwarenexport gegenüber dem vorangegangenen um 43%, aber der Ausfuhrüberschuß blieb mit einem Zuwachs von 35% dahinter zurück.[531] In dieser Periode gelang es der britischen Wollindustrie erstmalig, die Exportentwicklung der deut-

528 Vgl. Tabelle 8 (Anhang).
529 Vgl. hierzu *Kulischer, J.*, a. a. O., S. 505f.
530 *Becker, W.*, a. a. O., S. 168.
531 Vgl. Tabelle 18 (Anhang).

schen Konkurrenz wesentlich zu übertreffen; denn ihre durchschnittliche Steigerung betrug nicht weniger als 90%. Als Ursachen hierfür sind wohl vor allem zwei Umstände anzuführen: Die Begünstigung der Kammgarngewebe im Wollwarenverbrauch während der sechziger Jahre kam der britischen Industrie mehr zustatten. Ihre Ausfuhr enthielt weit stärker solche Waren, und sie war auf dem Weltmarkt darin in den ordinären und mittleren Gattungen nach wie vor führend. In Großbritannien waren schon in den sechziger Jahren beide Zweige der Wollindustrie gleich stark entwickelt, und die Worstedindustrie war der Hauptzweig der britischen Wollindustrie.[532] Gleichzeitig besaß sie infolge des ausgedehnten britischen Kolonialreiches größere Ausweichmöglichkeiten beim Absatz ihrer Erzeugnisse, und die Freihandelsära kam ihr mehr als der deutschen Wollindustrie zustatten, deren Interessen bei dem Abschluß von Handelsverträgen zwischen Preußen und anderen Staaten nicht berücksichtigt wurden. Infolge ungleicher Zollherabsetzungen gelangte beispielsweise die deutsche Wollindustrie gegenüber Belgien und Frankreich in Nachteil.[533]

Die starke Orientierung der deutschen Wollindustrie auf den Absatz nach den Vereinigten Staaten mußte jedoch beim Ausbruch des amerikanischen Bürgerkrieges verhängnisvoll werden. Die deutsche Wollwarenausfuhr sank 1861 um fast ein Viertel (24%) gegenüber dem Vorjahr[534], blieb aber noch über dem durchschnittlichen Niveau des vorangegangenen Zyklus. Die britische Wollindustrie wurde im Jahre 1861 in ihrem Exportgeschäft weniger beeinträchtigt; denn ihre Gewebeausfuhr verminderte sich gegenüber dem Vorjahr um nur 15%.[535] Die wertmäßige Gesamtausfuhr blieb sogar nur um 8% zurück.[536] Bei der Überwindung des Exportrückgangs durch die Folgen des nordamerikanischen Bürgerkriegs hatte sicherlich der durch den englisch-französischen Handelsvertrag geöffnete französische Markt keine unwesentliche Rolle gespielt. Auch in den nachfolgenden Jahren unterschied sich die Entwicklung des deutschen Wollwarenexports vor allem dadurch gegenüber der des britischen, daß die deutsche Ausfuhr bereits 1865 um 22% sank, während die britische Gewebeausfuhr sich mengenmäßig noch um 19% erhöhte.[537]

Die Zusammensetzung der deutschen Wollgewebeausfuhr kann für die Aufschwungsjahre nicht exakt ermittelt werden. Lediglich für das Jahr 1867 liegen uns Angaben über die Zusammensetzung des deutschen Wollgewebeexports vor. Danach besaßen die ungewalkten und unbedruckten Wollwaren einen Anteil von 26%, die der bedruckten Wollwaren einen solchen von 32%, und die unbedruckten, gewalkten Wollwaren beanspruchten 42%.[538] Daraus wird ersichtlich, daß der Anteil der halb-

532 Vgl. *Zur englischen Fabriken-Statistik*, in: Das Deutsche Wollengewerbe, Nr 27/1869, S. 266.

533 Vgl. *Jahresbericht der Handelskammer Aachen-Burtscheid für 1863 und Jahresberichte der Handelskammern Breslau, Berlin, Chemnitz für 1864 und 1865.*

534 Vgl. Tabelle 17 (Anhang).

535 Vgl. *Page, W.*, a. a. O., S. 152.

536 Vgl. Tabelle 32 (Anhang).

537 Vgl. Tabelle 17 (Anhang); *Page, W.*, a. a. O., S. 152.

538 *Die Wollwarenindustrie des Zollvereins*, a. a. O., S. 103.

und ganzwollenen Kammgarngewebe beträchtlich zugenommen hatte. Für die Aufschwungsjahre dürfte jedoch der Anteil der unbedruckten, gewalkten Wollwaren – also vor allem der der glatten Tuche, Buckskine und ähnlicher Gewebe – größer gewesen sein. Trotz dieser Tatsache wird der Anteil der Kammgarnerzeugnisse am deutschen Wollwarenexport nicht unter einem Drittel gelegen haben, was für die zunehmende Konkurrenzfähigkeit auch dieser deutschen Wollerzeugnisse auf dem Weltmarkt spricht.

Über die Absatzrichtungen des deutschen Wollwarenexports gibt uns für die Jahre 1860 bis 1867 wiederum die Tabelle 20 einen gewissen Aufschluß. Daraus wird ersichtlich, daß zwar die Hansestädte immer noch den Hauptteil der deutschen Wollwarenausfuhr vermittelten, aber ihr Anteil gegenüber dem am Ende der fünfziger Jahre beträchtlich zurückging. Waren es 1859 noch 49%, so vermittelten Hamburg und Bremen im Jahre 1864 nur noch 27% des deutschen Wollwarenexports. Hingegen stieg der Anteil besonders von Belgien, aber auch der von Holland. Während das erste Land mehr als Vermittler für deutsche Wollwaren auftrat, war das letztere in höherem Maße auch Konsument derselben. Ebenfalls die Schweiz und Österreich nahmen gegenüber dem Ende der fünfziger Jahre wieder in höherem Umfange deutsche Wollwaren auf. Wie in den vorangegangenen Jahren waren sie auch jetzt in erster Linie Zwischenstationen der deutschen Wollwarenausfuhr nach Südeuropa, dem Balkan und dem Orient. Der Handel mit Rußland verharrte demgegenüber anteilmäßig weiter auf seinem bisherigen Stand, und die Ausfuhr über die Ostsee wurde bedeutungslos.

Was den Anteil der Wollwarenausfuhr an der deutschen Wollwarenproduktion betrifft, so verminderte er sich gegenüber den fünfziger Jahren zunächst nicht unwesentlich, aber erreichte bis zum Jahre 1864 mit rund 29% wieder einen recht hohen Stand.[539]

Bei der Betrachtung der einzelnen Exportgebiete der deutschen Wollindustrie in den Jahren 1860 bis 1865 wollen wir wiederum mit dem Markt der Vereinigten Staaten beginnen. Dieser Markt spielte während der ganzen Zeit – mit Ausnahme einzelner Monate des Jahres 1865 – nicht im entferntesten die Rolle, die er in den fünfziger Jahren gespielt hatte. Schon vor Ausbruch des amerikanischen Bürgerkrieges hatten sich die Absatzmöglichkeiten seit Ende der fünfziger Jahre für glatte Tuchwaren im Vergleich zu gemusterten Streichgarnerzeugnissen vermindert.[540] In der ersten Hälfte des Jahres 1860 bot dieser Markt sowohl für deutsche Streichgarngewebe – einschließlich Tuche – als auch für deutsche Kammgarnerzeugnisse größere Absatzmöglichkeiten, die sich jedoch mit der zunehmenden Zuspitzung der politischen Lage jenes Landes beträchtlich verschlechterten. Insbesondere seit November wurden die für die Frühjahrssaison erteilten Aufträge in zunehmendem Maße zurückgenommen.[541] Die Einführung eines erhöhten Einfuhrzolles im Jahre 1861 und der schließlich offen ausbrechende Krieg zwischen den Nord- und Süd-

539 Vgl. Tabelle 8 (Anhang).

540 *Jahresberichte der Handelskammern Aachen-Burtscheid und Berlin für 1859 und 1860.*

541 *Jahresbericht der Handelskammer Berlin 1860.*

staaten erschwerten das Exportgeschäft wesentlich und brachten es schließlich völlig zum Erliegen. Waren im Frühjahr noch glatte sogenannte Dreiviertel-Tuche absetzbar, so erstreckte sich das Exportgeschäft danach nur noch auf blaue Militärtuche.[542] Darüber hinaus brachten die Ausgabe von Schatzscheinen mit Zwangskurs und die allgemeine Verschlechterung der Geldverhältnisse vielen deutschen Exportfirmen ansehnliche Verluste.[543] Auch das Jahr 1862 brachte – mit Ausnahme von Aufträgen für Militärtuche, die beispielsweise für die Kottbuser Tuchindustrie im ersten Halbjahr eine größere Rolle spielten – keine Exportmöglichkeiten.[544] Insbesondere die Ausfuhr von feinen Stoffen wurde unmöglich. Hingegen waren die Exportmöglichkeiten 1863 bereits wieder lebhafter, aber auch jetzt bestand der Hauptbedarf in Militärtuchen.[545] Die schwierigen Geldverhältnisse und die hohen Zölle verhinderten jedoch, daß das Geschäft nur im entferntesten so gewinnbringend wie in den fünfziger Jahren wurde. Trotz aller Verbesserungen blieb der Export nach den Vereinigten Staaten noch gering, was sich insbesondere für die rheinische Tuchindustrie nachteilig auswirkte. Angaben, die wir von Lennep – also von der bergischen Streichgarnindustrie – haben, zeigen das recht deutlich. 1863 wurden von dort nur für eine Viertel Million Taler Wollwaren exportiert, während 1861 allein New York für 2$^2/_3$ Millionen Taler Wollwaren von dort bezogen hatte.[546] Im Jahre 1864 hob sich wiederum das Exportgeschäft. Wie der Kottbuser Magistrat berichtete, gingen bereits im Frühjahr dort erhebliche Aufträge für die Vereinigten Staaten ein, und auch von den wichtigen rheinischen Streichgarnzentren sowie von Görlitz liegen ähnliche Berichte vor.[547] Für den Export deutscher Halbwollgewebe bestanden ebenfalls wieder Möglichkeiten.[548] Aber bereits durch die erneute Heraufsetzung der Einfuhrzölle vom 1. April 1864 verschlechterte sich der gewinnbringende Absatz, und gegen Mitte des Jahres kam er wieder zum völligen Stillstand, so daß die für die Herbstsaison nach dort gesandten Waren größtenteils unverkauft blieben oder mit erheblichen Verlusten veräußert wurden.[549]

Mit dem sich abzeichnenden Kriegsende konzentrierte die deutsche Wollindustrie wiederum all ihre Aufmerksamkeit auf den einst so bedeutenden Markt, und zunächst wurden diese Hoffnungen auch nicht enttäuscht. Allein Aachen sandte für 2,36 Millionen Taler Streichgarnwaren nach den Vereinigten Staaten[550], und der Kottbuser Magistrat schilderte die Aufnahmefähigkeit, bzw. genauer gesagt, die

542 *Jahresberichte der Handelskammern Gladbach, Breslau, Berlin, Görlitz, Lennep, Hagen, Aachen-Burtscheid, Eupen für 1861.*

543 *Jahresberichte der Handelskammern Gladbach, Aachen-Burtscheid für 1862.*

544 Ebenda; *Jahresbericht der Handelskammer Kottbus für 1862.*

545 *Jahresberichte der Handelskammern Breslau, Görlitz, Aachen-Burtscheid für 1863.*

546 *Jahresbericht der Handelskammer Lennep für 1863.*

547 Bericht des Magistrats von Kottbus für 1864, in: BLHA-Potsdam, Regierungsbezirk Frankfurt a. O., Rep. 3 B, Nr 93; *Jahresberichte der Handelskammern, Hagen, Görlitz, Lennep für 1864.*

548 *Jahresbericht der Handelskammer Plauen für 1864.*

549 *Jahresberichte der Handelskammern Plauen, Hagen, Lennep, Köln, Görlitz für 1864.*

550 *Jahresbericht der Handelskammer Aachen-Burtscheid für 1865.*

Nachfrage des amerikanischen Marktes wie folgt: „Auch gestaltete sich das Geschäft für die Fabrikate vom Juli und August ab, nachdem sich nach dem Friedensschlusse in Amerika die Zustände von Nordamerika erst etwas geordnet hatten, für glatte feine Tuche und Köperwaren günstiger. Bis zu Ende des Jahres wurde der Bedarf sogar für dieses, nach dem vierjährigen Krieg fast von neuem gewonnene große Absatzgebiet für deutsche Wollenfabrikate so bedeutend, daß der Nachfrage für dort, auch in passenden Musterwaren, nicht genügt werden konnte, so daß Fabrikanten in diesen Artikeln vorteilhafte und starke Beschäftigung fanden und erhielten."[551] Demgegenüber sprachen die Lenneper und Görlitzer Handelskammern und die Berichte aus Sorau von einer Überfüllung des Marktes bereits wieder gegen Ende des Jahres. Für geringere Wollwaren wurde jedoch der Absatz auch nach Beendigung des Krieges infolge der hohen Schutzzölle nicht mehr in gleichem Maße möglich wie in den fünfziger Jahren. Auf diese Weise deutete sich bereits 1865 an, daß dieser Markt auch nach Beendigung des Krieges nicht mehr eine solche Rolle spielen sollte.

Der südamerikanische Markt litt 1860 allgemein noch unter den großen dort lagernden Vorräten, so daß nur in geringem Maße Exportmöglichkeiten bestanden.[552] Lediglich die deutsche Kammgarnweberei besaß gewisse Möglichkeiten, da dort statt der baumwollenen wieder halbwollene Ponchos getragen wurden.[553] Insgesamt blieb der Export in halb- und ganzwollenen Kammgarnartikeln gering, und in dieser Hinsicht änderte sich auch 1861 wenig. Mit Ausnahme von Peru, wo gute Umsätze möglich waren, verharrte das Exportgeschäft auf seinem bisherigen niedrigen Niveau. Das gleiche traf auch für Mexiko zu. Ähnlich verhielt es sich mit dem Export von Streichgarnerzeugnissen, der sich eher verminderte als erhöhte und obendrein noch beträchtliche Verluste aus den früher getätigten Geschäften nach Brasilien und den Laplatastaaten brachte.[554] Die Lage auf den südamerikanischen Märkten änderte sich auch 1862 wenig, und soweit größere Versendungen nach den dortigen Staaten stattfanden, so konnten sie doch nur zu sehr niedrigen Preisen abgesetzt werden. In Streichgarnerzeugnissen und auch in Tuchen sahen sich die deutschen Fabrikate der verstärkten Konkurrenz der belgischen und französischen Industrie gegenüber, und auch England beherrschte in einigen wichtigen Gattungen z. B. den brasilianischen Markt.[555] Erst Ende 1863 und vor allem 1864 boten die süd- und mittelamerikanischen Staaten etwas größere Exportmöglichkeiten zu gewinnbringenden Preisen.[556] Insgesamt blieb jedoch der Export nach diesem Teil

551 Bericht des Magistrats von Kottbus für 1865, in: BLHA-Potsdam, Regierungsbezirk Frankfurt a. O., Rep. 3 B, Nr 93.

552 *Jahresberichte der Handelskammern Görlitz, Lennep, Eupen für 1860.*

553 *Jahresbericht der Handelskammer Elberfeld und Barmen für 1860.*

554 *Jahresberichte der Handelskammern Lennep, Görlitz, Aachen-Burtscheid für 1861.*

555 *Jahresbericht des preußischen Konsulats in Rio de Janeiro für 1863*, in: Preußisches Handelsarchiv, Jg. 1864, Nr 12, Berlin 1864, S. 228f.

556 *Jahresberichte der Handelskammern Chemnitz, Lennep für 1864*; *Neueste Mitteilungen, Aachen*, in: Preußisches Handelsarchiv, Jg. 1864, Nr 17, Berlin 1864, S. 328; *Jahresbericht des preußischen Konsulats in Arequipa für 1863*, in: ebenda, Nr 16, S. 305.

der Erde während der hier betrachteten Jahre des siebenten Jahrzehnts in engen Grenzen und war einer größeren Ausdehnung nicht fähig. Die verstärkte Konkurrenz und in den ersten Jahren noch die überfüllten Lager aus den letzten Jahren des sechsten Jahrzehnts, aber insbesondere die ungünstigen politischen Verhältnisse und kriegerischen Auseinandersetzungen während dieses Zeitraums waren die Hauptursachen für diese Entwicklung. Darüber hinaus wurde das Geschäft nach den amerikanischen Staaten durch die Organisation des Wollwarenexports nach dort beeinträchtigt. Über das letztere gibt uns der Handelskammerbericht aus Chemnitz für das Jahr 1865 näheren Aufschluß: „Das Geschäft dorthin ist noch immer stark in den Händen der Hamburger Exporthäuser, die, gegen ihre Bezüge von Produkten, Aussendungen in Manufakturen machen. Häufig weiß der Fabrikant kaum, wohin seine Ware geht, noch weniger aber hat er Gelegenheit, sich mit den Verkäufern am Konsumtionsplatze persönlich ins Vernehmen zu setzen und von diesen über die Spezialitäten des Bedarfs unterrichtet zu werden."

Der Absatz nach den orientalischen Staaten erfuhr in diesem Zeitraum eine ansehnliche Ausdehnung, und der Export nach dorthin dürfte der wichtigste seinem Umfange nach gewesen sein. Aber auch hier hat es in den ersten Jahren nicht an Schwierigkeiten gefehlt, die die Verkaufsmöglichkeiten nach diesem Gebiet einschränkten. Diese Schwierigkeiten resultierten vor allem aus der österreichischen Konkurrenz, den mißlichen Geldverhältnissen der Türkei besonders in den ersten beiden Jahren und den teilweise auch dort vorhandenen kriegerischen Verwicklungen.[557] Der Absatz deutscher Wollwaren nahm deshalb erst in der zweiten Hälfte des Jahres 1862 etwas zu und richtete sich vor allem nach der Türkei und auch nach Persien. Der lebhafte Absatz währte bis zu Beginn der zweiten Jahreshälfte des Jahres 1864. Nicht zuletzt infolge der günstigen Baumwollexportmöglichkeiten seitens Ägypten hob sich die Konsumtionsfähigkeit des dortigen Marktes.[558] Die Nachfrage nach Waren für die orientalischen Staaten steigerte sich zeitweise derart, daß sie kaum befriedigt werden konnte.[559] Infolge der erschwerten Kreditbedingungen durch die Krisenerscheinungen auf dem Geldmarkt verschlechterten sich die Absatzbedingungen jedoch seit der zweiten Hälfte von 1864 nach dorthin, und in Persien trat die Überfüllung des dortigen Marktes mit deutschen Tuchen noch hemmend hinzu. Im letzten Jahr der hier betrachteten Periode hielt sich das Exportgeschäft in sehr engen Grenzen, da der Preissturz der Baumwolle in Ägypten ansehnliche Verluste verursachte und sich demzufolge die Kaufkraft des dortigen Marktes verringerte sowie die 1865 ausbrechenden Cholera-Epedemien in gleicher Weise die Absatzmöglichkeiten beeinträchtigten.[560] Erst im Herbst hob sich der Wollwarenexport wieder etwas, aber davon wurden auch nur die österreichischen, sächsischen

557 *Jahresberichte der Handelskammern Kottbus, Görlitz, Lennep, Eupen, Aachen-Burtscheid für 1860 und 1861.*

558 *Jahresberichte der Handelskammern Görlitz, Breslau, Eupen für 1862, 1863 und 1864.*

559 *Berichte aus Industriebezirken. Görlitz, März,* in: Deutsche Industriezeitung, Nr 10/1863, Chemnitz 1863.

560 *Jahresberichte der Handelskammern Chemnitz, Breslau, Görlitz, Eupen für 1865.*

und schlesischen Fabriken betroffen, da die rheinischen Fabrikate gegenüber ihren Konkurrenten dort kaum noch bestehen konnten.[561]
Der Markt der europäischen Länder, insgesamt betrachtet, spielte für die deutsche Wollindustrie in diesen Jahren eine größere Rolle als während des vorangegangenen Zyklus. Das hatte weniger seine Ursache in einer beträchtlich gestiegenen Aufnahmefähigkeit dieser Märkte, sondern weil andere bisher sehr bedeutend gewesene Märkte wesentlich geringere Mengen deutscher Wollwaren absorbierten. Zu diesen Märkten zählte vor allem und in erster Linie der Markt der Vereinigten Staaten, darüber hinaus jedoch auch der süd- und mittelamerikanische Markt. Von größerer Bedeutung waren jedoch nur – wie das auch bisher der Fall gewesen war – der italienische, der holländische und auch in gewissem Umfange der Schweizer Markt. Was Italien anbetrifft, so wurde der Export dorthin zunächst noch durch die politischen Verhältnisse im Zusammenhang mit der Einigung des Landes beeinträchtigt. Aber dann erwuchs gerade aus der zuletzt angeführten Tatsache ein gesteigerter Export, da die österreichische Konkurrenz in starkem Maße verdrängt werden konnte.[562] Insbesondere die Vorteile, die die österreichischen Fabrikate in der Lombardei besessen hatten, fielen nach der Einigung des Landes fort.[563] Insgesamt nahm jedoch der Absatz nach Italien nicht so zu, daß er das Niveau der vierziger Jahre wieder erreichte. Der Absatz nach Holland wies hingegen während der ganzen Jahre eine regelmäßige Nachfrage nach deutschen Wollwaren auf. Nicht nur, daß nach dort keine größeren Störungen auftraten, sondern insgesamt hob sich der Absatz nach diesem Land, wodurch teilweise den deutschen Fabrikaten auch der Markt der holländischen Kolonien zugute kam.[564] Der Absatz nach Rußland, Polen und den skandinavischen Ländern blieb im allgemeinen zwar regelmäßig, aber die hohen Einfuhrzölle dieser Länder verhinderten eine größere Ausdehnung.[565] Das gleiche traf auch für Portugal und Spanien zu.[566] Frankreich und Belgien spielten hingegen – abgesehen von dem Durchfuhrhandel – nur eine unbedeutende Rolle. Die deutschen Wollfabrikanten erhoben deshalb nach Abschluß des englisch-französischen sowie des belgisch-französischen Handelsvertrages ihre Stimme, daß von deutscher Seite ähnliche Handelsverträge abgeschlossen werden. In den nächsten Jahren erfolgte das denn auch. Allerdings durchaus nicht zur Zufriedenheit der deutschen Wollwarenfabrikanten, da sowohl im deutsch-belgischen als auch im deutsch-französischen Handelsvertrag ihre Fabrikate gegenüber jenen der ausländischen Konkurrenten benachteiligt wurden. Einem Wertzoll von 15% an der französischen Grenze stand

561 *Jahresberichte der Handelskammern Lennep und Eupen für 1865.*

562 *Jahresberichte der Handelskammern Kottbus, Berlin, Görlitz für 1862 und insbesondere für 1863.*

563 *Hocker, N.*, Die Großindustrie Rheinlands und Westfalens, ihre Geographie, Geschichte, Produktion und Statistik, Leipzig 1867, S. 450.

564 *Jahresberichte der Handelskammern Eupen, Lennep, Hagen, Breslau für 1860 bis 1865.* – Dies geschah sogar im Jahre 1863 in verhältnismäßig starkem Maße (*Jahresbericht der Handelskammer Breslau für 1863*).

565 *Jahresberichte der Handelskammern Lennep, Breslau, Berlin, Chemnitz für 1860 bis1865.*

566 Ebenda.

ein Zoll von 10 Talern bzw. 30 Talern pro Zentner bei Streichgarngeweben – das entsprach einem Wertzoll von $1^1/_2$ bis 3% – an der Zollvereinsgrenze gegenüber.[567] Als diese Handelsverträge in Kraft traten, erfüllten sie nicht die Erwartung, die von seiten der deutschen Wollindustrie in sie gesetzt wurden.[568]
Seit den sechziger Jahren begannen die ostasiatischen Märkte eine zunehmend größere Rolle für die deutsche Wollwarenfabrikation, insbesondere für die deutsche Streichgarnindustrie, zu spielen. Seit 1861 nahm der Absatz besonders nach China und Japan sowie in gewissem Umfange auch nach Ostindien und Australien laufend zu. 1863 hatten sich bereits einige Sommerfelder Tuchfabriken ganz auf den Bedarf des dortigen Marktes (China) umgestellt, und bis zum Jahre 1865 hatten Sommerfelder, Saganer und Sorauer Tuche sowie Kottbuser, Peitzer, Gubener, Forster und Spremberger Streichgarnzeuge einen festen Stand auf dem chinesischen, japanischen und auch auf dem ostindischen Markt.[569] Gegen Ende der hier betrachteten Periode versuchte auch die sächsische Streichgarnindustrie, auf diesen Märkten vorzudringen, wobei sie auf die hartnäckige Konkurrenz der Fabrikate aus den oben erwähnten Orten stieß.[570] Die rheinische Streichgarnindustrie und die sächsische Kammgarnweberei fanden dort ebenfalls für einen Teil ihrer Waren Realisierungsmöglichkeiten. Wurden die Absatzmöglichkeiten auf den ostasiatischen Märkten zunächst noch infolge der englischen Konkurrenz an einer größeren Ausdehnung gehindert, so gelang es doch bald, bei verschiedenen Artikeln diese Konkurrenz siegreich zu bestehen.[571] In quantitativer Hinsicht dürfte auch während dieser Periode der Absatz nach dem asiatischen Kontinent noch einen geringen Umfang angenommen haben, aber er war doch derjenige, der in dem Zeitraum von 1860 bis 1865 wohl die größte Zunahme erfahren hatte.

c) Die Entwicklung der Wollwarenproduktion und die Konkurrenzverhältnisse auf dem deutschen Markt

Die Ausdehnung der Produktion in der deutschen Streichgarn- und Kammgarnindustrie

Während der Jahre 1860 bis 1868 steigerte die Brandenburger Streichgarnindustrie ihre Gewebeproduktion gegenüber dem vorangegangenen Zyklus um 57%.[572] Die Lausitzer Streichgarnindustrie wies sogar einen Zuwachs von 66% auf, während sich die Streichgarngewebeproduktion im Regierungsbezirk Potsdam nur um wenig mehr als ein Fünftel erhöhte.[573] Auch während dieses Zyklus war der Produktionsverlauf in

567 *Jahresbericht der Handelskammer Aachen-Burtscheid für 1863.*

568 *Jahresberichte der Handelskammern Breslau, Berlin, Chemnitz für 1864 und 1865*; Bericht des Magistrats von Kottbus für 1865, a. a. O.

569 Bericht des Magistrats von Sommerfeld für 1863, 1864 und 1865, in: BLHA-Potsdam, Regierungsbezirk Frankfurt a. O., Rep. 3 B, Nr 93; Bericht des Magistrats von Kottbus für 1864 u. 1865, a. a. O.; *Jahresberichte der Handelskammern Görlitz, Eupen, Kottbus, Breslau, Berlin für 1861 bis 1865*; *Jahresbericht der Handelskammer Leipzig für 1865/1866.*

570 *Jahresbericht der Handelskammer Leipzig für 1865/1866.*

571 *Jahresberichte der Handelskammern Eupen für 1865 und Berlin für 1866.*

572 Vgl. Tabelle 3 (Anhang).

573 Vgl. ebenda.

den einzelnen Standorten der Lausitzer Streichgarnindustrie und auch in denen des Regierungsbezirks Potsdam recht unterschiedlich. In der Lausitz waren es Kottbus, Forst und Spremberg, die sich am stärksten entwickelten. Verglichen mit dem Höchststand des vorangegangenen Zyklus steigerte sich hier die Produktion bis zum Jahre 1865 um 106, um 115 und um 114%.[574] Auffallend ist für die Lausitzer Streichgarnindustrie, daß einzelne Standorte, die bisher mit die Spitze gehalten hatten, beträchtlich unter dem allgemeinen Zuwachs blieben. So betrug der Produktionszuwachs für Sommerfeld nur 15%, für Sorau 10%; für Guben ergab sich sogar ein Rückgang um 12%.[575] Ähnlich wie in den fünfziger Jahren verloren auch jetzt einige Standorte weiterhin an Bedeutung. In Reppen verminderte sich die Produktion um 40%, und in Crossen sank sie sogar um mehr als die Hälfte.[576] Daraus wird deutlich, daß sich die Streichgarnindustrie zunehmend mehr und mehr auf einige Standorte konzentrierte.

In der Streichgarnindustrie des Regierungsbezirks Potsdam sah es ähnlich aus. Mit Ausnahme der Luckenwalder Streichgarngewebefabriken blieben hier die wichtigsten Standorte hinsichtlich ihrer Produktionsausdehnung hinter der allgemeinen Entwicklung des dortigen Regierungsbezirks beträchtlich zurück. Wittstock wies nur eine Zunahme von 4%, Brandenburg nur eine solche von 10% auf, und Neuruppin kam mit 19% der durchschnittlichen Entwicklung sehr nahe.[577] Demgegenüber wiesen Strausberg mit 80% und Pritzwalk mit 129% eine sehr hohe Produktionszunahme auf.[578] Ähnlich wie in der Lausitzer Industrie verloren aber auch hier einzelne Standorte weiter an Boden. Am augenscheinlichsten wurde das in Beskow und Potsdam. Während im letzteren die Streichgarngewebeproduktion völlig zum Erliegen kam, verminderte sie sich im ersteren um 56%.[579]

Betrachtet man den Produktionsverlauf in den einzelnen Jahren, so ergibt sich gegenüber dem Aufschwung der fünfziger Jahre eine ähnliche Entwicklung. Bereits im Jahre 1860 war die Produktionszunahme derart, daß sie den Höchststand von 1856 beträchtlich überschritt. Demgegenüber brachten die Jahre 1861 und 1862 eine wesentlich langsamere Entwicklung. Im Regierungsbezirk Potsdam kann man sogar von einer Stagnation der Produktion im Jahre 1861 sprechen.[580] Im Jahre 1863 beschleunigte sich das Entwicklungstempo, und in den Jahren 1864 und 1865 erfuhr die Streichgarngewebeproduktion in der gesamten Brandenburger Streichgarnindustrie eine sehr rasche Ausdehnung.

In der rheinischen Streichgarnindustrie kam es im Jahre 1860 noch zu keiner größeren Ausdehnung, und für die sehr wichtigen Standorte dieser Industrie – wie

574 *Jahresberichte über die Ergebnisse der Tuchfabrikation im Regierungsbezirk Frankfurt a. O. für 1856 und 1865*, in: a. a. O., Nr 389 und 390.

575 Ebenda.

576 Ebenda.

577 *Jahresberichte über die Ergebnisse der Tuchfabrikation im Regierungsbezirk Potsdam für 1856 und 1865*, in: a. a. O., Nr 389 u. 390.

578 Ebenda.

579 Ebenda.

580 Vgl. Tabelle 2 (Anhang).

Lennep, Aachen und Eupen – kann von einer Stagnation gesprochen werden. Das darauffolgende Jahr brachte nur insoweit eine Änderung, daß in diesen wichtigen Standorten die Produktion sogar zurückging. Im Jahre 1862 begann die Produktion in Aachen sich zu vermehren, und Eupen wies sogar eine Zunahme um 20% auf. Hingegen verharrte die bergische Streichgarnweberei noch in der Stagnation, während die Streichgarnspinnerei bereits ihre Produktion erheblich ausdehnte.[581] Demgegenüber setzte auch in der rheinischen Streichgarnindustrie der lebhafte Produktionsanstieg mit dem Jahre 1863 ein, der sich auch in den beiden nächsten Jahren stetig fortsetzte. Aus diesem allgemeinen Überblick über die Produktionsentwicklung in der Rheinprovinz wird deutlich, daß die rheinische gegenüber der Lausitzer Streichgarnindustrie zurückgeblieben sein dürfte. Da sich in der Hauptperiode des zyklischen Aufschwungs – in den Jahren 1863 bis 1865, die für die rheinische Industrie als eigentliche Aufschwungszeit zu werten waren – auch im Rheinland die Produktion sehr rasch ausdehnte, dürfte der durchschnittliche Produktionszuwachs gegenüber dem der Brandenburger Streichgarnindustrie nicht bedeutend zurückgeblieben sein. Demzufolge dürfte sich auch in der Rheinprovinz die Produktion in der Streichgarnweberei um die Hälfte vermehrt haben.

Innerhalb der schlesischen Streichgarnweberei kam es 1860 noch zu einem Produktionsrückgang, während im darauffolgenden Jahr die Produktion stagnierte oder sich zumindest nur unwesentlich hob. Das Jahr 1862 brachte hingegen bereits einen Produktionsanstieg, und für die darauffolgenden drei Jahre zeigte sich das gleiche Bild wie in der Rheinprovinz und der Provinz Brandenburg.[582] Auch für die Streichgarnindustrie Schlesiens besitzen wir keine statistischen Angaben über die Entwicklung der Produktion. Lediglich aus den Handelskammerberichten für die Kreise Reichenbach, Schweidnitz und Waldenburg wissen wir, daß sich die Zahl der für reinwollene Gewebe benutzten Webstühle um 41% vermehrte. Der durchschnittliche Produktionszuwachs, den die schlesische Streichgarnweberei in dem Zyklus der sechziger gegenüber dem der fünfziger Jahre erlebte, dürfte sich auf der Höhe der Brandenburger Streichgarnindustrie gehalten haben, vielleicht sogar der der Lausitzer Industrie nahe gekommen sein.

Die allgemeine Produktionsentwicklung innerhalb der Streichgarngewebeindustrie der Provinz Sachsen entsprach der Schlesiens. Auch hier setzte bereits 1862 das raschere Ansteigen der Produktion ein. Im Eichsfeld vermehrte sich die Streichgarngewebeproduktion 1862 gegenüber dem Vorjahr um ein Fünftel. Die Streichgarnspinnerei des gleichen Gebietes erhöhte in den Jahren 1861 bis 1865 ihre Spindelzahl um 76%.[583] Über das andere wichtige Gebiet der Streichgarnindustrie dieser Provinz – über die Produktion der Burger Tuchfabriken – verfügen wir über sehr un-

581 Die voranstehenden Ausführungen basieren auf den *Jahresberichten der Handelskammern Aachen-Burtscheid, Lennep, Eupen, Stolberg, Köln, Hagen, Düsseldorf, Solingen, Siegen für 1859 bis 1865.*

582 Die voranstehenden Ausführungen basieren auf den *Jahresberichten der Handelskammern Breslau, Görlitz, Hirschberg-Schönau, für die Kreise Reichenbach, Schweidnitz und Waldenburg und der von Landeshut für 1859 bis 1865.*

583 *Jahresberichte der Handelskammer Mühlhausen für 1861 und 1865.*

zureichendes Material. Nach den Angaben von Hobusch steigerten die dortigen Tuchfabriken bis zum Jahre 1868 gegenüber dem Jahre 1842 ihre Produktion um mindestens 26%.[584] Der gleichen Quelle können wir einen Rückgang der Zahl der Tuchfabriken entnehmen.[585] Aus diesen – allerdings sehr unzureichenden – Angaben läßt sich folgern, daß die Burger Streichgarnwebereien in den sechziger Jahren hinter der allgemeinen Entwicklung der deutschen Streichgarnweberei zurückgeblieben waren. Für die gesamte Provinz Sachsen ist deshalb eine geringe Produktionszunahme während dieses Zyklus wahrscheinlich.

Für das Königreich Sachsen geben uns die Handelskammerberichte seit 1862 einen gewissen Einblick in die Entwicklung der dortigen Streichgarngewebeproduktion. Am instruktivsten sind hier die Angaben aus dem sächsischen Vogtland. Nach diesen Angaben setzte der rasche Produktionszuwachs in der sächsischen Streichgarnweberei ebenfalls mit dem Jahre 1863 ein. Im sächsischen Vogtland betrug in diesem Jahre der Produktionszuwachs gegenüber 1862 mehr als ein Fünftel. Auch in Sachsen erfuhr die dortige Industrie zur Herstellung von Streichgarngeweben 1864 und 1865 eine rasche Ausdehnung. Während des letztgenannten Jahres vermehrte sich die Streichgarngewebeproduktion im sächsischen Vogtland zwischen 26 und 31%. Aus den allgemeinen Angaben der sächsischen Handelskammern[586] kann die Schlußfolgerung gezogen werden, daß die sächsische Streichgarnindustrie eine Produktionserweiterung während des industriellen Zyklus von 1860 bis 1868 erreichte, die der Produktionszunahme dieses Industriezweiges in der Provinz Brandenburg entsprach.

Im Gegensatz zu den bisher behandelten Zentren der deutschen Streichgarnindustrie war der Produktionszuwachs in Süddeutschland gering. Die Württemberger Streichgarnspinnerei dehnte in diesen Jahren ihre Produktionskapazität um nur 10% aus[587], während es in Bayern zu einem Rückgang in diesem Zweig kam, der wohl auch für die dortige Streichgarnweberei angenommen werden kann.[588] Die allgemeine Produktionsbewegung – soweit es die Württemberger Handelskammerberichte erkennen lassen – entsprach während der einzelnen Jahre im wesentlichen der bereits für die anderen Zentren festgestellten Entwicklung.[589] Der Produktionsanstieg in der Württemberger Streichgarnspinnerei und -weberei begann mit dem Jahre 1862.

Zusammenfassend können wir für die deutsche Streichgarnindustrie während des industriellen Zyklus von 1860 bis 1868 feststellen: Die ersten Jahre des siebenten Jahrzehnts trugen die Merkmale einer Belebung und in einzelnen Teilen sogar noch

584 *Hobusch, E.*, a. a. O., S. 23ff. 585 Ebenda.

586 Voranstehende Ausführungen basieren auf den Angaben der *Jahresberichte der Handelskammern Chemnitz, Plauen, Zittau, Dresden und Leipzig für die Jahre 1862 bis 1865.*

587 Vgl. *Jahresberichte der Handels- und Gewerbekammern in Württemberg für die Jahre 1860 bis 1865, insbesondere Statistischer Anhang zu den Jahresberichten der Handels- und Gewerbekammern in Württemberg für das Jahr 1868*, Stuttgart 1869, S. 22/23.

588 *Genzmer, W.*, a. a. O., S. 68f.

589 *Jahresberichte der Handels- und Gewerbekammern in Württemberg für die Jahre 1860 bis 1865.*

die der Stagnation. Der allgemeine Aufschwung setzte in der gesamten deutschen Streichgarnindustrie in den Jahren 1862/63 ein und nahm in den Jahren 1864/65 einen sehr stürmischen Verlauf. Der durchschnittliche Produktionszuwachs der deutschen Streichgarnweberei dürfte etwa 50% gegenüber der durchschnittlichen Produktion des vorangegangenen Zyklus erreicht haben.

In der Kammgarnspinnerei setzte der zyklische Aufschwung bereits 1862 allgemein ein, und die Ausdehnung der Produktion vollzog sich rascher als in der Streichgarnindustrie. Die Kammgarnspinnereien des sächsischen Vogtlandes verdoppelten bis zum Jahre 1865 gegenüber 1861 ihre Produktionskapazität.[590] Bei den Württemberger Kammgarnspinnereien betrug der Zuwachs während der gleichen Zeit 91%.[591] Die Augsburger Kammgarnspinnerei erhöhte ihre Spindelzahl gleichfalls bis 1865 um 90%.[592] Hingegen vermehrten die Leipziger Kammgarnspinnereien ihre Kapazität nur um ein Fünftel.[593] Auch die Thüringer Kammgarnspinnereien dehnten ihre Produktion in diesen Jahren aus. Allein die Eisenacher Kammgarnspinnerei erweiterte 1865 ihren Betrieb um 6000 Spindeln.[594] Wenn wir die uns zur Verfügung stehenden Angaben über die Ausdehnung der Spindelzahl in den einzelnen Spinnereien bis gegen Ende des Zyklus mit dem Jahre 1861 vergleichen, so erhalten wir eine Zunahme von durchschnittlich 69%. Diese Angabe dürfte der wirklichen Entwicklung ziemlich nahekommen, da die Spinnereien, deren Spindelzahl dieser Berechnung zugrundeliegen, im Jahre 1861 ca. 60% der Spindeln der deutschen Kammgarnspinnereien besaßen.

Von dieser Seite her läßt sich eine rasche Ausdehnung der Kammgarnweberei sowohl hinsichtlich reinwollener als auch hinsichtlich halbwollener Gewebe vermuten. Zu dieser gesteigerten deutschen Kammgarnproduktion trat jedoch eine um 43% angewachsene Wollgarneinfuhr hinzu.[595] Auch hier setzte der Aufschwung 1862 allgemein ein. Es war besonders die Halbwollweberei, vor allem die Orleansfabrikation, die eine sehr rasche Ausdehnung erfuhr. Bereits 1863 steigerte die Kammgarnweberei des sächsischen Vogtlandes – des wichtigsten Standortes der Kammgarnweberei Sachsens – ihre Produktion um mehr als ein Fünftel und im darauffolgenden Jahr wiederum um fast 30%.[596] Die Zahl der Webstühle in den Kreisen Reichenbach, Schweidnitz und Waldenburg vermehrte sich in dieser Branche bis zum Jahre 1865 gegenüber 1860 um 61%.[597] Die Berliner Halbwollweberei, insbesondere die Orleans-

590 *Jahresberichte der Handelskammer Plauen für 1861 und 1865.*

591 Statistischer Anhang zu den *Jahresberichten der Handels- und Gewerbekammern in Württemberg für das Jahr 1868*, a. a. O., S. 25.

592 *Graßmann, J.*, Die Entwicklung der Augsburger Industrie im 19. Jahrhundert, Augsburg 1894, S. 55. – Bemerkenswert ist jedoch, daß sich demgegenüber der Wollverbrauch und die Garnproduktion mit 60 bzw. 43% beträchtlich langsamer steigerten.

593 *Jahresberichte der Handelskammer Leipzig für 1863 und 1868.*

594 *Zweihundert Jahre Kammgarnspinnerei in Eisenach.* 1733 bis 1933, Eisenach 1933, S. 10.

595 Vgl. Tabelle 19 (Anhang).

596 *Jahresberichte der Handelskammer Plauen für 1863 und 1864.*

597 *Jahresberichte der Handelskammer für die Kreise Schweidnitz, Reichenbach und Waldenburg für 1860 und 1865.*

fabrikation, steigerte gleichfalls von Jahr zu Jahr ihre Produktion beträchtlich.[598] Für das Jahr 1865 wurde eine Zunahme von 20% angeführt.[599] Gegenüber der sächsischen, schlesischen, Berliner und auch der rheinischen Kammgarnweberei war die Zunahme der Produktion im Gebiet von Gera und Greiz wohl etwas geringer.[600] Die Produktion von rein- und halbwollenen Kammgarnartikeln dürfte sich in Deutschland während des zyklischen Aufschwungs fast verdoppelt haben.

Die gesamte deutsche Wollindustrie dürfte während der sechziger Jahre ihre durchschnittliche Produktion gegenüber dem vorangegangenen Zyklus um etwa vier Fünftel gesteigert haben, da die schnellere Zunahme der Kammgarn- und Halbwollgewebe infolge des inzwischen gewachsenen Anteils dieser Industrie an der deutschen Wollindustrie stärker ins Gewicht fiel. Damit hatte sie im Vergleich zu den fünfziger Jahren ein rascheres Tempo als die britische Wollwarenindustrie erzielt. Die Beschäftigtenzahl der britischen Wollindustrie wuchs bis zum Jahre 1867 gegenüber dem Jahre 1856 um 57%, während die Spindelzahl sich im gleichen Zeitraum um 124% erhöhte.[601] Dagegen stieg der Wollverbrauch in Großbritannien nach den Angaben von Mendelson während der Jahre 1860 bis 1867 um nur 23%, während sich die Zahl der Webstühle um 83% erhöhte.[602] Mendelson weist auf Grund dieser Angaben auf eine Disproportion zwischen der Entwicklung des Produktionsapparates und dem Anwachsen der Produktion hin.[603] Für die deutsche Wollindustrie ist es auf Grund der fehlenden Gewerbestatistik für die Mitte und auch für das Ende der sechziger Jahre schwierig, solche Disproportionen – wenn sie vorhanden waren – nachzuweisen. Es ist jedoch auf Grund der Handelskammerberichte der Schluß zu ziehen, daß zumindest für die deutsche Streichgarnspinnerei für die Zeit des zyklischen Aufschwungs eine raschere Ausdehnung der Produktionsanlagen im Vergleich zur angewachsenen Produktion wahrscheinlich ist.

Die Konkurrenzverhältnisse auf dem inneren Markt in den Jahren 1860 bis 1865

Die vorangegangene Analyse der Entwicklung des inneren Marktes während der ersten Hälfte der sechziger Jahre zeigte, daß von dieser Seite her die Realisierungsbedingungen günstig gelagert waren und sogar günstiger als in den vorangegangenen industriellen Zyklen. Wie wir bei den bisherigen Untersuchungen gesehen haben, gibt es jedoch noch andere Faktoren, die die Realisierungsbedingungen und damit die Konkurrenzlage auf dem inneren Markt mitbestimmen.

Wesentlich ist hierbei nicht zuletzt, in welchem Maße die deutsche Wollindustrie den inneren Markt beherrschte. Im Gegensatz zum vorangegangenen Zyklus, in dem

598 *Jahresberichte der Ältesten der Kaufmannschaft von Berlin* (bisher und nachfolgend als Berliner Handelskammerbericht bezeichnet) *für 1860 bis 1865.*

599 Ebenda für 1865.

600 *Beck, F.*, a. a. O., S. 132.

601 Vgl. Tabelle 31 (Anhang).

602 *Mendel'son, L. A.*, a. a. O., S. 631. – Die wirkliche Produktionszunahme dürfte jedoch über den 23% gelegen haben. Vgl. dazu auch S. 264, Anm. 621.

603 Ebenda.

die Wollwareneinfuhr um 23% abgesunken war, stieg sie innerhalb des Zyklus 1860 bis 1868 um nicht weniger als 94%.[604] Dies war die höchste Steigerungsquote während der von uns untersuchten Zyklen. Hierbei spiegelte sich deutlich der Übergang zum entfalteten Freihandel wider, den wir mit dem Inkrafttreten des deutsch-französischen Handelsvertrages ansetzen können – also mit dem 1. Juli 1865. Zu diesem Zeitpunkt wurden die Einfuhrzölle herabgesetzt. Anstelle der bisherigen Tarifsätze von 30 und 50 Talern galten jetzt die Sätze 10 und 30 Taler.[605] Für die uns hier interessierende Periode hatten jedoch diese erniedrigten Zollsätze keinen Einfluß, aber wir müssen sie dann in ihrer Wirkung auf die Konkurrenzlage auf dem deutschen Markt im zweiten Halbjahr von 1865 untersuchen; denn allein im Jahre 1865 stieg die Wollwareneinfuhr gegenüber dem vorangegangenen Jahr um fast die Hälfte.[606] Doch schon vorher hatte diese Einfuhr eine erhebliche Zunahme erfahren; denn bereits bis zum Jahre 1862 lag sie um ein Viertel höher gegenüber dem Kulminationspunkt der fünfziger Jahre, und bis 1865 stieg sie dann insgesamt um 63%.[607]

Was die Zusammensetzung dieser Wollwarenimporte betrifft, so gibt uns das ausgewertete Material keine näheren und schon gar keine exakten Angaben. So viel kann jedoch ohne Zweifel gesagt werden, daß sich der Anteil der Streichgarnstoffe gegenüber der vorangegangenen Zeit vermehrt hatte. Konnten wir bisher die Importe wollener Gewebe mit der Einfuhr ganz- und halbwollener Kammgarnerzeugnisse im wesentlichen gleichsetzen, so ist das für diese Zeit nicht mehr zutreffend. Sicher dürfte jedoch andererseits sein, daß die zuletzt genannten Waren immer noch den Hauptanteil an dieser Einfuhr besaßen. Während der Jahre des zyklischen Aufschwungs, insbesondere gegen Ende desselben, steigerte sich die Einfuhr von Streichgarnerzeugnissen aus Frankreich, Belgien, zeitweise auch aus Österreich und seit 1865 auch aus England. Hierbei handelte es sich weniger um die eigentliche Tuchware, sondern fast ausschließlich um die gemusterten Streichgarnstoffe, um die sogenannten Modestoffe; denn während hinsichtlich der Tuche die deutsche Streichgarnindustrie nach wie vor in der Überlegenheit blieb, galt das nicht in gleichem Maße für diese anderen Stoffe. Die Vorteile, die die deutsche Streichgarnindustrie noch in der ersten Hälfte des 19. Jahrhunderts hinsichtlich des günstigeren Wollbezuges besaß, bestanden gerade bei diesen Streichgarngattungen nicht mehr, da hier allgemein die billigeren Kolonial- oder osteuropäischen Wollen Verwendung fanden. Gerade was die Kolonialwollen anbetrifft, die auch während der sechziger Jahre in Deutschland in stärkerem Umfange verarbeitet wurden, hatten England, Frankreich und auch Belgien Vorteile im Bezug. Bei diesen Streichgarngattungen hatten die westeuropäischen Länder, insbesondere Frankreich und England, den Vorteil, daß sie in der Mode den Ton angaben. Vor 1865 konnten jedoch diese Länder – angesichts der verhältnismäßig hohen Zölle – nur bei den feinen streichgarnenen Modestoffen

604 Vgl. Tabelle 18 (Anhang).
605 *Statistisches Jahrbuch für das Deutsche Reich*, Jg. 2/1881, Berlin 1881, S. 80.
606 Vgl. Tabelle 17 (Anhang)
607 Vgl. ebenda.

gegenüber der deutschen Konkurrenz bestehen. Die Einfuhr dieser Stoffe, insbesondere von Frankreich, nahm deshalb während der ersten Hälfte der sechziger Jahre zu. Wir können also feststellen, daß die deutsche Wollindustrie und hierunter die deutsche Streichgarnindustrie sogar stärker als bisher sich „ihren" Markt mit den ausländischen Konkurrenten teilen mußte. In quantitativer Hinsicht blieb jedoch der Anteil des Auslandes am deutschen Wollwarenkonsum gering, und er dürfte gegenüber den fünfziger Jahren nicht wesentlich gewachsen sein.

Das Jahr 1860 brachte für die Realisierung der Streichgarngewebeproduktion relativ ungünstige Bedingungen, aber doch insgesamt noch günstigere als in den vorangegangenen Jahren. Die Nachfrage konnte sich nicht übermäßig heben, da einmal die Preise für wichtige Lebensmittel wieder beträchtlich anzogen[608] und die deutsche Wirtschaft insgesamt sich wohl kaum über das Stadium einer Belebung erhob. Darüber hinaus wurde die Konsumtionskraft einzelner Gebiete infolge der Krisenerscheinungen in der deutschen Montanindustrie herabgesetzt. Das letztere wirkte sich beispielsweise nachteilig für den Absatz der schlesischen Streichgarnindustrie in Oberschlesien aus.[609] In dieser Situation konnten sich die Preise für Streichgarngewebe –, von einzelnen besonders bevorzugten Artikeln abgesehen – entweder gar nicht oder zumindest unwesentlich heben. Der bedeutende Preisanstieg der Wolle auf den Sommerwollmärkten mußte deshalb die Realisierung der Produktion beträchtlich erschweren.[610] Die Handelskammerberichte vertraten deshalb nahezu einhellig die Meinung, daß die Fabrikation mit nur geringem Nutzen betrieben worden war. Besonders schwierig gestaltete sich der Absatz für die eigentliche Tuchware, da sie neben den angeführten Momenten noch unter der weiteren Abnahme ihres Anteils am Gesamtwollwarenkonsum litt. Doch die Absatzergebnisse für gemusterte Streichgarngewebe waren durchaus nicht einheitlich. Was die Winterware betraf, so wurde ihr Absatz noch im Frühjahr wirkungsvoll von dem Wechsel der Wintermode begünstigt[611], und die billigen Wolleinkäufe aus dem verflossenen Jahr dürften in der gleichen Richtung gewirkt haben. Für die gemusterten Sommerstoffe und auch für die ordinären Tuchgattungen bot das Sommergeschäft keine starke Nachfrage. Demzufolge verstärkte sich die Konkurrenz um den Absatz. Neuartige Muster, ansprechende Qualität und billige Preise mußten die Waren aufweisen, um einen zufriedenstellenden Absatz zu finden. Soweit die Fabriken noch die billigen Wollen des vergangenen Jahres verarbeiten konnten und soweit sie mit ihren Mustern den Geschmack der Kunden getroffen hatten, konnten sie sich im Konkurrenzkampf behaupten und sogar lohnende Geschäfte tätigen. Solche Ergebnisse erzielten beispielsweise die Kottbuser, Eupener und Dürener Firmen.[612] Für das Wintergeschäft hingegen wirkten sich die erhöhten Wollpreise nun

608 Vgl. Tabelle 30 (Anhang).

609 *Jahresbericht der Handelskammer Breslau für 1860.*

610 Vgl. Tabelle 16 (Anhang); *Jahresberichte der Handelskammern Görlitz, Lennep, Köln, Aachen, Eupen für 1860.*

611 *Jahresbericht der Handelskammer Berlin für 1860.*

612 *Jahresberichte der Handelskammern Kottbus, Eupen und Stolberg für 1860.*

allgemein nachteilig aus. Die Kriegsfurcht angesichts der Differenzen zwischen den europäischen Großmächten hemmte darüber hinaus die Kauflust, so daß die Produktion den eigentlichen Bedarf übertraf. Waren schon in den Sommerstoffen teilweise erhebliche Lagerbestände zurückgeblieben, so war dies bei der Winterware und insbesondere wiederum bei den Tuchen eine allgemeine Erscheinung.
Noch größere Schwierigkeiten für die Realisierung der Produktion und damit eine Zuspitzung des Konkurrenzkampfes brachte das Jahr 1861. Die Hauptursache bildete der mit dem Ausbruch des amerikanischen Bürgerkrieges einsetzende Stillstand im Exportgeschäft nach Nordamerika. Dies wirkte sich voll in der zweiten Jahreshälfte aus, aber auch in der ersten Hälfte von 1861 fehlte es nicht völlig an Schwierigkeiten, was sich vor allem am Stillstand der Warenpreise – trotz der gestiegenen Ausgaben für den Rohstoff – und teilweise bereits im Sinken der Preise zeigte. Doch auch jetzt war die Situation für die gemusterten Streichgarnzeuge merklich günstiger als für die Tuchwaren. In diesen gemusterten Modestoffen wurden im Sommer bedeutende Umsätze erzielt, weshalb ihr Anteil in wichtigen Fabrikationsorten mehr und mehr den Hauptteil der Produktion ausmachte. In Kottbus wurden 1861 schon dreimal soviel solcher Waren gefertigt als eigentliche Tuche.[613] Ähnlich sah es in den wichtigen Webereizentren des Rheinlandes aus. War auch die Nachfrage auf dem deutschen Markt gestiegen, so konnte er doch diese sich ihm anbietende Warenmasse nicht absorbieren. Mehr als vier Fünftel der Produktion der deutschen Wollindustrie und 16% mehr ausländische Wollwarenerzeugnisse als 1860 suchten ihre Käufer.[614] Großzügige Kreditgewährung und herabgesetzte Preise waren Mittel, mit denen die bisher für den amerikanischen Markt gearbeiteten Firmen, nachdem sie ihre Produktion den deutschen Ansprüchen angepaßt hatten, auf dem deutschen Markt Fuß zu fassen trachteten.[615] Doch alle diese Bemühungen erwiesen sich oft als vergeblich; denn die Ware fand trotz niedrigster Preise keine Abnehmer, wie es von der Leipziger Michaelismesse 1861 berichtet wurde.[616] Der verschärfte Konkurrenzkampf wirkte sich am härtesten für die süddeutschen Fabrikanten aus; denn alle – die sächsischen, die Lausitzer und andere Fabriken – suchten auf diesem wichtigen Absatzfeld des deutschen Marktes ihre Waren zu realisieren. Obendrein versuchten auch österreichische Fabrikate, hier Absatz zu finden. Es nimmt deshalb nicht wunder, daß die Württemberger Fabrikanten das Jahr 1861 zu den schlechtesten der vorangegangenen vier Jahre zählten.[617]
In diesem zweiten Halbjahr zeigten sich zumindest in einzelnen Bereichen der deutschen Streichgarnindustrie Anzeichen der Überproduktion. Vor allem wurde die Disproportion zwischen Produktion und Verbrauch in der Tuchherstellung offensichtlich. Dies war nicht nur – wie es bereits teilweise im vorangegangenen Jahr geschah – infolge der geänderten Verbrauchsrichtung eingetreten, sondern vor allem,

613 *Jahresbericht der Handelskammer Kottbus für 1861.*
614 Vgl. Tabellen 8 u. 17 (Anhang).
615 *Jahresbericht der Handelskammer Köln für 1861.*
616 *Neueste Mitteilungen, Kottbus,* in: Preußisches Handelsarchiv, Jg. 1861, Nr 47, Berlin 1861.
617 *Jahresbericht der Handels- und Gewerbekammern in Württemberg für 1861.*

da jetzt der wichtigste Abnehmer deutscher Tuche – die Vereinigten Staaten – verloren war. In erster Linie waren es hier wiederum die feineren Tuchqualitäten, die davon am stärksten betroffen wurden, worunter besonders die rheinische Tuchfabrikation zu leiden hatte.

Diese mißliche Lage hielt auch noch 1862 an, und die Württemberger Handelskammern sprachen davon, daß „eine solche Konjunktur im Tuchgeschäft" herrsche, „daß die Ware den Konsumenten suchen muß". Die Lagerbestände in Tuchwaren wuchsen weiter, während der Absatz in Modestoffen verhältnismäßig günstig blieb, und das vor allem in der Sommersaison. Durch ständigen Musterwechsel und neue Farbgebung versuchte hier die deutsche Streichgarnindustrie, eine gesteigerte Nachfrage zu ihren Gunsten hervorzurufen. Die Preise zeigten sich jedoch auch in dieser Branche infolge der zunehmenden Konkurrenz gedrückt, so daß die sinkenden Wollpreise wohl kaum einen echten Ausweg boten. Die deutsche Streichgarnweberei wandte sich demzufolge noch stärker der Fertigung solcher Stoffe zu, und in Kottbus beispielsweise wurden 1862 bereits davon fünfmal mehr als Tuche produziert (die gemusterte Winterware mit einbegriffen).[618] Eine ähnliche Rolle spielten die gemusterten Streichgarngewebe auch in der württembergischen und sächsischen Streichgarnindustrie.[619] Diese Entwicklung mußte auch Schwierigkeiten beim Absatz dieser Artikel bringen. Die vermehrte Zufuhr solcher Waren von seiten der englischen und französischen Industrie komplizierte diese Situation weiter. Doch insgesamt kann von der Sommersaison des Jahres 1862 noch gesagt werden, daß die produzierte Ware – wenn auch zu niedrigen Preisen – ihre Abnehmer fand. Die Wintersaison hingegen brachte die gleichen schlechten Ergebnisse wie im vorangegangenen Jahr, und zu den aus dem letztgenannten Jahr herrührenden Beständen gesellten sich neue hinzu. Dies geschah, obwohl die Streichgarnindustrie 1862 teilweise ihre Produktion eingeschränkt hatte.[620] Wenn die Schwierigkeiten 1862 im wesentlichen unvermindert fortwirkten, so darf hierbei nicht übersehen werden, daß sich der amerikanische Bürgerkrieg infolge des fehlenden Exports nach den USA für die Streichgarnindustrie unmittelbar auswirkte, aber daß die Erleichterungen, die durch den anwachsenden Wollwarenverbrauch zuungunsten baumwollener Erzeugnisse entstanden (die auf die gleiche Ursache zurückzuführen waren), sich erst 1863 stärker bemerkbar machten. Zunächst hoffte man auf einen kurzen Krieg, so daß man mit den Käufen noch zurückhielt.

Bemerkenswert für die Jahre ist, daß sich im Gegensatz zu den vorangegangenen Jahren die Verwendung von Surrogaten innerhalb der Streichgarnindustrie immer stärker verbreitete. Zunächst waren es die Mischgarne, die sogenannten Vigognegarne, die man stärker verwendete. Darauf folgten unmittelbar die verstärkte Erzeugung halbwollener Streichgarnartikel und ein zunehmender Verbrauch der

618 *Jahresbericht der Handelskammer Kottbus für 1862.*

619 *Jahresberichte der Handels- und Gewerbekammern in Württemberg für 1862 und 1863; Jahresberichte der Handelskammern Plauen und Chemnitz für 1862 bis 1864; Jahresberichte der Handelskammern Lennep und Hagen für 1862.*

620 *Jahresbericht der Handelskammer Breslau für 1862.*

sogenannten Kunstwollen.[621] Lange Zeit hatten die aus alten Geweben zurückgewonnenen Wollen einen schwierigen Stand auf dem deutschen Markt und wurden deshalb in hohem Maße exportiert. Während der fünfziger Jahre hatte sich das schon etwas geändert, aber weit stärker traf das für die sechziger Jahre zu. Dies waren alles Maßnahmen, mit denen die deutsche Wollindustrie im Interesse eines erweiterten Absatzes ihre Produkte verbilligte. Die sinkenden Wollpreise unterstützten sie gleichfalls in diesem Bestreben. Dieser Preisfall für Wolle in den Jahren 1861 und besonders 1862 war zugleich Ausdruck dieser erschwerten Realisierungsbedingungen und der damit verbundenen stagnierenden, vielleicht sogar rückläufigen Gewebeproduktion, was sich auf den Wollmärkten in der verhältnismäßig gleichbleibenden Nachfrage bei einem zunehmenden Wollangebot äußerte.[622] Ein Überangebot an Wolle mußte vorübergehend die Folge sein. Der niedrige Stand der Wollpreise führte jedoch schließlich zu lebhafteren Einkäufen, wodurch sich ein Teil der Fabrikanten zunächst von seiten des Rohstoffbezuges einen günstigen Ausgangspunkt für die Produktion im kommenden Jahr sicherte.

Das Jahr 1863 brachte dann wirklich eine Wende; denn nicht allein die Nachfrage auf dem deutschen Markt hob sich weiter beträchtlich, insbesondere von dem allgemeinen Fall der Nahrungsmittelpreise begünstigt, sondern auch das Exportgeschäft nahm – wie wir sahen – jetzt einen günstigeren Verlauf. Der erhöhte Bedarf an Militärtuchen und die rasch steigenden Baumwollpreise ermöglichten ebenso einen erhöhten Absatz. Auf der Grundlage all dieser Momente gestaltete sich der Absatz recht erfreulich, und insbesondere in Sommerstoffen waren die Absatzbedingungen überaus günstig. In diesem Bereich um so mehr, da ja keine größeren Vorräte aus dem vorangegangenen Jahr den Absatz der neuen Produktion beeinträchtigten. Selbst Tuche fanden wieder eine günstigere Aufnahme. Bestehen blieb jedoch trotzdem der starke Konkurrenzkampf. Die Württemberger Tuchfabrikanten, aber auch die sächsischen klagten besonders darüber.[623] Die letzteren hatten vor allem gegen die rheinische Konkurrenz anzukämpfen, aber konnten trotzdem einen lebhafteren Absatz erzielen. Ungünstiger gestalteten sich die Verkaufsbedingungen wiederum für Winterstoffe, von denen beträchtliche Bestände aus dem vorangegangenen Jahr noch abzusetzen waren. Für einzelne Fabrikationsorte gestaltete sich der Absatz derart, daß sie die Wintersaison noch schlechter als im Jahre 1862 einschätzten.[624] Andere hingegen konnten die einlaufenden Aufträge kaum bewältigen, was von den Aachener Streichgarnwebereien sowohl im September als auch im

621 Der *Jahresbericht der Handelskammer von Berlin für 1862* wies darauf hin, daß die englische Konkurrenz bei der stärkeren Verarbeitung von Kunstwollen in Deutschland eine Rolle spielte. Über den Umfang der in der britischen Wollindustrie verarbeiteten Kunstwolle sagte Marx: „Die so verjüngte Kunstwolle betrug schon Ende 1862 ein Drittel des ganzen Wollverbrauchs der englischen Industrie." (*Marx, K.*, Das Kapital, Bd 3, a. a. O., S. 123).

622 Vgl. Tabelle 16 (Anhang).

623 *Jahresbericht der Handels- und Gewerbekammern in Württemberg für 1863*; *Jahresbericht der Handelskammer Zittau für 1863*; *Isbary, C. R.*, a. a. O., S. 69.

624 Bericht des Magistrats von Kottbus über die dortige Tuchfabrikation im Jahre 1863, in: BLHA-Potsdam, Regierungsbezirk Frankfurt a. O., Rep. 3 B, Nr 93.

Dezember berichtet wurde[625]; denn einige Winterwaren oder – wie sich die Breslauer Handelskammer ausdrückte – „besonders gangbare Winterstoffe blieben bis zum Schluß des Jahres zu guten Preisen gefragt". Bei zahlreichen Firmen blieben jedoch wiederum beträchtliche Bestände am Jahresende unabgesetzt. Die Eupener Handelskammer sprach in ihrem Jahresbericht deshalb die Hoffnung aus, daß sich der Export im Interesse des erleichterten Absatzes auf dem inneren Markt heben möchte, „da die Konkurrenz auf demselben von Jahr zu Jahr wächst und zuletzt eine Überfüllung desselben einzutreten droht".

Die erleichterten Absatzbedingungen setzten sich 1864 noch in weit stärkerem Maße fort. Selbst der Ausbruch des deutsch-dänischen Krieges konnte diese Entwicklung nur vorübergehend nachteilig beeinträchtigen.[626] Die Situation gestaltete sich sogar so günstig, daß in der Lausitz die noch vorhandenen Tuchmacher gleichfalls befriedigende Geschäfte tätigen konnten.[627] Lediglich in der eigentlichen Tuchbranche waren die Absatzmöglichkeiten nicht so günstig, aber das traf nicht einmal überall zu; denn die Plauener Handelskammer berichtete von „einem lebhaften und befriedigenden Geschäftsgang". Die Preise waren jedoch infolge der gesteigerten Konkurrenz „nicht die besten", aber – wie die gleiche Handelskammer ausführte – „dieser Nachteil sei durch die Menge der Produktion übertragen worden". Besonders günstig war – wie schon in den vorangegangenen Jahren – der Absatz für die Flanellweberei. Dies hatte nicht zuletzt darin seine Ursache, daß diese Stoffe in zunehmendem Maße für wollene Unterkleidung, die in starkem Maße aufkam, und zu Kleidern verwendet wurden.[628] Darüber hinaus wurden diesmal auch die Winterstoffe allgemein von diesen günstigen Absatzverhältnissen erfaßt. Allerdings beeinflußten die infolge der Geldschwierigkeiten auftretenden Krediterschwernisse die Realisierung dieser Waren. Der Diskontsatz der Preußischen Bank z. B. stieg im Oktober auf 7% gegenüber einem verhältnismäßig konstant bleibenden Satz von 4 bis 4½% in den vorangegangenen Jahren.[629] Auch die Preise für Wollwaren erfuhren 1864 einen gewissen Aufschlag, der bei Buckskine 6% betrug.[630] Allerdings lagen die Wollpreise gleichfalls um 5 bis 9% höher als im Vorjahr.[631] Doch trotzdem bewahrten die Streichgarnwollen noch einen verhältnismäßig niedrigen Stand.

Die Verkaufsergebnisse von 1865 glichen im wesentlichen denen des vorangegangenen Jahres, und die Preise der Fabrikate zeigten wiederum eine Tendenz nach oben. Auch mit dem Inkrafttreten des deutsch-französischen Handelsvertrages änderte sich darin wenig, wenn auch England bedeutende Mengen billiger und

625 *Berichte aus Industriebezirken*, in: Deutsche Industriezeitung, Nr 36/1863, Nr 38/1863, Nr 41/1863, Nr 50/1863, Chemnitz 1863.

626 *Jahresberichte der Handelskammern Chemnitz, Plauen, Berlin für 1864*; Magistratsberichte aus Kottbus und Sommerfeld für 1864, a. a. O.

627 Magistratsbericht aus Kottbus für 1864, a. a. O.,

628 *Jahresbericht der Handelskammer Plauen für 1864.*

629 *Jahrbuch für die Amtliche Statistik des Preußischen Staats*, Jg. 2, a. a. O., S. 42.

630 *Jahresbericht der Handelskammer Breslau für 1864.*

631 Vgl. Tabelle 16 (Anhang).

ordinärer Streichgarngewebe auf den deutschen Markt warf.[632] Zweifellos wurde dadurch der Absatz ähnlicher deutscher Gattungen beeinträchtigt, aber im allgemeinen bewahrte die deutsche Streichgarnindustrie auch jetzt noch ihre beherrschende Rolle auf dem inneren Markt.[633]

Nach dem skizzierten Verlauf der Realisierungsbedingungen auf dem inneren Markt für die deutsche Streichgarnweberei in den Jahren 1860 bis 1865 können wir somit feststellen: Die Depressionserscheinungen, die der anfänglichen Belebung von 1860 folgten und in einzelnen Bereichen dieses Industriezweiges in starkem Maße herrschten, währten teilweise bis gegen Ende 1862. Im Zusammenhang mit dem Ausbruch des amerikanischen Bürgerkrieges und dem Erliegen des nach dorthin gerichteten Exportsgeschäfts entstand für die deutsche Streichgarnindustrie auf dem inneren Markt eine komplizierte Lage, die den Beginn des neuen zyklischen Aufschwungs bis ins Jahr 1863 hinausschob. Hingegen nahmen andere politische Ereignisse – wie die Kriegsfurcht infolge der Differenzen zwischen den europäischen Großmächten im Jahre 1860 und der deutsch-dänische Krieg von 1864 – einen außerordentlich geringen und zeitlich sehr begrenzten Einfluß auf die Realisierungsbedingungen im Bereich des inneren Marktes. Infolge der auftretenden Disproportion zwischen der kauffähigen Nachfrage nach eigentlichen Tuchen und der Produktion einerseits und der durch die Mode zunehmend begünstigte Verbrauch gemusterter Streichgarnstoffe andererseits wurde die Produktion solcher Waren auf Kosten der Tuche stark ausgedehnt. Dadurch und infolge der wieder erhöhten Absatzmöglichkeiten auf dem Weltmarkt wurde diese Disproportion im wesentlichen behoben, was zu einem belebteren Absatz auch für glatte Tuche besonders in den beiden letzten Jahren führte. Die stärkere Zuwendung zur Produktion gemusterter Streichgarnwaren führte im Zusammenhang mit den schwierigen Exportbedingungen auch hier, und zwar bei Winterwaren, zu einer Disproportion zwischen Produktion und Verbrauch. Demzufolge zeigten die Depressionsjahre auch Merkmale der Überproduktion, von denen aber nicht die gesamte Streichgarnindustrie erfaßt wurde, da der Absatz modischer Sommerstoffe während des gesamten Zeitraums mehr oder weniger günstig blieb.

Betrachten wir nun die Realisierungsbedingungen und die Konkurrenzverhältnisse der deutschen Halbwoll- und Kammgarnweberei. Was die Halbwollweberei betrifft, so erzeugte sie zumeist halbwollene Kammgarnartikel, aber nicht durchgängig, sondern einen größeren Anteil als im vorangegangenen Zyklus besaßen jetzt die halbwollenen Streichgarngewebe. Dieser Anteil kann jedoch nicht zahlenmäßig angegeben werden.

Im einzelnen verlief die Entwicklung der Absatzbedingungen im allgemeinen günstiger und gleichmäßiger als die der bereits behandelten Streichgarnindustrie. Das erste Jahr brachte insbesondere den Orleans – einem Baumwoll-Kammgarn-

632 *Jahresberichte der Handelskammern Berlin, Breslau, der Handelskammer für die Kreise Schweidnitz, Reichenbach und Waldenburg für 1865.*

633 Ebenda; *Die Wollwarenindustrie des Zollvereins,* in: Das Deutsche Wollen-Gewerbe, Nr 13/1869, S. 103.

Mischgewebe – reichlichen Absatz, und dieser Zweig erzielte im Kampf um die Alleinherrschaft auf dem deutschen Markt beträchtliche Erfolge, so daß englische Fabrikate nur noch in feinen glatten Qualitäten Eingang fanden.[634] Ähnlich verlief auch der Absatz für die sächsischen und rheinischen Kleiderstoffe sowie für die sächsischen Thibets.[635] Im ganzen fanden all diese Artikel der deutschen Halbwoll- und Kammgarnweberei – mit Ausnahme solcher aus der Mode gekommener Waren, wie Mousseline de laine und Napoletaine – noch einen günstigeren und lebhafteren Absatz als selbst streichgarnene Modestoffe.[636] Auch 1861 blieb der Absatz verhältnismäßig regelmäßig, aber der Konkurrenzkampf verschärfte sich auf dem inneren Markt in diesem Bereich ebenfalls infolge des brachliegenden Exports nach Amerika. Zwar übte die gesteigerte Konkurrenz einen Druck auf die Preise aus, und die englischen Waren bedrohten zunächst den Absatz der deutschen Stoffe, aber der Absatz blieb doch zufriedenstellend. Insbesondere in der zweiten Jahreshälfte galt das, da sich jetzt die englischen Kammgarn- und Halbwollgewebe seit Inkrafttreten des englisch-französischen Handelsvertrages stärker dem französischen Markt zuwandten und auch die Kammgarnwollen im Sommer 1861 einen Preisnachlaß erfahren hatten.[637] Da sich die Gunst der Mode wieder mehr den Kammgarnerzeugnissen zuungunsten der streichgarnenen zuwandte, kamen auch von dieser Seite positive Wirkungen für die Realisierung der Produktion.[638] Darüber hinaus konnten die amerikanischen Ereignisse auf diesen Zweig nicht eine solche Wirkung wie auf die deutsche Streichgarnindustrie ausüben, da ja der Export dahin wie der Export halbwollener und kammgarnener Ware überhaupt keine solche Rolle für diesen Industriezweig spielte. Zunächst kam es deshalb nur bei einzelnen Artikeln zu Überangeboten und damit zu Verlustverkäufen. Dies traf beispielsweise für die mit Seide gemischten Kammgarnkleiderstoffe zu.[639] Ungünstig wirkten sich jedoch bald die erhöhten Baumwoll- und Baumwollgarnpreise in der Halbwollweberei aus, aber die sinkenden Wollpreise boten auch in dieser Hinsicht während der zweiten Jahreshälfte einen gewissen Ausgleich. Hingegen wurden die Realisierungsbedingungen im Jahre 1862 doch etwas schwieriger. Wenn auch ein Teil des bisherigen Baumwollkonsums bereits der Halbwoll- und Kammgarnweberei zugute kam, so litt diese Industrie in einzelnen Gebieten Deutschlands stärker unter der vermehrten Konkurrenz. Die hohen Baumwollpreise brachten gleichfalls für die realisierten halbwollenen Erzeugnisse nur geringen Nutzen. Ein Teil dieser Betriebe ging deshalb bereits 1862 zur Produktion ganzwollener Gewebe über.[640] Doch war

634 *Jahresbericht der Handelskammer Köln für 1860.*

635 *Jahresberichte der Handelskammern Berlin und Düsseldorf für 1860.*

636 *Jahresberichte der Handelskammern Köln, Berlin, Görlitz und Elberfeld-Barmen für 1860.*

637 *Jahresbericht der Handelskammer Elberfeld-Barmen für 1861.*

638 Ebenda.

639 *Jahresbericht der Handelskammer für die Kreise Schweidnitz, Reichenbach und Waldenburg für 1861.*

640 *Jahresbericht der Handelskammer Stolberg für 1862.*

dies keine allgemeine Erscheinung; denn die quantitative Nachfrage nach halbwollenen Waren steigerte sich auch 1862. Je mehr nun die Beendigung des amerikanischen Bürgerkrieges in die Ferne rückte und die Baumwollpreise in die Höhe stiegen, um so günstiger entwickelte sich besonders der Absatz der halbwollenen Stoffe, aber auch der der Kammgarngewebe. Für die halbwollenen Gewebe bestand insofern eine günstige Situation, daß ihnen die Teuerung der rein baumwollenen Waren bei verhältnismäßig niedrigen Wollgarnpreisen zustatten kam. Auf diese Weise waren sie diejenigen Stoffe, die am billigsten zu haben waren und die darüber hinaus beiden – sowohl den wollenen als auch den baumwollenen – am nächsten kamen. Deshalb konnten 1863 in einigen Bezirken der Halbwollweberei die einlaufenden Aufträge kaum bewältigt werden, und die Auftraggeber mußten Lieferfristen von 4 bis 6 Monaten in Kauf nehmen.[641] Diese Entwicklung setzte sich zunächst auch im Jahre 1864 fort, wobei die stark angestiegenen Baumwollpreise den reinwollenen Kammgarngeweben selbst gegenüber den halbwollenen zu einem gewissen Vorteil verhalfen. Doch nach wie vor blieb der Absatz in halbwollenen Erzeugnissen bedeutend, wenn sich auch die Preise nicht in gleichem Maße mit denen der Rohstoffe erhöhten. Die Berliner Orleans-Weberei konnte während der Monate Mai bis September den vorhandenen Bedarf nicht decken.[642] Der Berliner Großhandel bezog deshalb große Mengen solcher und anderer Gewebe aus Gera und Greiz.[643] Die Verteuerung des Kredits und das Sinken der Baumwollpreise bewirkten jedoch im letzten Quartal des Jahres eine Geschäftsstockung, die vorübergehend diesen günstigen Verlauf zum Stillstand brachte. Doch bereits im Frühjahr 1865 gestaltete sich der Absatz wieder günstig. Für die Halbwollweberei ging jedoch zunächst im April die günstige Absatzperiode zu Ende, da das fortwährende Sinken der Baumwollpreise ihren Bedarf einschränkte. Hingegen blieben einzelne Waren, insbesondere Kleiderstoffe, noch im Absatz günstiger. Das gleiche traf nicht für die Kammgarnerzeugnisse zu, da hier die hohen Garnpreise eine weitere Ausdehnung des Absatzes hemmten und allgemein infolge der sinkenden Baumwollpreise auch mit einem Nachlassen der Preise für Kammgarnerzeugnisse gerechnet wurde, wodurch sich die Käufer größere Zurückhaltung auferlegten.[644]

Im Gegensatz zur Streichgarnweberei können wir für die Kammgarn- und Halbwollweberei verhältnismäßig günstige Realisierungsbedingungen mit zunehmender Intensität bei ebenfalls starker Konkurrenz auf dem inneren Markt während der ersten fünf Jahre des siebenten Jahrzehnts feststellen. Die Auswirkungen des amerikanischen Bürgerkrieges waren für diesen Zweig der deutschen Wollindustrie nur in geringem Maße nachteilig, vielmehr führte die Baumwollverteuerung zu einem zunehmenden Verbrauch halbwoll- und kammgarnener Waren, was die Realisierungsbedingungen für die gesteigerte Produktion wesentlich erleichterte. Disproportionen zwischen Produktion und Verbrauch in der Art, wie wir es für die

641 *Jahresbericht der Handelskammer Zittau für 1862/63.*
642 *Jahresbericht der Handelskammer Berlin für 1864.*
643 Ebenda.
Jahresbericht der Handelskammer Elberfeld-Barmen für 1865.

Streichgarnindustrie feststellen konnten, traten hier bis zum Jahre 1864 nicht auf. Hingegen war die Zeit der günstigen Absatzgestaltung nach einem Einbruch im vierten Quartal von 1864 und vor allem mit dem zweiten Quartal des Jahres 1865 im wesentlichen vorüber, und seit diesem Zeitpunkt zeigten sich besonders bei der Orleans-Weberei Merkmale der Überproduktion, die jedoch noch nicht allgemein und anhaltend auftraten.

Wenden wir uns abschließend den Realisierungsbedingungen für die Produktion der deutschen Wollspinnerei und ihren Konkurrenzverhältnissen auf dem inneren Markt zu. Für diese Periode müssen wir auch die Streichgarnspinnerei in unsere Betrachtung einbeziehen, die wir bisher im wesentlichen bei diesem Fragenkomplex vernachlässigt haben. Zwar bestand der Hauptteil der erzeugten Streichgarne immer noch aus solchen, die – sei es unmittelbar oder über den Umweg des Lohnauftrags – direkt ohne Eintritt in die Zirkulationssphäre in die Weberei gelangten, aber die unmittelbar für den Markt produzierten Garne besaßen jedoch einen erheblichen Umfang. Der letztere Umstand läßt eine weitere Nichtbeachtung der Marktverhältnisse für die deutsche Streichgarnspinnerei nicht mehr zu. Was den Anteil der ausländischen Garne am gesamten Wollgarnkonsum betrifft, so nahm er zwar in den ersten Jahren ab, aber nicht bedeutend. Er beanspruchte jedoch Ende des zyklischen Aufschwungs schon mehr als ein Fünftel des deutschen Wollgarnkonsums. Die Zunahme der Garnimporte erhöhte sich gegenüber dem ersten Jahr des neuen Jahrzehnts um 60%.[645] Hierbei fiel die stärkste Zunahme mit 29% in die Zeit von 1860 bis 1862, während die nachfolgenden Jahre eine weitere Zunahme um 23% brachten.[646] Was die Zusammensetzung der Garnimporte betrifft, so bestanden sie auch in dieser Periode noch fast ausschließlich aus Kammgarnen, und zwar britischen und französischen Ursprungs.[647] Die Streichgarnimporte spielten eine untergeordnete Rolle, und hierbei waren lediglich die belgischen von einer gewissen Bedeutung.[648] Demzufolge mußte sich in erster Linie die deutsche Kammgarnspinnerei den deutschen Markt mit den ausländischen Konkurrenten teilen, und zwar in einem solchen Maße, daß die ausländischen Garne 1861 über die Hälfte des deutschen Kammgarnkonsums bestritten.[649] Damit befand sich die deutsche Kammgarnspinnerei in dieser Hinsicht in einer ähnlichen Lage wie die deutsche Baumwollspinnerei während der fünfziger Jahre. Bei der deutschen Streichgarnspinnerei war es hingegen anders; denn die in ihr verarbeiteten Garne waren auch während dieser Zeit nahezu ausschließlich deutschen Ursprungs. Demgegenüber war jedoch der eigentliche Markt, insbesondere für reinwollene Streichgarne, gering entwickelt, da die deutsche Streichgarnweberei in hohem Maße Selbsterzeuger war. Dieser Markt bestand demzufolge vor allem in der streichgarnenen Halbwollweberei, die in größerem Maße unabhängig von der eigentlichen Streichgarnweberei existierte, und in den Zentren der Strumpfwirkerei,

645 Vgl. Tabelle 19 (Anhang).
646 Vgl. ebenda.
647 *Bienengräber, A.*, a. a. O., S. 225.
648 *Wichterich, R.*, a. a. O., S. 25; *Jahresberichte der Handelskammer Aachen-Burtscheid für 1861 und 1862.*
649 Vgl. Tabelle 24 (Anhang).

auf die wir in dieser Arbeit nicht näher eingehen werden, sowie in einzelnen Zentren, die bestimmte Spezialitäten der deutschen Streichgarnindustrie erzeugten und von der eigentlichen Streichgarnindustrie gleichfalls unabhängig existierten. Hierzu zählten beispielsweise die rheinische und die Berliner Tücher- und Schalweberei, die jedoch nicht ausschließlich Streichgarne, sondern auch Kammgarne verarbeiteten. Betrachten wir nun die Entwicklung der Absatzverhältnisse für die deutsche Streichgarn- und Kammgarnspinnerei während der ersten sechs Jahre des siebenten Jahrzehnts. Im allgemeinen ergibt sich diese Entwicklung bereits aus den voranstehenden Darlegungen über die entsprechenden Webereibranchen, so daß wir uns an dieser Stelle kurz fassen können.

Für die deutsche Streichgarnspinnerei brachte das Jahr 1860 keine günstigen Ergebnisse, und insbesondere in der zweiten Jahreshälfte waren die Preise – angesichts der angestiegenen Wollpreise – gedrückt. Die Lage in der streichgarnverarbeitenden Industrie spiegelte sich hier wider. Das darauffolgende Jahr begann die deutsche Streichgarnspinnerei mit bedeutenden Vorräten, so daß das Geschäft – angesichts der sinkenden Absatzmöglichkeiten – während des ganzen Jahres im gedrückten Zustand beharrte und sich die Konkurrenz zuspitzte.[650] Die mißliche Lage in der verarbeitenden Industrie führte dazu, daß ein Teil der Lohnspinnereien zur Produktion für den Markt überging.[651] Damit versuchten diese Fabriken, das in ihnen angelegte Kapital infolge fehlender oder unzureichender Lohnaufträge auf diese Weise zu nutzen. Besonders die rheinischen Streichgarnspinnereien litten unter dem verstärkten Konkurrenzkampf, der für sie den Höhepunkt erreichte, als die sächsischen Spinnereien ihre großen Garnvorräte zu äußerst niedrigen Preisen losschlugen.[652] Der starke Konkurrenzkampf hielt auch in den nächsten Jahren an, und er wurde nicht zuletzt durch das Auftreten neuer Spinnereien gefördert. Außerdem wurde der Konkurrenzkampf für diejenigen Streichgarnspinnereien, die reinwollene Garne fertigten, zugespitzt, da infolge des Baumwollmangels selbst die Mischwollgarnspinnereien – die sogenannten Vigognespinnereien – mehr und mehr zur Herstellung reinwollener Streichgarne übergingen.[653] Die Preise blieben deshalb bis in das Jahr 1863 gedrückt, aber die Absatzmöglichkeiten verbesserten sich seit der zweiten Hälfte von 1862. 1864 wurde schließlich die Situation derart günstig, daß die eingehenden Aufträge nur mit Mühe ausgeführt werden konnten.[654] Diese günstigen Absatzverhältnisse kamen jedoch schon Ende 1865 zu einem größeren Stillstand, als die deutsche Streichgarnspinnerei sich großen Garnvorräten, geringen Absatzmöglichkeiten und demzufolge sinkenden Preisen gegenübersah.[655]

Im Gegensatz zur Streichgarnspinnerei verbesserten sich die Absatzbedingungen für die deutsche Kammgarnspinnerei während der zweiten Jahreshälfte von 1860

650 *Jahresberichte der Handelskammern Köln, Eupen, Aachen-Burtscheid und Berlin für 1861.*
651 *Jahresbericht der Handelskammer Aachen-Burtscheid für 1861.*
652 *Jahresbericht der Handelskammer Neuss für 1861.*
653 *Jahresberichte der Handelskammer Plauen für 1861 bis 1865.*
654 *Jahresberichte der Handelskammern Eupen, Berlin, Aachen-Burtscheid, Lennep und Stolberg für 1864.*
655 *Jahresbericht der Handelskammer Berlin für 1865.*

gegenüber dem Jahresanfang. Die Konkurrenzverhältnisse gestalteten sich nach dem zweiten Quartal nicht zuletzt deshalb günstiger, da die französische Konkurrenz, seitdem ihr der französische Staat keine Ausfuhrprämien mehr zahlte, auf dem deutschen Markt nicht mehr so spürbar wurde.[656]
Die Garnpreise wiesen eine steigende Tendenz auf, ohne daß dadurch die Mehrausgaben für die verteuerte Wolle völlig ausgeglichen wurden. Auch 1861 und 1862 litt die deutsche Kammgarnspinnerei noch zeitweise unter dem Druck der ausländischen Konkurrenz, was sich nachteilig auf das Preisniveau auswirkte.[657] Hingegen brachten die Jahre 1863 und 1864 bei steigenden Garnpreisen, die sich zeitweise sogar von der Bewegung der Wollpreise unabhängig machten, einen erhöhten Absatz und zugleich einen abgeschwächten Konkurrenzkampf. Die geringe ausländische Konkurrenz spielte hierbei eine wesentliche Rolle, und zwar vor allem deshalb, weil die Einfuhr der den deutschen Kammgarnen gleichenden französischen Kammgarne fortwährend sank und sie seit März 1864 fast nicht mehr auf dem deutschen Markt in Erscheinung traten.[658] Die Nachfrage gestaltete sich im Jahre 1864 so, daß die Produktion ihr nicht mehr zu folgen vermochte. Diese günstige Situation schlug jedoch in den letzten Monaten des Jahres 1865 in das Gegenteil um, so daß die deutsche Kammgarnspinnerei nicht nur unter der gesunkenen Nachfrage nach ihren Erzeugnissen, sondern wiederum sehr stark unter der französischen Konkurrenz zu leiden hatte.[659] Auch in der deutschen Kammgarnspinnerei zeigten sich zu diesem Zeitpunkt erste Anzeichen der Überproduktion.[660]

d) Ausbruch und Verlauf der Weltwirtschaftskrise von 1866/67 und die nachfolgende Depression in der deutschen Wollindustrie

Wenn wir diesen Abschnitt wiederum mit einem allgemeinen Überblick über den Verlauf dieser Krise in Deutschland einleiten, so müssen wir darauf hinweisen, daß dieses Vorhaben auf größere Schwierigkeiten stößt, da die Erforschung dieser Krise im einzelnen noch ungenügend ist. Selbst neuere Arbeiten haben sich nur wenig mit diesem Problem befaßt. Ohne Zweifel gebührt das Verdienst dem sowjetischen Ökonomen L. A. Mendelson[661], gegenüber der bisher üblichen Überbetonung ihres Charakters als Kreditkrise[662] die Erscheinungen der allgemeinen Überproduktion stärker herausgearbeitet zu haben. In bezug auf die Entwicklung der zyklischen

656 *Jahresberichte der Handelskammern Düsseldorf und Berlin für 1860.*

657 *Jahresberichte der Handelskammern Breslau, Erfurt, Düsseldorf für 1861 und 1862.*

658 *Jahresbericht der Handelskammer Plauen für 1864.*

659 *Jahresberichte der Handelskammern Chemnitz, Düsseldorf, Berlin für 1865.*

660 *Bein, L.*, a. a. O., S. 454.

661 *Mendel'son, L. A.*, a. a. O., S. 671ff. – Auch Kuczynski hat sich dieser Auffassung in seiner neuesten Abhandlung „Studien zur Geschichte der zyklischen Überproduktionskrisen in Deutschland 1825 bis 1866“ angeschlossen (*Kuczynski, J.*, Die Geschichte der Lage der Arbeiter unter dem Kapitalismus, Bd 11, a. a. O., S. 142ff.).

662 Vgl. *Oelßner, F.*, Die Wirtschaftskrisen, Bd 1, Berlin 1952, S. 240ff.; *Mottek, H*,. a. a. O., S. 43.

Krise in Deutschland trifft er die zusammenfassende Feststellung: „Es besteht kein Zweifel, daß die Krise in den Jahren 1866/67 auch in Deutschland eine Krise der allgemeinen Überproduktion war und alle wichtigen Zweige seiner Industrie erfaßte."[663] Mendelson gelangt vor allem auf der Grundlage der zeitgenössischen Schilderungen zu dieser Feststellung. Ohne Zweifel dürfte seine Darstellung der Krise von 1866/67 in Deutschland genügend Anregungen geben für eine gründliche Untersuchung der komplizierten wirtschaftlichen Entwicklung Deutschlands in jener Zeit. Aufgabe dieser Zweiguntersuchung kann es jedoch nicht sein, dieses Problem zu lösen. Die Darstellung der Überproduktionskrise innerhalb der deutschen Wollindustrie hingegen gehört in den Untersuchungsbereich dieser Arbeit.

Wie allgemein bekannt ist, wurde die Krise durch den Zusammenbruch der Londoner Bank „Overend, Gurney u. Co. Limited" – eine der größten Londoner Diskontobanken – im Mai 1866 in England ausgelöst.[664] Friedrich Engels kommentierte dieses Ereignis mit den Worten: „Der panic ist jedenfalls viel zu früh gekommen und kann uns möglicherweise eine gute solide Krisis, die sonst 1867 und 1868 gekommen wäre, verderben."[665] Im Unterschied zu den ernsten Schwierigkeiten auf dem Geldmarkt im Herbst 1864 und 1865 zeigte der Fortgang der Krise, daß sich die Widersprüche im kapitalistischen Reproduktionsprozeß bereits so bedeutend zugespitzt hatten, daß die Überproduktion mehr und mehr zutage trat.[666]

Das Jahr 1865 zeigte in Deutschland hinsichtlich der Entwicklung seiner Wirtschaft die Merkmale des zyklischen Aufschwungs, wenn auch gewisse Schwierigkeiten im Zusammenhang mit der Beendigung des amerikanischen Bürgerkrieges auftraten. Diese Schwierigkeiten resultierten aus den sinkenden Baumwollpreisen, so daß dadurch mehr oder weniger alle Zweige der deutschen Textilindustrie nachteilig betroffen wurden. Besonders große Schwierigkeiten brachte das für die deutsche Wollindustrie, da hier ein anderer Umstand – nämlich die stark reduzierten Absatzmöglichkeiten auf dem Weltmarkt – hinzutrat. Diese Störungen waren jedoch nur vorübergehender Natur, da der Baumwollmangel bzw. die unzureichende Versorgung der Baumwollindustrie Europas mit diesem Rohstoff nicht unmittelbar mit der Beendigung des amerikanischen Bürgerkrieges behoben war. Die Baumwollpreise erreichten deshalb bald wieder einen festen Stand und stiegen zu Beginn des Jahres 1866 bereits wieder an. Angesichts der besonderen Bedingungen, unter denen sich dieser zyklische Aufschwung vollzog – worauf im Abschnitt über den inneren Markt hingewiesen wurde –, hatte er mit Beginn des Jahres 1866 durchaus seinen Kulminationspunkt noch nicht erreicht. Insbesondere fehlte zu jenem Zeitpunkt jenes charakteristische Merkmal der allgemeinen Überspekulation, wie wir es gerade vor Ausbruch der 1857er Krise kennenlernen konnten. Andererseits hatte sich die Ausdehnung der Produktion innerhalb der deutschen Woll- und auch Leinenindustrie auf der Grundlage einer ständig zunehmenden Nachfrage vollzogen, die

663 *Mendel'son, L. A.*, a. a. O., S. 675 (keine autorisierte Übersetzung – H. B.).
664 *Oelßner, F.*, a. a. O., S. 243.
665 *Marx/Engels*, Briefwechsel, Bd 3, Berlin 1949, S. 400.
666 *Mendel'son, L. A.*, a. a. O., S. 636ff.

jedoch nur in diesem Ausmaß auf Grund zeitlich begrenzt wirkender Faktoren real existierte. In dem Moment, in dem die Baumwolle wieder zu normalen Bedingungen in ausreichenden Mengen angeboten wurde, mußten sich innerhalb der Textilindustrie ernste Disproportionen offenbaren und damit die Überproduktion zutage treten. Zumindest die deutsche Wollindustrie hatte jedoch bereits 1865 in gewissem Umfange die auf Grund der Baumwollteuerung besonders gesteigerte Nachfrage übertroffen, worauf nicht zuletzt der bedeutende Rückgang des Wollwarenexports hinwies. 1865 verminderte sich die deutsche Wollwarenausfuhr gegenüber dem vorangegangenen Jahr um mehr als ein Fünftel. In den anderen Zweigen der deutschen Wirtschaft zeigten sich zu diesem Zeitpunkt und auch zu Beginn des Jahres 1866 noch keine solchen offensichtlichen Merkmale einer Überproduktion.
Dies war in Deutschland die allgemeine Situation zum Zeitpunkt des Ausbruchs der britischen Geldkrise und des sich zuspitzenden Konflikts zwischen Preußen und Österreich um die Herrschaft in Deutschland, der schließlich im Juni in den preußisch-österreichischen Krieg mündete. Diese beiden Ereignisse verursachten in Deutschland den verfrühten Ausbruch der Überproduktionskrise. Der Ausbruch der Krise zu einem Zeitpunkt, als die Widersprüche zwischen Produktion und Markt noch nicht voll ausgereift waren, verursachte im Zusammenwirken mit noch anderen Faktoren, daß die Auswirkungen nicht von so schwerwiegender Natur waren wie in den Jahren 1857/58. Auch diesmal waren die Krisenauswirkungen in der deutschen Schwerindustrie geringer als in der Leichtindustrie.[667] Während sich die Krise in der deutschen Textilindustrie bis in das Jahr 1868 erstreckte, überwand die deutsche Schwerindustrie sie bereits mit dem Ende des Jahres 1867.[668] Darüber hinaus zeigte sich die Krise in der deutschen Schwerindustrie vor allem durch den Preissturz, während es wohl kaum zu Produktionseinschränkungen gekommen war.[669] Die Überwindung der Krise in der deutschen Schwerindustrie wurde durch die erhöhten Staatsaufträge erleichtert. Diese Staatsaufträge resultierten aus der Vorbereitung des preußischen Staates auf eine militärische Auseinandersetzung mit Frankreich. Dies führte zur verstärkten Rüstung und zu einem beschleunigten Eisenbahnbau.[670] Daß die Überproduktionserscheinungen in der deutschen Wirtschaft nicht in erster Linie auf den preußisch-österreichischen Krieg zurückzuführen waren, beweisen die Überproduktionserscheinungen im Jahre 1867. Einen plastischen Einblick in die wirtschaftliche Lage Deutschlands in diesem Jahr gibt uns Marx in einem Brief an Engels, in dem er O. Hübner zitiert: „Außer den Waffenfabriken liegen beinahe alle Gewerbe darnieder. Um jedes kleine Amt bewerben sich Hunderte von Hungrigen, in den Städten wächst die Zahl der leerstehenden Wohnungen und der Bewohner, welche keine Miete bezahlen können, Güter und Häuser kommen massenhaft zur Subhastation, die Armenanstalten sind von verkrüppelten Siegern und Arbeitslosen belagert, das Vertrauen zu Gegenwart und Zukunft fehlt überall . . .“[671] An der sich offenbarenden Überproduktion hatten zweifellos einige Faktoren einen mehr oder

[667] Ebenda, S. 675.
[668] Ebenda, S. 673 ff.
[669] Ebenda, S. 675.
[670] Ebenda, S. 671.
[671] *Marx/Engels*, Briefwechsel, a. a. O., S. 498.

weniger großen Anteil, was die genauere Analyse dieser Krise erschwert. Vor allem wird dadurch erschwert nachzuweisen, in welchem Umfange diese Überproduktionserscheinungen unmittelbar aus dem kapitalistischen Reproduktionsprozeß hervorgegangen waren. Die infolge der Mißernten in den Jahren 1866/67 hervorgetretene Verteuerung der Lebensmittel hatte zweifellos einen Anteil daran, da sich damit die Nachfrage nach industriellen Gütern verringerte. Die Beendigung des preußisch-österreichischen Krieges und die Bildung des Norddeutschen Bundes brachten durchaus keine Beruhigung der politischen Atmosphäre in Deutschland. „Von vornherein lag auf der Hand", wie Franz Mehring schreibt, „daß dieser Zustand unmöglich dauern konnte, und tatsächlich glaubte auch niemand an seine Dauer."[672] Der Konflikt zwischen Deutschland und Frankreich im Zusammenhang mit der Luxemburgfrage war ebenfalls nicht dazu angetan, ein günstiges Klima für eine wirtschaftliche Entfaltung zu schaffen.

Bemerkenswert ist für die Einschätzung der wirtschaftlichen Lage im Jahre 1867, daß auch zeitgenössische Berichte nicht übersahen, daß die außerökonomischen Faktoren nicht die alleinige Ursache waren. Im „Städtischen Jahrbuch für Volkswirtschaft und Statistik" von Berlin heißt es beispielsweise: „Aber wenn auch der Friede auf lange hin gesichert wäre, im Jahre 1867 vermochten Handel und Industrie ihren alten Standpunkt noch nicht wieder einzunehmen. Durch den Krieg war eine bedeutende Volkskraft verloren gegangen, die Anstrengungen hatten im großen Umfange Erschöpfung hervorgebracht ... Aber es traten auch besondere Umstände ein, welche die nachteilige Wirkung der allgemeinen Verhältnisse bedeutend verstärken mußten. In Italien, Frankreich und selbst in England stockte die Geschäftstätigkeit, der Verkehr mit den Vereinigten Staaten war durch die ganz außerordentlich hohen Eingangszölle gestört, Brasilien und Paraquay führten gegenseitig Krieg, und in Japan und China war im Vorjahr der Markt überfüllt. Das sind aber lauter Umstände, welche die Handelstätigkeit mindern und die Industrie lähmen."[673] Es wurde hervorgehoben, daß diese Verhältnisse auf nahezu alle Wirtschaftszweige drückten, und soweit die Situation sich für einige etwas besser gestaltete, so geschah dies auf Kosten der Preise der Fabrikate.[674] Wenn die Zeitgenossen die Faktoren, die der Überproduktionskrise entsprangen, an zweiter Stelle nennen, so ist das nur zu verständlich, da sich ihnen die außerökonomischen Faktoren offen anboten.

Diese verschiedenen Umstände müssen bei der Untersuchung und Darstellung der Überproduktionskrise von 1866/67 Berücksichtigung finden, aber man wird trotzdem nicht umhin können, der oben zitierten Feststellung von Mendelson zuzustimmen. Daß diese außerökonomischen Ereignisse nicht die alleinigen Urheber der Überproduktionserscheinungen in der deutschen Wirtschaft waren, zeigen – worauf ebenfalls Mendelson hinweist – die Jahre des deutsch-französischen Krieges, in

672 *Mehring, F.*, Geschichte der deutschen Sozialdemokratie, T. 2, in: Gesammelte Schriften, Bd 2, Berlin 1960, S. 239.

673 *Berlin und seine Entwicklung, Städtisches Jahrbuch für Volkswirtschaft und Statistik*, Jg. 3/1869, Berlin 1869, S. 205.

674 Ebenda.

denen es weder in Deutschland noch in Frankreich – trotz der zeitweilig auftretenden Störungen der Wirtschaft – zu einer allgemeinen Überproduktion kam.
Betrachten wir anschließend den Ausbruch und den Verlauf der Krise in der deutschen Wollindustrie. Das Jahr 1865 hatte für alle Zweige der deutschen Wollindustrie zunächst eine Fortsetzung der Konjunktur gebracht, und die Produktion hatte wiederum eine erhebliche Ausdehnung erfahren. An dieser Ausdehnung der Produktion hatte die Spekulation auf die Wiederkehr der günstigen Absatzmöglichkeiten in den Vereinigten Staaten einen großen Anteil gehabt.[675] Die erhöhten Einfuhrzölle und die Auspowerung des Landes durch den langen Krieg zeigten jedoch bereits 1865, daß die „alten guten Zeiten" nicht wiederkehren sollten. Mit Ausnahme der feinen Wollware, insbesondere dieser Erzeugnisse der Streichgarnindustrie, blieben die Absatzmöglichkeiten weit hinter den hoch gesteckten Erwartungen zurück. Das war nicht allein auf die Höhe der Zölle, sondern zugleich auf die Fortschritte der amerikanischen Wollindustrie zurückzuführen.[676] Außerdem zeigten sich gegen Ende des Jahres Anzeichen eines Überangebots wollener Erzeugnisse auf dem dortigen Markt. Auch in anderer Richtung reduzierten sich die Absatzmöglichkeiten für die deutsche Wollindustrie auf dem Weltmarkt.[677] Im Ergebnis erfuhr der deutsche Wollwarenexport eine beträchtliche Verminderung gegenüber dem Vorjahr.[678] Diese Reduktion betrug mehr als ein Fünftel und war damit zwar geringer als im Jahre 1861, aber beträchtlich größer als zur Zeit der 1857/58er Krise. Angesichts des hohen Anteils des Exports an der deutschen Wollwarenproduktion konnte das nicht ohne Einfluß auf die Lage dieses Industriezweiges bleiben. Ansehnliche Lagerbestände gegen Ende des Jahres blieben deshalb nicht aus. Doch noch von anderer Seite gingen Störungen aus, die den Verlauf des letzten Aufschwungjahres störten. Dazu zählten einmal das zeitweilige Sinken der Baumwollpreise und der damit wieder beginnende größere Verbrauch baumwollener Erzeugnisse zuungunsten halbwollener und ganzwollener Waren. Dies untergrub darüber hinaus vorübergehend das Vertrauen in die Stabilität der bestehenden Preise für Textilerzeugnisse. Zum anderen wirkten die Schwierigkeiten auf dem Geldmarkt im Herbst 1865 in ähnlicher Weise. Alles dies zusammengenommen brachte die zum Teil schon vorhandene und sich weiter entwickelnde Überproduktion zeitweilig ans Tageslicht.
Jedoch mit Beginn des neuen Jahres schien sich alles wieder zum Guten zu wenden. Die Baumwollpreise hatten bereits gegen Ende des vergangenen Jahres erneut einen stabilen Stand mit einer leicht steigenden Tendenz erreicht und übten auch auf das Wollwarengeschäft einen beruhigenden Einfluß aus. Die Aufträge sowohl für Sommerwaren als auch schon für das kommende Herbst- und Wintergeschäft liefen

675 *Jahresbericht der Handelskammer Chemnitz für 1865.*
676 *Jahresberichte der Handelskammern Lennep, Eupen, Görlitz, Breslau für 1865 und 1866.*
677 Ebenda; *Jahresberichte der Handelskammern Hagen, Plauen, Berlin für 1865*; Berichte der Magistrate der Städte Kottbus, Sorau und Sommerfeld für 1865, a. a. O.
678 Vgl. Tabelle 17 (Anhang).

reichlich ein.[679] Alle Branchen der deutschen Wollindustrie erwarteten aus diesen Umständen für sich ein gutes Geschäftsjahr, und lediglich die hohen Rohstoffpreise wurden als den Gewinn beeinträchtigend und darum unangenehm empfunden. Jedoch letzteres schien die Dauerhaftigkeit der günstigen Konjunktur noch zu bestätigen. In einigen Zentren konnten die Streich- und Kammgarnspinnereien die einlaufenden Aufträge nur mit Mühe befriedigen.[680] Auf diese Weise bereitete die deutsche Wollindustrie einen vollendeten Krach vor, wenn auch in dieser letzten Phase nicht mit der gleichen Vollkommenheit wie vor Ausbruch der 1857er Krise. Dies schon deshalb nicht, da diese Scheinblüte nicht das erste Quartal überlebte und die Kreditbedingungen sich nicht in gleicher Weise günstig gestalteten wie damals. Außerdem nahmen an dieser „günstigen" Entwicklung nicht alle Zentren der deutschen Wollindustrie mehr in gleichem Maße Anteil. Die Kottbuser Streichgarnfabrikation hatte bereits im Januar 1866 ihren Höchststand des Jahres erreicht, und auch in einigen sächsischen Bezirken waren schon die ersten Monate nicht entsprechend günstig verlaufen.[681] Zunächst blieben dies jedoch Ausnahmeerscheinungen.

Bereits die Leipziger Ostermesse brachte einen Umschwung. Die Zuspitzung der innenpolitischen Situation mahnte zur Vorsicht, und der Absatz gestaltete sich schwieriger. Vor allem zeigte sich ein starker Druck auf die Preise.[682] Zu dieser Zeit – also im Monat April – wurden bereits die ersten Aufträge zurückgezogen.[683] In den nächsten Wochen bis zum Ausbruch des Krieges verschlechterten sich die Absatzbedingungen und zugleich die Kreditverhältnisse zusehends, um im Juni und Juli sich zu einer nahezu völligen Stockung zu steigern.[684] Die Kriegsgefahr und der Krieg selbst waren gewissermaßen Geburtshelfer des offenen Ausbruchs der Überproduktionskrise. Dadurch wurden die Art ihres Ausbruchs und auch ihr Verlauf beeinflußt, aber dadurch wurde die Überproduktion nicht hervorgebracht. Gerade der nachfolgende Verlauf der Krise zeigte das mit aller Deutlichkeit. Die sich mehr und mehr zuspitzende innenpolitische Situation bewirkte, daß die Krise in der Wollindustrie im Unterschied zu 1857 nicht relativ plötzlich ausbrach, sondern sich verhältnismäßig allmählich zu ihrem Höhepunkt entfaltete. Während die ersten ernsteren Anzeichen sich bereits Ende März/Anfang April stärker andeuteten, wurde die Krise

679 *Jahresbericht der Handels- und Gewerbekammern in Württemberg für 1866 und Jahresberichte der Handelskammern Chemnitz, Königsberg, Lennep, Berlin für 1866*; Jahresbericht des Magistrats von Forst, in: BLHA-Potsdam, Regierungsbezirk Frankfurt a. O., Rep. 3 B, Nr 93.

680 *Jahresberichte der Handelskammern Dresden, Hirschberg, Mühlhausen, Aachen-Burtscheid für 1866*; *Jahresbericht der Handels- und Gewerbekammern in Württemberg für 1866.*

681 *Jahresbericht der Handelskammer Plauen für 1866*; Bericht des Magistrats von Kottbus für 1866, a. a. O.

682 *Jahresberichte der Handelskammern Kottbus, Breslau, Köln, Mühlhausen für 1866.*

683 Ebenda.

684 Ebenda; *Jahresbericht der Handels- und Gewerbekammern in Württemberg für 1866*; *Jahresberichte der Handelskammern Eupen, Lennep, Aachen-Burtscheid, Stolberg, Görlitz, Chemnitz, Plauen, Zittau, Leipzig und Dresden für 1866.*

im Verlaufe des Monats Mai allgemein und erreichte während der Monate Juni/Juli ihren Höhepunkt.

Zunächst äußerte sich die Krise in einem raschen Sinken der Preise und damit in einer bedeutenden Entwertung der Fabrikate.[685] Die gegebenen Aufträge wurden mehr und mehr vollständig zurückgenommen.[686] Dem folgten rasch Produktionseinschränkungen in allen Zweigen der Wollindustrie und in allen ihren Zentren.[687] Die Produktionseinschränkungen erreichten ein Ausmaß, das bei der vorangegangenen Krise nicht beobachtet worden war. Allgemeine Reduzierung der Arbeitszeit, Entlassung von Arbeitern und Stillegung ganzer Betriebe standen auf der Tagesordnung. An diesem Ausmaß des Produktionsrückganges hatte der Krieg einen erheblichen Anteil, und während dieser Zeit war er am ausgeprägtesten. Diese Produktionseinschränkungen waren aber nicht durch seine Dauer begrenzt. Sowohl bereits vor Ausbruch des Krieges als auch lange danach blieb dieser Zustand erhalten, wenn auch nicht in gleichem Ausmaß und in allen Zentren.

Um einen Einblick in diesen negativen Produktionsverlauf zu erhalten, sollen einige Beispiele angeführt werden. Die Lausitzer Streichgarnweberei verminderte ihre jährliche Produktion um 20% und die des Regierungsbezirks Potsdam um 13%.[688] Von Berlin wurde berichtet, daß während der Sommermonate nur ein Viertel der sonst mit der Fertigung von Winterwaren Beschäftigten tätig war.[689] Die Flanellweberei des Handelskammerbezirks Leipzig verminderte ihre Produktion gegen das Vorjahr um 30 bis 40%.[690] Zwei dortige unmittelbar für den Markt arbeitende Streichgarnspinnereien wiesen einen Produktionsrückgang von 25% auf, und die Pfaffendorfer Kammgarnspinnerei AG einen solchen von 29%, wobei das Produktionsquantum des Jahres 1865 bereits um 45% hinter dem des Vorjahres zurückgeblieben war.[691] Eine schlesische Tuchfabrik, von der wir Zahlenangaben besitzen, erzeugte 1866 28% weniger als 1865.[692] Leider besitzen wir für die monatliche Produktionsentwicklung kein so gutes Material wie für die vorangegangenen Krisen. Ohne Zweifel waren die Produktionseinschränkungen in dieser Hinsicht noch bedeutender. Auch hierfür seien zwei Beispiele angeführt. Während die jährliche Produktion in Kottbus um ein Drittel und in Spremberg um mehr als ein Viertel zurückblieb, betrug die Differenz zwischen dem monatlichen Produktionsmaximum und dem -minimum 55 bzw. 60%.[693] Den Kulminationspunkt hatte die Kottbuser Streichgarnindustrie bereits im Januar und die Spremberger im März erreicht, und der Tiefstand fiel in den Monat August bzw. September.[694] In beiden Fällen setzten sich

685 Ebenda.
686 Ebenda.
687 Ebenda.
688 Vgl. Tabelle 2 (Anhang).
689 *Jahresbericht der Handelskammer Berlin für 1866.*
690 *Jahresbericht der Handelskammer Leipzig für 1865/1866.*
691 Ebenda.
692 *Jahresbericht der Handelskammer Hirschberg für 1866.*
693 Berichte der Magistrate von Kottbus und Spremberg für 1866, a. a. O.
694 Ebenda.

die Produktionseinschränkungen also auch nach Beendigung des Krieges weiter fort. Zur gleichen Frage äußerte sich die Aachener Handelskammer in ihrem Jahresbericht: „Nach dem Kriege kehrte das durch mehrere Fallimente erschütterte Vertrauen nicht zurück, und mehrere Spinnereien mußten zur Beschäftigung ihrer Arbeiter für die Tuchfabriken spinnen; hierdurch entstand für die Lohnspinnerei eine höchst nachteilige Konkurrenz, welche den Spinnlohn um 10% herunterdrückte und keinen Gewinn zuließ. Einige Spinnereien mußten den Betrieb einstellen, andere konnten nur wenige Stunden arbeiten lassen, und alle diese Fabriken erlangten nur einen höchst ungünstigen Jahresabschluß."

Wäre der Krieg der eigentliche Schuldige an diesem Krisenverlauf gewesen, dann müßte sich in den letzten Monaten ein günstigerer Absatz gezeigt haben. Das um so mehr, da infolge der beträchtlichen Produktionseinschränkungen für das Wintergeschäft keine größeren Warenvorräte im Verhältnis zum normalen Verbrauch vorhanden waren und die Produktion für diese Saison erst recht spät anlief.[695] Die Spekulation lief auch in dieser Richtung, so daß sich die Wollpreise rasch von ihrem erlebten Sturz erholten. Aus diesen niedrigen Wollpreisen hatten übrigens die deutschen Wollindustriellen unmittelbar vor und während des Krieges nur geringe, das Ausland um so größere Vorteile gezogen.[696] Sie sahen sich demzufolge jetzt gezwungen, ihre Wollvorräte nach dem Kriege zu den höheren Preisen anzukaufen, was infolge der zeitweiligen Belebung des Absatzes auch notwendig schien. Dieser vor allem auf der Spekulation beruhende regere Absatz schlug jedoch sehr schnell in das Gegenteil um, so daß der Absatz von Wollwaren gering und nur zu unter den Selbstkosten liegenden Preisen möglich wurde.[697] Am härtesten wurde davon die deutsche Kammgarn- und Streichgarnspinnerei betroffen, da sich bei der ersteren vor allem die französische und bei der letzteren die belgische Konkurrenz der im eigenen Land nicht absetzbaren Garne in Deutschland zu entledigen suchten.[698] Die Situation in der zweiten Jahreshälfte charakterisierend, schrieb die Breslauer Handelskammer in ihrem Jahresbericht: „Obwohl fast alle Fabrikanten, mit Ausnahme derjenigen, welche Tuchlieferungen für das Militär hatten, den Betrieb derart einschränkten, daß in vielen Orten kaum ein Drittel der Stühle im Gange blieb, häuften sich doch die Lager außerordentlich; in der Frankfurter Sommermesse packten die Verkäufer wegen der geringen Zahl der anwesenden Käufer ihre Waren gar nicht aus. Nach dem Kriege veranlaßten Spekulation und reeller Bedarf ein lebhafteres Geschäft, wenn auch nicht in dem gehofften Umfange. Die Leipziger Michaelismesse entsprach der dort herrschenden Cholera wegen selbst gemäßigten Erwartungen nicht. Die

695 Vgl. *Jahresberichte der Handelskammern Breslau und Berlin für 1866.*

696 *Jahresberichte der Handelskammern Lennep, Eupen für 1866*; *Jahresbericht der Handels- und Gewerbekammern in Württemberg für 1866.*

697 *Jahresberichte der Handelskammern Lennep, Breslau, Düsseldorf, Mühlhausen, Aachen-Burtscheid, Berlin, für die Kreise Schweidnitz, Reichenbach und Waldenburg, Landeshut, Elberfeld-Barmen, Kottbus, Köln, Eupen, Koblenz, Leipzig, Plauen für 1866*; *Jahresbericht der Handels-und Gewerbekammern in Württemberg für 1866.*

698 *Jahresberichte der Handelskammern Plauen, Breslau, Mühlhausen, Lennep, Aachen für 1866.*

Frankfurter Martinimesse war stark überfüllt, ein Preisdruck daher unvermeidlich, somit blieb das Geschäft bis Jahresschluß träge."

Die schlechten Ernten des Jahres 1866, die damit einsetzende Lebensmittelverteuerung und die Choleraepedemien in einzelnen Gebieten Deutschlands haben unstreitig die Absatzmöglichkeiten für die deutsche Wollindustrie in der zweiten Jahreshälfte eingeengt. Doch diese Momente im Zusammenhang mit dem zunächst noch vorhandenen Mißtrauen in die politische Zukunft Deutschlands reichen gleichfalls nicht aus, um die vorhandene Überproduktion von dieser Seite her zu erklären. Diese Faktoren führten nur dazu, daß die deutsche Wollindustrie die Überproduktion schwerer überwinden konnte.

Auch der Weltmarkt bot keine größeren Auswegmöglichkeiten. Der deutsche Wollwarenexport behauptete den niedrigen Stand des Vorjahres. In dieser Hinsicht berichtete die „Handelskammer" Sorau 1866: „Die Geschäftsstockung im zweiten Halbjahr war allgemeiner als seit vielen Jahren. Eine gleich außerordentliche Handelsstockung wie in Europa findet in allen anderen Erdteilen statt, die selbstredend nicht dem deutschen Krieg zur Last gelegt werden können." Um das Bild weiter abzurunden, mögen noch zwei weitere Handelskammern zu Wort kommen. Die Aachener schrieb: „Im Anfang befriedigend, wurde das Geschäft durch die politischen Verwicklungen gestört und durch den Krieg vollständig gelähmt. Mit Deutschland und Italien war der Verkehr unterbrochen, das übrige Europa kaufte nur das Notwendigste, der nordamerikanische Markt war überfüllt. Zahlreiche Fallimente in allen diesen Ländern verursachten große Verluste. Im Herbst belebte sich das Geschäft vorübergehend einigermaßen, Südamerika bezog wenig zu schlechten Preisen." In ähnlicher Weise lautet auch der Bericht der Görlitzer Handelskammer: „Seit langer Zeit war das Geschäft nicht so ungünstig; die beinahe vollständige Stille erstreckte sich fast gleichmäßig auf alle Absatzgebiete unseres sonst so gesuchten Fabrikats. Zu der Stockung in allen Teilen der Levante, hervorgerufen durch äußerst ungünstige Ernten und Steuerüberbürdung, kam im ersten Semester eine fast unerhörte Rechtsverweigerung gegen mutwillige Zahlungseinstellungen in Alexandrien und Kairo . . . Nach den Vereinigten Staaten hat der Absatz fast ganz aufgehört, und namentlich im zweiten Semester wurde nur ganz feine Ware dorthin geschickt, der frühere Export von billigen $^3/_4$-Tuchen stockte gänzlich. Italien, für den hiesigen Markt sehr wichtig, hatte durch den Krieg, welcher die Suspension der Barzahlungen der italienischen Bank herbeiführte, so bedeutende finanzielle Einbußen erlitten, daß nicht nur die Bezüge von Waren sehr schwach waren, sondern daß auch unsere Exporthäuser durch die Entwertung der Banknoten sehr erhebliche Verluste trafen. Nach Süd- und Mittelamerika konnten der inneren Unruhe wegen keine Verschickungen gemacht werden. Der Export nach China, Ostindien und Japan nimmt zu."

Die Krise im Jahre 1866 zeigte sich jedoch nicht allein im Preissturz, im stark reduzierten Absatz, im Produktionsrückgang und in der daraus resultierenden Massenarbeitslosigkeit; auch die anderen charakteristischen Krisenmerkmale waren vorhanden. Die Verluste, die die Wollwarenfabrikanten erlitten, waren beträchtlich und führten nicht selten zum Bankrott. Diese Verluste resultierten sowohl aus den auftretenden Zahlungseinstellungen von Geschäftspartnern als auch aus der starken Entwertung der Rohstoffe, Halbfabrikate und Fertigerzeugnisse. Der Preissturz vor Ausbruch des Krieges entwertete die aus teuren Wollen gefertigten Waren, so daß ein Verkauf – soweit er überhaupt möglich war – nur verbunden mit erheblichen Verlusten erzielt werden konnte. Der erneute Einkauf der Wolle zu relativ hohen Preisen nach dem Kriege brachte nach der wiederholten Absatzstockung im vierten Quartal wiederum beträchtliche Verluste. Zu den im Verlaufe der Krise aufgetretenen Verlusten äußerte sich der Forster Magistrat in seinem Jahresbericht: „Die der hiesigen Fabrikation unter solchen Verhältnissen geschlagenen Wunden sind sehr tief, sie zählen nach Hunderttausenden und kein Geschäftsmann ist davon verschont geblieben."[699] Die Plauener Handelskammer führte zum gleichen Problem vor allem in bezug auf die dortige Tuchfabrikation aus: „Der Absatz stockte fast das ganze Jahr hindurch vollständig und die Arbeits- und Verdienstlosigkeit erreichte, namentlich in Kirchberg, eine Dauer und Intensität, infolge deren der durch die günstigen Geschäftsverhältnisse der vorhergehenden Jahre unter den dortigen Meistern und kleineren Unternehmern begründete bescheidene Wohlstand großenteils wieder zugrunde ging."

Als das Jahr 1866 zu Ende ging, sahen die Fabrikanten der Wollindustrie noch keine Aussicht auf eine Verbesserung ihrer Absatzverhältnisse, und mit beträchtlichen Warenvorräten begannen sie das neue Jahr. Die Überproduktion war noch nicht überwunden. Bestenfalls konnte zu diesem Zeitpunkt im Vergleich zum Tiefpunkt der Krise von einer Milderung während der letzten Monate gesprochen werden. Die anhaltende Teuerung und die zeitweilig erneut aufkommende Kriegsfurcht führten zu keiner wesentlich gesteigerten Nachfrage nach den Erzeugnissen der Wollindustrie. Im Gegenteil, die Schwierigkeiten auch in den anderen Zweigen der Wirtschaft, die zeitweilig bestehende Massenarbeitslosigkeit und die sich verschärfende Verteuerung infolge der neuen Mißernten im Jahre 1867 bewirkten in der zweiten Jahreshälfte eine erneute Einengung der kauffähigen Nachfrage.

Damit verschärfte sich angesichts der aus dem vorangegangenen Jahr noch herrührenden großen Warenvorräte der Konkurrenzkampf beträchtlich. In dieser Hinsicht spitzte sich die Lage noch dadurch zu, daß das Ausland sich verstärkt um den deutschen Markt bewarb. Vor allem die britische, französische und belgische Konkurrenz trat 1867 noch stärker auf dem deutschen Markt auf. Die Garnimporte erhöhten sich gegenüber dem Vorjahr, in dem sie – vor allem infolge des Krieges – um 8% gesunken waren, um ein Fünftel, und die Wollwarenzufuhr steigerte sich sogar um 44% und gegenüber 1865 um mehr als ein Viertel.[700] Demgegenüber bot der Weltmarkt auch im Jahre 1867 keine ausreichenden Abzugsmöglichkeiten, wenn auch gewisse Erleichterungen eintraten.[701] Zwar konnte die deutsche Wollgarnspinnerei ihre Ausfuhr verdoppeln, aber mit diesen 70800 Zentnern blieb der Produktions-

699 Jahresbericht des Magistrats von Forst für 1865, a. a. O.
700 Vgl. Tabellen 17 u. 19 (Anhang).
701 Vgl. ebenda.

anteil des Exports für eine Erleichterung der Lage für die deutsche Spinnerei noch unbedeutend.[702] Auch die 11prozentige Steigerung der Wollwarenausfuhr war unzureichend. Diese erhöhte Ausfuhr blieb immer noch um 11% gegenüber dem Höchststand von 1864 zurück.[703] Der Absatz nach den Vereinigten Staaten kam nun infolge erneuter Zollheraufsetzungen nahezu zum Erliegen; die bis in das vergangene Jahr hinein noch aufnahmefähigen ostasiatischen Märkte litten nun gleichfalls an Überfüllung.[704]

Nur für wenige Artikel bot sich in der ersten Jahreshälfte ein zeitweilig günstigerer Absatz, aber insgesamt blieb das Geschäft unbefriedigend. Lediglich zur Zeit der Sommerwollmärkte schien sich eine Besserung anzudeuten, was um so berechtigter schien, da die Luxemburgfrage friedlich geklärt wurde und damit das Vertrauen in den Bestand des Friedens zurückkehrte. Im wesentlichen führte das jedoch nur zu einem vorübergehenden Anstieg der Wollpreise, ohne daß danach für den Absatz der Wollwaren eine Besserung eintrat. Im Gegenteil, in der zweiten Jahreshälfte begann die bis in das Jahr 1869 hineinreichende Entwertung der Wolle infolge der sich offenbarenden Überproduktion auch in diesem Bereich.[705] Diesem Preisfall des Rohstoffs mußten auch die Preise der Fabrikate folgen, was wiederum zu ansehnlichen Verlusten seitens der Wollindustriellen führte. Die Situation verschärfte sich noch durch den gleichfalls einsetzenden Preisrückgang für Baumwolle. Damit begannen sich im Jahre 1867 erst die Disproportionen innerhalb der Textilindustrie in vollem Maße zu zeigen, die sich auf Grund der vorangegangenen anormalen Baumwollpreise herausgebildet hatten. Die Absatzverhältnisse verschlechterten sich damit zusehends, und die Überproduktion brach wieder offen hervor. Erneute Produktionseinschränkungen und erneutes Anwachsen der bisher noch nicht geleerten Lager waren die Folgen.[706] Die Kölner Handelskammer schätzte die Ergebnisse des Jahres folgendermaßen ein: „Erschwerung des Absatzes nach Nordamerika, die allgemeine Geschäftsflaute, Überproduktion und Rückgang der Wollpreise führten dazu, daß die Fabrikanten auf den Messen zu Leipzig und Frankfurt a. M. ihre Bestände mit Verlust losschlugen und den Rest durch Reisende und Agenten den Detaillisten anboten, wodurch wiederum der Großhandel beeinträchtigt wurde." Aus Gera wurde berichtet: „Die allgemeine Geschäftsstille, Krieg (in Südamerika – H. B.), politische Störungen und Teuerung riefen Stockung im Absatze und schwere Verluste hervor." In gleicher Weise neben anderen schreibt auch die Breslauer Handelskammer: „Trotz vielfacher Einschränkung der Fabrikation fand eine starke Überfüllung der

702 Vgl. Tabelle 19 (Anhang).

703 Vgl. Tabelle 17 (Anhang).

704 *Jahresberichte der Handelskammern Görlitz und Lennep für 1867.*

705 Vgl. Tabelle 16 (Anhang). – Die Zufuhren von Überseewollen nach London steigerten sich wie folgt: 1864 = + 17%; 1865 = + 23%; 1866 = + 8%; 1867 = + 21%; 1868 = + 18%; 1869 = + 0,4%. – 1863 bis 1868 = + 122% (nach den Angaben im *Jahresbericht der Handelskammer Plauen für 1869*).

706 *Jahresberichte der Handelskammern Zittau, Chemnitz, Eupen, Wiesbaden, Köln, Berlin, Erfurt, Bochum, Lennep, Aachen-Burtscheid, Celle, Osterode, Sorau, Görlitz, Breslau für 1867.*

Messen statt. Der hierdurch entstandene Niedergang der Preise war um so empfindlicher, als Wolle ziemlich hoch bezahlt war; erst einige Monate später konnte man den Preisen des Fabrikats entsprechende Ankäufe machen.“ In den letzten Monaten nahm die Absatzlosigkeit solche Formen an, „daß selbst im vergangenen Jahre 1866 während des Krieges der Absatz ein nicht so schwieriger war wie jetzt“.[707]

Unter diesen Bedingungen fielen die Preise für Halbfabrikate und Fertigwaren schneller als die der Wolle. Bis Ende des Jahres erlebten die Kammgarne einen Preisabschlag von 15 bis 18%, die Streichgarne einen solchen von 25 bis 30% und für geringe Garnsorten sogar bis zu 44%. Tuche fielen durchschnittlich im Preis um 10 bis 15% und halbwollene Waren um 10%.[708] Damit erreichten die Preise zumeist einen solchen Stand, daß dadurch nicht einmal die Produktionskosten gedeckt wurden und erneut große Verluste die Folge waren.[709]

Nicht nur die Preisentwicklung, sondern auch die großen Warenvorräte, die sich in nahezu allen Zentren der deutschen Wollindustrie auftürmten, zeugten von der noch nicht überwundenen Überproduktion. Der Kottbuser Magistrat berichtete: „Es wurde demnach in den letzten Monaten sehr schwach gearbeitet, und die Fabrikanten nahmen so bedeutende Warenläger in das neue Jahr herüber, wie das sonst noch niemals der Fall gewesen ist.“[710]

Die Streichgarngewebeproduktion von Brandenburg/Havel hatte sich 1867 gegenüber dem Vorjahr um 25% verringert, und trotzdem blieben davon 37% auf Lager.[711] Auch im Aachener Handelskammerbericht wurde von „großen Lagern“ gesprochen, und hinsichtlich halbwollener Waren spricht u. a. der Breslauer Handelskammerbericht von „angehäuften Lagern“ und der von Elberfeld, daß „trotz Einschränkung der Produktion ein Teil auf Lager genommen werden mußte.“

Unter diesen Bedingungen begann die deutsche Wollindustrie das dritte Jahr nach Ausbruch der Krise. Auch das Jahr 1868 bot nur bedingt und nur für einzelne Fabrikate eine größere Besserung der sich seit zwei Jahren haltenden schwierigen Absatzlage. Mit der sich fortsetzenden Entwertung der Wolle sanken auch die Preise für die Fabrikate weiter. Hierzu äußerte sich „Das Deutsche Wollen-Gewerbe“ in seiner zweiten Nummer des Jahres 1868 (15. Oktober): „Denn, wenn auch das Rohmaterial im Preis gefallen, so waren doch Warenpreise schon seit der Kriegsperiode von 1866, teils infolge dieser, teils als Folge des seit jener Zeit fast gänzlich stockenden Absatzes nach überseeischen Plätzen, schon seit Jahresfristen so gefallen, daß man die in diesem Jahre eingetretenen niedrigen Konjunkturen des Rohmaterials mehr als einen Ausgleich der schon früher eingetretenen Baisse im Warenhandel wie als ein

707 Bericht des Magistrats von Kottbus für 1867, in: BLHA-Potsdam, Regierungsbezirk Frankfurt a. O., Rep. 3 B, Nr 93.

708 *Jahresberichte der Handelskammern Plauen, Dresden, Wiesbaden und Berlin für 1867.*

709 *Jahresberichte der Handelskammern Plauen, Chemnitz und Bericht des Magistrats von Kottbus für 1867*, a. a. O.

710 Bericht des Magistrats von Kottbus für 1867, a. a. O.

711 Bericht des Magistrats von Brandenburg/Havel vom 16. Januar 1869, in: BLHA-Potsdam, Rep. 1, Nr 399.

neues Motiv zu weiteren Preisermäßigungen für die Fabrikanten ansehen mußte."[712]
Der Preisfall selbst war recht unterschiedlich. Nach den Angaben vom Berliner Wollmarkt sanken die Wollpreise bei feinen um knapp 13% und bei ordinären Qualitäten um ein Fünftel.[713] Auf den Württemberger Wollmärkten sanken im Juni die Preise im Vergleich zu den vorjährigen Marktpreisen noch stärker. Der Preisabschlag bei feinen Wollen betrug dort 17 bis 22% und bei den niedrigsten Qualitäten 21 bis 28%.[714] Doch selbst zu diesen stark gesunkenen Preisen konnten die Wollen nicht vollständig veräußert werden. Auf den Breslauer Wollmärkten verblieben 27% der angebotenen Wollen unverkauft, und in Berlin waren es fast 50%.[715] Aus dieser Situation heraus und der sich wiederum um fast ein Fünftel erhöhenden Zufuhren aus Übersee nach dem Zentralmarkt für diese Wollen in London hielten sich die Preise in den nächsten Monaten des Jahres nicht einmal auf diesem niedrigen Stand.[716] Von dieser Seite bestand also für die deutsche Wollindustrie keine günstige Bedingung; denn die niedrigen Wollpreise erleichterten zwar eine weitere Herabsetzung der Preise für Halbfabrikate und Fertigerzeugnisse, aber der fortwährende Preisfall des Rohstoffs mußte andererseits zu erneuten Verlusten seitens der Fabrikanten und des Handels führen, was notwendigerweise die Entwicklung eines lebhaften Geschäfts verhindern mußte.
Die Exportmöglichkeiten auf dem Weltmarkt erfuhren im Jahre 1868 keine weitere Besserung, denn das Exportgeschäft bewegte sich in den engen Grenzen des Vorjahres, und die deutsche Wollgarnausfuhr verminderte sich sogar um 8%, aber blieb damit immer noch wesentlich über dem Stand der Vorkrisenjahre.[717] Sowohl der europäische Markt als auch die überseeischen Märkte zeigten keine größere Aufnahmefähigkeit, sondern teilweise dauerte dort die Überfüllung an.[718] Daß der deutsche Wollwarenexport im Jahre 1868 keine Verminderung erfuhr, lag vor allem daran, daß sich die deutsche Wollindustrie gezwungen sah, um jeden Preis zu exportieren, damit die Verluste infolge der fortwährend sinkenden Rohstoffpreise nicht noch größer wurden.[719] In gewissem Umfange hatte der sich in den letzten Monaten des Jahres wieder belebende Export nach den orientalischen Staaten, nach den asiatischen Märkten und nach Italien seinen Anteil daran, aber auch zu jener Zeit erschwerte der harte Konkurrenzkampf die Erzielung günstiger Resultate.[720] Die beobachtete Belebung im Exportgeschäft Ende des Jahres deutete jedoch bereits das Ende der Stagnation im Ausfuhrhandel für Wollwaren an.

712 *Über Messen, insbesondere die letzte Leipziger Michaelismesse*, in: Das Deutsche Wollen-Gewerbe, Jg 2/1868, S. 11.
713 Vgl. Tabelle 16 (Anhang).
714 *Jahresberichte der Handels- und Gewerbekammern in Württemberg für 1867 und 1868.*
715 *Jahresberichte der Handelskammern Breslau und Berlin für 1868.*
716 Ebenda.
717 Vgl. Tabellen 17 u. 19 (Anhang).
718 *Jahresberichte der Handelskammern Zittau, Chemnitz, Plauen, Görlitz, Hagen, Berlin, Sorau für 1868*; *Jahresbericht der Handels- und Gewerbekammern in Württemberg für 1868.*
719 *Jahresbericht der Handelskammer Köln für 1868.*
720 *Jahresberichte der Handelskammern Görlitz und Köln für 1868.*

Der deutsche Markt wurde ebenfalls durch erhöhte Zufuhren seitens des Auslandes für die deutsche Wollindustrie eingeschränkt. Die Garnimporte stiegen gegen das Vorjahr um 16% und die Wollwarenzufuhren um 37%.[721] Damit wurden in Deutschland gegenüber dem letzten Aufschwungjahr 1865 15% mehr ausländische Garne und 72% mehr wollene Fertigerzeugnisse angeboten.
Von der Sicht der bisher dargelegten Umstände wird schon erklärlich, daß die Lage für die deutsche Wollindustrie weiter angespannt blieb. Von seiten der Nachfrage auf dem inneren Markt wurde jedoch die Situation für die deutsche Wollindustrie im Verlaufe des Jahres erleichtert. Die Aufnahmefähigkeit des deutschen Marktes erhöhte sich infolge der seit 1865 außerordentlich gesunkenen Preise für die Fabrikate, und die im allgemeinen günstigen Ernten führten zu einem Sinken der Lebensmittelpreise, was diese Entwicklung noch unterstützte.
Den günstigsten Verlauf nahm die deutsche Halbwollweberei, deren Absatz sich teilweise sogar auf Kosten reinwollener Erzeugnisse hob und die sich ihrer Lagerbestände weitgehendst entledigen und die Produktion sogar in einzelnen Zentren ausdehnen konnte.[722] Lediglich in den Sommermonaten stockte der Absatz vorübergehend, aber danach trat wiederum Besserung ein, und die Preise – wenn auch niedriger als im Vorjahr – stellten sich, angesichts der niedrigen Rohstoffpreise, verhältnismäßig günstig.[723] Weniger günstig hingegen verlief das Geschäft in reinwollenen Kammgarnartikeln, da der mangelnde Export sich hier stärker nachteilig auf den inländischen Absatz bemerkbar machte, aber insgesamt gestaltete sich auch in diesem Bereich die Situation besser als in den beiden vorangegangenen Jahren.[724]
Was den Hauptzweig der deutschen Wollindustrie – die Streichgarnweberei – anbelangt, so brachte das Jahr recht unterschiedliche Resultate. Das Frühjahrs- und Sommergeschäft brachte vor allem für die fasonnierten Stoffe einen lebhaften und befriedigenden Absatz.[725] Wenn sich auch der Absatz der Tuche in diesem Zeitraum hob, so hemmten doch die großen Warenvorräte und der mangelnde Export ein lebhafteres Geschäft und übten vor allem auf die Preise einen starken Druck aus. In der zweiten Jahreshälfte verschlechterte sich die Situation für die deutsche Streichgarnindustrie wiederum. Davon wurde die Tuchbranche am härtesten betroffen.[726] Über diesen Zeitraum gibt der Berliner Jahresbericht einen anschaulichen Einblick, der auch von anderen Handelskammern bestätigt wurde: „Die Margarethenmesse brachte ungewöhnlich große Warenmassen zu Markte und lieferte ein höchst ungenügendes Resultat. Auch das Herbstgeschäft blieb ohne Leben, und die beiden kurz aufeinanderfolgenden Herbstmessen in Leipzig und Frankfurt a. O.

721 Vgl. Tabellen 17 u. 19 (Anhang).

722 *Jahresberichte der Handelskammern Hagen, Chemnitz, Breslau, Neuss und Köln für 1868.*

723 Ebenda.

724 *Jahresberichte der Handelskammern Plauen, für die Kreise Schweidnitz, Reichenbach und Waldenburg, Chemnitz für 1868.*

725 *Jahresberichte der Handelskammern Kottbus, Berlin, Sorau, Breslau, Mühlhausen und Hagen für 1868.*

726 *Jahresberichte der Handelskammern Breslau, Sorau, Berlin, Görlitz, Osterode für 1868; Jahresbericht der Handels- und Gewerbekammern in Württemberg für 1868.*

wurden mit Tuchwaren in nie dagewesener Weise überführt. Für die Tuchfabrikanten lieferten dieselben ein wirklich klägliches Ergebnis." In der eigentlichen Tuchfabrikation war auch in der zweiten Jahreshälfte die Überproduktion noch nicht überwunden. Erst gegen Schluß des Jahres trat auch hier eine Besserung ein. Die Ursachen hierfür erhellt zum Teil die Kölner Handelskammer: „Das Herbst- und Wintergeschäft, anfänglich wegen des milden Wetters träge, hob sich gegen Jahresende, weil die Fabrikanten, gezwungen durch das beharrliche Sinken der Woll- und Tuchpreise, das für sächsische und schlesische Sorten 15 bis 20% betrug, die Lager räumen und den Export nach Nordamerika trotz der hohen Eingangszölle selbst mit Opfern wieder aufnehmen mußten. Dadurch ließ der durch die großen Vorräte geübte Druck nach, und das Jahr schloß mit besseren Preisen und ziemlich lebhaftem Umsatze." Zur Überwindung der Überproduktion hatte jedoch auch die Vernichtung zahlreicher kleinerer Betriebe beigetragen, die dem verschärften Konkurrenzkampf erlagen und so ihren Konkurrenten das Feld räumten. In gleicher Weise wirkten das gegen Jahresschluß sich belebende Exportgeschäft – worauf bereits hingewiesen wurde – und die zahlreich eingehenden Aufträge für die Frühjahrssaison. Damit schloß das Jahr zum erstenmal auch für die deutsche Streichgarnweberei mit günstigen Aussichten.

Für die deutsche Kammgarnspinnerei verlief das Jahr wohl am ungünstigsten, und lediglich während der ersten Monate hatte sie einen belebteren Absatz zu annehmbaren Preisen.[727] Ihre Lage wurde vor allem durch die starken Zufuhren französischer Kammgarne beeinträchtigt, so daß die Preise vor allem in der zweiten Jahreshälfte unablässig fielen und eine weitere Einschränkung der Produktion notwendig wurde.[728] Nach den Angaben der Plauener Handelskammer betrug der erneute Preisabschlag 1868 19 bis 21%. Die Situation für die Kammgarnspinnerei charakterisierend, schrieb die genannte Handelskammer: „Das Geschäft erlahmte bald wieder, um in den Herbstmonaten, der Hauptsaison für diesen Industriezweig, immer schleppender zu werden, so daß größere Umsätze eigentlich nur zu Verlust bringenden Preisen zu bewerkstelligen waren. Das fast gänzliche Fehlen größerer Exportaufträge war eine Veranlassung mehr zu der ungünstigen Lage, in welcher sich das Geschäft während des Jahres 1868 befand."

Die Lage der deutschen Streichgarnspinnerei wurde durch die Situation in der deutschen Streichgarnweberei bestimmt. Doch die weiter anhaltende belgische Konkurrenz engte auch hier den Absatz in Deutschland ein und verhinderte einen nennenswerten Export.[729] Soweit die deutsche Streichgarnspinnerei die sogenannten Vigognegarne spann, war die Situation verhältnismäßig günstig.[730] Für die reinwollenen Streichgarne bot die erste Hälfte des Jahres einen befriedigenden Absatz, und die Preise konnten sich auf dem niedrigen Stand des Vorjahres vorübergehend

727 *Jahresberichte der Handelskammern Dresden, Berlin, Chemnitz und Plauen für 1868.*

728 Ebenda.

729 *Jahresberichte der Handelskammern Mühlhausen, Lennep, Aachen-Burtscheid, Stolberg, Berlin, Dresden, Plauen und Chemnitz für 1868.*

730 *Jahresbericht der Handelskammer Plauen für 1868.*

behaupten oder erlebten sogar eine zeitweilige Erhöhung. In der zweiten Jahreshälfte hingegen setzte ein erneuter Preisfall ein, der insgesamt 14 bis 21% betrug, und erst gegen Ende des Jahres verbesserte sich die Lage mit der Belebung des Absatzes für Streichgarngewebe.[731] Ein Teil der vorhandenen Streichgarnspinnereien, vor allem kleinere, schloß unter diesen Bedingungen für immer ihre Pforten. Insgesamt wurden während des Jahres beträchtliche Kapazitäten nicht genutzt.[732] Bei den Lenneper Streichgarnspinnereien wurden beispielsweise nur zwei Drittel der möglichen Produktion erreicht.[733]

Insgesamt kann man jedoch feststellen, daß während des Jahres 1868 die Überproduktionskrise in der deutschen Wollindustrie überwunden wurde und daß die Entwicklung dieses Industriezweiges während größerer Zeiträume des Jahres mehr den Depressionszuständen als einer eigentlichen Überproduktion ähnelte. Die Depression hielt im wesentlichen auch noch während der ersten Hälfte des Jahres 1869 an, während die zweite Hälfte die Phase der Belebung eröffnete.[734] Dieser folgte in den nachfolgenden Jahren ein erneuter Aufschwung. Diese Entwicklung wurde durch die Beendigung des Preisfalls für Wolle unterstützt.[735] In ähnlicher Weise wirkte auch der mit dem Jahre 1869 erneut einsetzende wachsende Export. Bereits im Jahre 1870 lag die Wollwarenausfuhr mit 14% über dem Vorkrisenhöchststand von 1864.[736]

Zusammenfassend können wir feststellen, daß die deutsche Wollindustrie in den Jahren 1866 bis hinein in das Jahr 1868 die bis dahin schwerste Überproduktionskrise erlebte. Die Überwindung dieser Krise wurde erschwert durch eine Reihe außerökonomischer Ereignisse und der seit 1867 offen zutage tretenden Überproduktion in der Wollerzeugung. Die schwere und lange Dauer der Krise führte zu einer Konzentration der Produktion in der kapitalistischen Großindustrie. Sie hatte einen wesentlichen Anteil an dem relativ hohen Niveau der kapitalistischen Entwicklung der deutschen Wollindustrie gegen Ende der industriellen Revolution, das wir bereits im vorangegangenen Kapitel kennengelernt haben.

6. Die Ergebnisse der industriellen Revolution im Bereich der Produktion und des Marktes sowie der Standortverteilung der deutschen Wollindustrie

Verfolgten wir bisher die Entwicklung von Produktion und Markt während der einzelnen Zyklen, so gilt es abschließend, das Fazit zu ziehen. Die Entwicklung der

731 *Jahresberichte der Handelskammern Dresden, Plauen und Berlin für 1868.*

732 *Jahresberichte der Handelskammern Köln, Lennep, Solingen, Gladbach, Aachen-Burtscheid für 1868.*

733 *Jahresbericht der Handelskammer Lennep für 1868.*

734 *Jahresberichte der Handelskammern Plauen, Chemnitz, Dresden; Jahresbericht der Handels- und Gewerbekammern in Württemberg für 1869; Zur Situation,* in: Das Deutsche Wollen-Gewerbe, Nr 1/1870, S. 1f.

735 Ebenda.

736 Vgl. Tabelle 17 (Anhang).

Wollindustrie erfuhr im Verlaufe der industriellen Revolution nicht nur eine technische und sozialökonomische Umwälzung, die im Sieg der kapitalistischen Fabrikindustrie ihren Ausdruck fand, sondern diese hatte auch zu einer erhöhten Produktion geführt. Wie die im Anhang angeführte Tabelle 34 ausweist, war die Produktionsausdehnung innerhalb der einzelnen Zweige jedoch ungleich. Die Kammgarn- und Halbwollweberei erzielte nahezu eine Verzehnfachung ihrer Produktion gegenüber dem Stand von 1834/38, und die Kammgarnspinnerei steigerte sie auf fast das Sechsfache (auf 575%). Demgegenüber blieb die Streichgarnindustrie zurück; denn der Zuwachs betrug bei der Streichgarnspinnerei „nur" 200% und der der Weberei „nur" 160%. Damit steigerte die Wollindustrie ihre Produktion im Durchschnitt auf fast das Viereinhalbfache. Das Ergebnis dieser unterschiedlichen Entwicklung war ein Strukturwandel. Die deutsche Streichgarnindustrie büßte ihre dominierende Stellung im Verlaufe der industriellen Revolution ein. Noch 1846 standen den 588000 Streichgarnfeinspindeln nur 135000 Kammgarnfeinspindeln gegenüber, und den Anteil des Kammgarnverbrauchs am gesamten deutschen Wollgarnkonsum schätzten wir zum damaligen Zeitpunkt auf nur 17%.[737] 1875 dagegen zählte die Streichgarn- und Vigognespinnerei 1588000 und die Kammgarnspinnerei ebenfalls 1036000 Feinspindeln.[738] Damit übertraf die Streichgarnspinnerei die letztere nur noch um etwas mehr als ein Drittel. Im Produktionsquantum dürfte dieser Unterschied noch geringer gewesen sein, da sich die produktivere Technik in der Kammgarnspinnerei rascher durchsetzte. Während die Selfaktorspindeln hier 61% beanspruchten, betrug ihr Anteil in der Streichgarnspinnerei nur ein Drittel.[739] In der Weberei hatten sich die Verhältnisse sogar soweit verändert, daß die Kammgarn- und Halbwollweberei mit ihren Webstühlen die der Streichgarnweberei um ein Drittel übertraf. So wurde aus dem unbedeutenden Zweig der deutschen Wollverarbeitung der führende Zweig der deutschen Wollindustrie.

Die für alle Bereiche der deutschen Wollindustrie zutreffende hohe Produktionssteigerung war jedoch nur auf der Grundlage eines stark erweiterten inneren Marktes und einer erfolgreichen Ausdehnung des Absatzes auf dem Weltmarkt möglich. Wie wir gesehen haben, traf beides zu. Dank des relativ raschen technischen Fortschritts in der deutschen Wollindustrie und der damit verbundenen Durchsetzung der Fabrik konnte sich dieselbe den Weltmarkt in zunehmendem Maße erschließen. Während sich der Absatz deutscher Leinengewebe im Ausland gegenüber 1834 bis zu den Jahren 1864/73 nur um ein Fünftel vermehrte, gelang es der deutschen Wollindustrie, ihren durchschnittlichen Jahresexport (1860/68) gegenüber 1834/38 auf 336% zu erhöhen.[740] Die Mehrausfuhr wuchs sogar auf mehr als das Dreieinhalbfache an.[741] Es ist hierbei bemerkenswert, daß es der britischen Wollindustrie

737 Vgl. Tabelle 24 (Anhang).

738 Vgl. Tabellen 11 u. 12 (Anhang); *Statistik des Deutschen Reiches*, Bd 35, T. 2, Berlin 1879, S. B 84, 88 u. 94. – Die innerhalb von Kammgarnwebereien befindlichen Feinspindeln wurden hierbei hinzugerechnet.

739 Vgl. ebenda.

740 Vgl. Tabelle 18 (Anhang).

741 Ebenda.

während dieses Zeitraums auch nicht gelang, eine größere Ausdehnung ihres Exports zu erzielen.[742] Schon aus dieser Tatsache ist zu entnehmen, daß der viel zitierten Einschätzung von Reuleaux auf der Weltausstellung in Philadelphia im Jahre 1876 über die deutschen Industrieerzeugnisse – „billig und schlecht“ – eine nicht zu große Bedeutung beigemessen werden darf. Es wäre falsch, aus diesem Urteil zu entnehmen, daß die deutsche Industrie erst nach 1876 auf dem Weltmarkt mit qualitativ hochwertigen Gütern auftrat. Die Erfolge der deutschen Wollwaren auf dem Weltmarkt in der Periode der industriellen Revolution beruhten nicht allein auf ihrer Billigkeit. Die außerhalb der deutschen Grenzen konsumierten deutschen Wollgewebe waren gegenüber den Erzeugnissen der anderen Länder durchaus nicht schlechterer Qualität. Für die deutsche Wollindustrie traf auch jenes Merkmal des deutschen Leinenexports[743] im Vergleich zum britischen nicht zu, daß sie die minderwertigeren, gröberen Sorten lieferte. Soweit es die deutsche Kammgarnweberei betraf, so konnten wir sogar das Gegenteil feststellen.[744] Gegenüber der britischen Konkurrenz lieferte sie die feineren, hochwertigeren Gewebe. In diesem Zusammenhang war doch auch bemerkenswert, daß die britische Streichgarnindustrie während der zweiten Hälfte der sechziger Jahre – also in der Periode des entfalteten Freihandels – auf dem deutschen Markt mit ihren ordinären Gattungen versuchte Fuß zu fassen.[745] Die britischen Fabrikanten sahen also allein in diesem Bereich Möglichkeiten, in Deutschland mit der einheimischen Streichgarnindustrie erfolgreich zu konkurrieren.

An der Zunahme der industriellen Fertigwaren im deutschen Export hatte die Wollindustrie einen ansehnlichen Anteil.[746] Ihr gelang es im Unterschied zu den anderen Zweigen der Textilindustrie – von der Seidenindustrie abgesehen –, bis zum Jahre 1864 gegenüber 1837 den Anteil an der deutschen Ausfuhr nicht unbedeutend zu erhöhen.[747] Mit 18,9% beanspruchten die Wollwaren 1864 fast ein Fünftel des deutschen Exportgeschäfts.[748] Demgegenüber war der Anteil der anderen Zweige der Textilindustrie gering. Die Baumwollerzeugnisse beanspruchten knapp 5, die Leinenwaren nur 3 und die Seidengewebe mit 8% schon etwas mehr.[749] Mit dem Jahre 1864 hatte jedoch die Wollindustrie, was ihre Bedeutung am deutschen Export betraf, ihren Zenit erreicht; denn bereits im Jahre 1869 betrug ihr Anteil nur noch knapp 10%.[750] Wenn sich darin auch die Nachwehen der Krise von 1866/67 noch widerspiegelten, so war dies doch nicht die eigentliche Ursache, sondern darin begann sich vor allem der erfolgte Strukturwandel in der deutschen Industrie ab-

742 Vgl. Tabelle 32 (Anhang).
743 *Blumberg, H.*, Ein Beitrag zur Geschichte der deutschen Leinenindustrie von 1834 bis 1870, a. a. O., S. 98.
744 Vgl. S. 164.
745 Vgl. S. 265 f.
746 Vgl. *Bondi, G.*, a. a. O., S. 129 ff.
747 Ebenda, S. 146.
748 Ebenda.
749 Ebenda.
750 Ebenda.

zuzeichnen.[751] Doch trotz dieses Rückganges blieb die Ausfuhr deutscher Wollwaren anteilmäßig von den Textilerzeugnissen noch die bedeutendste. Die nachfolgende Übersicht soll dies verdeutlichen und zugleich die Veränderungen während der industriellen Revolution wiedergeben.[752]

Zweig	1828	1837	1850	1864	1869
	Textilwarenausfuhr = 100				
Leinenwaren	47	28	29	9	10
Seidenwaren	20	15	21	23	32
Baumwollwaren	9	19	19	13	14
Wollwaren	24	38	31	55	44

Noch in der Vorbereitungsperiode der industriellen Revolution stellte das Leinengewerbe den wichtigsten Exportzweig der deutschen Gewebefabrikation dar, aber bereits im Verlaufe der ersten Jahre des Zollvereins änderte sich das. Die Wollindustrie übernahm jetzt die Führung und gab sie auch bis zum Ende der industriellen Revolution nicht wieder ab. Doch dieser Fortschritt beim Absatz auf dem Weltmarkt wäre weder in einem solchen Umfange möglich, noch für die stattgefundene Produktionsausdehnung ausreichend gewesen, hätte sich nicht die deutsche Wollindustrie während dieser Zeit auf einen sich ausdehnenden und stabilen inneren Markt stützen können. Während des gesamten Zeitraums wurde die Masse der in Deutschland hergestellten Wollwaren im eigenen Lande konsumiert. Die Ursachen für eine so gewachsene Aufnahmefähigkeit des inneren Marktes haben wir im Verlaufe der einzelnen Zyklen bereits kennengelernt. Jetzt wollen wir uns auf dieser Grundlage den für den gesamten Zeitraum geltenden Momenten zuwenden.

Die grundlegende Ursache war die seit der Gründung des deutschen Zollvereins einsetzende beschleunigte kapitalistische Entwicklung in allen Bereichen der Volkswirtschaft und damit die industrielle und die Agrarrevolution. Die dadurch hervorgebrachte sozialökonomische Umwälzung führte die kapitalistische Warenproduktion zum Siege. Damit wurde die Haushaltsproduktion weitgehend vernichtet, was sich für die Wollindustrie in einer erhöhten Nachfrage nach Wollwaren auf dem inneren Markt äußerte. Doch soweit die Haushaltsproduktion in Form der häuslichen Handstrickerei noch weiterhin und bis in die Gegenwart bestehen blieb, wurde nicht mehr selbstgesponnenes, sondern von den Fabriken geliefertes Strickgarn verwendet. Auf diese Weise drang die kapitalistische Industrie selbst in die Haushaltsproduktion ein und erschloß sich diese Nachfrage nach Wollgarn.

Die stärkere Bevölkerungsvermehrung führte ebenfalls zu einer zunehmenden Nachfrage nach Wollwaren auf dem inneren Markt. Bis zum Jahre 1875 wuchs die deutsche Bevölkerung gegenüber 1830 um 13,2 Millionen und damit um fast ein Drittel.[753] Bei gleichbleibendem Pro-Kopf-Verbrauch hätte die deutsche Woll-

[751] Vgl. ebenda, S. 134ff.

[752] Auf der Grundlage der Angaben bei *Bondi, G.*, a. a. O., S. 146, errechnet.

[753] *Statistisches Jahrbuch für das Deutsche Reich*, Jg. 1, a. a. O., S. 5.

industrie dadurch etwa 92400 Zentner Tuch mehr in Deutschland absetzen können. Ein solcher Zuwachs hätte jedoch nicht einmal ausgereicht, um die gegenüber 1830 gesteigerte Produktion der Lausitzer Streichgarnindustrie zu absorbieren.[754]
Diese gewissermaßen naturgemäße Erweiterung des inneren Marktes erlaubte demzufolge nicht ein solches Entwicklungstempo, wie wir es für die deutsche Wollindustrie kennenlernten. Dafür reichte auch die Überwindung der Haushaltsproduktion und des damit wachsenden Pro-Kopf-Verbrauchs von Woll*waren* nicht aus.
Die kapitalistische Wollindustrie konnte für ihre rasch wachsende Produktion nur hinreichende Realisierungsmöglichkeiten finden, wenn sie selbst aktiv auf die Erweiterung des inneren Marktes Einfluß nahm. Der Pro-Kopf-Verbrauch von Wollwaren mußte über das Niveau gehoben werden, das die unabhängig von der Wollindustrie in dieser Richtung wirkenden Faktoren hervorbrachten. Das entscheidende Mittel, um dieses Ziel zu erreichen, war die Steigerung der Arbeitsproduktivität durch die maschinelle Verarbeitung der Wolle und die Vervollkommnung der angewandten Maschinensysteme. Damit konnte die kapitalistische Fabrikindustrie gegenüber dem Wollgewerbe ihre Waren billiger anbieten. Leider besitzen wir keine Preisstatistik, um diese Feststellung zu illustrieren. Für die gleiche Geldmenge konnte demzufolge am Ende der industriellen Revolution gegenüber ihrem Anfang eine größere Warenmenge gekauft werden. In der gleichen Richtung wirkte die sinkende Tendenz der Wollpreise.[755] Der technische Fortschritt in der Spinnerei erlaubte die Herstellung feinerer Garne auch aus schlechteren Wollqualitäten.[756] Damit konnten aus den ordinären Wollen hochwertigere Gewebe als früher hergestellt werden, aber zugleich verbilligte sich dadurch das Gewebe, da eine solche Qualität früher einen besseren, d. h. teureren Wollrohstoff zur Voraussetzung hatte.
Für die kapitalistische Wollindustrie erwies sich das Produktionsprogramm des bisherigen Wollgewerbes als zu eng. Mit den relativ gleichbleibenden Gewebesorten, was vor allem für das bisherige Haupterzeugnis der Streichgarnbranche – das glatte Tuch – zutraf, war die Ausdehnung der Produktion bei gesichertem Absatz nur in engen Grenzen möglich. Der Übergang zu neuen Stoffarten, wie Buckskine, Düffels, Cassinets[757], bereicherte nicht nur das Produktionsprogramm, sondern ließ der Mode, vor allem die ersteren durch ihre Dessins, einen breiten Spielraum. Auf diese Weise konnte sich die Streichgarnweberei weit stärker der Mode bedienen, um die Absatzverhältnisse zu beeinflussen. Damit erreichte sie den Kauf neuer Wollgewebe – zumindest bei den wohlhabenderen Bevölkerungskreisen – vor dem natürlichen Verschleiß der sich bereits in der Konsumtion befindlichen Wollwaren.[758]
Wenn diese verschiedenen Gewebearten das einstige Haupterzeugnis, das Tuch, mit zunehmendem Fortschritt der industriellen Revolution mehr und mehr verdrängten, so war dies nicht allein auf ihre höhere Qualität gegenüber dem Tuch,

754 Vgl. hierzu Tabelle 2 (Anhang).
755 Vgl. hierzu Tabellen 15 u. 16 (Anhang).
756 Vgl. S. 188.
757 Zur Erklärung dieser Stoffarten vgl. die im Anhang angeführte Übersicht.
758 Vgl. Bemerkungen zur Mode, S. 168.

sondern zumindest in gleichem Umfange auf ihre bessere Eignung für die Erfordernisse der kapitalistischen Warenproduktion zurückzuführen. Für die Kammgarnindustrie galt im wesentlichen das gleiche. Ihre Produktion war jedoch schon zu Beginn der industriellen Revolution wesentlich beweglicher. Die Ursachen hierfür dürften verschiedener Art gewesen sein. Als junger Wollverarbeitungszweig war sie nicht in dem Maße an die Tradition gebunden und der ausländischen Konkurrenz wesentlich stärker ausgesetzt. Außerdem spielten ihre Erzeugnisse im Gewebeverbrauch der Bevölkerung zu Beginn der industriellen Revolution, zumindest in Deutschland eine untergeordnete Rolle[759], so daß sie aus all diesen Gründen stärker um die Gunst der Konsumenten kämpfen mußten. Der modische Einfluß der fortgeschritteneren westeuropäischen Konkurrenz wirkte sich auf sie früher und stärker aus. Um den inneren Markt zu beherrschen, mußte die deutsche Kammgarnindustrie bereits zu Beginn der industriellen Revolution den Industrien jener Länder folgen, die die Mode bestimmten. Das Ergebnis dieser Anstrengungen fand seinen Niederschlag in dem wachsenden Anteil der Kammgarnerzeugnisse am deutschen Wollgewebeverbrauch. Allerdings war dieser Umstand nicht der alleinige Erfolg der deutschen Kammgarnindustrie, sondern das entscheidende Verdienst auf diesem Gebiet hatten wohl Großbritannien und Frankreich.

Damit jedoch die Masse der Bevölkerung in größerem Umfange Gewebe der Wollindustrie konsumierte, waren weitere Anstrengungen erforderlich. Die Erzeugnisse der Wollindustrie mußten über das bisherige Maß hinaus verbilligt werden. Dies war jedoch auf der Basis der reinwollenen Gewebe nicht zu erreichen. Deshalb verarbeitete die Wollindustrie in steigendem Maße Surrogate in Gestalt von Mischgarnen, Baumwollgarnen und Kunstwollen. Die Zeit der industriellen Revolution wurde deshalb auch der Beginn der Ära der Mischgewebe. Deshalb gewannen Orleans, Lüstres, Paramattas und Halbmerinos in der Kammgarnindustrie und Moleskine, Circassiennes, Cassinets und andere in der Streichgarnindustrie Bedeutung. Zugleich begann die Industrie auch die ehemals reinwollenen Gewebe unter Verwendung von Baumwolle herzustellen. Dies traf für die Buckskine, aber auch für Tuche zu, z. B. bei denen in der Lausitz hergestellten sogenannten Dreiviertel-Tuchen. Um die bei der Verwendung von Baumwolle mögliche Verbilligung der Gewebe zu veranschaulichen, werden Baumwoll-und Wollpreise angeführt. Die Londoner Auktionspreise für feine australische Wolle bzw. feine Kapwolle betrugen 1860 je englisches Pfund 24 bzw. 18 d. Hingegen zahlte man zur gleichen Zeit für ein englisches Pfung Baumwolle (mittel New-Orlenas) $7^3/_8$ d.[760]

Mit all diesen Maßnahmen wirkte die Produktion aktiv auf die Erweiterung der Nachfrage nach ihren Erzeugnissen ein. Im Ergebnis erhöhte sich der Wollwarenverbrauch – nach unseren groben Schätzungen – pro Kopf der Bevölkerung von 2 Meter im Jahre 1834 auf mindestens 5 Meter bis zum Jahre 1870.[761] Wenn wir die von der Masse der Bevölkerung gegen Ende der industriellen Revolution verbrauch-

759 Vgl. *Schmoller, G.*, a. a. O., S. 484.

760 Angaben sind dem *Jahresbericht der Handelskammer Dresden für 1863* entnommen.

761 Vgl. Tabelle 8 (Anhang).

Die Veränderungen in der Standortverteilung der deutschen Wollweberei[762]

Staaten bzw. Landesteile und Regierungsbezirke	Prozentuale Verteilung der Wollwebstühle			
	1846		1875	
Stadt Berlin		2,1		2,4
Reg. Bez. Potsdam		3,2		6,5
Reg. Bez. Frankfurt a. O.		7,2		11,4
Prov. Brandenburg	12,5		20,4	
Reg. Bez. Arnsberg		1,1		1,9
Reg. Bez. Düsseldorf		8,5		16,2
Reg. Bez. Aachen		13,2		9,1
Rheinprovinz u. Reg. Bez. Arnsberg	23,9		28,4	
Sachsen-Weimar		1,7		2,4
Reuß-Greiz		1,8		6,4
Reuß-Gera		1,8		6,1
R. B. Erfurt (P.)		3,3		2,7
Thüringen	9,4		20,0	
Kreishptm. Zwickau		20,2		7,3
Kreishptm. Leipzig		3,4		3,3
Kreishptm. Bautzen		0,6		0,9
Sachsen	24,3		12,3	
Reg. Bez. Breslau		2,4		1,7
Reg. Bez. Liegnitz		4,0		4,6
Provinz Schlesien	7,1		6,5	
zusammen:	77,2		87,6	
Reg. Bez. Magdeburg	2,2		1,1	
Baden		0,4		0,5
Württemberg		4,7		1,8
Oberfranken		1,3		1,4
Oberpfalz		1,3		0,3
Pfalz		0,9		0,6
Bayern		6,6		3,3
Süddeutschland	11,7		5,6	
Hessische Staaten	1,4		1,5	
Reg. Bez. Köslin	1,1		0,4	
Hannover	2,7		1,3	
zusammen:	19,1		9,9	
insgesamt:	96,3		97,5	
Zollvereinsgebiet von 1846 und Hannover	100,0		100,0	

762 Zusammengestellt nach den Angaben der Zollvereinsstatistik von 1846/47, a. a. O.; *Statistik des Deutschen Reiches*, Bd 34, T. 1, S. 358ff.

ten größeren Wollgewebemengen betrachten, so müssen wir jedoch ein Absinken der Qualität feststellen. Die in dieser Richtung wirkende Tendenz dürfte bis in die Gegenwart angehalten haben, und sie wird in der nahen Zukunft wohl erst durch den verstärkten Einsatz hochwertiger Kunstfasern beseitigt werden.

Im Ergebnis der industriellen Revolution vollzogen sich jedoch auch hinsichtlich der Standortverteilung Veränderungen, die wir abschließend feststellen wollen. Die Entwicklung der Produktion verlief nicht nur in den einzelnen Zweigen der Wollindustrie unterschiedlich, sondern auch zwischen ihren einzelnen Zentren. Um die Veränderungen in der Webereibranche feststellen zu können, mußten wir beide Industriezweige zusammenfassen, da ja die Zollvereinsstatistik keine Unterteilung vorgenommen hatte. Über die Standortverteilung der Wollweberei im Gebiet des Zollvereins von 1846 – einschließlich Hannovers – in den Jahren 1846 und 1875 gibt uns die vorstehende Übersicht Aufschluß.

Die Beschränkung auf das Territorium von Hannover und des Zollvereins von 1846 beeinträchtigte die Aussagekrat unserer Tabelle nicht; denn dieses Gebiet beheimatet 90% der Wollwebstühle des Deutschen Reiches. Wenn wir die Wollweberei des annektierten Elsaß-Lothringen aussondern, so waren es sogar 98%.[763]

Auch am Ende der industriellen Revolution blieben die bereits 1846 bestandenen Hauptzentren der Wollweberei bestehen. Jedoch hatten sie einen noch größeren Teil der Webstühle an sich gezogen, da ihr Anteil von 77,2 auf 87,6% angewachsen war. Zwischen diesen Hauptzentren hatten sich jedoch teilweise beträchtliche Verschiebungen ergeben. Bildete das sächsische Vogtland und damit zugleich Sachsen im Jahre 1846 mit einem Anteil von 20,2 bzw. 24,3% das Gebiet, was die größte Zahl von Webstühlen bei sich konzentrierte, so war es inzwischen beträchtlich abgefallen. Die in ganz Sachsen befindlichen Webstühle beanspruchten 1875 nur wenig mehr als die der Lausitzer Streichgarnindustrie, die ihren Anteil um fast drei Fünftel hatte erhöhen können. Von den wichtigsten Zentren der deutschen Wollweberei wies auch Schlesien eine Abnahme ihres Anteils aus, die jedoch unbedeutend war, da sich in dem wichtigsten Zentrum der schlesischen Wollweberei – im Regierungsbezirk Liegnitz – der Anteil bis 1875 erhöhte. Die anderen Hauptzentren der Wollweberei konnten hingegen ihren Anteil an der Gesamtzahl der Webstühle vergrößern. In Thüringen war diese Entwicklung am erfolgreichsten. Am Ende der industriellen Revolution beheimateten die thüringischen Staaten zusammen mit dem preußischen Regierungsbezirk Erfurt ein Fünftel der deutschen Wollwebstühle. Damit hatte sich der Anteil gegenüber 1846 mehr als verdoppelt. Hinsichtlich der Höhe des Zuwachses folgte dann die Wollindustrie der Provinz Brandenburg, deren Anteil von 12,5 auf ebenfalls 20,4% angestiegen war. Dort wies der Regierungsbezirk Potsdam ebenfalls einen verdoppelten Anteil der Webstühle auf, was hier vor allem der sich rasch ausdehnenden Kammgarnweberei zu danken war, die gegen Ende der industriellen Revolution die dortige Streichgarnbranche übertraf.[764] Innerhalb der Rheinprovinz – den angrenzenden Regierungsbezirk

[763] Vgl. ebenda.

[764] Vgl. ebenda.

Arnsberg hinzugerechnet – erhöhte sich der Anteil bis zum Jahre 1875 auf 28,4%. Dies war ebenfalls der sich ausdehnenden Kammgarn- und Halbwollweberei zuzuschreiben, wodurch der Anteil des Regierungsbezirks Düsseldorf von 8,5 auf 16,2% wuchs. Hingegen fiel der Anteil der Webstühle der Streichgarnindustrie im Regierungsbezirk Aachen von 13,2 auf 9,1%. Doch trotz dieser zwiespältigen Entwicklung konzentrierte die Rheinprovinz 1875 den höchsten Prozentsatz der Wollwebstühle Deutschlands.

Gegenüber diesen Hauptzentren hatten die anderen Gebiete Deutschlands, in denen die Wollweberei im fünften Jahrzehnt noch eine ansehnliche Ausdehnung besessen hatte, beachtlich an Boden verloren. Am ausgeprägtesten traf dies für Süddeutschland zu. War der Anteil der süddeutschen Staaten mit knapp 12% 1846 noch dem der Provinz Brandenburg ebenbürtig, so übertraf ihn jetzt allein der der Kammgarn- und Halbwollweberei des Thüringer Ländchens Reuß-Gera. In Bayern hatten sich die Webstühle anteilmäßig um die Hälfte und in Württemberg sogar um mehr als die Hälfte vermindert.

Für das Ende der industriellen Revolution läßt sich die Standortverteilung der beiden Wollwebereizweige getrennt darstellen. Dies soll anschließend geschehen. Um die Verteilung der Wollgewebeproduktion unter den einzelnen Zentren besser verdeutlichen zu können, werden wir die Maschinen- und Handstühle nicht einfach zusammenzählen, sondern die Maschinenstühle der doppelten Zahl von Handstühlen gleichsetzen. Auf diese Weise entstanden die beiden nachfolgenden Tabellen, die den annähernden Anteil der einzelnen Zentren an der deutschen Streichgarn- bzw. Kammgarngewebeproduktion wiedergeben.

Diese Tabelle verdeutlicht noch eindrucksvoller die starke territoriale Konzentration der deutschen Streichgarnweberei am Ende der industriellen Revolution. Es waren im wesentlichen drei Hauptzentren, die diesen deutschen Industriezweig beherrschten. Die Provinz Brandenburg, das preußische Rheinland und das Land Sachsen besaßen zusammen einen Anteil von 72%. Von diesen 72% erfaßten mehr als drei Viertel und damit mehr als die Hälfte der deutschen Streichgarngewebeproduktion die Betriebe mit mehr als 5 Beschäftigten. Im Verlaufe der industriellen Revolution war die Provinz Brandenburg zum wichtigsten Zentrum dieser Industrie geworden. Ihr Anteil an der Produktion des Deutschen Reiches betrug etwa ein Drittel. Hier war es wiederum die Lausitzer Streichgarnindustrie, die den Kern dieser Industrie in diesem Zentrum mit mehr als einem Viertel der deutschen Streichgarnweberei darstellte. In diesem Gebiet war auch – von dem Regierungsbezirk Liegnitz abgesehen – der größte Teil in den sogenannten Großbetrieben (87%) konzentriert.

Gegenüber diesen drei Hauptzentren blieben die anderen Landesteile Deutschlands, in denen die Streichgarnweberei noch in einem nennenswerten Umfang betrieben wurde, erheblich zurück. Von ihnen hob sich lediglich die schlesische Streichgarnweberei mit dem Zentrum im Regierungsbezirk Liegnitz etwas hervor, deren Anteil noch 7,4% betrug. Die Industrie im Regierungsbezirk Liegnitz übertraf zwar in quantitativer Hinsicht nicht die Hauptzentren, aber hinsichtlich der Konzentration der Produktion innerhalb der Betriebe mit mehr als 5 Beschäftigten. Diese sogenannten Großbetriebe beanspruchten nicht weniger als 90% der dortigen Fertigung von Streichgarngeweben. Das hier erreichte Niveau kam damit dem nahe, das die französische Streichgarnweberei in Elsaß-Lothringen erreicht hatte (97%) und die inzwischen durch die Annexionspolitik des preußisch-deutschen Staates knapp 4% der deutschen Streichgarnweberei darstellte.

Auch im Bereich der Kammgarn- und Halbwollweberei entstanden im Verlaufe der industriellen Revolution nur wenige Zentren, die den Hauptanteil an der Produktion

Die territoriale Verteilung der Streichgarnweberei 1875[765]

Staaten, Landesteile, Regierungsbezirke	Prozentualer Anteil aller „Betriebe“		der Betriebe mit mehr als 5 Beschäftigten	
Reg. Bez. Potsdam		6,3		5,0
Reg. Bez. Frankfurt		26,1		22,6
Provinz Brandenburg	32,7		27,5	
Reg. Bez. Düsseldorf		5,4		4,5
Reg. Bez. Aachen		18,4		14,3
Rheinprovinz	25,1		19,9	
Kreishptm. Zwickau		7,9		2,8
Kreishptm. Leipzig		2,9		1,4
Kreishptm. Dresden		1,9		1,8
Sachsen	14,1		7,0	
zusammen:	71,9		54,4 (75,6% v. 71,9)	
Reg. Bez. Magdeburg	1,3		1,1	
Reg. Bez. Liegnitz		6,8		6,1
Provinz Schlesien	7,4		6,2	
Sachsen-Meiningen		0,7		0,1
Sachsen-Weimar		0,5		0,2
Reg. Bez. Erfurt		1,1		1,1
Thüringen	2,9		1,7	
Reg. Bez. Kassel		1,6		1,0
Hessen-Nassau	1,6		1,2	
Pfalz		1,0		0,7
Bayern	2,8		1,3	
Schwarzwaldkreis		0,7		0,3
Württemberg	1,4		0,6	
Elsaß-Lothringen	3,6		3,5	
zusammen:	21,0		15,6 (74,3% v. 21)	
insgesamt:		92,9	69,9	
Deutsches Reich		100,0	74,4	

765 Berechnet auf der Grundlage der Angaben in: *Statistik des Deutschen Reiches*, a. a. O., S. 358ff., u. Bd 35, T. 2, S. B 82ff. – Entsprechend der höheren Produktionsleistung des Maschinenstuhls wurde er zwei Handstühlen gleichgesetzt.

Die territoriale Verteilung der deutschen Kammgarn- und Halbwollweberei im Jahre 1875[766]

Staaten, Landesteile, Regierungsbezirke	Prozentualer Anteil aller „Betriebe“		der Betriebe mit mehr als 5 Beschäftigten	
Sachsen-Weimar		2,4		0,4
Reuß-Greiz		10,4		6,8
Reuß-Gera		10,0		6,5
Reg. Bez. Erfurt		2,3		0,2
Thüringen	27,8		16,3	
Reg. Bez. Düsseldorf		24,6		18,5
Rheinprovinz	26,7		19,0	
zusammen:	54,5		35,3 (64,8% v. 54,5)	
Kreishptm. Zwickau		5,6		4,7
Kreishptm. Leipzig		2,7		1,9
Sachsen	8,9		7,1	
Berlin		2,7		2,1
Reg. Bez. Potsdam		4,0		0,8
Provinz Brandenburg	7,1		3,2	
Reg. Bez. Breslau		2,8		2,6
Reg. Bez. Liegnitz		4,0		3,9
Provinz Schlesien	6,9		6,4	
zusammen:	22,9		16,7 (72,9% v. 22,9)	
Reg. Bez. Arnsberg		1,9		0,0
Provinz Westfalen	3,0		0,5	
Oberfranken		1,2		0,0
Bayern	2,2		0,6	
Schwarzwaldkreis		0,7		0,4
Württemberg	1,4		0,7	
zusammen:	6,6		1,8 (27,3% v. 6,6)	
Elsaß-Lothringen	8,7		8,7	
insgesamt:	92,7		62,5 (67,4% v. 92,7)	
Deutsches Reich	100,0		66,4	

besaßen. Im Vergleich zur Streichgarnweberei war die Zentralisierung der Produktion in der Mehrzahl der Zentren nicht so weit fortgeschritten. In diesem Bereich der deutschen Industrie gab es um 1875 zwei Hauptzentren, die etwas mehr als die Hälfte der Produktion bei sich vereinigten. Dies waren das preußische Rheinland und die Thüringer Staaten mit dem preußischen Regierungsbezirk Erfurt. Die Kammgarnweberei war in diesen beiden Gebieten recht unterschiedlich innerhalb der sogenannten Großbetriebe konzentriert. Ihr Anteil an der dortigen Produktion

766 Ebenda, Bd 34, T. 1, S. 364ff., u. Bd 35, T. 2, S. B 86ff.

betrug im Rheinland 71, im Regierungsbezirk Düsseldorf sogar 75 und in Thüringen nur 59%.
Neben diesen beiden Hauptgebieten hatten sich noch in Sachsen und in den beider preußischen Provinzen Schlesien und Brandenburg drei weitere Zentren diesen Industrie herausgebildet, die zusammen mehr als ein Fünftel der deutschen Produktion beherrschten. In diesen Zentren spielte – von der Provinz Brandenburg abgesehen – die Haus- und Heimindustrie nur noch eine geringe Rolle. Auch im Bereich der Kammgarnweberei konzentrierte sich in Schlesien mit 93% die Produktion am stärksten in den Betrieben mit mehr als 5 Beschäftigten. Hingegen überwog in der Provinz Brandenburg die Haus- und Heimindustrie noch mit einem Anteil von 55%.
Durch die Annexion von Elsaß-Lothringen hatte die deutsche Kammgarn- und Halbwollweberei einen größeren Zuwachs erfahren als die Streichgarnweberei. Sein Anteil betrug fast 9%, und damit kam die dortige Industrie ihrem Umfange nach der gleichartigen sächsischen Branche sehr nahe. Im Unterschied zu der deutschen Kammgarn- und Halbwollweberei wurde jedoch die Produktion in Elsaß-Lothringen fast ausnahmslos von den zentralisierten kapitalistischen Betrieben gefertigt. Neben den voranstehend genannten Zentren dieses Industriezweiges besaß die deutsche Kammgarn- und Halbwollweberei in der Provinz Westfalen, in Bayern und Württemberg noch eine gewisse Ausdehnung. Diese Gebiete beanspruchten zusammen knapp 7% der deutschen Kammgarn- und Halbwollgewebeproduktion, aber es handelte sich hierbei vorwiegend um Haus- und Heimindustrie.
Eine ähnliche Entwicklung wie in der Wollweberei können wir auch in den beiden Bereichen der Wollspinnnerei feststellen. Die nachfolgende Tabelle gibt die Veränderungen hinsichtlich der territorialen Konzentration wieder.
Ähnlich wie in der Wollweberei können wir – soweit es die Streichgarnspinnerei betrifft – die bereits 1846 bestandenen Hauptzentren auch 1875 als solche wiedererkennen. Es handelte sich hierbei um das preußische Rheinland, Sachsen und die Provinz Brandenburg. Ihren Anteil an der „deutschen" Streichgarnspinnerei hatten diese drei Gebiete um ein Fünftel erhöhen können, so daß sie am Ende der industriellen Revolution vier Fünftel der Produktion beherrschten. Zu diesem Resultat hatte jedoch vor allem Sachsen beigetragen, das gegenüber den 13% im Jahre 1846 jetzt 31% der „deutschen" Streichgarnproduktion beherrschte. Demgegenüber konnte die Rheinprovinz ihren Anteil nur behaupten, während die Streichgarnspinnerei der Provinz Brandenburg infolge des Zuwachses dieser Industrie in der Lausitz diesen auf 26% erhöhte. Daß die sächsische Spinnerei eine solche Ausdehung erreichte, obwohl die dortige Streichgarnweberei „nur" 14% an diesem deutschen Webereizweig besaß, dankte sie vor allem ihrer wachsenden Marktproduktion und des hohen Anteils der Vigognespinnerei in ihr.[767]
Gegenüber diesen drei Hauptzentren der deutschen Streichgarnspinnerei blieben alle Gebiete, in denen die Herstellung von Streichgarnen noch 1846 eine größere Bedeutung besaß, stark zurück. Die Spinnerei dieser Branche in den süddeutschen

767 Vgl. *Isbary, C. R.*, a. a. O., S. 3; *Jahresbericht der Handelskammer Plauen für 1868.*

Die Veränderungen in der Standortverteilung der Streichgarn- und Kammgarnspinnerei[768]

Staat, Landesteile, Regierungsbezirke	Prozentuale Verteilung der Feinspindeln			
	Streichgarn-spinnerei		Kammgarn spinnerei	
	1846	1875	1846	1875
Reg. Bez. Potsdam	5,6	5,5	1,8	1,5
Stadt Berlin	0,6	0,3	1,8	1,2
Reg. Bez. Frankfurt a. O.	17,0	20,1	–	3,9
Provinz Brandenburg	23,2	25,9	3,6	6,6
Reg. Bez. Breslau	2,1	0,1	2,3	4,8
Reg. Bez. Liegnitz	5,8	4,2	0,3	3,5
Provinz Schlesien	8,4	4,3	3,8	8,6
Reg. Bez. Düsseldorf	4,1	5,6	1,7	3,0
Reg. Bez. Köln	2,2	1,3	0,2	6,5
Reg. Bez. Aachen	16,3	15,9	1,2	6,1
Rheinprovinz	23,5	23,5	4,5	16,3
Kreishptm. Zwickau	7,2	25,4	21,5	25,4
Kreishptm. Leipzig	4,9	3,1	9,3	4,4
Sachsen	13,4	31,0	39,4	31,2
Sachsen-Weimar	1,3	0,6	7,9	3,4
Sachsen-Meiningen	–	0,2	4,6	3,4
Reg. Bez. Erfurt	2,7	2,9	9,5	3,7
Thüringen	5,1	4,1	35,1	14,0
Württemberg	5,8	0,5	2,5	6,5
Baden	0,6	0,4	–	–
Bayern	3,9	1,5	7,6	11,1
Süddeutschland	10,3	2,4	10,1	17,6
Hessische Staaten	2,3	1,4	0,4	4,3
zusammen:	86,2	92,6	96,9	98,6
Zollvereinsgebiet von 1846	100,0	100,0	100,0	100,0
Anteil am Deutschen Reich		97,0		78,8
ohne Elsaß-Lothringen		98,6		97,2

Staaten beanspruchte 1846 noch 10%, aber am Ende der industriellen Revolution war dieser Anteil um fast vier Fünftel geschrumpft.

Da die Kammgarnspinnerei noch 1846 in Deutschland gering entwickelt war, hatten in diesem Bereich der deutschen Wollindustrie im Verlaufe der industriellen Re-

768 Berechnet nach den Angaben der Zollvereinsstatistik von 1846/47, a. a. O.; *Statistik des Deutschen Reiches*, Bd 35, T. 2, S. B 82 ff. – Die innerhalb der Kammgarnweberei betriebenen Feinspindeln blieben unberücksichtigt.

volution größere Veränderungen hinsichtlich der Standorte stattgefunden. 1846 konzentrierte sich noch die deutsche Kammgarnspinnerei vor allem in Sachsen und Thüringen. Diese beiden Zentren besaßen damals fast drei Viertel der Feinspindeln dieses deutschen Spinnereizweiges. Bis zum Ende der industriellen Revolution hatten sich neue Zentren herausgebildet. Zu den beiden bereits 1846 bestandenen Hauptgebieten waren das preußische Rheinland mit 16,3 und Süddeutschland mit 17,6% hinzugetreten.

Diese vier Gebiete – von der annektierten französischen Kammgarnspinnerei Elsaß-Lothringens abgesehen – waren 1875 als die Hauptzentren der deutschen Kammgarnspinnerei anzusehen und beanspruchten etwa drei Fünftel der Kammgarnproduktion des Deutschen Reiches. Dieser Industriezweig besaß außerdem noch in den Provinzen Schlesien und Brandenburg mit einem Anteil von 8,6 bzw. 6,6% sowie den hessischen Staaten mit 4,3% eine größere Ausdehnung.[769]

Durch die Annexion von Elsaß-Lothringen hatte die deutsche Kammgarnspinnerei einen Zuwachs von 206920 Feinspindeln (1875) erfahren. Das waren mehr als ein Fünftel der Gesamtzahl des Deutschen Reiches. Hinsichtlich des Umfangs war die Kammgarnspinnerei von Elsaß Lothringen dem bedeutendsten Zentrum in Deutschland – Sachsen mit 226238 Feinspindeln – ebenbürtig.[770]

Die industrielle Revolution hatte also auch innerhalb der deutschen Wollindustrie – soweit sie Untersuchungsgegenstand dieser Arbeit war – zur Herausbildung einiger weniger Zentren geführt, die den überwältigenden Teil der Produktion beanspruchten. Die vor der industriellen Revolution bestehende Verbreitung der Wollverarbeitung über das ganze deutsche Territorium war weitgehend überwunden worden. Vier Gebiete in Deutschland – und wenn wir die Annexion von Elsaß-Lothringen berücksichtigen, waren es fünf – vereinigten in sich den überwiegenden Teil der deutschen Wollindustrie: das preußische Rheinland, die Provinzen Brandenburg, Sachsen, Thüringen (einschließlich des preußischen Regierungsbezirks Erfurt) und Elsaß-Lothringen. Ihr Anteil an den vier Bereichen der deutschen Wollindustrie betrug 86% von der Streichgarnspinnerei, 80% von der Kammgarn- und Halbwollweberei, 79% von der Streichgarnweberei und 73% von der Kammgarnspinnerei.

769 Anteil bezieht sich auf das Zollvereinsgebiet von 1846.
770 Vgl. *Statistik des Deutschen Reiches*, Bd 35, T. 2, S. B 88.

IV. Die Arbeiter der deutschen Wollindustrie

1. Die Entstehungsgeschichte der Arbeiter der deutschen Wollindustrie

a) Die zahlenmäßige Stärke der Beschäftigten im Verlaufe der industriellen Revolution und der Anteil der Industriearbeiter

Für die vorliegende Betrachtung wäre es wünschenswert, die Zahl der im Wollgewerbe Beschäftigten zu Beginn oder zumindest gegen Ende der Vorbereitungsperiode zu kennen. Erst von dieser Sicht her ist eine befriedigende und volle Klärung der Veränderungen im Bereich der Arbeitskräfte durch die industrielle Revolution möglich. Wir verfügen jedoch nicht über solche Angaben für Deutschland aus dieser frühen Periode. Wir müssen deshalb die Daten der Zollvereinsstatistik von 1846 als Ausgangspunkt wählen. Damit beginnen wir jedoch mit einem Zeitpunkt, in dem sich die Wollindustrie bereits mitten im Umwälzungsprozeß befand und sich der erste zyklische Aufschwung des deutschen Industriekapitalismus seinem Ende näherte.

Die ersten Beschäftigtenziffern spiegeln also schon die ersten Ergebnisse der industriellen Revolution im Bereich der Wollindustrie wider. Im Jahre 1846 zählte die deutsche Wollindustrie – einschließlich des Bereichs der einfachen Warenproduktion – im Zollvereinsgebiet 137400 Personen[1], so daß mit den Familienangehörigen schätzungsweise 410000 Menschen ihren Lebensunterhalt im Bereich der deutschen Wollindustrie erwarben. In diesen Ziffern sind die Beschäftigten der Wirkwarenbranche, der Teppichweberei und der Walk-, Appretur- und Färbereianstalten nicht enthalten. Von dieser Gesamtzahl entfielen 29749 auf die Streichgarn-, 8612 auf die Kammgarnspinnerei, und 91000 waren in der Wollweberei tätig. Die restlichen 8049 Arbeiter lebten von der Wollkämmerei. An der gesamten Bevölkerung des Zollvereins hatten die hier angeführten Beschäftigten der Wollindustrie zusammen mit ihren Familienangehörigen einen Anteil von nur 1,3%. In der überwiegenden Mehrzahl handelte es sich bereits um kapitalistisch ausgebeutete Menschen, d. h., sie zählten bereits zum Proletariat.

Eine ansehnliche Zahl der in der Wollverarbeitung tätigen Personen konnte schon als Industriearbeiter angesprochen werden. Wenn uns auch keine genauen Angaben zur Verfügung stehen, so dürften doch nach unseren Schätzungen bereits 53000 Arbeiter in zentralisierten Betrieben, d. h. in zentralisierten Manufakturen und Fabriken gearbeitet haben. Somit wären bereits im Jahre 1846 38,6% der Be-

[1] Errechnet nach den Angaben der Zollvereinsstatistik von 1846/47, in: Sächsisches Landeshauptarchiv, Dresden (im folgenden: SLHA), Ministerium des Innern (im folgenden: M. d. I.), Nr 1398c u. 1398e; *Schmoller, G.*, Die Ergebnisse der im Jahre 1861 zu Zollvereinszwecken veranstalteten Aufnahme der Gewerbe in Württemberg (im folgenden: Die Ergebnisse), in: Württembergische Jahrbücher, Jg. 1862, H. 2, Stuttgart 1863, S. 2ff.

schäftigten Industriearbeiter gewesen. Diese Arbeiter verteilten sich wie folgt auf die einzelnen Bereiche der deutschen Wollindustrie: 10000 auf die Tuchmanufakturen und -fabriken, 5000 auf die Wollzeugmanufakturen und -fabriken, 4700 auf die Wollkämmereien, 25600 auf die Streichgarnspinnfabriken und 8300 auf die Kammgarnspinnfabriken. Hervorzuheben ist jedoch, daß ein beträchtlicher Teil von ihnen noch Manufaktur- und nicht Fabrikarbeiter war und damit sein handwerkliches Können im Produktionsprozeß der kapitalistischen Betriebe immer noch eine wesentliche Rolle spielte. Nach den Angaben von Jürgen Kuczynski gab es im Jahre 1848 einschließlich des Bergarbeiterproletariats rund 700000 Industriearbeiter.[2] Danach beanspruchten die Arbeiter der Wollindustrie 7,6%.

Bereits bis zum Jahre 1861 hatte die Zahl der Industriearbeiter bedeutend zugenommen, aber auch die Gesamtzahl der Beschäftigten war gewachsen. Der Zollverein zählte zu diesem Zeitpunkt – einschließlich der 2126 in der Walkerei tätigen Personen — 157990 Beschäftigte.[3] Das waren 13,4% mehr als 1846. Unter diesen befanden sich mindestens 137000 Menschen, die ihrem sozial-ökonomischen Charakter nach Proletarier waren. Mit 86,4% war dies die überwältigende Mehrheit. Die Zahl der Industriearbeiter hatte sich entsprechend den Fortschritten der industriellen Revolution im Bereich der deutschen Wollindustrie auf 78000 erhöht und war damit gegenüber 1846 um 44,3% gewachsen. Der Anteil der Beschäftigten an der gesamten Bevölkerung hatte sich jedoch im wesentlichen nicht verändert. Zusammen mit ihren Familienangehörigen dürfte 1861 etwa eine halbe Million Menschen von der Wollindustrie ihren Lebensunterhalt bezogen haben. Das waren 1,4% der Bevölkerung.

Somit hätte die Entwicklung der Arbeitskräfte in der Wollindustrie im wesentlichen nur mit der Bevölkerungsvermehrung Schritt gehalten. Diese Feststellung entspricht nicht völlig den tatsächlichen Verhältnissen, da sich das Gebiet des Zollvereins durch die Einbeziehung der Steuervereinsländer vergrößert hatte. Diese Gebietsveränderung konnten wir beim Vergleich der Beschäftigtenzahlen der Wollindustrie vernachlässigen, da sich daraus nur unwesentliche Veränderungen ergeben würden (—2,3%). Es kamen Länder zum Zollverein, in denen die Beschäftigten der Wollindustrie einen geringeren Anteil besaßen als im Zollverein von 1846, so daß sich daraus die geringe Veränderung mit ergibt. Demzufolge hatte auch die Beschäftigtenzahl im Bereich der Wollindustrie etwas stärker zugenommen als die Bevölkerungsvermehrung.

Den Anteil der Wollindustriearbeiter an der deutschen Arbeiterklasse können wir für das Jahr 1861 nicht feststellen, demzufolge auch nicht die Veränderungen. Jedoch können wir den Anteil der Beschäftigten an dem Teil der Bevölkerung anführen, der nicht in der Landwirtschaft tätig war. Von den 4,7 Millionen außerhalb der Landwirtschaft Beschäftigten[4] gehörten 3,3% zur Wollindustrie.

[2] *Kuczynski, J.*, Die Geschichte der Lage der Arbeiter in Deutschland von 1789 bis in die Gegenwart, 6. veränd. Aufl., Bd 1, T. 1, Berlin 1954, S. 61.

[3] Vgl. Angaben bei *Viebahn, G. W. v.*, Statistik des zollvereinten und nördlichen Deutschlands (im folgenden: Statistik), T. 3, Berlin 1868, S. 887ff.

[4] Vgl. *Kuczynski, J.*, a. a. O., S. 189.

Bis gegen Ende der industriellen Revolution hatten die Beschäftigten – die bisher berücksichtigten Gruppen der deutschen Wollindustrie betrachtet – wiederum zugenommen. In diesem Teil der deutschen Wollindustrie waren 1875 162000 Menschen beschäftigt.[5] Gegenüber 1861 hatte sich ihre Zahl nur um knapp 4% erhöht. In noch schnellerem Tempo als bis zum Jahre 1861 war hingegen die Zahl der Industriearbeiter gewachsen; denn diese zählten jetzt 121000 oder 75% der Beschäftigten. Ihr Zuwachs betrug gegenüber 1861 55%. Gegenüber der Bevölkerungsentwicklung blieb jedoch die Zahl der Arbeitskräfte der Wollindustrie zurück. Zusammen mit ihren Familienmitgliedern beanspruchten sie nur noch einen Anteil von 1,2%. Auch in diesem Falle hat die Gebietsveränderung wiederum eine Rolle gespielt, aber seit den sechziger Jahren dürfte das Wachstum der Arbeitskräfte in der Wollindustrie doch nicht mehr dem der Gesamtbevölkerung gefolgt sein. Der Anteil an den nicht in der Landwirtschaft Tätigen ging gegenüber 1861 ebenfalls auf 2,9% zurück. Daran zeigt sich, daß die deutsche Wollindustrie gegenüber anderen Zweigen der deutschen Industrie im Prozeß der quantitativen Entwicklung der deutschen Arbeiterklasse beträchtlich zurückblieb. Darin spiegelte sich die veränderte Industriestruktur im Verlaufe der industriellen Revolution, insbesondere das Zurückdrängen der Textilindustrie durch die machtvolle Entfaltung der deutschen Schwerindustrie, wider.

Kehren wir zum Ausgangsjahr 1846 zurück, so können wir feststellen: Im Verlaufe der industriellen Revolution wuchs die Zahl der Beschäftigten in der Wollindustrie seit 1846 von 137400 auf 162000 an und damit um 17,9%. Wesentlicher als dieser Zuwachs um knapp ein Fünftel war jedoch der strukturelle Wandel, die sozialökonomischen Veränderungen, denen die Beschäftigten unterworfen wurden. Wie auch in den anderen Zweigen der deutschen Industrie konzentrierten sich die Arbeitskräfte immer stärker in kapitalistischen zentralisierten Industriebetrieben und wurden die selbständigen Meister sowie die ausgebeuteten Handwerksgesellen und Handwerksmeister der Hausindustrie bzw. der Manufakturen mehr und mehr zu modernen Industriearbeitern. Von 53000 Industriearbeitern des Jahres 1846, die noch starke Züge der Mentalität des Handwerkers trugen, wuchs die Zahl auf 121000 an, d. h. um 128%. Zugleich stieg damit ihr Anteil von 39 auf 75%.

Über diesen Rahmen hinaus können wir für das Ende der industriellen Revolution auch die Gesamtheit der in der deutschen Wollindustrie Beschäftigten erfassen und ihre Stellung im Bereich der deutschen Textilindustrie feststellen. 1875 zählten alle Zweige der deutschen Wollindustrie 193700 Arbeitskräfte. 147600 oder 76% waren davon Industriearbeiter. Die deutsche Wollindustrie erfaßte damit ein Viertel der Beschäftigten der Textilindustrie. Zwei Fünftel der Industriearbeiter dieses wichtigen Zweiges der deutschen Leichtindustrie wurden in den kapitalistischen Unternehmen der Wollverarbeitung ausgebeutet.

[5] Diese und die nachfolgend sich auf das Jahr 1875 beziehenden statistischen Angaben sind entnommen bei *Engel, E.*, Die deutsche Industrie 1875 bis 1861. Statistische Darstellung der Verbreitung ihrer Zweige über die einzelnen Staaten des Deutschen Reiches mit Hervorhebung Preußens, 2. veränd. Aufl., Berlin 1881, S. 53ff., bzw. auf der Grundlage der dort angeführten Angaben errechnet.

b) Die sozialökonomische Herkunft der Arbeiter der deutschen Wollindustrie

Der Weg zum deutschen Wollindustriearbeiter war wie der Gesamtprozeß der Entstehung und Entwicklung der deutschen Arbeiterklasse qualvoll und lang. Dieser Weg des gesellschaftlichen Fortschritts, in Gestalt der kapitalistischen Fabrikproduktion und des ihr zugehörigen Fabrikproletariats, wurde mit der ökonomischen Vernichtung selbständiger Produzenten und mit ihrer Unterwerfung unter die Knechtschaft des Kapitals erkauft. Er war verbunden mit dem zähen und aufopferungsvollen Kampf dieser selbständigen Produzenten – der Tuchmachermeister und Wollzeugmacher – gegen die überlegenen kapitalistischen Betriebe und um die Erhaltung ihrer ökonomischen Selbständigkeit. Dieser Kampf war aussichtslos; denn der Sieg der kapitalistischen Industrie über das Handwerk war ein gesetzmäßiger Prozeß und letztendlich der Sieg der höheren Produktivität. Diese Tatsache hat Karl Marx recht plastisch zum Ausdruck gebracht: „Solange sich der Maschinenbetrieb in einem Industriezweig auf Kosten des überlieferten Handwerks oder der Manufaktur ausdehnt, sind seine Erfolge so sicher, wie etwa der Erfolg einer mit dem Zündnadelgewehr bewaffneten Armee gegen eine Armee von Bogenschützen wäre.“[6]

Die Entstehungsgeschichte der Arbeiter der Wollindustrie ist deshalb nicht nur mit dem Aufkommen der kapitalistischen Industrie untrennbar verbunden, sondern zugleich mit der Vernichtung des handwerklichen Tuch- und Wollzeuggewerbes und der daraus entspringenden Proletarisierung ihrer Produzenten. Die Untersuchung der sozialökonomischen Herkunft der Fabrikarbeiter in diesem Zweig muß deshalb hier ihren Ausgang nehmen.

Die Anfänge des Proletarisierungsprozesses lagen auch im Bereich der Wollverarbeitung vor der Periode der industriellen Revolution; denn mit der Entstehung des Verlages und der Manufakturen – also mit der Entstehung kapitalistischer Produktionsverhältnisse im deutschen Wollgewerbe – wuchsen auch kapitalistisch ausgebeutete Arbeiter heran. Dieser Prozeß vollzog sich jedoch relativ langsam und konnte auf dieser technischen Grundlage, die durch die Handarbeit charakterisiert wurde, nicht zu Ende geführt werden.[7]

In der Periode der industriellen Revolution änderte sich das jedoch wesentlich, da die steigende Arbeitsproduktivität in den kapitalistischen Betrieben auch die sozialökonomischen Verhältnisse in der deutschen Wollgewebeproduktion revolutionierte. In einem relativ kurzen Zeitraum wurde der Proletarisierungsprozeß in diesem Bereich der Produktion zu Ende geführt. Wenn wir vom Zeitpunkt der ersten Anwendung der Maschinen in der deutschen Wollindustrie ausgehen, wurde dieses Zuendeführen innerhalb von sieben Jahrzehnten erreicht. Dem stand die Entwicklung kapitalistischer Produktionsverhältnisse und damit die allmähliche, unvollständige und durchaus nicht immer kontinuierliche Proletarisierung der Produzenten des Wollgewerbes im Verlaufe von etwa fünf Jahrhunderten gegenüber.

[6] *Marx, K.*, Das Kapital, Bd 1, Berlin 1951, S. 474.
[7] Ebenda, S. 387 u. 788.

Der Proletarisierungsprozeß verlief jedoch in den einzelnen Bereichen der Wollverarbeitung nicht einheitlich, da – wie wir bereits gesehen hatten – auch der Mechanisierungsprozeß unterschiedlich verlief.[8] Am raschesten vollzog er sich bei der Wollspinnerei und dem Veredlungsgewerbe. Die Spinnerei war allerdings bereits vor der Anwendung der Spinnmaschine durch die Lohnarbeit charakterisiert.[9] Bei den Wollhandspinnern handelte es sich um proletarische und halbproletarische Schichten, die zumeist die Wolle der Wollzeug- und Tuchmacher teils nebengewerblich und teils hauptgewerblich gegen Lohn verspannen.[10] Mit der Durchsetzung der Spinnmaschinen in der deutschen Wollindustrie wurde diesen Menschen der Nahrungserwerb entzogen. Angesichts der bedeutend gesteigerten Produktivität im Spinnprozeß durch die Anwendung der Spinnmaschinen, insbesondere der in den Spinnfabriken verwendeten, konnte nur ein geringer Teil von ihnen in den Maschinenspinnereien Arbeit finden. Die ersten Industriearbeiter der Spinnfabriken rekrutierten sich aus den Reihen der ehemaligen Handspinner.[11] Hierbei handelte es sich also im wesentlichen um die Umwandlung proletarischer und halbproletarischer Schichten in moderne Industriearbeiter. Die Masse der ehemaligen Wollspinner wurde jedoch Bestandteil der industriellen Reservearmee.
Im Bereich des Veredlungsgewerbes nahm der Proletarisierungsprozeß bereits vor der allgemeinen Durchsetzung der Maschinen beträchtlich zu, da sowohl in der Streichgarn- als auch in der Kammgarnweberei die Tendenz bestand, selbst auf der Basis der Handarbeit diese Endprozesse zu zentralisieren, da die Veredlung einen wesentlichen Einfluß auf die Verkäuflichkeit der Gewebe ausübte. Zu diesem Zwecke errichteten zahlreiche Verleger-Kaufleute Appretur- und Färbereianstalten und wandelten damit ihr Verlagsunternehmen in eine dezentralisierte Manufaktur um.[12] Damit wurde dem Färberei- und Appreturhandwerk ein wesentlicher Teil seiner bisherigen Produktion entzogen, so daß für einen Teil von ihnen die Aufrechterhaltung der Selbständigkeit unmöglich wurde und der restliche Teil seine Existenz lediglich auf die Entwicklung des selbständigen Webereihandwerks aufbauen konnte. Die Durchsetzung der maschinellen Appretur, die sowohl ihres Produktionsumfanges nach als auch hinsichtlich der Qualität der Arbeit dem Handwerk überlegen war, besiegelte seinen Untergang. Den raschen Fortschritt bei der Proletarisierung dieser Handwerksgruppe zeigt die Entwicklung der Zahl der Tuch-

[8] Vgl. S. 73 ff.
[9] *Schmoller, G.*, Zur Geschichte der deutschen Kleingewerbe im 19. Jahrhundert (im folgenden: Kleingewerbe), Halle 1870, S. 475; *Merkel, H.*, Eine Wirtschaftsgeographie des voigtländischen Wollgewerbes, Diss. Leipzig 1933, S. 43; *Haendly, K.*, Bauern und Weber vom Eichsfeld. Geschichte eines deutschen Kleinstaates, seiner Wirtschaft und der Menschen, die ihn bewohnten 897 bis 1933, Diss. Köln 1949 (MS), S. 96.
[10] Ebenda.
[11] *Merkel, H.*, a. a. O., S. 43; *Bühler, F.*, Die Entwicklung der Tuchindustrie in Lambrecht, in: Wirtschafts- und Verwaltungsstudien, mit besonderer Berücksichtigung Bayerns, Bd 50, Leipzig 1914, S. 67; *Finkenwirth, K.*, Urkundliche Geschichte der Gera-Greizer Wollwarenindustrie von 1572 bis zur Neuzeit, Diss. Leipzig 1909, S. 109.
[12] Vgl. S. 42 ff.

scherer und -bereiter Preußens ganz deutlich.[13] Von 1834 bis 1849 – also seit der verstärkten Anwendung der Appreturmaschinen in der preußischen Streichgarnindustrie – sank ihre Zahl mit 44% um fast die Hälfte. Zu Beginn der sechziger Jahre verblieben dann nur noch 39% der 1834 bestandenen Tuchscherer und Tuchbereiter. Daß es sich dabei zu Beginn der sechziger Jahre um ein aussterbendes Gewerbe handelte, wird durch den gewachsenen Anteil der Meister an der Gesamtzahl und der damit schnelleren Verminderung der Zahl der Gesellen und Lehrlinge deutlich. Waren 1834 rund ein Viertel Meister, so waren es 1861 fast die Hälfte. Während die Zahl der Meister in dem angeführten Zeitraum um 41% sank, verminderte sich die Zahl der von ihnen beschäftigten Gesellen und Lehrlinge um 70%. Dabei gehen wir davon aus, daß es sich bei den gezählten Meistern um selbständige Handwerker handelte, was sicherlich nicht einmal vollständig zutraf. Aus der Tatsache, daß der Anteil der Meister bis 1861 gewachsen ist, wird wohl niemand den Schluß ziehen, daß dies eine Gesundung des selbständigen Handwerks zum Ausdruck bringt. In einer Zeit, in der die kapitalistische Entwicklung voranschritt und in der die Zahl der ausgebeuteten Arbeiter wuchs, äußert sich darin lediglich der erbitterte Kampf dieser übriggebliebenen 895 Meister um ihre selbständige Existenz, die sie in den nachfolgenden Jahren schließlich aufgeben mußten.

Auch die proletarisierten Wollgewebeappreteure bildeten den Stamm der Industriearbeiter in den entstehenden Appreturfabriken bzw. innerhalb der Webereien bestehenden Appreturabteilungen. Ähnlich wie bei den Wollhandspinnern dürfte jedoch nur ein Teil von ihnen als Industriearbeiter in kapitalistischen Betrieben in ihrem Beruf Beschäftigung gefunden haben, während die übrigen Bestandteil der industriellen Reservearmee wurden.

Am langwierigsten vollzog sich der Proletarisierungsprozeß der Weber und ihre Umwandlung in moderne Industriearbeiter in der Weberei. Zunächst bot hier die auch in den kapitalistischen Betrieben weiter allgemein verbreitete Benutzung des Handwebstuhls eine gewisse Gewähr für die Aufrechterhaltung der ökonomischen Selbständigkeit. Aber daß dies nicht von langer Dauer war, wurde bereits nachgewiesen.[14] Doch bereits im Verlaufe der Vorbereitungsperiode hatte in diesem Bereich die Mehrheit der Weber ihre ökonomische Selbständigkeit aufgegeben und sich der Ausbeutung vermögender Meister, aber vor allem der des Handelskapitals, unterwerfen müssen. Die hohen Ausgaben für den Wollankauf und die Notwendigkeit, sich für den Absatz der Ware der Hilfe des Handelskapitals zu bedienen, waren oft der Ausgangspunkt für den Verlust der ökonomischen Selbständigkeit.[15] Die bereits um die Mitte des vierten Jahrzehnts bestehende große Zahl von Lohnwebern rekrutierte sich zumeist aus den Reihen der ehemals selbständigen Weber.[16] Diese Lohnweber

[13] Vgl. S. 86.

[14] Vgl. S. 133ff.

[15] Vgl. *Haendly, K.*, a. a. O., S. 97f.; *Schmoller, G.*, Kleingewerbe, a. a. O., S. 475.

[16] Vgl. *Merkel, H.*, a. a. O., S. 43; *Demmering, G.*, Die Glauchau-Meeraner Textilindustrie, in: Wirtschafts- und Verwaltungsstudien, mit besonderer Berücksichtigung Bayerns, Bd 88, Leipzig 1928, S. 81ff.; *Finkenwirth, K.*, a. a. O., S. 109; *Höttemann*, W., Die

besaßen jedoch in der Regel noch ihren Webstuhl als Eigentum und bezogen nur die Wolle oder später das Garn von ihrem Verleger. Außerdem brauchte der Verleger nicht immer die gleiche Person zu sein[17], d. h. es bestanden auch hier – ähnlich wie in der Leinenindustrie[18] – nicht immer feste Ausbeutungsverhältnisse zwischen einem bestimmten Verleger und dem Lohnweber. In der Regel waren jedoch die bestehenden Ausbeutungsverhältnisse in der Wollweberei in der Form des Verlages ausgereifter als in der deutschen Leinenweberei der dreißiger Jahre.
Der Umstand, daß die Lohnweber zumeist noch Eigentümer der Webstühle waren, ermöglichte ihnen jedoch, sich zeitweise der Ausbeutung der Verleger zu entziehen. Dies hatte nach der Gründung des Zollvereins und der damit verbundenen Ausdehnung des inneren Marktes bei den Lausitzer Tuchwebern eine größere Rolle gespielt.[19] Die Existenz von Lohnspinnereien und Lohn-Maschinenappretur-Unternehmen gestattete es ihnen, die Vorzüge des technischen Fortschritts ebenfalls zu nutzen, so daß sie gegenüber der sächsischen Tuchfabrikation vorübergehend im Vorteil waren. Da sich die bereits vorhandenen kapitalistischen Betriebe vorwiegend den vermehrten Exportgeschäften widmeten, drückte diese überlegene Konkurrenz nicht ihren Absatz auf dem inneren Markt. All das zusammengenommen, erlaubte einem Teil der dortigen Weber, sich des Verlegers zu entledigen. Daraus ist ersichtlich, daß sich auch zu Beginn der industriellen Revolution der Proletarisierungsprozeß nicht kontinuierlich und in den einzelnen Zentren der Wollindustrie Deutschlands nicht gleichmäßig vollzog. Diese Entwicklung war jedoch nur vorübergehend; denn im Verlaufe der vierziger Jahre veränderte sich die Situation für das Tuchhandwerk so, daß es keine Entwicklungsmöglichkeiten mehr hatte.[20] Als im Verlaufe der vierziger Jahre den Wollwebern die Bedingungen für eine erweiterte Reproduktion entzogen waren, bedeutete *jede* politische und ökonomische Erschütterung, die die normalen Absatzbeziehungen vorübergehend aus dem Gleichgewicht brachte, den unmittelbaren Ruin für viele von ihnen. Einem Teil der Tuchmachermeister gelang es zwar auch noch zu dieser Zeit, insbesondere auf der Basis des unmittelbaren Absatzes seiner Ware bei dem Konsumenten, seine Selb-

Göttinger Tuchindustrie in Vergangenheit und Gegenwart, Diss. Göttingen 1931, S. 86; *Wichterich, R.*, Die Entwicklung der Aachener Tuchindustrie von 1815 bis 1914, Diss. Köln 1922 (MS), S. 165.

17 Vgl. *Beutler, A.*, Die Entwicklung der sozialen und wirtschaftlichen Lage der Weber im sächsischen Vogtland, Diss. Greifswald 1921, S. 27; *Rößler, H.*, Ausführlicher Bericht über die von dem Gewerbeverein für das Großherzogtum Hessen im Jahre 1842 veranstaltete Allgemeine deutsche Industrie-Ausstellung zu Mainz, Darmstadt 1843, S. 48f.

18 Vgl. *Blumberg, H.*, Ein Beitrag zur Geschichte der deutschen Leinenindustrie von 1834 bis 1870, in: Mottek/Blumberg/Wutzmer/ Becker, Studien zur Geschichte der industriellen Revolution in Deutschland. Veröffentlichungen des Instituts für Wirtschaftsgeschichte an der Hochschule für Ökonomie Berlin-Karlshorst, Bd 1, Berlin 1960, S. 115ff.

19 *Quandt, G.*, Die Niederlausitzer Schafwollindustrie in ihrer Entwicklung zum Großbetrieb und zur modernen Technik, in: Staats- und sozialwissenschaftliche Forschungen, Bd 13, H. 3, Leipzig 1895, S. 35.

20 Vgl. S. 136. u. 182ff.

ständigkeit zu wahren, aber nur, indem er sein Lebensniveau auf das des Lohnwebers und darunter drückte.

Die vierziger Jahre waren in allen wichtigen Zentren der deutschen Wollindustrie durch die Vernichtung des selbständigen Wollwebers charakterisiert, wobei dieser Prozeß bei den Wollzeugwebern bereits in die Endphase trat.[21] Dieser Prozeß verlief überall in dieser Richtung, aber vollzog sich nicht überall in dem gleichen Tempo. Sein Ausmaß hing in erster Linie von dem Entwicklungstempo der kapitalistischen Unternehmen, insbesondere der Fabriken, ab. Je stärker die Produktion in der deutschen Streichgarnindustrie von den kombinierten Betrieben erfaßt wurde und je mehr sie in Verbindung mit dem kapitalistischen Binnenhandel den lokalen Markt gleichfalls an sich zogen sowie die Bevölkerung damit Geschmack und Gefallen an den neuen modischen Stoffen gewann, um so nachhaltiger war die Vernichtung der einfachen Warenproduzenten im Tuchgewerbe. Bis zur Mitte des vorigen Jahrhunderts begann sich deshalb in Rheinpreußen, vor allem in den Regierungsbezirken Aachen und Düsseldorf, das Ende der selbständigen Tuchmacher abzuzeichnen.[22] Nach R. Wichterich führte der sogenannte Meisterbetrieb in der Aachener Tuchindustrie seit den fünfziger Jahren nur noch ein Schattendasein.[23] In den zurückgebliebenen Agrarbezirken, die von der modernen Industrie unberührt blieben und auch durch die Umwälzung des Verkehrswesens aus ihrer mittelalterlichen Ruhe nicht aufgeschreckt wurden, konnte sich hingegen der selbständige Meisterbetrieb vor allem in der Tuchbranche – orientiert auf den lokalen Absatz – bis gegen Ende des 19. Jahrhunderts halten. Dies traf vor allem für Pommern und Ostpreußen, aber auch für Mecklenburg zu.[24]

Seit den vierziger Jahren begann jedoch im Bereich der Streichgarnindustrie eine neue Erscheinung eine wichtige Rolle zu spielen. Es blieb nicht mehr bei der Unterwerfung des selbständigen Tuchmachermeisters und seiner Verwandlung in einen Lohnarbeiter der Hausindustrie, sondern die Aufsaugung der Hausindustrie durch die sich ausdehnende zentralisierte Handweberei machte große Fortschritte.[25] Damit begann auch die Heranbildung moderner Industriearbeiter im Bereich der Weberei. Diese Feststellung soll jedoch den Unterschied des so entstehenden „Fabrikwebers“ vom modernen Industriearbeiter nicht übersehen lassen.

Der Unterschied bestand vor allem hinsichtlich seiner Stellung im Produktionsprozeß infolge des weiterhin verwendeten Handstuhls. Der Weber bediente sich hier noch des Werkzeugs und diente noch nicht direkt der Maschine.[26] Seine Stellung

21 Vgl. *Beck, F.*, Die wirtschaftliche Entwicklung in der Stadt Greiz während des neunzehnten Jahrhunderts, in: Beiträge zur mittelalterlichen, neueren und allgemeinen Geschichte, Bd 25, Weimar 1955, S. 154ff.; *Demmering, G.*, a. a. O., S. 81ff.; *Isenburg, R.*, Untersuchungen über die Entwicklung der bergischen Wollindustrie, Diss. Heidelberg 1906, S. 35f.; *Höttemann, W.*, a. a. O., S. 86.

22 Vgl. *Isenburg, R.*, a. a. O., S. 35f.; *Wichterich, R.*, a. a. O., S. 26ff.

23 *Wichterich, R.*, a. a. O., S. 26.

24 *Grothe, H.*, Der Einfluß des Manchestertums auf Handwerk und Hausindustrie, gezeigt am Ergehen der Hand- und Hausweberei, 2. Aufl., Berlin 1884, S. 235ff.

25 Vgl. S. 108ff.

26 *Marx, K.*, Das Kapital, a. a. O., S. 444.

entsprach jedoch auch nicht mehr völlig der eines Manufakturarbeiters. Er war in ein Maschinensystem eingebaut. Er verarbeitete ein Maschinenprodukt in Gestalt des Maschinengarns und hatte für die Maschinen sein Rohgewebe zu liefern. Die Bedienung seines Werkzeugs – des Webstuhls – hatte die möglichst rasche Verwertung des in den Spinn- und Appreturmaschinen angelegten großen Kapitals zu sichern. Der Druck des Kapitalisten, unter dessen direktem Kommando er jetzt arbeiten mußte, war weit stärker als in der Manufaktur oder der Hausindustrie; denn von seiner Intensität und von seiner Produktion hing unmittelbar die restlose Ausnutzung der kostspieligen Maschinerie ab. Auf diese Weise nahm die Maschinerie in den Kombinaten bereits Einfluß auch auf die Sphäre der noch verbliebenen Handarbeit, begann die Umwandlung des Manufakturarbeiters bzw. des Arbeiters der Hausindustrie in den modernen Industriearbeiter auch von dieser Seite zu wirken. Damit wird die bereits einmal getroffene Feststellung noch erhärtet, daß die zentralisierte Handweberei den Fabrikweber heranbildete.[27]

In dieser Zeit und auch im Verlaufe der fünfziger Jahre hatten der Proletarisierungsprozeß und auch die Zentralisierung der Handweberei für den unmittelbaren Produzenten andere Folgen, als sie im Bereich der Spinnerei und Appretur festgestellt wurden. Der Wollweber hatte im wesentlichen weiterhin die Möglichkeit, eine Arbeit in seinem Beruf auszuüben. Er wurde von der sich ausdehnenden und rasch wachsenden kapitalistischen Wollwarenproduktion aufgesogen, da die Zusammensetzung des Kapitals – das Verhältnis des variablen zum konstanten – weitgehend gleich blieb und somit die Arbeitskräftenachfrage entsprechend der Zunahme des Kapitals wuchs. Trotz dieser Feststellung darf jedoch nicht übersehen werden, daß die entwurzelten Wollweber, die vor allem die Tuchmachermeister waren, vorübergehend in Form der stockenden Überbevölkerung[28] die industrielle Reservearmee ergänzten.

Dieser wichtige Prozeß der Proletarisierung der Wollweber kann jedoch nicht an Hand statistischen Materials illustriert werden, da die Gewerbestatistik jener Zeit – wie mehrfach erwähnt – keine sozialökonomischen Merkmale für die Erfassung der Meister berücksichtigt hat, so daß in der Rubrik „Meister und für eigene Rechnung arbeitende Personen" sowohl selbständige Meister als auch Lohnmeister sowie teilweise selbst kapitalistische Unternehmer erfaßt wurden. Der Entwicklung der Zahl der „Meister" ist jedoch zu entnehmen, daß die proletarisierten Meister vor allem in der Hausindustrie verblieben, so daß in die zentralisierte Handweberei vor allem die Gesellen aufgenommen wurden.[29]

Sein Ende erreichte der Proletarisierungsprozeß im Bereich der Wollindustrie im Verlaufe der sechziger Jahre.[30] Hierbei sehen wir jedoch von den rückständigen Agrarbezirken ab, in denen das Wollgewerbe noch eine lokale Bedeutung besaß, aber im Rahmen der deutschen Wollindustrie spielte diese auf den örtlichen Absatz beschränkte Wollgewebeproduktion überhaupt keine Rolle.

27 Vgl. S. 98.
28 *Marx, K.*, Das Kapital, a. a. O., S. 677f.
29 Vgl. statistische Angaben bei *Schmoller, G.*, Kleingewerbe, a. a. O., S. 521.
30 Vgl. auch S. 116ff.

Seit den sechziger Jahren forcierte sich die Aufsaugung der Hausindustrie durch die zentralisierte Weberei.[31] Dieser Prozeß gelangte während dieser Jahre in Aachen zum Abschluß.[32] Doch diese Zentralisierung vollzog sich jetzt infolge der zunehmenden Anwendung des Maschinenwebstuhls auf neuer technischer Grundlage.[33] Damit setzte sich auch im Bereich der Weberei die für den kapitalistischen Akkumulationsprozeß charakteristische Zurückdrängung des variablen Kapitals zugunsten des konstanten Kapitals mehr und mehr durch.[34] Dies hatte vor allem für die in der Hausindustrie beschäftigten Weber schwerwiegende Folgen, da sie mehr und mehr überflüssig wurden. Die sich ausdehnende mechanische Weberei nahm nur einen Teil der bisherigen Weber auf. Einerseits erforderte die produktivere Maschinenweberei selbst bei steigender Produktion eine geringere Zahl Arbeitskräfte als die bisherige Handweberei, andererseits gestattete die Maschinenweberei die Ersetzung höherer Arbeit durch niedere, d. h. die Einsparung von variablem Kapital bei steigender Zahl der Arbeitskräfte. Mit der Ausdehnung der Maschinenweberei wurde der Weber vom langjährig ausgebildeten Facharbeiter zum angelernten Arbeiter. Wurde bisher der Tuchweber im Verlaufe von drei Jahren als Lehrling ausgebildet, so genügte in den sechziger Jahren eine Anlernzeit von vier bis sechs Wochen, um einen Maschinentuchstuhl bedienen zu können.[35] Darüber hinaus wurde jetzt die Männerarbeit, die insbesondere die Streichgarnweberei fast ausschließlich war, zur Frauenarbeit.[36] All das führte dazu, daß auch im Bereich der Weberei zahlreiche überschüssige Arbeitskräfte freigesetzt wurden, um so die industrielle Reservearmee zu vergrößern.[37]

Während der sechziger Jahre wurde jedoch diese Seite noch nicht offenkundig, sondern in den wesentlichen Zentren der deutschen Textilindustrie – in erster Linie der Streichgarnindustrie – wurde diese sich anbahnende Entwicklung durch einen vorübergehenden Mangel an ausgebildeten Webern beschleunigt. Der Übergang zur Maschinenweberei in der ersten Hälfte der sechziger Jahre sollte die Ausdehnung der Produktion und damit die Erhöhung der Profite trotz der unzureichenden Zahl von Facharbeitern lösen.[38] Damit wurde jedoch der Prozeß, den wir voranstehend erläutert haben, gesetzmäßig eingeleitet.

Zusammenfassend können wir also feststellen, daß die im Verlaufe der industriellen Revolution rasch entwickelte Fabrikindustrie ihre Arbeitskräfte aus den über-

31 Vgl. S. 127 u. 259 ff.

32 Vgl. S. 118.

33 Vgl. S. 90.

34 Vgl. *Marx, K.*, Das Kapital, a. a. O., S. 654ff.

35 *Beutler, A.*, a. a. O., S. 31.

36 Ebenda; *Finkenwirth, K.*, a. a. O., S. 117.

37 *Böckelmann, C.*, Das Aufkommen der Großindustrie im sächsischen Wollgewerbe, Heidelberg 1908, S. 78; *Finkenwirth, K.*, a. a. O., S. 117f.; *Grothe, H.*, a. a. O., S. 246ff.

38 Vgl. *Jahresberichte der Handelskammer Aachen für 1863 und 1864.* – Diese Frage hatte auch gegen Ende des zyklischen Aufschwungs der fünfziger Jahre eine Rolle beim Übergang zur Maschinenweberei gespielt (vgl. *Jahresbericht der Handelskammer von Elberfeld und Barmen für 1856*).

wundenen niederen Formen der kapitalistischen Warenproduktion und aus den Reihen der ruinierten einfachen Warenproduzenten des Wollgewerbes bezog. Ihrer sozialökonomischen Herkunft nach waren die Arbeiter der deutschen Wollindustrie in erster Linie Handwerksgesellen und selbständige Handwerker. Die erste Gruppe und damit der proletarische Ursprung überwog. Die kapitalistische Wollindustrie beraubte mehr Menschen ihrer gewohnten Beschäftigung, als sie selbst in sich aufnahm. Sie schuf somit disponible Arbeitskräfte für die Entwicklung anderer Zweige der Wirtschaft, aber verurteilte zugleich zahlreiche Arbeitskräfte zum erzwungenen Müßiggang und somit auch vereinzelt zur physischen Vernichtung.

Wenn die deutsche Wollindustrie über ihren eigenen Bedarf hinaus Arbeitskräfte freisetzte, so bedeutete das nicht, daß sie nicht auch aus anderen Quellen als ihrem eigenen Bereich Arbeiter anzog. Die Freisetzung von Arbeitskräften durch die sich entwickelnde Fabrikindustrie vollzog sich ja durchaus nicht gleichmäßig, sondern ihre Intensität verlief diskontinuierlich. Ebenso diskontinuierlich vollzog sich das Aufsaugen neuer Arbeitskräfte, und zwar sowohl in zeitlicher als auch in territorialer Hinsicht. So konnten die durch den Sieg der Spinnfabriken freigesetzten Arbeitskräfte in den ersten drei Jahrzehnten nicht die Arbeiter für die sich in den nachfolgenden Jahrzehnten ausdehnenden und neu entstehenden Wollspinnfabriken liefern. Ebensowenig konnten die Arbeiter aus der Wollweberei bezogen werden, da die Spinnfabriken im wesentlichen weibliche Arbeitskräfte benötigten und zum anderen die Wollweberei lange Zeit kaum Arbeitskräfte freisetzte. Die Herkunft der Spinnerinnen, die in die Fabriken nach 1840 eintraten, kann aus dem ausgewerteten Material nicht eindeutig ermittelt werden. Wahrscheinlich rekrutierten sie sich aus dem weiblichen Teil der Arbeiterfamilien und kamen teilweise auch aus der Landwirtschaft. Für die Aachener Spinnereien läßt sich das direkt nachweisen. In Schlesien und Süddeutschland dürfte ein Teil auch aus der Flachshandspinnerei gekommen sein.

Ähnlich verhielt es sich bei den Spinnfabriken, die außerhalb von bisherigen Standorten dieses Gewerbes entstanden. Dies traf z. B. für die Augsburger, Leipziger und Eßlinger Kammgarnspinnerei zu.[39] In der Regel entstanden jedoch die Fabrikdistrikte der deutschen Wollindustrie in Gebieten, in denen in der vorindustriellen Periode das Wollgewerbe schon eine größere Ausdehnung besessen hatte. Somit wurde die Herausbildung von Facharbeitern in den ersten Jahren der Entwicklung der modernen Wollindustrie wesentlich erleichtert, so daß damit die Voraussetzungen für die Ausbildung branchenfremder Personen ohne größere Schwierigkeiten möglich war.

Insofern waren die Bedingungen für die Ausbildung von Fachkräften der Fabrikindustrie im Bereich der Wollindustrie weniger schwierig als beispielsweise im

[39] Vgl. *Ein Jahrhundert Arbeit und Erfolg.* Zum hundertjährigen Jubiläum der Firma Merkel & Kiemlin GmbH. (im folgenden: Ein Jahrhundert Arbeit und Erfolg), Eßlingen 1930, S. 33; *Schmid, J.*, Die Augsburger Kammgarnspinnerei und ihre Stellung in der deutschen Wollindustrie, Diss. Würzburg 1923, S. 46; *Wolf, H. R.*, Hundert Jahre Kammgarnspinnerei zu Leipzig als Aktiengesellschaft. 1836–1936, Leipzig 1936, S. 91.

Maschinenbau.[40] Zweifellos beherrschten die aus dem Wollgewerbe kommenden Arbeiter ebenfalls nicht die neue Maschinentechnik, aber sie waren mit dem Rohstoff und seiner Verarbeitung vertraut. Die Anforderungen, die die neuen Arbeitsmaschinen stellten, waren außerdem in der Regel geringer als die Fertigkeiten, die die Handarbeit erforderte oder die die Werkzeugmaschinen von dem Arbeiter der Maschinenbaufabriken verlangten. Deshalb haben ausländische Fachkräfte für die Ausbildung der Facharbeiter in der deutschen Wollindustrie eine geringere Rolle gespielt, als das in anderen Zweigen der Fall war. Sie traten vor allem dort auf, wo Betriebe der Wollindustrie außerhalb von bisherigen Zentren des jeweiligen Wollgewerbes errichtet wurden. So spielten Elsässer und Schweizer bei der Heranbildung von Facharbeitern für die Augsburger Kammgarnspinnerei eine Rolle[41], und die Maschinenweberei in Wüste-Giersdorf, die der Kammgarn- und Halbwollweberei in dieser Gegend zu einer größeren Ausdehnung verhalf, bediente sich während der vierziger Jahre Bradforder Arbeiter zum Anlernen von deutschen Webern in der Maschinenweberei.[42] In diesem Leineweberdistrikt war für die Engländer diese Aufgabe nicht ohne erhebliche Schwierigkeiten zu lösen, so daß einer von ihnen seinem Ärger in folgender Bemerkung Luft machte: „Es ist einfacher, einem dummen Ochsen Arznei zu geben, als diese Kerle etwas zu lehren."[43] Diese Bemerkung darf jedoch nicht überschätzt werden; denn dieser Engländer sprach vom Standpunkt eines ein höheres Niveau gewohnten Arbeiters. Die Hauptsache hierbei ist jedoch, daß es bei den Webern nicht einfach um die Ausbildung ging, sondern es mußten zugleich ihre Abneigung gegen die Fabrikarbeit und ihr Widerstand gegen den Maschinenstuhl überwunden werden, abgesehen davon, daß die dortigen Weber zumeist in der Verarbeitung von Wollgarn unerfahren waren.

Die gewissermaßen natürliche Basis für die Entwicklung der Wollindustrie hinsichtlich der Arbeitskräfte reichte jedoch bei den entstehenden Hauptzentren der deutschen Wollindustrie bald nicht aus, so daß neue Arbeitskräfte herangezogen werden mußten. Dies geschah in Aachen beispielsweise durch den Zustrom von Arbeitern vom umliegenden Lande, die jedoch zumeist infolge ihrer früheren nebengewerblichen Beschäftigung des Webens kundig waren.[44] Die Kammgarn- und Halbwollweberei von Glauchau-Meerane entzog der Kattunweberei des Vogtlandes und

40 Vgl. *Schröter, A.*, Die Entstehung der deutschen Maschinenbauindustrie in der ersten Hälfte des 19. Jahrhunderts, in: Schröter/Becker, Die deutsche Maschinenbauindustrie in der industriellen Revolution. Veröffentlichungen des Instituts für Wirtschaftsgeschichte an der Hochschule für Ökonomie Berlin-Karlshorst, Bd 2, Berlin 1962, S. 76ff.; *Becker, W.*, Die Entwicklung der deutschen Maschinenbauindustrie von 1850 bis 1870, in: ebenda, S. 228ff.

41 *Schmid, J.*, a. a. O., S. 46.

42 *Henderson, W. O.*, Christian Rother als Beamter, Finanzmann und Unternehmer im Dienste des preußischen Staates, in: Zeitschrift für die gesamte Staatswissenschaft, Bd 112, Tübingen 1956, S. 539.

43 Ebenda.

44 *Wichterich, R.*, a. a. O., S. 167.

der oberfränkischen Baumwollweberei in den fünfziger Jahren Arbeitskräfte, und die Lausitzer Streichgarnweberei nahm Leineweber in sich auf.[45]
Abschließend müssen wir jedoch feststellen, daß den entscheidenden Teil der Wollindustriearbeiter das deutsche Wollgewerbe und die kapitalistische Hausindustrie stellten. Das wurde bereits aus der Behandlung der zahlenmäßigen Stärke der Beschäftigten deutlich; denn ihre Zahl wuchs bis zum Jahre 1875 gegenüber 1846 um nur knapp ein Fünftel. Eine in dieser Hinsicht wesentliche Veränderung trat erst im Verlaufe des letzten Drittels des vorigen Jahrhunderts ein, als die Maschinenweberei die Handweberei völlig verdrängte und damit die männlichen Arbeitskräfte in zunehmendem Umfange durch weibliche ersetzt wurden.

2. Die Lage der Arbeiter in der Wollindustrie

Die Lage der Arbeiter wird durch die verschiedensten Faktoren bestimmt. Einige davon sind je nach dem Bereich, in dem sich der Arbeiter der kapitalistischen Ausbeutung unterwerfen muß, unterschiedlich, und andere hingegen hängen weniger davon als vielmehr von dem Orte ab, an dem der Arbeiter mit seiner Familie sein Leben fristet. Das letztere gilt für die Wohnverhältnisse und die Mieten.
Über eigene Angaben verfügen wir nicht, aber ohne Zweifel charakterisieren die Feststellungen, die in anderen Arbeiten über jene Zeit angeführt werden, ebenfalls die Lage der Arbeiter der Wollindustrie in dieser Hinsicht. Für Chemnitz wurde im Jahre 1845 festgestellt: „Wenn wir den deutschen Arbeiter aufsuchen, so haben wir Mühe, in der unansehnlichsten Straße das Häuschen aufzufinden, kaum so groß, eine etwas zahlreiche Familie aufzunehmen, und doch wohnen oft 3–4 Familien darin und füllen die beengten Räume vom Keller bis unter das Dach.“[46] Daß sich in dieser Hinsicht die Verhältnisse keineswegs verbesserten, zeigen die Ausführungen von Strauß, die einer zeitgenössischen Darstellung aus dem Jahre 1850 entnommen sind und die das Bild noch weiter abrunden: „‚Wozu der Wohlhabende 5 bis 6 Stuben braucht, das ist bei unseren Arbeiterfamilien alles in einer Stube vereinigt, Wohn-, Schlaf-, Arbeits-, Kinderstube und Küche, alles hockt auf- und durcheinander. Darum müssen hübsche große, geräumige Dachkammern gebaut werden, nicht solche Rattenlöcher, wie wir sie in den meisten Privathäusern finden, denn die Dachkammern sind die Schlafstuben der arbeitenden Klasse.‘“[47] Während des gesamten von uns betrachteten Zeitraums haben sich die Wohnverhältnisse nicht verbessert, eher noch verschlechtert. Dies galt vor allem für dieselben in den Städten, und die Wollindustrie war in hohem Maße in ihnen konzentriert. Ein Zeitungsbericht

[45] *Demmering, G.*, a. a. O., S. 79; *Finkenwirth, K.*, a. a. O., S. 112 u. 118; *Blumberg, H.*, Ein Beitrag zur Geschichte der deutschen Leinenindustrie von 1834 bis 1870, a. a. O., S. 127.

[46] *Strauß, R.*, Die Lage und die Bewegung der Chemnitzer Arbeiter in der ersten Hälfte des 19. Jahrhunderts, Berlin 1960, S. 100.

[47] Ebenda.

aus dem Jahre 1871 verdeutlicht unsere Feststellung: „Es gibt nun kaum einen zweiten Punkt, wo die herrschenden mißlichen Zustände sich so scharf ausprägen und wo zugleich die fortwährende Rück- und Weiterwirkung eine so energische ist, wie die Wohnungsverhältnisse des Arbeiters ... Dach- und Kellerwohnungen, feuchte. dumpfe Hinterhäuser, schlechte Nebengebäude aller Art, welche früher kein Mensch für bewohnbar hielt, werden jetzt bewohnbar und werfen hohe Mietszinse ab. In schlechten Stadtteilen gelegene Baracken, Ställe u. dgl. liefern auf einmal ein vorzügliches Material für Arbeiterwohnungen ... In mehreren unseren Großstädten ist es statistisch nachgewiesen, ein wie furchtbarer Prozentsatz von Familien von Jahr zu Jahr in den an die Wohnung gestellten Anforderungen, nach Zahl und Qualität der Räume, nach Lage, Gesundheitlichkeit, Annehmlichkeit eine Stufe herabsteigen muß ... an vielen Orten sollte die große Menge der Arbeiterwohnungen von Rechts wegen polizeilich verboten werden."[48] Zweifellos gab es Unterschiede in den Wohnverhältnissen zwischen den einzelnen Städten, zwischen der Stadt und dem Land, aber im wesentlichen lief es doch darauf hinaus, daß dieselben schlecht, dort schlechter und anderswo katastrophal waren.

Die kontinuierlich steigenden Wohnungsmieten traten noch hinzu. Diese wachsenden Mietpreise trieben die Arbeiterfamilien in immer schlechtere und kleinere Behausungen. Nach dem von Kuczynski errechneten Index nahmen die Wohnungsmieten folgende Entwicklung:

Index der Mietkosten[49]

Zeitabschnitt	Index	Zeitabschnitt	Index
1820–1829	100	1852–1859	156
1830–1839	122	1860–1867	192
1840–1849	141	1868–1878	263

Die hier ausgewiesene Steigerung der Mieten um mehr als das Zweieinhalbfache ist sicherlich als maximale Steigerung anzusehen, da sich der Index vor allem auf die Mieten von Berlin stützt. Doch so wesentlich dürften sie auch in den anderen Teilen Deutschlands nicht zurückgeblieben sein; denn die zwanziger Jahre werden in der Residenzstadt Preußens ebenfalls im Vergleich zu anderen deutschen Städten schon hohe Mietpreise gekannt haben.

Diese die industrielle Revolution begleitende Erscheinung des wachsenden Wohnungselends darf auch bei der Einschätzung der Lage der Arbeiter in einem Zweig nicht übersehen werden.

Der Gesundheitszustand des Arbeiters und seiner Familie gehört zu den Faktoren, die schon stärker von seiner Beschäftigung abhängen, aber auch hier sind die allgemeinen Merkmale, die sich nicht zuletzt aus den Wirkungen der relativ gleichen Wohnverhältnisse ergeben, noch stärker vorhanden. In dieser Hinsicht ist unser

[48] Zitiert bei *Kuczynski, J.*, a. a. O., S. 214f.

[49] Ebenda, S. 315.

Material ebenfalls so dürftig, daß wir nur einige Bemerkungen machen können und auf die Darstellung in einem gesonderten Abschnitt verzichten müssen.

Die bei Strauß für die ersten Jahre des sechsten Jahrzehnts angeführten Daten sind auch für unsere Zweiguntersuchung zu verwerten, obwohl sich darin wahrscheinlich der Gesundheitszustand der Arbeiter in der Baumwollindustrie stärker widerspiegeln dürfte als der der Beschäftigten in der Wollindustrie. So wesentlich dürften jedoch die Unterschiede nicht gewesen sein. Die Musterung für den Militärdienst brachte in Sachsen folgendes zutage: Auf je 100 gemusterte Personen kamen im Königreich Sachsen[50]:

	Tüchtige	Mindertüchtige	Untüchtige
Spinner	16,28	4,65	79,07
Weber und Hilfsgewerbe	18,45	8,78	72,77
Zeugdrucker und Bleicher	16,05	11,11	72,84
Färber	24,76	10,48	64,76
Maschinenbauer	22,22	11,11	66,67

Diese Daten, die sich auf die Jahre 1852 bis 1854 beziehen, sprechen eine erschreckende Sprache über den gesundheitlichen Zustand der Arbeiter der sächsischen Textilindustrie. Es gibt keine Anhaltspunkte, von den Arbeitern der Wollindustrie einen anderen Gesundheitszustand anzunehmen, als diese Durchschnittsangaben es aussagen. Sicherlich war er bei den Webern der Wollindustrie gegenüber dem der Baumwoll- und Leineweber ein wenig besser, da sie doch zumeist – wie wir noch sehen werden – einen etwas höheren Verdienst erzielten. Doch die Art der gesundheitlichen Mängel, die die „Untüchtigen" aufwiesen, unterstreicht, daß der Unterschied nur minimal war. Unter 100 Untüchtigen befanden sich bei den Webern[51]:

35,74 wegen allgemeiner Körperschwäche und
22,36 wegen Brustleiden.

Diese Schäden waren in hohem Maße auf die schlechten Arbeitsbedingungen und Wohnverhältnisse sowie die schlechte Ernährung zurückzuführen. 1846 schrieb hierzu das „Erzgebirgisch-Voigtländische Kreisblatt": „Die Weber, welche mit vorwärts gebeugtem Körper und mit fest an den sogenannten Webebaum des Webstuhls angedrückter Brust arbeiten, leiden durch diesen letzten Umstand, außer allen Graden der Unterleibskrankheiten, noch häufig an Brustschmerz, Bluthusten, selbst Schwindsucht . . ., wobei die eintretende Erschütterung für den meist schwächlichen Körper natürlich nicht ohne Nachteil geschehen kann."[52]

Die stickige Luft der engen Wohnung, die oft – soweit Heimweberei – Arbeitsraum war, mußte im Zusammenwirken mit dem langen Arbeitstag – auf den wir noch näher eingehen werden – und der unzureichenden Ernährung zu solcher Schädigung der Gesundheit führen. Dies traf für den Wollweber gleichfalls zu.

50 *Strauß, R.*, a. a. O., S. 108.
51 Ebenda, S. 109.
52 Ebenda.

Daß die Fabrikindustrie keinesfalls zur Verbesserung der Gesundheitsverhältnisse des Arbeiters beitrug, wird aus den Angaben über die gemusterten Spinner ersichtlich. Sie stellten anteilmäßig mit nahezu vier Fünftel die meisten der Untauglichen. Nun waren zwar die Arbeitsbedingungen zwischen weiblichen und männlichen Arbeitskräften im wesentlichen gleich, aber die Entlohnung doch recht unterschiedlich. Allein aus diesem Umstand ist zu ermessen, wie katastrophal der Gesundheitszustand der weiblichen Arbeitskräfte gewesen sein muß.

Daß auch die Gesundheit der Spinner durch die Arbeitsbedingungen beeinträchtigt wurde, können wir aus folgenden Angaben ersehen, die aus dem Jahre 1907 stammen. In einer Wollspinnerei, in der die Arbeitszeit 10 Stunden betrug, wurden von den 360 Arbeitskräften 144 untersucht, und es ergab sich folgendes: „... daß von 22 jugendlichen Arbeiterinnen 7 an Anämie und 2 an Neurasthenie litten. Von 86 ledigen Arbeiterinnen waren 18 anämisch, 2 neurasthenisch und 3 tuberkuloseverdächtig. Von den 12 verheirateten Frauen waren 4, von den 24 männlichen Arbeitern 2 anämisch, von diesen letzteren ferner 2 neurasthenisch, 1 tuberkuloseverdächtig. Sodann zeigte ein hoher Prozentsatz der jugendlichen und erwachsenen Arbeiter beiderlei Geschlechts gegen Ende der Arbeitszeit eine oft sehr erhebliche Steigerung der Puls- und Atemfrequenz seit deren Beginn. Und gerade jene, welche hier die höchsten Differenzen aufwiesen, fühlten sich abends ermüdet."[53] Damit waren 28% der untersuchten Arbeitskräfte krank. Den schädlichen Einfluß des Arbeitsprozesses auf den Arbeiter in der Wollindustrie legt Wachs folgendermaßen dar: „Worunter sie (die Arbeiter – H. B.) fast immer, wenn auch in verschiedenem Maße, zu leiden haben, das ist die allzu hohe Temperatur, die sich besonders in den einzelnen Betrieben der Spinnerei und Appretur bemerkbar macht. Zu erwähnen ist ferner die peinliche Aufmerksamkeit bei schlechter Beleuchtung, die insbesondere in der Weberei erforderlich ist. Nicht minder das ohrenzerreißende Geräusch, durch das sich gleichfalls die Weberei und teilweise auch die Spinnerei unliebsam auszeichnet. Sehr lästig ist die schlechte Luft und der Staub, vor allem in der Vorspinnerei, aber auch in allen anderen Betrieben unserer Industrie. Gleichfalls sehr heftig in der Vorspinnerei, aber auch fast überall sonst ist eine starke Erschütterung zu bemerken. Was speziell die Weberei anbelangt, so ist das gebückte Stehen vor den mechanischen Stühlen, der Staub, vor allem aber der schreckliche Lärm zu nennen, der das Getöse aller anderen Betriebe übertönt. Daß hier die Nerven, insbesondere der Frauen und jugendlichen Arbeiter, leicht zerrüttet werden, kann man sich mühelos vorstellen. Ferner führt das entsetzliche Geräusch sehr oft zu einer Schädigung der Gehörsorgane. Dr. Milutin hat bei 900 Webern interessante Beobachtungen angestellt. Das Getöse hatte sie alle schwerhörig gemacht und die Grenzen ihrer Aufnahmefähigkeit hoher und tiefer Töne verengert."[54]

Wenn wir die zuletzt gemachten Ausführungen einschätzen, so müssen wir feststellen: Die Fabrikindustrie hat unter den Bedingungen der kapitalistischen Aus-

[53] *Wachs, A.*, Die volkswirtschaftliche Bedeutung der technischen Entwicklung der deutschen Wollindustrie, in: Technisch-volkswirtschaftliche Monographien, Bd 7, Leipzig 1909, S. 108f. [54] Ebenda, S. 112f.

beutung zweifellos zur erheblichen Verschlechterung der Gesundheitsverhältnisse der Arbeiter geführt. Wenn die konkreten Feststellungen einer späteren Zeit entnommen sind, in denen die Arbeitsintensität wohl beträchtlich höher lag als in der von uns untersuchten Periode, so spricht das durchaus nicht für eine bessere Situation in dieser Hinsicht in den Jahren vor 1870. Die negativen Wirkungen der erhöhten Arbeitsintensität auf die Gesundheit des Arbeiters werden zumindest kompensiert durch die negativen Einflüsse der wesentlich längeren Arbeitszeit in den vorangegangenen Jahrzehnten und den zumeist noch ungünstigeren Raum-, Licht- und Luftverhältnissen. Die oben zitierten Angaben zeigen zugleich, daß auch der Übergang des Webers in die Fabrik und die Bedienung des Maschinenstuhls für seine Gesundheit keine wesentlich günstigeren Arbeitsbedingungen brachten. Der Staubanfall war zwar hier geringer[55], aber dafür tauschte er den sein Gehörorgan schädigenden Lärm ein, und vor Haltungsschäden blieb er hier auch nicht bewahrt. Die wenigen Angaben zeigen, daß die kapitalistische Ausbeutung und vor allem die in den Fabriken für den Arbeiter in der Wollindustrie wachsende Arbeitsqual brachte und seinen Gesundheitszustand verschlechterte.
Über den Umfang und die Entwicklung der Arbeitsunfälle stehen uns keine Angaben zur Verfügung. Dies gilt auch für andere Faktoren, die die Lage der Arbeiter bestimmen, mit Ausnahme derjenigen, die wir nachfolgend in gesonderten Abschnitten behandeln wollen.

a) Die Entwicklung der Geld- und Reallöhne

Bei dieser Darstellung stoßen wir auf die gleichen Schwierigkeiten, wie sie bereits von anderen Wirtschaftshistorikern, die sich mit diesen Fragen befaßten – z. B. von J. Kuczynski[56] –, hervorgehoben worden sind. Die Lohndaten sind spärlich, und ein Überblick selbst über ihre offizielle Höhe in den wichtigsten Zentren der deutschen Wollindustrie ist zusammenhängend nicht zu erbringen. Eine Berücksichtigung der zyklischen Entwicklung ist deshalb ebenfalls nicht möglich.
Mit Ausnahme der sechziger Jahre sind die vorgefundenen Lohndaten oft Durchschnittsangaben, die sowohl die gezahlten Kinder-, Frauen- und Männerlöhne als auch die für die einzelnen Berufskategorien in den verschiedenen Branchen der Wollindustrie erstatteten Löhne enthalten. Obendrein handelt es sich bei den Lohnangaben um ausnahmslos Unternehmerauskünfte, die in dieser oder jener Form Eingang in die Literatur, die Archivalien oder in die offiziellen Berichte gefunden haben. Dies alles zusammengenommen setzt ihre Aussagekraft herab und erschwert eine einwandfreie Auswertung. Wir werden deshalb nicht fehlgehen, wenn wir feststellen, daß die Darstellung der Lohnentwicklung für das 19. Jahrhundert, insbesondere der ersten sechs Jahrzehnte, ein die tatsächlichen Verhältnisse beschönigendes Bild vermittelt. Die nachfolgenden Lohnangaben sind als offizielle Lohnangaben zu werten, die weder die Abzüge in Gestalt von Strafen und ähnlichem

[55] Ebenda.
[56] *Kuczynski*, *J.*, a. a. O., S. 77ff.

noch den Lohnausfall infolge Arbeitslosigkeit und Kurzarbeit enthalten. Was das letztere betrifft, so verweisen wir auf die Ausführungen im Zusammenhang mit der Darstellung der zyklischen Krisen.

Die Löhne in den Wollspinnfabriken und in der Kammgarnhandspinnerei

Unsere Lohndaten aus der Wollmaschinenspinnerei stammen aus Württemberg und sind Durchschnittsangaben, die beide Zweige der Wollspinnerei enthalten.

Die Wochenlöhne der württembergischen Wollspinnereiarbeiter und die Löhne in den dortigen Baumwollspinnereien[57]

Jahre	Wollspinnerei		Baumwollspinnerei	
	Wochenlöhne in Mark	30er Jahre = 100	Wochenlöhne in Mark	30er Jahre = 100
1830/1839	7,30	100	7,00	100
1840/1849	7,50	103	7,80	111
1850/1859	9,60	132	8,70	124
1860/1865	11,50	158	11,50	164

Diese Durchschnittslöhne sind als Maximallöhne anzusehen. Die Übersicht zeigt ein kontinuierliches Ansteigen der Wochenlöhne in der württembergischen Wollmaschinenspinnerei bis zur Mitte der sechziger Jahre. Zugleich bewahrten diese Löhne im wesentlichen mit denen der Baumwollspinnerei die gleiche Höhe, und trotz zeitlicher Unterschiede ist auch die Entwicklungsrichtung der Geldlöhne in beiden Zweigen gleich. Im Unterschied zur Flachsmaschinenspinnerei hielt sich der Lohn in diesen beiden Spinnereibranchen etwa auf der gleichen Höhe. Gegenüber den dreißiger Jahren erhöhten sich die Löhne in der Wollspinnerei um mehr als die Hälfte. Dies entsprach im wesentlichen der allgemeinen Lohnentwicklung, wie sie J. Kuczynski herausgearbeitet hat.[58] In der gesamten Textilindustrie war jedoch die Lohnsteigerung nach dem Kuczynskischen Lohnindex etwas stärker, aber auch hier ist der Unterschied unbedeutend.

Es erhebt sich nun die Frage, inwieweit die Württemberger Löhne für die deutsche Wollspinnerei hinsichtlich ihrer Höhe und ihrer Zunahme repräsentativ waren. Nur unzulänglich ist dies an Hand einzelner Lohnangaben aus verschiedenen Gebieten der deutschen Wollindustrie nachzuprüfen. 1832 zahlte man in der rheinischen Streichgarnspinnerei durchschnittlich 6,00 Mark in der Woche.[59] Daneben kamen auch Löhne von 4,50 und 9,00 Mark vor.[60] Bei dem 9,00- und dem 6,00-Mark-

57 Die Tabelle fußt auf den Angaben im *Jahresbericht der Handels- und Gewerbekammern in Württemberg für das Jahr 1865.*

58 *Kuczynski, J.*, a. a. O., S. 78ff.

59 *Thun, A.*, Die Industrie am Niederrhein und ihre Arbeiter. T. 1: Die linksrheinische Textilindustrie, in: Staats- und sozialwissenschaftliche Forschungen, H. 2 (der ganzen Folge siebentes Heft), Leipzig 1879, S. 31.

60 Ebenda.

Lohn dürfte es sich um Männerlohn handeln, während der 4,50-Mark-Lohn das wöchentliche Einkommen der Spinnerinnen wiedergibt. Im Jahre 1850 verdiente eine Spinnerin wöchentlich 3,00 bis 4,00 Mark in den rheinischen Streichgarnspinnfabriken, und in Berlin betrug 1853 der Lohn eines männlichen Streichgarnspinners im Maximum 12,00 und im Durchschnitt 9,00 Mark.[61] Die Arbeiterinnen erhielten in den Berliner Streichgarnspinnereien 1853 im Maximum 6,50 und im Minimum 3,00 Mark, während der mittlere Lohn mit 6,00 Mark angegeben wurde.[62] Der Mindestlohn betrug hier 7,50 Mark in der Woche. Während der Krise 1857 betrug der Spinnlohn in Aachen und Düren 9,00 bzw. 7,40 Mark.[63] In Sachsen zahlten die Spinnfabrikanten 1863 im Dresdner Handelskammerbezirk an Streichgarnspinner 3,00 bis 7,50 Mark und an Spinnerinnen 3,00 bis 4,50 Mark in der Woche[64], und 1865 erhielt ein Spinner 9,00 bis 15,00 Mark sowie eine Spinnerin 3,50 bis 4,50 Mark (Hainichen). Im sächsischen Vogtland lag der Lohn der Vorspinnerinnen zum gleichen Zeitpunkt bei 3,50 bis 4,50 Mark, und im darauffolgenden Jahr erhielt die Feinspinnerin 6,00 Mark und ein Spinner 9,00 bis 13,50 Mark sowie in der Vigognespinnerei 6,00 bis 8,30 Mark.[65] Im Leipziger Handelskammerbezirk erhielt die Streichgarnspinnerin im Durchschnitt 4,00 Mark die Woche.[66]
In der Augsburger Kammgarnspinnerei entwickelten sich die Durchschnittslöhne folgendermaßen[67]:

	Wochenlohn in Mark	1840er Jahre = 100
1840er Jahre	4,70	100
1853	6,40	136
1855	6,90	147
1857	6,80	145
1850er Jahre	6,70	143
1863	8,40	179

Im Jahre 1853 erhielt eine Kammgarnfabrikspinnerin im Eichsfeld 2,00 bis 4,00 Mark in der Woche[68], und in Berlin zahlte der Fabrikant in dieser Branche an männliche Arbeiter 10,00 bis 15,00 Mark, während an Arbeiterinnen 4,00 bis 6,00 Mark in

61 *Reden, F. W. v.*, Erwerbs- und Verkehrsstatistik des Königsstaats Preußen, Abt. 2, Darmstadt 1853, S. 1579; *Baar, L.*, Die Entwicklung der Berliner Industrie in der Periode der industriellen Revolution, Diss. Berlin 1961 (MS), S. 485ff.

62 *Jahresbericht des Statistischen Amtes im Königlichen Polizei-Präsidio zu Berlin für das Jahr 1853*, Berlin 1854, S. 80 u. 95.

63 *Thun, A.*, a. a. O., S. 34.

64 *Jahresberichte der Handelskammer Dresden für 1863 und 1865.*

65 *Jahresberichte der Handelskammer Plauen für 1863 und 1864.*

66 *Jahresbericht der Handelskammer Leipzig für 1863.*

67 *Schmid, J.*, a. a. O., S. 163.

68 *Schubarth*, Reisebericht vom September 1853, in: Deutsches Zentralarchiv, Abteilung Merseburg (im folgenden: DZA-Merseburg), Rep. 120 D I/1, Nr 11, vol. 4.

der Woche gegeben wurden. Der mittlere Lohn betrug hier 12,00 bzw. 5,00 Mark.[69] In der Weißschen Kammgarnspinnerei in Glücksbrunn erhielt ein Arbeiter in der Woche 5,20 Mark, während eine Spinnerin noch 1870 mit 2,10 Mark auskommen mußte.[70] Für das Ende der fünfziger Jahre haben wir aus den verschiedenen Kammgarnspinnfabriken folgende Lohnübersicht:

Der Wochenlohn in der deutschen Kammgarnspinnerei Ende der fünfziger Jahre (in Mark)[71]

	Augsburg	Langensalza	Leipzig	Düsseldorf	Durchschnitt
Gewöhnlicher Handarbeiter:	3,75–5,10	6,00	4,80	5,10	4,95
Mädchen in der Spinnerei:	4,80–6,00	3,30–3,60	4,20–4,50	5,40–6,00	4,73
Arbeiter an der Waschmaschine:	7,50	9,00	6,00	7,50	7,50
Aufseher:	10,20	12,00	12,00	4,80–6,00	9,00
Werkführer:	22,80	–	27,00	30,00	26,60

Bevor wir die Aufzählung solcher Detailangaben abschließen und zur Auswertung kommen, wollen wir noch eine Übersicht aus den sechziger Jahren folgen lassen.

Die Wochenlöhne in der deutschen Kammgarnspinnerei in der ersten Hälfte der sechziger Jahre (in Mark)[72]

	Spinnerinnen	Spinner	Jugendliche
Leipzig (1865)	4,50– 7,50	4,00–19,50	–
Dresden (1863)	3,75–11,00	5,00–21,00	–
Plauener Handelskammerbezirk (1864)	4,50–7,80	9,00–13,50	1,50–2,00*
Chemnitzer Handelskammerbezirk (1864)	3,00–7,50	9,00–15,00	–
Württemberg (1865)	4,50–8,30	8,50–20,60	3,80–8,30

* Kinderlöhne.

Zunächst findet sich unsere Feststellung bestätigt, daß die in der Tabelle aufgeführten Löhne als Durchschnittslöhne das Maximum angeben. Die Löhne der Spinner

69 *Jahresbericht des Statistischen Amtes im Königlichen Polizei-Präsidio zu Berlin für das Jahr 1853*, a. a. O., S. 85.

70 *Lebensbeschreibung des alten Lohfing*, in: Betriebsarchiv des VEB Kammgarnspinnerei „Glücksbrunn", Bad Liebenstein; *Die Entwicklung der Glücksbrunner Spinnerei* (MS), in: ebenda.

71 *Der Kammgarnzoll im Zollverein*, in: Preußisches Handelsarchiv, Jg. 1859, Nr 26, Berlin 1859, S. 249.

72 Vgl. die entsprechenden Handelskammerberichte.

und Spinnerinnen bewegten sich in dieser Höhe, wobei sie jedoch in der Regel diese Löhne nicht überschritten. Die verschiedenen Einzelangaben zeigen, daß die Löhne in der Streichgarnspinnerei in der Regel niedriger als in der Kammgarnspinnerei waren und daß sie darüber hinaus unter denen der Tabelle standen. Hingegen kamen bei der Kammgarnspinnerei die Spinnerlöhne den dortigen Durchschnittslöhnen nahe und überstiegen sie oft.

Wir können also feststellen, daß die Löhne der Württemberger Wollspinnerei unter Berücksichtigung der oben gemachten Ausführungen als Richtwerte benutzt werden können. Aller Wahrscheinlichkeit nach dürften sie auch die Entwicklungsrichtung im wesentlichen richtig darstellen. Ein Vergleich mit der Entwicklung der Durchschnittslöhne in der Augsburger Kammgarnspinnerei zeigt jedoch, daß die Württemberger Löhne hinsichtlich ihrer Steigerung nicht das erreichte Höchsttempo wiedergeben.

Im Zusammenhang mit den Einzeldaten läßt sich auch etwas zur geographischen Differenzierung der Löhne sagen, was insbesondere für die Löhne in der deutschen Kammgarnspinnerei gilt, da ja hier die Angaben aussagekräftiger sind. Es scheint, daß die Höhe der Löhne in den verschiedenen Zentren der deutschen Wollindustrie, zumindest seit den fünfziger Jahren, nicht sehr unterschiedlich war. Soweit Unterschiede auftraten, waren sie weniger zwischen den einzelnen Industriezentren als vielmehr zwischen Groß- und Kleinstädten in Deutschland anzutreffen. Damit trugen die höheren Löhne in Augsburg und Leipzig gegenüber den in Langensalza gezahlten *im wesentlichen* den in diesen Großstädten höheren Lebenshaltungskosten Rechnung und brachten nicht so sehr eine bessere Lebenslage zum Ausdruck. Diese Feststellung kann an Hand dieses Materials nicht überzeugend bewiesen werden, aber sie bietet sich doch an. Jedoch wäre es nicht richtig, völlig zu übersehen, daß in bestimmten Notstandsgebieten, wie z. B. im Eichsfeld, oder in den von der Industrie noch wenig erfaßten Gebieten, wie z. B. im Thüringer Wald, das Lohnniveau unter den „normalen“ Stand gedrückt wurde.

Sind wir auf Grund unseres spärlichen Materials gezwungen gewesen, von der zyklischen Entwicklung zu abstrahieren, so gestatten die Lohnangaben aus den sechziger Jahren wenigstens, den Einfluß der einzelnen Phasen des Zyklus etwas näher zu beleuchten. Für diese Zeit ist es auch möglich, das Verhältnis von Männer- und Frauenlöhnen einer näheren Betrachtung zu unterziehen. Für diese Analyse legen wir die Löhne, die im Handelskammerbezirk Chemnitz gezahlt wurden, zugrunde.

Ein Vergleich mit Einzelangaben aus den anderen sächsischen Handelskammerbezirken und aus Württemberg rechtfertigen, diese Löhne mit noch größerer Berechtigung als repräsentativ für die deutsche Wollspinnerei anzusehen, als das für die württembergischen Lohndaten galt.

Zunächst läßt sich feststellen, daß im Durchschnitt in der Kammgarnspinnerei die höchsten Löhne gezahlt wurden, während zu Beginn der sechziger Jahre die Löhne in der Baumwollspinnerei – von den Löhnen in der Flachsmaschinenspinnerei abgesehen – am niedrigsten lagen. Im Verlaufe des Zyklus trat jedoch eine Angleichung der Löhne der Baumwollspinnerei gegenüber den bisherigen Höchst-

Die Entwicklung der durchschnittlichen Wochenlöhne in den Spinnfabriken des Handelsbezirkes Chemnitz von 1860 bis 1872[73]

Jahr	Streichgarn- und Vigognespinnerei		Kammgarnspinnerei		Baumwollspinnerei	
	Spinner in Mark	Spinnerin in Mark	Spinner in Mark	Spinnerin in Mark	Spinner in Mark	Spinnerin in Mark
1860	10,40	4,50	11,20	5,10	9,90	4,40
			1860 = 100			
1864	106	102	110	104	97	100
1865	69	73	74	104	90	107
1866	67	71	54	88	79	95
1867	94	100	67	104	87	136
1868	91	93	107	112	87	143
1869	104	140	100	88	111	134
1870	105	140	107	102	111	134
1871	101	147	113	118	123	141
1872	127	149	121	131	141	159

löhnen in der Kammgarnspinnerei ein, und im Verlaufe des neuen zyklischen Aufschwungs übertrafen sie im Jahre 1872 die in den Wollspinnereien gezahlten Löhne. Bemerkenswert ist, daß die Unterschiede bei den Spinnerlöhnen zwischen den Spinnereibranchen nicht so ausgeprägt waren als bei den Löhnen der Spinnerinnen. Betrachten wir die Lohnentwicklung im Verlaufe der sechziger Jahre in den einzelnen Branchen, so offenbart sich die unterschiedliche Lohnbewegung noch über das bisher Gesagte hinaus.

Für die Darstellung der Löhne in der Streichgarnspinnerei ist die Zusammenfassung der Streichgarn- und Vigognespinnerei nachteilig. Die Einflüsse auf die Vigognespinnerei waren doch teilweise andere als auf die Wollspinnerei. Dies um so mehr, da die Vigognespinnerei im Extremfall eigentlich Baumwollspinnerei sein konnte, wenn sie nämlich reinbaumwollene Vigognegarne herstellte. Somit kreuzen sich in der Lohnentwicklung der Streichgarn- und Vigognespinnerei die Einflüsse, denen die Baumwoll- und Wollindustrie im Verlaufe des Zyklus unterworfen waren.

Während es bis zum Jahre 1864 zu einem 6%igen Lohnanstieg bei den Spinnern und zu einem 2%igen bei den Spinnerinnen gekommen war — in der Kammgarnspinnerei betrug der Lohnanstieg sogar 10 bzw. 4% —, begann der Lohn bereits seit dem Jahre 1865 zu sinken. Die Unternehmer wälzten demzufolge schon vor Ausbruch der Krise die auftretenden Schwierigkeiten, die im Verlaufe des Jahres 1865 bereits in Form von zeitweiligen Überproduktionserscheinungen spürbar wurden, auf die Arbeiter ab. Die anderen beiden Zweige zeigten die gleiche Entwicklung. Die Arbeitslosigkeit des Jahres 1866 – bedingt durch Krieg und Überproduktion – gestattete

[73] Entnommen den *Handelskammerberichten aus Chemnitz für die Jahre 1864 bis 1872.*

den Fabrikanten eine erneute Lohnsenkung, so daß der Lohn gegenüber dem Jahre 1860 in der Streichgarn- und Vigognespinnerei um 33 bzw. 29, in der Kammgarnspinnerei um 46 bzw. 18 und in der Baumwollspinnerei ebenfalls um 21 bzw. 5% absank. Das Jahr 1867 – also das zweite Krisenjahr – brachte in der Streichgarn- und Vigognespinnerei sowie in der Baumwollspinnerei eine teilweise bedeutende Lohnerhöhung. Dies erklärt sich aus zwei Umständen: Die Baumwollindustrie wurde zu diesem Zeitpunkt von der Krise noch nicht erfaßt, da infolge des nun wieder normal zugehenden Rohstoffes der in den vergangenen Jahren erzwungene Unterkonsum an Baumwollgeweben überwunden wurde und der so vorhandene Nachholebedarf dem entgegenwirkte. Die Unternehmer mußten deshalb hier stärker den gestiegenen Lebenshaltungskosten Rechnung tragen. Zum anderen überstieg die in der obigen Tabelle wiedergegebene Lohnerhöhung beträchtlich die tatsächliche Entwicklung, da für die wichtigen Jahre 1866 und insbesondere 1867 weniger Lohnangaben gemacht wurden, so daß diesen Durchschnittswerten eine kleinere Zahl Lohndaten zugrunde liegt. Dies trifft auch für die Lohnerhöhung der Streichgarn- und Vigognespinnerei zu; denn der Jahresbericht der Handels- und Gewerbekammer Chemnitz für 1867 schilderte die schwierige Lage dieses Zweiges, so daß Lohnerhöhungen unwahrscheinlich waren. Aus dem benachbarten Handelskammerbezirk Plauen wird von Produktionseinschränkungen und Arbeitslosigkeit gesprochen. Im Zusammenhang mit den Löhnen wurde hier folgendes gesagt: „Die Arbeitslöhne haben nach Versicherung der meisten Geschäfte keine Veränderung erlitten."[74] Das heißt, sie hatten sich zumindest auf dem niedrigen Stand des Jahres 1866 gehalten. Hier zeigen sich mit aller Deutlichkeit die Grenzen der Aussagekraft von Unternehmerangaben.

Das Anziehen der Löhne seit 1868 bei noch vorübergehenden Rückschlägen zeugten von der allmählichen Gesundung der Verhältnisse in der Wollindustrie, und seit 1870 kam es zu einem fortschreitenden Anstieg der Geldlöhne infolge des neuen zyklischen Aufschwungs.

Über das Verhältnis der Frauen- und Männerlöhne und seiner Entwicklung im Verlaufe der Endphase der industriellen Revolution gibt die nachfolgende Tabelle einen Überblick.

Diese Übersicht ist in verschiedener Hinsicht bemerkenswert. Sie zeigt trotz der in den einzelnen Jahren unterschiedlichen Verhältniszahlen, daß sich im gesamten Bereich der Spinnerei ein im wesentlichen gleiches Verhältnis der Männer- und Frauenlöhne herausgebildet hatte. Die Frauenlöhne betrugen im Durchschnitt nur die Hälfte und weniger der für männliche Arbeitskräfte gezahlten Löhne. Darüber hinaus zeigt sich, daß die Krisenjahre eine Angleichung der Löhne brachten. Die Ursachen für die Erscheinung sind verständlich. Einmal war der Druck auf die relativ hohen Männerlöhne wesentlich größer, und zum anderen ließ der niedrige Stand der Frauenlöhne nur ein begrenztes Herabdrücken zu. In den Zweigen, in denen die Frauenarbeit – wie hier – verbreitet war, strebten die Unternehmer zur Begegnung der schwierigen Lage durch die Einsparung von Lohnkosten auf dem Wege der

[74] Vgl. *Jahresbericht der Handelskammer Plauen für 1867.*

Die Wochenlöhne der Spinnerinnen, gemessen an den Spinnerlöhnen in %

Jahr	Streichgarn- und Vigognespinnerei	Kammgarn-spinnerei	Baumwoll-spinnerei
1860	43	46	47
1864	42	43	46
1865	46	64	53
1866	46	75	54
1867	38	71	69
1868	45	48	73
1869	58	42	54
1870	58	43	54
1871	63	47	51
1872	51	49	50

Ersetzung der Männerarbeit durch Frauen; denn auf diese Weise konnten die Lohnkosten in größerem Maße eingespart werden als durch allgemeine Lohnsenkungen, die ja ohnehin noch angewandt wurden. Am deutlichsten zeichnete sich diese Entwicklung in der Kammgarnspinnerei ab. Daß in allen drei Zweigen der Anteil der Frauenlöhne auch im Verlaufe des neuen zyklischen Aufschwungs gegenüber dem Anfang des siebenten Jahrzehnts höher lag, zeugt wohl von dem weiter wachsenden Anteil der weiblichen Arbeitskräfte im Produktionsprozeß.
Bevor wir zur Einschätzung der Kaufkraft dieser Geldlöhne und damit zur Entwicklung der Reallöhne in der Wollspinnerei kommen, betrachten wir die Löhne in der Kammgarnhandspinnerei- und Handkämmerei.

Wochenlöhne der Handspinner und Handkämmer (in Mark)[75]

Jahr	Kammgarn Handspinnerei	Leinengarn Handspinnerei	Handkämmerei
1800	2,40	–	–
20er Jahre	1,80	–	6,00
1840	1,20	0,80 (1838)	–
1843	1,05	0,50	3,75
1845	0,90	1,20	5,20
1850	0,60	1,65	5,60
1853	–	0,60	4,50

75 Zusammengestellt nach den Angaben bei *Haendly, K.*, a. a. O., S. 303; *Delbrück, R.*, Reisebericht über die Provinz Sachsen aus dem Jahre 1846, in: DZA-Merseburg, Rep. 120 HA/R, Nr 17; Bericht aus Erfurt über das Fabrikwesen im Eichsfeld vom 9. November 1843, in: DZA-Merseburg, Rep. 109 B IV, Nr 44; *Schubarth*, Reisebericht vom September 1853, a. a. O.; *Reden, F. W. v.*, a. a. O., Abt. 1, Darmstadt 1853, S. 775; *Blumberg, H.*, Ein Beitrag zur Geschichte der deutschen Leinenindustrie von 1834 bis 1870, a. a. O., S. 129.

Die Handspinnerei brachte schon vor dem Aufkommen der Maschinenspinnerei ein nur notdürftiges Einkommen, weshalb sie zumeist als landwirtschaftliches Nebengewerbe auftrat. Mit der Durchsetzung des Maschinengarns war sie zum Untergang verurteilt, so daß sie sich nur noch bis zur Mitte des Jahrhunderts in einem gewissen Umfange hielt. In der zweiten Hälfte der vierziger Jahre hier lagen die Löhne sogar niedriger als in der Flachshandspinnerei, aber zu Beginn des sechsten Jahrzehnts hatten sie beide das gleiche niedrige Niveau erreicht, das einen Lebensunterhalt auf ihrer Grundlage für immer ausschloß.

Die Handkämmerei hielt demgegenüber – bei gleichfalls sinkender Tendenz des Lohnes – das Niveau des durchschnittlichen Fabrikspinnerinnenlohnes, aber mit der zunehmenden Durchsetzung der Maschinenkämmerei wurde auch dieser Handarbeit die Existenzgrundlage entzogen.

Ein Vergleich des Lohnes in den Wollspinnereien mit den Lebenshaltungskosten zeigt deutlicher die Entwicklung der Lebenslage als die Geldlöhne, die wir bisher betrachteten. Die nachfolgende Tabelle gibt die Entwicklung der Lebenshaltungskosten und der Reallöhne in der Wollspinnerei wieder.

Die Entwicklung der Bruttoreallöhne in der Wollspinnerei (1830/39 = 100)[76]

Jahre	Wollspinnerei	Industrie insgesamt	Lebenshaltungskosten
1830/39	100	100	100
1840/49	89	91	116
1850/59	94	85	140
1860/65	108	91	146

Die Entwicklung der Reallöhne zeigt, daß die um nahezu ein Drittel gestiegenen Geldlöhne keine Erhöhung des Lebensstandards der Arbeiter in der Wollindustrie gebracht hatten. Die gestiegenen Geldlöhne waren nur ein Ausdruck für die unzureichende Angleichung an die wesentlich stärker gestiegenen Lebenshaltungskosten. Wie in der gesamten Industrie, fielen auch die Reallöhne im Bereich der deutschen Wollspinnerei, aber bemerkenswerterweise sanken sie im Verlaufe der vierziger Jahre unter das allgemeine Niveau. Dafür können wir für die Spinnerei jedoch im Verlaufe der fünfziger Jahre bereits ein Ansteigen des Reallohnes feststellen, doch ohne daß er dadurch das Niveau der dreißiger Jahre wieder erreichte. Den Durchschnitt der Industrie überstieg der Reallohn jedoch nicht unwesentlich. Während der ersten Hälfte der sechziger Jahre stiegen wiederum die Geldlöhne schneller als die Lebenshaltungskosten. Damit überstieg der Reallohn in der Wollindustrie den der dreißiger Jahre. Auch hier war die Steigerung höher als im Durchschnitt der Gesamtindustrie; denn deren Reallohnindex erreichte nur das Niveau der vierziger Jahre.

76 Der Lebenshaltungskostenindex und der Reallohnindex der Industrie sind bei *Kuczynski, J.*, a. a. O., S. 84, 87 u. 200f. entnommen. Dies trifft auch für die nachfolgenden Tabellen, einschließlich des Geldlohnindexes für die Textilindustrie, zu.

Für die Arbeiter der Wollspinnerei bedeutete demzufolge die fortschreitende Industrialisierung im Verlaufe der industriellen Revolution keine Verbesserung ihrer Lebenslage, sondern bis in die fünfziger Jahre hinein zunehmendes Elend. Erst unter den günstigen Konjunkturbedingungen des zyklischen Aufschwungs während des siebenten Jahrzehnts gelang es ihnen, ihre Lebenslage zu verbessern, aber auch jetzt lag ihr Lebensstandard nur ein wenig über dem bereits erreichten Stand der dreißiger Jahre. Darüber hinaus konnten sie diesen Stand im Verlaufe des siebenten Jahrzehnts nicht halten, wie es die nachfolgende Tabelle ausweist.

Die Entwicklung der Bruttoreallöhne in der Wollspinnerei im Verlaufe der sechziger Jahre (1860 = 100)

Jahr	Kammgarn-spinnerei	Streichgarn-spinnerei	Wollspinnerei insgesamt	Industrie insgesamt
1860	100	100	100	100
1864	117	115	115	114
1865	94	74	83	109
1866	69	67	69	107
1867	71	80	76	93
1868	92	88	90	95
1869	81	104	94	106
1870	95	103	98	107
1871	94	94	94	106
1872	100	106	102	111

Der Reallohnindex für die Wollspinnerei zeigte in der Richtung gegenüber dem Gesamtreallohnindex der Industrie eine gleiche Entwicklung, jedoch fiel der Reallohn seit 1864 wesentlich schneller für die Arbeiter der Wollspinnerei. Während in dem Krisenjahr 1866 der durchschnittliche Reallohn der Industrie den Stand von 1860 immer noch um 7% überstieg, fiel er in der Wollspinnerei um 31%. Von diesem Tiefstand begann sich der Reallohn zwar allmählich wieder zu erholen, aber er erreichte erst gegen Ende des neuen zyklischen Aufschwungs einen Stand, der den von 1860 um nur 2% überbot. Damit reichte der mit dem Jahre 1869 wieder beginnende zyklische Aufschwung nicht aus, um das Niveau des Reallohnes von 1864 zu erreichen. Demgegenüber erreichte zwar der Reallohn in der gesamten Industrie ebenfalls nicht dieses hohe Niveau, aber mit 111% kam er ihm doch ziemlich nahe. In dieser abweichenden Reallohnentwicklung in der Wollspinnerei spiegelten sich die starken Auswirkungen der Krise von 1866 bis 1868 auf die deutsche Wollindustrie wider. Im Ergebnis dieser Krise wurden die Löhne im Zusammenhang mit den stark angestiegenen Lebenshaltungskosten auf ein solch niedriges Niveau gedrückt, das nur allmählich wieder überwunden werden konnte. Die im Verlaufe der ersten Jahre des achten Jahrzehnts weiter ansteigenden Lebenshaltungskosten erschwerten die Angleichung der Geldlöhne an deren hohes Niveau. Während sich der Geldlohn gegenüber 1860 bis zum Jahre 1872 in der deutschen Wollspinnerei im Durchschnitt um 30% erhöhte, stiegen die Lebenshaltungskosten ebenfalls um 27%.

Die Löhne in der deutschen Streichgarnweberei

Bei der Behandlung der Lohnentwicklung in der deutschen Streichgarnindustrie müssen wir uns ebenfalls auf die württembergischen und auf die aus dem Handelskammerbezirk Chemnitz vorhandenen Lohnangaben stützen. Dies ist besonders für die ersten drei Jahrzehnte ungünstig, da ja die württembergische Tuchindustrie seit der Bildung des Zollvereins stark unter der Konkurrenz der fortgeschritteneren Zentren dieser Industrie – des Rheinlands, der Lausitz und Sachsens – zu leiden hatte. Dieser Konkurrenzkampf übte zweifellos auf das dortige Lohnniveau einen nachteiligen Einfluß aus. Die sich daraus ergebende Abweichung von der Gesamtentwicklung wurde jedoch durch zwei Umstände wieder etwas ausgeglichen. Einmal handelte es sich hierbei ebenfalls um Höchstlöhne, und zum anderen nehmen wir den Durchschnitt der dreißiger Jahre zum Ausgangspunkt, d. h. eine Zeit, in der sich dieser Konkurrenzkampf schon lohnsenkend ausgewirkt haben wird und somit die Relation zwischen den einzelnen Jahrzehnten die Entwicklung der Geldlöhne richtig widerspiegeln dürfte.

Die Entwicklung der Geldlöhne (Maximalwochenlöhne) und der Bruttoreallöhne in der deutschen Streichgarnweberei[77]

Jahre	Wochenlöhne in Mark	Index	Bruttoreallohnindex	Geldlohnindex der Textilindustrie	Reallohnindex der Gesamtindustrie
1830/39	7,30	100	100	100	100
1840/49	7,30	100	86	106	91
1850/59	8,70	119	85	127	85
1860	10,50	144	97	165	88
1863	9,00	123	85	162	93
1864	10,50	144	106	156	100
1865	8,80	121	85	159	96
1866	7,50	103	69	171	94
1868	15,00	205	115	179	84
1869	15,00	205	125	179	93
1860/69	10,90	149	97	169	91
1870	15,00	205	123	188	94
1871	15,00	205	114	185	93
1872	15,00	205	109	215	98
1873	16,20	222	107	224	96
1870/73	15,30	209	113	203	95

77 *Jahresberichte der Handels- und Gewerbekammern in Württemberg für die Jahre 1865 und 1873; Jahresberichte der Handelskammer Chemnitz für 1864, 1868 und 1872; May,* Reisebericht vom 15. September 1836, in: DZA-Merseburg, Rep. 120 D I/1, Nr 11, vol. 2.

Die Tabelle gibt uns einen Überblick über die Entwicklung der Geld- und Reallöhne von den dreißiger Jahren bis zum Ende des letzten zyklischen Aufschwungs der industriellen Revolution. Sie vermittelt uns im Vergleich zur Lohnentwicklung in der Wollspinnerei eine durchgehende Entwicklung, aber dieser Vorteil wurde erkauft, indem wir uns durchgehend auf Höchstlöhne stützen. Dadurch ist die relative Höhe der angegebenen Geldlöhne zu erklären. Um diesen Nachteil teilweise abzuwerten, werden wir uns die in Sachsen gezahlten Minimal- und Durchschnittslöhne betrachten, die wir mit dem Index der oben angeführten Maximallöhne vergleichen.

Die Geldlöhne zeigten wiederum eine ständige Steigerung. Im Unterschied zu den Löhnen der Spinnerei hielten sich die Höchstlöhne hier bis zur Mitte des vorigen Jahrhunderts auf dem gleichen durchschnittlichen Stand und steigerten sich auch bis zur Mitte der sechziger Jahre nicht in gleichem Tempo. In dieser Hinsicht blieben sie auch hinter der durchschnittlichen Lohnentwicklung der gesamten deutschen Textilindustrie zurück. Dies änderte sich erst nach Überwindung der Krise von 1866/67; denn seit jener Zeit begann die Zunahme der Geldlöhne mit der der gesamten Textilindustrie Schritt zu halten, und bis gegen Ende des neuen zyklischen Aufschwungs erreichten sie – verglichen mit dem Ausgangsstand der dreißiger Jahre – etwa das gleiche Niveau. Demgegenüber waren – wie wir oben gesehen hatten – die Löhne in der Wollspinnerei hinter dieser Entwicklung zurückgeblieben. Auffallend ist auch die größere Stabilität der Wochenlöhne seit 1868. Die wichtigsten Faktoren, die dies bewirkten, waren folgende: Die Verdrängung der Männerarbeit zugunsten der billigeren Frauenarbeit spielte zu jener Zeit noch keine wesentliche Rolle, so daß der von hier ausgehende Lohndruck in der Streichgarnweberei nicht spürbar wurde. Die Tuchweberlöhne sahen sich auch kaum einem aus anderer Richtung kommenden Lohndruck gegenüber, da der Übergang zur Maschinenweberei sich noch verhältnismäßig allmählich vollzog. Zugleich war der Konkurrenzkampf im Bereich der Streichgarnweberei von seiten technisch überlegener ausländischer

Durchschnittslöhne und Minimallöhne in der sächsischen Tuchweberei von 1860 bis 1872[78]

Jahr	Durchschnittslohn in Mark	Index	Minimallohn in Mark	Index	Index der Maximallöhne
1860	6,90	100	6,00	100	100
1863	7,30	106	5,00	83	85
1864	7,60	110	7,50	125	100
1865	6,80	98	6,00	100	84
1866	6,80	98	6,00	100	72
1868	11,30	164	–	–	142
1869	11,00	159	7,00	117	142
1870	11,00	159	7,00	117	142
1871	11,00	159	7,00	117	142
1872	11,00	159	7,00	117	142

[78] Ebenda.

Fabrikate kaum bemerkbar, so daß der von dieser Seite ausgeübte Lohndruck ebenfalls nicht in gleichem Umfange wirkte wie in der Wollspinnerei. In welchem Maße hierbei auch der Klassenkampf eine Rolle spielte, werden wir weiter unten behandeln. Die Auswirkungen der Krise von 1866/67 werden ebenfalls in der Lohntabelle sichtbar, jedoch beschränkt sich dies im wesentlichen auf das Jahr 1866. Lohnangaben für das darauffolgende Jahr fehlen völlig, während die für das Jahr 1868 angegebenen Löhne uns als zu hoch erscheinen. Während des größeren Zeitraums dieses Jahres dürften solche Löhne kaum gezahlt worden sein.

Die in der sächsischen Tuchweberei im Verlaufe der sechziger Jahre gezahlten Durchschnittslöhne waren gegenüber den Maximallöhnen schneller gestiegen, und der von ihnen erreichte Tiefstand während der Krise lag ebenfalls über dem der letzteren. Die sechziger Jahre und auch der zyklische Aufschwung während der ersten Jahre des achten Jahrzehnts brachten demzufolge eine Angleichung beider Lohngruppen. Das Verhältnis vom Durchschnittslohn zum Minimallohn war bis gegen Ende der Krise etwa gleich und der Unterschied zwischen beiden nicht bedeutend. Demgegenüber blieben die Minimallöhne während des neuen zyklischen Aufschwungs in ihrer Steigerung zurück, so daß sich der Unterschied zwischen diesen beiden Lohngruppen in dieser Periode vergrößerte. Während sowohl die Maximalals auch die Durchschnittslöhne das Vorkrisenmaximum in diesen Jahren übertrafen, gelangten die Minimallöhne nicht auf diese Höhe. Damit hatte sich auch die Differenz zwischen den Maximal- und Minimallöhnen ansehnlich vergrößert, und zu Beginn des achten Jahrzehnts waren die ersteren gegenüber den letzteren mehr als doppelt so hoch.

Wir müssen uns noch darüber klar werden, in welchem Maße die in der ersten Tabelle wiedergegebenen Löhne als repräsentativ anzusehen bzw. in welchem Umfange Unterschiede zwischen den einzelnen Zentren der deutschen Streichgarnweberei aufgetreten sind.

Zunächst seien die einzelnen uns bekanntgewordenen Lohndaten angeführt. In Berlin wurden den Webern 1845 4,50 bis 6,00 Mark Wochenlohn gezahlt.[79] Da die Tuchmacherlöhne mit zu den höchsten der Webereibranche zählten, dürften also zu diesem Zeitpunkt die Höchstlöhne der Tuchmacher bei 6,00 Mark gelegen haben. Für das Jahr 1853 haben wir unmittelbare Lohnangaben aus der Streichgarnweberei. Zu jenem Zeitpunkt erhielten die Tuchweber im Durchschnitt 6,00 Mark die Woche.[80] Die Höchstlöhne betrugen 9,00 und die Mindestlöhne 4,50 Mark.[81] Gegenüber der Mitte der vierziger Jahre hatten sich zwar die Minimallöhne nicht erhöht, aber die Maximallöhne waren um ein Drittel gestiegen, und auch die Durchschnittslöhne hatten sich erhöht. Bis zum Jahre 1864 hatte der Durchschnittslohn 9,00 Mark erreicht, während der Höchstlohn mit 12,00 und der Mindestlohn mit 7,50 Mark angegeben wurde.[82] Auch bei diesen Löhnen handelte es sich um allgemeine

[79] *Baar, L.*, a. a. O., S. 477ff.

[80] *Jahresbericht des Statistischen Amtes im Königlichen Polizei-Präsidio zu Berlin für das Jahr 1853*, a. a. O., S. 72 u. 98.

[81] Ebenda.

[82] *Baar, L.*, a. a. O., S. 477ff.

Weberlöhne, aber der Unterschied zu den Tuchweberlöhnen dürfte auch hier, insbesondere was den Höchst- und den Durchschnittslohn betrifft, gering gewesen sein. Aus der rheinischen Streichgarnweberei besitzen wir zwei Lohnangaben, und zwar aus dem Jahre 1838 und 1850. Zum ersten Zeitpunkt lagen die Löhne zwischen 4,50 und 7,50 Mark[83], und im letztgenannten Jahr erhielt ein Tuchweber 6,00 bis 7,50 und als Maximum 9,00 bis 10,50 Mark.[84] Ein Grünberger Tuchmachergeselle erhielt um die Mitte des vorigen Jahrhunderts 5,40 bis 7,20 Mark, und im Jahre 1867 zahlten die Tuchfabrikanten folgende Löhne: In der Tuchhandweberei 8,00 bis 10,50 Mark in der Woche und in der Maschinenweberei an Weberinnen 4,50 bis 5,00 Mark.[85] Die Löhne in Kottbus dürften in der zweiten Hälfte der vierziger Jahre nahe 9,00 Mark gelegen haben; denn im April 1848 forderten die dortigen Tuchmachergesellen Arbeit, die einen solchen Lohn garantieren sollte.[86] Die letzten Lohndaten, die wir anführen, entstammen der Lambrechter Tuchweberei, also aus der bayerischen Rheinpfalz. Hier erhielt während der vierziger Jahre ein Tuchweber 5,20 bis 6,30 Mark pro Woche[87], während der Lohn bis zum Jahre 1854 auf 7,00 bis 9,70 Mark anstieg.[88]

Die Angaben zeigen, daß die in der Tabelle angeführten Höchstlöhne zwar nicht als oberste Grenze angesehen werden können; denn die rheinische, vor allem die Aachener Tuchweberei zahlte noch höhere. Aber wohl als durchschnittliche Höchstlöhne für die gesamte Streichgarnweberei können sie gewertet werden. Zugleich lassen die wenigen Lohndaten vermuten, daß in der deutschen Streichgarnweberei die Unterschiede zwischen den in den einzelnen Zentren gezahlten Löhnen im Hinblick auf ihre Höhe nicht unbedeutend waren. Auf der Grundlage dieses unzureichenden Zahlenmaterials kann jedoch diese wichtige Frage nicht näher erörtert werden.

Auch in der Streichgarnweberei sanken die Reallöhne während der vierziger Jahre stärker als in der gesamten Industrie, aber auch stärker als in der Wollspinnerei. Auf diese Weise spiegelte die Reallohnentwicklung den zunehmenden Konkurrenzkampf und damit die wachsende ökonomische Ruinierung vieler selbständiger Tuchweber im Verlaufe der vierziger Jahre wider. Während sich in der Wollspinnerei die Reallöhne im Verlaufe der fünfziger Jahre wieder etwas hoben und damit einen höheren Stand als im Gesamtdurchschnitt der Industrie erreichten, fielen dieselben in der Streichgarnweberei weiter und zogen mit dem Gesamtindustriestand gleich. Im Verlaufe der sechziger Jahre begann dann der Reallohn zu steigen, um dicht

83 *Minutoli, A. v.*, Reisebericht aus dem Jahre 1838, in: DZA-Merseburg, Rep. 120 D I/1, Nr 11, vol. 2.

84 *Reden, F. W. v.*, a. a. O., Abt. 3, Darmstadt 1854, S. 1579.

85 *Jacobi, L.*, Das Wollengewerbe von Grünberg, in: Schlesische Provinzialblätter, Jg. 6/1867, Breslau 1867, S. 273; *Reden, F. W. v.*, a. a. O., Abt. 1, S. 679.

86 Schreiben des Landrates von Schönfeld vom 19. April 1848, in: Brandenburger Landeshauptarchiv, Potsdam (im folgenden: BLHA-Potsdam), Rep. 3 B, Nr 198/1.

87 *Viebahn, G. W. v.*, Über Leinen- und Wollmanufakturen, deren Ursprung, Umfang und Leistungen in Deutschland, deren Wert und Fortschritte, Berlin 1846, S. 45.

88 *Tuchfabrikation in Lambrecht*, in: Deutsche Gewerbezeitung, Jg. 19/1854, Neue Folge, Bd 5, Leipzig 1854, S. 317.

an das Niveau der dreißiger Jahre heranzukommen. Damit übertraf die Reallohnentwicklung in der Streichgarnweberei die des Reallohnes der Gesamtindustrie. Jedoch die Extreme im siebenten Jahrzehnt waren wesentlich größer, worin sich wiederum das unterschiedliche Ausmaß der Krise widerspiegelte. Hervorzuheben ist gegenüber der gesamten Industrie, aber auch gegenüber der Reallohnentwicklung in der Wollspinnerei, daß der Reallohn in der Streichgarnweberei im Verlaufe des zyklischen Aufschwungs der siebziger Jahre deren Stand nicht nur übertraf, sondern auch das Vorkrisenmaximum überboten hatte. Die Reallohnentwicklung in der Streichgarnweberei zeigte jedoch ebenfalls, daß auch die Weber nicht voll in den Genuß des zyklischen Aufschwungs kamen, da der Lohn hinter den gestiegenen Lebenshaltungskosten zurückblieb und sich die Ausbeutung während dieser Zeit weiter verschärfte.

Die Löhne in der deutschen Kammgarn- und Halbwollweberei

Bei der Darstellung der Lohnentwicklung in diesem Bereich der deutschen Wollindustrie können wir uns wiederum auf durchgehende Lohnangaben stützen. Sie

Die durchschnittlichen Wochenlöhne in der sächsischen Kammgarn- und Halbwollhandweberei und die Entwicklung der Bruttoreallöhne[89]

Jahre	Wochenlohn in Mark	Index 1830/39 = 100	Bruttoreallohn Index 1830/39 = 100
1820/30	10,50	100	114
1833	7,50	71	68
1838	13,50	129	124
1830/39	10,50	100	100
1840/45	9,00	86	78
1845/50	12,00	113	94
1840/49	10,50	100	86
1850/55	7,50	71	53
1860	6,20	59	40
1860/63	7,50	71	47
1864	5,40	51	38
1865	6,10	58	41
1866	6,10	58	39
1867	7,50	71	40
1868	5,90	56	31
1869	7,40	70	43
1860/69	6,50	62	39
1870	7,40	70	42
1871	12,00	114	63
1872	12,80	121	64
1870/72	10,70	102	56

89 *Demmering, G.*, a. a. O., S. 83; *Jahresberichte der Handelskammer Chemnitz für die Jahre 1863 bis 1872.*

beruhen vor allem auf den im Glauchau-Meeraner Kammgarn- und Halbwollweberei-Distrikt gezahlten Löhnen sowie auf den im Handelskammerbezirk Chemnitz gewährten Durchschnittslöhnen.

Die voranstehende Tabelle zeigt eine bemerkenswerte Entwicklung der Geldlöhne in der sächsischen Kammgarn- und Halbwollweberei, die sich von der der Löhne aus den anderen Bereichen der deutschen Wollindustrie in verschiedener Hinsicht unterschied. Die vergleichbaren Jahrzehntdurchschnitte des Geldlohnes zeigten zunächst eine Stagnation bis zur Jahrhundertmitte an, was zwar der Entwicklung der Löhne in der Tuchweberei entsprach, aber der der Wollspinnerei zuwiderlief. Jedoch gegenüber den dort gezahlten Löhnen hoben sich die der Kammgarnweberei infolge ihrer relativen Höhe hervor. Bemerkenswert war zugleich der Umstand, daß die Löhne Ende der dreißiger Jahre und auch in der zweiten Hälfte des fünften Jahrzehnts eine besondere Höhe aufwiesen. Offensichtlich waren die Krisenauswirkungen bezüglich der Löhne bis zum Jahre 1838 bereits überwunden oder während der Konjunkturjahre des vierten Jahrzehnts lagen sie noch höher, so daß die Kriseneinflüsse auf das Lohnniveau nicht ausreichten, um sie auf den Stand der zwanziger Jahre herabzudrücken. Der letzte Umstand ist der wahrscheinlichere.

Hingegen wird der „hohe" Stand aus der zweiten Hälfte des fünften Jahrzehnts verständlich, wenn wir uns folgendes aus dem voranstehenden Kapitel ins Gedächtnis zurückrufen.[90] Die Kammgarn- und Halbwollweberei hatte während dieser Jahre die ausländische Konkurrenz auf dem deutschen Markt erfolgreich zurückdrängen können, was bis in das Krisenjahr 1847 hinein feststellbar war. Zugleich waren diese Jahre infolge der Mode für Kammgarn- und Halbwollgewebe für diesen Zweig günstiger. Unter diesen Umständen konnte es den Arbeitern dieses Bereiches der Wollindustrie besser gelingen, ihre Löhne an die bedeutend gestiegenen Lebenshaltungskosten anzugleichen.

Seit dem Beginn des sechsten Jahrzehnts setzte sich jedoch eine rückläufige Bewegung der Geldlöhne durch, die im wesentlichen – wenn auch zeitweilig unterbrochen – bis zum Ende der sechziger Jahre anhielt.

Im Verlaufe der ersten Hälfte der fünfziger Jahre bewahrten jedoch die Geldlöhne noch die Höhe der in der Tuchweberei gezahlten, wenn wir uns vergegenwärtigen, daß die einen Durchschnitts- und die anderen Maximallöhne darstellten. Woraus erklärt sich nun diese Nivellierung beider Löhne infolge der ungünstigeren Lohnentwicklung in der Kammgarn- und Halbwollweberei? Für die Wollindustrie bot der innere Markt in der ersten Hälfte der fünfziger Jahre sehr unterschiedliche Absatzbedingungen, und seine Ausdehnung war infolge der bedeutenden Verteuerung der Lebensmittel begrenzt. Dieser Umstand mußte sich lohnsenkend bemerkbar machen, aber vor allen Dingen für jene Zentren, die nahezu ausschließlich für den inneren Markt arbeiteten. Dies traf jedoch gerade für die sächsische Kammgarn- und Halbwollweberei, insbesondere für den Weberei-Distrikt von Glauchau-Meerane, weniger zu. Die dortigen Handelshäuser und Verlagsunternehmungen hatten doch gerade in diesen Jahren ihr Exportgeschäft ausgedehnt und auf dieser Grundlage die Zahl der

90 Vgl. S. 191ff.

von ihnen ausgebeuteten Weber beträchtlich erhöht, und dies vor allem auf Kosten der Baumwollweberei. Trotzdem gilt die oben gegebene Erklärung auch hier in gewissem Umfange, da die verstärkte Orientierung auf den Export teilweise durch die Schwierigkeiten auf dem inneren Markt erzwungen wurde. Auf dem Weltmarkt besaß jedoch die deutsche Kammgarn- und Halbwollweberei einen schwierigeren Stand gegenüber ihren Konkurrenten, insbesondere den britischen und französischen Fabrikaten, als die deutschen Tuche. In größerem Umfange dort abzusetzen hieß deshalb in erster Linie billiger anbieten, so daß die – was insbesondere für die britische Ware galt – mit leistungsfähigerer Technik hergestellte Ware aus dem Felde geschlagen werden konnte. Die Einsparung von Lohnkosten war hierbei das naheliegendste und vor allem dasjenige, was gegenüber dem Übergang zur Maschinenweberei – ein Weg, der in der rheinischen Weberei z. B. beschritten wurde – kein zusätzliches Kapital erforderte. Daß dieser Weg beschritten wurde, wird daraus ersichtlich, daß die Glauchau-Meeraner Handelshäuser nach jenen Gegenden ihre Weberei ausdehnten, die ein niedriges Lohnniveau aufwiesen. Dies traf vor allem auf die ländlichen Gebiete des sächsischen Vogtlandes und das benachbarte oberfränkische Gebiet zu. Haben doch die Glauchau-Meeraner Verleger besonders dort der Baumwollweberei ihre Arbeitskräfte abgeworben, indem sie ihnen einen niedrigen, aber im Vergleich zu den dort üblichen Löhnen einen etwas höheren boten.[91] Dies mußte für die Weber in Glauchau-Meerane als lohndrückend spürbar werden, und wie die gesunkenen Geldlöhne zeigen, hatte das Kapital damit Erfolg. Damit gingen die Verleger und Manufakturiers hier den Weg, den wir bei der deutschen Hausindustrie auch anderweitig finden: Das gesteigerte Risiko durch den Export und die bessere Konkurrenz auf dem Weltmarkt luden sie auf die Weber in Gestalt von Lohnsenkungen ab.[92] Durch die Verbindung von Landwirtschaft und Weberei gerade in den ländlichen Distrikten wurde dieses Vorhaben erleichtert.

Etwas anders verhielt es sich bei der negativen Lohnentwicklung im Verlaufe der sechziger Jahre. Die erschwerten Exportbedingungen während der ersten Hälfte der sechziger Jahre, insbesondere in Auswirkung des amerikanischen Bürgerkrieges, wirkten sich für die Kammgarn- und Halbwollweberei von Glauchau-Meerane wohl am nachteiligsten aus.[93] Infolge des bisher umfangreich betriebenen Exportgeschäfts waren ihre Beziehungen zum inneren Markt schwächer entwickelt und die von ihnen bisher produzierten Gewebe nicht voll für diesen geeignet. Demzufolge war eine teilweise Umorientierung der Produktion notwendig, die zeitweise größere Arbeitslosigkeit zur Folge hatte, was als zusätzlicher Lohndruck wirkte. Die stärkere Konkurrenz auf dem inneren Markt, insbesondere mit der rheinischen, aber auch mit der Berliner Industrie, die hinsichtlich der mechanischen Weberei schon größere

[91] *Hofmann, C.*, Die Hausweberei in Oberfranken, in: Heimarbeit und Verlag in der Neuzeit, H. 12, Jena 1927, S. 37ff. – Die Wochenlöhne der dortigen Baumwollweber betrugen 1851 2,60 bis 3,60 Mark.

[92] *Blumberg, H.*, Ein Beitrag zur Geschichte der deutschen Leinenindustrie von 1834 bis 1870, a. a. O., S. 138f.

[93] Vgl. *Jahresbericht der Handelskammer Chemnitz für 1863; Demmering, G.*, a. a. O., S. 91ff.

Fortschritte – was insbesondere für die erstere galt – erzielt hatten, wurde wiederum durch die Senkung des Lohnes auszugleichen versucht. Zugleich verstärkten sich jetzt im Vergleich zu den vorangegangenen Jahrzehnten die Bemühungen um den Übergang zur Maschinenweberei, so daß von dieser Seite her sich der Lohndruck verstärkte, was insbesondere für die zweite Hälfte des siebenten Jahrzehnts galt.[94] Um die Mitte der sechziger Jahre begannen sich jedoch diese negativen Faktoren abzuschwächen, weshalb der Lohn nach 1864 zunächst eine steigende Tendenz aufwies, die sich jedoch infolge der hereinbrechenden Krise nicht voll auswirken konnte. Eine spürbare und stetigere Erhöhung der Geldlöhne setzte demzufolge erst 1869 ein. Da jedoch der Druck der Maschinenweberei zunahm, erreichten die Löhne nicht mehr das Maximum des Jahres 1838, obgleich die Lebenshaltungskosten bis dahin bedeutend gestiegen waren. Diese Feststellung wird durch die Entwicklung der Löhne in der Maschinenweberei im Bereich von Glauchau-Meerane unterstrichen.

Die durchschnittlichen Wochengeldlöhne in der Maschinenweberei[95]

Jahr	Weber Wochenlohn in Mark	Index	Reallohn-index	Weberinnen Wochenlohn in Mark
1830/39	10,50*	100	100	–
1865	6,00	57	40	–
1866	7,50	71	47	–
1867	7,50	71	40	–
1868	5,20	50	28	6,00
1869	12,00	114	69	4,80
1870	13,00	124	75	4,80
1871	14,00	134	74	6,00
1872	15,00	143	75	6,00

* Löhne der Handweberei.

Die Löhne der Weber in der Maschinenweberei waren zunächst noch niedriger – wenn auch unbedeutend – gegenüber den Handweberlöhnen. Sie erreichten aber in den Krisenjahren 1866/67 durch ihr Ansteigen das Niveau der Handweberlöhne der ersten Hälfte des sechsten Jahrzehnts. Offenbar versuchten die Fabrikanten, auf diese Weise die Weber in die Fabriken zu ziehen, da sie glaubten, durch den Übergang zur mechanischen Weberei die Krise erfolgreich zu überdauern. Die Löhne im Jahre 1868 zeigten jedoch, daß unter den Bedingungen der Krise sich auch hier die Löhne nicht auf der alten Höhe halten konnten. Die nachfolgenden Jahre brachten jedoch ein ständiges Ansteigen der Löhne. Dadurch übertrafen sie nicht nur seit 1869 die der Handweber, sondern überstiegen das Maximum von 1838 seit 1871 nicht un-

94 *Demmering, G.*, a. a. O., S. 94; *Grothe, H.*, a. a. O., S. 248.
95 Nach den Angaben der *Jahresberichte der Handelskammer Chemnitz für 1864 bis 1872.*

bedeutend. Die Löhne der Maschinenweber erreichten damit ein Niveau, das den Höchstlöhnen der Tuchweberei entsprach.

Führen wir auch für diesen Bereich der Wollindustrie die uns bekanntgewordenen Lohndaten aus anderen Zentren an. In Schlesien, und zwar in der Kammgarnweberei Wüste-Giersdorf, betrug der Wochenlohn 1851 6,00 Mark[96] und 1863/64 7,00 bis 8,00 Mark.[97] In Gera verdiente ein selbständiger Wollzeugweber 1846/47 im Minimum 4,50 Mark, und die Lohnweber bekamen 4,50 bis 7,50 Mark.[98] Aus der Rheinprovinz haben wir nur eine Angabe aus dem Jahre 1834, wonach der Lohn zwischen 6,00 und 7,20 Mark schwankte.[99] In der Eichsfelder Kammgarnweberei wurden 1843 4,00 bis 6,00 Mark gezahlt und drei Jahre später 6,00 Mark als Maximum und ebenfalls 4,00 Mark als Minimum.[100] Der Durchschnittslohn lag bei 4,50 Mark. Bis zum Jahre 1850 hatten die Löhne mit 5,00 bis 6,00 Mark auch kein wesentlich anderes Niveau erreicht.[101] Aus Berlin sind uns für das Jahr 1853 aus diesem Bereich der Wollindustrie folgende Löhne bekannt. Raschmacher erhielten als Heimweber 9,00 Mark, als mittleren Lohn 7,00 und im Minimum 6,00 Mark.[102] In den Wollwarenmanufakturen und -fabriken (Kammgarn- und Halbwollweberei) erhielten[103]:

	im Maximum	als mittleren Lohn	als Minimum
Fabrikarbeiter	10,00 Mk	9,00 Mk	7,00 Mk
Webergesellen	12,00 „	9,00 „	6,00 „
Kettenscherer	8,00 „	4,00 „	3,00 „
Appreteure	8,00 „	4,00 „	3,00 „
Wicklerinnen	5,00 „	4,00 „	3,00 „
Schußjungen	3,75 „	3,00 „	–

In den Jahren 1862/63 zahlten die Orleansfabrikanten in Zittau folgende Löhne[104]: in der Maschinenweberei an Weber 6,00 bis 7,50 Mark und an Weberinnen 4,50 bis 6,00 Mark. Der Weber in der Handweberei erhielt den gleichen Lohn wie die Maschinenweberin. Der höchste Lohn wurde in der Zittauer Orleansweberei an die Kettenscherer gezahlt; denn er lag zwischen 6,00 und 12,00 Mark. Zum gleichen

96 *Minutoli, A. v.*, Die Lage der Weber im Schlesischen Gebirge und die Maßregeln der Preußischen Staatsregierung zur Verbesserung ihrer Lage, Berlin 1851, S. 126.

97 *Arbeiterverhältnisse*, in: Deutsche Industriezeitung, Nr 22/1864, Chemnitz 1864.

98 *Die Wollmanufaktur von Gera*, in: Das Zollvereinsblatt, Jg. 5/1847, Nr 34, S. 582ff.

99 Bericht des Landrates des Kreises Wittgenstein vom 23. August 1834, in: DZA-Merseburg, Rep. 120 D IV/9, Nr 2.

100 Bericht aus Erfurt über das Fabrikwesen im Eichsfeld vom 9. November 1843, a. a. O.; *Delbrück, R.*, a. a. O.

101 *Reden, F. W. v.*, a. a. O., Abt. 1, S. 775.

102 *Jahresbericht des Statistischen Amtes im Königlichen Polizei-Präsidio zu Berlin für das Jahr 1853*, a. a. O., S. 69.

103 Ebenda, S. 99.

104 *Jahresbericht der Handelskammer Zittau für 1862/1863.*

Zeitpunkt erhielten die Wollzeugweber im Handelskammerbezirk Dresden 4,00 bis 6,00 Mark und die Weberinnen 2,40 bis 3,60 Mark.[105] Der Höchstlohn betrug im sächsischen Vogtland 1864 10,50 und 1865 9,00 Mark. Dagegen wurde 1864 im Durchschnitt nur ein Wochenlohn von 6,00 Mark und im Minimum von bloß 4,00 Mark gezahlt.[106]

Die einzelnen Angaben bestätigen – trotz der einzelnen, aber in der Regel nicht bedeutenden Unterschiede – das niedrige Lohnniveau in der deutschen Kammgarnhandweberei seit der Mitte des vorigen Jahrhunderts. Es stechen lediglich die Löhne in der Berliner Halbwollweberei hervor, die ansehnlich höher lagen. Hinsichtlich des Reallohnes dürfte sich jedoch dieser Unterschied infolge der hohen Lebenshaltungskosten kaum bemerkbar gemacht haben. Die in der Tabelle dargelegte Lohnentwicklung dürfte demzufolge für die Entwicklung der Löhne der Hausindustrie in der Kammgarn- und Halbwollweberei im wesentlichen zutreffen. In vollem Umfange dürfte dies für die beiden wichtigen Zentren dieses Industriezweiges – Sachsen und Thüringen – gelten. Demgegenüber waren wohl in den fünfziger und sechziger Jahren die Nominallöhne in der Berliner und rheinischen Kammgarn- und Halbwollweberei auf einem höheren Niveau, was sich dort vor allem aus zwei Umständen ergab: Der Lebensunterhalt war hier teurer, und demzufolge war überhaupt das gesamte Lohnniveau gehoben worden.[107] Außerdem war im Rheinland die Nachfrage nach Arbeitskräften während beider Jahrzehnte infolge der raschen Ausdehnung der rheinischen Industrie – vor allem der Schwerindustrie – besonders stark, was in der gleichen Richtung wirkte.

Die Reallohnentwicklung zeigt die zunehmende Verschlechterung der Lebenslage der Weber in der Kammgarn- und Halbwollweberei. Im Jahrzehntdurchschnitt brachten die zwanziger Jahre – wenn wir wiederum die dreißiger Jahre als Ausgangsbasis wählen – den höchsten Reallohn. Über dieses Niveau hob er sich nur im Verlaufe der zweiten Hälfte der dreißiger Jahre, während er in der ersten Hälfte dieses Jahrzehnts wesentlich unter den Stand der zwanziger Jahre gefallen war. Das fünfte Jahrzehnt brachte ein weiteres Sinken des Reallohnes, und zwar auf den gleichen, den der des Streichgarnwebers eingenommen hatte. Bemerkenswerterweise kam der Reallohn in der zweiten Hälfte dieses Jahrzehnts dicht an das Niveau der dreißiger Jahre heran. Diese im Vergleich zur Bewegung des Reallohnes in der Streichgarnweberei gleichlaufende Entwicklung veränderte sich mit Beginn der zweiten Jahrhunderthälfte zunehmend zuungunsten der Reallöhne in der Kammgarn- und Halbwollweberei. Bis zum Jahre 1868 fiel er um mehr als zwei Drittel gegenüber den dreißiger Jahren. Von diesem Tiefstand erholte er sich jedoch im Verlaufe des neuen zyklischen Aufschwungs, aber auch in dieser Zeit erreichte er nur das niedrige Niveau der ersten Hälfte der fünfziger Jahre. Etwas günstiger war die Entwicklung des Reallohnes in der zuletzt betrachteten Periode für den Maschinen-

105 *Jahresbericht der Handelskammer Dresden für 1863.*

106 *Jahresberichte der Handelskammer Plauen für 1864 und 1865.*

107 Vgl. *Jahrbuch für die Amtliche Statistik des Preußischen Staates*, Jg. 2, Berlin 1867, S. 94ff.; *Baar, L.*, a. a. O., S. 488ff.

weber. Sein Reallohn kam bis zum Jahre 1872 auf 75% des Niveaus der dreißiger Jahre, und im Durchschnitt der Jahre 1870/72 lag er um fast ein Fünftel über dem der Handweber.

Die durchschnittliche Lohnentwicklung in der gesamten Wollindustrie

Fassen wir die für die einzelnen Bereiche erarbeitete Nominal- und Reallohnentwicklung zusammen, so erhalten wir für die gesamte Wollindustrie die nachfolgenden Indizesreihen:

Die Entwicklung der Nominal- und Bruttoreallöhne in der deutschen Wollindustrie

Jahre	Wollindustrie Nominallohn 1830/39 = 100	Bruttoreallohn 1830/39 = 100	Gesamtindustrie Reallohn 1830/39 = 100
1830/39	100	100	100
1840/49	101	87	91
1850/59	117	84	85
1860/69	131	85	91
1870/73	179	97	95
1860	132	89	88
1864	132	96	100
1865	110	77	96
1866	97	65	94
1868	155	87	84
1869	160	98	93
1870	166	100	94
1871	176	98	93
1872	187	99	98
1873	188	90	96

Der Nominallohn hatte sich seit den dreißiger Jahren bis zum Ende des zyklischen Aufschwungs der siebziger Jahre fortlaufend erhöht. Während der ersten vier Jahre des achten Jahrzehnts überstieg der Durchschnitt den Ausgangsstand um 79%. Demgegenüber fiel der Reallohn während der vierziger und fünfziger Jahre gegenüber dem Niveau der dreißiger Jahre, und zwar schneller als in der gesamten Industrie. Im Verlaufe des siebenten Jahrzehnts hob er sich im Verhältnis zum vorangehenden nur unwesentlich, wodurch er gegenüber der durchschnittlichen Entwicklung in der Industrie erheblich zurückblieb. Daß jedoch die Bewegung des Reallohnes in der Wollindustrie von dem der gesamten Industrie nicht grundverschieden war, zeigen die einzelnen Jahresdaten aus dem siebenten Jahrzehnt. Danach war der zyklische Aufschwung auch in der Wollindustrie von einem ansehnlichen Ansteigen des Reallohnes begleitet. Daß diese Entwicklung im Jahrzehntdurchschnitt nicht zum Ausdruck kam, resultierte aus den schwerwiegenden Folgen der Krise für die Lebenslage der Arbeiter der Wollindustrie. Hierbei müssen wir außerdem beachten, daß diese Angaben Arbeitslosigkeit und Kurzarbeit nicht einmal berücksichtigen. Mit dem Ende der Krise erholte sich der Reallohn jedoch verhältnismäßig rasch von seinem niedrigen Krisenniveau und erreichte im Jahre 1870 wieder den Stand von 1830/39. Während der Jahre 1870 bis 1873 lag er infolge seiner schnelleren Steigerung über dem Niveau der Gesamtindustrie. Hervorzuheben ist jedoch, daß der Reallohn im Durchschnitt der sogenannten Gründerjahre nicht völlig den Stand der dreißiger Jahre erreichte. In dieser Hinsicht entsprach die Entwicklung in der Wollindustrie die des Durchschnitts der Gesamtindustrie. Während also die Bourgeoisie in diesen Jahren durch die zunehmende Ausbeutung der Arbeiter und unter Ausnutzung des siegreichen Krieges und damit der Ausplünderung des französischen Volkes Reichtum und Macht zusammenraffte, gelang es den Arbeitern nicht einmal, den Reallohn so zu steigern, daß er ein bereits einmal erreichtes Niveau bleibend bewahrte.

b) Die Entwicklung der Arbeitszeit und der Arbeitsleistung

Stieß die Sammlung von Lohnangaben bereits auf große Schwierigkeiten, so ist das hinsichtlich der Dauer des Arbeitstages noch stärker zutreffend. Hinweise über die Länge des Arbeitstages sind in den Quellen und in der Literatur sehr spärlich gesät. Bei der Wichtigkeit dieses Faktors für die Bestimmung der Lage der Arbeiter muß dieser Mangel als sehr schmerzlich empfunden werden.

Marx hat uns bereits die prinzipielle Seite der Entwicklung des Arbeitstages in der Periode der industriellen Revolution dargelegt. In diesem Zusammenhang schreibt er: „Wenn die Maschinerie das gewaltigste Mittel ist, die Produktivität der Arbeit zu steigern, d. h. die zur Produktion einer Ware nötige Arbeitszeit zu verkürzen, wird sie *als Träger des Kapitals* zunächst in den unmittelbar von ihr ergriffenen Industrien zum gewaltigsten Mittel, den Arbeitstag über jede naturgemäße Schranke hinaus zu *verlängern* . . . Mit *verlängertem* Arbeitstag dehnt sich die Stufenleiter der Produktion, während der in Maschinerie und Baulichkeiten ausgelegte Kapitalteil unverändert bleibt. Nicht nur der Mehrwert wächst daher, sondern die zur Ausbeutung desselben notwendigen *Auslagen* nehmen ab.“ [108]

In dieser Hinsicht bildete die Entwicklung des Arbeitstages in der deutschen Wollindustrie durchaus keine Ausnahme. Für die Zeit Ende des 18. und zu Beginn des 19. Jahrhunderts – also für jene Periode, in der die Maschine in der deutschen Wollverarbeitung noch keine bzw. noch eine untergeordnete Rolle spielte – fehlen uns Angaben über die tägliche Arbeitszeit. Der von J. Kuczynski für allgemein gültig erklärte 12-Stunden-Tag [109] dürfte jedoch auch für diesen Bereich der nichtagrarischen Produktion zutreffend gewesen sein. Dieser Arbeitstag galt jedoch seit den zwanziger Jahren – wahrscheinlich noch früher – nicht mehr für die Wollmaschinenspinnerei; denn unsere erste Angabe aus dem Jahre 1827 besagt, daß in der Spremberger Streichgarnspinnerei 14 bis 15 Stunden gearbeitet wurde.[110] Bis zum

108 *Marx, K.*, Das Kapital, a. a. O., S. 422 u. 425.
109 *Kuczynski, J.*, a. a. O., S. 94.
110 Schreiben des Magistrats von Spremberg vom 30. Juli 1827, in: BLHA-Potsdam, Rep. 6 B, Landratsamt Spremberg, Nr 483.

Anfang der dreißiger Jahre wurde die Arbeitszeit noch mehr verlängert. In Goldberg (Schlesien) arbeiteten die Spinner und Spinnerinnen an den Streichgarnspinnmaschinen 16 Stunden, und auch in Aachen betrug der Arbeitstag 1832 14 1/2 bis 15 Stunden.[111] Wenige Jahre später wurde von der Neuroder Streichgarnspinnfabrik (Schlesien) von einem normalen 18-Stundentag gesprochen.[112]
Wie ersichtlich, nutzten die Fabrikanten jede Möglichkeit, um eine rasche Verwertung des in der Maschinerie angelegten Kapitals durch die gesteigerte Ausbeutung der Arbeiter, durch die möglichst lange Bindung der gekauften Arbeitskräfte an den Produktionsprozeß zu gewährleisten. Im Extremfall verkaufte in den dreißiger Jahren der Arbeiter in der deutschen Streichgarnspinnerei drei Viertel des Tages seine Arbeitskraft, um dafür einen elenden Lohn von kaum mehr als einer Mark zu erhalten. Die Arbeitszeit lag mit 16 Stunden auch in der sächsischen Streichgarnspinnerei sehr hoch.
Demzufolge dürfte die durchschnittliche Arbeitszeit in den Streichgarnspinnereien während des vierten Jahrzehnts zwischen 15 und 16 Stunden betragen haben.
Von der Kammgarnspinnerei liegen uns weniger Angaben vor. Für die Augsburger Fabrik wurde sie mit 14 Stunden angegeben, und im Jahre 1836 galt die gleiche Zeit auch für die Kammgarnspinnereien des Vogtlandes.[113] Bei diesem Jahr handelte es sich aber um kein günstiges Wirtschaftsjahr mehr, demzufolge dürfte der 16-stündige Arbeitstag, den A. Beutler angibt[114], für den Durchschnitt der dreißiger Jahre zutreffen. Demgegenüber betrug die Arbeitszeit in der Handkämmerei auch 1836 16 bis 17 Stunden.[115] Der niedrigen Produktivität der Handarbeit und dem Mangel an ausreichenden Arbeitshänden für diese gesundheitsschädigende und beschwerliche Arbeit sollte dadurch begegnet werden. Die Verwertung der kostspieligen Maschinerie in den Kammgarnspinnfabriken war ja ohne ausreichenden Kammzug nicht denkbar.
Im Verlaufe der vierziger Jahre dürfte sich der Arbeitstag kaum geändert haben, wenn wir von den Revolutionsjahren einmal absehen. Für das sächsische Vogtland gibt A. Beutler für beide Spinnereizweige 16 Stunden an. Die gleiche Zeit galt auch für die Eichsfelder Handkämmerei, während in der Glücksbrunner Kammgarnspinnerei ohne Pause 15 Stunden täglich gearbeitet wurde.[116] In den Jahren 1848/49 ist es wahrscheinlich zu einer Herabsetzung der Arbeitszeit gekommen. In der Augsburger Spinnerei wurde „nur“ 12 Stunden gearbeitet. Die Arbeitszeit wurde

111 Vgl. Verhandlungsakte vom 23. Januar 1833 zu Goldberg, in: DZA-Merseburg, Rep. 120 D IV/7, Nr 1; *Thun, A.*, a. a. O., S. 31.

112 Schreiben der Breslauer Regierung vom 13. Juli 1836, in: DZA-Merseburg, Rep. 120 D IV/7, Nr 18. – Diese in der Streichgarnspinnerei von Lindheim durchgesetzte lange Arbeitszeit wurde als außerordentlich angesehen.

113 *Graßmann, J.*, a. a. O., S. 21; Schreiben aus Mylau vom 29. Oktober 1836, in: SLHA-Dresden, M. d. I., Nr 1398a.

114 *Beutler, A.*, a. a. O., S. 40.

115 Schreiben aus Mylau vom 29. Oktober 1836, a. a. O.

116 Bericht aus Erfurt über das Fabrikwesen im Eichsfeld vom 9. November 1843, a. a. O.; *Lebensbeschreibung des alten Lohfing*, a. a. O.

jedoch infolge der schlechten Absatzlage zum Schaden der Arbeiter, die damit auch weniger Lohn erhielten, auf 8 bis 9 Stunden zeitweise herabgesetzt.[117] In den Aachener Streichgarnspinnereien wurde 1850 ebenfalls „nur“ 13 Stunden gearbeitet, während in der Lausitz diese Arbeitszeit nur während der Wintermonate galt; denn sonst betrug der Arbeitstag 14 Stunden.[118] Demgegenüber hatte sich im Eichsfeld und im Vogtland die Arbeitszeit nicht geändert[119], und auch in den anderen Gebieten dürfte der Arbeitstag vor Ausbruch der Krise von 1857 wieder die enorme Höhe von 16 und mehr Stunden erreicht haben.

Während der ersten Hälfte des siebenten Jahrzehnts belief sich die Arbeitszeit in den sächsischen Streichgarnspinnereien auf 14 bis 16 Stunden[120], während in Schlesien teilweise die Arbeitsqual für den Spinner sogar 18 Stunden währte.[121] Ähnlich verhielt es sich in der Kammgarnspinnerei. In der Augsburger Kammgarnspinnerei betrug 1865 die Arbeitszeit 13 bis 14 Stunden und im sächsischen Vogtland 15 bis 16 Stunden.[122] Die Krise von 1866/67 zwang zwar zur Verkürzung des Arbeitstages, aber selbst zu dieser Zeit mußten die Arbeiter in den Gladbacher Wollspinnereien im Sommer 14 bis 15 und im Winter 12 bis 13 Stunden arbeiten[123] – die Zeit des Krisentiefstandes ausgenommen. In Schlesien schwankte die Arbeitszeit während der zweiten Hälfte zwischen 12 und 16 Stunden.[124] Von einer echten und zunächst bleibenden Verkürzung des Arbeitstages konnte erst seit 1869 gesprochen werden. Allerdings vollzog sich dieser Prozeß langsam, und nur widerstrebend gingen die Fabrikanten von diesem langen Arbeitstag ab. 1869 wurde in Augsburg der Arbeitstag seitens der dortigen Kammgarnspinnerei auf 12 Stunden herabgesetzt, und die württembergischen Streichgarnfabrikanten konnten sich im gleichen Jahr zur Festlegung eines 12stündigen Arbeitstages entschließen.[125] Demgegenüber mußten die Arbeiter in der Glücksbrunner Kammgarnspinnerei noch 1870 14 Stunden schuften, und zwar immer noch ohne Mittagspause, die ihnen erst im Verlaufe der nächsten Jahre eingeräumt wurde.[126]

Zusammenfassend können wir feststellen: Mit dem Aufkommen der Fabriken in der Wollspinnerei dehnte sich der Arbeitstag sehr schnell auf sein Höchstmaß aus. Mit

117 *Schmid, J.*, a. a. O., S. 79.

118 Bericht des Landrates in Luckau vom 19. August 1851, in: BLHA-Potsdam, Regierungsbezirk Frankfurt a. O., Abt. 1, Rep. 3 B, Nr 83.

119 *Reden, F. W. v.*, a. a. O., Abt. 1, S. 807; *Schubarth*, Reisebericht vom September 1853, a. a. O., *Beutler, A.*, a. a. O., S. 40.

120 Vgl. *Jahresberichte der Handelskammern Leipzig und Plauen für 1864 bzw. 1865/1866*; *Bein, L.*, Die Industrie des sächsischen Voigtlandes, T. 2: Die Textilindustrie, Leipzig 1884, S. 461 u. 449f.

121 *Jahrbuch für die Amtliche Statistik des Preußischen Staats*, Jg. 4, Berlin 1876, S. 306.

122 *Schmid, J.*, a. a. O., S. 163; *Arbeiterverhältnisse*, in: Deutsche Industriezeitung, Nr 43/1865, Chemnitz 1865; *Bein, L.*, a. a. O., S. 461.

123 *Jahresbericht der Handelskammer Gladbach für 1866.*

124 *Jacobi, L.*, a. a. O., S. 679.

125 *Schmid, J.*, a. a. O., S. 163; *Arbeiterverhältnisse*, in: Deutsche Industriezeitung, Nr 42/1869, Chemnitz 1869.

126 Die Entwicklung der Glücksbrunner Spinnerei, a. a. O.

Ausnahme der letzten Phase der industriellen Revolution, die im wesentlichen durch den zyklischen Aufschwung vor der Krise von 1873 begrenzt wurde, hielt sich dieser überlange Arbeitstag. Für die Zeit von 1830 bis 1868 kann der 14- bis 16-Stundentag als „Normal" arbeitstag für die Wollspinnerei angesehen werden. Erst danach begann sich die Verkürzung dieses Arbeitstages durchzusetzen.

Neben der Entwicklung des Arbeitstages ist die Entwicklung der Arbeitsleistung von besonderem Interesse; denn sie vervollständigt das Bild über die Lage der Arbeiter weiter. Infolge fehlenden Materials ist die unmittelbare Darlegung der Arbeitsleistung in der Wollspinnerei nicht möglich. Es steht jedoch außer Zweifel, daß das Verhältnis von Feinspindelzahl und Arbeiter mit der Arbeitsleistung im Zusammenhang steht. Demzufolge gestattet diese Kennziffer zumindest einen mittelbaren Einblick in die Entwicklung der Arbeitsleistung. Dies gilt um so mehr, da im Zuge des technischen Fortschritts die Produktionsleistung pro Spindel zugenommen hat und somit diese Kennziffer das Minimum der veränderten Arbeitsleistung zum Ausdruck bringt. Wir können sogar sagen, daß diese Kennziffer die Veränderung der Arbeitsleistung besser ausdrückt als die gewichtsmäßige Angabe des produzierten Garnes pro Arbeiter, da ja hier bei gleichbleibendem Gewicht durch den Übergang zu feineren Garnen Veränderungen eintreten, die durch diese Kennziffer nicht erfaßt werden. Das gleiche gilt für die pro Arbeiter verarbeitete Wollmenge.

Für die deutsche Streichgarnspinnerei können wir einen Vergleich nur für die Jahre 1846 und 1861 anführen, da die statistische Erhebung von 1875 die Streichgarnspinnereien mit den Webereien zusammenfaßte und Angaben einzelner Werke uns nicht zur Verfügung stehen. Die Preußische Gewerbestatistik vermittelt uns ebenfalls nur einen Einblick bis in das Jahr 1861. Nach diesen Angaben ergibt sich folgendes Bild.

Wie die erste Tabelle zeigt, ist es in den preußischen Spinnfabriken – mit Ausnahme der zweiten Hälfte der vierziger Jahre – zu einer ständigen Zunahme der Arbeitsleistung gekommen. Gegenüber dem Jahre 1846 stieg sie mindestens um drei Fünftel

Die Entwicklung der „Arbeitsleistung" in den preußischen Streichgarnspinnfabriken[127]

Jahr	Feinspindelzahl pro Arbeiter	Index
1846	29	100
1849	29	100
1852	34	117
1855	36	124
1858	43	148
1861	46	159

[127] Die in der Tabelle enthaltenen Angaben sind auf der Grundlage der *Preußischen Gewerbestatistik* (vgl. S. 108, Anm. 150 u. S. 115, Anm. 161) errechnet, was auch für die nachfolgenden Tabellen gilt, soweit nicht ausdrücklich etwas anderes vermerkt wird.

Die Entwicklung der „Arbeitsleistung" in der deutschen Streichgarnspinnerei[128]

Jahr	Feinspindelzahl pro Arbeiter	Index
1846	20	100
1861	41	205

bis zu Beginn des siebenten Jahrzehnts. Die Arbeitsleistung stieg jedoch innerhalb der deutschen Streichgarnspinnerei im Durchschnitt noch stärker, wie die Angaben der zweiten Tabelle besagen. Allerdings müssen wir hierbei folgendes berücksichtigen: Während die preußischen Angaben nur die Spinnfabriken umfassen, enthalten die Zollvereinsangaben des Jahres 1846 noch die zahlreichen Handwerksbetriebe, deren weitgehende Ruinierung bis zum Jahre 1861 die Erhöhung der Arbeitsleistung begünstigte. Gehen wir bei der preußischen Streichgarnspinnerei ähnlich vor, dann erhalten wir auch hier eine höhere Zunahme der Arbeitsleistung, die dann 84% betrug. Diese kontinuierliche Zunahme der Feinspindelzahl pro Arbeiter in der deutschen Streichgarnspinnerei zeugt von der kontinuierlichen Steigerung der Arbeitsproduktivität, die zugleich – wie das im Kapitalismus stets üblich ist – verbunden war mit einer vermehrten Arbeitsintensität. Im Jahre 1871 – also gegen Ende der industriellen Revolution – betrug die Arbeitsleistung pro Spinnereiarbeiter in zwei rheinischen Großbetrieben dieses Industriezweiges jährlich 1247 kg Garn (Godfried Pastor, Aachen) bzw. 1682 kg Garn (Joh. Wülfing & Sohn, Lennep).[129] Das entsprach im letzteren Falle einem jährlichen Umsatz pro Arbeiter von 12258 Mark.[130]
In der Kammgarnspinnerei nahm die Arbeitsleistung folgende Entwicklung:

Die „Arbeitsleistung" in den preußischen Kammgarnspinnfabriken

Jahr	Feinspindelzahl pro Arbeiter	Index
1846	20	100
1849	18	90
1852	18	90
1855	22	110
1858	27	135

Die Arbeitsleistung stieg – wie ersichtlich wird – auch in der Kammgarnspinnerei. Die sich auf die preußischen Kammgarnspinnereien beziehenden Angaben zeigen jedoch zunächst eine Abnahme bis zum Jahre 1849 und einen nachfolgenden Still-

128 Die Angaben wurden auf der Grundlage der Zollvereinsstatistik errechnet (vgl. S. 108, Anm. 150 u. S. 124, Anm. 182).

129 Vgl. *Wiener Weltausstellung, Amtlicher Katalog der Ausstellung des Deutschen Reiches* (im folgenden: Wiener Weltausstellung), Berlin 1873.

130 Vgl. ebenda.

Die „Arbeitsleistung“ in der deutschen Kammgarnspinnerei[131]

Jahr	Feinspindelzahl pro Arbeiter	Index
1846	16	100
1861	26	163
1875	34	213

stand. Daraus kann jedoch nicht ohne weiteres eine Abnahme der tatsächlichen Arbeitsleistung geschlußfolgert werden; denn bei der Kammgarnspinnerei muß berücksichtigt werden, daß seit den fünfziger Jahren die Maschinenkämmerei sich auszudehnen begann, die im Unterschied zur Handkämmerei Bestandteil der Spinnerei wurde, so daß damit die Arbeiterzahl schneller wuchs als die Feinspindelzahl. Unabhängig davon zeigte jedoch die preußische Kammgarnspinnerei seit 1852 eine ständige Zunahme der Arbeitsleistung, die sich bis 1858 um mehr als ein Drittel erhöhte. Demgegenüber stieg die Arbeitsleistung im Durchschnitt innerhalb der deutschen Kammgarnspinnerei bis 1861 um mindestens zwei Drittel, während die nachfolgenden eineinhalb Jahrzehnte gegenüber 1846 eine Verdoppelung brachten. Noch eingehender verdeutlichen die Entwicklung der Arbeitsleistung die Angaben, die wir von der Augsburger Kammgarnspinnerei besitzen. Leider reichen die benutzbaren Daten nur bis in das Jahr 1864, da die nachfolgend einsetzende Reorganisation des Betriebes und Einflüsse der zyklischen Krise die Angaben unbrauchbar machen und uns für die siebziger Jahre keine Daten zugänglich sind.

Die Entwicklung der „Arbeitsleistung“ in der Augsburger Kammgarnspinnerei[132]

Jahr	Feinspindelzahl pro Arbeiter		Garnproduktion pro Arbeiter	
	absolut	Index	in kg	Index
1845	10	100	212	100
1850	28	280	355	167
1856	31	310	424	200
1862	35	350	583	275
1864	50	500	545	257

Bei der Beurteilung dieser Angaben müssen wir berücksichtigen, daß die Augsburger Spinnerei die Kämmerei einschloß und sich daraus die zunächst niedrige Spindelzahl pro Arbeiter ergab. Weiterhin ist zu berücksichtigen, daß diese Spinnerei wohl in Deutschland hinsichtlich ihrer technischen Ausrüstung und ihrer ständigen Vervollkommnung die Spitze hielt. Wir sehen hier eine wesentlich schnellere Steigerung der Arbeitsleistung. Die pro Arbeiter in Bewegung gesetzte Feinspindelzahl hat sich

131 Vgl. S. 108, Anm. 150, u. S. 126, Anm. 188; *Statistisches Jahrbuch für das Deutsche Reich*, Jg. 1/1880, Berlin 1880, S. 42.

132 *Schmid, J.*, a. a. O., S. 77 u. 141; *Graßmann, J.*, a. a. O., S. 46 u. 55.

von 1845 bis 1864 verfünffacht, während die Garnproduktion – gewichtsmäßig – um 160 bis 175% stieg. Inwieweit sich Änderungen im Produktionsprogramm ergaben, wodurch sich die gewichtsmäßige Pro-Kopf-Produktion änderte bzw. sich langsamer als die Feinspindelzahl erhöhte, kann auf Grund des verarbeiteten Materials nicht beurteilt werden. 1871 lag die Garnproduktion pro Arbeiter in der Breslauer Kammgarnspinnerei bei 793 kg.[133]

Auch für die Kammgarnspinnerei läßt sich demzufolge eine fortschreitende Erhöhung der Arbeitsleistung und damit der Arbeitsproduktivität und Arbeitsintensität nachweisen.

Betrachten wir abschließend die Entwicklung des Arbeitstages in der deutschen Wollweberei. Die uns hierfür zur Verfügung stehenden Angaben sind noch spärlicher als für die Spinnerei. In der Burger Tuchweberei betrug Ende der zwanziger Jahre die Arbeitszeit wohl 15 Stunden, und Krüger gibt für die Manufakturarbeiter der Berliner Textilerzeugung bereits für 1800 14 bis 16 Stunden an.[134] Ohne Zweifel wird sich der Arbeitstag in den dreißiger Jahren in der Hausindustrie der Wollweberei von der Länge in analogen Bereichen kaum unterschieden haben, so daß er gleichfalls zwischen 14 und 16 Stunden betragen haben dürfte. Während der vierziger Jahre betrug der Arbeitstag in den Gubener Tuchmanufakturen und -fabriken 13 Stunden und wurde durch die Forderungen der Arbeiter im Jahre 1848 auf 12 Stunden herabgesetzt.[135] Doch bereits im Jahre 1851 waren die Lausitzer Tuchfabrikanten wieder zum 13- (Winter) und 14-Stundentag (Sommer) zurückgekehrt.[136] Hingegen betrug seine Dauer 1850 in Hagen noch 12 und in der Aachener Tuchfabrikation 13 Stunden.[137] Demgegenüber kannte die Berliner Halbwollweberei als Heimindustrie eine Arbeitszeit von 17½ bis 18 Stunden, während im Eichsfeld wohl ebenfalls der 14stündige Arbeitstag als „normal" angesehen werden konnte.[138] In der Wollweberei war es ebenfalls im Verlaufe der sechziger Jahre zu einer Herabsetzung des Arbeitstages gekommen. Während in der ersten Hälfte in den Tuchfabriken Werdaus (Sachsen) und Burgs (Provinz Sachsen) noch 14 bzw. 13 Stunden gearbeitet wurde, setzte sich im Verlaufe der zweiten Hälfte der 12-Stundentag durch.[139] Im Vogtland wurden vor 1869 in der mechanischen Weberei 15 Stunden und in Württemberg 13 Stunden gearbeitet.[140] Bis 1871 setzte sich mehr und mehr

[133] Vgl. *Wiener Weltausstellung*, a. a. O.

[134] *Hobusch, E.*, 800 Jahre Geschichte des Burger Tuchgewerbes, in: Veröffentlichungen zur Burger Geschichte, H. 2/3, Burg 1854, S. 17; *Krüger, H.*, Zur Geschichte der Manufakturen und der Manufakturarbeiter in Preußen, Berlin 1958, S. 44.

[135] Schreiben des Gubener Bürgermeisters an den Regierungspräsidenten v. Plamer vom 24. Oktober 1848, in: BLHA-Potsdam, Rep. 3 B, Nr 826.

[136] Der Verweser des Landratsamtes Harmberts wegen Beschäftigung der jugendlichen Arbeiter in Fabriken. Königsberg (Regierungsbezirk Frankfurt a. O.) vom 27. Juni 1851, in: BLHA-Potsdam, Rep. 3 B, Nr 83.

[137] *Reden, F. W. v.*, a. a. O., Abt. 2, S. 1009 u. 1579.

[138] *Baar, L.*, a. a. O., S. 493; *Haendly, K.*, a. a. O., S. 357.

[139] *Werdauer Fabrikordnung*, in: Sächsische Industriezeitung, Nr 13/1860, Chemnitz 1860; *Arbeiterverhältnisse*, in: Deutsche Industriezeitung, Nr 12/1865, Chemnitz 1865.

der 11-Stundentag durch, während Ende der sechziger Jahre in Berlin ebenfalls „nur" noch 10 bis 11 Stunden in den Fabrikwebereien gearbeitet wurde.[141]
Im Gegensatz zur Wollspinnerei scheint der „Normal"arbeitstag in der zentralisierten Wollweberei kaum über 15 Stunden hinausgegangen zu sein, und er hatte wohl häufig darunter gelegen. Dies traf aller Wahrscheinlichkeit nach jedoch nicht für die Hausweberei zu, wenn uns auch aus diesem Bereich kaum Angaben zur Verfügung stehen.
Eine Behandlung der Entwicklung der Arbeitsleistung in der deutschen Wollweberei ist infolge fehlenden Materials nicht möglich. Feststehen dürfte jedoch, daß hier die Zunahme gegenüber der in der Spinnerei geringer war. Abgesehen von dem Übergang zur Maschinenweberei, die mindestens eine Verdoppelung der Leistung brachte, war sie vor allem auf die Ausdehnung des Arbeitstages und die Erhöhung der Arbeitsintensität zurückzuführen. Daß auch in diesem Bereich die Leistung je Arbeiter bis zum Ende der industriellen Revolution anstieg, steht ohne Zweifel fest. Wenn wir den von uns errechneten Produktionsindex zugrunde legen, dann stieg die Produktion in der gesamten Wollindustrie bis zum Zyklus 1860/68 gegenüber dem durchschnittlichen Produktionsniveau von 1834/38 fast auf das Viereinhalbfache.[142] Demgegenüber erhöhte sich die Zahl der von der Wollspinnerei und -weberei beschäftigten Personen bis 1875 um knapp ein Fünftel. Wir können also im Durchschnitt etwa eine Vervierfachung der Arbeitsleistung innerhalb der deutschen Wollindustrie annehmen.

c) Die Frauen- und Kinderarbeit

Die Rolle der Frauenarbeit in der deutschen Wollspinnerei

In der Wollspinnerei nahm – wie im gesamten Bereich der Spinnerei der Textilindustrie – die Beschäftigung von weiblichen Arbeitskräften einen größeren Umfang ein. Jedoch bestanden in dieser Hinsicht zwischen den beiden Zweigen der Wollspinnerei gewisse Unterschiede; denn der Anteil der Frauen an der Gesamtzahl der Beschäftigten war verschieden. Die sich in dieser Hinsicht im Verlaufe der industriellen Revolution vollziehende Entwicklung kann statistisch dargestellt werden. Im Unterschied zur Beschäftigung von Kindern bestand hier keine Notwendigkeit, die bestehenden Verhältnisse zu verschleiern, so daß die Daten der Gewerbestatistik ein wahrheitsgetreues Bild geben, soweit dies bei dieser Statistik überhaupt der Fall ist. Die nachfolgende Tabelle gibt uns darüber für Preußen Aufschluß.

140 *Beutler, A.*, a. a. O., S. 40; *Arbeiterverhältnisse*, in: Deutsche Industriezeitung, Nr 42/1869, Chemnitz 1869.

141 *Arbeiterverhältnisse*, in: Deutsche Industriezeitung, Nr 42/1869, Chemnitz 1869; *Jahresbericht der Handels- und Gewerbekammern in Württemberg für das Jahr 1872*; *Baar, L.*, a. a. O., S. 496.

142 Vgl. Tabelle 34 (Anhang).

Der Anteil der Frauen an den erwachsenen Arbeitskräften in der preußischen Wollspinnerei

Jahr	Streichgarn-spinnerei in %	Kammgarn-spinnerei in %
1843	42	50
1846	42	58
1849	42	57
1852	43	59
1855	54	61
1858	45	66

Zunächst wird deutlich, daß in beiden Bereichen der Wollspinnerei die Frauen zumindest seit Anfang der vierziger Jahre einen hohen Anteil der Arbeitskräfte stellten. Auch die Zunahme ihres Anteils bis Ende der fünfziger Jahre ist feststellbar. In der Kammgarnspinnerei waren jedoch bereits zu Beginn der hier betrachteten Zeit die weiblichen Arbeitskräfte mit 50% stärker vertreten als in der Streichgarnspinnerei, die nur zu zwei Fünftel Frauen beschäftigte. Zugleich nahm der Anteil der Frauen an der Zahl der Beschäftigten in der Kammgarnspinnerei – mit Ausnahme des Jahres 1849 – kontinuierlich zu, während er in der Streichgarnspinnerei bis zur Mitte des Jahrhunderts stagnierte und erst danach zunahm. In den Jahren nach 1855 trat jedoch ein Rückschlag ein. Der Anteil der weiblichen Arbeitskräfte ging zunächst wieder von 54 auf 45% zurück. Demzufolge nahmen die weiblichen Arbeitskräfte in dem Zeitraum von 1843 bis 1858 in der Kammgarnspinnerei mit 32% schneller als in der Streichgarnspinnerei mit nur 7% (bis 1855 = 28%) zu. Für den niedrigeren Anteil der weiblichen Arbeitskräfte in der Streichgarnspinnerei spielte sicherlich der größere Anteil der Handwerksbetriebe eine gewisse Rolle. Aber dieser Faktor reicht jedoch zur vollen Erklärung nicht aus, da diese Betriebe ja in diesem Zeitraum stark zurückgingen, d. h. damit der Anteil hätte schneller anwachsen müssen.

Im gesamten Zollverein betrug der Anteil der weiblichen Arbeitskräfte 1846 50% in der Streichgarn- und 53% in der Kammgarnspinnerei.[143] Damit spielten die Frauen in der deutschen Streichgarnspinnerei im Durchschnitt eine größere Rolle als in Preußen, während es sich in der Kammgarnspinnerei umgekehrt verhielt. Zwischen den einzelnen Zentren der deutschen Wollspinnerei traten im Verhältnis von männlichen und weiblichen Arbeitskräften erhebliche Unterschiede auf. Besonders Sachsen und Thüringen traten hierbei hervor. In der sächsischen Streichgarnspinnerei beanspruchten die weiblichen Arbeitskräfte mit 65% einen sehr hohen Anteil, und auch in den Thüringer Spinnereien lag er mit 56% ansehnlich über dem Durchschnitt. Was den Anteil der weiblichen Arbeitskräfte in der Kammgarnproduktion betrifft, so gab es in Sachsen 1846 zwischen den beiden Zweigen der Wollspinnerei keine Unterschiede, während diese Differenz in den Thüringer Spinnereien beachtlich war, da in den dortigen Kammgarnspinnereien die weiblichen Arbeitskräfte nur 35% be-

143 Vgl. Zollvereinsstatistik von 1846/47, a. a. O.

anspruchten. Bis zum Jahre 1861 war in der gesamten deutschen Wollspinnerei der Anteil der Frauen in der Produktion – soweit es die Kammgarnspinnerei betraf – beachtlich gestiegen und betrug 68%, während er in der Streichgarnspinnerei auf 48% gesunken war. Für das nachfolgende Jahrzehnt läßt sich die Entwicklung der Frauenarbeit an Hand der württembergischen Angaben nachprüfen. In der württembergischen Wollspinnerei veränderte sich der Anteil der weiblichen Arbeitskräfte im Produktionsprozeß folgendermaßen:

Der Anteil der Frauen an den Arbeitskräften der württembergischen Wollspinnereien[144]

Jahr	Streichgarnspinnerei in %	Kammgarnspinnerei in %
1852	48	55
1858	54	57
1861	53	63
1868	48	76

Wir stoßen hier wieder auf die gleiche Erscheinung: Der Anteil der weiblichen Arbeitskräfte war innerhalb der Streichgarnspinnerei sehr unterschiedlich. Nach einem Ansteigen während der fünfziger Jahre sank dieser Anteil wieder auf das Niveau von 1852 zurück. Demgegenüber haben wir eine rasche Zunahme der Frauen in der Kammgarnproduktion, die bereits 1868 mehr als drei Viertel der Arbeitskräfte stellten. Somit findet sich unsere bei der Analyse der Lohnentwicklung in der Wollspinnerei geäußerte These, daß die Fabrikanten seit der zweiten Hälfte der sechziger Jahre in der Kammgarnspinnerei verstärkt weibliche Arbeitskräfte aufnahmen, bestätigt.

Den Anteil der Frauen an der Wollspinnerei gegen Ende der industriellen Revolution festzustellen, gestattet uns die im Deutschen Reich stattgefundene Gewerbezählung von 1875. Jedoch ist dies nur für die Kammgarnspinnerei in vollem Umfange möglich, da die Streichgarnspinnerei nicht mehr gesondert erfaßt wurde. Die Ergebnisse der Reichsstatistik weisen jedoch in bezug auf die Beschäftigtenziffern einen wesentlichen Nachteil auf, da sie die Verhältnisse eines Depressionsjahres wiedergeben. Bekanntlich folgte der zyklischen Überproduktionskrise von 1873 eine mehrjährige Depressionsperiode[145], die zweifellos einen Einfluß auf die Zahl der Beschäftigten und ihre Zusammensetzung ausübte. Da jedoch seit 1861 keine anderen statistischen Erhebungen vorgenommen wurden, können wir auf die Ergebnisse dieser Gewerbezählung nicht verzichten. Dieser Umstand muß bei der Auswertung der Reichsstatistik beachtet werden.

[144] *Schmoller, G.*, Die Ergebnisse, a. a. O., S. 174; *Jahresbericht der Handels- und Gewerbekammern in Württemberg für das Jahr 1868*, Stuttgart 1869, Anhang, S. 22ff.

[145] Vgl. *Oelßner, F.*, Die Wirtschaftskrisen, Bd 1, Berlin 1952, S. 262.

Die nachfolgende Übersicht gibt den Anteil der Frauen an den Arbeitskräften der Streichgarnindustrie und Kammgarnspinnerei im Deutschen Reich und in wichtigen Zentren dieser Industriezweige wieder.

Der Anteil der Frauen an den Arbeitskräften der Betriebe mit mehr als 5 Beschäftigten im Jahre 1875[346]

Territorium	Streichgarn-industrie in %	Kammgarn-spinnerei in %
Deutsches Reich	41	54
Rheinprovinz	33	45
Provinz Brandenburg	42	47
Provinz Schlesien	51	61
Sachsen	45	65
Bayern	30	52
Württemberg	31	54
Elsaß-Lothringen	27	50

Zunächst wird deutlich, daß die Unterschiede hinsichtlich des Anteils der Frauen an den Arbeitskräften zwischen den einzelnen Zentren der Wollspinnerei erheblich waren. Außerdem hat sich der geringere Anteil der weiblichen Arbeitskräfte innerhalb der Streichgarn- gegenüber der Kammgarnspinnerei noch erhalten, obwohl zu jenem Zeitpunkt nur eine unbedeutende Differenz vorhanden gewesen sein dürfte. Da in der Streichgarnweberei nach wie vor überwiegend männliche Arbeiter ausgebeutet wurden, resultierten die zwei Fünftel weibliche Arbeitskräfte in der Streichgarnindustrie vor allem aus dem hohen Anteil der Frauen an den Beschäftigten der Streichgarnspinnerei.

Die Übersicht vermittelt jedoch noch eine weitere bemerkenswerte Tatsache: Der Anteil der Frauen im Produktionsprozeß hatte sich bis zum Ende der industriellen Revolution wenig verändert. Während in der Kammgarnproduktion Sachsens 1846 bereits 65% Frauen tätig waren, sah es 1875 nicht anders aus. In diesem Industriezweig wurden im gesamten Zollverein 1846 bereits 53% und 1875 im Deutschen Reich 54% Frauen beschäftigt. In Württemberg sank der Anteil der weiblichen Arbeitskräfte in der dortigen Kammgarnspinnerei, der 1868 bereits 76% erreicht hatte, bis zum Jahre 1875 unter das Niveau der ersten Jahre des sechsten Jahrzehnts. Daraus kann jedoch unserer Ansicht nach nicht die Schlußfolgerung gezogen werden, daß sich gegen Ende der industriellen Revolution ein Sinken des Anteils der weiblichen Arbeitskräfte in der Tendenz durchgesetzt hätte. Dem widersprechen die Angaben, die wir für die sechziger Jahre angeführt haben, und auch die allgemeine Entwicklung der Industrie in dieser Hinsicht. Zweifellos waren die Ursachen für den relativ geringen Anteil der weiblichen Arbeitskräfte in der deutschen

146 Auf der Grundlage der Angaben in: *Statistik des Deutschen Reiches*, Bd 34, T. 1, Berlin 1879, S. 361ff., berechnet.

Wollspinnerei des Jahres 1875 zeitweiliger Natur, die der konkreten wirtschaftlichen Situation entsprangen. Darauf weisen auch die einzelnen Angaben hin, die wir aus den Jahren 1870/71 von einzelnen Spinnereien besitzen. Die mehrfach genannte Lenneper Streichgarnspinnerei Joh. Wülfing & Sohn beschäftigte zu 78% Frauen.[147] Bei den nachfolgend angeführten Beispielen handelt es sich ausschließlich um Kammgarnspinnereien[148]:

Fabrik	Anteil der Frauen an den erwachsenen Arbeitskräften in %
Sächsische Kammgarnspinnerei AG, Harthau	66
Kammgarnspinnerei Schoeller, Breslau	85
Kammgarnspinnerei AG, Kaiserslautern	50
J. C. Weiß, Glücksbrunn	60
Berlin-Neundorfer Aktienspinnerei	62

Aus diesen Einzelangaben und der sich aus den vorangehenden Jahrzehnten ergebenden Tendenz der Zunahme der weiblichen Arbeitskräfte in der Wollspinnerei ist ein Fortschreiten dieses Prozesses auch für das Ende der industriellen Revolution zu entnehmen. Zugleich zeigen diese Einzelangaben, daß die Unterschiede zwischen den einzelnen Spinnfabriken immer noch recht erheblich waren.
Im Verlaufe der industriellen Revolution suchten die Industriellen auch in der deutschen Wollspinnerei durch den vermehrten Einsatz der billigeren weiblichen Arbeitskraft den variablen Kapitalteil ständig zu reduzieren. Dies war insbesondere in der Kammgarnspinnerei offenbar ein wesentliches Element, um die Konkurrenzfähigkeit durch die Verminderung der Lohnkosten auf diese Weise zu erhöhen und damit zugleich die Profite zu steigern.

Die Rolle der Frauenarbeit in der Wollweberei

Solange die Wollweberei auf der Basis des Handstuhls betrieben wurde, kam der Frauenarbeit im unmittelbaren Webprozeß eine untergeordnete Bedeutung zu. Dies galt für die Streichgarnweberei, insbesondere die Tuchweberei, noch mehr als für die Kammgarn- und Halbwollweberei. Die eigentliche Weberei blieb bis in die siebziger Jahre hinein eine Domäne des männlichen Webers. Dies traf sowohl für die Hausindustrie als auch für die zentralisierte Handweberei zu. Trotzdem hat in beiden Bereichen die Frauenarbeit während der gesamten Zeit eine gewisse Rolle gespielt, aber größere Bedeutung gewann sie nur als Gehilfe des Webers. Im Unterschied zur Spinnerei trat hier also die Frau überwiegend als Hilfsarbeiter auf. Soweit es die Weberei selbst betraf, so spielte die Weberin lediglich in der Halbwollweberei und mit dem stärkeren Aufkommen leichterer Streichgarngewebe auch in der Streichgarnweberei eine gewisse Rolle.

147 Vgl. *Wiener Weltausstellung*, a. a. O.
148 Ebenda.

Der Anteil der in der Wollweberei beschäftigten Frauen läßt sich nur ermitteln, soweit die Wollweberei und ihre Arbeitskräfte in den sogenannten Fabrikentabellen erfaßt wurden.

Der Anteil der weiblichen Arbeitskräfte an den in den sogenannten preußischen Tuch- und Wollzeugfabriken beschäftigten erwachsenen Personen

Jahr	Sogenannte Tuchfabriken Anteil in %	Sogenannte Wollzeugfabriken Anteil in %
1846	29	25
1849	29	28
1852	27	27
1855	27	27
1858	26	29
1861	31 (in beiden Bereichen)	

Während der vierziger und fünfziger Jahre waren die Unterschiede hinsichtlich der Beschäftigung weiblicher Arbeitskräfte in beiden Webereibereichen offenbar gering und die im Verlaufe dieser Zeit aufgetretenen Veränderungen minimal. In beiden Webereibranchen blieb der Anteil der weiblichen Arbeitskräfte unter einem Drittel. Während in den Kammgarn- und Halbwollwebereien der Anteil der Frauen etwas zunahm, verringerte er sich in den sogenannten Tuchfabriken. Im Jahre 1861 erreichten dann die weiblichen Arbeitskräfte im Durchschnitt knapp ein Drittel.
Für die sechziger und den Beginn der siebziger Jahre haben wir keine statistischen Angaben, aber während dieser Periode nahm mit der fortschreitenden Mechanisierung der Wollweberei die Beschäftigung von Frauen ständig und in steigendem Maße zu. Gegen Ende der industriellen Revolution haben jedoch trotz dieser Entwicklung die männlichen Arbeitskräfte überwogen. Ihre weitgehende Verdrängung durch die Frau fiel erst in die Zeit nach 1873. Mit dem Übergang zur mechanischen Weberei waren auch hier die physischen Anstrengungen im Produktionsprozeß so, daß sie von Frauen bewältigt werden konnten. Damit vermochte das Kapital auch in diesem Bereich der Wollindustrie durch die vermehrte Ausbeutung weiblicher Arbeitskräfte seine Lohnausgaben zu senken und seine Verwertungsbedingungen günstiger zu gestalten.
Am Ende der industriellen Revolution verhielten sich die Verhältnisse in der Kammgarn- und Halbwollweberei – soweit es die Betriebe mit mehr als 5 Beschäftigten betraf – folgendermaßen: (s. Tabelle S. 350)
In diesem Bereich hatte der Anteil der Arbeiterinnen in der Produktion gegenüber 1861 ansehnlich zugenommen Der größere Anteil der Maschinenstühle in den zentralisierten Betrieben dieses Industriezweiges offenbarte sich somit auch in der veränderten Zusammensetzung der Arbeitskräfte. Jedoch war auch hier der Anteil der Frauen in den einzelnen Zentren recht unterschiedlich. Als Extreme ragten besonders die Kammgarn- und Halbwollwebereien der Provinz Schlesien und Branden-

Der Anteil der Frauen an den Arbeitskräften der deutschen Kammgarn- und Halbwollweberei 1875
(Bereich der Betriebe mit mehr als 5 Beschäftigten)[149]

Territorium	Anteil in %
Deutsches Reich	45
Provinz Schlesien	64
Provinz Brandenburg	28
Rheinprovinz	42
Sachsen	43
Elsaß-Lothringen	31

burg hervor. Dies erklärte sich zumindest teilweise in dem unterschiedlichen Grad der Mechanisierung in den dortigen Webereibetrieben. Der Anteil der Maschinenstühle betrug in Brandenburg nur 19, dagegen in Schlesien 81%.[150]
Den Anteil der Frauen an den Beschäftigten in der Streichgarnweberei können wir nicht ermitteln, da – worauf mehrfach hingewiesen wurde – die Streichgarnwebereien und -spinnereien zusammengefaßt worden sind. Der Anteil der Frauen betrug in der Produktion beider Bereiche zwei Fünftel, d. h. er lag damit unter dem Niveau der Kammgarn- und Halbwollweberei.[151]
Somit stellten gegen Ende der industriellen Revolution die Frauen in allen Bereichen der Wollindustrie einen bedeutenden Teil der Arbeitskräfte. Die Frauen beanspruchten 1875 in den Betrieben mit mehr als 5 Beschäftigten im Durchschnitt aller Zweige der deutschen Wollindustrie – einschließlich der Wollbereitungsbetriebe, Kunstwollfabriken und der Wollfärbereien, Druckereien und Appreturen – bereits mit 43% mehr als zwei Fünftel der Arbeitskräfte.[152]

Die Kinderarbeit in der Wollspinnerei

„Weiber- und Kinderarbeit war . . . das erste Wort der kapitalistischen Anwendung der Maschinerie."[153] Daß sich dieser Ausspruch von Marx in der Geschichte der Wollindustrie ebenfalls voll bewahrheitete, haben wir – was den ersten Teil der Aussage betrifft – bereits gesehen. Auf den nachfolgenden Seiten werden wir das auch für den zweiten Teil der Marxschen Feststellung nachweisen. Ja, was die Kinderarbeit betrifft, so stimmt die Geschichte der Wollindustrie noch unmittelbarer mit diesen Marxworten überein. Soweit es die Wollspinnerei betraf, hatten die Frauen ja bereits vor der Spinnmaschine den größeren Teil der Arbeitskräfte gestellt, so daß in den Anfängen der Maschinenspinnerei der männlichen Arbeits-

149 Auf der Grundlage der Angaben in: *Statistik des Deutschen Reiches*, a. a. O., S. 375 ff. berechnet.
150 Ebenda.
151 Vgl. S. 347.
152 Vgl. *Statistik des Deutschen Reiches*, a. a. O., S. 359 ff.
153 *Marx, K.*, Das Kapital, Bd 1, a. a. O., S. 413.

kraft zunächst durch sie ein größeres Betätigungsfeld erschlossen wurde. Demgegenüber spielte die Kinderarbeit vor der Anwendung der Maschine in der Wollverarbeitung eine unbedeutende Rolle.[154] Mit der Verminderung des Kraftaufwandes durch die Maschinenarbeit änderte sich das rasch. Das Kapital in seinem unersättlichen Profitstreben griff jetzt auch nach dem Kind des bisher ausgebeuteten Arbeiters. Ohne Rücksicht auf Gesundheit und Wachstum des Kindes wurde es in den kapitalistischen Ausbeutungsprozeß einbezogen.

In den Spremberger Spinnfabriken wurden 1827 nach offiziellen Angaben 51 Kinder vor allem in der Vorspinnerei beschäftigt. Diese Kinder im Alter von sieben bis vierzehn Jahren arbeiteten von 5 Uhr morgens bis 6 Uhr abends.[155] Ihre Tätigkeit wurde lediglich durch die Schulstunden vorübergehend unterbrochen. Selbst der dortige Landrat mußte zugeben: „Der Gesundheitszustand ist an sich nicht der beste, und der Unterschied äußert sich besonders darin, daß diejenigen, welche nicht in den Fabriken arbeiten, von Scrofel-Krankheiten befreit bleiben."[156] In einem Bericht aus dem Jahre 1845 heißt es: „In den Tuchfabriken, insbesondere in den Wollspinnereien, wurden früher eine große Anzahl von Kindern zum Abnehmen der Locken von den Lockenmaschinen und zum Anlegen derselben an die Vorspinnmaschinen beschäftigt, eine Arbeit, welche an und für sich leicht, doch durch die einförmige Bewegung einzelner Körperteile nachteilig auf die körperliche Ausbildung einwirkte."[157] Selbst diese vornehme Umschreibung der systematischen Verkrüppelung des heranwachsenden Kindes durch die Ausbeutung im kapitalistischen Fabriksystem läßt die Arbeitsqual und das Elend der jungen Generation der damaligen Weber ahnen.

Die Beschäftigung von Kindern vom zartesten Alter an war durchaus keine lokale Erscheinung der Lausitzer Streichgarnspinnerei, sondern allgemein verbreitet. Anton gibt in seiner „Geschichte der preußischen Fabrikgesetzgebung bis zu ihrer Aufnahme durch die Reichsgewerbeordnung" aus den verschiedenen Zentren der preußischen Wollindustrie zahlreiche Beispiele für die vom Kapital vorgenommene skrupellose Aussaugung der kindlichen Arbeitskraft.[158] Im Regierungsbezirk Düsseldorf wurden die Kinder zwischen 10 und 6 Stunden beschäftigt. Zumeist handelte es sich um Kinder im Alter ab sechs Jahren, aber im Kreise Geldern wurden sie schon

154 Selbstverständlich wurden auch vor der Maschinenspinnerei Kinder in der Wollhandspinnerei beschäftigt (vgl. z. B. *Kuczynski, J.*, Geschichte der Kinderarbeit in Deutschland 1750–1939, Berlin 1958, Bd 1, S. 92), aber der Anteil der Kinder an der Zahl der Handspinner und -spinnerinnen blieb doch relativ niedrig, insbesondere im Vergleich zum erreichten Grad der Frauenarbeit.

155 Schreiben des Spremberger Magistrats vom 30. Juli 1827, in: BLHA-Potsdam, Rep. 6 B, Landratsamt Spremberg, Nr 483.

156 Ebenda.

157 Schreiben der Bezirksregierung Frankfurt a. O. vom 26. Dezember 1845, in: BLHA-Potsdam, Rep. 1, Nr 379, vol. 1.

158 *Anton, G.*, Geschichte der preußischen Fabrikgesetzgebung bis zu ihrer Aufnahme durch die Reichsgewerbeordnung, Berlin 1953, S. 27ff.– Die nachfolgenden Beispiele wurden gleichfalls dieser Schrift entnommen.

mit *vier* Jahren in die Wollspinnereien gepreßt. Auch im Regierungsbezirk Aachen befanden sich „sehr viele Kinder von sechs Jahren an“ zehn bis zwölf Stunden lang in den dortigen Spinnereien. Die Kinder wurden jedoch nicht allein des Tages, sondern auch während der Nacht ausgebeutet. So wurden im Regierungsbezirk Trier Kinder nachts 10 Stunden in einer Wollspinnerei beschäftigt. Die in den Wollspinnereien arbeitenden Kinder mußten im Regierungsbezirk Frankfurt a. O. zumeist ab 6 Jahre zwischen 7 und 16 Stunden und im Regierungsbezirk „Potsdam von 5 und 6 Uhr früh bis 6 und 8 Uhr abends mit einer kaum zweistündigen Unterbrechung“ ausharren. Außerdem blieben sie auch vor Nacht- und Sonntagsarbeit nicht verschont.

In den außerpreußischen Zentren waren die Verhältnisse in dieser Frage während der zwanziger Jahre keineswegs besser. Welchen Anteil diese Kinder an der Gesamtzahl der Beschäftigten besaßen, kann infolge des Fehlens von statistischem Material nicht angegeben werden. Daß jedoch dieser Anteil teilweise recht beträchtlich war, läßt sich an Hand eines Beispiels zeigen. In der Tuchfabrik (Kombinat) von Paul Harrers Erben in Züllichau (Lausitz) betrug der Anteil der Kinder (unter 14 Jahren) 1818 an den 341 beschäftigten Arbeitskräften mit 23% fast ein Viertel.[159] Für ihre vielstündige Tätigkeit erhielten sie in der Spinnerei 1,50 und in der Weberei (Spulen) 2,00 Mark die Woche.[160] Im Verlaufe der zwanziger Jahre stellten die Kinder im Produktionsprozeß der Wollspinnerei wohl im Durchschnitt zwischen 10 und 25% der Beschäftigten.

Daß diese frühe und lange Beschäftigung der Kinder katastrophale Folgen für ihre Entwicklung in jeder Hinsicht hatte, ist offensichtlich, und darauf wurde bereits hingewiesen. Die Folge dieser kapitalistischen Ausbeutung war stets Raub an der Gesundheit, psychische und physische Verkrüppelung des jungen Menschen sowie in vielen Fällen der Tod bereits in der Kindheitsperiode. Gerade das letztere erhellt eine altersmäßige Aufgliederung der im Jahre 1831 in Burg verstorbenen Personen. Hobusch führt in seiner mehrfach zitierten Schrift folgendes an: „Im Jahre 1831 starben 403 Personen:

0–5 Jahre	195 = 48%
6–30 Jahre	48 = 12%
30–60 Jahre	72 = 18%
über 60 Jahre	88 = 22%.“[161]

Eine erschreckende Bilanz, die jedoch noch furchtbarer sein würde, wäre es möglich, die nicht in der Wollindustrie Beschäftigten auszuklammern und eine nähere altersmäßige Aufgliederung vorzunehmen. Die Tabelle offenbart jedoch nicht allein die elenden Verhältnisse, unter denen die Arbeiterkinder aufwachsen mußten, sondern zugleich auch die Lebensverhältnisse der Arbeiterfamilien überhaupt. Für das letztere spricht vor allem, daß fast die Hälfte der Verstorbenen das fünfte

[159] *Kuczynski, J.*, Geschichte der Kinderarbeit in Deutschland. 1750–1939, a. a. O., S. 112ff.

[160] Ebenda.

[161] *Hobusch, E.*, a. a. O., S. 19.

Lebensjahr nicht überschritten hatten. Zur Ergänzung lassen wir auch Anton noch aus der Rheinprovinz berichten: „In den Städten Eupen, Düren und Montjoie (also alles wichtige Standorte der Streichgarnindustrie des Rheinlandes und Orte, in denen dieser Zweig charakteristisch war – H. B.) mit zusammen 18270 Einwohnern wurden fast ausschließlich Fabrikarbeiten getrieben, in Erkelenz, Heinsberg und Geilenkirchen mit zusammen 3848 Einwohnern war Ackerbau die einzige Beschäftigung. In den Jahren 1821 bis 1823 kamen nun auf die Bevölkerungsklasse vom vollendeten fünften bis zum zwanzigsten Jahre in den drei Fabrikstädten 141, in den drei Landgemeinden 16 Todesfälle. Mithin hätten, wenn wir das letztere Verhältnis 16 : 3848 zugrunde legen, nur 76 von den 18270 Einwohnern sterben müssen, und es waren demnach in den Fabrikstädten 65 mehr gestorben als in den ackerbautreibenden."[162] Sicherlich kann entgegengehalten werden, daß bei der größeren Todeszahl noch andere, in den Fabrikstädten eine negative Rolle spielende Faktoren die Ursache sind, aber auch die Kinderarbeit muß als ein wesentlicher Faktor angesehen werden.

Die Verhältnisse hinsichtlich der Kinderarbeit in den deutschen Wollspinnfabriken dürften sich während der dreißiger Jahre – ohne daß wir es materialmäßig belegen können – gegenüber den zwanziger Jahren kaum verändert haben. Eine Abnahme der Kinderarbeit ist unwahrscheinlich. Das dritte und vierte Jahrzehnt waren wohl in der Wollspinnerei jene Jahrzehnte, in welchen die Kinderarbeit das größte Ausmaß und vor allem die schlimmsten Formen angenommen hatte. Dies traf insbesondere für die Ausbeutung von Kleinkindern zu.

Im Verlaufe der vierziger Jahre dürften die Kinder einen geringeren Anteil an den Gesamtbeschäftigten als in den zwanziger Jahren beansprucht haben. Dies hing weniger mit dem für Preußen erlassenen Regulativ über die Beschäftigung jugendlicher Arbeiter in Fabriken vom 9. März 1839 zusammen, sondern war vielmehr die Folge des technischen Fortschritts besonders in der Vorspinnerei – der Hauptsphäre der Kinderarbeit in der Wollspinnerei. Hierzu heißt es im Bericht der Potsdamer Bezirksregierung vom 28 Februar 1846: „In Luckenwalde werden schon seit mehreren Jahren Kinder in den Fabriken nicht mehr beschäftigt, da durch Verbesserung der Spinnereimaschinen ihre Hülfe überflüssig geworden ist . . ."[163] Hingegen wurde 1818 noch berichtet: „Auch in dem hiesigen Regierungsdepartement, namentlich in der Umgebung von Neustadt und in *Luckenwalde* (hervorgehoben von mir – H. B.) werden schon Kinder von fünf bis sechs Jahren . . . in den Fabriken zu ganz mechanischen Fertigkeiten abgerichtet. In den Fabriken fängt die Arbeit um 6 Uhr früh an und dauert gewöhnlich bis abends um neun Uhr, die Mittagsstunde allein ausgenommen, ununterbrochen fort."[164]

Diese relative, aber wahrscheinlich auch absolute Abnahme der in den Wollspinnereien ausgebeuteten Kinder bedeutete jedoch nicht, daß die Kinderarbeit im Ver-

[162] *Anton, G.*, a. a. O., S. 36.

[163] Bericht der Potsdamer Bezirksregierung vom 28. Februar 1846, in: BLHA-Potsdam, Rep. 1, Nr 379.

[164] *Kuczynski, J.*, Geschichte der Kinderarbeit in Deutschland. 1750 – 1933, a. a. O., S. 110.

laufe des fünften Jahrzehnts keine Rolle mehr spielte. Im Gegenteil, die Zahl der in den Wollspinnereien ausgebeuteten Kinder war immer noch beträchtlich. In Kottbus und Umgebung arbeiteten 1845 87 Kinder in Fabriken, davon entfielen auf die Tuchfabriken 47.[165] Nach den offiziellen Angaben war die altersmäßige Zusammensetzung dieser 87 Kinder folgende:

13–14 Jahre	40 = 46%
12 Jahre	32 = 37%
11 Jahre	10 = 11%
10 Jahre	5 = 6%.

In einer Züllichauer Tuchfabrik wurden im gleichen Jahr 18 Kinder – über 10 Jahre alt – beschäftigt.[166]

Für die nachfolgende Zeit läßt die preußische Gewerbestatistik einen Einblick in den Umfang der beschäftigten Kinder zu. Jedoch muß von vornherein klar sein, daß diese Angaben nur als Minimalwerte benutzt werden können. Einerseits waren die Kinder eine zu willkommene Quelle erhöhter Profite, als daß die Unternehmer auf sie verzichten wollten, aber andererseits übten die gesetzlichen Beschränkungen und die zunehmende öffentliche Kritik an der Ausbeutung der Kinder doch einen entgegengesetzten Einfluß aus. Dieser Einfluß führte zweifellos zur Verschleierung der tatsächlichen Verhältnisse in den statistischen Erhebungen. Die nachfolgende Tabelle gibt uns Aufschluß über die Zahl und den Anteil der Kinder an den Beschäftigten in den preußischen Wollspinnereien:

Wie die Tabelle zeigt, nahm der Anteil der im Spinnprozeß tätigen Kinder ständig ab und er lag gegenüber der Kammgarnspinnerei bei der Streichgarnspinnerei, in der die Ausbeutung der Kinderarbeit im Verlaufe der vierziger Jahre offenbar noch zunahm, zumeist höher. So sicher die Annahme ist, daß die Zahl der beschäftigten Kinder und ihr Anteil an den Arbeitskräften zu niedrig ist, so sicher können wir jedoch auch annehmen, daß die ausgewiesene sinkende Tendenz der wirklichen Entwicklung entsprach. Dafür spricht folgender Umstand: In den Angaben sind sowohl die Spinnfabriken als auch die Handwerksspinnereien enthalten. In den letzteren spielte infolge des nicht so stark gegliederten Maschinensystems und des geringen Umfanges des Produktionsapparates die Kinderarbeit eine geringere Rolle, da sie nicht voll auszulasten war. Mit dem abnehmenden Anteil dieser Betriebe mußte der Anteil der beschäftigten Kinder steigen. Da dies nicht eintrat, dürfte

[165] Schreiben der Bezirksregierung Frankfurt a. O. vom 26. Dezember 1845, a. a. O.– Darin sind die in der zentralisierten Weberei beschäftigten Kinder mit enthalten. Bis zum Jahre 1853 hatte sich die Zahl der in den Kottbuser Tuchfabriken beschäftigten Kinder von 47 auf 34 vermindert, davon waren 2 Elfjährige, 11 Zwölfjährige und 21 Dreizehnjährige. Außerdem wurden noch 64 Jugendliche im Alter von 14 bis 16 Jahren ausgebeutet (Nachweisung der im Kottbusschen Kreise vorhandenen gewerblichen Anstalten, in welchen nach dem Gesetz vom 16. Mai 1853 die Beschäftigung jugendlicher Arbeiter unter Kontrolle zu nehmen ist, 31. Dezember 1853, in: BLHA-Potsdam, Rep. 3 B, Nr 83).

[166] Bericht der Bezirksregierung von Frankfurt a. O. vom 14. Juli 1845, in: BLHA-Potsdam, Rep. 3 B, Nr 83.

Zahl und Anteil der Kinder an den Beschäftigten in der preußischen Wollspinnerei[167]

Jahr	Streichgarnspinnerei Zahl	Anteil in %	Kammgarnspinnerei Zahl	Anteil in %
1843	315	6	70	5
1846	1279	8	51	3
1849	1098	7	116	5
1852	975	6	75	4
1855	774	5	75	4 (3,5)
1858	535	4	47	3 (2,6)

die sinkende Zahl der Kinder und ihr Anteil an den Arbeitskräften in der Wollspinnerei nicht allein seine Ursache in den von den Unternehmern zu niedrig angegebenen Kinderzahlen haben.

Im Vergleich mit der Baumwollspinnerei, in der in Preußen 1849 21 und 1852 16% beschäftigt wurden, war der Anteil der Kinder in der Wollindustrie niedriger, aber im Vergleich zur Flachsspinnerei höher; denn hier wurden in den gleichen Jahren nur 2 bzw. 3% Kinder ausgebeutet.[168]

Wie bei der Frauenarbeit waren auch hinsichtlich der Kinderarbeit die Verhältnisse im Zollverein nicht einheitlich. 1846 waren nach offiziellen Angaben in den Streichgarnspinnereien des Zollvereins 2226 Kinder und in den Kammgarnspinnereien 243 Kinder tätig. Ihr Anteil glich dem in der preußischen Wollspinnerei festgestellten. Gegenüber diesen Durchschnittsangaben ragten jedoch die badischen Streichgarnspinnereien hervor, die ein Drittel Kinder beschäftigten, und auch Bayern lag mit 9% über dem Durchschnitt. Hingegen glichen die Verhältnisse in Sachsen denen in Preußen. In den bayerischen Kammgarnspinnereien wurden ebenfalls mehr Kinder als im Zollvereinsdurchschnitt ausgebeutet; denn ihr Anteil betrug dort 7%, d. h., er war mehr als doppelt so hoch als im Zollvereinsdurchschnitt.

Auch zwischen den einzelnen Zentren der preußischen Wollspinnerei traten erhebliche Unterschiede auf. So lag der Anteil der Kinder an den Gesamtbeschäftigten in der Streichgarnspinnerei des Regierungsbezirkes Potsdam 1849 bei 6%, während er in der Lausitz nur 2% betrug. Demgegenüber lag er aber in der Rheinprovinz wesentlich höher, und die entsprechenden Werte waren: (s. Tabelle)

Auch hier verminderte sich der Anteil der Kinder an der Gesamtzahl der Arbeitskräfte bis zum Jahre 1852, aber er blieb weiterhin beträchtlich über dem Durchschnitt Preußens. Offenbar spielte die Kinderarbeit vor allem dort eine große Rolle

167 Auf der Grundlage der Angaben berechnet, die enthalten sind in: Gewerbetabelle des ganzen preußischen Staats für das Jahr 1843. — Detailangaben in: DZA-Merseburg, Rep. 120 HA, G 10, vol. 1, und den auf S. 108, Anm. 150, S. 115, Anm. 161, angegebenen Quellen. Dies trifft — soweit nicht anders vermerkt — auch für die nachfolgenden Tabellen zu. — Die Angaben von 1843 fußen auf einem Teil der preußischen Wollspinnereien, und zwar bei der Streichgarnspinnerei liegen dem die Angaben von 7% der Betriebe mit 30 % der Feinspindeln zugrunde und für die Kammgarnspinnerei von 2% der Betriebe mit 41% der Feinspindeln.

168 *Tabellen 1849*, a. a. O., S. 1150f.

Anteil der Kinder in den rheinpreußischen Streichgarnspinnereien:

Regierungsbezirke	1849 in %	1852 in %
Düsseldorf	18	1(?)
Aachen	12	9
Trier	18	12
Coblenz	15	14
Köln	7	8
Rheinprovinz insgesamt	13	9

und ihre Ausdehnung bewahrte für längere Zeit ein beträchtliches Ausmaß, wo das Lohnniveau relativ hoch war, was für die Rheinprovinz zutraf. Die Unternehmer benutzten demzufolge die Kinderarbeit zur Herabsetzung der Lohnkosten, um auf Kosten der Arbeitskräfte besser im Konkurrenzkampf bestehen zu können. Das gleiche galt auch für jene Zentren, in denen das technische Niveau zurückgeblieben war.

Auch bei der Kammgarnspinnerei besaß die Kinderarbeit in der Rheinprovinz mit die größte Ausdehnung. Der Anteil lag hier im Durchschnitt bei 7%. Noch stärker war die Beschäftigung von Kindern in der Berliner Kammgarnspinnerei verbreitet. Ihr Anteil betrug dort 1852 18% und damit fast ein Fünftel.

Damit wird deutlich, daß die Beschäftigung von Kindern bis in die fünfziger Jahre hinein in der deutschen Wollindustrie – zumindest in einzelnen Gebieten – noch ein beträchtliches Ausmaß erreichte.

Gegenüber der sinkenden Tendenz bis zu den fünfziger Jahren scheint diese Entwicklung während des siebenten Jahrzehnts zum Stillstand gekommen zu sein. Zumindest in einzelnen Zentren der deutschen Wollspinnerei dürfte die Kinderarbeit wieder zugenommen haben. F. Schmidt stellte das für die Kottbuser Streichgarnspinnerei fest. Das gleiche können wir einer von Anton angeführten Tabelle aus Aachen entnehmen. Diese Tabelle gibt zugleich die nach den Angaben des Fabrikinspektors Piper vorgekommenen Gesetzesübertretungen hinsichtlich der Beschäftigung jugendlicher Arbeiter an.[169]

	Es kamen			
im Jahre	auf beschäftigte jugendliche Arbeiter	in wieviel Etablissements	Revisionen des Fabrikinspektors	ermittelte Kontraventionen
1860	2700	294	650	85
1864	4241	284	867	100
1865	2470	ca. 300	870	225
1866	ca. 4000	„ 300	870	61
1867	„ 4000	„ 300	881	25
1868	„ 4000	„ 300	921	57

169 *Anton, G.*, a. a. O., S. 127.

Angesichts des Umfanges, in dem die Streichgarnindustrie in Aachen fabrikmäßig betrieben wurde, können wir diese Tabelle durchaus für unsere Zweiguntersuchung zur Auswertung heranziehen. Dies um so mehr, als die Klagen bezüglich der Beschränkungen, denen die Beschäftigung jugendlicher Arbeiter ausgesetzt war, in den Jahresberichten der Handelskammer Aachen-Burtscheid zeigen, daß die Kinderarbeit in der dortigen Tuchindustrie zu jener Zeit noch eine beträchtliche Rolle spielte. Die Zahl der ausgebeuteten jugendlichen Arbeiter stieg während des zyklischen Aufschwungs um mehr als die Hälfte und bewahrte in den nachfolgenden Jahren – mit Ausnahme des Jahres 1865 – etwa die gleiche Höhe. Noch schneller stiegen jedoch die Überschreitungen der gesetzlichen Bestimmungen, die hinsichtlich der Beschäftigung dieser Arbeitskräfte bestanden. Der Hinweis von Anton, daß aus den gesunkenen festgestellten Überschreitungen in den Jahren 1866 bis 1868 nicht ohne weiteres eine Änderung der Haltung der Unternehmer zur Beschäftigung von Kindern zu entnehmen ist, kann nur unterstrichen werden.

Wenn die Zahl der in den Wollspinnfabriken ausgebeuteten Kinder auch im Verlaufe des siebenten Jahrzehnts zunahm, so erreichten die Verhältnisse doch nicht mehr die Zustände der zwanziger und dreißiger Jahre. Dies lag jedoch weniger an den humaneren Einstellungen der Fabrikanten zu dieser Frage, sondern in erster Linie an dem erreichten technischen Niveau und auch an den gesetzlichen Bestimmungen, die zum Schutze der Kinder und zur Wahrung der Reproduktionsbedingungen für die Ware Arbeitskraft im Interesse der kapitalistischen Ausbeuterordnung getroffen wurden.

Die Ausbeutung von Kindern war jedoch auch am Ende der industriellen Revolution noch üblich. In den deutschen Streichgarnspinnereien und -webereien wurden nach den offiziellen Angaben 2442 Kinder unter 14 Jahren beschäftigt, und davon waren 155 sogar jünger als 12 Jahre.[170] Ihr Anteil an der Gesamtheit der Arbeiter betrug 4%. In der Kreishauptmannschaft Zwickau betrug ihr Anteil um die Mitte der siebziger Jahre sogar noch fast ein Fünftel.[171] Hier wurden fast zwei Drittel der in diesem Industriezweig – nach den offiziellen Angaben – beschäftigten Kinder ausgebeutet. In den deutschen Kammgarnspinnereien zählte die Reichsstatistik 1875 noch 867 Kinder unter 14 Jahre, wovon 80 jünger als 12 Jahre waren.[172] Diese Kinder stellten etwas mehr als 3% der Arbeitskräfte dieses Industriezweiges. Auch in diesem Bereich der deutschen Wollindustrie wurde die Mehrzahl der Kinder in Sachsen ausgebeutet.[173] Ihr Anteil betrug dort noch 7,1%. In den Kammgarnspinnereien von Elsaß-Lothringen waren die Verhältnisse in dieser Hinsicht gleichermaßen trübe; denn auch hier lag der Anteil der Kinder an den Arbeitskräften mit 6,5% nicht wesentlich niedriger.[174]

So wollte sich das Kapital auch am Ende der industriellen Revolution in der Wollspinnerei von der Ausnutzung der billigen Kinderarbeit noch nicht trennen. Es

170 Vgl. *Statistik des Deutschen Reiches*, Bd 35, T. 1, a. a. O., S. 301.
171 Vgl. ebenda.
172 Vgl. ebenda, S. 307.
173 Vgl. ebenda, S. 305.
174 Vgl. ebenda, S. 307.

war bis dahin lediglich zu einer weiteren Einschränkung der Ausbeutung der Kinder gekommen.

Die Kinderarbeit in der Wollweberei

In der Wollweberei spielte die Beschäftigung von Kindern im Verlaufe der hier betrachteten Jahrzehnte im Vergleich zum Beginn des 19. Jahrhunderts eine zunehmende Rolle. Jedoch hing dies hier weniger mit dem Übergang zur Maschinerie zusammen, sondern vielmehr mit der zunehmenden Verschlechterung der Lebenslage der Weber im Verlaufe der industriellen Revolution. Die zunehmende Ausbeutung der Weber besonders in der Hausindustrie zwang ihn, auch sein Kind als Gehilfen heranzuziehen. Sowohl in der Hausindustrie als auch in der zentralisierten Weberei wurden die Kinder zum Spulen des Garns – also zur Vorbereitung des Webprozesses – herangezogen. In der Maschinenweberei wurden ebenfalls Kinder zum Knüpfen der gerissenen Fäden verwendet. Aus der sächsischen Weberei gibt Kuczynski folgendes Zitat aus dem Jahre 1840 wieder: „Ein Weber ließ seinen sechsjährigen Sohn von 5 Uhr früh bis 7 Uhr abends ununterbrochen spulen und treiben, darauf wurde er in die Abendschule geschickt, von wo er erst um 9 Uhr nach Hause kam und dann noch gezwungen war, seine Schulaufgaben zu erledigen. Schwarzer Rübenkaffee und Schwarzbrot, Kartoffeln und Salz waren seine Kost, und erlahmte seine Tätigkeit, so feuerte der Holzpantoffel seines Vaters ihn aufs neue an. Und doch hatte der Vater seinen Sohn lieb! Aber es mußte geschehen. Wie könnte in Sachsen sonst so wohlfeil gearbeitet werden!“[175] Daß es sich hierbei um keinen Einzelfall handelte, geht aus den folgenden Bemerkungen hierzu hervor: „Daß dies nicht ein besonders krasses, sondern ein Beispiel aus der Alltäglichkeit war, beweisen die häufigen Berichte derartiger Zustände, die durchaus typisch waren für die Weberkinder. Es war den Webern buchstäblich nicht anders möglich, das tägliche Brot im wahrsten Sinne des Wortes für sich und ihre Familie zu verdienen, wenn sie nicht die Arbeitskräfte aller ihrer Familienmitglieder auf das schärfste ausnützten.“[176]

Mag dieses Beispiel nicht der Wollweberei oder Halbwollweberei entstammen, in diesem Falle ist das uninteressant; denn es ist auch hierfür durchaus zutreffend.

Doch auch die zentralisierte Handwollweberei bemächtigte sich der Kinderhände, um sie für das Kapital wirken zu lassen. Im Kreise Dortmund wurden in den zwanziger Jahren Kinder in einer Wolltuchfabrik (Kombinat) zum Spulen im Winter von 8 Uhr morgens bis 7 Uhr abends und im Sommer von 6 Uhr früh bis 7 Uhr abends beschäftigt.[177] In Hagen wurden Kinder von 8 Jahren ebenfalls in Wolltuchwebereien zum Spulen und Reinigen der Tuche verwendet. Die effektive Arbeitszeit betrug hier 10 bis 12 Stunden. Der Gesundheitszustand dieser Kinder war wie der in den Spinnereien beschäftigten schlecht. Im Regierungsbezirk Aachen wurden

175 *Kuczynski, J.*, Geschichte der Kinderarbeit in Deutschland. 1750–1939, a. a. O., S. 124.
176 Ebenda.
177 *Anton G.*, a. a. O., S. 27. – Die nachfolgenden Angaben sind gleichfalls bei Anton entnommen.

Kinder ab 6 Jahre in der Weberei zur Arbeit herangezogen. Die aus den verschiedenen Zentren der preußischen Wollindustrie von Anton angeführten Beispiele für die Ausbeutung von Kindern in der zentralisierten Wollweberei beweisen, daß dies in diesem Zweig während der zwanziger Jahre ebenfalls eine typische und verbreitete Erscheinung war. Veränderungen dürften sich hierbei im nachfolgenden Jahrzehnt kaum ergeben haben.
Wie für die Wollspinnerei, so besitzen wir auch für den Teil der Wollweberei, der in den Fabrikentabellen erfaßt wurde, statistische Angaben über die Zahl der dort beschäftigten Kinder. Die nachfolgende Tabelle gibt uns die Übersicht für Preußen.

Die Zahl der Kinder und ihr Anteil an den Gesamtarbeitskräften in den sogenannten Tuch- und Wollzeugfabriken Preußens

Jahr	Sogenannte Tuchfabriken		Sogenannte Wollzeugfabriken	
	absolut	Anteil in %	absolut	Anteil in %
1846	2138	7	1503	15
1849	1919	6	1748	15
1852	1662	6	832	11
1855	530	4	837	10
1858	446	2	326	3

Seit den vierziger Jahren verminderte sich die Zahl der in den sogenannten Tuchfabriken beschäftigten Kinder absolut, und demzufolge nahm ebenfalls ihr Anteil an den Arbeitskräften ab. Mit 7% war ihr Anteil selbst 1846 nicht hoch, und er sank schließlich bis zum Jahre 1858 auf 2%. Auch hier dürften die Angaben niedriger sein, als es den tatsächlichen Verhältnissen entsprach, aber sie dürften die richtige sinkende Tendenz wiedergeben und auch hinsichtlich der Relation zur Streichgarnspinnerei zutreffend sein. Hingegen spielte die Kinderarbeit in den sogenannten Wollzeugfabriken bis in das sechste Jahrzehnt hinein eine beträchtliche Rolle; mehr als ein Zehntel waren vor 1855 Kinder. In der zweiten Hälfte der vierziger Jahre waren es – wie die Tabelle wiedergibt – mindestens 15% aller Arbeitskräfte. Doch auch ihre Zahl und ihr Anteil sanken mit den fünfziger Jahren ständig. Diese rasche Verminderung führte zu etwa gleichen Verhältnissen in beiden Webereibereichen im Jahre 1858.
Hinsichtlich der Anwendung von Kindern in den sogenannten Webfabriken bestanden zwischen den einzelnen Zweigen der preußischen Textilindustrie nicht solche erheblichen Unterschiede wie im Spinnereibereich, wenn von den Verhältnissen in den sogenannten Tuchfabriken zunächst abgesehen wird. In den sogenannten Baumwollwebfabriken betrug der Anteil der offiziell beschäftigten Kinder 1849 14 und 1852 8%. In den Fabriken für seidene und leinene Zeuge betrugen die entsprechenden Daten 15 und 18 bzw. 12 und 13%. Damit wichen lediglich die sogenannten Tuchfabriken erheblich ab. Jedoch zeigen diese Angaben, daß die sinkende Tendenz nicht in allen Bereichen zutraf, sondern daß der Anteil der Kinderarbeit in den Fabriken für seidene und leinene Zeuge noch zunahm. Bis zum Jahre 1855

setzte sich jedoch – zumindest soweit es die Fabrikentabelle wiedergibt – die gleiche Tendenz durch. Der Anteil der Kinder an der Gesamtzahl der Beschäftigten sank bei den ersteren auf 12 und bei den letzteren auf 8%. Da die sogenannten Baumwollwebfabriken im Jahre 1855 auch offiziell nur 7% Kinder beschäftigten, nahm die Kinderarbeit in den sogenannten Wollzeugfabriken nach den sogenannten Seidenzeugfabriken das größte Ausmaß an.

Ähnlich wie bei den Verhältnissen der Wollspinnerei, so gab es auch hinsichtlich der einzelnen Zentren der Wollweberei Unterschiede im Umfang der Ausbeutung von Kindern. Gegenüber dem Gesamtdurchschnitt hob sich der Anteil der Kinder an den Arbeitskräften der sogenannten Tuchfabriken vor allem der in den Regierungsbezirken Münster, Arnsberg und Magdeburg hervor. Ihr Anteil betrug dort 1849 26, 14 und 9% sowie 1852 25, 6 und 10%. Im Regierungsbezirk Magdeburg war der Anteil der Kinder im Verlaufe dieser Jahre sogar gestiegen, während er im Regierungsbezirk Arnsberg so stark zurückging, daß er den Gesamtdurchschnitt erreichte. Bei den sogenannten Wollzeugfabriken lagen 1849 die Berliner und die des Regierungsbezirks Arnsberg mit 18% beträchtlich über dem Durchschnitt. Hingegen wurden 1852 anteilmäßig in den Wollzeugfabriken der Regierungsbezirke Düsseldorf und Münster die Kinder am stärksten beschäftigt. Der Anteil betrug dort 18 bzw. 14%. Im Bereich der Wollweberei war demzufolge die Ausnutzung der Kinderarbeit ebenfalls unterschiedlich verbreitet. Die Kinder konnten in der Wollweberei ein Viertel und mehr der Arbeitskräfte stellen. Im allgemeinen dürfte ihr Anteil in der zentralisierten Weberei jedoch darunter gelegen haben.

In welchem Umfange die Kinder im Verlaufe der sechziger Jahre noch in der Wollweberei tätig waren, können wir auf Grund unseres Materials nicht angeben. Jedoch auch in dieser Zeit wurden noch Kinder in diesem Zweig ausgebeutet. Dies beweisen allein schon die Angaben von Kinderlöhnen in der Wollweberei, wie sie sich in den sächsischen Handelskammerberichten der sechziger Jahre finden.[178]

Soweit wir oben von einer sinkenden Tendenz hinsichtlich der Beschäftigung von Kindern in der deutschen Wollweberei gesprochen haben, so gilt dies nur für die zentralisierte Weberei. Hier wirkten sowohl der technische Fortschritt – z. B. in Gestalt der Spulmaschinen – als auch die beschränkenden gesetzlichen Bestimmungen in dieser Richtung. In der Hausindustrie blieben hingegen bis in die sechziger Jahre diese traurigen Verhältnisse weitgehend bestehen.[179] Angesichts der niedrigen Löhne mußten hier, insbesondere in der Kammgarn- und Halbwollweberei, die Kinder zur Sicherung der notdürftigen Existenz der Weberfamilie herangezogen werden. Auf diesen Bereich hatten die erlassenen Gesetze keinen unmittelbaren Einfluß, und die Kinderarbeit verschwand hier erst mit der Überwindung bzw. Vernichtung der Heimweberei. Doch auch in den zentralisierten Betrieben der deutschen Wollweberei war die Kinderarbeit am Ende der industriellen Revolution noch nicht verschwunden. Wie wir bereits angeführt haben, betrug der Anteil der Kinder in der Streichgarnindustrie immer noch 4%. Doch war dieser

178 Vgl. *Jahresbericht der Handelskammer Chemnitz für 1864.*
179 Vgl. *Beutler, A.*, a. a. O., S. 59.

Anteil an der Gesamtzahl der Arbeitskräfte in der Wollweberei niedriger als in der Spinnerei. Wir können dies nur für die Kammgarn- und Halbwollweberei nachweisen. Da aber in den vorangegangenen Jahrzehnten der Anteil der Kinder in diesem Webereizweig sogar höher lag als in der Streichgarnweberei, so läßt sich diese Feststellung doch für den gesamten Bereich der Wollweberei aufrechterhalten.

Im Jahre 1875 zählte die Reichsstatistik in den deutschen Kammgarn- und Halbwollwebereien mit mehr als 5 Beschäftigten 453 Kinder unter 14 Jahren, und davon waren 68 jünger als 12 Jahre.[180] Ihr Anteil an der Gesamtzahl der Arbeitskräfte betrug 1,7%. Die Mehrzahl dieser Kinder – insgesamt 220 – wurde in sächsischen Webereien beschäftigt.[181] Dies waren dort 5% der Arbeitskräfte.

Der gesamte Bereich der deutschen Wollindustrie – also neben den bisher betrachteten Zweigen auch die Wollverarbeitungs- und Kunstwollfabriken sowie die Wollfärbereien, Druckereien und Appreturen – beuteten 1875 in ihren Betrieben mit mehr als 5 Arbeitern nach offiziellen Angaben 3710 Kinder im Alter unter 14 Jahren aus, und davon waren 219 jünger als 12 Jahre.[182] Ihr Anteil an der Gesamtzahl der Arbeiter betrug damals noch knapp 3%.

3. *Der Kampf der Arbeiter der deutschen Wollindustrie gegen die kapitalistische Ausbeutung*

Der Kampf der Arbeiter gegen die kapitalistische Ausbeutung entspringt dem antagonistischen Widerspruch zwischen Proletariat und Bourgeoisie, der unmittelbarer Bestandteil der kapitalistischen Produktionsverhältnisse selbst ist. Deshalb heißt es bereits in der Geburtsurkunde des wissenschaftlichen Sozialismus: „Sein Kampf (der des Proletariats – H. B.) gegen die Bourgeoisie beginnt mit seiner Existenz.“[183]

So wie das Proletariat insgesamt die verschiedenen Entwicklungsstufen durchläuft und damit der Kampf gegen die kapitalistische Ausbeutung die verschiedenen Formen annimmt, so geschieht dies mehr oder weniger auch für die einzelnen Teile dieser Klasse. Trotz des relativ geringen Materials, das wir über den Kampf der Arbeiter der Wollindustrie besitzen, läßt sich dies doch deutlich zeigen.

a) Die Hauptmerkmale des Klassenkampfes in den dreißiger und vierziger Jahren

Entsprechend dem Entwicklungsstand der Wollindustrie während der dreißiger und auch der vierziger Jahre bestand die Masse der Arbeiter dieses Zweiges noch aus Handwerksgesellen und proletarisierten Handwerksmeistern. Die halbproletarischen Schichten spielten unter den kapitalistisch ausgebeuteten Menschen

180 Vgl. *Statistik des Deutschen Reiches*, Bd 35, T. 1, a. a. O., S. 313.
181 Vgl. ebenda.
182 Vgl. ebenda, S. 293ff.
183 *Marx/Engels*, Manifest der Kommunistischen Partei, in: Marx/Engels, Werke, Bd 4, Berlin 1959, S. 470.

der Wollverarbeitung noch eine große Rolle, und die Industriearbeiter im engeren Sinne – also der revolutionäre Kern der entstehenden deutschen Arbeiterklasse – war demgegenüber zahlenmäßig schwach. Demzufolge war das Klassenbewußtsein kaum entwickelt. Die nachfolgenden Ausführungen von Franz Mehring trafen deshalb weitgehend zu: „Die Zersplitterung der Hausarbeiter lähmt ihre Widerstandskraft gegen das Kapital, und der fortwährende Druck auf die Löhne zwingt sie, den Arbeitstag bis an die Grenzen der physischen Möglichkeit auszudehnen, Weib und Kinder in das gleiche Joch zu spannen, sich und ihre Familien einem schnellen Siechtum, einem frühen Tode zu opfern: nicht nur durch das Übermaß der Arbeit, sondern auch durch den Mangel an Licht, Luft, Ventilation in der engen Behausung, die Wohnung und Werkstätte in einem ist, oft genug auch durch die gesundheitsgefährliche Beschäftigung (die hier vor allem für die Wollkämmer zutraf – H. B.). Dazu kommen Unregelmäßigkeit der Arbeit, Truck und Wucher, parasitisches Faktorenwesen, hundert andere Übelstände. Die hoffnungslosesten aller Proletarier, stehen die Hausarbeiter gleichwohl dem proletarischen Klassenbewußtsein am fernsten. Sie prunken mit dem Schein ihrer Selbständigkeit, während ihr federleichter Besitz sie wie ein schweres Bleigewicht in den Abgrund reißt."[184]

Dementsprechend waren auch die Formen des Kampfes gegen das kapitalistische Ausbeuterjoch. Vor allem versuchte der einzelne verlegte Weber dem Lohndruck auszuweichen, indem er einen Teil des erhaltenen Materials zurückbehielt, um durch dessen Verarbeitung einen Nebenverdienst zu ergattern. Diese Form war für die Heimweberei jener Zeit typisch, aber wurde darüber hinaus angewendet, solange die Hausindustrie bestand. So allgemein diese Form auch verbreitet war, so wirkungslos war sie letztendlich. Was der Weber hier zusätzlich verdiente, das nahm ihm der Verleger, Manufakturier oder Faktor durch willkürliche Lohnkürzungen bei weitem wieder ab. Dies war eine allerorts geübte Praxis der Ausbeuter, deren Einfluß auf das Lohnniveau nicht zu übersehen war, aber in unseren offiziellen Lohnangaben nicht in Erscheinung trat. Einen Schutz gegen diese Betrügereien hatte der Weber nicht, und selbst wenn er noch einer Innung angehören mochte, so nützte ihm das nichts. In dieser Hinsicht gibt Demmering für die Weber der Glauchau-Meeraner Halbwoll- und Kammgarnweberei ein beredtes Beispiel. Zu einer Beschwerde eines Webers wegen unzulässiger Kürzung des Stücklohnes gab die dortige Innung folgende zynische Antwort: „Das Stück zeigt zwar keinerlei besondere Fehler auf, doch ist wohl Abzug möglich, damit sich der Meister in Zukunft noch mehr befleißige."[185]

Der Haltung der ausgebeuteten Arbeiter der Wollindustrie entsprach im wesentlichen die von Engels auf der Berliner Presse basierende, für Deutschland im Jahre 1843 gegebene Erklärung, „daß ... Gewerkschaften und Streiks bisher in Deutschland unbekannt geblieben seien ..."[186]

[184] *Mehring, F.*, Geschichte der deutschen Sozialdemokratie, T. 1, in: Mehring, F., Gesammelte Schriften, Bd 1, Berlin 1960, S. 48. [185] *Demmering, G.*, a. a. O., S. 86.

[186] *Engels, F.*, Bewegungen auf dem Kontinent, in: Marx/Engels Werke, Bd 1, Berlin 1958, S. 497.

Doch das entworfene Bild über den Klassenkampf bis in die vierziger Jahre hinein wäre einseitig und unzutreffend, wenn wir nicht auch die anderen Formen zeigten. Der bisher gezeigte Zustand der weitgehenden Passivität verdeckte zwar den Gegensatz zwischen Arbeiter und Ausbeuter, aber diese war nur relativ. Der Haß gegen diese Ausbeutung schwelte ständig. Dies zeigte sich im Verlaufe der dreißiger und vierziger Jahre an den wenigen Beispielen, die wir über das aktive Auftreten der Arbeiter dieses Bereiches haben. Zu Zeiten der allgemeinen Zuspitzung der Klassengegensätze im halbfeudalen Deutschland traten auch die Arbeiter der Wollindustrie auf. Dies zeigte sich zu Beginn des vierten Jahrzehnts in Burg, Aachen und Eupen mit aller Deutlichkeit. Aus den revolutionären Ereignissen in Frankreich Kraft und Hoffnung schöpfend, erhoben sich die Burger Spinnarbeiter und Tuchmachergesellen 1831 gegen ihre Ausbeuter, aber wandten sich zugleich gegen die städtische Behörde.[187] Mit Hilfe von Militär (etwa 800 Mann) wurde dann die „Ruhe und Ordnung" wieder hergestellt und 90 Verhaftungen, „fast ausschließlich Tuchmachergesellen oder Fabrikarbeiter" – wie Hobusch schreibt – vorgenommen. Zu den Führern dieses Aufstandes zählte der Maschinenspinner Rosenthal. Also schon zu dieser Zeit zeigte sich der Industriearbeiter als der revolutionärste und entschlossenste Teil der Gesellschaft.

In Aachen und Eupen war es im Jahr davor zum Aufstand der Wollarbeiter gekommen.[188] Sich gegen die verbreitete Ausplünderung der Fabrikanten mittels des Trucksystems und der willkürlichen Lohnkürzungen wendend, stürmten sie Fabriken, um die Maschinen als die geglaubte „eigentliche Ursache" ihrer Not zu zerstören. Daß sich die Arbeiter trotz der Niederwerfung dieses Aufbegehrens nicht beruhigten, zeigte sich zwei Jahre später in den Auseinandersetzungen der Spinner mit dem Unternehmer einer Aachener Streichgarnspinnerei wegen der niedrigen Löhne. Im Jahre 1836 wurden 120 Spinner von einem Fabrikanten auf die Straße geworfen. Daraufhin versuchten sie das Unternehmen in Brand zu stecken.[189]

Als im Jahre 1844 die schlesischen Weber das Beispiel für den Kampf gegen die kapitalistische Ausbeutung gaben, folgten ihnen die Aachener Tuchweber. Da der Fabrikant Peigler den Stücklohn um 4 Pfennige pro Elle kürzen wollte, legten seine Weber die Arbeit nieder.[190] Unter Vermittlung des Fabrikengerichtes nahmen sie die Arbeit wieder auf, nachdem der Fabrikant seine Forderung um die Hälfte gekürzt hatte. Kein Wunder, daß der Präsident dieser Behörde zur gleichen Zeit sorgenvoll an die königliche Bezirksregierung zu Aachen schrieb: „Schon früher hatte ich in Erfahrung gebracht, daß diejenigen Nummern der hiesigen Aachener Zeitung, in welchen über die Weberunruhen in Schlesien Mitteilung gemacht wird, die Arbeiter in mehreren hiesigen Fabriken sich zu verschaffen gewußt und mit dem höchsten Interesse von denselben gelesen wurden. Da nun aber benannte Zei-

[187] *Hobusch, E.*, a. a. O., S. 21f.

[188] *Thun, A.*, a. a. O., S. 31f.; *Mehring, F.*, a. a. O., S. 74.

[189] *Thun, A.* a. a. O., S. 31.

[190] Schreiben von Kesselkaul vom 15. August 1844, in: DZA-Merseburg, Rep. 120 D IV/10, Nr 1, vol. 1.

tung in ihrem heutigen Blatte neuerdings die Unzufriedenheit der Arbeiter in der Hauptstadt bespricht ... die ergebendste Bemerkung zu machen, daß in den jetzigen prekären industriellen Zeitumständen derartige Zeitungsnachrichten für hiesigen Ort, welcher bekanntermaßen unter der gewerbetreibenden Klasse so viel leicht aufgereizte Gemüter zählt, als ganz und gar nicht passend erscheinend ..."[191]
Der Profit ist in Gefahr, und dann weg mit der vielgepriesenen „Pressefreiheit"!
Den Streik der Weber schätzte der gleiche Herr in seinem Bericht an den Finanzminister wie folgt ein: „... waren bösartige Folgen von den Arbeitern zu erwarten gewesen, wenn nicht die Sache sofort unterdrückt worden wäre".[192]
Wenn die Wogen des Aufstandes der schlesischen Baumwoll- und Leineweber bis nach Aachen schlugen, so ist es naheliegend, daß er auch die Wollweber der benachbarten Gebiete im schlesischen Gebirge aufrüttelte. In welchem Maße dies wirklich eintrat, ist aus dem verarbeiteten Material nicht zu ersehen. Jedoch liegt uns eine Anklageschrift aus der Neuroder Gegend vor, die an den preußischen König gerichtet wurde. Ihr Inhalt entsprach durchaus der unter den Arbeitern der Wollindustrie, insbesondere ihrer *Heimindustrie*, verbreiteten Erkenntnis, daß die Not und das Elend nicht schlechthin der kapitalistischen Ausbeutung erwuchsen, sondern der mit ihr verbundenen Maschinerie. Zugleich offenbarte diese Schrift jedoch das ganze Elend der dortigen Weber: „Jetzt sind die Waren durch die Fabriken zusammengeschleitert, jetzt weiß niemand wohin. Der Handwerksmann hat keine Arbeit mehr. Das Betteln ist streng verboten ... Stehlen steht einem rechtschaffenen Mann übel zu, so ist die Hungersnot an der Tür ... Die Kinder bitten um Brot; der Vater hat keine Arbeit, er kann keines verdienen, und ist auch bisweilen eine Arbeit, so ist der Lohn soweit runtergekommen, daß es kaum vor dem Mann vor sein Maul langt, geschweige vor sein Weib und Kinder zu erhalten ... Es möchte sich eines Steines Herz erbarmen, wie es in Neurode bei den Tuchmachern, und in der ganzen Umgebung, und in Langenbielau bei den Leinewebern und in der ganzen Umgebung vor eine Not ist."[193]
Zugleich stellt die Schrift eine scharfe Anklage an den preußischen König dar: „Auch dieses gehört zu diesem Wahrheitsschreiben dazu, solange als Du O' König, König bist, ist es bei Deiner Regierung Jahr zu Jahr mit Macht schlechter geworden ... wenn Du nicht den Fabriken ... verbieten tust, daß sie aufhören zu arbeiten, so wirst Du O' König sehn, was Du in Deinem Lande wirst vor ein Unruh aufbringen, zuletzt bist Du O' König selbst nicht Deines Lebens sicher, die Not ist zu groß, keine Arbeit ist nicht und die Menschen wissen nicht, was sie sollen anfangen und von was sie leben sollen, so weit habens die Fabrikenköpfe gebracht und Deine nachlässige Regierung ... O' König, daß Du ein nachlässiger König bist, Gott

191 Schreiben von Ibels an die Aachener Regierung vom 19. August 1844, in: DZA-Merseburg, Rep. 120 D IV/10, Nr 1, vol. 1.

192 Schreiben des Herrn Ibels an den Finanzminister vom 4. Februar 1845, in: DZA-Merseburg, Rep. 120 D IV/10, Nr 1, vol. 1.

193 Vgl. Schrift, in: DZA-Merseburg, Rep. 120 D IV/7, Nr 18, Bl. 81ff. – Das nachfolgende Zitat ist der gleichen Quelle entlehnt.

werd' Dich strafen, daß Du Deinen Untertanen so ein Elend gebracht hast, das Weinen der unschuldigen Kinder klagt Dich täglich, täglich bei Gott an ... Nur die Hand soll wieder arbeiten wie zuvor. Da war die goldene Zeit, bei unseren Voreltern, weil die Hand alles gearbeitet hat und keine Fabrik war. Die schlechte Zeit haben die Fabriken in die Welt gebracht, weil sie den Menschen die Arbeit genommen haben. Verbiete auch O' König, daß keine Handmaschinen dort gemacht werden ... alles was die Hand macht, ist weit besser, als was Maschinen machen, aber sorge dafür König, daß kein Tuch aus dem Auslande zu uns kommt."

Dieser Auszug gibt die für viele Schichten der damaligen Arbeiter der Wollindustrie, insbesondere der Heimindustrie, typische Vorstellung über die ihnen gegenüberstehende Welt wieder und ist deshalb von dieser Seite her sehr wertvoll, aber er zeigt doch zugleich – bei aller Verkennung der wirklichen Zusammenhänge – die klare und stolze Haltung des arbeitenden Menschen selbst gegenüber dem „Landesvater". Nichts ist in ihm von der unterwürfigen, kriecherischen Sprache der damaligen Bourgeois und ihren Selbsterniedrigungen; und das nicht deshalb, weil dieser Proletarier nicht so schriftgewandt ist.

Die wenigen Beispiele, die wir über den Kampf der Arbeiter der Wollindustrie vor der bürgerlich-demokratischen Revolution von 1848/49 besitzen, zeigen doch deutlich, daß der aktive Kampf der Arbeiter im allgemeinen einen beschränkten Umfang einnahm. Wenngleich in diesen Jahrzehnten die Aktionen sicherlich zahlreicher als unsere Beispiele waren, so dürften doch das durch sie vermittelte Bild und die gegebene Einschätzung den tatsächlichen Verhältnissen entsprechen. Im allgemeinen entschlossen sich die Arbeiter der Wollindustrie noch nicht zu aktiven Auseinandersetzungen mit ihren Ausbeutern, aber in Zeiten größerer politischer Bewegungen waren sie doch bereit, vor allem in den fortgeschrittensten Zentren der deutschen Wollindustrie, den gegebenen Beispielen zu folgen. Dies entsprach durchaus dem schwachentwickelten Klassenbewußtsein der damaligen Arbeiter. Dazu kam noch der Polizeiterror gegen aufbegehrende Arbeiter, dem die Koalitions- und Streikverbote in den deutschen Ländern zur Seite standen.[194]

b) Der Kampf der Arbeiter in der deutschen Wollindustrie während des Revolutionsjahres 1848 und in dem nachfolgenden Jahrzehnt

Im Zusammenhang mit der bürgerlich- demokratischen Revolution von 1848 erlebte der Kampf der Arbeiter der Wollindustrie einen Höhepunkt. Aus diesem Jahr sind uns von neun Städten Aktionen der Wollarbeiter gegen die kapitalistischen Unternehmer bekannt. In Aachen, Lennep, Hückeswagen, Meerane, Crimmitzschau, Burg, Kottbus, Guben und Berlin traten die dortigen Arbeiter der Wollindustrie in verschiedener Weise gegen die kapitalistische Ausbeutung auf. Dabei können wir mit Sicherheit annehmen, daß diese Aktionen nur ein Minimum von jenen darstellen, die sich im Verlaufe dieses Revolutionsjahres in den verschiedenen Stand-

194 Vgl. *Todt/Radandt*, Zur Frühgeschichte der deutschen Gewerkschaftsbewegung. 1800–1849, Berlin 1950, S. 42ff.

orten der deutschen Wollindustrie zugetragen haben. Nach den verschiedenen Formen, in denen diese Aktionen durchgeführt wurden, können wir drei Gruppen unterscheiden:

1. verschiedene Maßnahmen gegen die Anwendung des Maschinenstuhls,
2. Streiks mit ausschließlich ökonomischen Forderungen und
3. Streiks verbunden mit politischen Forderungen bzw. außerbetrieblichen Aktionen.

Wohl die Mehrzahl der Aktionen war auf die Beseitigung bzw. Verhinderung der Anwendung von Maschinenstühlen gerichtet. Hinsichtlich der Art des in dieser Richtung geführten Kampfes reichten die Aktionen von Petitionen und der Auflehnung in den Fabriken, die vereinzelt solche Maschinenstühle aufgestellt hatten, über Drohungen zur Niederbrennung solcher Betriebe bis zu Aufständen der empörten Handweber. So forderten beispielsweise die Bernauer Weber, daß der Staat die Fabriken so hoch besteuern sollte, damit sie zu den gleichen Preisen wie das Handwerk verkaufen müßten.[195] Die Aktionen in den größeren Unternehmungen der Streichgarnindustrie im Gebiet von Lennep-Hückeswagen seitens der durch die Not verbitterten Tuchweber führten zur Stillegung der aufgestellten Maschinenstühle.[196] In Crimmitzschau verhinderten die Weber durch die Drohung, dem Fabrikanten sein Etablissement in Brand zu stecken, die Aufstellung solcher Maschinen[197], und in Meerane führte der gleiche Anlaß zum Aufruhr der dortigen Handweber und zur Niederbrennung des Waldenburger Schlosses.[198] Zugleich wandten sich die dortigen Weber gegen die Bevorzugung der billigeren Landweber durch die Meeraner Manufakturiers und Verleger.

In Aachen kam es im Jahre 1848 zu zahlreichen Teilstreiks in den dortigen Fabriken, um bessere Arbeitsbedingungen durchzusetzen.[199] Doch diesen Streiks fehlte das geschlossene Auftreten der Weber. Auch hierin äußerte sich das gering entwickelte Klassenbewußtsein, und Wichterich unterstreicht dies mit seiner Feststellung, daß „damals der kleinbürgerliche Geist in der Arbeiterschaft noch nachwirkte".[200] Auch in Berlin stellten die Zeug- und Tuchmacher sowie Wollsortierer ihre ökonomischen Forderungen auf. Lohnerhöhungen, Arbeitszeitverkürzung, Ausschaltung ortsfremder Arbeiter sowie Zuchthäusler – das waren hier die Fragen, die die Arbeiter auf die Tagesordnung setzten.[201] In Burg blieben die Arbeiter der dortigen Spinnereien und Tuchmanufakturen und -fabriken auch im Jahre 1848 nicht ruhig. Sie stellten wiederum ihre Forderungen, und wie im Jahre 1831 ging ihr Kampf über den Rahmen der Betriebe hinaus.[202]

[195] Schreiben des Bernauer Webergewerk vom 23. März 1849, in: DZA-Merseburg, Rep. 120 D I/2, Nr 9.

[196] Schreiben der Tuchweber des Kreises Lennep vom 3. März 1849 an den König, in: DZA-Merseburg, Rep. 120 D I/2, Nr 9; *Isenburg, R.*, a. a. O., S. 41f.

[197] *Wachs, A.*, a. a. O., S. 82.

[198] *Genzmer, W.*, 100 Jahre Kammgarnspinnerei Schedewitz. 1835 bis 1935, Zwickau 1936, S. 46.

[199] *Wichterich, R.*, a. a. O., S. 175.

[200] Ebenda.

[201] *Todt/Radandt*, a. a. O., S. 11, 121 u. 129.

[202] *Hobusch, E.*, a. a. O., S. 23f.

Zu diesem Zeitpunkt traten die Arbeiter der Lausitzer Tuchindustrie stark in Erscheinung. Hier wurden die ökonomischen oft mit politischen Forderungen verbunden, und es kam hier zu offenen Auseinandersetzungen zwischen Bürgerwehr und Arbeitern. Zweifellos hat die Nähe des revolutionären Zentrums – Berlin – auf diese Ereignisse Einfluß genommen. Die Auseinandersetzungen in der Lausitz zwischen den Arbeitern und der Bourgeoisie sowie den ersteren und dem Staatsapparat, insbesondere in Gestalt der städtischen Behörden, spiegeln die Situation in der bürgerlich-demokratischen Revolution mit aller Deutlichkeit wider. Sie zeigen die kampfentschlossene Haltung der Arbeiter und die Feigheit und Paktiersucht der Bourgeoisie, denen der Proletarier als ihr Totengräber bereits im Nacken saß und den sie mehr fürchteten als die gesamte feudal-junkerliche Reaktion, deren Bajonette sie für die Sicherung ihrer schamlosen Ausbeutung so nötig bedurften. Doch gehen wir auf die dortigen Ereignisse selbst ein. Die Aktionen im Lausitzer Streichgarnweberei-Distrikt begannen wohl mit dem Aufbegehren der Arbeiter der Kottbuser Tuchindustrie am 18. April 1848, also vier Wochen nach dem heroischen Sieg des Berliner Proletariats und der Bürger über den preußischen König. Die dortigen Arbeiter, mehrere Hundert an der Zahl, übergaben nach einer Demonstration durch die Stadt dem Kottbuser Magistrat eine Petition, die folgende Forderungen enthielt:[203]

1. Kürzung des Bürgermeistergehalts um 500 Taler,
2. Absetzung des Bürgermeisters Bohmelt und
3. Sicherung einer ausreichenden Arbeit, die einen Tagelohn von 15 Silbergroschen garantiert.

Die Schützengilde ging auf diese friedliche, unbewaffnete Demonstration sofort mit dem Bajonett vor. Diesem Angriff hielten jedoch die Arbeiter stand. Sie entwanden den Schützen die Gewehre, wodurch diesen „tapferen" Männern der Mut verging und sie eilenden Fußes hinter den Mauern des Rathauses Schutz suchten. Das Läuten der Sturmglocke, um die anderen tapferen Mannen der Kottbuser Bürgerwehr auf die Beine zu bringen, war vergebens, so daß der Landrat v. Schönfeldt feststellte: „... keine Bürgerwehr erschien und der Haufe war Meister. Man verlangte die Schützen heraus, die gestochen ... zeigte, wie jämmerlich das so gerühmte Institut der Bürgerbewaffnung ist". Als diese Forderung nicht befolgt wurde, erzwangen die Arbeiter „in allen Schänken und bei den reichen Kaufleuten eine Abfindung". Am nächsten Tage kam es dann zu einer Konferenz zwischen dem Magistrat, den Meistern und Fabrikanten sowie den Arbeitern. Diese Konferenz schätzte der Landrat als Kapitulation ein und stellte fest: „Zu welchem Ziel diese führen wird, weiß Gott, so viel steht aber fest, daß die Macht der Bürgerschaft sich völlig ohnmächtig gezeigt hat, und es jetzt bloß darauf ankommt, wie weit der

203 Schreiben des Landrates von Schönfeld von Kottbus an die Bezirksregierung in Frankfurt a. O. vom 19. April 1848, in: BLHA-Potsdam, Rep. 3 B, Nr 198/1. – Die nachfolgende Darstellung der Ereignisse beruht auf dieser Quelle, und ihr sind auch die Zitate entnommen.

Arbeiter gehen will." Zugleich bat er in seinem Bericht an die Frankfurter Regierung um Militär, „jedoch nur, wenn es längere Zeit hier bleiben kann, weil eine Hülfe auf einige Tage die Sache nur schlimmer machen würde". Die Konferenz, deren Ergebnis uns nicht bekannt ist, schien jedoch erfolgreich für die Arbeiter verlaufen zu sein, womit die Auseinandersetzungen beigelegt werden konnten; denn über Kottbus haben wir in den Akten in diesem Zusammenhang nichts weiter gefunden.

Das von den Kottbuser Arbeitern gegebene machtvolle Zeichen verfehlte vor allem bei den Bourgeois der umliegenden Tuchmanufaktur- und Tuchfabrikstädte nicht seine Wirkung. Dies zeigen die Schreiben des Spremberger und Sommerfelder Magistrats vom 20. bzw. 26. April, in denen nach Waffen und Munition gerufen wurde.[204] Der Magistrat der letztgenannten Stadt verlangte 300 bis 400 Gewehre und 3000 scharfe Patronen.[205]

Doch zunächst blieb es wohl nach den Kottbuser Ereignissen in der Lausitz bis Anfang Oktober „ruhig". Dann kam es am 7. Oktober zu erneuten Unruhen. Die Appreturarbeiter zweier Gubener Tuchfabriken gaben im Zusammenhang mit der Lohnzahlung den Anstoß, und die Tuchweber schlossen sich ihnen an.[206] Die Tuchmachergesellen hatten bereits am 3. Oktober verlangt, ab sofort pro Stück Tuch eine Lohnerhöhung von 10 Silbergroschen zu erhalten. In der schriftlichen Forderung, die von 116 Gesellen unterzeichnet wurde, hieß es: „Seit früheren Jahren sind uns vielseitige Abzüge des Lohnes gemacht worden. Wir ließen uns dieses gefallen, da wir mußten. Jetzt aber mußten wir uns verpflichten, den uns *abgenommenen* Lohn wiederum zu erhöhen. Die dadurch entstehenden Folgen können wir Endunterschriebene nicht verantworten, wenn Sie unsere billigen Wünsche nicht befriedigen sollten. Wir bitten ein wohllöbliches Tuchmachergewerk uns bis Freitag Nachmittag Antwort wieder zuzuschicken."[207] Im Verlaufe der Auseinandersetzungen wurden diese Forderungen noch durch die Lohnforderungen der Appreturarbeiter und dem Verlangen nach Verkürzung des Arbeitstages ergänzt.

Im Zusammenhang mit dem Aufstand der Arbeiter kam es in Guben zu Zusammenstößen mit der dortigen Bürgerwehr. Auch hier zeigte sich die entschlossene Haltung der Arbeiter gegenüber den bewaffneten Bürgern überlegen. Sie erzwangen die Freilassung von zwei arretierten Arbeitern, einem Tuchmachergesellen und einem Spinner. Doch ähnlich wie in Kottbus floß auch in Guben Arbeiterblut. Über die Haltung der dortigen Arbeiter heißt es im Magistratsbericht: „... nur Rache, Rache! wegen der vorgekommenen Verwundungen und wegen des jahrelangen Druckes unter der Zuchtrute der Fabrikherren war dasjenige, wonach die tobende

204 Gesuch des Spremberger Magistrats vom 20. April 1848, in: BLHA-Potsdam, Rep. 3 B, Nr 198/1; Bericht des Sommerfelder Magistrats vom 26. April 1848, in: ebenda.

205 Ebenda.

206 Vgl. Bericht des Bürgermeisters Ahlemann vom 10. Oktober 1848, in: BLHA-Potsdam, Rep. 1, Polizeisachen, Nr 1217. – Soweit nicht anders vermerkt, basieren die Ausführungen und Zitate auf dieser Quelle.

207 Petition der Tuchmachergesellen an das Tuchmacher-Gewerk in Guben vom 3. Oktober 1848, in: BLHA-Potsdam, Rep. 3 B, Nr 199.

trunkende Menge lechzte." Bis zur anbrechenden Nacht spitzte sich die Lage in Guben so zu, daß der dortige Bürgermeister um Mitternacht an den Königlichen Regierungspräsidenten von Raumer in Frankfurt a. O. schrieb: „Die Fabrikarbeiter sind seit 10 Uhr abends im vollen Aufstande, mehrere Bürgerwehrmänner sind bereits lebensgefährlich verwundet und militärische Hülfe tut dringend not."[208]
Nach diesen Ereignissen sahen sich die Unternehmer gezwungen, auf die Forderungen der Arbeiter einzugehen. Die Weber erhielten einen um 5 Silbergroschen pro Stück Tuch erhöhten Lohnsatz, und den an den Rauhmaschinen beschäftigten Arbeitern wurde eine Erhöhung des Tageslohnes von 9 bis 10 Silbergroschen zugebilligt. Zugleich wurde der Arbeitstag um eine Stunde auf 12 Stunden herabgesetzt, und die Überstunden sollten extra bezahlt werden.[209] Zur Sicherung des kapitalistischen Eigentums und zur Bestrafung der Arbeiter wurden aber bereits am 8. Oktober von der Frankfurter Bezirksbehörde 150 Soldaten in Marsch gesetzt.[210] Währenddessen beauftragte die Berliner Regierung den berüchtigten General von Wrangel, zwei Bataillone abzukommandieren, von denen eins in Guben und eins in Lübben stationiert werden sollte. Zur Begründung dieser Maßnahme wurden von dem Kriegs- und dem Innenminister angeführt: „. . . ist in einem großen Teile der Niederlausitz die Stimmung der unteren Volksklassen sehr aufgeregt, und es bedarf nur eines geringen Anstoßes, um bedeutende Exzesse hervorzurufen. Emissäre aus Berlin und aus anderen Orten besuchen diese Gegend häufig und suchen die Bevölkerung auf alle Weise gegen die gesetzliche Ordnung aufzuregen."[211] Vor allem wurde eine Ausbreitung der Gubener Ereignisse auf die „benachbarten Fabrikstädte Sommerfeld, Crossen, Forst, Spremberg, Kottbus und Peitz" befürchtet.[212] Am 12. Oktober setzte dann General von Wrangel die beiden gewünschten Bataillone in Bewegung.[213] Damit diente auch hier das Militär dazu, das aufbegehrende Volk mit Unterstützung der Bourgeois niederzuhalten.
Wenn wir abschließend die Bewegung der Arbeiter der Wollindustrie im Revolutionsjahr einschätzen, dann läßt sich feststellen, daß auch sie ihren Beitrag zu den revolutionären Kämpfen des werktätigen Volkes leisteten. Zumeist handelte es sich jedoch naturgemäß um Auseinandersetzungen zwischen Proletariat und Bourgeoisie. Im wesentlichen traf für den Klassenkampf auch noch zu jenem Zeitpunkt die im „Kommunistischen Manifest" gegebene Einschätzung zu: „Im Anfang kämpfen

208 Schreiben des Bürgermeisters Ahlemann vom 7. Oktober 1848, in: BLHA-Potsdam, Rep. 1, Polizeisachen, Nr 1217.
209 Schreiben des Magistrats von Guben an den Königlichen Regierungs-Präsidenten v. Raumer, in: BLHA-Potsdam, Rep. 3 B, Nr 199.
210 Schreiben der Bezirksregierung an das Ministerium des Innern vom 8. Oktober 1848, in: BLHA-Potsdam, Rep. 1, Polizeisachen, Nr 1217.
211 Vgl. Schreiben der Minister des Königs und des Innern vom 9. Oktober 1848, in: BLHA-Potsdam, Rep. 1, Polizeisachen, Nr 1217.
212 Schreiben der Bezirksregierung von Frankfurt a. O. (Abtg. des Innern) vom 7. Oktober 1848 an den Minister des Innern, in: BLHA-Potsdam, Rep. 1, Polizeisachen, Nr 1217.
213 Schreiben an die Bezirksregierung Frankfurt a. O. vom 12. Oktober 1848, in: BLHA-Potsdam, Rep. 1, Polizeisachen, Nr 1217.

die einzelnen Arbeiter, dann die Arbeiter eines Arbeitszweiges an einem Orte gegen den einzelnen Bourgeois, der sie direkt ausbeutet. Sie richten ihre Angriffe nicht nur gegen die bürgerlichen Produktionsverhältnisse, sie richten sie gegen die Produktionsinstrumente selbst; sie vernichten die fremden konkurrierenden Waren, sie zerschlagen die Maschinen, sie stecken die Fabriken in Brand, sie suchen sich die untergegangene Stellung des mittelalterlichen Arbeiters wieder zu erringen."[214]
Doch die Kämpfe in der Lausitz zeigten bereits etwas Neues. Sie verdeutlichten die Überwindung dieser Stufe des Klassenkampfes durch die Arbeiter in den fortgeschrittenen Zentren dieses Industriezweiges. Die Auseinandersetzungen zwischen den einzelnen Klassen haben die Herausbildung des Klassenbewußtseins bei den Arbeitern zweifellos beschleunigt. Dies spiegelte sich auch in den Streikkämpfen der nachfolgenden Jahre deutlich wider.

Aus dem Jahre 1850 sind uns drei Streiks aus der rheinischen Streichgarnindustrie überliefert worden, die alle auch auf die Erhöhung des Lohnes abzielten, aber bei denen teilweise ebenfalls die Frage des Arbeitstages aufgeworfen wurde. In der bergischen Streichgarnindustrie kam es zu zwei Streiks. In Lüttringhausen und Radevormwald streikten die Arbeiter der Tuchfabriken für höheren Lohn und Kürzung der Arbeitszeit bzw. traten gegen die Verlängerung desselben auf.[215] Diese Streiks blieben erfolglos, und die dortigen Fabrikanten benutzten Militär zu ihrer Niederwerfung. Die Arbeiter der Eupener Tuchfabriken führten im Jahre 1850 mehrere Streiks durch. Bei diesen Streiks sind besonders die klug gewählte Taktik und das ausgeprägte Solidaritätsgefühl der dortigen Arbeiter hervorzuheben. Thun teilt uns mit: „Sie (die Arbeiter – H. B.) stellten die Arbeit nicht alle auf einmal ein, sondern succexsive von Fabrik zu Fabrik; während die einen feierten, wurden sie von den anderen unterstützt; fremde Weber wurden vertrieben. Die Streiks waren nicht alle durch höhereLohnforderungen veranlaßt; in einerFabrik beantragten die Arbeiter die Entlassung eines mißliebigen Werkmeisters; in einer anderen weigerten sie sich, auf die Verlängerung der Arbeitszeit um eine Stunde einzugehen. Bei der Untersuchung der Arbeitseinstellungen gelang es nicht, den Nachweis zu führen, daß dieselben verabredet gewesen waren; die Arbeiter wurden freigesprochen, und die Streiks begannen von Neuem."[216] Thun teilt über das Ergebnis dieser Streikkämpfe nichts mit, aber bei der gewählten Taktik dürften sie zumindest mit Teilerfolgen geendet haben.

Im darauffolgenden Jahr machten die Gubener Tuchweber wieder von sich reden. Bei dem hier stattfindenden Streik ging es nicht um die Durchsetzung ökonomischer Forderungen, sondern um die Anerkennung ihrer Organisation, der Gesellenbruderschaft.[217] Den Anlaß bildete die im September verweigerte Konzession für den

214 *Marx/Engels*, Manifest der Kommunistischen Partei, a. a. O., S. 470.

215 *Todt, E.*, Die gewerkschaftliche Betätigung in Deutschland, 1850–1859, Berlin 1950, S. 55.

216 *Thun, A.*, a. a. O., S. 32f.

217 Schreiben des Regierungspräsidenten v. Steltzer an das Ministerium des Innern vom 19. September 1851, in: BLHA-Potsdam, Rep. 1, Polizeisachen, Nr 1217; Schreiben an den Regierungspräsidenten v. Steltzer vom Bürgermeister Ahlemann in Guben vom 20. September 1857, in: ebenda.

Schankbetrieb in der Gesellenherberge. Darauf schlossen sich die Gesellen zu einem Demonstrationszug zusammen und führten rote und schwarz-rot-goldene Fahnen mit sich. Da ihnen dieses Vorhaben versagt wurde, kam es zu Auseinandersetzungen mit der Polizei, die aber nicht ein solches Ausmaß wie im Jahre 1848 annahmen. Als dieses Vorhaben der Gesellen mißlang, legten sie für zwei Tage die Arbeit nieder, um auf diese Weise ihr Ziel zu erreichen. Die Stadt forderte erneut Militär an: „Die obrigkeitliche Autorität in der Stadt Guben ist nach den Ereignissen des Jahres 1848 noch nicht in dem Maße hergestellt, daß die Polizeigewalt eines militärischen Rückhaltes ganz entbehren könnte ... das ganze Exekutionspersonal (6 Personen – H. B.) reicht nicht aus, die dortigen Fabrikgehilfen, über 600 an der Zahl, zur Ordnung zurückzuführen."

Dieser Streik blieb erfolglos, und zu seiner Unterdrückung und zur Niederhaltung der Arbeiter wurden 173 Gesellen angeklagt. Außerdem wurden zahlreiche Ausweisungen aus der Stadt vorgenommen. Bei diesem Streik ist interessanterweise die Haltung der Unternehmer nicht einhellig gewesen. So berichtete der Bürgermeister: „Leider aber waren die Arbeitgeber feige genug, erst eine Aufforderung zum namentlichen Anzeigen der nichtarbeitenden Gesellen abzuwarten, ehe sie zu diesen Anzeigen vorschritten, ja einer derselben, der Tuchfabrikant Kurt Lohmann, scheute sich nicht die freche Lüge auszusprechen, daß sich keiner seiner 40 bis 50 Gesellen in den mehrfach erwähnten Tagen der Arbeit entzogen habe."

Diese Haltung war sicherlich nicht nur mit Feigheit zu erklären, sondern die Unternehmer bangten wohl auch um ihre Arbeitskräfte. Ebenfalls dürften zu diesem Zeitpunkt, als die Reaktion wieder fest im Sattel saß, Sympathien für diesen politischen Kampf der Gesellen nicht ausgeschlossen gewesen sein.

Aus den nachfolgenden Jahren sind uns keine Streiks im Bereich der Wollindustrie bekannt. Ohne aus dem Fehlen dieser Streikberichte zu schließen, daß wirklich keine stattgefunden haben, dürfte doch das Abebben des Klassenkampfes auch für diesen Industriezweig zutreffend sein; denn wir dürfen bei der Beurteilung dieser Frage nicht vergessen, daß sich der Polizeiterror nach 1850 bedeutend verschärfte, was die offenen Auseinandersetzungen zwischen Kapital und Arbeit zweifellos erschwerte. Außerdem erleichterte im Verlauf des zyklischen Aufschwungs der teilweise auftretende Mangel an Facharbeitern die Durchsetzung von Lohnerhöhungen auch ohne die Durchführung von Streiks.[218]

Erst aus dem Ende der fünfziger Jahre sind uns wieder einzelne Streiks bekannt. So legten im Jahre 1857 die Spinner der Reichenheimschen Kammgarnspinnerei in Wüste-Giersdorf die Arbeit nieder.[219] Diesem Streik blieb jedoch der Erfolg versagt, da der Unternehmer angesichts der Krise die Lohnstreitigkeiten mit der Stillegung des Betriebes beantwortete. Erfolgreicher waren hingegen im gleichen Jahr die Arbeiter in drei Forster Tuchfabriken, da die Fabrikanten durch das Eingreifen der Behörde die von den Arbeitern abgelehnte Lohnkürzung zurück-

218 Vgl. *Jahresberichte der Handelskammern Gladbach, Aachen-Burtscheid, Elberfeld-Barmen für 1856 und auch für 1857.*

219 *Todt, E.*, a. a. O., S. 63.

nehmen mußten.[220] Offenbar hatte der Magistrat von Forst noch zu gut die Folgen solcher Auseinandersetzungen aus den benachbarten Städten vom Jahre 1848 in Erinnerung. Ebenfalls erfolgreich war der Streik, den die Lambrechter Tuchweber im Jahre 1859 durchführten. Die Unternehmer willigten in die gestellte Forderung ein, auch die Nebenarbeiten der Tuchweber (z. B. Spulen) zu bezahlen.[221]

c) Der Kampf der Arbeiter in der Wollindustrie im Verlaufe des siebenten Jahrzehnts und insbesondere in den Jahren des zyklischen Aufschwungs von 1869 bis 1873

Aus den ersten Jahren des siebenten Jahrzehnts sind uns Streikkämpfe nicht bekannt. In dieser Periode dürften sie auch zahlenmäßig gering gewesen sein, da die Wende zum neuen Jahrzehnt für die Wollindustrie nach dem Überstehen der 1857er Krise neue Absatzschwierigkeiten im Zusammenhang mit dem Ausbruch des amerikanischen Bürgerkrieges brachte. In dieser Situation waren Streikkämpfe kaum erfolgreich, und in den darauffolgenden Jahren, als der zyklische Aufschwung wieder in Gang kam, war die Lage für die Arbeiter, angesichts der sinkenden Lebensmittelpreise, relativ günstig. Darüber hinaus wurde in zahlreichen Zentren der Wollindustrie ein Mangel an Arbeitskräften spürbar, der die Unternehmer gegenüber Lohnerhöhungen gefügiger machte[222], so daß solche Streikkämpfe wohl oft unterblieben.

Als sich jedoch gegen Ende des zyklischen Aufschwungs in der deutschen Industrie eine Streikbewegung zu bilden begann, wurde auch die Wollindustrie davon erfaßt. Aus den Jahren 1864 und 1865 sind uns drei Streiks bekannt. Im ersten Jahr konnten die Arbeiter der Burger Tuchfabriken erfolgreich einen Streik zur Erhöhung des Lohnes und der Kürzung des Arbeitstages führen, und im nachfolgenden Jahr wehrten sie sich gegen die Strafgelder, die für das Zuspätkommen in den Fabrikordnungen vorgesehen waren.[223] Auch dieser Streik endete mit einem Teilerfolg der Arbeiter. Hierbei fanden die Arbeiter Unterstützung durch das Organ des „Allgemeinen Deutschen Arbeitervereins", dem „Social-Demokraten".[224] Dieser Streik gewann jedoch überlokale Bedeutung, da die in diesem Zusammenhang wegen Verletzung des Koalitionsverbotes angeklagten Arbeiter freigesprochen wurden.[225] Die wachsende Solidarität der Arbeiterklasse wurde bei diesem Streik

220 *Quandt, G.*, a. a. O., S. 47.

221 *Bühler, F.*, Die Entwicklung der Tuchindustrie in Lambrecht, in: Wirtschafts- und Verwaltungsstudien, mit besonderer Berücksichtigung Bayerns, Bd 50, Leipzig 1914, S. 98.

222 Vgl. *Jahrbuch für die Amtliche Statistik des Preußischen Staats*, Jg. 4, a. a. O., S. 278ff.; *Jahresberichte der Handelskammern Aachen-Burtscheid, Kottbus, Eupen, Lennep und Solingen für 1864 und der Handelskammern Görlitz und Aachen-Burtscheid für 1863.*

223 *Hobusch, E.*, a. a. O., S. 27ff.; *Arbeiterverhältnisse*, in: Deutsche Industriezeitung, Nr 12/1865, Nr 28/1865, Nr 32/1865, Chemnitz 1865.

224 *Mehring, F.*, Geschichte der deutschen Sozialdemokratie, T. 2, in: Mehring, F., Gesammelte Schriften, Bd 2, Berlin 1960, S. 200.

225 Vgl. S. 372, Anm. 223.

deutlich. Der Ausschuß der deutschen Arbeitervereine in Frankfurt a. M. schickte „einen ansehnlichen Beitrag zur Unterstützung" der Streikenden und rief die Arbeiter in Deutschland zu weiteren Spenden auf.[226] Im gleichen Jahr führten in Calbe 300 Tuchmacher ebenfalls einen Streik durch. In welchem Maße sie ihre Forderung nach einer 25%igen Lohnerhöhung durchsetzen konnten, ist uns nicht bekannt.[227] Der Kampf der Arbeiter in der Wollindustrie zeigte jedoch im Verlaufe der sechziger Jahre neue Qualitäten. Dieses Neue äußerte sich in der wachsenden Verbindung mit der politischen Arbeiterbewegung in Deutschland. Unsere Kenntnisse über diese Verbindungen sind jedoch ebenfalls sehr dürftig. Zunächst gewann der „Allgemeine Deutsche Arbeiterverein" – „seinerzeit die einzige organisierte Vereinigung sozialdemokratischer Arbeiter in Deutschland"[228] – in einzelnen Zentren der deutschen Wollindustrie einen größeren Einfluß. Dies galt vor allem für Sachsen – z. B. für Großenhain, Roßwein, Leisnig, Glauchau und für den Plauenschen Grund –, für die bergische Wollindustrie sowie für Wüste-Giersdorf in Schlesien.[229] Der Einfluß Lassalles in Wüste-Giersdorf ging auf die Weberdeputation aus dem Jahre 1864 zurück, die dem König von Preußen die Not und die Ausbeutung der Arbeiter im Unternehmen der Firma Reichenheim & Sohn mitteilte. Hierbei waren die Weber mit Lassalle in Berlin persönlich zusammengetroffen.[230] Zweifellos hat die Agitation des „Allgemeinen Deutschen Arbeitervereins" unter den Arbeitern der Wollindustrie zur Entwicklung ihres Klassenbewußtseins und ihrer Lösung von der Bewegung der liberalen Bourgeoisie beigetragen.[231] Infolge der zwiespältigen Rolle Lassalles in der deutschen Arbeiterbewegung, nahmen sie damit aber auch das Gift des Opportunismus in sich auf. Über den Einfluß des Vereins auf die Arbeiter der bergischen Industrie äußerte sich die Lenneper Handelskammer in ihrem Jahresbericht für 1865: „Das sozialdemokratische System Lassalles ist nur auf künstlichem Wege eine Zeitlang durch Agitationen aller Art zur Geltung gelangt und hat an manchen Orten eine mißvergnügte Stimmung unter den Arbeitern und ein schroffes Verhältnis derselben zu ihren Arbeitgebern hervorgerufen." Daß diese „vorübergehende künstliche" Wirkung auch noch 1867 anhielt, zeigten die Wahlen zum norddeutschen Reichstag, zu denen die „Lassalleaner" im bergisch-märkischen Industriebezirk etwa 18000 Stimmen erhielten.[232] Für ihren Kandidaten Audorf wurden in Lennep-Mettmann allein 4034 Stimmen abgegeben.[233] Doch in den Reichstag gelangten die Vertreter des „Allgemeinen Deutschen Arbeitervereins"

226 *Arbeiterverhältnisse*, in: Deutsche Industriezeitung, Nr 16/1865, Chemnitz 1865.

227 *Arbeiterverhältnisse*, in: Deutsche Industriezeitung, Nr 28/1865, Chemnitz 1865.

228 *Engels, F.*, Zur Auflösung des Lassalleanischen Arbeitervereins, in: Marx/Engels, Werke, Bd 16, Berlin 1962, S. 327.

229 *Mehring, F.*, a. a. O., Bd 2, S. 242.

230 Ebenda, S. 117f.

231 Vgl. *Lenin, W. I.*, Was tun? Brennende Fragen unserer Bewegung, in: Lenin, W., I., Werke, Bd 5, Berlin 1955, S. 396; vgl. auch *Grundriß der Geschichte der deutschen Arbeiterbewegung*, 2. Aufl., Berlin 1963, S. 52f.

232 *Mehring, F.*, a. a. O., Bd 2, S. 256.

233 Ebenda, S. 257.

nicht. Hingegen wählten die Glauchau-Meeraner Weber August Bebel als den ersten Vertreter des deutschen Proletariats in diesen Reichstag.[234]
Wichtig für den Kampf der Arbeiter gegen die kapitalistische Ausbeutung in den nachfolgenden Jahren war, daß der „Allgemeine Deutsche Arbeiterverein" auf seiner Generalversammlung in Hamburg im Jahre 1868 eine positive Haltung zu den Streiks einnahm und von Lassalle abrückte, indem er erklärte: „Die Streiks sind keine Mittel, die Grundlagen der heutigen Produktion zu ändern und somit die Lage der Arbeiterklasse durchgreifend zu verbessern; allein sie sind ein Mittel, das Klassenbewußtsein der Arbeiter zu fördern, die Polizeibevormundung zu durchbrechen und unter Voraussetzung richtiger Organisation einzelne soziale Mißstände drückender Art, wie z. B. übermäßige lange Arbeitszeit, Kinderarbeit und dergleichen, aus der heutigen Gesellschaft zu entfernen."[235] Damit stellte sich der „Allgemeine Deutsche Arbeiterverein" in *dieser* Frage auf den Boden der von Marx und Engels geführten „Internationalen Arbeiterassociation".[236]
Noch wichtiger war jedoch für den politischen Reifeprozeß und für die Entwicklung der selbständigen politischen Bewegung des deutschen Proletariats und damit auch für die Arbeiter der Wollindustrie die Gründung der Sozialdemokratischen Arbeiterpartei im Jahre 1869 in Eisenach unter der Führung August Bebels und Wilhelm Liebknechts. Entstand doch damit eine Partei, die sich zu den Lehren von Marx und Engels bekannte.[237] Unter dem Einfluß dieser Partei erstarkte auch die Gewerkschaftsbewegung. Für die Arbeiter der Wollindustrie war vor allem die „Internationale Gewerkschaftsgenossenschaft der Manufaktur-, Fabrik- und Handarbeiter beiderlei Geschlechts" von Bedeutung. Diese Gewerkschaft stand unter Leitung des Mitbegründers der Sozialdemokratischen Arbeiterpartei, des Tuchmachers Julius Motteler.[238] Sie zählte im Mai 1869 – wie die damalige Presse berichtete – „in Crimmitzschau bereits 1500, in Luckenwalde 400, in Meerane 400 Mitglieder, ebenso haben sich zahlreiche Mitgliedschaften in fast allen Orten Sachsens und Thüringens gebildet, in denen die betreffenden Gewerbe vertreten sind. In Franken, Württemberg und in der Schweiz sind ebenfalls Mitgliedschaften in der Gründung begriffen."[239] Mehring schätzte ihre Stärke zum damaligen Zeitpunkt auf 3000 Mitglieder.[240]
Mit der raschen Entwicklung der politischen Arbeiterbewegung in Deutschland seit dem Ende der sechziger Jahre streifte der Kampf der Arbeiter gegen die kapitalistische Ausbeutung in der Wollindustrie mehr und mehr seine Spontanität ab, die für den Klassenkampf der vorangegangenen Jahrzehnte charakteristisch war.

234 *Demmering, G.*, a. a. O., S. 88.
235 *Arbeiterverhältnisse*, in: Deutsche Industriezeitung, Nr 36/1868, Chemnitz 1868.
236 Vgl. *Kriwogus/Stezkewitsch*, Abriß der Geschichte der I. und II. Internationale, Berlin 1960, S. 60ff.; *Marx, K.*, Briefwechsel zwischen Marx und Engels, in: Marx-Engels-Lenin-Stalin – Zur deutschen Geschichte, Bd 2, 2. Hlbd., Berlin 1954, S. 1257ff.
237 *Grundriß der Geschichte der deutschen Arbeiterbewegung*, a. a. O., S. 55.
238 *Mehring, F.*, a. a. O., Bd 2, S. 265 u. 348.
239 *Arbeiterverhältnisse*, in: Deutsche Industriezeitung, Nr 20/1869, Chemnitz 1869.
240 *Mehring, F.*, a. a. O., Bd 2, S. 348.

Dies wurde mit dem Beginn des neuen zyklischen Aufschwungs deutlich, als mit ihm eine große Streikwelle über Deutschland hinwegzog, die auch die Wollindustrie erfaßte. Aus derWollindustrie sind uns für diese Jahre insgesamt 30 Streiks bekannt.[241] Selbst für diese Zeit, in der die Informationen über die Streikkämpfe schon wesentlich reichlicher sind, ist sicher, daß diese genannten Streiks nur einen Teil der tatsächlich von den Arbeitern während dieser Jahre geführten Kämpfe darstellen. Darauf weist schon der Umstand hin, daß selbst zu der umfangreichen Streikübersicht, die Steglich zusammengetragen hat, aus dem von uns ausgewerteten Material noch neue hinzugefügt werden konnten. Es darf auch nicht übersehen werden, daß zahlreiche kleinere Streiks kaum in die überlokale Presse – unserer wichtigsten Quelle für die Streiks jener Jahre – gelangten.

Aus dem Jahre 1869 sind uns der erfolgreiche Lohnkampf der Lasting-Weber in Lennep und der gleichfalls erfolgreiche Streik von 400 Brandenburger Tuchwebern bekannt. Der letzere wurde ebenfalls um Lohnerhöhungen, aber zugleich um die Verkürzung der Arbeitszeit geführt. Im darauffolgenden Jahr standen mehr als 3000 Forster Tuchweber im Lohnkampf, der mit einem Teilerfolg endete, während der zweite Streik der Arbeiter der dortigen Tuchfabriken wohl erfolglos blieb. Mit diesen Streiks sollte zugleich die Gewerkschaftsorganisation anerkannt werden, aber im Juni hatte der zweite Streik damit geendet, „daß ein großer Teil der Arbeiter den von den Arbeitgebern verlangten Revers" (der sich gegen die Zugehörigkeit zur Gewerkschaft richtete – H. B.) unterschrieb und zur Arbeit zurückkehrte.[242]

Die großen Streikkämpfe der Forster Arbeiter veranlaßten die Unternehmer der Lausitzer Streichgarnindustrie, zu dem Problem der Gewerkschaften Stellung zu nehmen. In einer von den in Forst versammelten Fabrikanten angenommenen Resolution hieß es: „Die in der Versammlung vom 4. April anwesenden Tuchfabrikanten aus den Städten Spremberg, Kottbus, Peitz, Sagan, Sommerfeld und Finsterwalde als auch aus Forst beschließen folgende Resolution: Da die vom Generalrat in Berlin dirigierten Gewerkvereine sowohl der Stuhlarbeiter als auch der Fabrik- und Handarbeiter durch nichts zu billigende Leitung nicht die wahren Interessen der Arbeiter im Auge haben, so erklärt die Versammlung mit demselben in durchaus keine Unterhandlung treten zu wollen. Sie erklärt ausdrücklich, daß sie die gesetzlichen Rechte der Arbeiter nicht beschränken und der Bildung von freien Gewerkvereinen gern zur Seite stehen will. Auch will sie die Bildung von Alters- und Invaliden-Unterstützungskassen in die Hand nehmen, dieselben vorläufig über die Lausitz und mit Hilfe des deutschen Fabrikantentages über ganz Deutschland aus-

241 Vgl. Tabelle 37 (Anhang). – Diese Zusammenstellung basiert auf den Angaben von: *Steglich, W.*, Eine Streiktabelle für Deutschland 1864 bis 1880, in: Jahrbuch für Wirtschaftsgeschichte 1960, T. 2, Berlin 1961, S. 247ff.; *Jahresbericht der Handels- und Gewerbekammern in Württemberg für das Jahr 1872*; *Jahresberichte der Handelskammer Chemnitz für die Jahre 1871 und 1872*; Angaben in: *Deutsche Industriezeitung*, Jg. 1865 bis 1870, Chemnitz 1865 bis 1870.

242 *Arbeiterverhältnisse*, in: Deutsche Industriezeitung, Nr 22/1870, Chemnitz 1870.

dehnen."[243] Zugleich sollte die Organisierung von *freien* Gewerkvereinen in Gestalt „nach gegebenen Verhältnissen abzugrenzenden Distriktvereinen" in Angriff genommen werden.[244] Mit anderen Worten, die Bildung einheitlicher ganz Deutschland umfassender Gewerkschaften sollte vereitelt werden, und an ihre Stelle sollten von den Unternehmern gegängelte Distriktorganisationen treten. Wie wir sehen, haben schon damals die Bourgeois die Vokabel „Frei" lieb gewonnen und übersetzten wie heute damit „unfrei". Der Bourgeoisie fehlte es auch damals nicht an guten Ratschlägen für die Herstellung der „Klassenharmonie", nur waren sie – zum Unterschied zu heute, zumindest in dem nachfolgenden Beispiel – freimütiger und ehrlicher. So wurde in der „Deutschen Industriezeitung" in einem Artikel „Pläne zur Lösung der sog. ‚sozialen Frage'" vorgeschlagen, die Arbeiter zu Miteigentümern zu machen, und „alle jene Zänkereien um die Arbeitszeit, Löhne, Kassen etc. hören auf".[245]

Diese Darlegungen der Unternehmer, insbesondere die der Wollindustriellen der Lausitz, beweisen, daß sich bereits zu Beginn des achten Jahrzehnts die Arbeiter in den Gewerkschaften eine wirksame Waffe im Kampf gegen das kapitalistische Ausbeuterjoch geschaffen hatten. Mehr noch: uns sind für das Jahr 1870 nur vier Streiks aus der Wollindustrie bekannt. Diese geringe Streikbewegung hätte kaum die Unternehmer der verschiedensten Städte auf den Plan gerufen, um Gegenmaßnahmen zu beraten. Es wird ersichtlich, daß die Kämpfe zahlreicher waren und daß die steigenden Löhne in der Wollindustrie und die Herabsetzung der Arbeitszeit gleichfalls ein Ergebnis des aktiven Kampfes der Arbeiter der Wollindustrie gewesen sind.

Durch den Ausbruch des Krieges wurde die Streikbewegung des Jahres 1870 unterbrochen. Diese Feststellung bestätigt uns die Dresdener Handelskammer, indem sie schreibt, „daß Anfang Juni auf Anregungen von Forst und Luckenwalde aus, sowohl in Großenhain als in Oschatz eine Massenarbeitseinstellung in Vorbereitung war, deren Eintritt durch den inzwischen ausgebrochenen Krieg vereitelt wurde".[246] Dafür stieg die Streikbewegung im Jahre 1871 bedeutend an. In diesem Jahr, das offenbar den Höhepunkt der Streikkämpfe der Arbeiter in der deutschen Wollindustrie während dieser Periode darstellte, fanden – wie uns bekannt – 12 Streiks statt, und 1872 wurden wiederum 8 Streiks ermittelt.[247] Den Sinn und die Notwendigkeit dieser Kämpfe erklärte Mehring treffend mit den folgenden Worten: „Durch den Milliardensegen wurde das Geld billiger und der notwendige Lebensbedarf der Arbeiterklasse teurer; wollte sie ihren Reallohn auf derselben Höhe halten, so mußte sie ihren Geldlohn steigern; eine große Streikbewegung ging durch das deutsche Proletariat."[248] Wir können abschließend feststellen: Die Arbeiter der deutschen Wollindustrie haben daran aktiv teilgenommen.

243 *Coalitionsrecht und Gewerkvereine im Lichte der Forster Strikes*, in: Das Deutsche Wollen-Gewerbe, Nr 8 v. 15. April 1870, S. 91. 244 Ebenda.

245 *Pläne zur Lösung der sogenannten „sozialen Frage"*, in: Deutsche Industriezeitung, Nr 31/1868, Chemnitz 1868. 246 *Jahresbericht der Handelskammer Dresden für 1870.*

247 Vgl. *Steglich, W.*, a. a. O., S. 263 ff.; Übersicht über die Streikkämpfe (Anhang).

248 *Mehring, F.*, a. a. O., Bd 2, S. 404.

ANHANG

1. Zur Einschätzung der Tabellen

Die Bewältigung des Themas erforderte die Untermauerung der Darstellung durch vielfältiges statistisches Material. Sowenig mit der Statistik allein eine solche Aufgabenstellung gelöst werden kann, so notwendig ist sie jedoch zur Verdeutlichung der vor sich gegangenen Prozesse und zur Vervollständigung der Beweisführung.
Für den zu untersuchenden Zeitraum stehen uns im wesentlichen nur die Zollvereinsstatistik – also die Gewerbeerhebung von 1846/47 und 1861 sowie die Ein- und Ausfuhrstatistik – und die in einzelnen deutschen Teilstaaten davon unabhängig vorgenommenen statistischen Zählungen zur Verfügung. In keinem Falle wird damit das gesamte spätere Deutsche Reich erfaßt. Dies ist nur für das Jahr 1875 durch die zu jenem Zeitpunkt durchgeführte Erhebung der Fall.
Die umfangreichste Statistik – von der Ein- und Ausfuhrstatistik des Zollvereins abgesehen – weist der preußische Staat auf, der seit 1834 in vierjährigen Abständen Gewerbezählungen vornahm. Diese Erhebungen wurden jedoch nicht für den gesamten hier untersuchten Zeitraum durchgeführt. Bekanntlich kam es nach 1861 erst wieder im Jahre 1875 zur statistischen Erfassung der gewerblichen Verhältnisse Deutschlands.
Durch diese Gewerbezählungen sind wir in einer wesentlich günstigeren Lage, als das für die Zeit vor 1834 der Fall ist. Trotz dieses günstigen Umstandes kann nicht übersehen werden, daß diese Gewerbestatistik erhebliche Mängel aufweist[1] und vor allem gegenüber der späteren Reichsstatistik erheblich unzureichender ist. An dieser Stelle soll nicht die Gewerbestatistik des vorangegangenen Jahrhunderts eingeschätzt werden; denn das würde der Gegenstand einer gesonderten Abhandlung sein, sondern wir wollen nur auf einige wesentliche Mängel hinweisen. Dies geschieht vor allem zur Vermeidung von Wiederholungen bei der Einschätzung der nachfolgenden Tabellen.
Der Hauptmangel dieser Statistik besteht in der völlig unzureichend vorgenommenen sozialökonomischen Unterscheidung. Sowohl die Zählung der Meister und Gehilfen als auch die der sogenannten Fabriken und Maschinenspinnereien umfaßt mehrere sozialökonomische Kategorien. Außerdem sind die ermittelten absoluten Werte nicht exakt, da Doppelzählungen, aber auch unvollständige Aufnahmen darin

[1] Vgl. hierzu auch *Schmoller, G.*, Zur Geschichte der deutschen Kleingewerbe im 19. Jahrhundert, Halle 1870, S. 498ff.; *Beiträge zur Gewerbegeographie und Gewerbestatistik des Königreichs Sachsen*, in: Zeitschrift des Statistischen Büros des Königl. Sächs. Ministeriums des Innern, 2/1857, S. 25ff.

enthalten sind. So wurden beispielsweise in Preußen die Weber und die Webstühle zum Teil zweimal erfaßt, einmal unter der Rubrik „gewerbsweise gehende Webstühle“ bzw. in den beiden nachfolgenden Spalten und zum anderen unter den sogenannten Tuchfabriken bzw. Fabriken für wollene und halbwollene Zeuge. Diese Doppelzählung wurde auch in anderen Zollvereinsstaaten vorgenommen, aber nicht bei allen. Für Sachsen trifft dies z. B. nicht zu. Läßt sich nun die Zahl der Webstühle – soweit sie bei den sogenannten Tuch- und Wollzeugfabriken gezählt wurden – von der Gesamtzahl aussondern, so trifft dies für die Weber nicht zu, da bei den sogenannten Fabriken alle mit der Weberei Beschäftigten und nicht nur die Weber erfaßt wurden. Selbst wenn das jedoch möglich wäre, hätten wir damit nicht viel gewonnen, da sowohl unter der Rubrik „Meister und für eigene Rechnung arbeitende Personen“ als auch unter den Arbeiterzahlen bei den sogenannten Tuchfabriken sich einfache Warenproduzenten, im Verlag ausgebeutete Arbeiter und Industriearbeiter im engeren Sinne sowie im ersteren Falle sogar Kapitalisten befinden. Die Unvollständigkeit der Aufnahme resultiert vor allem aus der Tatsache, daß es sich zumeist um Unternehmerangaben handelte. Diese waren nicht immer geneigt, wahrheitsgemäß zu berichten. So erklärte z. B. Dieterici zu der preußischen Erhebung aus dem Jahre 1852: „Die Verminderung der Stühle in den Fabriken rührt besonders von dem Regierungsbezirk Düsseldorf her ... Nun wird aber von der Königlichen Regierung zu Düsseldorf in wiederholten Berichten angezeigt, daß die Fabrikherren in ihrem Bezirk vielfach sich weigerten, die Anzahl der von ihnen beschäftigten Stühle anzuzeigen, weil sie besorgten, daß daran Steuererhöhungen geknüpft werden möchten.“[2] Ähnliches läßt sich beispielsweise auch für die Zahl der Maschinenstühle und Webstühle in den sogenannten Fabriken feststellen. Wenn die bei den Betrieben mit 50 und mehr Beschäftigten gemachten Angaben summiert wurden, ergaben sich teilweise höhere Webstuhlzahlen, als für die gesamten sogenannten Fabriken der Regierungsbezirke in den Tabellen angegeben wurden.[3]
Angesichts der dargelegten Situation haben wir in der vorliegenden Arbeit dort Korrekturen vorgenommen, wo dies möglich war. Bei all diesen Schwächen der damaligen Gewerbestatistik kann ihr jedoch zugesprochen werden, daß sie — von sozialökonomischen Unterscheidungen abgesehen – die Wirklichkeit ausreichend richtig wiedergibt.

Für unsere Untersuchung war nicht zuletzt das Fehlen jeglicher Produktionsstatistik für die deutsche Wollindustrie ein sehr zu beklagender Mangel. Wir mußten deshalb versuchen, dem in geeigneter Weise Abhilfe zu schaffen. Wir bedienten uns dazu verschiedener Methoden. Zunächst gingen wir von der Wollproduktion sowie der Wollein- und Ausfuhr aus, um damit den Wollverbrauch zu berechnen. Wir bedienten uns dabei der Angaben von G. Quandt, die wir jedoch mit denen von

2 *Tabellen und Amtliche Nachrichten über den Preußischen Staat für das Jahr 1849*, Bd VI, Abt. B, Berlin 1855, S. 1094.

3 Vgl. z. B. Anzahl der Webstühle im Regierungsbezirk Aachen im Jahre 1858 bei den Betrieben mit 50 und mehr Beschäftigten (5381) und die für die sog. Tuchfabriken und Wollzeugfabriken angegebenen (5149) in: *Tabellen und Amtliche Nachrichten über den Preußischen Staat für das Jahr 1858*, Berlin 1860, S. 439 u. 458ff.; vgl. auch S. 121f.

Dieterici verglichen und daraufhin Korrekturen vorgenommen haben.[4] Für die Umrechnung der Wolle in Wollgarn bzw. der Mehreinfuhr von Garn in Wolle verwandten wir die Angabe von Reden, der einen durchschnittlichen Gewichtsverlust von einem Fünftel bei der Verarbeitung der Wolle errechnet hatte.[5] Auf diese Weise entstanden die Angaben in der Tabelle 1, auf deren Grundlage Tabelle 8 errechnet wurde. Auf diese Weise gelang es uns, die Wollwarenproduktion vom Rohstoff her zu erfassen. Diese Tabellen können jedoch nur benutzt werden, wenn wir uns über ihre Aussagekraft klar werden. Zunächst steht fest, daß die erhaltenen Werte nur den Charakter grober Schätzungen tragen. Die Errechnung der deutschen Wollproduktion ist zweifellos nicht exakt möglich. Damit wird jedoch der vorliegende Wollverbrauch in seiner Exaktheit unterschiedlich ermittelt. Je mehr nämlich die Eigenproduktion im Wollverbrauch zurücktritt, desto stärker wirkt in ihm der im wesentlichen genau zu erfassende Konsum ausländischer Wollen. Der für die Jahre 1864 und 1870 errechnete deutsche Wollverbrauch dürfte demzufolge der Wirklichkeit weitgehend entsprochen haben, während wir für die vorangegangenen Daten eine solche Sicherheit nicht besitzen. Doch scheint uns die Schätzung der deutschen Wollproduktion für die vorangegangenen Jahre doch hinreichend zu sein, um auch für diese Zeit mit diesen Werten rechnen zu können. Um von den berechneten Wollmengen unmittelbar auf die Entwicklung der Wollwarenproduktion schließen zu können, mußten diese Mengen auch während dieser Stichjahre voll verarbeitet worden sein. Diese Annahme entspricht nicht den tatsächlichen Verhältnissen. Da es sich jedoch in unserem Falle um Stichjahre handelt, ist dies nicht von wesentlicher Bedeutung. Schwerwiegender ist hingegen die nicht mögliche Aussonderung des Wollverbrauchs in den Bereichen, die wir in unserer Abhandlung gar nicht behandeln. Dies trifft allerdings weniger für die erste Verarbeitungsstufe als für die zweite in Gestalt der Weberei zu, da ja die Spinnerei auch die Garne für die Teppichwebereien, die Wirkwarenindustrie u. a. herstellte. Daraus ergibt sich, daß der Wollverbrauch für unseren Bereich der Wollindustrie geringer war, als es in den Tabellen angegeben wird. Die ausgewiesene Zunahme hingegen ist ebenfalls ungenau: Einmal ist sie zu niedrig, da zu Beginn der Tabelle der Verbrauch für die Haushaltsproduktion größer war als gegen Ende. Zum anderen erhöhte sich der Anteil der anderen Branchen der Wollindustrie, die wir nicht untersuchen, im Verlaufe der industriellen Revolution aller Wahrscheinlichkeit nach mit dem zunehmenden Verbrauch von

[4] *Quandt, G.*, Die Niederlausitzer Schafwollindustrie in ihrer Entwicklung zum Großbetrieb und zur modernen Technik, in: Staats- und sozialwissenschaftliche Forschungen, Bd 13, H. 3, Leipzig 1895, S. 134f.; *Dieterici, C. F. W.*, Statistische Übersicht der wichtigsten Gegenstände des Verkehrs und Verbrauchs im Preußischen Staate und im deutschen Zollverband, in dem Zeitraum 1831 bis 1836, 1. bis 4. Forts., Berlin-Posen-Bromberg 1838, 1842, 1844, Berlin–Posen 1848, Berlin 1851 (im folgenden: Statistische Übersicht; *Senkel, W.*, Wollproduktion und Wollhandel im XIX. Jahrhundert mit besonderer Berücksichtigung Deutschlands, in: Zeitschrift für die gesamte Staatswissenschaft (Ergänzungshefte), Tübingen 1901, S. 38.

[5] *Reden, F. W. v.*, Erwerbs- und Verkehrsstatistik des Königstaats Preußen. 3. Abtlg., Darmstadt 1854, S. 1660.

Wirkwaren und deutschen Teppichen sowie der zunehmenden Produktion von Mischgeweben auch in den anderen Bereichen der Textilindustrie. Dem wirkt jedoch der zunehmende Verbrauch anderer Textilrohstoffe und sogenannter Kunstwollen in der Streichgarn- und Kammgarnindustrie entgegen. Gleichzeitig dürfte sich auch der Wollabfall im Verlaufe dieser Jahrzehnte vermindert haben, so daß die gleiche Wollmenge eine größere Garnmenge ergab und demzufolge unsere errechnete Steigerung zu niedrig ist.

All das unterstreicht, daß wir diesen Daten nicht mit zu großen Erwartungen entgegentreten dürfen und daß die mit dieser Methode errechnete Wollwarenproduktion und ihre Steigerung nicht ausreichend ist. Diesen Nachteilen steht jedoch gegenüber, daß wir mit diesen Daten einige Fragen auch in quantitativer Hinsicht beantworten können. Diesen Antworten können wir auch das notwendige Vertrauen entgegenbringen. Dieser Aufgabenstellung dienen die Tabelle 8 und auch die Tabelle 33. In der letztgenannten Tabelle können wir das Verhältnis von Kammgarn- und Streichgarnindustrie ermitteln, indem wir die Kammgarnproduktion mit Hilfe der Angaben von Reden aus der Feinspindelzahl errechnen.[6] Die Garneinfuhr wurde außerdem mit der Kammgarneinfuhr gleichgesetzt. Daß dies zulässig ist, wurde bereits nachgewiesen.[7]

Der wesentlichste Nachteil der so errechneten Wollgarn- und Wollgewebeproduktion besteht – abgesehen von den angeführten Mängeln – darin, daß wir die Entwicklung der Produktion nur weitgehend unabhängig von der zyklischen Bewegung der Wirtschaft darstellen können. Diesen Mangel zu beseitigen, erleichtern die absoluten jährlichen Produktionsangaben aus der Provinz Brandenburg, die in Tabelle 2 wiedergegeben werden. Damit erhalten wir für eines der wichtigsten Zentren der deutschen Streichgarnindustrie Produktionsdaten. Zunächst erhebt sich jedoch sofort die Frage, inwieweit entsprechen diese Ziffern der tatsächlichen Produktionsentwicklung. Auch hier müssen wir feststellen, daß die in den einzelnen Orten von dortigen Behörden ermittelten Daten unterschiedlich den realen Stand der Produktion wiedergeben. Solange die Innungswalken ausschließlich benutzt wurden, boten die Walkregister die Möglichkeit, die Produktion genau zu ermitteln. Mit den Fortschritten der Fabrikindustrie traten jedoch die Privatangaben der Unternehmer immer stärker in den Vordergrund. Die Unternehmer hatten jedoch stets ein Interesse, ihre Produktion niedriger anzugeben, um von dieser Seite ihre Einkommensverhältnisse zu verschleiern. Deshalb müssen wir feststellen, daß die Produktion zumindest seit den vierziger Jahren nicht mehr vollständig, also zu niedrig erfaßt wurde. Eine Auswertung dieser Produktionsstatistik ist trotzdem noch möglich, da grobe Verfälschungen durch die Provinz- und Bezirksbehörden weitgehend vermieden wurden. Diese Behörden haben die ihnen zugegangenen Meldungen nicht kritiklos übernommen, sondern nicht selten zurückgewiesen, wenn sie offenbar zu niedrig angegeben wurden, was dann eine Berichtigung durch die erneute Nachprüfung der Ortsbehörden zur Folge hatte.[8] Die in der Tabelle 3 ausgewiesene Ent-

6 Ebenda, S. 1665. 7 Vgl. z. B. S. 189.

8 Vgl. Acta betr. die Erstattung der Hauptverwaltungsberichte, in: BLHA-Potsdam, Rep. 1, Nr 356–360; Acta betr. den Zustand der Kattundruckereien im Lande sowie der Tuchfabrikation, in: ebenda, Nr 389 u. 390.

wicklung der Streichgarnindustrie in der Provinz Brandenburg ist deshalb zutreffend, aber sie bleibt hinter der tatsächlichen Produktionssteigerung wohl etwas zurück. Mit ihrer Hilfe könnten wir jedoch unter Hinzuziehung der Gewerbestatistik und der zahlreichen Handelskammerberichte und anderer zumeist zeitgenössischer Quellen die Entwicklung der Produktion unseres Bereiches der Wollindustrie hinreichend genau darstellen. Die in dieser Weise vorgenommene Analyse[9] führt uns zu dem Produktionsindex, den die Tabelle 34 enthält. Dieser Index trägt naturgemäß nur den Charakter einer groben Schätzung, so daß die Differenzen zwischen Tabelle 1 und 39 nicht verwunderlich sind. Da jedoch der Produktionsindex unmittelbarer aus der Entwicklung der verschiedenen Zweige der Wollindustrie gefolgert wurde, dürfte er doch der wirklichen Produktionsbewegung sehr nahe kommen. Demzufolge sind die Angaben der Tabelle 34 als genauer anzunehmen als die der Tabelle 1, in der die Fehlerquellen größer sind.

Von der Einschätzung der anderen angeführten Tabellen soll hier abgesehen werden; denn zumeist basieren sie auf den Gewerbeaufnahmen der einzelnen deutschen Teilstaaten, und damit gilt für sie im wesentlichen das am Anfang dieses Abschnittes Angeführte.

2. Tabellen

Tabelle 1

Die Produktionsentwicklung der deutschen Wollindustrie (Angaben in 1000 Zentnern)[10]

Jahr	Wollverbrauch der deutschen Wollindustrie*	Anteil der verarbeiteten deutschen Wolle in %	Die in Deutschland zu Garnen verarbeitete Wolle	Die im Ausland bereits verarbeitete Wolle	Die deutsche Wollgarnproduktion	1834 = 100	Der deutsche Wollgarnkonsum	1834 = 100	Anteil der deutschen Garne in %
1834	346,7	72	345,7	–	276,5	100	277,4	100	–
1840	544,4	65	520,9	33,0	416,7	151	436,3	157	94
1846	600,6	71	572,8	51,2	458,2	166	482,2	174	91
1852	690,2	67	629,8	83,1	503,8	182	554,1	200	88
1858	864,2	51	731,4	154,1	585,1	212	695,8	251	82
1861	1116,7	52	970,1	173,5	776,1	281	898,3	324	84
1864	1239,6	43	1028,2	252,0	822,5	298	998,7	360	79
1870	1331,5	33	1114,3	314,4	891,5	322	1072,5	387	76

* Garnmehreinfuhr auf Wolle umgerechnet.

9 Vgl. Darlegungen auf den Seiten 155–271.

10 Vgl. Ausführungen auf S. 378 f. – Außer den dort angeführten Quellen wurden die Angaben aus den nachfolgenden Tabellen 17 und 19 benutzt.

Tabelle 2

Streichgarngewebeproduktion der Provinz Brandenburg (ausgenommen Berlin)[11]

Jahr	Regierungsbezirk Frankfurt in 1000 Stück	1834 = 100	Regierungsbezirk Potsdam in 1000 Stück	1834 = 100	Provinz Brandenburg in 1000 Stück	1834 = 100
1828	125,1	112	66,4	104	191,5	94
1829	131,2	93	66,1	104	197,3	97
1830	133,7	95	63,6	100	197,3	97
1831	113,1	80	56,1	88	169,2	83
1832	135,5	96	59,5	93	194,9	95
1833	135,1	95	65,3	103	198,5	97
1834	140,7	100	63,7	100	204,4	100
1835	161,9	115	63,7	100	225,7	110
1836	170,1	121	73,3*	115	243,4	119
1837	172,8	123	79,5	125	252,3	123
1838	197,0	140	74,5	117	271,5	133
1839	191,1	136	73,6	116	264,7	130
1840	199,4	142	77,4	122	276,8	135
1841	200,3	143	63,9	100	264,2	129
1842	226,4	159	64,5	101	290,9	142
1843	222,0	158	71,6	112	293,6	144
1844	222,4	158	69,1	109	291,5	142
1845	211,2	150	66,4	104	277,6	136
1846	234,1	166	67,6	106	301,8	148
1847	228,2	162	64,6	101	292,7	143
1848	177,3	126	52,8	83	230,2	113
1849	232,0	165	68,1	107	300,1	147
1850	259,0	184	73,6	116	332,6	163
1851	287,5	204	74,2	117	361,6	177
1852	281,9	200	70,8	112	352,7	173
1853	315,9	225	73,3	115	398,3	186
1854	326,0	232	70,9	111	396,9	190
1855	335,1	238	69,2	109	404,4	198
1856	378,3	269	81,0	127	459,3	225
1857	370,3	263	79,7	125	450,0	220
1858	366,3	260	76,6	120	442,9	217
1859	364,8	259	77,6	122	442,4	216
1860	423,4	301	83,4	131	506,9	248
1861	451,5	321	83,1	131	534,6	262
1862	495,0	352	86,1	135	581,1	287
1863	546,4	388	87,7	138	634,1	310
1864	601,1	427	96,8	152	698,0	341
1865	648,1	461	101,1	159	749,1	367
1866	546,4	388	88,1	138	634,5	310
1867	523,8	372	88,4	139	612,2	300
1868	–	–	91,9	144	–	–
1869	–	–	98,2	154	–	–
1870	–	–	107,7	169	–	–

* Die starke Zunahme resultiert aus Gebietsveränderungen zwischen den Bezirken zugunsten Potsdams.

[11] Vgl. S. 380, Anm. 8

Tabelle 3

Die Entwicklung der Wollgewebeproduktion der Provinz Brandenburg (ausgenommen Berlin) in den einzelnen industriellen Zyklen

Zyklus	Regierungsbezirk Frankfurt a. O.			Regierungsbezirk Potsdam – ohne Berlin –			Provinz Brandenburg – ohne Berlin –		
	Produktion (jährlicher Durchschnitt) in 1000 Stück	Veränderung zum vorherigen Zyklus in %	1834/38 = 100	Produktion (jährlicher Durchschnitt) in 1000 Stück	Veränderung zum vorherigen Zyklus in %	1834/38 = 100	Produktion (jährlicher Durchschnitt) in 1000 Stück	Veränderung zum vorherigen Zyklus in %	1834/38 = 100
1828/33	128,6	–	76	62,8	–	89	191,4	–	80
1834/38	168,5	+ 31	100	70,9	+ 13	100	239,5	+ 25	100
1839/48	211,2	+ 25	125	67,1	– 5	95	278,4	+ 16	116
1849/59	319,7	+ 51	190	74,1	+ 10	105	393,8	+ 42	166
1860/68	529,5	+ 66	314	89,6	+ 21	126	619,1	+ 57	259

Tabelle 4

Wollweberei Preußens[12]

Jahr	Webstühle	1834 = 100	Anzahl der Weber	Webstühle in Nebenbeschäftigung	1834 = 100
1819	16014	106	–	–	–
1831	15360	102	–	2693	76
1834	15075	100	–	3549	100
1837	16937	112	–	4085	115
1840	17846	118	–	6072	171
1843	17911	119	–	5912	167
1846	22967	152	31779	4519	127
1849	26724	164	34339	3403	96
1852	28643	190	35597	3768	106
1855	28372	188	33619	4460	126
1858	30019	199	34170	4335	122
1861	37273 *	247	35714	4447	125

* Darin sind 3703 Maschinenstühle enthalten.

Tabelle 5

Entwicklung der Wollweberei in den für die Wollweberei wichtigen Provinzen Preußens[13]

Jahr	Provinz Brandenburg		Rheinprovinz		Provinz Schlesien		Provinz Sachsen	
	Zahl der Webstühle	1834 = 100	Zahl der Webstühle	1834 = 100	Zahl der Webstühle	1834 = 100	Zahl der Webstühle	1834 = 100
1834	4034	100	4159	100	2390	100	2110	100
1837	4621	115	4457	107	2687	112	2506	119
1843	5173	128	4967	119	2486	104	2734	130
1846	5338	132	9717	234	3034	127	2750	130
1861	15642	388	12306	296	4400	184	3211	152

12 *Jahrbuch für Amtliche Statistik des Preußischen Staats*, Jg. 1, Berlin 1865, S. 450, u. Jg. 3, Berlin 1864, S. 217; *Schmoller, G.*, a. a. O., S. 524; *Kunth, H.*, Über Schafzucht und Wollgewerbe unseres Landes, in: Verhandlungen des Zollvereins zur Beförderung des Gewerkfleißes in Preußen, Jg. 1, S. 54.

13 Die Angaben wurden entnommen bei *Dieterici, C. F. W.*, Statistische Übersicht, 1. Forts., S. 331; Gewerbetabelle des ganzen preußischen Staats für das Jahr 1843, in: DZA-Merseburg, Rep. 120 HA, G 10, Vol. 1; Zollvereinsstatistik 1846/47 (Preußen), in: SLHA-Dresden, M. d. I., Nr 1398c; *Schmoller*, G., a. a. O., S. 521.

Tabelle 6

Wollwarenweberei Sachsens[14]

Jahr	Webstühle Streichgarn-weberei		Webstühle Kammgarn-weberei		Webstühle insgesamt		Arbeiter insgesamt
1831	2000–3000	100	2500	100	5000–5500	100	–
1840/41	4000	133	4000	160	7000–8000	145	–
1846	–	–	–	–	10388	189	14390
1861	–	–	–	–	23262 *	423	–

* Darin sind 3380 Maschinenstühle enthalten.

Tabelle 7

Die Entwicklung der Aachener Tuchindustrie[15]

Jahr	Produktion in Stück		in Mill. Talern	
1834	80000	100	4	100
1838	84150	105	15,4	385
1840	78600	98	14,6	365
1844	82380	103	–	–
1847	88820	111	–	–
1870	200000 *	250	12	300

* Nicht die gesamte Produktion.

14 *Beiträge zur Gewerbegeographie und Gewerbestatistik*, a. a. O., S. 29ff.; *Die Bevölkerung des Königreichs Sachsen nach ihrer Beschäftigung und ihrem Erwerbe*, in: Zeitschrift des Statistischen Büros des Königl. Sächs. Ministeriums des Innern, Nr 5 u. 6, Jg. 1863, S. 63.

15 *Wichterich, R.*, Die Entwicklung der Aachener Tuchindustrie von 1815 bis 1914, Diss. Köln 1922 (MS), S. 70; *Thun, A.*, Industrie am Niederrhein und ihre Arbeiter, T. 1: Die linksrheinische Textilindustrie, in: Staats- und sozialwissenschaftliche Forschungen, H. 2 (der ganzen Folge siebentes Heft), Leipzig 1879, S. 43.

Tabelle 8

Wollwarenproduktion und Markt[16]

Jahr	Ungefähre deutsche Woll-waren-produktion in 1000 Zentnern	Anteil des Exports in %	Konsum von Woll-waren im Zollverein in 1000 Zentnern	Pro-Kopf-Ver-brauch in Meter	Anteil des Aus-landes in %	Anteil des Aus-landes am Garn-konsum in %	Anteil des Garn-exports an der Produktion in %
1834	277,4	20	234,1	2,10	6	—	—
1840	436,3	14	400,1	2,40	7	6	2
1846	482,2	17	425,4	3,10	6	9	3
1852	554,1	24	442,3	3,10	5	13	3
1858	695,8	27	537,5	3,40	5	19	3
1861	898,3	19	758,7	4,70	5	16	3
1864	998,7	29	742,5	4,40	4	21	4
1870	1072,5	30	865,5	4,80	14	24	9

Tabelle 9

Die Entwicklung der sächsischen und preußischen Streichgarnspinnerei[17]

Preußen

Jahr	Zahl der Spinnereien	1837 = 100	Zahl der Feinspindeln absolut	Zahl der Feinspindeln 1837 = 100	Durchschnittliche Spindelzahl
1837	3345	100	345894	100	103
1840	3561	107	380839	110	107
1843	3300	99	405603	117	123
1846	2184	65	419523	121	192
1849	1787	53	420415	122	235
1852	1689	51	509758	147	318
1855	1374	41	534913	155	389
1858	1261	38	611809	177	485
1861	1109	33	651145	188	587

[16] Auf der Grundlage der Tabelle 1 und der Angaben der Tabellen 17 und 19 berechnet.

[17] Zusammengestellt nach den Angaben von *Schmoller, G.*, a. a. O., S. 478; *Jahrbuch für die Amtliche Statistik des Preußischen Staats*, Jg. 1, a. a. O., S. 449, u. vgl. S. 385, Anm. 14.

Sachsen						Sachsen und Preußen	
Jahr	Zahl der Spinnereien	1834 = 100	Zahl der Feinspindeln absolut	1834 = 100	Durchschnittliche Spindelzahl	Zahl der Feinspindeln	1837 = 100
1831	48	47	36666	62	763	–	–
1834	103	100	59000	100	573	–	–
1837	126	122	71086	121	564	416980	100
1840	–	–	80000*	136	–	460839	111
1846	172	167	78953	134	459	498476	120
1861	332	322	303397	514	914	954542	229

* Schätzung von Wieck, wahrscheinlich zu hoch.

Tabelle 10

Die preußische und sächsische Kammgarnspinnerei[18]

Preußen					
Jahr	Zahl der Spinnereien	1840 = 100	Zahl der Feinspindeln absolut	1840 = 100	Durchschnittliche Spindelzahl
1840	759	100	56258	100	74
1843	649	86	47061	84	73
1846	253	33	32470	58	128
1849	274	36	36706	65	134
1852	231	30	40972	73	177
1855	119	16	42235	75	355
1858	59	8	48216	86	821
1861	48	6	47153	84	981

Sachsen					
Jahr	Zahl der Spinnereien	1834 = 100	Zahl der Feinspindeln absolut	1834 = 100	Durchschnittliche Spindelzahl
1831	10	67	8226	42	823
1834	15	100	19524	100	1302
1837	18	120	30765	158	1709
1838	18	120	30000	154	1667
1840	20	133	33873	173	1684
1843	33	220	40000	205	1212
1846	39	260	53177	272	1364
1855	42	280	–	–	–
1861	39	260	104622	536	2657

18 Ebenda; *Zur sächsischen Gewerbestatistik*, in: Das Zollvereinsblatt, Nr 25, Jg. 1845, S. 470.

Tabelle 11

Die deutsche Streichgarnspinnerei 1846/47[19]

Zollvereinsstaat	Zahl der Spinnereien	Zahl der Feinspindeln	Prozentualer Anteil	Durchschnittliche Spindelzahl	Zahl der Arbeiter
Preußen	2184	419523	71	192	15927
davon die Provinzen:					
Brandenburg	663	136545	23	206	4044
Rheinprovinz	170	138444	24	814	5187
Schlesien	244	49323	8	201	1974
Sachsen	338	52157	9	154	2771
Bayern	66	22801	4	345	890
Sachsen	172	78953	13	459	10257
Thüringen *	41	15852	3	387	806
Baden	12	3240	1	270	163
Großhzgt. Hessen	14	3810	1	272	215
Kurhessen	32	8535	1	267	383
Nassau und Frankfurt a. M.	8	1760	0	220	55
Württemberg	59	33973	6	576	1053
Zollverein:	2588	588447	100	227	29749

* Darin sind die Streichgarnspinnereien der anhaltinischen Staaten enthalten.

Tabelle 12

Die deutsche Kammgarnspinnerei 1846/47[20]

Zollvereinsstaat	Zahl der Spinnereien	Zahl der Feinspindeln	Prozentualer Anteil	Durchschnittliche Spindelzahl	Zahl der Arbeiter
Sachsen	39	53177	39	1364	2690
Thüring. Staaten	23	34602	26	1502	3469
Preußen	253	32470	24	128	1607 *
Bayern	9	10261	8	1140	447
Württemberg	4	3375	3	844	288
Kurhessen	2	552	0	276	74
Nassau und Frankfurt a. M.	1	400	0	400	32
Großhzgt. Hessen	1	40	0	40	5
Zollverein:	332	134877	100	436	8612

* Darin sind nicht die weiblichen Arbeitskräfte über 14 Jahre enthalten.

[19] Zollvereinsstatistik 1846/47, in: a. a. O., Nr 1398 c u. 1398 e; *Schmoller, G.*, Die Ergebnisse der im Jahre 1861 zu Zollvereinszwecken veranstalteten Aufnahme der Gewerbe in Württemberg, in: Württembergische Jahrbücher, Jg. 1862, H. 2, Stuttgart 1863, S. 2ff. (Die Angaben aus Württemberg geben den Stand von 1852 wieder.)

[20] Ebenda. (Die Angaben aus Württemberg geben den Stand von 1852 wieder.)

Tabelle 13

Wollangebot und Preise auf dem Berliner Wollmarkt

Zyklus	Wollangebot (Juni-Wollmarkt) in 1000 Zentnern	1834/1838 = 100	Veränderung zum vorherigen Zyklus in %	Maximalpreis (Frühj.-markt) in Tlrn. pro Ztr.	1834/1838 = 100	Veränderung zum vorherigen Zyklus in %	Minimalpreis (Frühj.-markt) in Tlrn. pro Ztr.	1834/1838 = 100	Veränderung zum vorherigen Zyklus in %
1819/27	25,7	51	–	167	134	–	28	73	–
1828/33	27,5	55	+ 7	131	105	– 22	37	97	+ 33
1834/38	49,9	100	+ 81	125	100	– 4	38	100	+ 3
1839/48	71,7	143	+ 44	113	91	– 9	42	111	+ 11
1849/59	74,0	148	+ 3	103	82	– 9	50	132	+ 19
1860/68	100,3	200	+ 36	86	69	– 17	44	116	– 22

Tabelle 14

Preise und Umsätze auf den Breslauer Juni-Wollmärkten

Zyklus	Verkaufte Wolle Juni-markt in 1000 Ztrn.	1834/1838 = 100	Veränderung in %	Juni-Wollmarkt Höchstpreis für feine Wolle in Tlrn.	1834/1838 = 100	Veränderung in %	Höchstpreis für ordinäre Wolle in Tlrn.	1834/1838 = 100	Veränderung in %
1819/27	33,2	73	–	108	102	–	48	63	–
1828/33	41,4	91	+ 25	103	97	– 5	57	75	+ 19
1834/38	45,4	100	+ 10	106	100	+ 3	76	100	+ 33
1839/48	53,4	118	+ 18	91	86	– 14	59	78	– 22
1849/59	45,3	100	– 15	107	101	+ 18	70	92	+ 19
1860/65	54,3	120	+ 20	101	95	– 6	77	101	+ 10

Tabelle 15

Die Preisentwicklung auf dem Berliner Juniwollmarkt und dem Breslauer Juni- und Oktoberwollmarkt in den Jahren 1828 bis 1848[21]

Jahr	Berliner Wollmarkt ordinäre Wolle in Tlrn.	Breslauer Juniwollmarkt feine Wolle in Tlrn.	Breslauer Juniwollmarkt ordinäre Wolle in Tlrn.	Breslauer Oktoberwollmarkt feine Wolle in Tlrn.	Breslauer Oktoberwollmarkt ordinäre Wolle in Tlrn.
1828	28	105	50	70	–
1829	30	90	45	70	–
1830	33	105	45	85	55
1831	40	100	58	–	57
1832	45	100	68	–	–
1833	45	120	75	–	–
1834	43	105	80	95	–
1835	40	110	80	98	65
1836	36	115	76	90	69
1837	33	100	70	–	–
1838	38	100	72	90	75
1839	40	145	80	90	65
1840	38	140	48	90	45
1841	43	140	55	120	58
1842	38	125	45	100	48
1843	40	125	50	105	60
1844	45	135	60	105	63
1845	50	140	75	110	66
1846	52	90	59	92	66
1847	45	100	73	83	65
1848	33	74	49	72	52

[21] *Jahrbuch für die Amtliche Statistik des Preußischen Staats*, Jg. 2, Berlin 1867, S. 102ff.; *Dieterici, C. F. W.*, Statistische Übersicht, 1. bis 3. Forts., a. a. O.

Tabelle 16

Die Entwicklung der Wollpreise vom Berliner und Breslauer Wollmarkt in den Jahren 1850 bis 1870[22]

Jahr	Berliner Wollmarkt ordinäre Wolle in Tlrn.	Berliner Wollmarkt feine Wolle in Tlrn.	Breslauer Juniwollmarkt feine Wolle in Tlrn.	Breslauer Juniwollmarkt ordinäre Wolle in Tlrn.
1850	43	85	110	65
1851	40	80	105	54
1852	38	85	115	62
1853	50	89	113	60
1854	53	81	98	56
1855	58	95	112	88
1856	65	88	116	81
1857	70	99	104	83
1858	46	89	98	80
1859	40	82	96	75
1860	48	95	110	88
1861	45	87	105	75
1862	44	88	95	73
1863	45	80	100	73
1864	48	87	105	80
1865	40	73	92	70
1866	40	70	–	–
1867	50	80	–	–
1868	40	70	–	–
1869	30	60	–	–
1870	42	68	–	–

Tabelle 17

Ein- und Ausfuhr von Wollgeweben im deutschen Zollverein[23]

Jahr	Einfuhr in 1000 Ztrn.	1834 = 100	Ausfuhr in 1000 Ztrn.	1834 = 100	Mehrausfuhr in 1000 Ztrn.	1834 = 100
1833	13,4	104	51,0	91	37,6	87
1834	13,0	100	56,3	100	43,3	100
1835	15,1	116	66,3	118	51,2	118
1836	16,0	124	77,5	138	61,5	142

22 Ebenda; *Schultze, W.*, Die Produktions- und Preisentwicklung der Rohprodukte der Textilindustrie seit 1850, in: Staatswissenschaftliche Studien, Bd 5, Jena 1896, S. 711f.

23 Entnommen bei *Dieterici, C. F. W.*, Statistische Übersicht, a. a. O.; *Bienengräber, A.*, Statistik des Verkehrs und Verbrauchs im Zollverein für die Jahre 1842 bis 1864, Berlin 1868, S. 228f.; *Statistisches Jahrbuch für das Deutsche Reich*, Jg. 2, 1881, Berlin 1881, S. 91f.

Jahr	Einfuhr in 1000 Ztrn.	1834 = 100	Ausfuhr in 1000 Ztrn.	1834 = 100	Mehrausfuhr in 1000 Ztrn.	1834 = 100
1837	19,4	149	75,6	134	56,2	130
1838	22,8	176	69,5	124	46,7	108
1839	27,5	212	69,9	124	42,4	98
1840	26,6	205	62,7	111	36,2	84
1841	31,3	241	66,8	119	35,6	82
1842	38,4	296	64,4	114	26,0	60
1843	33,6	259	69,1	123	35,5	82
1844	33,1	255	75,9	135	42,8	99
1845	37,6	290	76,1	135	38,5	89
1846	24,6	190	81,4	145	56,8	131
1847	17,2	133	88,6	157	71,3	165
1848	13,5	104	84,0	149	70,5	163
1849	15,5	120	103,0	183	87,5	202
1850	19,5	150	114,0	203	95,0	218
1851	22,3	172	117,0	208	94,6	219
1852	20,4	157	132,2	235	111,8	258
1853	18,5	142	141,9	252	123,5	285
1854	18,9	146	176,2	313	157,3	363
1855	21,8	168	190,7	339	169,0	391
1856	22,3	172	188,8	335	166,4	384
1857	26,8	207	219,7	390	192,8	445
1858	27,2	210	185,5	330	158,3	366
1859	26,0	200	216,6	385	190,6	440
1860	29,5	227	229,5	408	200,1	462
1861	34,4	265	174,0	309	139,6	322
1862	35,2	271	193,0	343	157,8	364
1863	34,2	263	240,0	426	205,8	475
1864	29,8	230	286,0	508	256,2	592
1865	44,6	344	224,0	398	179,4	414
1866	38,8	299	228,0	405	189,2	437
1867	56,0	431	254,0	451	198,0	457
1868	76,6	590	256,0	455	179,4	414
1869	90,4	696	276,0	490	185,6	429
1870	119,0	917	326,0	579	207,0	478

Tabelle 18

Die Wollwareneinfuhr und -ausfuhr des deutschen Zollvereins, nach den industriellen Zyklen geordnet

Zyklus	Einfuhr in 1000 Ztrn.	1834/1838 = 100	Veränderung zum vorherigen Zyklus	Ausfuhr in 1000 Ztrn.	1834/1838 = 100	Veränderung zum vorherigen Zyklus	Mehrausfuhr in 1000 Ztrn.	1834/1838 = 100	Veränderung zum vorherigen Zyklus
1833	13,4	78	—	51,0	74	—	37,6	73	—
1834/38	17,3	100	+ 28	69,0	100	+ 35	51,8	100	+ 38
1839/48	28,3	164	+ 64	73,9	107	+ 7	45,5	88	— 12
1849/59	21,8	126	— 23	162,3	235	+ 120	140,6	272	+ 209
1860/68	42,1	250	+ 94	231,6	336	+ 43	189,5	366	+ 35

Tabelle 19

Die Entwicklung der Ein- und Ausfuhr von Wollgarnen (Angaben in 1000 Zentner)[24]

Jahr	Einfuhr		Ausfuhr		Mehreinfuhr	
	Einfache und gefärbte Garne	Garne aller Art	Einfache und gefärbte Garne	Garne aller Art	Einfache und gefärbte Garne	Garne aller Art
1833	3,4*	—	2,5	—	0,9	—
1834	2,6	—	1,6	—	1,0	—
1835	2,8	—	2,8	—	0,0	—
1836	4,2	—	2,6	—	1,5	—
1873	4,1	—	2,1	—	2,0	—
1838	5,5	—	3,2	—	2,3	—
1839	4,9	—	5,8	—	0,8**	—
1840	21,6	27,5	4,5	7,9	17,1	19,6
1841	22,1	28,4	4,6	8,7	17,5	19,7
1842	26,2	33,1	6,9	10,9	19,3	22,2
1843	33,6	41,7	6,2	9,7	27,4	32,0
1844	40,6	47,8	8,1	12,4	32,5	35,4
1845	40,0	50,5	10,9	16,5	29,1	34,0
1846	33,8	42,7	9,8	15,3	24,0	27,3
1847	43,2	51,1	6,3	10,5	36,9	40,6
1848	32,5	38,9	2,8	5,9	29,7	33,0
1849	45,1	55,1	3,8	10,0	41,3	45,1
1850	53,3	64,8	5,6	12,2	47,8	52,6
1851	58,3	69,9	5,9	14,5	52,4	55,6
1852	58,2	69,3	7,8	15,4	50,3	53,9
1853	54,1	62,4	6,6	16,4	74,5	46,0
1854	69,8	—	4,8	—	65,0	—
1855	93,2	—	3,6	—	89,5	—
1856	180,7	—	2,7	—	178,0	—
1857	122,8	—	2,8	—	120,0	—
1858	114,4	—	3,7	—	110,7	—
1859	102,4	154,2	3,5	18,6	98,9	135,6
1860	133,2	137,6	6,2	27,0	127,0	110,6
1861	140,7	144,6	6,9	22,4	133,8	122,2
1862	176,9	178,4	10,0	26,2	166,8	152,2
1863	211,4	208,0	10,6	30,2	200,8	177,8
1864	213,1	210,0	10,4	23,8	202,7	186,2
1865	—	220,0	—	28,0	—	191,2
1866	—	181,6	—	35,4	—	146,2
1867	—	218,0	—	70,8	—	147,2
1868	—	252,0	—	65,0	—	187,0
1869	—	280,0	—	82,8	—	197,2
1870	—	262,0	—	81,0	—	181,0

* 1833 bis 1839 Angaben über die Ein-, Aus- und Mehreinfuhr von weißen drei- und mehrfach gezwirnten Wollgarnen. ** Mehrausfuhr. [24] Ebenda.

Jahr	Einfuhr in % einfache und gefärbte Garne	Garne aller Art	Ausfuhr in % einfache und gefärbte Garne	Garne aller Art	Mehreinfuhr in % einfache und gefärbte Garne	Garne aller Art
1833	129*	–	154	–	89	–
1834	100	–	100	–	100	–
1835	107	–	172	–	1	–
1836	160	–	163	–	153	–
1837	156	–	131	–	195	–
1838	210	–	198	–	230	–
1839	188	–	356	–	–	–
1840	100	100	100	100	100	100
1841	102	103	102	110	102	100
1842	121	120	154	138	113	113
1843	156	152	138	123	160	163
1844	188	174	181	157	190	181
1845	185	184	243	209	170	173
1846	157	155	219	195	141	139
1847	200	186	141	134	216	207
1848	151	141	62	75	174	168
1849	209	200	82	126	242	230
1850	247	236	156	155	280	268
1851	270	254	131	183	306	283
1852	270	252	174	195	295	275
1853	251	227	147	208	278	235
1854	224	–	106	–	381	–
1855	432	–	81	–	524	–
1856	838	–	61	–	1042	–
1857	569	–	63	–	703	–
1858	530	–	83	–	648	–
1859	475	561	78	234	579	692
1860	617	501	138	343	743	564
1861	652	526	153	284	783	609
1862	820	649	224	332	977	776
1863	980	756	236	383	1175	907
1864	987	764	231	302	1186	949
1865	–	800	–	365	–	975
1866	–	661	–	450	–	745
1867	–	793	–	898	–	750
1868	–	917	–	825	–	953
1869	–	1018	–	1050	–	1005
1870	–	953	–	1028	–	923

* 1833 bis 1839 Angaben über die Ein-, Aus- und Mehreinfuhr von weißen drei- und mehrfach gezwirnten Wollgarnen.

Tabelle 20

Die Absatzrichtung des deutschen Wollwarenexports (Angaben in 1000 Zentnern)[25]

Jahr	Rußland und Polen	Österreich	Schweiz	Belgien	Holland	Bremen und Hamburg	Ostsee	Frankreich	Deutsche Staaten, die nicht zum Zollverein gehören
1847	1,6	14,8	11,4	12,1	7,6	18,1	1,0	8,9	21,1
1853	2,6	14,0	17,4	18,1	13,5	35,5	0,8	3,8	39,6
1858	4,5	28,3	20,2	30,1	19,0	74,8	3,4	–	2,8
1859	4,9	21,9	22,8	39,0	14,7	106,1	2,3	–	3,1
1860	4,7	21,7	28,9	49,8	23,0	90,9	1,9	–	5,4
1861	4,1	20,6	29,6	39,5	26,9	70,3	1,1	–	3,8
1862	5,7	26,4	30,4	38,3	31,1	80,1	1,0	–	4,0
1863	6,6	35,2	32,2	43,6	52,8	88,5	2,7	–	3,6
1864	7,3	38,9	42,9	104,1	34,4	89,1	0,1	–	4,6
1867	9,3	27,9	30,5	43,6	46,5	110,0	–	4,9	16,7

Anteil am Gesamtexport in Prozenten

1847	2	17	13	14	9	20	1	1	24
1853	2	10	12	13	9	25	1	0	28
1858	2	13	11	16	10	40	2	–	1
1859	2	10	11	18	7	49	1	–	1
1860	2	9	13	22	10	40	1	–	2
1861	2	10	15	20	14	35	1	–	2
1862	3	12	14	17	14	36	1	–	2
1863	2	13	12	16	20	33	1	–	1
1864	2	12	13	32	11	27	0	–	1
1867	3	10	10	15	16	38	–	2	6
1864	100	100	100	100	100	100	–	–	100
1867	128	72	71	42	135	124	–	–	358

[25] Zusammengestellt nach den Angaben aus folgenden Werken: *Dieterici, C. F. W.*, Statistische Übersicht, 5. Forts., a. a. O., S. 724; *Bienengräber, A.*, a. a. O., S. 229; *Die Wollwaren-Industrie des Zollvereins*, in: Das Deutsche Wollen-Gewerbe, Nr 13, Jg. 1869, S. 103.

Tabelle 21

Der Tuchexport der Aachener Tuchindustrie der vierziger Jahre (Aachen und Burtscheid) Angaben in 1000 Stück[26]

Jahr	Produktion	Absatz auf dem inneren Markt	Anteil in %	Absatz auf dem süddeutschen Markt	Anteil am inneren Markt in %	Absatz außerhalb Deutschlands	Anteil an der Produktion in %
1838	84,2	25,7	31	9,5	38	58,5	70
1840	78,8	22,5	29	6,5	29	56,3	71
1844	82,4	30,3	37	11,7	39	48,5	59
1847	88,8	24,1	27	9,2	38	62,2	70

	1838		1840		1844		1847	
Markt	Stück	Anteil in %	Stück	Anteil in %	Stück	Anteil in %	Stück	Anteil in %
Inland	10,2	12	12,0	15	12,6	15	9,3	10
Süddeutschland	9,5	11	6,5	8	11,7	14	9,2	10
Norddeutschland und Hansestädte	9,0	11	6,0	8	9,0	11	8,4	10
Holland	11,0	13	9,5	12	6,7	8	7,7	9
Belgien	2,5	3	1,0	1	—	—	—	—
Schweiz	5,5	6	6,5	8	8,8	11	7,8	9
Italien, Neapel, Sizilien	25,0	30	20,3	26	22,3	27	21,0	24
Spanien	3,0	4	3,5	4	—	—	—	—
Levante	3,5	4	4,8	6	1,0	1	1,5	2
China	—	—	4,2	5	1,7	2	—	—
Amerika	5,0	6	4,5	6	5,0	6	21,4	24
Produktion	84,2	—	78,8	—	82,4	—	88,8	—

[26] *Wichterich, R.*, a. a. O., S. 222.

Tabelle 22

Entwicklung der Wollwarenimporte der USA 1850 bis 1868[27]

Jahr	Einfuhr in 1000 Dollar	1850 = 100	Jahr	Einfuhr in 1000 Dollar	1850=100
1850	16565	100	1858	30581	185
1851	15252	92	1859	–	–
1852	19176	116	1860	–	–
1853	28214	170	1868	11311	68
1854	22690	137	1854	5224 aus Deutschland	
1855	18885	114			
1856	33627	203			
1857	33412	202			

Gesamtimport der USA in 1000 Dollar			davon aus Deutschland in 1000 Dollar		
1857	348428	100	21569	100	(6,2%)
1858	263439	76	17085	78	(6,5%)

Cuba 1842:[28]	importiert	290988 Dollar	Wollwaren	100
	davon	48681 Dollar	Deutschland	17
		184954 Dollar	Großbritannien	64
		19817 Dollar	Frankreich	7

1847 exportierte Deutschland	23447 Duros Tuch,	19%	des Gesamtimports Cubas
	4646 Duros Flanell,	65%	„
	2304 Duros Merinos,	11%	„

Rußland 1841:[29]	importiert	3559466 Rubel		100
	davon	1043891 Rubel	Deutschland	30
		2158689 Rubel	Großbritannien	62

[27] Entnommen dem *Jahresbericht der Handelskammer von Elberfeld und Barmen für das Jahr 1851*; *Der Handel der Vereinigten Staaten, insbesondere New Yorks, im Jahre 1855*, in: Preußisches Handelsarchiv, Nr 6, Jg. 1856, S. 129; *Handelsbewegung der Vereinigten Staaten von Nordamerika im Jahre 1858*, in: ebenda, Nr 9, Jg. 1859, S. 214 u. 216; *Über die Wollindustrie der Vereinigten Staaten*, in: Das Deutsche Wollen-Gewerbe, Nr 27, Jg. 1869, S. 266.

[28] *Außenhandel von Cuba*, in: Gewerbeblatt für das Königreich Hannover, Jg. 1844, *Statistische Tabellen*, S. 3; *Die Handelsbewegung auf der Insel Cuba mit Hinblick auf die Verkehrsverhältnisse in Deutschland*, in: Handels-Archiv, Jg. 1851, 1. Hälfte, Berlin 1851, S. 514.

Tabelle 23

Die Greizer Wollweberei (Angaben der Lein- und Zeugweberinnung)[30]

Jahr	Webstühle insgesamt	1834 = 100 (1. Quartal)	Meisterstühle	1834 = 100 (1. Quartal)	Lohnstühle	1834 = 100 (1. Quartal)
1827						
1. Quartal	256	59	–	–	–	–
4. Quartal	247	57	–	–	–	–
1828						
1. Quartal	240	56	–	–	–	–
1829	240	56	–	–	–	–
1833						
3. Quartal	386	89	212	96	174	82
4. Quartal	400	93	216	98	184	87
1834						
1. Quartal	432	100	220	100	212	100
2. Quartal	446	104	216	98	230	109
1835						
3. Quartal	454	105	224	102	230	109
4. Quartal	460	107	226	103	234	110
1836						
1. Quartal	490	114	230	105	260	123
4. Quartal	512	119	–	–	–	–
1837						
1. Quartal	530	123	–	–	–	–
1841						
1. Quartal	774	179	–	–	–	–
3. Quartal	830	192	–	–	–	–
4. Quartal	800	185	–	–	–	–
1843	756	175	–	–	–	–
1844	464	107	–	–	–	–

29 *Über die Wollwarenproduktion, die Wollindustrie und den Wollhandel des russischen Reiches*, in: Das Zollvereinsblatt, Nr 22, Jg. 1843, S. 687.

30 *Beck, F.*, Die wirtschaftliche Entwicklung in der Stadt Greiz während des 19. Jahrhunderts, in: Beiträge zur mittelalterlichen, neueren und allgemeinen Geschichte, Bd 25, Weimar 1955, S. 80ff.

Tabelle 24

Preisentwicklung für wichtige Nahrungsmittel[31]

	Weizen	Roggen	Kartoffeln	Butter	Rindfleisch	Schweinefleisch
Sachsen						
1838	100	100	100	100	–	–
1846	136	128	127	111	–	–
1845	100	100	100	100	–	–
1846/47	152	168	159	136	–	–
Berlin						
1838	100	100	100	100	100	100
1846	117	119	158	104	112	115
1845	100	100	100	100	100	100
1846/47	154	168	209	110	108	121
Breslau						
1838	100	100	100	100	100	100
1846	136	174	196	124	111	122
1845	100	100	100	100	100	100
1846/47	159	164	157	124	111	129
Magdeburg						
1838	100	100	100	100	100	100
1846	120	142	151	125	105	107
1845	100	100	100	100	100	100
1846/47	159	164	180	121	111	117
Köln						
1838	100	100	100	100	100	100
1846	142	155	189	144	118	159
1845	100	100	100	100	100	100
1846/47	158	148	191	109	107	128
Aachen						
1838	100	100	100	100	100	100
1846	137	142	134	105	113	106
1845	100	100	100	100	100	100
1846/47	157	147	141	113	116	108

31 *Jahrbuch für die Amtliche Statistik des Preußischen Staats*, Jg. 2, Berlin 1867, S. 94ff.; *Strauß, R.*, Die Lage und die Bewegung der Chemnitzer Arbeiter in der ersten Hälfte des 19. Jahrhunderts, Berlin 1960, S. 363.

Tabelle 25

Der deutsche Wollwarenexport nach Rio de Janeiro und sein Verhältnis zu dem anderer Staaten[32]

Jahr	Deutscher Export in Packen	1842 = 100	Verhältnis zum Export von England	Frankreich	Belgien
1842	55	100	1 : 82	1 : 4,8	1 : 1,7
1843	89	162	1 : 38	1 : 5,3	1 : 0,9
1844	81	147	1 : 44	1 : 5,5	1 : 1,0
1845	85	155	1 : 37	1 : 5,7	1 : 0,9
1846	202	367	1 : 16	1 : 1,9	1 : 0,3
1847	147	267	1 : 28	1 : 5,0	1 : 0,3
1848	120	218	1 : 22	1 : 4,8	1 : 0,7

Tabelle 26

Die Wollwebstühle im Zollverein 1846 und 1861[33]

Staat bzw. Provinz	1846 Zahl der Webstühle	1861 Zahl der Webstühle
Brandenburg	5338	12718
Schlesien	3034	4476
Sachsen	2750	2867
Rheinprovinz	9717	12456
Preußen insgesamt	22967	37720
Hannover	1150	1646
Kurhessen	610	852
Nassau und Homburg	77	46
Bayern	3189	2656
Württemberg (1852)	2570	1841
Baden	346	599
Königreich Sachsen	13741	17379
Thüringische Staaten	4101	10282
Anhalt	749	172
Braunschweig	—	119
Oldenburg	—	24
Lippe	—	20
Großherzogtum Hessen	299	351
Waldeck	—	35
Zollverein und Hannover	48662	73742
Zollverein in den Grenzen von 1846 einschl. Hannover		73544

32 Berechnet aus den Angaben: *Die Manufacteneinfuhr von Rio de Janeiro*, in: Das Zollvereinsblatt, Nr 48, Jg. 1847, S. 848; *Handelsbericht Rio de Janeiro*, in: Handels-Archiv, Berlin 1848, Jg. 1848, 2. Hälfte (II. Statistik), S. 225; *Handelsbericht Rio de Janeiro*, in: ebenda, Jg. 1849, 1. Hälfte (II. Statistik), S. 408.

33 Zollvereinsstatistik von 1846/47, a. a. O.; *Viebahn, G. W. v.*, Über Leinen- und Wol-

Tabelle 27

Die Streichgarnspinnerei des Zollvereins 1861[34]

Staat	Zahl der Spinnereien	Zu 1846 in %	Zahl der Feinspindeln	Zu 1846 in %
Brandenburg	441	− 34	229048	+ 68
Rheinprovinz	208	+ 22	259132	+ 89
Schlesien	79	− 68	61945	+ 26
Sachsen	262	− 23	75630	+ 45
Gesamtpreußen	1111	− 49	650947	+ 55
Königreich Sachsen	332	+ 93	303397	+ 184
Bayern	43	− 35	17310	− 24
Württemberg	59	+ 0	41191	+ 21
Hannover	37	−	11245	−
Kurhessen	24	− 22	10269	+ 32
Homburg	8	−	2700	−
Nassau	10	+ 25	4020	+ 128
Baden	16	+ 33	5080	+ 57
Thüringen	92	+ 124	40994	+ 159
Anhalt	21	+ 250	17151	+ 24
Braunschweig	1	−	508	−
Oldenburg	−	−	−	−
Großherzogtum Hessen	20	+ 43	5460	+ 43
Zollverein	1774	−	1110272	−
Zollverein in den Grenzen von 1846	1728	− 33	1095819	+ 86

lenmanufakturen, deren Ursprung, Umfang und Leistungen in Deutschland, deren Wert und Fortschritte. Berlin 1846, S. 42; *Viebahn, G. W. v.*, Statistik des zollvereinten und nördlichen Deutschlands, a. a. O., S. 922. – Infolge der nicht berücksichtigten Doppelzählung ist bei den Wollwebstühlen der Tabelle 3 (in: *Blumberg, H.*, Ein Beitrag zur Geschichte der deutschen Leinenindustrie, in: Studien zur Geschichte der industriellen Revolution in Deutschland, Veröffentlichungen des Instituts für Wirtschaftsgeschichte an der Hochschule für Ökonomie, Berlin-Karlshorst, Berlin 1960, S. 72) ein grober Fehler unterlaufen. Die dortigen Angaben müssen entsprechend denen der obigen Tabelle für das Jahr 1846/47 abgeändert werden.

34 *Viebahn, G. W. v.*, Statistik des zollvereinten und nördlichen Deutschlands, T. 3, Berlin 1868, S. 887; Tabelle 11.

Tabelle 28

Die Kammgarnspinnerei des Zollvereins 1861[35]

Staat	Zahl der Spinnereien	Zu 1846 in %	Zahl der Feinspindeln	Zu 1846 in %
Brandenburg	5	− 88	5572	+ 12
Rheinprovinz	17	+ 113	15420	+ 232
Schlesien	6	− 89	10050	+ 93
Sachsen	6	− 68	15228	+ 18
Gesamtpreußen	49	− 71	47153	+ 45
Königreich Sachsen	39	± 0	104622	+ 97
Bayern	5	− 44	30980	+ 201
Württemberg	7	+ 75	17190	+ 409
Hannover	8	−	798	−
Kurhessen	4	+ 100	2032	+ 268
Homburg	−	−	−	−
Nassau	5	+ 400	900	+ 125
Baden	−	−	−	−
Thüringen	20	− 13	31208	− 10
Anhalt	−	−	−	−
Braunschweig	−	−	−	−
Oldenburg	2	−	180	−
Großherzogtum Hessen	7	+ 500	16834	+ 32085
Zollverein	146	−	251897	−
Zollverein in den Grenzen von 1846	136	− 59	250919	+ 86

Tabelle 29

Die Entwicklung der Durchschnittspreise für wichtige Nahrungsmittel in Preußen in den Jahren 1849 bis 1859 (Zu- und Abnahme der Preise im Vergleich zum Vorjahr in %)[36]

Jahr	Roggen		Weizen		Kartoffeln	
1849	100	− 17	100	− 2	100	− 20
1850	116	+ 16	95	− 5	108	+ 8
1851	157	+ 36	102	+ 8	141	+ 31
1852	195	+ 24	117	+ 15	171	+ 21
1853	211	+ 10	139	+ 19	171	± 0
1854	263	+ 22	176	+ 26	211	+ 28
1855	286	+ 9	194	+ 10	229	+ 4
1856	268	− 6	185	− 5	217	− 5
1857	174	− 35	138	− 25	151	− 30
1858	162	− 7	124	− 10	130	− 15
1859	170	+ 5	121	− 3	132	+ 1

35 Ebenda; Tabelle 12.

36 *Jahrbuch für die Amtliche Statistik des Preußischen Staats*, a. a. O., Jg. 2, S. 94ff.

Jahr	Butter		Schweinefleisch		Rindfleisch	
1849	100	– 38	100	– 8	100	– 8
1850	99	– 1	91	– 9	96	– 4
1851	101	+ 2	94	+ 3	97	+ 1
1852	114	+ 12	109	+ 16	102	+ 7
1853	120	+ 5	128	+ 17	112	+ 10
1854	125	+ 4	147	+ 15	125	+ 12
1855	133	+ 7	156	+ 6	139	+ 10
1856	142	+ 6	166	+ 6	142	+ 3
1857	149	+ 5	153	– 7	139	– 2
1858	155	+ 4	148	– 3	139	± 0
1859	142	– 8	134	– 10	138	– 1

Tabelle 30

Die Entwicklung der Durchschnittspreise für wichtige Nahrungsmittel in Preußen in den Jahren 1860 bis 1865 (Zu- und Abnahme der Preise im Vergleich zum Vorjahr in %) [37]

Jahr	Roggen		Weizen		Kartoffeln	
1860	100	+ 13	100	+ 17	100	+ 18
1861	99	– 1	105	+ 5	116	+ 16
1862	103	+ 4	102	– 3	103	– 11
1863	88	– 15	87	– 13	86	– 17
1864	73	– 17	76	– 12	89	+ 4
1865	82	+ 13	77	+ 1	86	– 5
Maximum der 50er zum Maximum der ersten Hälfte der 60er Jahre	69	– 31	77	– 23	79	– 21

Jahr	Butter		Schweinefleisch		Rindfleisch	
1860	100	– 10	100	– 1	100	– 2
1861	113	+ 13	110	+ 10	105	+ 5
1862	115	+ 2	115	+ 5	109	+ 4
1863	111	– 4	108	– 7	107	– 2
1864	118	+ 7	100	– 7	106	– 1
1865	125	+ 5	105	+ 5	109	+ 3
Maximum der 50er zum Maximum der ersten Hälfte der 60er Jahre	103	+ 3	91	– 9	118	+ 18

37 Ebenda.

Tabelle 31

Die britische Wollindustrie von 1835 bis 1870[38]

Jahr	Zahl der Unter-nehmungen	1835 = 100	Zahl der Spindeln	1850 = 100	Veränderung im Zyklus in %
1835	1107	100			
1838	1738	157			
1850	1998	181	2471108	100	
1856	2030	183	3111521	126	Zu 1850 = + 26
1861	2211	200	3471781	141	
1867	2465	223	6975508	282	Zu 1856 = + 124
1870	2579	233	5429789	220	Zu 1867 = − 22

Jahr	Zahl der Maschinen-stühle	1835 = 100	Veränderung im Zyklus in %
1835	5127	100	
1850	42056	820	
1856	53409	1042	Zu 1850 = + 27
1861	64818	1264	
1867	118865	2318	Zu 1856 = + 123
1870	115484	2253	Zu 1867 = − 9

Jahr	Gesamtzahl der Be-schäftigten	1835 = 100	Veränderung im Zyklus in %
1835	55461	100	
1838	86546	156	Zu 1835 = + 56
1847	125584	226	Zu 1838 = + 45
1850	154180	278	
1856	166885	301	Zu 1847 = + 33
1861	173046	312	
1867	262264	473	Zu 1856 = + 57
1870	238503	430	Zu 1867 = − 9

[38] *Page, W.*, Commerce and Industry. Tables of Statistics for the British Empire from 1815, London 1919, S. 230.

Tabelle 32

Die britische Wollwarenausfuhr (einschließlich Garnexport)[39]

Jahr	in 1000 Pfd. St.			Jahr	in 1000 Pfd. St.		
1833	6541			1852	10161		
1834	5975			1853	11629		
1835	7150			1854	10678		
1836	7998			1855	9744		
1837	4989			1856	12390		
1838	6180			1857	13645		
1839	6695			1858	12744		
1840	5781			1859	15138		
1841	6301			1860	16000		
1842	5822			1861	14672		
1843	7533			1862	17001		
1844	9163			1863	20577		
1845	8760			1864	23951		
1846	7243			1865	25534		
1847	7897			1866	26538		
1848	6511			1867	25896		
1849	8433			1868	25785		
1850	10049			1869	28208		
1851	9862			1870	26658		
1834/38	6458	100		1849/59	11407	177	+ 59
1839/48	7170	111	+ 11	1860/68	21773	337	+ 90

Tabelle 33

Die Produktion der deutschen Kammgarnindustrie[40]

Jahr	Deutsche Kammgarnproduktion in 1000 Ztrn.	1846 = 100	Der dtsch. Kammgarnkonsum in 1000 Ztrn.	1846 = 100	Anteil der deutschen Garne in %	Anteil an der Wollgarnproduktion in %	Anteil am deutschen Wollgarnkonsum in %
1846	54,0	100	81,3	100	47	12	17
1861	113,4	210	235,6	290	39	15	26

39 Ebenda, S. 133.

40 Berechnet nach den Angaben der Tabellen 1, 12, 17 u. 28; vgl. auch S. 380.

Tabelle 34

Produktionsindex der deutschen Wollindustrie[41]

Zyklus	Kammgarn-spinnerei	Kammgarn- und Halb-wollweberei	Streichgarn-spinnerei	Streichgarn-weberei	Wollindustrie insgesamt
1834/38	100	100	100	100	100
1839/48	170	170	120	120	133
1849/59	340	510	192	174	246
1860/68	575	969	307	261	447

Tabelle 35

Tuch„fabriken" des Zollvereins 1861[42]

Zollvereinsland	Zahl	Maschinen-stühle	Handstühle	Arbeiter
Preußen	519	1877	8600	26177
Anhalt	33	3	148	348
Bayern	143	67	392	1427
Sachsen	135	506	1127	2825
Hannover	13	18	183	533
Württemberg	74	76	527	1232
Baden	10	15	87	117
Kurhessen	52	13	265	573
Großherzogtum Hessen	47	1	163	357
Thüringen	50	4	321	545
Braunschweig	2	12	24	68
Nassau	2	–	11	22
Zollverein ohne Luxemburg	1080	2592	11848	34133

41 Der Index wurde auf der Grundlage der auf S. 155 ff. erarbeiteten quantitativen Produktionsentwicklung geschätzt und mit den so erhaltenen Angaben berechnet.

42 *Bienengräber, A.*, a. a. O., S. 217; *Viebahn, G. W. v.*, Statistik des zollvereinten und nördlichen Deutschlands, a. a. O., S. 922.

Tabelle 36

„Fabriken“ für wollene und halbwollene Zeuge 1861[43]

Zollvereinsland	Zahl	Maschinen-stühle	Handstühle	Arbeiter
Preußen	178	1827	4080	8487
Waldeck	1	–	32	33
Bayern	23	16	122	408
Sachsen	316	1391	2874	3637
Hannover	22	13	274	713
Württemberg	22	101	343	861
Baden	16	262	78	284
Kurhessen	5	–	5	11
Großherzogtum Hessen	1	–	23	37
Thüringen	77	38	1280	1201
Braunschweig	3	8	49	150
Zollverein	664	3656	9160	15675

Tabelle 37

Statistische Übersicht über die uns bekannten Streiks in der deutschen Wollindustrie[44]

Jahre	Anzahl der Streiks	davon Ergebnis bekannt	erfolg-reich	erfolg-los
1830/44	2	1	1	–
1848	4	1	1	–
1850/59	7	6	2	4
1864/65	3	2	2	–
1869/73	30	13	12	1
davon				
1869	2	2	2	–
1870	4	2	2	–
1871	12	3	2	1
1872	8	5	5	–
1873	4	1	1	–

43 Ebenda.
44 Zusammenstellung nach den auf den Seiten 361 bis 376 angegebenen Quellen.

3. Übersicht über die Streikkämpfe der Arbeiter in der deutschen Wollindustrie von 1830 bis 1873[45]

Jahr	Ort	Bereich der Wollindustrie	Ziel des Streiks (Motiv)	Ergebnis	Bemerkung
1830	Aachen	Tuchindustrie	Verbesserung der Lebenslage gegen Trucksystem	unbekannt	Maschinenstürmerei
1830	Eupen	dito	dito	dito	dito
1831	Burg	Tuchmachergesellen, Spinner	dito	Einsatz von Militär	Aufruhr richtet sich gegen die Stadtbehörde, aber auch für Verbesserung der Löhne
1832	Aachen	Streichgarnspinner	gegen Lohnkürzung	unbekannt	
1836	dito	120 Streichgarnspinner	gegen Entlassung	—	Kein Streik, sondern Versuch, die Spinnerei in Brand zu stecken
1840	dito	Tuchweber	gegen Lohnkürzung	Teilerfolg	
1848	Berlin	Tuch- und Zeugweber	Lohnerhöhung	unbekannt	
1848	Meerane	Woll- und Halbwollweber	gegen Bevorzugung der Landweber	dito	Aufstand; Schloß Waldenburg niedergebrannt
1848	Aachen	Tuchindustrie	Verbesserung der Arbeitsbedingungen	dito	Teilstreiks in mehreren Fabriken
1848	Lennep-Hückeswagen	Tuchweber	Auflehnung gegen Anwendung des Maschinenstuhls	Maschinenstühle stillgesetzt	In mehreren größeren Unternehmen – nicht allgemeine Bewegung
1848	Burg	Arbeiter der Tuchfabriken	unbekannt	unbekannt	Tumulte
1848	Crimmitschau	Weber	gegen Maschinenstuhl	erfolgreich	Kein Streik, sondern angedrohte Brandstiftung
1848	Cottbus	Arbeiter der Tuchfabriken	Arbeitsbeschaffung zu angemessenem Lohn	unbekannt	Auch Absetzung des dortigen Bürgermeisters gefordert

45 Zusammenstellung nach den auf den Seiten 361 bis 376 angegebenen Quellen.

1848	Guben	Arbeiter der Tuchfabriken	Lohnerhöhung und Arbeitszeitverkürzung	erfolgreich	Militär wurde nachträglich in Guben stationiert
1850	Lüttringhausen	Arbeiter der Tuchfabriken	Lohnerhöhung und Arbeitszeitverkürzung	erfolglos	Gegen die Streikenden wurde Militär eingesetzt
1850	Radevormwald	dito	dito	dito	dito
1850	Eupen	dito	Lohnerhöhung, gegen Verlängerung des Arbeitstages	unbekannt	Mehrere Streiks
1851	Guben	Tuchweber	Zulassung der Gesellenbruderschaft	erfolglos	Verbunden mit einer Demonstration
1857	Wüste-Giersdorf	Kammgarnspinner	Lohnfragen	dito	
1857	Forst	Arbeiter von 3 Tuchfabriken	Gegen Lohnherabsetzung	erfolgreich	Durch die Vermittlung der Behörde konnte der Streik umgangen werden
1859	Lambrecht	Tuchweber	Für Bezahlung der Nebenarbeiten	erfolgreich	
1864	Burg	Arbeiter der Tuchfabriken	Arbeitszeit- und Lohnfrage	dito	
1865	Burg	dito	Gegen Fabrikordnung	Teilerfolg	Gegen Geldstrafen bei Verspätung
1865	Calbe	300 Tuchmacher	Lohnerhöhung von 25%	unbekannt	
1869	Lennep	Lastingweber	Lohnerhöhung	erfolgreich	
1869	Brandenburg	400 Tuchweber	Arbeitszeit- und Lohnfragen	dito	
1870	Forst	3000–4000 Tuchweber	Löhne	Teilerfolg	Dieser Streik ging auch um die Anerkennung der Gewerkschaft ein.
1870	Finsterwalde	200 Tuchweber	Lohnerhöhung	dito	Zumindest Teilerfolg erreicht
1870	Forst	400 Weber	Löhne	unbekannt	

Jahr	Ort	Bereich der Wollindustrie	Ziel des Streiks (Motiv)	Ergebnis	Bemerkung
1870	Chemnitz	Wolldrucker	Löhne	dito	
1871	Frielinghausen	Tuchweber	unbekannt	dito	
1871	Meerane	700 Weber	Löhne	Teilerfolg	
1871	Meerane	250–260 Weber	dito	erfolglos	
1871	Meerane	225 Färber	dito	Teilerfolg	
1871	Greiz	500–600 Wollweber	Lohnforderung	unbekannt	
1871	Elberfeld	Woll-, Kattun- und Seidenfärber	unbekannt	dito	
1871	Brandenburg	Tuchweber	dito	dito	
1871	Lennep	100 Weber	Löhne	dito	
1871	Göttingen	Handweber	unbekannt	dito	
1871	Brandenburg	Arbeiter der Tuchfabriken	Lohn und 10-Stunden-Tag	dito	
1871	Oggersheim	650 Wollarbeiter	Löhne	dito	
1871	Brandenburg	2800 Tuchmacher	unbekannt	dito	
1872	Eßlingen	Arbeiter der Tuchfabriken	Lohnerhöhung und Arbeitszeitverkürzung	erfolgreich	
1872	Rochlitz	56 Beschäftigte einer mechanischen Weberei	25% Lohnerhöhung	Teilerfolg	
1872	Glauchau	Färberei und Appretur	Lohnerhöhung und Verkürzung der Arbeitszeit	erfolgreich	
1872	Hannover	Wollarbeiter	Löhne	dito	
1872	Lambrecht	300 Tuchweber	dito	dito	
1872	Eupen	105 Tuchweber	dito	dito	
1872	Lambrecht	Tuchweber	unbekannt	unbekannt	
1872	Ettlingen	Wollweber	Arbeitszeit	erfolgreich	
1873	Chemnitz	Wolldrucker	Lohnerhöhung	dito	
1873	Berlin	Tuchmachergesellen	Löhne	unbekannt	
1873	Gera	Wollweber	unbekannt	dito	
1873	Erlbach	Tuchmacher	dito	erfolgreich	

4. Spekulationszeit und Krise im Spiegel der Frankfurter und Leipziger Messen[46]

Allgemeine Einschätzung	Speziell für Wollwaren
Leipziger Ostermesse 1856: „Da kam am 30. März . . . das große Friedenswerk zustande, und die Leipziger Ostermesse wurde eine erfolgreiche.“	
Michaelismesse von Leipzig 1856: „. . . eine gute Ernte in fast allen Gauen Europas die Lebensmittelpreise mäßigte und die Folge davon war, daß die Michaelismesse in ihren Ergebnissen so überaus günstig ausfiel, wie kaum eine seit Menschen Gedenken . . . wenn schon die Geldverhältnisse infolge großer Silberausfuhren schwierig waren und der Diskonto eine kaum dagewesene Höhe erreichte, auf welcher er sich längere Zeit behauptete.“ „. . . in der Michaelismesse die innerhalb Deutschlands lange zurückgehaltenen Bedürfnisse mit einem Male in unerwartet reichem Maße geweckt wurden. Außerdem blühte der Fabrik- und Manufakturwaren-Großhandel des Platzes das ganze Jahr hindurch in einer Weise, daß es fast das Ansehen gewann, es sei der Meßverkehr permanent geworden.“	
Martinimesse in Frankfurt a. O. 1856 (November): „Diese Hoffnungen (auf einen günstigen Ausfall) sind indessen nicht erfüllt worden, teils, weil die Leipziger Messe sich in der Abwicklung ihrer Geschäfte in die Länge gezogen hat, teils, weil die Geldkrisis andauernd hemmend einwirkte . . .“ „Das Lombard-Geschäft war unbedeutend und wurde diesmal nur auf Effekten dargeliehen.“	„In Tuchen war zwar ein ziemlich lebhafter Verkehr, und wurden ansehnliche Partien für holländische und amerikanische Rechnung gekauft, allein die Preise waren gedrückt . . . namenswerte Verkäufe nur mit 1 bis 2 Sgr. pro Elle niedriger (als zur letzten Leipziger Messe — H. B.) abgeschlossen. Hierdurch haben viele der bemittelten Fabrikanten ihre Tuche lieber

46 Die Zitate sind entnommen: Bericht des Oberzollinspektors Lamm über den Leipziger Handel im Jahre 1856 und 1857, in: SLHA-Dresden, M. d. I., Nr. 6030; *Preußisches Handelsarchiv*, Jg. 1857, Nr 3, 18 u. 52; Jg. 1858, Nr 26, 34 u. 51; Jg. 1859, Nr 33.

Allgemeine Einschätzung	Speziell für Wollwaren
	zurückgezogen, als zu Preisen abzugeben, wozu sie bei den hohen Wollpreisen und dem erhöhten Arbeitslohne nicht wieder herzustellen sind.“
Reminisceremesse in Frankfurt a. O. 1857 (März): „Das Ergebnis der diesjährigen Reminisceremesse zu Frankfurt a. d. O. ist in jeder Beziehung als ein sehr günstiges zu bezeichnen. Die Nachfrage war von allen Seiten her sehr bedeutend, weil sich allgemein das Bedürfnis nach neuen Warenvorräten herausstellte ... so genügte das hierher gelangte Warenquantum, etwa 90000 Ztr., der Nachfrage nicht vollständig. Eine Preissteigerung sämtlicher Waren, welche indessen dem Absatz keinen Abbruch zu tun vermochte, war die natürliche Folge hiervon.“	„Tuche waren durchschnittlich wenig am Platze und die für den amerikanischen Markt beabsichtigten größeren Einkäufe daher nicht zu realisieren ... Im Allgemeinen stellten sich die Preise höher als in der letzten Leipziger Messe, und die meisten Fabriken sind auf längere Zeit mit Aufträgen versehen worden.“
Ostermesse Leipzig 1857: „... schon der Verkauf der Ostermesse trübte in einigen Beziehungen die gehegten Hoffnungen. Für den Orient, dessen Bedürfnisse an Fabrik- und Manufakturerzeugnissen sowie an kostbaren Rauchwaren auf dem Leipziger Markte zum nicht geringen Teile eingetan werden und daher auf dessen Meßgroßhandel von Einfluß sind, zeigte sich Mangel an Begehr und erwartete Zahlungen von daher blieben aus.“	
Margarethenmesse in Frankfurt a. O. 1857 (Juli): „Das Resultat der diesjährigen Margarethenmesse kann als ein sehr günstiges bezeichnet werden. Das zugeführte Quantum waren etwa 100000 Ztr. ... genügte in den meisten Branchen dem Bedarf nicht; besonders fühlbar wurde der Mangel in schlesischen Manufakturwaren ... erhöhte Nachfrage ..., die eine erhebliche Steigerung der Preise zur Folge hatte.“	„Für das Tuchgeschäft stellte sich die Messe sehr günstig. Die vorhandenen Lager wurden fast gänzlich geräumt und genügten überhaupt dem Bedarf nicht. Die renommierten Fabriken arbeiten jetzt fast nur auf feste Bestellung und besuchen die Messe nur der Abrechnung wegen. Die seit der Leipziger Ostermesse wesentlich erhöhten Preise wurden in dieser Messe

Allgemeine Einschätzung	Speziell für Wollwaren
	willig gezahlt; für gemusterte Zeuge, die besonders begehrt waren, wurden noch höhere Preise bewilligt.“
Michaelismesse Leipzig 1857: „Auch diese entsprach nicht den gewohnten Erwartungen, die Moldau und die Wallachai sowie alle dem europäischen Oriente angehörenden Länder zeigten wenig Bedarf und litten mehr denn je Mangel an Zahlungsmitteln . . . Aber auch in anderer Beziehung ließ die Michaelismesse und der fernere Verlauf der Geschäfte unbefriedigt. Viele Waren wichen in den Preisen, dies galt besonderheit von Leder-, Rauchwaren, Wollen- und Seidenwaren. Mangel an Geld wurde allenthalben fühlbar und hemmte den Geschäftsverkehr nach allen Seiten im In- und Auslande. Schon gaben sich in der Michaelismesse die ersten Vorboten der über die gesamte Handelswelt Mitte November hereingebrochenen Krisis insofern kund, als die Aufträge aus Amerika, von woher jene ausgegangen, fehlten und beunruhigende Gerüchte über dort bevorstehende Verlegenheiten zirkulierten.“	
Martinimesse in Frankfurt a. O. 1857 (November): „. . . hier abgehaltene Martinimmesse in Anspruch, deren Resultat unter dem Drucke der allgemeinen Kalamität kein günstiges sein konnte. Bei dem hohen Preise des Geldes war das Verlangen nach baren Zahlungsmitteln ungewöhnlich stark und alle Verkäufe gegen Kasse wurden zu den günstigsten Bedingungen abgeschlossen.“ „Das allgemeine Begehren war bares Geld, um die eingegangenen Verbindlichkeiten zu lösen, und nur zu ganz ungewöhnlich hohen Zinsen war solches zu haben, Zinsen, welche als wucherisch erscheinen würden, wenn nicht der Mangel an barem Gelde alles legalisierte.“	„Am ungünstigsten gestaltete sich das Meßgeschäft für die Tuchfabrikanten unserer Provinz. In Folge der amerikanischen Wirren stockte der Absatz fast gänzlich und viele Fabrikanten, die nicht gerade, um Zahlungsverbindlichkeiten zu erfüllen, zum Verkaufe gezwungen waren, haben ihre Ware wieder zurückgenommen . . . Darlehen auf Tuche nicht gewährt . . . die Spediteure, die in der Regel vielfache Vorschüsse auf Tuche machen, sich bei dem hohen Wechseldiskonto zu derartigen Vorschußgeschäften, wofür nur ein Zinsfuß von 6% gestattet war, nicht herbeiließen. Die Abschlüsse im Tuchgeschäft konnten

Allgemeine Einschätzung	Speziell für Wollwaren
„Die ungemein großen Einkäufe von Waren, welche Amerika in Europa machte, blieben unbezahlt und wurden nicht erneuert . . ."	nur unter bedeutender Preisermäßigung stattfinden, während die Wollpreise sich nur um ein geringes billiger stellten." „Alle Tuche ohne Ausnahme, von denen ein reichliches Lager vorhanden war, erlitten bei nur unbedeutendem Absatze einen wesentlichen Rückgang von 4 bis 6 Sgr. pro Elle resp. 3 bis 4 Tlr. pro Stück, und waren selbst hierzu die Einkäufer zurückhaltend."
Reminisceremesse in Frankfurt a. O. 1858:	
„Die traurigen Erscheinungen der jüngsten Periode auf dem Handelsgebiete und die sich noch immer wiederholenden Verluste durch Fallissements und Zahlungseinstellungen auf den größeren Handelsplätzen konnten nicht ohne bedeutende Einwirkung auf das Warengeschäft der eben beendigten Reminisceremesse bleiben; ungeachtet kein Geldmangel herrschte, war kein Leben in den Geschäften wahrzunehmen, weil der gute Glaube fehlte. Es waren 88558 Ztr. Waren und für die jetzige Krise fast alle Artikel über den Bedarf angefahren, zumal viele Käufer . . . fehlten."	„Die Zufuhren von Tuchen (9679 Ztr.) waren teils durch den vorhergegangenen stillen Geschäftsgang, teils dadurch, daß die Käufer die Fabriken von der Messe nicht besucht hatten, 1132 Ztr. größer, als im Vorjahre, der Absatz dagegen verhältnismäßig geringer, als sonst, so daß ein großer Teil unverkauft zurückging. Überhaupt warf sich das Geschäft in Tuchen bei bedeutendem Absatz hauptsächlich nur auf Spekulationskäufe, die bei der großen Geldnot der Fabrikanten . . . auch sehr günstig auszuführen waren . . ."
Margarethenmesse in Frankfurt a. O. 1858 (Juli):	
„Das Ergebnis der im vergangenen Monat abgehaltenen Margarethenmesse ist im Großhandel ein überraschend günstiges gewesen, da man nach den sehr ungünstigen Resultaten der hiesigen Frühjahrsmesse und Leipziger Ostermesse die diesmalige Margarethenmesse mit sehr geringen Hoffnungen bezog. Es wurden im ganzen ca. 107000 Ztr. Ware . . . zugeführt, wovon nur ein sehr geringer Bestand verblieben ist."	„Für das Tuchgeschäft stellte sich das Ergebnis ebenfalls sehr günstig; der Absatz war seit vielen Messen nicht so bedeutend, auch ist es den Fabrikanten gelungen, eine allgemeine, wenn auch nur geringe, Erhöhung der Preise herbeizuführen, so daß das Mißverhältnis, welches seit November vorigen Jahres zwischen dem Preise des Rohmaterials und der fertigen Ware stattgefunden hat, einigermaßen ausgeglichen ist."
Martinimesse in Frankfurt a. O. 1858 (November):	
„Die Zufuhr an Waren für im Laufe des Novembers hier abgehaltene Messe war	„Das Tuchgeschäft kann man, wenn nicht in allen Teilen befriedigend, doch als leidlich

Allgemeine Einschätzung	Speziell für Wollwaren
sehr bedeutend und betrug ca. 10000 Ztr. mehr als in der Martinimesse vorigen Jahres; die Umsätze entsprachen aber keinesweges der großen Zufuhr, und das Resultat der Messe ist mit Ausnahmen nur ein mittelmäßiges zu nennen. Im Allgemeinen herrscht noch immer ein fühlbarer Mangel an Vertrauen . . ."	gut bezeichnen. Im Tuchgeschäft wurden für Süd-Deutschland und Amerika bedeutende Einkäufe gemacht und dadurch zugleich eine bedeutende Erhöhung der Preise herbeigeführt, außerdem wurden ansehnliche Bestellungen für die nächste Zeit zurückgelassen. Für die kleineren Tuchfabrikanten stellte das Geschäft sich ungünstiger, indem viele Detailhändler aus den östlichen Provinzen die Messe diesmal nicht besucht haben . . . In englischen und deutschen wollenen u. halbwollenen Waren und Kattunen war der Absatz nur ungenügend."
Margarethenmesse in Frankfurt a. O. 1859 (Juli):	
„Der Geschäftsverkehr auf der hiesigen, vor kurzem beendeten Margarethenmesse war – wie dies bei der Ungunst der gegenwärtigen politischen Verhältnisse nicht anders erwartet werden konnte – ein sehr beschränkter. – Von den in viel geringeren Quantitäten als früher eingetroffenen Waren war der bei weitem größere Teil auf der Leipziger Ostermesse unverkauft gebliebenes Gut."	„Wollene und baumwollene Ware aus den Staaten des Zollvereins . . . fanden nur geringen Absatz zu gedrückten Preisen. Von Tuchen mittlerer Qualität wurden durch Spekulanten zum Export nach Amerika, Holland und Schweden nicht unbeträchtliche Mengen, jedoch billiger als im vorigen Jahre, aufgekauft."

5. Die deutsche Vorbereitung in der Kammgarnspinnerei um 1840

Die deutsche Vorbereitung beschrieb Karmarsch 1841 wie folgt:

„1. Die von den Kämmereien gelieferten Züge – damals meistens noch handgekämmt – kommen zuerst auf eine Streckmaschine von folgender Einrichtung: An einem Tisch, worauf die Züge vorgelegt und aneinander gestückelt werden, stoßen zwei Streckwalzen, die untere von Eisen und geriffelt, die obere von Holz und mit Leder überzogen (letztere ungefähr 3 Zoll im Durchmesser, erstere kleiner). Dann folgt eine Stachelwalze mit beweglichen, selbst aus der Wolle lösenden Reihen spitzer stählerner Zähne (übereinstimmend mit den Hechelwalzen an den Streckmaschinen der Flachsspinnereien), hierauf ein zweites Paar Streckwalzen, die den ersten ähnlich sind, nur daß die Oberwalze nicht mit Leder, sondern mit Pergament überzogen ist. Letzteres ist in zwei getrennten Blättern dergestalt aufgelegt, daß jedes (den halben Umkreis einnehmende) Blatt nur an einer Walzenachse parallelen Linie Befestigung hat, übrigens aber stark klafft, d. h. von der Walze absteht. Während der Umdrehung schmiegt sich das Blatt durch den Druck gegen die Unterwalze an die obere Walze an und schnellt dann durch seine Elastizität wieder los, wodurch das Anhängen der Wolle verhindert wird. Beim Austritt aus dem zweiten Streckwalzenpaare geht die Wolle über ein Stückchen Katzenfell, welches verhindert, daß durch Elektrizität die Wollhaare auseinanderblasen. (Dieses Mittel wird auch bei allen folgenden Vorbereitungsmaschinen angewendet.) Ferner läuft das durch Streckung des Kammzuges entstandene Band durch einen blechernen Trichter, aus welchem es durch ein Paar glatte eiserne Walzen hervorgezogen wird, um in eine Blechkanne hinabzufallen. Solche Maschinen, wie die eben erklärte, werden 3 oder 4 der Reihe nach angewendet, je nach der Beschaffenheit der Wolle und der Feinheit des Gespinstes, welches daraus erzeugt werden soll. Der ersten werden die aus der Kämmerei gelieferten Züge vorgelegt, welche sie in ein Band verwandelt, auf der zweiten, dritten und vierten Maschine werden vier Bänder zusammenduplirt.

2. Sodann kommt das Band auf die Trommelmaschine, in welche es durch zwei, mit messingenen Stacheln besetzt, zirkulierende Ketten ohne Ende eingeführt wird, indem eine dieser Stacheln in das Wollband eingreift, dasselbe kämmt und fortzieht. Aus den Stachelketten hervortretend, wird es von zwei Paar Streckwalzen ergriffen und ausgedehnt, und dann wickelt es sich in 4 bis 6 einander deckenden Windungen auf den Umkreis einer 7 bis 8 Fuß im Durchmesser haltenden Trommel. Nachher wird das Band an einer Stelle durchgerissen und abgenommen (dem Trommelumkreise), wodurch eine bestimmte Länge desselben gegeben, hiermit aber die Feinheitsbestimmung durch Abwägen erleichtert ist. Die mehrfache Aufwicklung ist zugleich, wie sonst das Dupliren, ein Mittel, dem Bande größere Gleichförmigkeit zu erteilen.

3. Das Band von der Trommel kommt wieder successive auf 3 oder 4 Streckmaschinen, wo man es 4fach duplirt und entsprechend in die Länge dehnt. Diese Streckmaschinen sind entweder solche mit einer Stachelwalze (wie die unter 1. beschriebene) oder solche mit zwei Stachelketten (gleich der Trommelmaschine, nur daß die Trommel fehlt, und das Band, statt sich einzuwickeln, in eine blecherne Kanne fällt).

4. Zur Vollendung der Vorbereitung wird eine Streckmaschine oder Stachelwalze und Kämme angewendet, welche der unter 1. angeführten wesentlich gleicht, wenn man dort die Stachelwalze wegnimmt. – Die Wolle geht also überhaupt durch 8 bis 10 Vorbereitungsmaschinen, wobei noch durchaus keine Drehung gegeben wird. Das zuletzt erhaltene Band wird nun

5. auf einer Grobspindelbank zu Vorgespinst von der Stärke einer Federspule verarbeitet, und letzteres

6. auf einer Feinspindelbank in Vorgespinst von der Dicke eines ziemlich dünnen Bindfadens umgewandelt. Die Spindelbänke sind mit jenen für Baumwolle übereinstimmend."

(Entnommen bei *Genzmer*, *W.*, Hundert Jahre Augsburger Kammgarnspinnerei, a. a. O., S. 42ff.)

6. Erklärung der wichtigsten von der deutschen Wollindustrie hergestellten Gewebe

Biber,

wollenes, neuerdings aber meist baumwollenes Gewebe mit vierschäftigem Köper und zwei gleichen Seiten, werden aus dünner, festgedrehter Kette und dickem, lose gesponnenem Einschlag hergestellt und dann auf beiden Seiten mit dem Strich der Länge nach stark aufgerauht, so daß das Gewebe das Ansehen eines dicken, groben, langhaarigen Tuches erhält. Der Biber wird gewöhnlich dunkel gefärbt und dann appretiert. Aus superfeiner Wolle in derselben Weise dargestellte Stoffe heißen Kastorins.

Flanell,

leinwandartiges, glattes oder geköpertes, wenig gewalktes, auf der rechten Seite einmal gerauhtes, nicht oder nur einmal geschorenes wollenes Gewebe. Der Einschuß ist stets Wolle, die Kette meist Kammgarn, bisweilen auch Baumwoll- und Leinengarn. *Futter*flanell ist tuchartig gewebt aus Kamm- und Streichgarn; *Gesundheits*flanell zu Unterhemden etc., die beste Flanellsorte, ist geköpertes, mehr tuchartig, gewalkt und gerauht.

Boy

ist ein grober, lockerer, tuchartiger Flanell, selten etwas gewalkt, dann gerauht, gespannt und heiß gepreßt, glatt und frisiert (die langen Haare in Knötchen zusammengedreht – H. B.), weiß, schwarz und bunt. Bisweilen kommt auch feinerer weicherer Flanell unter dem Namen Boy vor, *Moll, Molton* gehören ebenfalls zu dieser Klasse von Geweben.

Buckskin,

geköpertes Wollengewebe, welches aus den besseren Sorten der Streichwolle gewebt und mehr oder weniger gewalkt, aber nicht wie Tuch gerauht, sondern vielmehr auf der rechten Seite glatt geschoren wird. Er wird sowohl glatt als streifig und mit einfachen Dessins gemustert fabriziert. Die Kette besteht aus einem einfachen, aber festgedrehten Gespinst. Der Buckskin ist wegen des Köpergewebes elastischer und wegen der stärkeren Drehung des Garnes minder glänzend als Tuch, wird jetzt vielfach statt des gewöhnlichen Wollentuchs zu Kleidungsstücken für Männer, insbesondere zu Beinkleidern verwendet, da er im ganzen haltbarer ist als Tuch und insbesondere nicht so leicht reißt wie dieses. In neuester Zeit wird er auch mit Baumwolle und Leinen vermischt, wodurch ein geringerer und wohlfeilerer Stoff (halbwollener B.) entsteht . . . Sehr dünner und leichter Buckskin heißt *Doeskin* (Rehfell).

Cassinet,

halbtuchartiges Köpergewebe mit harter Baumwollkette und Einschuß aus Streichgarn, ist sehr fest geschlagen, nicht gewalkt, aber in der Walke gewaschen, auf der rechten Seite glatt geschoren und heiß gepreßt; wird meliert, gestreift, karriert und gemustert namentlich in den sächsischen Webereidistrikten angefertigt und besonders zu Beinkleidern benutzt.

Circassienne,

dünner, leichter Stoff, aus feinen Streichwollgarnen, auch mit Kette aus Baumwoll- oder Leinengarn gewebt, mit meist vierbindigem, beidrechtem Köper, welcher durch die leichte Wolldecke sehr deutlich hindurchschimmert. Das Zeug wird schwächer als Tuch gewalkt, einmal gerauht und wie das feinste Tuch mehrmals geschoren. Es dient zu Sommerröcken, Mänteln etc. Halbwollene Circassiennes sind nicht wesentlich verschieden von Cassinets.

Coating, (Halbkalmuk)

geköperte, langhaarige Wollgewebe, welche aber dünner und weniger langhaarig sind als Düffel und Kalmuk. Sie sind einfarbig, meliert, geflammt und gefleckt.

Düffel, (Sibirienne)

tuchartiges Gewebe, wird glatt oder geköpert gewebt und erhält durch eine besondere Appretur eine glänzende Oberfläche. Die ungeköperten Düffel werden auch unter dem Namen *Berg-op-Zoom* verkauft. Von geköperten *Fries* unterscheidet sich Düffel noch durch dickeres Gespinst, festere Walke und etwas kürzer geschorenes Haar. Auch mit Biber und Kalmuk ist Düffel nahe verwandt.

Fries,

glattes oder geköpertes, grobes, starkes nicht fest geschlagenes, nur wenig gewalktes wollenes Gewebe mit langem Haar auf der Oberseite. Es wird aus geringer Landwolle und groben Kämmlingen dargestellt, und man nimmt zum Einschlag meist doppelt so starkes Garn wie zur Kette. Die Appretur nach dem Rauhen besteht in Bürsten und Pressen; nur die besseren Sorten werden stärker gewalkt, auch mehr oder weniger geschoren. Coating, Biber, Kalmuk, Düffel und der leichte, feine, ungeköperte *Damen*fries gehören hierher.

Kalmuk,

locker gewebtes, aber dicht gewalktes, langhaariges, mit Glanz appretiertes Köpergewebe aus dickem Streichwollgarn, wird verschieden gefärbt und zu Winterkleidern benutzt. Einen ähnlichen Stoff stellt man aus starkem, rauhem Baumwollgarn dar, indem man ihm in der Appretur das Aussehen des echten Kalmuks gibt.

Kasimir,

aus feinem Wollgarn gewebtes, geköpertes, schwach gerauhtes und gewalktes Zeug ohne Tuchstrich. Beim einfachen Kasimir besteht die Kette aus Kammgarn, der Einschlag aus Streichgarn; der festere und dichtere, stärker gewalkte Doppel- oder gestrichene Kasimir ist dagegen ganz aus Streichgarn gefertigt. Man fertigt Kasimirs glatt, gerippt, fassonniert, einfarbig und meliert etc. und benutzt ihn meist zu Sommerkleidern.

Lama,

glatte, flanellähnliche, bisweilen auch geköperte und gemusterte, dünne, lose, sehr wenig gewalkte Stoffe aus Streichwolle mit schwacher Haardecke, auf der rechten Seite einfarbig oder gemustert, werden zu Futter, Mänteln etc. benutzt. Bisweilen gibt man den Namen auch besseren Stoffen, die gewöhnlich *Napolitaine* heißen. Halbwollenlama oder *Beiderwand* hat eine baumwollene Kette und streichwollenen Schuß, wird weder gewalkt noch gerauht, sondern nur glatt geschoren und dient zu Mänteln, Frauenkleidern etc. Auch der halbwollene Köper gehört hierher.

Lasting,

atlasartige geköperte, dichte Stoffe aus hartem Kammgarn, werden meist nur in schwarz und anderen dunklen Farben hergestellt und dienen zu Möbelstoffen, Schuhen, Halsbinden, Westen- und Kleiderstoffen. Gemischte Stoffe dieser Art mit Kette von Baumwollzwirn heißen *Paramatta.*

Lüstre,

geköpertes Gewebe von verschiedener Feinheit, mit Kette aus baumwollenem Garn und Schuß aus hartem Kammgarn, Alpako- oder Mohairgarn. Kette und Schuß haben verschiedene Farbnuancen, und zwar ist erstere stets dunkler gefärbt. Durch diese Zusammensetzung bildet sich eine schillernde oder changierende Farbe, und man wählt dazu verschiedene grüne, braune oder graue Modefarben. Das Gewebe ist glatt oder besitzt damastartige Blumen und andere kleine Muster, auch kommt es quadrilliert und chiniert vor.
Lüstrines heißen gewisse seidene oder kammgarnene gemusterte oder geblümte Glanzstoffe.

Merino,

geköperter Stoff aus feiner Kammwolle mit dreifädigem Köper, oft aber auch mit vierfädigem, der auf beiden Seiten rechts ist, glatt oder gemustert, verschieden gefärbt, durch heißes Pressen mit Glanz appretiert, kam ursprünglich aus England, wurde dann auch in Deutschland und Frankreich nachgeahmt und war lange zu Kleidern und Umschlagtüchern sehr beliebt. Gegenwärtig ist der Merino verdrängt durch den wollenen und weicheren Thibet ohne glänzende Apretur. Halbmerino, halbwollener Merino, hat einen Einschuß von Kammgarn und eine Kette von Baumwolle (Paramatta).

Moleskin,

feine Westenstoffe mit Mustern aus feinster Wolle auf baumwollenem Grund; auch feiner, dichter, gerauhter und geschorener Barchent.

Napolitaines,

feinwollige, weiche Stoffe aus Streichwollgarn, jetzt meist mit Kette von Baumwollzwirn, dienen zu Frauenkleidern, Mänteln und Umschlagtüchern. Die reinwollenen

Gewebe sind glatt und heißen auch Lamas, die halbwollenen sind geköpert. Man fertigt sie als beliebte Modestoffe in beständigem Wechsel.

Orleans,

halbwollene glatte Gewebe mit einer Kette aus gezwirntem Baumwollgarn und einem Einschlag aus Kammgarn, Mohair oder Weft. Man stellt sie einfarbig, meliert, moiriert, bedruckt, gerippt, fassonniert, auch mit Seidenstreifen dar.

Thibet,

ein drei- oder vierschäftig geköperter Stoff aus Kammgarn, ohne glänzende Appretur.

Tuch,

aus Streichwollgarn hergestellter, meist glatt und leinwandartig gewebter Stoff, welcher durch Walken und Rauhen mit einer dichten Decke feiner Fäserchen versehen ist, so daß die Fäden des Gewebes vollständig verdeckt werden. Der Tuchmacherstuhl unterscheidet sich von den Webstühlen zu anderen glatten Stoffen hauptsächlich nur durch seine große Breite, weil das Tuch wegen seines beträchtlichen Eingehens in der Walke viel breiter gewebt werden muß, als es im fertigen Zustand erscheint. Ein Tuch, das nach der Appretur $^8/_4$ breit sein soll, muß auf dem Stuhl $^{14}/_4$–$^{17}/_4$ Breite haben.

(Wörtlich entnommen: *Meyer's Konversationslexikon*, 3. Aufl., Leipzig 1875 u. nachf. J.; *Karmasch und Heeren's Technisches Wörterbuch*, 3. Aufl., Prag 1888.)

7. Literatur- und Quellenverzeichnis

a) Allgemeine Abhandlungen

Marx, K. Das Kapital, Bd 1–3, Berlin 1951.

Engels, F. Herrn Eugen Dührings Umwälzung der Wissenschaft („Anti-Dühring"), Bücherei des Marxismus-Leninismus, Bd 3, Berlin 1948.

Marx/Engels Werke, Bd 1–13, Berlin 1958 bis 1961.

Briefwechsel, Bd 1–3, Berlin 1949.

Lenin, W. I. Werke, Bd 1–3, Berlin 1956 u. 1963.

Über Deutschland und die deutsche Arbeiterbewegung, Berlin 1958.

Marx-Engels-Lenin-Stalin Zur deutschen Geschichte, Bd 1 u. 2, Berlin 1953/54.

Anton, G. Geschichte der preußischen Fabrikgesetzgebung bis zu ihrer Aufnahme durch die Reichsgewerbeordnung, Berlin 1953.

Arsumanian, A. Aktuelle Probleme der Ökonomie, in: Presse der Sowjetunion, Nr 31, Ausg. A, v. 13. März 1954, Sonderbeilage, Nr 1/1964.

Baar, L. Die Entwicklung der Berliner Industrie in der Periode der industriellen Revolution, Diss. Berlin 1961 (MS).

Barnes, H. E. An Economic History of the Western World, New York 1942.

Bebel, A. Aus meinem Leben, 2. Teil, Berlin 1953.

Beck, F. Die wirtschaftliche Entwicklung in der Stadt Greiz während des 19. Jahrhunderts. Beiträge zur mittelalterlichen, neueren und allgemeinen Geschichte, Bd 25, Weimar 1955.

Becker, W. Die Entwicklung der deutschen Maschinenbauindustrie von 1850 bis 1870, in: Schröter/Becker, Die deutsche Maschinenbauindustrie in der industriellen Revolution. Veröffentlichungen des Instituts für Wirtschaftsgeschichte an der Hochschule für Ökonomie, Berlin-Karlshorst, Bd 2, Berlin 1962.

Bernal, J. D. Die Wissenschaft in der Geschichte, Berlin 1961.

Bodemer, H. Die industrielle Revolution mit besonderer Berücksichtigung auf die erzgebirgischen Erwerbsverhältnisse, Dresden 1856.

Bondi, G. Deutschlands Außenhandel 1815–1870, Berlin 1958.

Borchardt, K. Zur Frage des Kapitalmangels in der ersten Hälfte des 19. Jahrhunderts in Deutschland, in: Jahrbücher für Nationalökonomie und Statistik, Bd 173, Stuttgart 1961.

Brinkmann, C. Die preußische Handelspolitik vor dem Zollverein und der Wiederaufbau vor hundert Jahren, Berlin-Leipzig 1922.

Engelberg, E. Deutschland von 1849 bis 1871. Lehrbuch der deutschen Geschichte (Beiträge), Bd 7, Berlin 1959.

Forberger, R. Die Manufaktur in Sachsen vom Ende des 16. Jahrhunderts bis zum Anfang des 19. Jahrhunderts, Berlin 1958.

Graßmann, J. Die Entwicklung der Augsburger Industrie im 19. Jahrhundert, Augsburg 1894.

Ékonomičeskaja istorija SSSR, pod redakciej professorov I. S. Golubničego, A. P. Pogrebinskogo i I. N. Šemjakina, Moskau 1963.

Gregg, P. A social and economic History of Britain 1760–1955, London-Toronto-Wellington-Sydney 1956.

Gülich, G. v. Ein Wort über Vergangenheit, Gegenwart und Zukunft von Deutschlands Handel, Gewerbe und Ackerbau, Berlin 1847.

Die gesamten gewerblichen Zustände in den bedeutendsten Ländern der Erde während der letzten zwölf Jahre, Bd 2. u. 3., Jena 1844.

Haendly, K. Bauern und Weber vom Eichsfeld, Geschichte eines deutschen Kleinstaates, seiner Wirtschaft und der Menschen, die ihn bewohnten 897 bis 1933, Diss. Köln 1949 (MS).

Haussherr, H. Wirtschaftsgeschichte der Neuzeit, Weimar 1954.

Heckscher, E. F. An Economic History of Sweden, Cambridge-Massachussetts 1954.

Henderson, W. O. Britain and Industrial Europe 1750–1870, Liverpool 1954.

England und die Industrialisierung Deutschlands, in: Zeitschrift für die gesamte Staatswissenschaft, Bd 108, Tübingen 1952.

Christian von Rother als Beamter, Finanzmann und Unternehmer im Dienste des preußischen Staates, in: Zeitschrift für die gesamte Staatswissenschaft, Bd 112, Heft 3, Tübingen 1956.

Die Struktur der preußischen Wirtschaft um 1786, in: Zeitschrift für die gesamte Staatswissenschaft, Bd 117, Tübingen 1961.

Herms, D. Die Anfänge der Bremer Industrie vom 17. Jahrhundert bis zum Zollanschluß, Bremen 1952.

Hobson, J. A. The Evolution of Modern Capitalism. A Study of Mashine Produktion, New York 1927.

Hocker, N. Sammlung aller Aktienbanken Deutschlands, Köln 1958.

Die Großindustrie Rheinlands und Westfalens, ihre Geographie, Geschichte, Produktion und Statistik, Leipzig 1867.

Isbary, C. R. Statistik und Lage der Industrie und des Handels im Königreich Sachsen, Leipzig 1865.

Jacunskij, V. K. Krupnaja promyšlennost' Rossii v 1790–1860 gg, in: Očerki ėkonomičeskoj istorii Rossii pervoj poloviny XIX veka, Sbornik statej, Moskau 1959.

Kistler, F. Die wirtschaftlichen und sozialen Verhältnisse in Baden 1849–1870, Freiburg i. Br. 1954.

Köhler, F. Hansemann, ein rheinischer Kaufmann, Leipzig-Berlin o. J.

Kruse, H. Das Siegerland unter preußischer Herrschaft 1815–1915. Festschrift aus Anlaß der hundertjährigen Vereinigung des oranischen Fürstentums Nassau-Siegen mit Preußen, Siegen 1915.

Krüger, H. Zur Geschichte der Manufakturen und der Manufakturarbeiter in Preußen, Berlin 1958.

Kriwogus, I. M., Stezkewitsch, S. M. Abriß der Geschichte der I. und II. Internationale, Berlin 1960.

Kuczynski, J., Wittkowski, G. Die deutsch-russischen Handelsbeziehungen in den letzten 150 Jahren, Berlin 1947.

Kuczynski, J. Die Geschichte der Lage der Arbeiter in Deutschland von 1789 bis in die Gegenwart, 6. verb. Aufl., Bd 1/1, u. 2. Teil, Berlin 1954.
Geschichte der Kinderarbeit in Deutschland. Bd 1 u. 2, Berlin 1958.
Die Geschichte der Lage der Arbeiter unter dem Kapitalismus, Bd 1, 9, 10 u. 11, Berlin 1960/61.

Kulischer, J. Allgemeine Wirtschaftsgeschichte des Mittelalters und der Neuzeit, Bd 2, Berlin 1954.

Lincke, W. Gewerbliche und soziale Fragen, Glogau 1861.

Lukas, J. Weberkämpfe vor 100 Jahren, Zürich 1931.

Mantoux, P. The industrial Revolution in the eighteenth Century, London 1952.

Mendel'son, L. A. Teorija i istorija ékonomičeskich krizisov i ciklov, Bd 1, Moskau 1959.

Mehring, F. Gesammelte Schriften. Geschichte der deutschen Sozialdemokratie, Bd 2, Berlin 1960.

Michaelis, O. Volkswirtschaftliche Schriften, Bd 1, Berlin 1873.

Mottek, H. Wirtschaftsgeschichte Deutschlands. Ein Grundriß, Bd 1 u. 2, Berlin 1957 u. 1964.

Mottek/Blumberg/Wutzmer/Becker Studien zur industriellen Revolution in Deutschland. Veröffentlichungen des Instituts für Wirtschaftsgeschichte an der Hochschule für Ökonomie, Berlin-Karlshorst, Bd 1, Berlin 1960.

Obermann, K. Die deutschen Arbeiter in der Revolution von 1848, Berlin 1953.
Deutschland von 1815 bis 1849. Lehrbuch der deutschen Geschichte (Beiträge), Bd 6, Berlin 1961.

Oelßner, F. Die Wirtschaftskrisen, Bd 1, Berlin 1952.

Pönicke, H. Wirtschaftskrise in Sachsen vor hundert Jahren. Ein Beitrag zur sächsischen Wirtschaftsgeschichte, Herrnhut 1933.
Sachsens Entwicklung zum Industriestaate. 1830–1871, Dresden 1934.

Poljanskii, F. Ja. Ėkonomičeskaja istorija zarubežnych stran. Ėpocha kapitalizma, Moskau 1961.

Richter, W. Die Industrieentwicklung des Kreises Arnsberg und ihre Verflechtung, Köln 1951.

Rosenberg, H. Die Weltwirtschaftskrise von 1857 bis 1859, Beiheft 30 zur Vierteljahrsschrift für Sozial- und Wirtschaftsgeschichte, Stuttgart 1934.

Rückert, E. Altensteins und Liebensteins Vorzeit, Hildburghausen 1852.

Sartorius v. Waltershausen, A. Deutsche Wirtschaftsgeschichte 1815–1914, 2. ergänzte Aufl., Jena 1923.

Seé, H. Französische Wirtschaftsgeschichte, Bd 1 u. 2, Jena 1930 u. 1936.

Schertel, L. Über den Zustand der bayrischen Gewerbsindustrie, München 1836.

Schmoller, G. Zur Geschichte der deutschen Kleingewerbe im 19. Jahrhundert, Halle 1870.

Schröter, A. Die Entstehung der deutschen Maschinenbauindustrie in der ersten Hälfte des 19. Jahrhunderts, in: Schröter/Becker, Die deutsche Maschinenbauindustrie in der industriellen Revolution. Veröffentlichungen des Instituts für Wirtschaftsgeschichte an der Hochschule für Ökonomie, Berlin-Karlshorst, Bd 2, Berlin 1962.

Solodovnikov, V. G. Kritik der bürgerlichen Theorien und Auffassungen von der ökonomischen Entwicklung der schwachentwickelten Länder, in: Protokoll der internationalen Konferenz des Instituts für Wirtschaftswissenschaften zu Berlin vom 18.–21. Oktober 1960 zu dem

Thema: Neue Erscheinungen in der modernen bürgerlichen politischen Ökonomie, Hlbbd 1, Berlin 1961.

Sombart, W. Die deutsche Volkswirtschaft im 19. Jahrhundert und im Anfang des 20. Jahrhunderts, 6. Aufl., Berlin 1923.

Spiethoff, A. Die wirtschaftlichen Wechsellagen. Aufschwung, Krise, Stockung, Tübingen-Zürich 1955.

Stemme-Sogemeier, M. Bielefeld und seine Industrie, Frankfurt a. M. 1951.

Strauß, R. Die Lage und die Bewegung der Chemnitzer Arbeiter in der ersten Hälfte des 19. Jahrhunderts, Berlin 1960.

Streisand, J. Deutschland von 1789 bis 1815. Lehrbuch der deutschen Geschichte (Beiträge), Bd 5, Berlin 1959.

Thieme, W. Eintritt Sachsens in den Zollverein und seine wirtschaftlichen Folgen, Diss. Leipzig 1914.

Todt, E. Die gewerkschaftliche Betätigung in Deutschland 1850–1859, Berlin 1950.

Todt, E., Radandt, H. Zur Frühgeschichte der deutschen Gewerkschaftsbewegung. 1800–1849, Berlin 1950.

Töllner Die Industrie des Bergischen Landes, o. O. 1950.

Uecker, A. Die Industrialisierung Darmstadts im 19. Jahrhundert, Darmstadt 1928.

Wieck, G. Industrielle Zustände Sachsens, Chemnitz 1839.

Wilden, J. Gründer und Gestalter der Rhein-Ruhrindustrie, Düsseldorf 1951.

Winkler, S. Die Entwicklung des Produktionsstandortes Brandenburg und seine gegenwärtige Bedeutung für die Deutsche Demokratische Republik, Berlin 1955 (MS/Stadtarchiv Brandenburg/Havel).

Wirth, M. Die Arbeiterfrage, Frankfurt a. M. 1863.

Wittschewsky, V. Rußlands Handels-, Zoll- und Industriepolitik von Peter dem Großen bis auf die Gegenwart, Berlin 1905.

Zimmermann, A. Geschichte der preußisch-deutschen Handelspolitik, Oldenburg-Leipzig 1892.

Zorn, W. Handels- und Industriegeschichte Bayrisch-Schwabens 1648–1870, Veröffentlichungen der schwäbischen Forschungsgemeinschaft, Reihe 1, Bd 6, Augsburg 1961.

Aus dem literarischen Nachlaß von Karl Marx, Friedrich Engels und Ferdinand Lassalle, hg. v. Franz Mehring, Bd 4, Stuttgart 1902.

Probleme der Ökonomie und Politik in den Beziehungen zwischen Ost- und Westeuropa vom 17. Jahrhundert bis zur Gegenwart, Berlin 1960.

Jahrbuch für Wirtschaftsgeschichte 1960, Teil 1 u. 2, Berlin 1960/61.

100 Jahre staatliche Gewerbeförderung in Württemberg. 1848–1948, Stuttgart 1948.

b) Abhandlungen zur Geschichte der Textilindustrie

Bachmann, F. Organisationsbestrebungen in der deutschen Tuch- und Wollwarenindustrie, in: Volkswirtschaftliche Abhandlungen der badischen Hochschulen, Neue Folge, Heft 23, Karlsruhe 1915.

Barkhausen, E. Die Tuchindustrie in Montjoie, ihr Aufstieg und Niedergang, Aachen 1925.

Bein, L. Die Industrie des sächsischen Voigtlandes, Teil 2: Die Textilindustrie, Leipzig 1884.

Beutler, A. Die Entwicklung der sozialen und wirtschaftlichen Lage der Weber im sächsischen Vogtland, Diss. Greifswald 1921

Böckelmann, C. Das Aufkommen der Großindustrie im sächsischen Wollgewerbe, Heidelberg 1908.

Bühler, F. Die Entwicklung der Tuchindustrie in Lambrecht, Wirtschafts- und Verwaltungsstudien, mit besonderer Berücksichtigung Bayerns, Bd 50, Leipzig 1914.

Dahmen, J. Das Aachener Tuchgewerbe bis zum Ende des 19. Jahrhunderts. Ein Beitrag zur Wirtschaftsgeschichte der Stadt Aachen, 2. Aufl., Berlin-Leipzig-Wien 1930.

Dedi, L. Die oberbadische Textilindustrie unter dem besonderen Einfluß ihrer Grenzlage, Säckingen a. Rh. 1935.

Dietel, F. Die Entwicklung der Wollkämmerei und Kammgarnspinnerei im sächsischen Voigtland von 1862 bis 1900 nach den Jahresberichten der Handels- und Gewerbekammer Plauen im Voigtland, Plauen 1905.

Dilthey, F. O. Die Entwicklung der Baumwollindustrie im niederrheinischen Industriebezirke bis zum Niedergang der Hausindustrie, phil. Diss. Heidelberg-Jena 1908.

Demmering, G. Die Glauchau-Meeraner Textilindustrie. Wirtschafts- und Verwaltungsstudien, mit besonderer Berücksichtigung Bayerns, Bd 88, Leipzig 1928.

Elbers, W. Hundert Jahre Baumwolltextilindustrie, Braunschweig 1922.

Feustel, F. Aus der Vergangenheit des Greizer Textilgewerbes, Berlin 1925.

Finkenwirth, K. Urkundliche Geschichte der Gera-Greizer Wollwarenindustrie von 1572 bis zur Neuzeit, Diss. Leipzig 1909.

Frahne, C. Die Textilindustrie im Wirtschaftsleben Schlesiens, Diss. Tübingen 1905.

Fuchs, E. Die polnische Textilindustrie (Entwicklung 1816–1927).

Furger, F. Zum Verlagssystem als Organisationsform des Frühkapitalismus im Textilgewerbe, in: Vierteljahrsschrift für Sozial- und Wirtschaftsgeschichte, Beiheft 11, Stuttgart 1927.

Genzmer, W. Hundert Jahre Kammgarnspinnerei Schedewitz 1835/1935, Zwickau 1935.

Hundert Jahre Augsburger Kammgarnspinnerei 1836/1936. Ein Beitrag zur Geschichte des deutschen Wollgewerbes, Augsburg 1936.

Grothe, H. Der Einfluß des Manchestertums auf Handwerk und Hausindustrie, gezeigt am Ergehen der Hand- und Hausweberei, 2. Abdr., Berlin 1884.

Bilder und Studien zur Geschichte von Spinnen, Weben, Nähen, 2. Aufl., Berlin 1875.

Hobusch, E. 800 Jahre Geschichte des Burger Tuchgewerbes, Veröffentlichungen zur Burger Geschichte, Heft 2/3, Burg 1954.

Hofmann, C. Die Hausweberei in Oberfranken, Heimarbeit und Verlag in der Neuzeit, Heft 12, Jena 1927.

Höttemann, W. Die Göttinger Tuchindustrie in Vergangenheit und Gegenwart, Diss. Göttingen 1931.

Isenburg, R. Untersuchungen über die Entwicklung der bergischen Wollindustrie, Diss. Heidelberg 1906.

Jacobi, L. Das Wollgewerbe von Grünberg, in: Schlesische Provinzialblätter, Jg. 6, Breslau 1867.

Jacobs, G. Die deutschen Textilzölle im 19. Jahrhundert, phil. Diss. Erlangen 1907.

König, A. Die sächsische Baumwollindustrie am Ende des vorigen Jahrhunderts und während der Kontinentalsperre, in: Leipziger Studien aus dem Gebiet der Geschichte, Bd 5, H. 3, Leipzig 1899.

Lochmüller, W. Zur Entwicklung der Baumwollindustrie in Deutschland, Jena 1906.

Lehmann, H. Die Textilindustrie, in: Die Rheinprovinz 1815–1915, Bd 1, Bonn 1917.

Lohren, A. Die Entwicklung der deutschen Wollindustrie vor und nach Abschluß des deutsch-französischen Handelsvertrages, Berlin 1879.

Lipson, E. The History of the Woolen and Worsted Industries, London 1921.

Marx, A. Die Kammgarn- und Streichgarnindustrie, Wirtschafts- und Verwaltungsstudien, Bd 79, Leipzig 1927.

Meerwein, G. Die Entwicklung der Chemnitzer bzw. sächsischen Baumwollspinnerei von 1789–1879, phil. Diss. Heidelberg 1913, Berlin 1914.

Merkel, H. Eine Wirtschaftsgeographie des vogtländischen Wollgewerbes, Diss. Leipzig 1933.

Minutoli, A. v. Die Lage der Weber im Schlesischen Gebirge und die Maßregeln der Preußischen Staatsregierung zur Verbesserung ihrer Lage, Berlin 1851.

Paas, R. Die Beeinflussung der sozialen und wirtschaftlichen Lage durch die Mechanisierung der deutschen Textilindustrie, Köln 1961.

Pazitnov, K. A. Očerki istorii tekstil'noj promyšlennosti dorevoljucoinnoj Rossii. Šerstjanaja promyšlennost', Moskau 1955.

Očerki istorii tekstil'noj promyšlennosti dorevoljucoinnoj Rossii. Chlopcatobumažnaja, l'nopen'koraja i selkoraja promyšlennost', Moskau 1958.

Peltzer Die Arbeiterbewegung in der Aachener Textilindustrie von der Mitte des 19. Jahrhunderts bis zum Ausbruch des Weltkrieges mit besonderer Berücksichtigung des Zweistuhlsystems, Diss. Marburg 1924 (MS).

Petzold, H. Die Bielefelder Textilindustrie, ihr Aufbau, ihre Entwicklung und ihre Stellung im Rahmen der dortigen Gesamtindustrie, Bielefeld 1926.

Pönicke, H. Die Geschichte der Tuchmacherei und verwandter Gebiete in Reichenbach i. V. vom 17. bis Anfang des 19. Jahrhunderts, phil. Diss. Leipzig 1929.

Quandt, G. Die Niederlausitzer Schafwollindustrie in ihrer Entwicklung zum Großbetrieb und zur modernen Technik, Staats- und sozialwissenschaftliche Forschungen, Bd 13, H. 3, Leipzig 1895.

Quandt, W., Weigand, W. Das Jahrhundertbuch der Uniformfabrik Gebrüder Draeger, Pritzwalk, Hannover 1939.

Riede, H. Die Entwicklung der württembergischen Textilindustrie, Bietigheim 1937.

Riewald, K. Die Entwicklung der Textilindustrie in der Zeit des deutschen Zollvereins von 1834 bis 1866, Diss. Frankfurt a. M. 1933.

Renelt, H. Die historische Entwicklung der Euskirchener Tuchindustrie bis 1914, Euskirchen 1921.

Reuther, O. Die Entwicklung der Augsburger Textilindustrie, Dresden-München 1915.

Scheibler, W. Scheibler. Geschichte und Schicksalsweg der Firma in 6 Generationen. 1724–1937, Aachen 1937.

Schmid, J. Die Augsburger Kammgarnspinnerei und ihre Stellung in der deutschen Wollindustrie, Diss. Würzburg 1923.

Schmid, K. Die Entwicklung der Hofer Baumwollindustrie, Leipzig 1923.

Schmidt, F. Die Entwicklung der Cottbuser Tuchindustrie, Cottbus 1928.

Schmoller, G. Die Entwicklung und die Krisis der deutschen Weberei im 19. Jahrhundert, Berlin 1873.

Schrader, G. 100 Jahre Bielefelder Leinen und Tischzeug. Zum 1. Januar 1937. Das Werden der Firma A. W. Kisker Bielefeld, Bielefeld 1936.

Schultze, W. Die Produktions- und Preisentwicklung der Rohprodukte der Textilindustrie seit 1850, in: Staatswissenschaftliche Studien, Bd 5, H. 6, Jena 1896.

Schwann, M. F. W. Brügelmann Söhne 1820–1920, Köln 1920.

Senkel, W. Wollproduktion und Wollhandel im 19. Jahrhundert mit besonderer Berücksichtigung Deutschlands, in: Zeitschrift für die gesamte Staatswissenschaft (Ergänzungshefte), Tübingen 1901.

Stiefenhofer, D. Entstehung und Entwicklung deutscher Textilunternehmungen, o. O. 1946.

Strauch, J. Die Aachener Tuchindustrie während der französischen Herrschaft (1794–1814), staatswiss. Diss. Münster 1927.

Thun, A. Die Industrie am Niederrhein und ihre Arbeiter, Teil 1: Die linksrheinische Textilindustrie, in: Staats- und sozialwissenschaftliche Forschungen, H. 2 (der ganzen Folge siebentes Heft), Leipzig 1879.

Viebahn, G. W. v. Über Leinen- und Wollmanufakturen, deren Ursprung, Umfang und Leistungen in Deutschland, deren Wert und Fortschritte, Berlin 1846.

Wachs, A. Die volkswirtschaftliche Bedeutung der technischen Entwicklung der deutschen Wollindustrie, Technisch-volkswirtschaftliche Monographien, Bd 7, Leipzig 1909.

Wendisch, G. Die Entwicklung der kapitalistischen Produktionsverhältnisse in der sächsischen Textilerzeugung bis 1800, o. O. 1956.

Wichterich, R. Die Entwicklung der Aachener Tuchindustrie von 1815 bis 1914, Diss. Köln 1922 (MS).

Windus, Th. Die Spinnerei und Leineweberei als bäuerlicher Hausfleiß in früheren Zeiten, Papenburg 1929.

Wolf, H. R. Hundert Jahre Kammgarnspinnerei zu Leipzig als Aktiengesellschaft. 1836–1936, Leipzig 1936.

Fünfzig Jahre Spinnerei Cossmannsdorf, Dresden 1930.

Zimmermann, A. Blüte und Verfall des Leinengewerbes in Schlesien, Breslau 1885.

Ein Jahrhundert Arbeit und Erfolg. Zum hundertjährigen Jubiläum der Firma Merkel & Kiemlin GmbH, Eßlingen 1930.

Zweihundert Jahre Kammgarnspinnerei in Eisenach 1733 bis 1933, Eisenach 1933.

H. Schemel Tuchfabrik Guben. Hundertjähriges Jubiläum 1840–1940, Guben 1940.

Die Tuchindustrie, in: Festschrift zur XXXVI. Hauptversammlung des Vereins deutscher Ingenieure, Aachen 1895.

Reichs-Enquete für die Baumwollen- und Leinen-Industrie. Stenographische Protokolle über die mündliche Vernehmung der Sachverständigen, Berlin 1879.

c) Statistische Abhandlungen

Bienengräber, A. Statistik des Verkehrs und Verbrauchs im Zollverein für die Jahre 1842 bis 1864, Berlin 1868.

Dieterici, C. F. W. Statistische Übersicht der wichtigsten Gegenstände des Verkehrs und Verbrauchs im preußischen Staate und im Zollverband in dem Zeitraum von 1831 bis 1836, 1. bis 4. Fortsetzung, Berlin-Posen-Bromberg 1838, 1842, 1844, 1845 u. 1853.

Der Volkswohlstand im Preußischen Staate, Berlin-Posen-Bromberg 1846.

Handbuch der Statistik des Preußischen Staats, Berlin 1861.

Engel, E. Die deutsche Industrie 1875 und 1861, 2. vermehrte Aufl., Berlin 1881.

Hermes, G. Statistische Studien zur wirtschaftlichen und gesellschaftlichen Struktur des zollvereinten Deutschland, in: Archiv für Sozialwissenschaft und Sozialpolitik, Bd 63, H. 1, Tübingen 1930.

Kotelmann, A. Vergleichende statistische Übersicht über die landwirtschaftlichen und industriellen Verhältnisse Österreichs und des Zollvereins sowie seiner einzelnen Staaten, Berlin 1852.

Page, W. Commerce and Industry. Tables of Statistics for the British Empire from 1815, London 1919.

Reden, F. W. v. Erwerbs- und Verkehrsstatistik des Königsstaats Preußen, 1. bis 3. Abt., Darmstadt 1854.

Schmoller, G. Die Ergebnisse der im Jahre 1861 zu Zollvereinszwecken veranstalteten Aufnahme der Gewerbe in Württemberg, in: Württembergische Jahrbücher, Jg. 1862, H. 2, Stuttgart 1863.

Viebahn, G. W. v Statistik des zollvereinten und nördlichen Deutschlands, Teil 3, Berlin 1868.

Jahrbuch für die Amtliche Statistik des Preußischen Staats, Berlin 1863, 1867, 1869, 1876, 1. bis 4. Jg.

Tabellen und amtliche Nachrichten über den Preußischen Staat für das Jahr 1849, Bd 6, Berlin 1855.

Tabellen und amtliche Nachrichten über den Preußischen Staat für das Jahr 1855, Berlin 1858.

Tabellen und amtliche Nachrichten über den Preußischen Staat für das Jahr 1858, Berlin 1860.

Die Bevölkerung und die Gewerbe des Königreiches Bayern nach der Aufnahme vom Jahre 1861, die Gewerbe in Vergleichung mit deren Stande im Jahre 1847, hg. v. Königl. statistischen Bureau, München 1862.
Statistisches Jahrbuch für das Deutsche Reich, Berlin 1880/1881, 1. u. 2. Jg.
Statistik des Deutschen Reiches, Bd XXXIV u. XXXV, Berlin 1879.
Jahresbericht des statistischen Amtes im Königlichen Polizei-Präsidio zu Berlin für das Jahr 1853, Berlin 1854.
Berlin und seine Entwicklung. Städtisches Jahrbuch für Volkswirtschaft und Statistik, Jg. 3, Berlin 1869.

d) Berichte über Gewerbe- bzw. Industrieausstellungen

Bericht über die Ausstellung sächsischer Gewerb-Erzeugnisse im Jahre 1831, Dresden-Leipzig 1832.
Bericht über die Ausstellung sächsischer Gewerb-Erzeugnisse im Jahre 1834, Leipzig 1836.
Bericht über die Ausstellung sächsischer Gewerb-Erzeugnisse im Jahre 1837, Dresden-Leipzig 1839.
Bericht über die Ausstellung sächsischer Gewerb-Erzeugnisse im Jahre 1840, Dresden-Leipzig 1841.
Bericht über die größere Ausstellung Kurhessischer Gewerb-Erzeugnisse im September 1839, Kassel 1840.
Bericht über die Ausstellung von Gewerbs-Erzeugnissen aus Kurhessen 1842, Kassel 1843.
Bericht über die Ausstellung von Gewerbs-Erzeugnissen aus Kurhessen 1846, Kassel 1847.
Rößler, H. Ausführlicher Bericht über die von dem Gewerbeverein für das Großherzogtum Hessen im Jahre 1842 veranstaltete Allgemeine deutsche Industrie-Ausstellung zu Mainz, Darmstadt 1843.
Viebahn-Schubarth Amtlicher Bericht über die Pariser Ausstellung 1855, Berlin 1856.
Bericht über die Allgemeine Ausstellung zu Paris im Jahre 1867, Berlin 1868.
Wiener Weltausstellung. Amtlicher Katalog der Ausstellung des Deutschen Reiches, Berlin 1873.

e) Zeitungen und Zeitschriften

Das Zollvereinsblatt, Jg. 1843–1847.
Gewerbeblatt für Hannover, Jg. 1842–1844.
Gewerbekalender für die Jahre 1833, 1834 u. 1835, Karlsruhe.
Bayrisches Industrie- und Gewerbeblatt, Jg. 1869–1871.
Kunst- und Gewerbeblatt für Bayern, Jg. 1838–1868.
Kunst- und Gewerbe-Mitteilungen des bayrischen Gewerbemuseums, Jg. 1839–1842.
Mitteilungen des Gewerbevereins zu Hannover, Jg. 1834–1837.
Mitteilungen des Industrievereins für Sachsen, Jg. 1829–1843.
Nassauer Gewerbeblatt, Jg. 1853, 1857.
Mitteilungen von dem Gewerbeverein in Braunschweig, Jg. 1865–1867.
Mitteilungen des Gewerbevereins für Preußen (Verhandlungen des Vereins zur Beförderung des Gewerbfleißes in Preußen), Jg. 1822–1858.
Gewerbeblatt für Württemberg, Jg. 1853–1865.
Gewerbeblatt für das Großherzogtum Hessen, Jg. 1853.
Berliner Gewerbe-, Industrie- und Handelsblatt, Jg. 1840–1850.
Gewerbeblatt für Sachsen, Jg. 1834–1843.

Deutsche Gewerbezeitung und Sächsisches Gewerbeblatt, Jg. 1845–1858.
Allgemeine Zeitung für Nationalindustrie und Verkehr nebst Gewerbeblatt für Sachsen, Jg. 1843 u. 1844.
Deutsche Industriezeitung, Chemnitz, Jg. 1860–1870.
Das Deutsche Wollengewerbe. Organ für die gesamte Wollen-Waren-Industrie und bezügliche Geschäftsbranchen, Jg. 1869 u. 1870.
(Preußisches) Handelsarchiv, Berlin, Jg. 1847–1863
Zeitschrift des Statistischen Bureaus des Königl. Sächs. Ministeriums des Innern, Jg. 1855–1857, 1860, 1863.

f) Jahresberichte der Handels- und Gewerbekammern

von Aachen-Burtscheid 1843, 1849–1869,
von Berlin (Berichte über den Handel und die Industrie, erstattet von den Ältesten der Kaufmannschaft von Berlin) 1850–1869,
von Barmen-Elberfeld 1834, 1850–1869,
von Arnsberg 1850–1869,
von Bochum 1850–1869,
von Bielefeld 1849–1869,
von Breslau 1850–1869,
von Chemnitz 1862–1873,
von Celle 1867–1869,
von Dresden 1863–1873,
von Düsseldorf 1850–1869,
von Essen 1850–1869,
von Erfurt 1847, 1850–1869,
von Eupen 1850–1869,
von Frankfurt a. O. 1850–1869,
von Frankfurt a. M. 1847, 1867–1869,
von Gladbach 1850–1869,
von Görlitz 1850–1869,
von Gera 1867–1869,
von Geestemünde 1867–1869,
von Hanau 1867–1869,
von Hagen 1850–1869,
von Hannover 1867–1869,
von Hildesheim 1867–1869,
von Harburg 1867–1869,
von Hirschberg 1850–1869,
von Köln 1847, 1850–1869,
von Krefeld 1850–1869,
von Kottbus 1850–1869,
von Königsberg 1850–1869,
von Landeshut 1850–1869,
von Lennep 1841, 1845, 1850–1869,
von Minden 1850–1869,
von Münster 1850–1869,
von Mühlhausen 1850–1869,
von Neuss 1861–1869,
von Osterode 1867–1869,
von Plauen 1863–1873,
von Reichenbach, Schweidnitz und Waldenburg 1850–1869,
von Stolberg 1850–1869,
von Siegen 1861–1869,
von Solingen 1850–1869,
von Trier 1850–1869,
von Wiesbaden 1867–1869,
von Württemberg 1861–1873,
von Zittau 1862–1873.

g) Aus den Beständen des ehemaligen Preußischen Geheimen Staatsarchivs, heute: Deutsches Zentralarchiv, Abteilung Merseburg (DZA-Merseburg)

Rep. 109 B IV, Nr 22
Rep. 109 B IV, Nr 37
Rep. 109 B IV, Nr 40
Rep. 109 B IV, Nr 44
Rep. 109 B IV, Nr 55
Rep. 109 B IV, Nr 56
Rep. 109 B II, Nr 84
Rep. 109 B II, Nr 86

Rep. 120 A II/7, Nr 121
Rep. 120 A II/7, Nr 122
Rep. 120 A II/7, Nr 125
Rep. 120 A V/4, Nr 2
Rep. 120 A V/4, Nr 30
Rep. 120 A V/4, Nr 8
Rep. 120 A VII/2, Nr 14
Rep. 120 A VIII/1, Nr 3
Rep. 120 A XII/7, Nr 49
Rep. 120 A XII/7, Nr 51
Rep. 120 A XII/7, Nr 52
Rep. 120 BB VII/1, Nr 50
Rep. 120 C VII/2, Nr 65, vol. 1
Rep. 120 C VII/2, Nr 65, vol. 2
Rep. 120 C VII/2, Nr 65, vol. 3
Rep. 120 D I/1, Nr 1, vol. 12
Rep. 120 D I/1, Nr 1, vol. 13
Rep. 120 D I/1, Nr 1, vol. 14
Rep. 120 D I/1, Nr 1, vol. 15
Rep. 120 D I/1, Nr 1, vol. 16
Rep. 120 D I/1, Nr 1, vol. 17
Rep. 120 D I/1, Nr 1, vol. 18
Rep. 120 D I/1, Nr 2, vol. 6
Rep. 120 D I/1, Nr 2, vol. 7
Rep. 120 D I/1, Nr 2, vol. 8
Rep. 120 D I/1, Nr 2, vol. 9
Rep. 120 D I/1, Nr 6
Rep. 120 D I/1, Nr 8
Rep. 120 D I/1, Nr 11, vol. 2
Rep. 120 D I/1, Nr 11, vol. 3
Rep. 120 D I/1, Nr 11, vol. 4
Rep. 120 D I/1, Nr 11, vol. 5
Rep. 120 D I/1, Nr 18
Rep. 120 D I/1, Nr 28
Rep. 120 D I/1, Nr 30
Rep. 120 D I/1, Nr 33
Rep. 120 D I/1, Nr 35
Rep. 120 D I/1, Nr 36
Rep. 120 D I/1, Nr 38
Rep. 120 D I/1, Nr 39
Rep. 120 D I/1, Nr 42
Rep. 120 D I/1, Nr 44
Rep. 120 D I/1, Nr 45
Rep. 120 D I/2, Nr 1
Rep. 120 D I/2, Nr 4
Rep. 120 D I/2, Nr 9
Rep. 120 D I/3, Nr 6
Rep. 120 D II, Nr 86
Rep. 120 D III/1, Nr 5, vol. 2
Rep. 120 D III/1, Nr 5, vol. 7
Rep. 120 D III/1. Nr 5, vol. 12
Rep. 120 D IV/1, Nr 5
Rep. 120 D IV/1, Nr 13
Rep. 120 D IV/1, Nr 14
Rep. 120 D IV/1, Nr 15
Rep. 120 D IV/1, Nr 16
Rep. 120 D IV/1, Nr 24
Rep. 120 D IV/1, Nr 27
Rep. 120 D IV/1, Nr 38
Rep. 120 D IV/1, Nr 42
Rep. 120 D IV/1, Nr 43
Rep. 120 D IV/1, Nr 46
Rep. 120 D IV/2, Nr 2
Rep. 120 D IV/2, Nr 4
Rep. 120 D IV/3, Nr 3
Rep. 120 D IV/4, Nr 2
Rep. 120 D IV/4, Nr 4, vol. 1
Rep. 120 D IV/4, Nr 4, vol. 2
Rep. 120 D IV/6a, Nr 2
Rep. 120 D IV/6a, Nr 7
Rep. 120 D IV/6a, Nr 8
Rep. 120 D IV/6a, Nr 9
Rep. 120 D IV/6a, Nr 12
Rep. 120 D IV/6a, Nr 13
Rep. 120 D IV/6b, Nr 1
Rep. 120 D IV/6b, Nr 2
Rep. 120 D IV/6b, Nr 3
Rep. 120 D IV/6b, Nr 6
Rep. 120 D IV/6b, Nr 13
Rep. 120 D IV/6b, Nr 17
Rep. 120 D IV/6b, Nr 18
Rep. 120 D IV/6b, Nr 20
Rep. 120 D IV/7, Nr 1
Rep. 120 D IV/7, Nr 2
Rep. 120 D IV/7, Nr 3
Rep. 120 D IV/7, Nr 6
Rep. 120 D IV/7, Nr 7
Rep. 120 D IV/7, Nr 8, vol. 1
Rep. 120 D IV/7, Nr 8, vol. 2
Rep. 120 D IV/7, Nr 15
Rep. 120 D IV/7, Nr 16
Rep. 120 D IV/7, Nr 17
Rep. 120 D IV/7, Nr 18
Rep. 120 D IV/7, Nr 20
Rep. 120 D IV/7, Nr 21
Rep. 120 D IV/7, Nr 22

Rep. 120 D IV/8, Nr 1
Rep. 120 D IV/8, Nr 6
Rep. 120 D IV/8, Nr 12, vol. 2
Rep. 120 D IV/8, Nr 14
Rep. 120 D IV/8, Nr 19
Rep. 120 D IV/8, Nr 22
Rep. 120 D IV/8, Nr 24
Rep. 120 D IV/9, Nr 1
Rep. 120 D IV/9, Nr 2
Rep. 120 D IV/9, Nr 5
Rep. 120 D IV/10, Nr 1
Rep. 120 D IV/10, Nr 2
Rep. 120 D IV/10, Nr 3
Rep. 120 HA/A, Nr 1
Rep. 120 HA/C, Nr 15
Rep. 120 HA/C, Nr 16
Rep. 120 HA/E, Nr 2
Rep. 120 HA/G, Nr 10
Rep. 120 HA/L, Nr 10
Rep. 120 HA/R, Nr 16
Rep. 120 HA/R, Nr 17

h) Aus den Beständen des Sächsischen Landeshauptarchivs, Dresden (SLHA-Dresden)

Landes-Oeconomie-Manufaktur-Commerzien-Deputation: Loc. 11126
Landes-Oeconomie-Manufaktur-Commerzien-Deputation: Loc. 11130
Landes-Oeconomie-Manufaktur-Commerzien-Deputation: Loc. 11147
Landes-Oeconomie-Manufaktur-Commerzien-Deputation: Loc. 11151
Landes-Oeconomie-Manufaktur-Commerzien-Deputation: Loc. 11171
Landes-Oeconomie-Manufaktur-Commerzien-Deputation: Loc. 11172
Landes-Oeconomie-Manufaktur-Commerzien-Deputation: Loc. 11177
Landes-Oeconomie-Manufaktur-Commerzien-Deputation: Loc. 11180
Landes-Oeconomie-Manufaktur-Commerzien-Deputation: Loc. 11182
Landes-Oeconomie-Manufaktur-Commerzien-Deputation: Loc. 11187

Ministerium des Innern Nr 1398 a–e
Ministerium des Innern Nr 1420
Ministerium des Innern Nr 1432
Ministerium des Innern Nr 1433
Ministerium des Innern Nr 1466 a–c
Ministerium des Innern Nr 1334
Ministerium des Innern Nr 1339
Ministerium des Innern Nr 1412
Ministerium des Innern Nr 1418 a u. b
Ministerium des Innern Nr 3614
Ministerium des Innern Nr 3666
Ministerium des Innern Nr 5626
Ministerium des Innern Nr 5633
Ministerium des Innern Nr 5634
Ministerium des Innern Nr 5752
Ministerium des Innern Nr 5759
Ministerium des Innern Nr 5760
Ministerium des Innern Nr 5761
Ministerium des Innern Nr 5762
Ministerium des Innern Nr 5763
Ministerium des Innern Nr 5771
Ministerium des Innern Nr 5816
Ministerium des Innern Nr 5817
Ministerium des Innern Nr 5821
Ministerium des Innern Nr 5825
Ministerium des Innern Nr 5826
Ministerium des Innern Nr 5827
Ministerium des Innern Nr 5851
Ministerium des Innern Nr 5858
Ministerium des Innern Nr 5928
Ministerium des Innern Nr 5931
Ministerium des Innern Nr 6003
Ministerium des Innern Nr 6004
Ministerium des Innern Nr 6505
Statistisches Büro, Nr 4

i) Aus den Beständen des Brandenburgischen Landeshauptarchivs, Potsdam (BLHA-Potsdam)

Rep. 3 B, Nr 83
Rep. 3 B, Nr 93
Rep. 3 B, Nr 101
Rep. 3 B, Nr 1642
Rep. 3 B, Nr 1668
Rep. 3 B, Nr 1669
Rep. 3 B, Nr 1670
Rep. 3 B, Nr 1671
Rep. 3 B, Nr 1672
Rep. 3 B, Nr 1673
Rep. 3 B, Nr 1674
Rep. 3 B, Nr 1677
Rep. 3 B, Nr 1683
Rep. 3 B, Nr 2618
Rep. 3 B, Nr 2619
Rep. 3 B, Nr 2622

Rep. 1 – Oberpräsidium – Nr 356
Rep. 1 – Oberpräsidium – Nr 357
Rep. 1 – Oberpräsidium – Nr 358
Rep. 1 – Oberpräsidium – Nr 359
Rep. 1 – Oberpräsidium – Nr 360
Rep. 1 – Oberpräsidium – Nr 361
Rep. 1 – Oberpräsidium – Nr 379
Rep. 1 – Oberpräsidium – Nr 389
Rep. 1 – Oberpräsidium – Nr 390
Rep. 1 – Oberpräsidium – Nr 391
Rep. 1 – Oberpräsidium – Nr 392
Rep. 1 – Oberpräsidium – Nr 395
Rep. 1 – Oberpräsidium – Nr 397
Rep. 1 – Oberpräsidium – Nr 498
Rep. 1 – Oberpräsidium – Nr 500
Rep. 1 – Oberpräsidium – Nr 501
Rep. 1 – Oberpräsidium – Nr 505
Rep. 1 – Oberpräsidium – Nr 1113
Rep. 1 – Oberpräsidium – Nr 1130
Rep. 1 – Oberpräsidium – Nr 1217
Rep. 1 – Oberpräsidium – Nr 1402
Rep. 1 – Oberpräsidium – Nr 1403
Rep. 1 – Oberpräsidium – Nr 1404
Rep. 1 – Oberpräsidium – Nr 1405
Rep. 1 – Oberpräsidium – Nr 1406
Rep. 1 – Oberpräsidium – Nr 1407
Rep. 1 – Oberpräsidium – Nr 1408
Rep. 1 – Oberpräsidium – Nr 1411

Rep. 30 C, Nr 59
Rep. 6 B, Landratsamt Jüterbog-Luckenwalde, Nr 19
Rep. 6 B, Landratsamt Spremberg, Nr 7
Rep. 6 B, Landratsamt Spremberg, Nr 11
Rep. 6 B, Landratsamt Spremberg, Nr 12
Rep. 6 B, Landratsamt Spremberg, Nr 13
Rep. 6 B, Landratsamt Spremberg, Nr 14
Rep. 3 A, Reg. Potsdam, Nr 958
Rep. 3 A, Reg. Potsdam, Nr 6747
Rep. 3 A, Reg. Potsdam, Nr 16 226
Rep. 3 B, Reg. Frankfurt a. O., Nr 198/1
Rep. 3 B, Reg. Frankfurt a. O., Nr 198/2
Rep. 3 B, Reg. Frankfurt a. O., Nr 199
Rep. 3 B, Reg. Frankfurt a. O., Nr 203
Rep. 3 B, Reg. Frankfurt a. O., Nr 222
Rep. 3 B, Reg. Frankfurt a. O., Nr 230
Rep. 3 B, Reg. Frankfurt a. O., Nr 231
Rep. 3 B, Reg. Frankfurt a. O., Nr 233
Rep. 3 B, Reg. Frankfurt a. O., Nr 236
Rep. 3 B, Reg. Frankfurt a. O., Nr 238

Rep. 3 B, Reg. Frankfurt a. O., Nr 239
Rep. 3 B, Reg. Frankfurt a. O., Nr 255
Rep. 3 B, Reg. Frankfurt a. O., Nr 275
Rep. 3 B, Reg. Frankfurt a. O., Nr 351
Rep. 3 B, Reg. Frankfurt a. O., Nr 1728

j) Aus den Beständen des Stadtarchivs Brandenburg/Havel

Nr 11/23

Chronik der Tuchmacherinnung (handschriftl. Manuskript)

k) Betriebsarchiv VEB Kammgarnspinnerei „Glücksbrunn", Bad Liebenstein II

Die Entwicklung der Kammgarnspinnerei „Glücksbrunn" (MS)
Lebensbeschreibung des alten Lohfing

FSC
www.fsc.org
MIX
Papier | Fördert
gute Waldnutzung
FSC® C083411

Kolibri 360 GmbH
Ferdinand-Jühlke-Straße 7
99095 Erfurt, Deutschland
produktsicherheit@kolibri360.de